DIREITO PROCESSUAL CIVIL

organização **LEONARDO CASTRO**

série manuais de direito

CRISTINY MROCZKOSKI ROCHA

Copyright © 2023 by Editora Letramento
Copyright © 2023 by Cristiny Mroczkoski Rocha

Diretor Editorial Gustavo Abreu
Diretor Administrativo Júnior Gaudereto
Diretor Financeiro Cláudio Macedo
Logística Daniel Abreu e Vinícius Santiago
Comunicação e Marketing Carol Pires
Assistente Editorial Matteos Moreno e Maria Eduarda Paixão
Designer Editorial Gustavo Zeferino e Luís Otávio Ferreira
Organizador Leonardo Castro
Coordenador Editorial Marcelo Hugo da Rocha

Conselho Editorial Jurídico

Alessandra Mara de Freitas Silva	Edson Nakata Jr	Luiz F. do Vale de Almeida Guilherme
Alexandre Morais da Rosa	Georges Abboud	Marcelo Hugo da Rocha
Bruno Miragem	Henderson Fürst	Nuno Miguel B. de Sá Viana Rebelo
Carlos María Cárcova	Henrique Garbellini Carnio	Onofre Alves Batista Júnior
Cássio Augusto de Barros Brant	Henrique Júdice Magalhães	Renata de Lima Rodrigues
Cristian Kiefer da Silva	Leonardo Isaac Yarochewsky	Salah H. Khaled Jr
Cristiane Dupret	Lucas Moraes Martins	Willis Santiago Guerra Filho

Todos os direitos reservados. Não é permitida a reprodução desta obra sem aprovação do Grupo Editorial Letramento.
Dados Internacionais de Catalogação na Publicação (CIP)
Bibliotecária Juliana da Silva Mauro - CRB6/3684

R672d   Rocha, Cristiny Mroczkoski
Direito processual civil / Cristiny Mroczkoski Rocha ; organizado por Leonardo Castro. - Belo Horizonte : Casa do Direito, 2023.
590 p. : il. ; 23 cm. - (Série Manuais de Direito)
Inclui Bibliografia.
ISBN 978-65-5932-324-1
1. Direito processual civil. 2. Jurisdição. 3. Ação. 4. Provas. 5. Recursos I. Título. II. Série.
CDU: 347.91/.95   CDD: 347.81

Índices para catálogo sistemático:
1. Direito processual civil 347.91/.95
2. Direito processual civil 347.81

LETRAMENTO EDITORA E LIVRARIA
Caixa Postal 3242 – CEP 30.130-972
r. José Maria Rosemburg, n. 75, b. Ouro Preto
CEP 31.340-080 – Belo Horizonte / MG
Telefone 31 3327-5771

É O SELO JURÍDICO DO
GRUPO EDITORIAL LETRAMENTO

APRESENTAÇÃO

De acordo com um dos dicionários online mais populares, o Dicio, *manual* compreende um "compêndio, livro pequeno que encerra os conhecimentos básicos de uma ciência, uma técnica, um ofício". A escolha do nome da série, portanto, não foi aleatório, ao contrário, traz em cada um dos volumes a premissa de apresentar um conteúdo mínimo, sem ser superficial, que todo o acadêmico de Direito precisa saber sobre as temáticas apresentadas.

A experiência editorial que nos cabe, depois de publicar mais de 100 livros jurídicos, aponta que o leitor nunca esteve tão interessado a consultar um material objetivo, didático, sem muita enrolação e que memorize as informações desde da primeira leitura. Ninguém deseja desperdiçar tempo com o irrelevante, não é? A partir deste contexto, reunimos professores especialistas em suas áreas e com muita prática em sala de aula para que os principais e mais relevantes temas estejam bem explicados nestas páginas.

A série não foi pensada, exclusivamente, para quem deseja enfrentar provas da OAB e de concursos, mas que preparasse para qualquer desafio que fosse levado pelo seu leitor, seja em seleções, seja em avaliações na faculdade. Com a organização do experiente professor Leonardo Castro, a **Série Manuais** promete um aprendizado além de sinopses e resumos. Bons estudos!

MARCELO HUGO DA ROCHA
Coordenador editorial.

17 AGRADECIMENTOS

19 APRESENTAÇÃO

PARTE I — TEORIA GERAL DO DIREITO PROCESSUAL CIVIL

23 **1 INTRODUÇÃO AO DIREITO PROCESSUAL CIVIL: NORMAS FUNDAMENTAIS, PRINCÍPIOS, FONTES E NOÇÕES TEÓRICAS INDISPENSÁVEIS.**

- 23 1.1. **NOTAS INTRODUTÓRIAS**
- 25 1.1.1. FONTES DO DIREITO PROCESSUAL CIVIL
- 27 1.2. **O CÓDIGO DE PROCESSO CIVIL DE 2015: LEI Nº 13.105/15**
- 27 1.2.1. NORMAS FUNDAMENTAIS DO PROCESSO CIVIL
- 27 1.2.2. PROCESSO: NATUREZA JURÍDICA E AUTONOMIA DO DIREITO PROCESSUAL
- 29 1.2.3. FASES METODOLÓGICAS DO DIREITO PROCESSUAL CIVIL
- 30 1.2.4. O PROCESSO NO ESTADO CONSTITUCIONAL
- 39 1.3. **APLICAÇÃO, INTERPRETAÇÃO E EFICÁCIA DA LEI PROCESSUAL CIVIL NO TEMPO E NO ESPAÇO**

44 **2 JURISDIÇÃO E AÇÃO**

- 44 2.1. **JURISDIÇÃO: O CONCEITO DE JURISDIÇÃO NÃO É UNÍSSONO. VEJAMOS:**
- 45 2.1.1. PRINCÍPIOS DA JURISDIÇÃO: SÃO ELES
- 47 2.2. **AÇÃO**
- 47 2.2.1. TEORIAS DA AÇÃO
- 49 2.2.2. ELEMENTOS DA AÇÃO
- 49 2.2.3. CONDIÇÕES DA AÇÃO
- 50 2.2.3.1. POSSIBILIDADE JURÍDICA DO PEDIDO:
- 50 2.2.3.2. INTERESSE DE AGIR:
- 50 2.2.3.3. LEGITIMIDADE AD CAUSAM:
- 50 2.2.4. CLASSIFICAÇÃO DA AÇÃO

54 **3 DOS LIMITES DA ATIVIDADE JURISDICIONAL**

- 54 3.1. **COMPETÊNCIA CONCORRENTE (ARTS. 21 E 22, CPC):**
- 55 3.2. **COMPETÊNCIA EXCLUSIVA (ART. 23, CPC):**
- 56 3.3. **ELEIÇÃO DE FORO**
- 56 3.4. **COOPERAÇÃO INTERNACIONAL (ARTS. 26-41, CPC)**

58	3.4.1.	FORMAS DE COOPERAÇÃO JURÍDICA INTERNACIONAL	65	3.5.3. FORO GERAL E ESPECIAL
62	3.5.	**COMPETÊNCIA INTERNA (ARTS. 42-66, CPC)**	69	3.5.4. MODIFICAÇÃO DA COMPETÊNCIA
			70	3.5.5. CONFLITO DE COMPETÊNCIA
62	3.5.1.	CLASSIFICAÇÃO	71	3.5.6. COOPERAÇÃO NACIONAL
63	3.5.2.	CRITÉRIOS		

78   4   DOS SUJEITOS DO PROCESSO

78	4.1.	**PARTES E PROCURADORES**	100	4.4. **PROCURADORES**
78	4.1.1.	CAPACIDADE	103	4.4.1. PODERES
78	4.1.1.1.	CAPACIDADE DE SER PARTE:	103	4.4.2. REQUISITOS E VALIDADE DA PROCURAÇÃO
80	4.1.1.2.	CAPACIDADE PARA ESTAR EM JUÍZO (LEGITIMATIO AD PROCESSUM)	104	4.4.3. EXTINÇÃO DO MANDATO
83	4.1.1.3.	CAPACIDADE POSTULATÓRIA:	105	4.4.4. DIREITOS DOS PROCURADORES
83	4.1.2.	CAPACIDADE PROCESSUAL DAS PESSOAS CASADAS	105	4.5. **SUCESSÃO DE PARTES E PROCURADORES**
84	4.1.3.	CURATELA ESPECIAL	105	4.5.1. HIPÓTESES: O CÓDIGO CONTEMPLA DUAS HIPÓTESES DE SUCESSÃO PROCESSUAL.
85	4.2.	**DEVERES DA PARTES E DOS PROCURADORES (ARTS. 77 E 78, CPC)**	107	4.5.2. RENÚNCIA E REVOGAÇÃO DE MANDATO
87	4.2.1.	DA RESPONSABILIDADE DAS PARTES POR DANO PROCESSUAL: AS SANÇÕES PROCESSUAIS POR LITIGÂNCIA DE MÁ-FÉ		
88	4.2.2.	VEDAÇÃO AO USO DE EXPRESSÕES OFENSIVAS		
89	4.3.	**DAS DESPESAS, DOS HONORÁRIOS ADVOCATÍCIOS E DAS MULTAS: O REGIME FINANCEIRO DO CÓDIGO DE PROCESSO CIVIL**		
94	4.3.1.	O PAGAMENTO DAS DESPESAS PROCESSUAIS		
96	4.3.1.1.	DIVISÃO DOS ÔNUS SUCUMBENCIAIS: PRINCÍPIOS DA SUCUMBÊNCIA E DA CAUSALIDADE		
97	4.3.2.	ASSISTÊNCIA JUDICIÁRIA		

112   **5 LITISCONSÓRCIO**

118   **6 INTERVENÇÃO DE TERCEIROS**
125   6.5.1. ENUNCIADOS, JURISPRUDÊNCIA E SÚMULAS PERTINENTES AO TEMA

129   **7 DO JUIZ**

139   **8 DOS AUXILIARES DA JUSTIÇA**

146   **9 FUNÇÕES ESSENCIAIS À JUSTIÇA**

156   **10 ATOS PROCESSUAIS**
156   **PARTE I — DA FORMA, DO TEMPO, DO LUGAR E DOS PRAZOS**
166   **PARTE II — DA COMUNICAÇÃO DOS ATOS PROCESSUAIS (ARTS. 236-275, CPC)**

183   **11 NULIDADES**

189   **12 DISTRIBUIÇÃO, REGISTRO E VALOR DA CAUSA**

194   **13 TUTELAS PROVISÓRIAS**
198   13.1. **PRESSUPOSTOS PARA A CONCESSÃO DAS TUTELAS**
200   13.2. **OBJETIVOS DAS TUTELAS**
201   13.3. **DISPOSIÇÕES GERAIS**
201   13.3.1. COMPETÊNCIA: ESTÁ PREVISTA NO CAPUT DO ART. 299, CPC.
202   13.3.2. DEVER DE MOTIVAÇÃO
202   13.3.3. DURAÇÃO DA TUTELA PROVISÓRIA
203   13.3.4. DEVER-PODER GERAL DE ASSEGURAMENTO (CAUTELA) E DE SATISFAÇÃO
203   13.3.5. RECORRIBILIDADE DAS INTERLOCUTÓRIAS RELATIVAS À TUTELA PROVISÓRIA
205   13.3.6. FUNGIBILIDADE
205   13.4. **CAUÇÃO**
205   13.5. **TUTELAS DE URGÊNCIA**
207   13.5.1. TUTELAS DE URGÊNCIA REQUERIDAS EM CARÁTER ANTECEDENTE

14 FORMAÇÃO, SUSPENSÃO E EXTINÇÃO DO PROCESSO

- 14.1. **FORMAÇÃO DO PROCESSO**
- 14.2. **EFEITOS AO RÉU**
- 14.3. **SUSPENSÃO**
- ART. 313 CPC — SUSPENDE-SE O PROCESSO:
- 14.4. **EXTINÇÃO DO PROCESSO**

PARTE II — PROCESSO DE CONHECIMENTO E CUMPRIMENTO DE SENTENÇA

- 15.1. **FASE POSTULATÓRIA**
  - 15.1.1. REQUISITOS DA PETIÇÃO INICIAL
  - 15.1.2. AUDIÊNCIA PRELIMINAR DE CONCILIAÇÃO OU MEDIAÇÃO
  - 15.1.3. ASPECTOS PROCEDIMENTAIS: CITAÇÃO X INTIMAÇÃO
  - 15.1.4. NÃO REALIZAÇÃO DA AUDIÊNCIA
  - 15.1.5. DESINTERESSE DO RÉU E PRAZO PARA CONTESTAR
  - 15.1.6. DA RESPOSTA DO RÉU
  - 15.1.7. ALEGAÇÃO DE ILEGITIMIDADE
- 15.2. **RECONVENÇÃO**
- 15.3. **REVELIA**
- 15.4. **EXCEÇÕES AO EFEITO MATERIAL DA REVELIA**

16 FASE SANEADORA: PROVIDÊNCIAS PRELIMINARES E SANEAMENTO

17 FASE INSTRUTÓRIA: DA AUDIÊNCIA DE INSTRUÇÃO E JULGAMENTO

- 17.1. **PRINCÍPIOS**
- 17.2. **DOS SUJEITOS PROCESSUAIS NA AIJ**
- 17.3. **DO PROCEDIMENTO**
- 17.4. **DIREITO PROBATÓRIO**
  - 17.4.1. NOÇÕES GERAIS E CONCEITO
  - 17.4.2. NAWTUREZA JURÍDICA DA PROVA
- 17.5. **3. DESTINATÁRIO DA PROVA**
  - 17.5.1. FUNDAMENTAÇÃO E APRECIAÇÃO DA PROVA
- 17.6. **PROVA EMPRESTADA**
- 17.7. **ÔNUS DA PROVA**
- 17.8. **COLABORAÇÃO E PRODUÇÃO DE PROVAS**
- 17.9. **DEVERES DO TERCEIRO**
- 17.10. **DA PRODUÇÃO ANTECIPADA DA PROVA (ARTS. 381-383, CPC)**
- 17.11. **HIPÓTESES E COMPETÊNCIA**
- 17.12. **PROVAS EM ESPÉCIE**
  - 17.12.1. ATA NOTARIAL (ART. 384, CPC)

269	17.12.2.	DEPOIMENTO PESSOAL (ARTS. 385- 388, CPC)	274	17.15.	DEMAIS MODALIDADES DE PROVAS EM ESPÉCIE: DOCUMENTAL, TESTEMUNHAL, PERICIAL E INSPEÇÃO JUDICIAL
271	17.13.	CONFISSÃO: ARTS. 389-395			
272	17.14.	EXIBIÇÃO DE DOCUMENTO OU DE COISA (ARTS. 396-404, CPC)			

284 · 18 FASE DECISÓRIA: SENTENÇA E COISA JULGADA

284	18.1.	SENTENÇA	292	18.7.	REEXAME NECESSÁRIO
285	18.2.	CLASSIFICAÇÃO	294	18.8.	HIPOTECA JUDICIÁRIA
287	18.3.	FUNDAMENTAÇÃO	295	18.9.	TUTELA ESPECÍFICA E ASTREINTES
288	18.4.	ANÁLISE JUDICIAL DE PEDIDOS	296	18.10.	JURISPRUDÊNCIA
290	18.5.	ESPÉCIES DE SENTENÇA	296	18.11.	COISA JULGADA
292	18.6.	PODE HAVER ALTERAÇÃO DA SENTENÇA?			

303 · 19 LIQUIDAÇÃO DE SENTENÇA

303	19.1.	BASE LEGAL: ARTS. 509-512, CPC

307 · 20 CUMPRIMENTO DE SENTENÇA

307	20.1.	BASE LEGAL: ARTS. 513-538, CPC	317	20.7.	AUTOS APARTADOS OU MESMOS AUTOS?
309	20.2.	REQUISITOS	318	20.8.	EXIGÊNCIA DE REQUERIMENTO
313	20.3.	COMPETÊNCIA (ART. 516)			
314	20.4.	CUMPRIMENTO PROVISÓRIO DE SENTENÇA (ART. 520-522, CPC):	318	20.9.	EXECUÇÃO PROVISÓRIA CONTRA A FAZENDA PÚBLICA E SEUS LIMITES
315	20.5.	RESPONSABILIDADE NO CUMPRIMENTO PROVISÓRIO	319	20.10.	DEFESA DO DEVEDOR (ARTS. 525 E 535, CPC)
317	20.6.	PETIÇÃO NO CUMPRIMENTO PROVISÓRIO	323	20.11.	HONORÁRIOS
			324	20.12.	PROCEDIMENTOS PARA CUMPRIMENTO

324	20.13.	CUMPRIMENTO DEFINITIVO DE OBRIGAÇÃO DE PAGAR QUANTIA CERTA (ARTS. 523-527, CPC)	333	20.18. CONSTITUIÇÃO DE CAPITAL
			334	20.19. CUMPRIMENTO DE SENTENÇA CONTRA A FAZENDA PÚBLICA (ARTS. 536-537, CPC)
328	20.14.	CUMPRIMENTO DE OBRIGAÇÃO DE PRESTAR ALIMENTOS (ARTS. 528-533, CPC)	336	20.20. DEFESA DA FAZENDA PÚBLICA
			338	20.21. COISA JULGADA INCONSTITUCIONAL
329	20.15.	COMPETÊNCIA	339	20.22. CUMPRIMENTO DE SENTENÇA DE OBRIGAÇÃO DE FAZER, NÃO FAZER OU ENTREGAR (ARTS. 536-538, CPC)
329	20.16.	LEGITIMIDADE ATIVA DO MINISTÉRIO PÚBLICO		
330	20.17.	PROCEDIMENTO		

PARTE III — PROCEDIMENTOS ESPECIAIS

349	NOÇÕES INICIAIS E TEORIA APLICÁVEL	354	DA OPOSIÇÃO (ARTS. 682 A 686)
350	TÉCNICAS DOS PROCEDIMENTOS ESPECIAIS	354	DA HABILITAÇÃO (ARTS. 687 A 692)
350	MODALIDADES	354	DAS AÇÕES DE FAMÍLIA (ARTS. 693 A 699)
351	TEORIAS		
353	PROCEDIMENTOS ESPECIAIS DE JURISDIÇÃO CONTENCIOSA	355	DA AÇÃO MONITÓRIA (ARTS. 700 A 702)
353	DAS AÇÕES POSSESSÓRIAS (ARTS. 554 A 568)	355	DA HOMOLOGAÇÃO DO PENHOR LEGAL (ARTS. 703 A 706)
353	DA DIVISÃO E DA DEMARCAÇÃO DE TERRAS PARTICULARES (ARTS. 569 A 598)	355	DA REGULAÇÃO DE AVARIA GROSSA (ARTS. 707 A 711)
		355	DA RESTAURAÇÃO DE AUTOS (ARTS. 712 A 718)
353	DA AÇÃO DE DISSOLUÇÃO PARCIAL DE SOCIEDADE (ARTS. 599 A 609)	355	*PROCEDIMENTOS ESPECIAIS DE JURISDIÇÃO VOLUNTÁRIA*
354	DO INVENTÁRIO E DA PARTILHA (ARTS. 610 A 673)	356	DA NOTIFICAÇÃO E DA INTERPELAÇÃO (ARTS. 726 A 729)
354	DOS EMBARGOS DE TERCEIRO (ARTS. 674 A 681)	356	DA ALIENAÇÃO JUDICIAL (ART. 730)

356	DO DIVÓRCIO E DA SEPARAÇÃO CONSENSUAIS, DA EXTINÇÃO CONSENSUAL DE UNIÃO ESTÁVEL E DA ALTERAÇÃO DO REGIME DE BENS DO MATRIMÔNIO (ARTS. 731 A 734)	358	DA INTERDIÇÃO (ARTS. 747 A 758)
		358	DISPOSIÇÕES COMUNS À TUTELA E À CURATELA (ARTS. 759 A 763)
357	DOS TESTAMENTOS E DOS CODICILOS (ARTS. 735 A 737)	358	DA ORGANIZAÇÃO E DA FISCALIZAÇÃO DAS FUNDAÇÕES (ARTS. 764 E 765)
357	DA HERANÇA JACENTE (ARTS. 738 A 743)	359	DA RATIFICAÇÃO DOS PROTESTOS MARÍTIMOS E DOS PROCESSOS TESTEMUNHÁVEIS FORMADOS A BORDO (ARTS. 766 A 770)
357	DOS BENS DOS AUSENTES (ARTS. 744 E 745)		
358	DAS COISAS VAGAS (ART. 746)		

PARTE IV — PROCESSO DE EXECUÇÃO

365	TEORIA GERAL: PRINCIPIOLOGIA	379	EMENDA. INTERRUPÇÃO DA PRESCRIÇÃO. FORMA DE CITAÇÃO
370	TEORIA GERAL E PROCEDIMENTO	381	JURISDIÇÃO E EXECUTADO
370	LEGITIMADOS	381	EXEMPLOS
370	JURISPRUDÊNCIA	383	TÉCNICAS EXECUTIVAS
371	ATRIBUIÇÕES DO MAGISTRADO:	383	EXEMPLO
		384	EXEMPLO
371	*COMPETÊNCIA*	384	RESSARCIMENTO
372	MULTAS	385	RESPONSABILIDADE PATRIMONIAL: ARTS. 789-796, CPC
373	PETIÇÃO INICIAL		
375	A PROPOSITURA DE AÇÃO RELATIVA AO DÉBITO INIBE A EXECUÇÃO DO TÍTULO?	387	RESPONSABILIDADE DO FIADOR
375	OS TÍTULOS EXTRAJUDICIAIS ESTRANGEIROS NECESSITAM DE HOMOLOGAÇÃO?	388	BENS SUJEITOS À EXECUÇÃO
		388	CÔNJUGE
378	ATOS EXECUTIVOS	389	RESPONSABILIDADE ENVOLVENDO DIREITO DE SUPERFÍCIE

Pág.	Tópico	Pág.	Tópico
390	EXEMPLO	410	AUTO DE PENHORA
390	FRAUDE À EXECUÇÃO	411	AUTO DE PENHORA : DADOS
390	EXEMPLO	411	AUTO DE PENHORA E HORÁRIO
391	JURISPRUDÊNCIA	411	LOCAL DA PENHORA
395	EXECUÇÃO DE PAGAR QUANTIA CERTA, SUSPENSÃO E EXTINÇÃO DA EXECUÇÃO	412	ARROMBAMENTO
		412	NOVO AUTO/TERMO
395	PAGAMENTO NO PRAZO DE TRÊS DIAS	413	DEMAIS FORMAS DE PENHORA
		415	AVALIAÇÃO: 870-875, CPC
396	JURISPRUDÊNCIA	417	EXPROPRIAÇÃO (ARTS. 876-909, CPC)
396	INÉRCIA DO EXECUTADO (ART. 829, § 1º)	418	PREVISÕES NO CPC/15 E JURISPRUDÊNCIA
397	OPOSIÇÃO DE EMBARGOS DO EXECUTADO (ARTS. 914-920, CPC)	424	PREÇO VIL
		425	IMÓVEL COM CÔMODA DIVISÃO
398	PRAZO: 15 DIAS		
399	PARCELAMENTO	425	MEIO DE PAGAMENTO: A VISTA OU PARCELAS
401	REJEIÇÃO LIMINAR		
401	ATENÇÃO	426	CONTINUIDADE DE LEILÃO E AUTO DE ARREMATAÇÃO
401	RESPOSTA DO EXEQUENTE E EXTINÇÃO DA EXECUÇÃO	427	QUANDO RESTA PERFEITA E ACABADA A ARREMATAÇÃO?
402	INEXISTÊNCIA DE BENS PENHORÁVEIS E CAUSAS DE SUSPENSÃO DA EXECUÇÃO	427	APROPRIAÇÃO DE FRUTOS OU RENDIMENTOS
		428	SATISFAÇÃO DO CRÉDITO
403	ATENÇÃO	429	ENTENDIMENTOS SUMULADOS E JURISPRUDENCIAIS
403	NÃO LOCALIZAÇÃO DO EXECUTADO		
405	PENHORA: 831-869, CPC	430	EXECUÇÃO PARA ENTREGA DE COISA CERTA (ARTS. 806-810, CPC)
407	PENHORA DE ATIVOS FINANCEIROS (ART. 854, CPC)		
410	FORMA DE REALIZAÇÃO DE PENHORAS	433	ENTREGA DE COISA INCERTA
		433	EXEMPLO
410	AUTO X TERMO	434	EXECUÇÃO DAS OBRIGAÇÕES DE FAZER E DE NÃO FAZER (ARTS. 814 A 823)
410	INDICAÇÃO DE BENS E PENHORA		

437	EXECUÇÃO CONTRA A FAZENDA PÚBLICA: ART. 910, CPC	442	SÚMULAS APLICÁVEIS E DEMAIS ENTENDIMENTOS
438	PROCEDIMENTO	443	EXECUÇÃO DE OBRIGAÇÃO ALIMENTAR
439	EMBARGOS	445	PRISÃO
440	EFEITOS DOS EMBARGOS À EXECUÇÃO	447	SÚMULAS
		448	RESUMO

PARTE V — PROCESSO NOS TRIBUNAIS E RECURSOS

452		DOS PROCESSOS NOS TRIBUNAIS E DOS MEIOS DE IMPUGNAÇÃO DAS DECISÕES JUDICIAIS	
452	23.1.	DISPOSIÇÕES GERAIS: ARTS. 926-928, CPC	
456	23.1.1.	DESRESPEITO AOS PRECEDENTES E RECLAMAÇÃO	
457	23.1.2.	CASOS REPETITIVOS (ART. 928, CPC)	
458	23.2.	ORDEM DOS PROCESSOS NOS TRIBUNAIS	
459	23.2.1.	FATO SUPERVENIENTE OU QUESTÃO APRECIÁVEL EX OFFICIO	
460	23.2.2.	SESSÃO DE JULGAMENTO	
461	23.2.3.	TÉCNICA DE JULGAMENTO AMPLIADO – NOVIDADE	
463		JURISPRUDÊNCIA: STJ	
464	23.2.4.	PUBLICAÇÃO DA DECISÃO: PRAZO DE 30 DIAS	
465	23.3.	PROCESSOS DE COMPETÊNCIA ORIGINÁRIA NOS TRIBUNAIS	
465	23.3.1.	INCIDENTE DE ASSUNÇÃO DE COMPETÊNCIA - IAC (ARTS. 947, CPC)	
466	23.3.2.	INCIDENTE DE ARGUIÇÃO DE INSCONSTITUCIONALIDADE (ARTS. 948-950, CPC)	
468		PROCEDIMENTO: MAIORIA ABSOLUTA	
469	23.3.3.	CONFLITO DE COMPETÊNCIA (ARTS. 951-959, CPC)	
471		REGIMENTO INTERNO	
471	23.3.4.	DA HOMOLOGAÇÃO DECISÃO ESTRANGEIRA E DA CONCESSÃO DO EXEQUATUR À CARTA ROGATÓRIA: ARTS. 960-965, CPC;	
476	23.3.5.	DA AÇÃO RESCISÓRIA: ARTS. 966-975, CPC;	
481		NECESSIDADE DE PROVA	
482		RESCISÓRIA X QUERELA NULLITATIS	
483		APONTAMENTO JURISPRUDENCIAIS RELEVANTES	

484	23.3.6.	INCIDENTE DE RESOLUÇÃO DE DEMANDAS REPETITIVAS -IRDR: ART. 976-987, CPC;		489	23.3.7.	DA RECLAMAÇÃO: ARTS. 988-993, CPC
				497	24.1.	**TEORIA DOS RECURSOS**

519   25   RECURSOS EM ESPÉCIE

519	25.1.	**RECURSO DE APELAÇÃO**		533	25.2.5.	EFEITO SUSPENSIVO (?)
519	25.1.1.	BASE LEGAL:		533	25.2.6.	INSTRUÇÃO
519	25.1.2.	CONCEITO:		535	25.2.7.	COMPROVAÇÃO DA INTERPOSIÇÃO
519	25.1.3.	PRAZO:				
519	25.1.4.	OBJETO:		535	25.2.8.	JULGAMENTO
521	25.1.5.	PRINCÍPIO DA UNIRRECORRIBILIDADE DAS DECISÕES JUDICIAIS		536	25.3.	**AGRAVO INTERNO**
				536	25.3.1.	BASE LEGAL: ART. 1.021, CPC
				536	25.3.2.	NOTAS SOBRE O RECURSO:
522	25.1.6.	REGULARIDADE FORMAL DA APELAÇÃO		537	25.3.3.	PRAZO
523	25.1.7.	CONTRARRAZÕES		538	25.3.4.	MOTIVAÇÃO
523	25.1.8.	JULGAMENTO DA APELAÇÃO POR DECISÃO MONOCRÁTICA		538	25.3.5.	DIRECIONAMENTO
				538	25.3.6.	JULGAMENTO (§§4º E 5º, ART. 1.021, CPC)
524	25.1.8.1.	JULGAMENTO DA APELAÇÃO PELO COLEGIADO				
524	25.1.9.	EFEITO SUSPENSIVO		539	25.4.	**EMBARGOS DE DECLARAÇÃO**
524	25.1.9.1.	HIPÓTESES EM QUE A APELAÇÃO NÃO POSSUI EFEITO SUSPENSIVO		539	25.4.1.	BASE LEGAL: ARTS. 1.022-1.026, CPC
525	25.1.10.	RECURSO DA DECISÃO DO RELATOR		539	25.4.2.	CONCEITO:
				541	25.4.3.	PRAZO E PREPARO
525	25.1.11.	EFEITO DEVOLUTIVO		541	25.4.3.1.	EMBARGOS DE DECLARAÇÃO:
526	25.1.12.	TEORIA DA CAUSA MADURA		541	25.4.3.2.	CONTRARRAZÕES:
526	25.1.13.	DECADÊNCIA E PRESCRIÇÃO		541	25.4.3.3.	INDEPENDEM DE PREPARO!
527	25.1.14.	QUESTÕES DE FATO		542	25.4.4.	FUNDAMENTAÇÃO VINCULADA
527	25.2.	**AGRAVO DE INSTRUMENTO**		543	25.4.5.	EFEITOS DA INTERPOSIÇÃO
527	25.2.1.	BASE LEGAL:		543	25.4.6.	JULGAMENTO: 1º E 2º GRAU
527	25.2.2.	CONCEITO:		543	25.4.7.	EMBARGOS PARA EFEITO DE PRÉ-QUESTIONAMENTO
529	25.2.3.	ANÁLISE DAS HIPÓTESES DE CABIMENTO				
532	25.2.4.	INTERPOSIÇÃO		545	25.4.8.	(DES)NECESSIDADE DE RATIFICAÇÃO

545	25.4.9. EFEITOS MODIFICATIVOS/ INFRINGENTES (§2º DO ART. 1.023 C/C §4º DO ART. 1.024)	546	25.4.10.	FUNGIBILIDADE
		547	25.4.11.	EMBARGOS PROTELATÓRIOS

550   26   RECURSOS PARA O SUPREMO TRIBUNAL FEDERAL E PARA O SUPERIOR TRIBUNAL DE JUSTIÇA

550	26.1. **RECURSO ORDINÁRIO**	562	26.2.7.	PROTOCOLO NO TRIBUNAL *A* QUO E JUÍZO DE ADMISSIBILIDADE (ART. 1.030, CPC)
550	26.1.1. BASE LEGAL:			
550	26.1.2. CONCEITO:			
554	26.1.3. OBJETIVO E PRÉ-QUESTIONAMENTO:	563	26.2.8.	INTERPOSIÇÃO CONJUNTA
		564	26.2.8.1.	RECURSO ESPECIAL QUE VERSE SOBRE QUESTÃO CONSTITUCIONAL (ART. 1.032, CPC)
554	26.1.4. MAIS CONSIDERAÇÕES SOBRE ROC EM CAUSA INTERNACIONAIS (ART. 1.027, II, "B", DO CPC/2015)	564	26.2.8.2.	OFENSA REFLEXA À CONSTITUIÇÃO EM RECURSO EXTRAORDINÁRIO (ART. 1.033, CPC)
555	26.1.5. TEORIA DA CAUSA MADURA:	565	26.2.9.	REQUISITOS
		565	26.2.9.1.	CABIMENTO DO RECURSO EXTRAORDINÁRIO
556	26.1.6. CONCESSÃO DE EFEITO SUSPENSIVO (ART. 1029, §5º, CPC):	568	26.2.10.	CABIMENTO DO RECURSO ESPECIAL
556	26.1.7. PROCEDIMENTO	569	26.2.11.	DO JULGAMENTO DOS RECURSOS EXTRAORDINÁRIO E ESPECIAL REPETITIVOS (ARTS. 1.036-1.041, CPC)
557	26.1.7.1. PRAZO:			
557	26.2. **RECURSOS EXCEPCIONAIS**			
557	26.2.1. CONCEITO:	571	26.2.11.1.	INTERVENÇÃO DE AMICUS CURIAE E AUDIÊNCIAS PÚBLICAS
557	26.2.2. REQUISITOS ESPECÍFICOS DE ADMISSIBILIDADE	572	26.2.11.2.	INTERVENÇÃO DO MINISTÉRIO PÚBLICO
		572	26.2.11.3.	PRECEDENTE
559	26.2.3. JUÍZO DE ADMISSIBILIDADE DESDOBRADO	573	26.2.11.4.	RECURSO REPETITIVO NO STJ (LEI Nº 11.672/2008).
560	26.2.4. PREPARO	574	26.2.11.5.	REPERCUSSÃO GERAL NO STF (LEI Nº 11.418/2006).
560	26.2.5. RECURSOS EXCEPCIONAIS E O INCIDENTE DE RESOLUÇÃO DE DEMANDAS REPETITIVAS			
		576	26.3.	**AGRAVO EM RE E RESP** (ART. 1.042, CPC)
561	26.2.6. EFEITOS	578	26.4.	**EMBARGOS DE DIVERGÊNCIA** (ARTS. 1043 E 1044, CPC)

587   REFERÊNCIAS BIBLIOGRÁFICAS

AGRADECIMENTOS

Este livro não existiria se não fosse o Leonardo de Catro e a sua ousadia de me confiar o volume de Direito Processual Civil...

Da mesma forma, se não fosse pelos meus vários alunos simpatizantes da disciplina que a todo curso e a todo semestre pediam por um volume estruturado da matéria. Ou mesmo por aqueles não afeitos à disciplina, normalmente "amantes" do processo penal, que demandavam por uma obra que facilitasse o seu entendimento...

Este livro não existiria se não fosse por você, prezado(a) leitor(a), seja um(a) apreciador(a) desta matéria, seja alguém que se encontra nela perdido, buscando um porto seguro para superar a dificuldade e partir rumo ao conhecimento...

Também não posso deixar de dar créditos aos meus "fiéis apostadores", "Roberto Rocha" e a "Elizabeth Maria Mroczkoski", meus pais, que me deram todo o apoio na busca dos meus sonhos e objetivos, desde a Graduação até os dias de hoje. À minha irmã, pelo carinho e credibilidade conferida, que me impulsionam a ser melhor. Ao meu amor, Rafael Bisse, pelo incentivo, acolhimento e parceria nos dias alegres e também naqueles de desanimo...

Aos juristas, que de forma direta ou indireta, influenciaram a minha trajetória acadêmica: Cândido Rangel Dinamarco, Elpídio Donizetti, Luiz Guilherme Marinoni, Daniel Mitidiero, Fredie Didier Jr., Galeno Vellinho de Lacerda, Ovídio Araújo Baptista da Silva, Francisco José Moesch, Jaqueline Mielke Silva...

... meus sinceros agradecimentos e o meu muito obrigado por tudo!

APRESENTAÇÃO

No dia 22 de janeiro de 2023, fizemos uma reunião, eu e Leonardo de Catro, acerca da possibilidade de ser escrito este volume de Direito Processual Civil para a Coleção Manuais publicada pela Editora Casa do Direito. No entanto, comecei a escrever esse livro a partir da minha primeira entrada em uma sala de aula como professora, e já se vão mais de 7 anos de sala de aula, entre Graduação e Pós-Graduação em Direito, além de preparatórios para OAB e Concursos Públicos.

Esta obra foi elaborada visando atender tanto à Graduação, como ao Concurso Público ou Exame de Ordem, e, também, aos que militam com a prática do Direito Processual Civil. É percorrido todo o conteúdo programático da Graduação, além de incursionar pelos editais das mais famosas bancas examinadoras (Cespe/Cebraspe, FCC, dentre outras) para os Concursos de Carreiras Jurídicas, bem como pelos editais dos Exames de Ordem, atualmente elaborados pela FGV.

Costumo dizer que o Direito Processual Civil pode ser estudado "com o coração", símbolo que utilizo como estrátegia aos pontos centrais e mais exigidos da disciplina. Não há necessidade de um estudo enfadonho, ainda que se trate de uma matéria extensa e que não possa ser reputada como "simples", para ter alto rendimento não precisa ser "difícil".

Adotou-se na escrita deste livro o método indutivo, conforme proposto pela doutrina, como o método aplicável ao Direito Processual Civil. O objetivo é o de o(a) estudante, além de compreender o conteúdo previsto, ter o cabedal necessário para sistematizar o processo e o seu procedimento.

Buscando facilitar a compreensão da matéria, sempre em alto nível, o texto está recheado de esquemas, tabelas, além de recursos gráficos exclusivos, chamando atenção tanto para aquilo que é novo, no conteúdo, quanto para aquilo que tem sido considerado importante, pelas bancas examinadoras em geral.

Além de facilitado, esta obra está inteiramente atualizada. Para os temas em que não se encontrava um fundamento legal mais direto, foi realizada pesquisa bibliográfica profunda, passando pelos autores clássicos e chegando até os autores modernos da disciplina. Naquilo que a doutrina não era tão precisa, lançou-se mão de estudo jurisprudencial dos tribunais superiores e, para temas pontuais, que se relevaram necessários, também de jurisprudência dos tribunais de justiça, bem como de Enunciados do Fórum Permanente dos Processualistas Civis – FPPC;

Do ponto de vista legal, esta obra está de acordo com as atualizações trazidas, entre outras, pelas legislações a seguir:

- Lei nº 13.256/16;
- Lei nº 13.363/16;
- Lei nº 13.465/17;
- Lei nº 13.793/19;
- Lei nº 13.894/19;
- Lei nº 14.133/21;
- Lei nº 14.195/21;
- Lei nº 14.341/22;
- Lei n 14.365/22;

Trata-se de um livro que não é isento, apesar de direcionar o que deve ser considerado como correto para provas objetivas de Concursos e Exames da OAB.

Portanto, é um livro que pretende "aclarar" o estudo do(a) aluno(a), propondo uma estrutura diferente para o exame do conteúdo porque Direito Processual Civil que pode até não ser "fácil", não precisa ser "difícil".

CRISTINY

PARTE I — TEORIA GERAL DO DIREITO PROCESSUAL CIVIL

Parte Geral: arts. 1-318, CPC

INTRODUÇÃO AO DIREITO PROCESSUAL CIVIL: NORMAS FUNDAMENTAIS, PRINCÍPIOS, FONTES E NOÇÕES TEÓRICAS INDISPENSÁVEIS.

1.1. NOTAS INTRODUTÓRIAS

É imperioso que durante o estudo se fique atento a detalhes conceituais, de origem metodológica e principiológica. Quando se domina bem essa "noção geral e introdutória" do direito processual, está construída a base para os demais tópicos da matéria.

Isso coloca você a frente do concorrente, facilitando a interpretação de questões e, consequentemente, o faz ganhar tempo em provas.

Partindo do começo, temos o Direito Processual Civil como **ramo do direito público**, composto de um complexo de *normas e princípios* que regulam a **jurisdição, a ação e o processo**.

Vejamos melhor:

JURISDIÇÃO	atividade estatal de aplicação do Direito aos casos submetidos à apreciação do Judiciário. Função típica: do Poder Judiciário; Função atipicamente exercida pelo Poder Legislativo, nos casos do art. 52 da CFRB. Conceitos: × CHIOVENDA: "a jurisdição consiste na atuação da lei mediante a substituição da atividade de órgãos públicos à atividade de outros, seja no afirmar a existência de uma vontade da lei, seja em determinar ulteriormente que ela produza seus efeitos (Principii di Diritto processuale civile, 1928, p.301) × COUTURE: "acto de la autoridad" - ato da autoridade (Fundamentos de Derecho procesal civil, 1951, p.4.).
AÇÃO	Ação é o direito público subjetivo de exigir do Estado a sua prestação jurisdicional na resolução de uma pretensão de direito material.
PROCESSO	Instrumento pelo qual a jurisdição atua, **resolvendo a lide (CARNELUTTI)** de forma definitiva, reestabelecendo a **legalidade e a justiça**, sendo verdadeiro instrumento eficaz ensejador da **paz social (CALAMANDREI)**.

Jurisdição, ação e *processo* constituem a trilogia estrutural da ciência do processo (PODETTI, 1944), ou seja, estrutura a própria teoria geral do processo. A partir daí, temos as *normas processuais* gravitando sobre esses institutos. Para melhor compreensão: quando se estuda jurisdição, há incursão sobre seus limites, razão pela qual se aborda competência.

É no Livro I da Lei 13.105/15 (Código de Processo Civil) que estão dispostas as "Normas Processuais Civis", sendo que seu primeiro Capítulo passa a enaltecer sobre as **normas fundamentais**.

> Sobre esse tema, fique atento(a)! Aqui estamos falando tanto de regras como de princípios, conforme já entendeu o Fórum Permanente dos Processualista Civis (FPPC) no Enunciado 370: *Norma processual fundamental pode ser regra ou princípio.* ♥

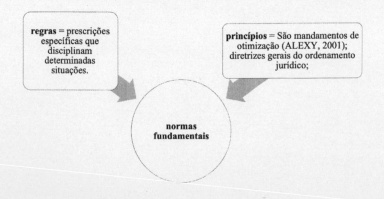

DIDIER (2015, p.636) ensina que

> "Princípio é espécie normativa. Trata-se de **norma** que estabelece um fim a ser atingido. Se essa espécie normativa visa a um determinado 'estado de coisas', e esse fim somente pode ser alcançado com determinados comportamentos, 'esses comportamentos passam a constituir necessidades práticas sem cujos efeitos a progressiva promoção do fim não se realiza. Enfim, ainda com base no pensamento de Humberto Ávila: 'os princípios instituem o dever de adotar comportamentos necessários à realização de um estado de coisas ou, inversamente, instituem o dever de efetivação de um estado de coisas pela adoção de comportamentos a ele necessários'.

Estabelecidas essas premissas, precisamos passar a análise de como essas normas se exteriorizam no mundo jurídico, ou seja, passemos ao estudo das fontes do direito processual civil.

1.1.1. FONTES DO DIREITO PROCESSUAL CIVIL

As fontes são divididas em **materiais e formais**.

a. *fontes materiais:* relaciona-se com os **fatores sociais, políticos, históricos, culturais e econômicos** que influenciam na criação na norma jurídica. ♥Nesse sentido, a judicialização exacerbada, especialmente após a promulgação da Constituição Federal de 1988, se mostra um dos fatores que influenciou a *criação de um novo Código de Processo Civil, calcado em regras de aprimoramento do sistema de resolução de demandas repetitivas.*

b. *fontes formais:* meio pelo qual a norma se revela à sociedade. No nosso sistema ítalo-germânico (ou romano-germânico), a **fonte formal primária e imediata do direito é a lei**.

> Ressalta FUX (2016, p.9) que a Constituição Federal é considerada "a fonte das fontes", porquanto é dela que se extrai a atribuição sobre quem pode elaborar regras processuais, ao dispor sobre a competência da União para legislar sobre processo e a concorrente para que os Estados membros editem regras procedimentais.

Entretanto, a lei – aqui compreendida a Constituição, leis ordinárias e infraconstitucionais - não é a fonte exclusiva do direito, pois também devem ser considerados como fontes formais do Direito:

× os princípios;
× a doutrina;
× analogia;
× costumes; e
× a jurisprudência.

> Sobre a **jurisprudência**, cabe ressaltar que não há mais controvérsia da sua admissão como fonte do direito a partir das premissas do CPC/15, porque a formulação e a consolidação de entendimentos jurisprudenciais tornou-se uma necessidade nas Cortes Superiores, especialmente nas hipóteses em que os órgãos do Poder Público se omitem ou retardam a atividade legiferante e o cumprimento das obrigações a que estão sujeitos por expressa previsão constitucional. O atual CPC busca uma jurisprudência "consolidada". Lembre de "gelo" em inglês: uma jurisprudência "ICE" (art. 926, CPC).

Jurisprudência	
I	• íntegra
C	• coerente
E	• estável

Podemos ainda classificar as fontes em:

× **indiretas:** influenciam a elaboração das normas; e
× **diretas:** geram propriamente as regras jurídicas.

Em suma:

- Conceito: FONTE é o meio pelo qual a norma se revela à sociedade.
- Fonte MATERIAL
  - relaciona-se com os fatores sociais, políticos, culturais e econômicos.
- Fonte FORMAL
  - Primária: LEI
    - É a fonte por excelência do Direito Processual, que embasa um Estado de Direito.
  - Secundária: analogia, costumes, princípios gerais do direito, jurisprudência.
  - Fontes
    - Imediatas/diretas: expressam a norma. Ex.: lei e costumes;
    - Mediatas/indiretas: subsidiam as fontes imediatas, tais como doutrina e jurisprudência.

1.2. O CÓDIGO DE PROCESSO CIVIL DE 2015: LEI Nº 13.105/15

Ao intuito de condensar as reformas anteriores e trazer maior organização sistemática e celeridade processual, harmonizada aos parâmetros constitucionais, foi promulgado o Código de Processo Civil, Lei nº 13.105/15.

Adotou-se uma Parte Geral e se procedeu a uma divisão de matérias diferente da que prevalecia no Código de 1973:

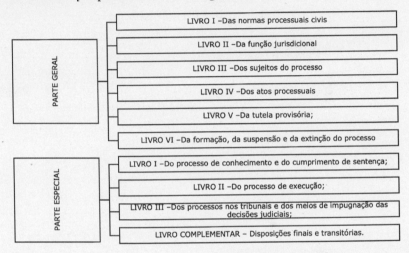

1.2.1. NORMAS FUNDAMENTAIS DO PROCESSO CIVIL

O Livro I trata " Das normas processuais civis" e, para que o leitor(a) possa melhor compreendê-las, necessitamos falar em *neoprocessualismo/ formalismo valorativo* e da própria teoria sobre a natureza do processo. Vamos passar por alguns pontos teóricos indispensáveis.

1.2.2. PROCESSO: NATUREZA JURÍDICA E AUTONOMIA DO DIREITO PROCESSUAL

Diversas teorias já foram elaboradas com o intuito de identificar a natureza jurídica do processo. Dentre elas, destacam-se:

a. **Processo como contrato**: a natureza cogente ou imperativa da sentença só se explicaria em virtude da existência de um acordo, se não expresso pelo menos tácito entre as partes. A sentença vale entre as partes. Essa concepção (privatista) nasce do direito romano.

b. **processo como quase-contrato judiciário:** a única tese existente na literatura processual é de autoria do francês ARNAULT GUÉNYVEAUX. Tudo deveria partir do direito romano e como nele havia quatro fontes de obrigações (contrato, quase-contrato, delito, quase-delito), assim como deveria haver relação obrigacional no processo, o autor conclui que não há contrato no processo, como não nasce ele do delito, nem do quase-delito, sobra o quase-contrato. A "lei" era esquecida pelo autor na sua teoria. Trata-se ainda de uma concepção privatista.

c. **processo como relação jurídica de direito público:** a partir do momento em que o processo passou a ser considerado um ramo do direito público, a partir do momento em que a presença do juiz, como funcionário do Estado, foi devidamente reconhecida, o processo começou a ser definido como uma relação jurídica de direito público. Essa concepção se deu a partir da célebre polemica entre WINDSHEID e MUTHER a respeito da natureza da *actio* romana. Pela primeira vez MUTHER afirmou a natureza publicística do processo, sustentando a relação entre partes e o Estado. Essa concepção passou a ser defendida por todos os autores alemães do século XIX, e, principalmente, por OSKAR VON BÜLOW, fundador da revista alemã de Direito Processual Civil. **Esta revista representou o grande marco da autonomia do direito processual**, porque foi exatamente a partir da revolução cientifica operada por MUTHER, que começou a surgir a independência e a autonomia do direito processual em termos de direito público, em relação ao direito privado. Essa é a teoria predominante na doutrina brasileira. Efetivamente, é frequente a utilização de *processo e de relação jurídica processual* como sinônimos. Ao se estudar a **teoria da relação jurídica processual**, a obra publicada na Alemanha, intitulada "A Teoria das Exceções Processuais e os Pressupostos Processuais" de Oscar von Bülow foi um marco (1868) na distinção entre os direitos processual e material. A partir daí, viu-se com mais clareza ser a relação material litigiosa diferente da relação jurídica processual. Depois dessa obra, passou-se a entender com mais facilidade que o processo, antes de um meio de composição de litígios, constitui uma forma de pacificação das relações sociais, daí defluindo, claramente, tratar-se de ramo do direito público, independentemente de o litígio, no caso concreto, poder ser de natureza privada.

d. **processo como entidade complexa:** há outros autores que veem o processo como uma entidade complexa:

DINAMARCO	processo = procedimento + relação jurídica processual (isto é, processo = relação entre os atos do processo + relação entre os sujeitos do processo).
FAZZALARI	processo = procedimento + direito ao contraditório. É a ideia de módulo processual.

I.2.3. *FASES METODOLÓGICAS DO DIREITO PROCESSUAL CIVIL*

Atualmente temos um "modelo constitucional de processo", fase que é *denominada de neoprocessualismo ou formalismo valorativo*.

Para melhor compreensão de como chegamos até aqui, passaremos a um esquema sobre as fases metodológicas:

FASES	CARACTERÍSTICAS
(i) Praxismo (ou fase sincretista)	× Confusão entre o direito material e o processual; × O processo era estudado apenas em seus aspectos práticos, sem preocupações científicas; × **A ação era o direito material em movimento**, ou seja, uma vez lesado, esse direito adquiria forças para obter em juízo a reparação da lesão sofrida; × Não havia autonomia da relação jurídica processual em confronto com a relação jurídica material; × Condução do processo com pouca participação do juiz. × Tal fase começou a ruir no século XIX, com o estudo pelos alemães da natureza jurídica da ação e do processo; × Conhecimentos eram empíricos, sem nenhuma consciência de princípios ou embasamento científico.
(ii) Processualismo (ou fase do autonomismo)	× Processo passou a ser estudado autonomamente, ganhando relevo a afirmação científica do processo; × origem com Oskar von Büllow (1868), que demonstrou uma relação jurídica especial entre os sujeitos principais do processo; × As grandes estruturas do sistema foram traçadas e os conceitos largamente discutidos e amadurecidos; × Fase autofágica, i.e, distanciada da realidade. Havia um culto exagerado às formas processuais, no afã de enfatizar a autonomia científica.

FASES	CARACTERÍSTICAS
(iii) Instrumentalismo	× O processo, embora autônomo, passa a ser encarado como instrumento de realização do direito material, a serviço da paz social; × Surge para superar o formalismo da fase anterior, negando o caráter puramente técnico do processo, demonstrando que o processo não é um fim em si mesmo, mas um meio para se atingir um fim, dentro de uma ideologia de acesso à justiça; × Estabelece-se uma relação circular de interdependência: o direito processual concretiza e efetiva o direito material, que confere ao primeiro o seu sentido. É a chamada teoria circular dos planos processual e material (Carnelutti). × O processo é uma técnica desenvolvida para a tutela do direito material (art. 188, c/c o art. 244 do CPC/2015). × ATENÇÃO: para alguns autores, como DINAMARCO, ainda estamos nessa fase metodológica, com grande influência das garantias e valores constitucionais - neoconstitucionalismo.
(iv) Neoprocessualismo, formalismo valorativo, formalismo ético ou modelo constitucional de processo	× Sob a influência do neoconstitucionalismo, começou-se a se cogitar do neoprocessualismo, que interage com o instrumentalismo; × para DIDIER (2021) o direito processual civil está vivendo uma nova fase, uma quarta fase metodológica, não importando a denominação que se utilize; × Para outros doutrinadores essa não seria uma nova fase, apenas uma visão evoluída do período instrumentalista do processo. Nesse sentido, DINAMARCO; × É uma dase que se mostra bem marcante com o CPC/2015, o qual consagra dos arts. 1º a 12 as denominadas "normas fundamentais do processo civil", que introduzem a parte geral do CPC e consagram direitos fundamentais processuais, ou seja, as normas infraconstitucionais buscam concretizar as disposições constitucionais.

1.2.4. *O PROCESSO NO ESTADO CONSTITUCIONAL*

O Direito Processual Civil pátrio marcado por **uma visão legalista positivista está em fase de renovação**, mormente pela visão do *processo no Estado Constitucional* que almeja o comprometimento com o Estado Democrático, com a tutela jurisdicional e com um Poder Judiciário eficiente.

A Constituição, até então, com a função tradicional de limitação de poder e organizadora da estrutura do Estado, passou a assumir a função de crivo, submetendo todo o ordenamento jurídico a filtragem constitucional, consagrando os valores nela insculpidos. Se você acha que D-O-I estudar o processo civil, saiba que eu sou obrigada a concordar... Isso mesmo, porque o atual Código de Processo Civil é

D	•DISCIPLINADO
O	•ORDENADO
I	•INTERPRETADO

conforme os **valores e as normas fundamentais** da Constituição Federal. Nos 12 primeiros artigos a doutrina denuncia uma "constitucionalização do processo", o que passamos a estudar.

> *Art. 1º. O processo civil será ordenado, disciplinado e interpretado conforme os valores e as normas fundamentais estabelecidos na Constituição da República Federativa do Brasil, observando-se as disposições deste Código.*

Constitui o dispositivo central do novo ordenamento processual civil, tanto pelo critério topográfico, quanto por explicitar expressamente o alicerce do processo civil: a Constituição Federal. O dispositivo determina que o processo civil deverá ser ordenado e aplicado em consonância com os valores e as normas constitucionais, enfatizando a força normativa da Constituição, consagrando a sua supremacia substancial, apontando para a constitucionalização do processo.

Com efeito, o primeiro artigo permite que o processo seja analisado sob as seguintes premissas:

a. de que a Constituição tem força normativa e, por consequência, também têm força normativa os princípios e os enunciados relacionados aos direitos fundamentais;
b. de expansão da jurisdição constitucional (controle de constitucionalidade difuso e concentrado); e
c. de desenvolvimento de uma nova hermenêutica constitucional (com a valorização dos princípios da proporcionalidade e razoabilidade).

> *Art. 2º O processo começa por iniciativa da parte e se desenvolve por impulso oficial, salvo as exceções previstas em lei.*

Esse artigo demanda a análise dos seguintes princípios: **princípio da ação (da demanda/dispositivo/ da inércia) e princípio do impulso oficial.**

O princípio dispositivo atribui à parte a iniciativa de provocar o exercício da função jurisdicional. Como regra, a jurisdição detém a característica da **inércia** – com exceções não especificas, assim como ocorria no Código de 1973. Entretanto, podemos citar alguns exemplos como exceções à inercia:

- herança jacente, conforme artigo 738, que permite ser iniciada de ofício pelo juiz;
- art. 977, I, permite a instauração do incidente de julgamento de demandas repetitivas - IRDR;
- art. 712, quanto à restauração de autos;
- art. 730, quanto à alienação judicial.

No atual CPC houve uma MITIGAÇÃO do princípio dispositivo, conforme ensina CRUZ E TUCCI:

O princípio dispositivo está positivado no art. 2º, do CPC/15, contudo, não é um princípio absoluto, convivendo em harmonia com o princípio da colaboração, com os poderes instrutórios do juiz e com o princípio da primazia do julgamento do mérito. Da conjugação destes princípios, pode-se inferir que o ordenamento jurídico fez a opção por um juiz proativo, que dirige o processo juntamente com as partes e atua em busca da verdade real, determinando a produção das provas que entender necessárias para a formação de seu convencimento e indeferindo os requerimentos que entender serem protelatórios, com o intuito único de proferir, em tempo razoável, uma decisão justa e efetiva, apreciando o mérito da ação. A regra é salutar. A doutrina explica que "A tese no sentido de que a inatividade do juiz se justifica pelo caráter privado do objeto discutido no processo civil encontra-se completamente ultrapassada, diante de uma perspectiva publicista ou social do processo, que o concebe como instrumento necessário para o exercício da função jurisdicional do Estado. Mesmo que o cerne dos litígios eclodidos no âmbito do processo civil tenha geralmente natureza privada ou disponível, dúvida não há de que o modo de o processo desenvolver-se é governado pelo Estado-juiz, único titular da função jurisdicional, que se serve do processo como instrumento para garantir a efetividade do ordenamento jurídico" (CRUZ E TUCCI, José Rogério. Código de Processo Civil anotado. AASP e OAB/PR. 2019. p. 3-4).

Art. 3º Não se excluirá da apreciação jurisdicional ameaça ou lesão a direito.
§ 1º É permitida a arbitragem, na forma da lei.
§ 2º O Estado promoverá, sempre que possível, a solução consensual dos conflitos.
§ 3º A conciliação, a mediação e outros métodos de solução consensual de conflitos deverão ser estimulados por juízes, advogados, defensores públicos e membros do Ministério Público, inclusive no curso do processo judicial.

Temos aqui a inafastabilidade do Poder Judiciário, assim como o incentivo às formas alternativas de resolução de conflitos para uma tutela adequada e efetiva. De acordo com Marinoni (2015), embora o novo Código de Processo Civil não tenha textualmente previsto o direito ao processo justo dentre as suas normas fundamentais, é claro que o que está por detrás da previsão é o **direito à tutela adequada e efetiva** (art. 3.º), direito à colaboração (art. 6.º), direito à igualdade (art. 7º), ao contraditório, à motivação e à publicidade (arts. 7.º, 9.º,10 e 11) e direito à tutela tempestiva (art.4.º).

Ademais, sobre o sistema multiportas, também é importante destacar que faz parte da denominada terceira onda de acesso à justiça de CAPPELLETTI, que podem assim ser resumidas:

- **Primeira onda** está relacionada à ampliação do acesso à Justiça às pessoas desfavorecidas economicamente, permitindo que elas tenham acesso ao Poder Judiciário mesmo sem poder contratar um advogado particular e/ou arcar com as despesas decorrentes do processo. Com base nela foi instituída a Defensoria Pública e promulgada a lei que concede os benefícios da assistência judiciária gratuita aos necessitados, por exemplo.
- **Segunda onda**, por sua vez, diz respeito à legitimação extraordinária de alguns órgãos para representar coletivamente aqueles que tiverem seus direitos violados ou ameaçados. Com base nela foram criados os instrumentos processuais da ação coletiva, ação civil pública e mandado de segurança coletivo, por exemplo.
- **Terceira onda**, por fim, está relacionada à desburocratização do procedimento e à criação de métodos alternativos de solução de conflitos com o intuito de assegurar a prestação da Justiça em tempo razoável, principalmente quando as ações sejam de baixa complexidade ou digam respeito a interesses exclusivamente privados. Embora a primeira onda de acesso à justiça tenha sido importantíssima, ela não conseguiu, sozinha, resolver o problema da prestação jurídica aos menos favorecidos, sobretudo no que dizia respeito às suas demandas de menor complexidade, tendo sido complementada pela terceira onda. De fato, a terceira onda passou a exigir do magistrado uma atuação mais voltada para a finalidade do processo do que para o atendimento das normas processuais, de modo a permitir a flexibilização delas quando for necessário vencer um obstáculo processual (ou, em outras palavras, algum formalismo) para que seja proferida uma decisão de mérito que, ao menos em tese, coloque fim ao conflito.

Sobre o tema, importante compreender:

AUTOTUTELA	✘ conhecida como "justiça com as próprias mãos"; ✘ é a forma mais precária de resolução de conflitos. A parte mais forte impõe o resultado àquela mais fraca. ✘ Não é utilizada, via de regra. EXCEÇÕES: direito de greve (trabalhista); deforço imediato/desforço incontinenti (civil); autodefesa (penal).
AUTOCOMPOSIÇÃO	✘ Resolução de conflito em que um (ou ambos) dos contendores abre(m) mão do seu interesse (ou parcela deste), para um resultado satisfatório. ✘ Podemos citar três formas de autocomposição: 1-renúncia; 2-submissão; 3-transação. ✘ Aprofundando ainda mais, podemos dizer que a autocomposição bilateral pode ser fruto de: a) negociação das partes; b) conciliação e c) mediação. ✘ ATENÇÃO: em regra os direitos devem ser disponíveis. EXCEÇÃO: direitos indisponíveis transacionáveis. Ex.: art. 3º da lei nº 13.140/15 (lei da mediação).
HETEROCOMPOSIÇÃO	✘ É forma em que temos um terceiro, imparcial, a resolver a contenda. ✘ a forma mais evoluída de resolução de conflitos passa a ser monopólio do Estado-juiz; ✘ arbitragem também se situa aqui, porque envolve um terceiro que realizará a jurisdição privada.

Podemos falar na existência de "equivalentes jurisdicionais", que são meios pelos quais se pode atingir a composição da lide através dos próprios litigantes, utilizando, *v.g.*, a transação e a mediação. Destaca-se, contudo, que a arbitragem não se inclui entre os equivalentes jurisdicionais porque ela configura o exercício de atividade jurisdicional exercida por um particular, com autorização do Estado, estando disciplinada pela Lei n. 9.307/96, alterada pela Lei n. 13.129/15.

Art. 4º: "As partes têm o direito de obter em prazo razoável a solução integral do mérito, incluída a atividade satisfatória" .

Conceituar "razoável duração do processo" não é uma tarefa simples, isso porque o tempo que o juiz pode necessitar para formar seu convencimento nem sempre está de acordo com os anseios das partes. Contudo, podemos conforme elucida TORRES(2015)

> é possível afirmar que tutela prestada em tempo razoável é a tutela que (1) do ponto de vista temporal, preste-se a preservar o interesse na atuação estatal; (2) do ponto de vista das partes, alcance-lhes a prestação aguardada em interregno compatível com seus reais interesses (respeitadas, é claro,

as demais prerrogativas processuais) e, por fim, (3) do ponto de vista do Estado-Juiz, que lhe permita cumprir seu mister em prazo de reflexão compatível com a complexidade da causa.

Art. 5º. Aquele que de qualquer forma participa do processo deve comportar-se de acordo com a boa-fé.

O art. 5º do CPC trata da boa-fé objetiva (Enunciado n. 374 do FPPC). O fundamento constitucional da boa-fé processual está no devido processo legal, entendido nos Estados Unidos *pelo princípio do due process (fair trail)*, ou seja, um processo justo, ou processo equitativo.

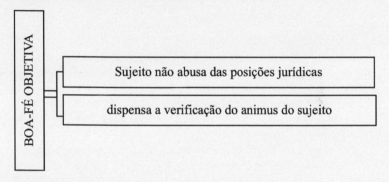

Importante que o(a) leitor(a) domine os conceitos dos seguintes enunciados do FPPC e do CJF:

Enunciado n. 377 do FPPC:
A boa-fé objetiva impede que o julgador profira, sem motivar a alteração, decisões diferentes sobre uma mesma questão de direito aplicável às situações de fato análogas, ainda que em processos distintos.

Enunciado n. 378:
A boa fé processual orienta a interpretação da postulação e da sentença, permite a reprimenda do abuso de direito processual e das condutas dolosas de todos os sujeitos processuais e veda seus comportamentos contraditórios.

Enunciado nº 1, do CJF:
A verificação da violação à boa-fé objetiva dispensa a comprovação do animus do sujeito processual. ♥

ART. 6º: *"Todos os sujeitos do processo devem cooperar entre si para que se obtenha, em tempo razoável, decisão de mérito justa e efetiva."*

Essa norma visa a resolver um problema central do processo: a sua equilibrada organização. O processo civil atual é um processo cooperativo, entre todos que dele participam: partes, juiz, auxiliares da justiça, advogados... Traduz-se, portanto, em um diálogo entre partes e juiz, que encontra, porém, limites na natureza da atuação de cada um dos atores processuais. Diga-se: pelo princípio da cooperação exige-se uma postura ativa, de boa fé e isonômica de todos os atores processuais, e, especificamente do juiz, a atuação como agente colaborador do processo, e não mero fiscal de regras, visando à tutela jurisdicional específica, célere e adequada.

Não é possível, nem por negócio jurídico processual, se afastar deveres de cooperação e boa-fé (Enunciado n.6 FPPC).

Arts. 7º, 9º e 10º: todos abordam no teu texto acerca do princípio do contraditório.

> *Art. 7º É assegurada às partes paridade de tratamento em relação ao exercício de direitos e faculdades processuais, aos meios de defesa, aos ônus, aos deveres e à aplicação de sanções processuais, competindo ao juiz zelar pelo efetivo contraditório.*
> *Art. 9º Não se proferirá decisão contra uma das partes sem que ela seja previamente ouvida.*
> *Parágrafo único. O disposto no caput não se aplica:*
> *I - à tutela provisória de urgência;*
> *II - às hipóteses de tutela da evidência previstas no art. 311, incisos II e III ;*
> *III - à decisão prevista no art. 701 .*
> *Art. 10. O juiz não pode decidir, em grau algum de jurisdição, com base em fundamento a respeito do qual não se tenha dado às partes oportunidade de se manifestar, ainda que se trate de matéria sobre a qual deva decidir de ofício.*

O art. 7º traz o necessidade de respeito ao princípio da igualdade (isonomia), garantia do contraditório e da ampla defesa. Importante observar que a isonomia entre as partes significa "igualdade real", uma vez que os sujeitos processuais são diferentes, e devem ser respeitados em suas diferenças.

Ademais, quanto ao contraditório e suas dimensões básicas, refere DIDIER:

- × dimensão formal: direito à participação no processo;
- × dimensão material: poder de efetiva influência no convencimento judicial, que consiste na garantia da ampla defesa.

O art. 10, do CPC ♥, consagra, com a proibição da decisão-surpresa, a concretização do princípio do contraditório PARTICIPATIVO ao juiz e não apenas às partes. Portanto, é absolutamente indispensável tenham as partes a possibilidade de pronunciar-se sobre tudo que pode servir de ponto de apoio para a decisão da causa, **inclusive quanto àquelas questões que o juiz pode apreciar de ofício.**

EXEMPLOS: matérias que o juiz possa apreciar de ofício (§5º, art. 337, CPC): coisa julgada, litispendência, perempção...

O direito processual não admite surpresas ou armadilhas processuais; do contrário, haveria afronta ao princípio do contraditório, da cooperação e da proteção da confiança. Logo, o CPC voltado para a concepção democrática do processo promove como regra o **contraditório efetivo/ participativo**, sendo que somente em casos excepcionais se falará em **contraditório diferido ou postergado**. Veja o § 1º do art. 9º:

> ♥ Art. 9º Não se proferirá decisão contra uma das partes sem que ela seja previamente ouvida.
> Parágrafo único. O disposto no caput não se aplica:
> I - à tutela provisória de urgência;
> II - às hipóteses de tutela da evidência previstas no art. 311, incisos II e III ;
> III - à decisão prevista no art. 701 .
> ART. 8º: " Ao aplicar o ordenamento jurídico, o juiz atenderá aos fins sociais e às exigências do bem comum, resguardando e promovendo a dignidade da pessoa humana e observando a proporcionalidade, a razoabilidade, a legalidade, a publicidade e a eficiência." ♥

Aqui residem, principalmente:

× o princípio da função social do processo;
× da dignidade da pessoa humana; e
× da publicidade.

> ART. 11º: " Todos os julgamentos dos órgãos do Poder Judiciário serão públicos, e fundamentadas todas as decisões, sob pena de nulidade."

A fundamentação encontra base no inciso IX do art. 93 da CRFB:

> [...] todos os julgamentos dos órgãos do Poder Judiciário serão públicos, e fundamentadas todas as decisões, sob pena de nulidade, podendo a lei limitar a presença, em determinados atos, às próprias partes e a seus advogados, ou somente a estes, em casos nos quais a preservação do direito à intimidade do interessado no sigilo não prejudique o interesse público à informação;

A temática da *cognição judicial* é cara ao direito, portanto é importante destacar que esta deve ser compreendida como a atividade intelectiva do juiz, consistente em captar, analisar e valorar as alegações e as provas produzidas pelas partes, com o objetivo de se aparelhar para decidir (CHIOVENDA). Incide sobre todos os pontos de fato e de direito relevantes para decidir. Pontos são fundamentos ou elementos capazes de influir em um julgamento. Questão é o próprio ponto, quando controvertido.

Para Dinamarco, a cognição no <u>plano horizontal é completa ou limitada</u>, de acordo com a área de questões suscetíveis de apreciação. Nesse particular, o próprio direito material pode restringir a matéria pertinente, "com reflexos no processo e na área suscetível de cognição, (sempre no plano horizontal)". <u>No plano vertical, a cognição pode ser exauriente ou sumária</u>, segundo as limitações à intensidade na busca da verdade e do convencimento judicial.

Ensina Didier, que as modalidades de cognição combinam-se entre si para a formação do procedimento. Os procedimentos de cognição plena/exauriente, que são a regra, têm sua solução de conflitos feita por um procedimento plenário quanto à extensão do debate das partes e da cognição do juiz, e completo quanto à profundidade, prestigiando-se, ao fim, o valor segurança.

Nesse contexto, o novo código, em importante inovação, trouxe no art. 489, §1º, hipóteses EXEMPLIFICATIVAS (Enunciado 303 FPPC) em que uma decisão judicial não será considerada fundamentada: I - se limitar à indicação, à reprodução ou à paráfrase de ato normativo, sem explicar sua relação com a causa ou questão decidida; II – empregar conceitos jurídicos indeterminados, sem explicar o motivo concreto de sua incidência; III - invocar motivos que se prestariam a justificar qualquer outra decisão; IV - não enfrentar todos os argumentos deduzidos no processo capazes de, em tese, infirmar a conclusão adotada pelo juiz; V - se limitar a invocar precedente ou enunciado de súmula, sem identificar seus fundamentos determinantes nem demonstrar que o caso sob julgamento se ajusta àqueles fundamentos; VI- deixar de seguir enunciado de súmula, jurisprudência ou precedente invocado pela parte, sem demonstrar a existência de distinção no caso em julgamento ou a superação do entendimento.

> Art. 12. Os juízes e os tribunais atenderão, <u>preferencialmente</u>, à ordem cronológica de conclusão para proferir sentença ou acórdão. § 1º A lista de processos aptos a julgamento deverá estar permanentemente à disposição para consulta pública em cartório e na rede mundial de computadores.§ 2º Estão excluídos da regra do caput : I - as sentenças proferidas em audiência, homologatórias de acordo ou de improcedência liminar do pedido;II - o julgamento de processos em bloco para aplicação de tese jurídica firmada em julgamento de casos repetitivos;III - o julgamento de recursos repetitivos ou de incidente de resolução de

demandas repetitivas;IV - as decisões proferidas com base nos arts. 485 e 932 ;V - o julgamento de embargos de declaração;VI - o julgamento de agravo interno;VII - as preferências legais e as metas estabelecidas pelo Conselho Nacional de Justiça;VIII - os processos criminais, nos órgãos jurisdicionais que tenham competência penal;IX - a causa que exija urgência no julgamento, assim reconhecida por decisão fundamentada.§ 3º Após elaboração de lista própria, respeitar-se-á a ordem cronológica das conclusões entre as preferências legais.§ 4º Após a inclusão do processo na lista de que trata o § 1º, o requerimento formulado pela parte não altera a ordem cronológica para a decisão, exceto quando implicar a reabertura da instrução ou a conversão do julgamento em diligência.§ 5º Decidido o requerimento previsto no § 4º, o processo retornará à mesma posição em que anteriormente se encontrava na lista.§ 6º Ocupará o primeiro lugar na lista prevista no § 1º ou, conforme o caso, no § 3º, o processo que:I - tiver sua sentença ou acórdão anulado, salvo quando houver necessidade de realização de diligência ou de complementação da instrução;II - se enquadrar na hipótese do art. 1.040, inciso II .

Com intuito de realizar a almejada celeridade do processo o CPC passa a prever uma ordem *preferencial* cronológica para conclusão de processos no seu art. 12. Destaca-se que, inicialmente a redação não tratava como ordem preferencial, mas previa a observância obrigatória da ordem cronológica, o que gerou inúmeras discussões na doutrina, tão logo aprovada a redação da Lei nº 13.105/2015. Sobre o tema, importa ainda destacar o Enunciado n.º 486 do Fórum Permanente de Processualistas Civis:

A inobservância da ordem cronológica dos julgamentos não implica, por si, a invalidade do ato decisório. (Grupo: Sentença, coisa julgada e ação rescisória).

I.3. APLICAÇÃO, INTERPRETAÇÃO E EFICÁCIA DA LEI PROCESSUAL CIVIL NO TEMPO E NO ESPAÇO

A norma jurídica tem eficácia limitada no espaço e no tempo: aplica-se apenas dentro de determinado território e por certo período de tempo.

Considerando que a lei processual é *regra jurídica* e como tal se subsume ao preceito de que as lacunas dever ser autointegradas ou heterointegradas, no caso de omissão da lei, deverá haver o suprimento pela aplicação da analogia, costumes e dos princípios gerais do Direito, conforme art. 4º da LINDB, não se eximindo o juiz de julgar o caso – vedação ao *non liquet* (art. 140, CPC).

Art. 4º Quando a lei for omissa, o juiz decidirá o caso de acordo com a analogia, os costumes e os princípios gerais de direito.

Art. 140. O juiz não se exime de decidir sob a alegação de lacuna ou obscuridade do ordenamento jurídico.

Parágrafo único. O juiz só decidirá por equidade nos casos previstos em lei.

Aplicar a lei processual suscita a questão espacial e temporal. **Sobre a dimensão territorial da norma processual:**

× O art. 13, por sua vez, **traz o princípio da territorialidade**, reforçando que a jurisdição civil será regida pelas normas processuais brasileiras, ressalvada a possibilidade de aplicação das disposições específicas previstas em tratados ou acordos internacionais dos quais o Brasil seja parte.

× o CPC/15 no seu art. 16 prevê que "A jurisdição civil é exercida pelos juízes em todo o território nacional, conforme as disposições deste Código".

× **Sobre a dimensão temporal da norma processual:** as normas processuais também estão limitadas no tempo. Isso quer dizer que, na hipótese de sucessão de leis processuais, deve-se recorrer ao direito intertemporal para estabelecer qual das leis – se a lei posterior ou se a lei anterior – irá regular a situação concreta.

Resumindo:

Processos encerrados	Processos a serem iniciados e em curso
Norma processual civil não retroagirá (art. 14, CPC ♥)	Aplicação imediata na norma processual em vigência, respeitada a *vacatio legis*, os atos processuais praticados e as situações jurídicas consolidadas.

No CPC vigora o **princípio do tempus regit actum**, não tendo a lei nova aptidão para atingir os atos processuais já praticados.

Aplica-se a teoria do isolamento dos atos processuais: praticado o ato segundo a lei vigente no momento da sua prática, sobre ele recai a garantia inerente ao ato jurídico perfeito, o qual, inclusive, implica direito processualmente adquirido.

Exemplo: quanto à fixação de honorários o Informativo 602 do STJ diz que "Os honorários advocatícios nascem contemporaneamente à sentença e não preexistem à propositura da demanda. Assim sendo, nos casos de sentença proferida a partir do dia 18/3/2016, deverão ser aplicadas as normas do CPC/2015."

Diga-se, ainda, que as normas processuais serão aplicadas **supletiva e subsidiariamente** aos processos trabalhista, eleitorais e administrativos, na ausência de normas específicas.

> **DICA**
>
> Podemos memorizar que algumas áreas gostam de sentar a mesa com os processualistas civis para tomar o "chá" das 17hs (por isso em inglês): **T-E-A**.
> **T**rabalhista, **E**leitoral e **A**dministrativo.

Resumo das normas fundamentais

× ART. 1 - D-O-I: disciplinado, ordenado e interpretado conforme valores e normas fundamentais da CF/88;
× ART. 2 - princípio dispositivo; a jurisdição detém como regra a característica da inércia; exceções previstas na Lei.
× Art. 3 - Princípio da inafastabilidade da jurisdição; justiça multiportas; terceira onda de CAPPELLETTI;
× Art 4 - Princípio da razoável duração do processo; Princípio da primazia da decisão de mérito;
× Art. 5 - Princípio (dever) da boa-fé objetiva
× Art. 6 - Princípio (dever) cooperativo imposto à todos sujeitos do processo;
× Art. 7- Princípio do contraditório participativo/efetivo; Princípio da isonomia (inclusive sob aspecto material);
× Art. 8- Princípio da dignidade da pessoa humana; deve o juiz observar a proporcionalidade, a razoabilidade, a legalidade, a publicidade e a eficiência.
× Arts. 9 e 10 - regra do processo civil é o contraditório participativo; exceções: tutelas de urgência, tutelas da evidência dos incisos II e III do art. 311, CPC; previsão do denominado direito evidente da ação monitória (art. 701, CPC); o juiz INCLUSIVE em matérias que pode decidir de ofício reseitará o contraditório participativo.
× Art. 11 - Dever de motivação/fundamentação das decisões judiciais sob pena de nulidade; publicidade do processo;
× Art. 12 - ordem PREFERENCIAL cronológica para julgamentos.

EXERCÍCIOS DE FIXAÇÃO

01. Ano: 2019 Banca: CESPE / CEBRASPE Órgão: MPC-PA Prova: CESPE / CEBRASPE - 2019 - MPC-PA - Analista Ministerial - Direito

O princípio da boa-fé, consagrado no CPC, demanda a observância de um padrão de conduta ao longo do processo. Nesse sentido,

A) a constatação da violação da boa-fé objetiva processual não dispensa a comprovação da intenção do sujeito na adoção de determinado comportamento.

B) o princípio da boa-fé objetiva é consagrado como cláusula geral processual, não havendo manifestações concretas desse princípio ao longo do texto do CPC.

C) os destinatários do princípio da boa-fé objetiva processual incluem as partes e demais sujeitos do processo, ressalvado o órgão jurisdicional competente para apreciação da demanda.

D) o limite ao exercício de posições processuais constitui dimensão do princípio da boa-fé objetiva processual.

E) a prescrição, por lei, de determinada forma sob pena de nulidade possibilitará que a decretação desta seja requerida por qualquer parte.

02. Ano: 2018 Banca: FUNDATEC Órgão: Prefeitura de Santa Rosa - RS Prova: FUNDATEC - 2018 - Prefeitura de Santa Rosa - RS - Advogado

O princípio _____ não está contemplado no Código de Processo Civil. Assinale a alternativa que preenche corretamente a lacuna do trecho acima.

A) da inércia da jurisdição
B) da observância categórica da ordem cronológica de conclusão para proferir decisão
C) do contraditório e da ampla defesa
D) da cooperação processual
E) da boa-fé

» GABARITO

01. Letra d

Alternativa A) Enunciado nº 1, do CJF, nos seguintes termos: "A verificação da violação à boa-fé objetiva dispensa a comprovação do animus do sujeito processual". Afirmativa incorreta.

Alternativa B) art. 5º, CPC/15 impõe especificamente a necessidade de boa-fé objetiva.

Alternativa C) art. 5º, do CPC/15 inclui o juiz. Afirmativa incorreta.

Alternativa D) Vide comentário sobre a alternativa B. O princípio da boa-fé limita o exercício da posição processual porque veda o abuso de direito. Afirmativa correta.

Alternativa E) Dispõe o art. 276, do CPC/15, que "quando a lei prescrever determinada forma sob pena de nulidade, a decretação desta não pode ser requerida pela parte que lhe deu causa". Afirmativa incorreta.

02. Letra b

LETRA A- CORRETA, LOGO NÃO RESPONDE A QUESTÃO. O princípio da inércia da jurisdição aparece mencionado no art. 2º do CPC.

LETRA B- INCORRETA, LOGO RESPONDE A QUESTÃO. Art. 12 do CPC trata de ordem preferencial, não é categórico.

LETRA C- CORRETA, LOGO NÃO RESPONDE A QUESTÃO. Art. 7º do CPC.

LETRA D- CORRETA, LOGO NÃO RESPONDE A QUESTÃO. O princípio da boa-fé processual tem previsão no art. 5º do CPC.

2 JURISDIÇÃO E AÇÃO

2.1. JURISDIÇÃO: O CONCEITO DE JURISDIÇÃO NÃO É UNÍSSONO. VEJAMOS:

× "é a função do Estado que tem por escopo a atuação da vontade concreta da lei por meio de substituição, pela atividade de órgãos públicos, da atividade de particulares ou de outros órgãos públicos, já no afirmar a existência da vontade concreta da lei, já no torná-la, praticamente, efetiva." – Giuseppe Chiovenda.

"a atividade pela qual o Estado, com eficácia vinculativa plena, elimina a lide, declarando e/ou realizando o direito em concreto" - Athos Gusmão Carneiro

Não são raras as vezes que há indicação que a **jurisdição é poder, dever, função e atividade**.

Poder	porque a atuação jurisdicional é conferida constitucionalmente ao Poder Judiciário. O art. 92 da CFRB prevê os órgão que compõe o Poder Judiciário. Cuidado: é função típica do Judiciário, mas excepcionalmente pode ser exercida pelo Legislativo (Senado Federal) no âmbito dos crimes de responsabilidade (art. 52, I, CFRB).
Dever	porque após provocação da parte ou do interessado (arts. 2º CPC) se vincula o Estado a resolver o conflito, prestando a tutela jurisdicional, não podendo o juiz se eximir de julgar, mesmo no caso de obscuridade ou lacuna da lei (art. 140, CPC) - vedação ao *non liquet*.
Função	por estar incumbida, através do processo, de resolver os conflitos de interesses (lide), sejam individuais, sejam coletivos. Conforme CARNELUTTI a finalidade/função da jurisdição é a justa composição da lide.
Atividade	haja vista que o processo, sendo composto de várias formalidades envolvendo o juiz, partes e auxiliares da justiça, além de outros protagonistas, é desenvolvido para se chegar ao desiderato aguardado, qual seja, a entrega da prestação jurisdicional, com a sua efetivação.

De maneira geral, são caraterísticas da jurisdição: ♥

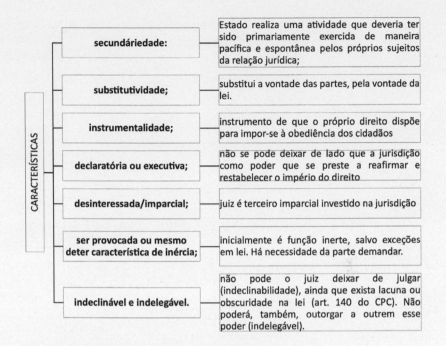

2.1.1. PRINCÍPIOS DA JURISDIÇÃO: SÃO ELES

a. **O princípio do juiz natural**: só pode exercer a jurisdição aquele órgão a que a Constituição atribui o poder jurisdicional e o qual tenha competência para tanto. São vedados os Tribunais de exceção.

b. **Investidura**: a jurisdição deve ser exercida por quem tenha sido constitucionalmente investido na função jurisdicional, encontrando-se no efetivo exercício de tal função. A investidura é, a rigor, um pressuposto processual de existência do processo.

c. **Inevitabilidade**: a solução jurisdicional é inevitável, não cabendo às partes recusá-la.

d. **Indelegabilidade**: o exercício da jurisdição não pode ser delegado a outro sujeito. Essa proibição se aplica, totalmente, nos atos decisórios, todavia, no que toca a outros poderes jurisdicionais, como o instrutório, diretivo do processo e o de execução das decisões, não incide tal vedação. Não há delegação da jurisdição, até porque esta é una, exercida em todo o território nacional pelos juízes e Tribunais (art. 16 do CPC/2015).

e. **aderência territorial**: todo juiz ou órgão judicial conta com uma circunscrição territorial dentro da qual exerce suas funções jurisdicionais, que pode ser a comarca, o Estado, o Distrito Federal ou todo o território nacional. Tal princípio não quer dizer que o juiz não possa se deslocar dentro da territorialidade, pois há previsão de justiça itinerante (arts. 107, § 2°; 115, § 1°, e 125, § 7°, da CR/1988). Acerca deste princípio, cabem três ponderações, sendo que as duas primeiras se referem a casos de extraterritorialidade:

a. Art. 255 do CPC/2015: nas comarcas contíguas de fácil comunicação e nas que se situem na mesma região metropolitana, o oficial de justiça poderá efetuar, em qualquer delas, citações, intimações, notificações, penhoras e quaisquer outros atos executivos

b. Art. 60 do CPC/2015: imóveis fronteiriços, estabelecidos na fronteira entre duas Comarcas (não entre dois países) – nesse caso, o juiz prevento (art. 59) exercerá sua jurisdição sobre a integralidade do imóvel;

c. Art. 16 da Lei de Ação de Civil Pública (Lei 7.347/1985): afirma-se que a sentença civil prolatada na ação civil pública fará coisa julgada erga omnes, nos limites da competência territorial do órgão prolator. Tal dispositivo no que tange a limitação de efeitos foi considerado inconstitucional pelo STF no Tema 1075: "É inconstitucional o art. 16 da Lei n° 7.347/85, na redação dada pela Lei n° 9.494/97. É inconstitucional a delimitação dos efeitos da sentença proferida em sede de ação civil pública aos limites da competência territorial de seu órgão prolator. (STF. Plenário. RE 1101937/SP, Rel. Min. Alexandre de Moraes, julgado em 7/4/2021 (Repercussão Geral – Tema 1075) (Info 1012)."

f. **Inafastabilidade (art. 5°, XXXV, da CF e art. 3° do CPC/2015):** trata-se de dispositivo que consagra o direito fundamental de ação, de acesso ao Poder Judiciário, sem condicionamentos ou embaraços. Não há necessidade de esgotamento de outras instâncias, administrativas ou não, para que se busque a guarda constitucional. O constituinte pode criar exceção, como nas questões desportivas, que devam ser resolvidas inicialmente perante a justiça desportiva para que, após o esgotamento das vias administrativas, possam ser remetidas ao Judiciário (art. 217, § 1°, da CR/1988).

f. **O princípio da unidade:** a jurisdição é una, embora a partilha de competência se dê entre vários órgãos.

h. **O princípio da inércia:** o acesso de todos à justiça é garantido pela Constituição (art. 5°, XXXV), mas o Poder Judiciário não pode agir por iniciativa própria, somente o fará quando adequadamente provocado pela parte (NCPC, art. 2°), salvo exceções em lei.

2.2. AÇÃO

Ação é um direito constitucionalmente assegurado a todos aqueles que tenham sofrido ou estejam na iminência de sofrer lesão ou ameaça a direito (art. 5º, XXXV, CF).

Ação é direito

Público	É um direito público subjetivo distinto do direito subjetivo privado invocado. Previsão no art. 5º,XXXV, CFRB.
Subjetivo	Está para o indivíduo, que poderá exercitá-lo;
Abstrato	porque não condiciona a existência do processo à do direito material perseguido;
Autônomo	tendo em conta que o direito de ação se distingue do direito material.
Instrumental	porque se refere sempre a decisão a uma pretensão ligada ao direito material (positiva ou negativa).

2.2.1. TEORIAS DA AÇÃO

Diversas são as teorias em torno do conceito de ação. Podemos agrupá-las em duas grandes vertentes:

1. teorias da ação como direito abstrato de agir;
2. teorias da ação como direito concreto de agir;

Vamos analisa-las:

1ª teoria - Teoria imanentista/privatista/civilista do direito de ação: considera a ação simples aspecto do direito material da parte. Ou seja, a ação seria o próprio direito material em movimento, reagindo a uma agressão ou a uma ameaça de agressão. A ação seria o próprio direito reagindo a uma violação. Esta teoria teve como expoentes SAVIGNY e CLÓVIS BEVILÁQUA.

2ª teoria - Teoria concreta da ação: segundo essa teoria o direito de ação é um direito do indivíduo contra o Estado, com o objetivo de obtenção de uma sentença favorável, e, ao mesmo tempo, um direito contra o adversário. Apesar de fazer a distinção entre direito de ação e direito material, defende que o direito de ação só existe se o direito material existir, condicionando a existência do primeiro à existência do segundo. Um de seus grandes defensores foi CHIOVENDA.

3ª teoria - Teoria abstrata do direito de ação: incorpora a teoria concreta do direito de ação, pela qual a ação é um direito autônomo do direito subjetivo material violado ou ameaçado. Contudo, acrescenta, ao afirmar que o direito de ação é independente do direito material, podendo existir o primeiro sem que exista o segundo. Com efeito, o direito de ação seria abstrato, amplo, genérico e incondicionado, não existindo nenhum requisito que precise ser preenchido para sua existência. Direito de ação = direito à jurisdição. Para esta concepção, não se fala em condições da ação. Os problemas relativos às condições da ação são resolvidos da seguinte forma: ou se trata de problema de mérito (acolhimento ou rejeição do pedido), ou são pressupostos processuais. Todas as discussões em torno do que se chama de condições da ação se resolvem desta forma. Esta é a concepção que prevalece no mundo.

4ª teoria - Teoria eclética ou instrumental da ação: ENRICO TULLIO LIEBMAN foi seu grande expoente, sendo que o CPC/73 fazia menção expressa as condições da ação por ele defendidas -<u>possibilidade jurídica do pedido, interesse de agir e legitimidade *ad causam* -, colocadas como verdadeiro "ponto de contato" entre a ação e a situação de direito material.</u> Constitui a teoria eclética do direito de ação (ou teoria instrumental da ação) uma posição intermediária entre os dois extremos representados pelas correntes abstratista e concretista da ação. A falta de uma das condições mencionadas leva à carência de ação e o juiz não deve prover o mérito da demanda, quando, então, não há um verdadeiro exercício da prestação jurisdicional, mas, apenas, o uso das formas para fazer aquela avaliação preliminar, pois entre a ação e a jurisdição existe uma exata correlação, não pode haver uma sem a outra. **Aqui, o direito de ação é um direito a um julgamento de mérito.**

> **ATENÇÃO**
> A teoria das condições da ação adotada pelo atual direito processual civil brasileiro é a teoria eclética e foi também adotada pelo Código Buzaid (CPC/73).
> Entretanto, essa não é a teoria adotada pelos Tribunais, que adota a teoria da asserção!

5ª teoria – Teoria da Asserção ♥/ *"Teoria da "Prospettazione"*: é muito difundida no Brasil, sendo a <u>concepção majoritária entre os processualistas</u>. Quem adota essa teoria da asserção, adota a teoria de Liebman; ou seja, são ecléticos que desenvolveram essa teoria que tem por propósito diminuir o impacto danoso que a concepção de Liebman causa. **Segundo a teoria da asserção a análise das condições da ação deve ser feita apenas de acordo com o que foi afirmado pela parte, tomadas como verdadeiras pelo juiz.** Nessa concepção não se deve produzir provas para se verificar as condições da ação. Se houver necessidade de prova, a questão acerca da carência da ação passa a ser questão de mérito. Logo, para a teoria da asserção, toda carência da ação é uma carência que se revela da simples leitura das afirmações.

2.2.2. ELEMENTOS DA AÇÃO

Base legal: art. 337 [...] § 2º Uma ação é idêntica a outra quando possui as mesmas partes, a mesma causa de pedir e o mesmo pedido.

Os elementos podem são **subjetivos e objetivos**.

× elementos subjetivos: as partes (demandante e demandado):
× elementos objetivos: a causa de pedir e o pedido.

Veja:

Partes	Sujeitos, ativo e passivo, que participam na relação processual.
Causa de pedir	Vindo a juízo o autor narra os fatos dos quais deduz ter o direito que alega. O **fato que o autor alega, seja no crime ou no cível, recebe da lei determinada qualificação jurídica.** Por isso podemos dizer que o direito brasileiro adota à causa de pedir a **teoria da substanciação, que difere da individualização**, para a qual **o que conta para identificar a ação proposta é a espécie jurídica invocada,** não as meras circunstâncias de fato que o autor alega (GRINOVER).
Pedidos	Não se justifica o ingresso de alguém em juízo se não fosse para pedir do órgão jurisdicional uma medida, ou provimento, ao qual denomina-se "pedido". Os pedidos podem ter diversas naturezas: cominatórios, alternativos, subsidiários, etc.

2.2.3. CONDIÇÕES DA AÇÃO

Base: Art. 17. Para postular em juízo é necessário ter **interesse e legitimidade**.

A ausência de legitimidade ou interesse é motive para a extinção do processo sem julgamento do mérito. O CPC/15 não traz a menção expressa a "possibilidade jurídica do pedido" como condição da ação, como ocorria no CPC/73, passando a representar matéria de mérito. Efetivamente, ao analisar a viabilidade jurídica da pretensão do autor o julgador esta adentrando no mérito de seu pedido, de forma que a escolha legislativa se mostra adequada. Este já era o entendimento perfilhado por boa parte da doutrina moderna do direito processual e que agora passa a se incorporar ao modelo normativo.

Posição doutrinária divergente: Guilherme Rizzo Do Amaral, no entanto, posiciona-se de forma diferenciada, explicando que "a exclusão da menção à impossibilidade jurídica do pedido consiste tão somente na adequação à versão evoluída da teoria eclética de Liebman, que aboliu tal categoria autônoma de condição da ação, inserindo-a no conceito de interesse de agir" (2015, p.580).

2.2.3.1. POSSIBILIDADE JURÍDICA DO PEDIDO:

está ligada ao caráter de licitude do pedido. Exemplo: dívidas de jogo não podem ser cobradas (art. 814, CC).

2.2.3.2. INTERESSE DE AGIR:

embora o Estado tenha interesse no exercício da jurisdição não lhe convém acionar o aparato judiciário sem que dessa atividade não se possa extrair algum **resultado ÚTIL**. Ademais, é necessário que a prestação jurisdicional solicitada seja *NECESSÁRIA e ADEQUADA*. **TRINÔMIO: interesse de agir é utilidade, necessidade e adequação.** ♥

2.2.3.3. LEGITIMIDADE *AD CAUSAM*:

regra enunciada pelo artigo 18º do Código de Processo Civil. Consiste na possibilidade de ajuizamento da ação por determinado sujeito, e que outro sujeito possa integrar o polo passivo da demanda. Há legitimidade ordinária (regra), e legitimidade extraordinária (exceção).

× **Legitimidade ordinária:** titular do direito postula em juízo;
× **Legitimidade extraordinária:** terceiro, em nome próprio, postula direito alheio quando autorizado pelo ordenamento jurídico. Ex.: substituição processual de sindicato, postulando direito de trabalhadores.

> Art. 18. Ninguém poderá pleitear direito alheio em nome próprio, salvo quando autorizado pelo **ordenamento jurídico**.
> Parágrafo único. Havendo substituição processual, o substituído poderá intervir como assistente litisconsorcial.

2.2.4. CLASSIFICAÇÃO DA AÇÃO

De acordo com a natureza da prestação jurisdicional, teremos as seguintes classificações das ações:

a. ação de conhecimento

Subdividem-se os provimentos cognitivos em **meramente declaratórias, constitutivas e condenatórias (mandamentais e executivas lato sensu).**

Classificação quinária de Pontes de Miranda NÃO é mais a utilizada. Atualmente a classificação trinária é aplicada, ou seja, se fala em sentenças declaratórias, constitutivas e condenatórias. Essa última teria "absorvido" as duas classificações: executive e mandamental.

SENTENÇA DECLARATÓRIA:	é a que tende a simples declaração da **existência ou inexistência de uma relação jurídica** Será positiva ou negativa, conforme reconheça a existência ou inexistência da relação jurídica. **O atual Código prevê a possibilidade da ação meramente declaratória, ainda que exista violação ao direito (art. 20, CPC).** Ademais, também prevê o art. 19, CPC: Art. 19. O interesse do autor pode limitar-se à declaração: I - da existência, da inexistência ou do modo de ser de uma relação jurídica; II - da autenticidade ou da falsidade de documento.
SENTENÇA CONSTITUTIVA	é a que **cria, modifica ou extingue uma relação jurídica**. Em outras palavras é a que altera o status jurídico existente. Uma das diferenças mais expressivas entre a sentença declaratória e a constitutiva está em que esta possui, com relação àquela, um plus consistente no **estabelecimento de uma nova relação jurídica, ou na alteração ou extinção da existente.** Encontra-se na sentença constitutiva, além da declaração de certeza, no que concerne a preexistência do direito, também, as condições exigidas para a constituição da relação jurídica, sua modificação ou extinção. A sentença constitutiva não cria direito, mas apenas declara a sua preexistência, do qual emanam os efeitos previstos no ordenamento jurídico. As sentenças constitutivas, como regra, tem efeito ex nunc, isto é, para o futuro, seus efeitos produzem-se a partir da sentença transitada em julgado.
SENTENÇA CONDENATÓRIA	é aquela que, declarando a certeza da relação jurídica e conseqüente imperativo da lei reguladora da espécie, contém, ainda a **aplicação da sanção à espécie decidida.** Além de declarar a certeza da relação jurídica e assim estabelecer a obrigação do devedor, a sentença condenatória especifica a sanção para o caso deste deixar de cumprir a obrigação. A sentença condenatória, cumpre **duas finalidades:** a) declarar a existência do direito material invocado (cogitando-se apenas deste); b) impor ao vencido a obrigação de satisfazer aquele direito.

SENTENÇAS EXECUTIVA LATO SENSU	O comando jurisdicional determina, por si só, o cumprimento satisfatório da pretensão na sentença executiva lato sensu.
SENTENÇAS MANDAMENTAL	Já na sentença mandamental, além de declarar, se ordena o cumprimento de determinada obrigação

2. Ação de execução

No processo executivo é proposta uma ação (ação executiva), pela qual o credor pretende o provimento jurisdicional satisfativo, tendo como pressuposto um título executivo.

3. Ação cautelar (?)

Seu resultado específico é um provimento acautelatório. Visa, portanto, proteger um bem ou direito que será discutido em ação principal (processo de conhecimento). O provimento cautelar funda-se antecipadamente na hipótese de um futuro provimento jurisdicional favorável ao autor: verificando-se os pressupostos do fumus boni juris (aparência do bom direito) e do periculum in mora (perigo da demora), o provimento cautelar opera imediatamente, como instrumento provisório e antecipado do futuro provimento definitivo, para que este não seja frustrado em seus efeitos. No atual CPC não se fala mais em ação tipicamente cautelar, tendo em vista que agora temos o tratamento das "medidas cautelares" como espécie de tutelas provisórias de urgência (arts. 294-311, CPC), requeridas tanto no processo de conhecimento como de execução.

+ EXERCÍCIOS DE FIXAÇÃO

01. Ano: 2021 Banca: CESPE / CEBRASPE Órgão: Polícia Federal Prova: CESPE / CEBRASPE - 2021 - Polícia Federal - Delegado de Polícia Federal

A respeito da jurisdição, da competência e do poder geral de cautela no processo civil, julgue o item subsequente.

As características da jurisdição incluem substituir, no caso concreto, a vontade das partes pela vontade do juiz, o que, por sua vez, resolve a lide e promove a pacificação social.

( ) Certo
( ) Errado

02. Ano: 2021 Banca: FCC Órgão: DPE-RR Prova: FCC - 2021 - DPE-RR - Defensor Público

De acordo com a teoria da asserção,

A) a análise das condições da ação são questões de mérito e, por este motivo, deve ser feita no momento da sentença.
B) a verificação de ilegitimidade passiva do réu após a produção de provas enseja a extinção do processo com resolução do mérito.
C) a análise das condições da ação deve ser feita in statu assertionis, isto é, em conformidade com as assertivas decorrentes da prova produzida sob o crivo do contraditório.
D) as condições da ação foram abolidas do Código de Processo Civil de 2015.
E) as condições da ação subsistem no Código de Processo Civil de 2015, mas sob a forma de pressupostos processuais.

» GABARITO

01. GABARITO: ERRADO

A questão em comento demanda conhecimento de características da jurisdição. A substitutividade diz que, havendo a lide A jurisdição substitui a vontade das partes pela vontade da lei, do Direito, do Direito estatal, tendo o Estado o monopólio da jurisdição oficial. Cuidado: a vontade das partes não é substituída pela vontade do juiz, pois o magistrado está adstrito ao Direito (critério d estrita legalidade), conforme art. 141 do CPC. Diga-se que somente teremos jurisdição por equidade quando houver autorização legislativa (§ú, art. 141, CPC).

02. GABARITO B

De acordo com a teoria da asserção se, na análise das condições da ação, o Juiz realizar cognição profunda sobre as alegações contidas na petição, após esgotados os meios probatórios, terá, na verdade, proferido juízo sobre o mérito da controvérsia" (REsp 1.157.383/RS, Rel. Ministra Nancy Andrighi, Terceira Turma, julgado em 14/8/2012, DJe 17/8/2012)

Teoria que o CPC adota: Teoria ECLÉTICA; Teoria que o STJ adota: teoria da ASSERÇÃO/teoria della prospettazione

Sendo possível o juiz mediante uma cognição sumária perceber a ausência de uma ou mais condições da ação: extinção do processo SEM resolução do mérito, por carência de ação (art. 485, VI, Novo CPC).

CRISTINY MROCZKOSKI ROCHA

DOS LIMITES DA ATIVIDADE JURISDICIONAL

Todos os juízes têm jurisdição, ou seja, têm o poder de dirimir conflitos aplicando a lei aos casos concretos, mas nem todo juiz detém competência, que é o âmbito dentro do qual o juiz pode, validamente, exercer a jurisdição.

Destaca-se que o exercício do poder jurisdicional está condicionado ao território nacional e às disposições constantes no ordenamento jurídico pátrio (arts. 21-25, CPC).

3.1. **COMPETÊNCIA CONCORRENTE (ARTS. 21 E 22, CPC):**

é considerada concorrente porque não exclui a competência de outros países. Logo, cabe a parte optar ou não pelo ingresso da ação no país.

× Importante dizer que se houver ação tramitando em tribunal estrangeiro, **não há de se falar em litispendência**, nem que se obstará a autoridade judiciária brasileira que conheça da mesma causa e das que lhe são conexas, ressalvadas as disposições em contrário de tratados internacionais e acordos bilaterais em vigor no Brasil" (art. 24) ♥.

São três as hipóteses de competência da autoridade judiciária brasileira elencadas no art. 21, as quais também já estavam previstas no CPC/1973:

I) Ações em que o réu, qualquer que seja sua nacionalidade, estiver *domiciliado* no Brasil	× réu pessoa física. × réu pessoa jurídica: para este considera-se domicílio a agência, filial ou sucursal (art. 21, parágrafo único).
II) Ações em que no Brasil tiver de ser cumprida a obrigação. **ATENÇÃO: art. 12 LINDB** *"É competente a autoridade judiciária brasileira, quando for o réu domiciliado no Brasil ou aqui tiver de ser cumprida a obrigação".*	Se o negócio jurídico celebrado entre as partes tiver o Brasil como local para cumprimento das obrigações pactuadas, *ainda que as partes sejam estrangeiras*, a ação pode ser proposta junto ao órgão jurisdicional brasileiro.
III) As ações em que o fundamento seja fato ocorrido ou ato praticado no Brasil	DONIZETTI (2021) exemplifica essa situação com o caso de um estrangeiro que pratica ato ilícito contra pessoa dentro do território nacional, caso em que a ação de reparação de danos poderá ser proposta no Brasil, ainda que o ofensor não esteja aqui domiciliado.

Quanto à competência concorrente, importante dizer que as disposições do art. 21 são complementadas pelo art. 22, que ainda confere "à autoridade judiciária brasileira processar e julgar as ações":

I - de alimentos[1]	a) o credor tiver domicílio ou residência no Brasil; b) o réu mantiver vínculos no Brasil, tais como posse ou propriedade de bens, recebimento de renda ou obtenção de benefícios econômicos;
II - decorrentes de relações de consumo	quando o consumidor tiver domicílio ou residência no Brasil;
III - em que as partes, expressa ou tacitamente	se submeterem à jurisdição nacional.

3.2. COMPETÊNCIA EXCLUSIVA (ART. 23, CPC):

♥ caso em que não se admite que outro órgão jurisdicional que não o brasileiro julgue uma determinada demanda. Vejamos:

---

[1] O Brasil já havia ratificado a Convenção Interamericana Sobre Obrigação Alimentar - promulgada pelo Decreto nº 2.428/1997- a qual dispõe, em seu art. 8º, que a competência para conhecer das reclamações de alimentos pode ser, a critério do credor: a) do juiz ou autoridade do Estado de domicílio ou residência habitual do credor; b) do juiz ou autoridade do Estado de domicílio ou residência habitual do devedor; ou c) do juiz ou autoridade do Estado com o qual o devedor mantiver vínculos pessoais, tais como posse de bens, recebimento de renda ou obtenção de benefícios econômicos.

I - conhecer de ações relativas a **imóveis** situados no Brasil	**ATENÇÃO:** nesses casos não há necessidade de que a ação tenha natureza real, ou seja, mesmo que se trate de direito pessoal sobre imóvel situado no Brasil, a ação deverá ser processada e julgada pela justiça brasileira. Sobre o tema, p art. 12, § 1º, da LINDB também prevê que somente "à autoridade judiciária brasileira compete conhecer das ações relativas a imóveis situados no Brasil".
II - em matéria de **sucessão hereditária**, proceder à <u>confirmação de testamento particular e ao inventário e à partilha de bens situados no Brasil</u>, *ainda que o autor da herança seja de nacionalidade estrangeira ou tenha domicílio fora do território nacional*;	Essa regra vale para os bens **móveis e imóveis** integrantes do espólio. **ATENÇÃO:** essa regra não se confunde com a possibilidade de aplicação do direito material estrangeiro quando em benefício de cônjuge ou de filhos brasileiros (art. 10, § 1º, da LINDB), pois nesses casos a autoridade brasileira poderá aplicar as normas de direito substancial estrangeiro (art. 376, CPC), mas as normas processuais que irão nortear todo o trâmite processual serão somente aquelas estabelecidas pelo legislador brasileiro.
III - em divórcio, separação judicial ou dissolução de união estável, proceder à **partilha de bens situados no Brasil**, ainda que o titular seja de nacionalidade estrangeira ou tenha domicílio fora do território nacional.	A regra vem abarcar entendimento jurisprudencial já consolidado no Superior Tribunal de Justiça, segundo o qual não se admite a homologação de sentença estrangeira de divórcio quando este, além das disposições referentes ao casamento, contempla partilha de bens situados no Brasil (STJ, SEC 5822/EX, Rel. Min. Eliana Calmon, Corte Especial, j. 20.02.2013).

3.3. ELEIÇÃO DE FORO

Diga-se que é possível fazer eleição de foro, optando-se pela submissão ao Poder Judiciário brasileiro, nos termos do que já vimos no inciso III do art. 22. Do mesmo modo *é possível excluir a jurisdição do Poder Judiciário brasileiro, desde que não se trate de quaisquer das hipóteses do art. 23 do CPC*, mediante celebração de contrato internacional no qual for inserida cláusula de eleição de foro exclusivo estrangeiro, nos termos do art. 25, caput, CPC. Todaviam isso não se aplica às hipóteses de competência internacional exclusiva (§1º do art. 25, CPC) ♥.

3.4. COOPERAÇÃO INTERNACIONAL (ARTS. 26-41, CPC)

O CPC de 2015 inova ao tratar da "cooperação internacional", dedicando todo um Capítulo ao tema, que vem dividido em quatro seções. Segundo Cassio Scarpinella Bueno (2018, p.182) "**por cooperação internacional, deve ser entendido o conjunto de técnicas que permitem** a dois Estados colaborar entre si em prol do cumprimento fora de seus territórios com medidas jurisdicionais requeridas por um deles".

Na cooperação jurídica internacional não será admitida a prática de atos que contrariem ou que produzam resultados incompatíveis com as normas fundamentais que regem o Estado brasileiro (§3º, art. 26, CPC c/c art. 39 CPC).

Será regida por tratado que o Brasil faça parte e observará (art. 26, CPC):

- a) Garantias do devido processo legal no Estado requerente;
- b) Igualdade de tratamento entre nacionais e estrangeiros, residentes ou não no Brasil – acesso à Justiça e assistência aos necessitados;
- c) Publicidade processual, salvo casos de sigilo previstas na legislação brasileira ou do Estado requerente;
- d) Existência de autoridade central para a recepção e comunicação/transmissão dos pedidos de cooperação;
- e) Espontaneidade na transmissão e informações a autoridades estrangeiras.

> **DICA:** considerando o alto índice de exigência em provas, podemos memorizar os requisitos formais à cooperação nacional por meio do quadro mnemônico **DEI PUBLICIDADE À AUTORIDADE CENTRAL.**
> -Devido processo legal; Espontaneidade; Igualdade; **publicidade; autoridade central.**

Autoridade central: o órgão interno responsável por conduzir a cooperação jurídica entre os Estados. O <u>Ministério da Justiça</u> é, em regra, o órgão responsável por exercer o papel de autoridade central na cooperação jurídica internacional (art. 26, § 4º[2]), salvo em casos em que há a designação de outros órgãos para execução das funções de autoridade central.

---

[2] Art.26 (...)§ 4º O Ministério da Justiça exercerá as funções de autoridade central na ausência de designação específica.

No CPC, temos algumas previsões relevantes sobre o tema:

× art. 26, IV: prevê a existência da autoridade central para a recepção e transmissão dos pedidos de cooperação.

× art. 31: estabelece que a comunicação realizada pela autoridade central para o exercício de suas funções ocorrerá de forma direta para com as autoridades semelhantes e, se necessário, também será possível a comunicação com outros órgãos estrangeiros que estejam envolvidos com a tramitação e execução dos pedidos enviados e recebidos pelo Estado Brasileiro.

× art. 37: todos os pedidos de cooperação jurídica internacional devem ser remetidos à autoridade central brasileira, que lhe dará o devido andamento. Se, no entanto, o pedido for oriundo de autoridade estrangeira, poderá a autoridade central brasileira deixar de admiti-lo se nele contiver manifesta ofensa à *ordem pública* (art. 39).

Importa, ainda, destacar que na falta de tratado a cooperação jurídica internacional poderá a cooperação se realizar com base em **reciprocidade**, manifestada por via diplomática (§1º, art. 26, CPC). **Contudo, tal reciprocidade referida no § 1º não será exigida para homologação de sentença estrangeira (§2º do art. 26).**

3.4.1. FORMAS DE COOPERAÇÃO JURÍDICA INTERNACIONAL

De acordo com o art. 27 do NCPC, os possíveis objetos de cooperação jurídica internacional podem ser:

Art. 27. A cooperação jurídica internacional terá por objeto:

I - citação, intimação e notificação judicial e extrajudicial;
II - colheita de provas e obtenção de informações;
III - homologação e cumprimento de decisão;
IV - concessão de medida judicial de urgência;
V - assistência jurídica internacional;
VI - qualquer outra medida judicial ou extrajudicial não proibida pela lei brasileira.

No âmbito cível, a cooperação internacional pode ocorrer de diversas formas, dentre elas:

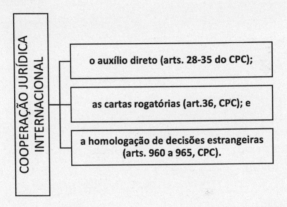

Temos outros instrumentos utilizados, como os tratados internacionais e a extradição (Lei de Migração – Lei n° 13.445/2017). A partir de agora trataremos dos mecanismos dispostos da legislação processual civil:

× auxílio direto;
× carta rogatória;
× **homologação de sentença estrangeira.** Especialmente quanto à homologação de sentença estrangeira e a concessão de exequatur à carta rogatória, aprofundaremos no capítulo relativo aos processos perante os tribunais.

a. **Auxílio direto/assistência direta (arts. 28-35, CPC)**

Trata-se de uma técnica de cooperação internacional "que torna dispensável a expedição de carta rogatória para viabilizar não só a comunicação mas também a tomada de providência por outros Estados". O auxílio direto pode ser ativo ou passivo:

× **Ativo:** o Brasil pretende a cooperação de outro país;

× **Passivo:** outro país pretende a cooperação do Brasil.

Sobre o tema o art. 28 do CPC prevê que " Cabe auxílio direto quando a medida não decorrer diretamente de decisão de autoridade jurisdicional estrangeira a ser submetida a juízo de delibação no Brasil". Esse **"juízo de delibação"** <u>é dispensado no caso de auxílio direto, mas próprio das cartas rogatórias e ações de homologação.</u>

O juízo de delibação é realizado pelo STJ, o que significa dizer que caberá ao Tribunal analisar as características formais do pedido, verificando, inclusive, se não violam a ordem pública (art. 39, CPC).

Conforme dispõe o art. 29 do CPC "A solicitação de auxílio direto será encaminhada pelo órgão estrangeiro interessado à autoridade central, cabendo ao Estado requerente assegurar a autenticidade e a clareza do pedido". A autoridade central fará a comunicação direta "com suas congêneres e, se necessário, com outros órgãos estrangeiros responsáveis pela tramitação e pela execução de pedidos de cooperação enviados e recebidos pelo Estado brasileiro, respeitadas disposições específicas constantes de tratado" (art. 31).**Em regra, não se falará em auxílio jurisdicional, contudo, esse poderá vir a ser necessário, caso em que o pedido será encaminhado à Advocacia Geral da União, que requererá em juízo a medida solicitada (arts. 32, 33 e 34, CPC).**

b. **cartas rogatórias (art. 36 c/c 237, II, ambos do CPC)**

Possui **caráter contencioso** (art. 36)[3], sendo utilizada como meio de comunicação entre órgãos jurisdicionais de países estrangeiros nas hipóteses de:

× não haver previsão, em tratado ou acordo de cooperação, do emprego de auxílio direto; ou

× quando expressamente indicado por ato internacional.

A carta rogatória é o instrumento por meio do qual um juízo estrangeiro solicita a realização de alguma diligência processual em juízo não nacional (art. 237, II).

Neste mecanismo de cooperação internacional é realizado apenas um juízo de delibação – juízo sumário e superficial, sem entrar no mérito da decisão ou despacho oriundo da justiça estrangeira. Destarte, o órgão jurisdicional brasileiro não detém, portanto, competência para

---

3 Art. 36. O procedimento da carta rogatória perante o Superior Tribunal de Justiça é de jurisdição contenciosa e deve assegurar às partes as garantias do devido processo legal.

julgar ou modificar a decisão de mérito proferida pela autoridade estrangeira (art. 36, § 2º).

O entendimento do STJ, aliás, tem sido no sentido de que "para a homologação de sentença estrangeira proferida em processo judicial proposto contra pessoa domiciliada no Brasil, é imprescindível que tenha havido a sua regular citação por meio de carta rogatória ou se verifique legalmente a ocorrência de revelia" (STJ, SEC 15.686/EX, Corte Especial, Rel. Min. Herman Benjamin, j. 06.09.2017. DJe 31.10.2017).

c. **homologação de sentença estrangeira (arts. 960-965, CPC)**

O art. 40 dispõe que "a cooperação jurídica internacional para execução de decisão estrangeira dar-se-á por meio de carta rogatória ou de ação de homologação de sentença estrangeira, de acordo com o art. 960". O *procedimento* para a homologação da carta rogatória e da sentença estrangeira – que equivale ao que os precitados artigos chamam de "concessão do exequatur" – é o objeto da disciplina dos arts. 960 a 965, que, nesse sentido, complementam e concretizam o comando do precitado art. 40 e, mais especificamente, também do art. 36 para a carta rogatória. Mas, resumidamente: é por meio deste mecanismo que se reconhecerá em um determinado Estado decisão judicial definitiva proferida por autoridade estrangeira. Qualquer provimento, inclusive não judicial, proveniente de uma autoridade estrangeira só terá eficácia no Brasil após sua homologação pelo Superior Tribunal de Justiça (art. 216-A da Emenda Regimental nº 24/2016). Tal competência é exercida pelo Presidente do STJ, mas, no caso de pedido de homologação de sentença estrangeira, se houver contestação, o processo será submetido a julgamento pela Corte Especial (arts. 216-O e 216-T da Emenda Regimental nº 18/2014). Os requisitos indispensáveis à homologação de uma sentença estrangeira, segundo o art. 216-D da Emenda Regimental nº 18/2014, são: a) ter a sentença sido proferida por autoridade competente; b) existir comprovação de terem sido as partes citadas ou haver-se legalmente verificado à revelia; c) ter a decisão transitado em julgado; d) estar autenticada pelo cônsul brasileiro e acompanhada de tradução por tradutor oficial ou juramentado no Brasil. O art. 963 do CPC/2015 acrescenta, ainda, a necessidade de a sentença ser eficaz no país em que foi proferida (inc. I), não ofender a coisa julgada brasileira (inc. IV) e não houver sido proferida com manifesta ofensa à ordem pública (inc. VI).

3.5. COMPETÊNCIA INTERNA (ARTS. 42-66, CPC)

A distribuição da competência é regida por *normas*, incluindo-se aí as regras e os princípios, previstas tanto na Constituição, leis orgânicas, como no CPC.

A competência se fixa no momento do registro ou da distribuição, sendo irrelevantes as modificações do estado de fato ou de direito ocorridas posteriormente, salvo quando suprimirem órgão judiciário ou alterarem a competência absoluta (art. 43, CPC).

Conforme ensina DONIZETTI (2021), não obstante o art. 43 mencionar apenas a supressão do órgão ou a alteração da competência absoluta, há outras exceções à regra da perpetuatio jurisdicionis.

Exemplificativamente, nos processos que envolvam interesses de menor e desde que não se identifique infração à boa-fé processual, a alteração do domicílio do menor pode — no interesse do próprio menor — acarretar a alteração da competência (STJ, CC 114.782/RS, Rel. Min. Nancy Andrighi, j. 12.12.2012, DJe 19.12.2012)

3.5.1. CLASSIFICAÇÃO

A depender da natureza da norma, classifica-se a competência em relativa ou absoluta ♥

ABSOLUTA	RELATIVA
× norma é cogente × de interesse exclusivamente público. × Nesse sentido, por exemplo, é inadmissível negócio processual sobre norma de competência absoluta (Enunciado 37 ENFAM). × no caso de infringência dessa norma, estaremos diante de uma situação de incompetência absoluta. × Liberdade das formas; × Pode ser reconhecida a qualquer tempo e grau de jurisdição (art. 64, §1°, c/c art. 337, II, ambos do CPC); × Inderrogável. × Juiz poderá conhecer *ex officio*;	× norma dispositiva × pensada de forma a atender prioritariamente o interesse privado × no caso de infringência ao critério determinativo de competência, teremos a incompetência relativa. × Há previsão a respeito da forma (art. 65 c/c art. 337 II, ambos do CPC): preliminar de contestação; × Se não alegada: a competência se prorroga; × Não poderá o juízo conhecer *ex officio* (Enunciado 33 da Súmula do STJ). **EXCEÇÃO: art. 63, §3°, CPC que prevê que " Antes da citação, a cláusula de eleição de foro, se abusiva, pode ser reputada ineficaz de ofício pelo juiz, que determinará a remessa dos autos ao juízo do foro de domicílio do réu."** × ATENÇÃO: nos juizados especiais cíveis a incompetência territorial poderá ser conhecida ex officio (Enunciado 89 FONAJE)
CARACTERÍSTICAS	**CARACTERÍSTICAS**
× pode ser alegada em qualquer tempo e grau de jurisdição e deve ser declarada de ofício pelo magistrado (art. 64, § 1°); × pode ser objeto de ação rescisória (art. 966, II); × não se altera pela vontade das partes (art. 62), tampouco por conexão ou continência; × não se prorroga.	× o juiz não pode conhecer de ofício a incompetência relativa (Súmula n° 33 do STJ e art. 337, § 5°, do CPC/2015); × as regras de incompetência relativa podem ser alteradas pelas partes (art. 63), bem como em razão da conexão/continência (art. 54); × se ela não for alegada em tempo oportuno, o juízo relativamente incompetente passará a ser competente para processar e julgar o feito (art. 65). Nesse caso, ocorre o fenômeno da prorrogação da competência; × pode ser alegada pelo Ministério Público nas causas em que atuar (art. 65, parágrafo único).

3.5.2. CRITÉRIOS

Os critérios em razão da matéria, pessoa e funcional refletem uma competência absoluta (art. 62 do CPC/2015), enquanto o critério territorial e o do valor uma competência relativa (art. 63 do CPC/2015), ressalvadas algumas exceções.

> DICA: onsiderando o alto índice de exigência em provas, podemos memorizar por meio do quadro mnemônico **MPF e Vale Transpote**. Lembre-se que o transporte lhe leva a algum lugar, mediante, em regra, um valor. Veja:

COMPETÊNCIA ABSOLUTA	COMPETÊNCIA RELATIVA
Art. 62. A competência determinada em razão da matéria, da pessoa ou da função é inderrogável por convenção das partes.	**Art. 63. As partes podem modificar** a competência em razão do valor e do território, elegendo foro onde será proposta ação oriunda de direitos e obrigações. **§ 1º A eleição de foro só produz efeito quando** constar de instrumento escrito e aludir expressamente a determinado negócio jurídico. **§ 2º O foro contratual obriga os herdeiros e sucessores das partes.** **§ 3º Antes da citação, a cláusula de eleição de foro, se abusiva, pode ser reputada ineficaz de ofício pelo juiz, que determinará a remessa dos autos ao juízo do foro de domicílio do réu.** **§ 4º Citado, incumbe ao réu alegar a abusividade da cláusula de eleição de foro na contestação, sob pena de preclusão.** **Súmula 33 STJ** **"A incompetência relativa não pode ser declarada de ofício".**

> ATENÇÃO: No que diz respeito à Justiça Federal, importante e muito corriqueira a cobrança do art. 45 do CPC e da Súmula 150 do STJ:

Art. 45. Tramitando o processo perante outro juízo, os autos serão remetidos ao juízo federal competente se nele intervier a União, suas empresas públicas, entidades autárquicas e fundações, ou conselho de fiscalização de atividade profissional, na qualidade de parte ou de terceiro interveniente, exceto as ações:
I - de recuperação judicial, falência, insolvência civil e acidente de trabalho;
II - sujeitas à justiça eleitoral e à justiça do trabalho.
§ 1º Os autos não serão remetidos se houver pedido cuja apreciação seja de competência do juízo perante o qual foi proposta a ação.

§ 2º Na hipótese do § 1º, o juiz, ao não admitir a cumulação de pedidos em razão da incompetência para apreciar qualquer deles, não examinará o mérito daquele em que exista interesse da União, de suas entidades autárquicas ou de suas empresas públicas.
§ 3º O juízo federal restituirá os autos ao juízo estadual sem suscitar conflito se o ente federal cuja presença ensejou a remessa for excluído do processo.
Súmula 150, STJ: Compete à JF decidir sobre a existência de interesse jurídico que justifique a presença, no processo, da União, suas autarquias ou empresas públicas.

> **DICA:** Para não esquecer das situações em que não se remeterá à Justiça Federal, grave o mneumônico **T-A-R-I-F-E**.
> **NÃO remetido:**
> Trabalho
> Acidente
> Recuperação Judicial
> Insolvência
> Falência
> Eleitoral

3.5.3. FORO GERAL E ESPECIAL

O Código regula exaustivamente a competência territorial, estabelecendo um foro geral ou comum, fixado em razão do domicílio do réu, e diversos foros especiais, fixados em razão da situação da coisa demandada, da qualidade das pessoas envolvidas no litígio, entre outras circunstâncias.

× FORO GERAL: está previsto no art. 46 do CPC ♥.

A regra principal adotada pelo Código para distribuir a função jurisdicional entre os diversos órgãos jurisdicionais é a do foro geral ou comum.

A ação fundada em <u>**direito pessoal e a ação fundada em direito real sobre bens móveis**</u> serão propostas, em regra, no foro do domicílio do réu (art. 46).

> Art. 46. A ação fundada em direito pessoal ou em direito real sobre bens móveis será proposta, em regra, no foro de domicílio do réu.
> § 1º Tendo mais de um domicílio, o réu será demandado no foro de qualquer deles.
> § 2º Sendo incerto ou desconhecido o domicílio do réu, ele poderá ser demandado onde for encontrado ou no foro de domicílio do autor.

§ 3º Quando o réu não tiver domicílio ou residência no Brasil, a ação será proposta no foro de domicílio do autor, e, se este também residir fora do Brasil, a ação será proposta em qualquer foro.
§ 4º Havendo 2 (dois) ou mais réus com diferentes domicílios, serão demandados no foro de qualquer deles, à escolha do autor.
§ 5º A execução fiscal será proposta no foro de domicílio do réu, no de sua residência ou no do lugar onde for encontrado.

> ATENÇÃO: Súmula nº 58 do STJ: "Proposta a execução fiscal, a posterior mudança de domicílio do executado não desloca a competência já fixada".

× **FOROS ESPECIAIS**: afastam as normas gerais previstas no art. 46 e seus parágrafos. Previsão nos arts. 47 a 53 do CPC:
× **Foro da situação da coisa**: o art. 47 prevê que nas ações fundadas em **direito real sobre imóveis** é competente o foro da situação da coisa.

> ATENÇÃO: m regra o critério territorial reflete uma norma de competência relativa, entretando no art. 47 se prevê que essa competência será absoluta para: 1) as ações que recaiam sobre direito de propriedade, vizinhança, servidão, divisão e demarcação de terras e nunciação de obra nova (art. 47, § 1º); 2) ações que envolvam a posse de bens imóveis (art. 47, § 2º) ♥.

× Não versando sobre os direitos mencionados, pode o autor optar por propor a ação no foro de domicílio do réu no foro de eleição.

> Art. 47. Para as ações fundadas em direito real sobre imóveis é competente o foro de situação da coisa.
> § 1º O autor pode optar pelo foro de domicílio do réu ou pelo foro de eleição se o litígio não recair sobre direito de propriedade, vizinhança, servidão, divisão e demarcação de terras e de nunciação de obra nova.
> § 2º A ação possessória imobiliária será proposta no foro de situação da coisa, cujo juízo tem competência absoluta

× **Foro do domicílio do autor da herança ♥**: o art. 48 prevê que o inventário, a partilha, a arrecadação, o cumprimento de disposições de última vontade, a impugnação ou anulação de partilha extrajudicial e todas as ações em que o espólio for réu devem ser propostas no foro de domicílio do autor da herança. Se o autor, no entanto, não possuir domicílio certo, será competente o foro da situação dos bens imóveis. Se os imóveis estiverem em foros distintos, a competência será de qualquer deles. Por fim, se não houver bens imóveis, a competência será do local de qualquer dos bens do espólio (art. 48, parágrafo único).

× **Foro do último domicílio:** o art. 49 prevê que nas ações contra o ausente, bem como no inventário, partilha e arrecadação de seus bens e cumprimento de disposições testamentárias, será competente o foro do seu último domicílio.

× **Foro do domicílio do representante ou assistente: a ação proposta contra o réu absolutamente incapaz deve tramitar no foro do domicílio de seu representante; a ação proposta contra réu relativamente incapaz tramitará no foro de domicílio de seu assistente (art. 50)**[4]**.**

× **Foro de domicílio do réu:** quando a União, o Estado ou o Distrito Federal forem autores, será competente para processar e julgar a demanda o foro de domicílio do réu (art. 51, 1ª parte, c/c o art. 52, 1ª parte)[5].

× **Regras específicas dos arts. 51 e 52:** se a União, o Estado ou o Distrito Federal forem réus, a ação poderá ser proposta:

– no foro de domicílio do autor;

– no de ocorrência do ato ou fato que originou a demanda;

– no da situação da coisa; ou

– no Distrito Federal, tratando-se da União, e na capital do respectivo ente federado, tratando-se do Estado ou do Distrito Federal

× **Foro do domicílio de quem detiver a guarda de incapaz ♥:** as ações de divórcio, separação, anulação de casamento, reconhecimento ou dissolução de união estável serão propostas no foro de domicílio do guardião do filho incapaz (art. 53), em regra. Entretanto, se não houver incapaz, será competente o último domicílio do casal. No caso de não mais residir qualquer das partes no último domicílio, competente será o foro de domicílio do réu (regra geral do art. 46).

---

[4] Art. 50. A ação em que o incapaz for réu será proposta no foro de domicílio de seu representante ou assistente

[5] Art. 51. É competente o foro de domicílio do réu para as causas em que seja autora a União.
Art. 52. É competente o foro de domicílio do réu para as causas em que seja autor Estado ou o Distrito Federal.

> ATENÇÃO: Importante destacar que em 30.10.2019 foi publicada a Lei nº 13.894, de 29.10.2019, que acrescentou a alínea "d" ao inciso I do art. 53 do CPC. De acordo com o novo dispositivo, para as ações de divórcio, separação, anulação de casamento, reconhecimento e dissolução de união estável, será competente o **foro da residência da vítima de violência doméstica.**

- **Foro do domicílio ou da residência do alimentando**: para as ações em que se pedem alimentos, será competente o foro de domicílio ou residência do alimentando (art. 53, II), ainda que cumulada com investigação de paternidade (Súmula nº 1 do STJ).

  > SÚMULA Nº 1: o foro do domicilio ou da residência do alimentando e o competente para a ação de investigação de paternidade, quando cumulada com a de alimentos

- **Foro competente para as ações em face de pessoas jurídicas**: conforme art. 53, III, "a" e "b", a ação em que for ré pessoa jurídica será proposta onde se localizar a sua sede. Tratando de pessoa jurídica com atuação em diversos locais, a competência será no local da agência ou sucursal.

- **Foro competente para as ações em face de entes despersonalizados**: tratando-se de ação em que for ré sociedade ou associação sem personalidade jurídica, será competente o foro do lugar onde esses entes exercem suas atividades (art. 53, III, "c").

- **Foro competente para as demandas obrigacionais**: se a ação for proposta para exigir o cumprimento de determinada obrigação, a competência será do **foro do local em que ela deveria ser satisfeita (art. 53, III, "d")**.

- **Foro competente para as demandas que versem sobre os direitos do idoso**: de acordo com o art. 53, III, "e", para as causas que versem sobre direitos previstos no Estatuto do Idoso, será competente o foro da **residência do idoso**. O art. 80 do referido diploma prevê, por sua vez, que as ações para proteção dos interesses difusos, coletivos e individuais indisponíveis ou homogêneos relacionados aos idosos serão propostas no foro do **domicílio do idoso**, cujo juízo terá competência absoluta para processar a causa, ressalvadas as competências da Justiça Federal e a competência originária dos Tribunais Superiores. Dessa forma, tanto a residência como o domicílio podem ser tidos como foro competência, devendo-se observar o local que mais beneficie o idoso.

- **Foro da sede da serventia notarial ou registral:** nos termos do art. 53, III, "f", as ações de **reparação de danos por atos praticados em razão do ofício** deverão ser propostas no foro da sede da serventia e não no domicílio do autor da ação. Vale ressaltar que, segundo entendimento mais recente do STJ, como os cartórios não possuem personalidade jurídica, a responsabilidade civil decorrente da má prestação dos serviços cartoriais deve ser imputada ao tabelião, titular do cartório (STJ, REsp 1.177.372/RJ, Rel. Min. Sidnei Beneti, DJe 01.02.2012).
- **Foro do lugar do ato ou fato:** nas ações de **reparação de danos** e naquelas em que o réu for **administrador ou gestor de negócios alheios**, a competência será do lugar do ato ou do fato (art. 53, IV, "a" e "b").
- **Foro do domicílio do autor ou do local do fato:** se a ação de reparação de danos estiver relacionada a delito (**infração penal**) ou a acidente de veículos (inclusive aeronaves), a competência será do foro do domicílio do autor ou do local do fato (art. 53, V).

3.5.4. MODIFICAÇÃO DA COMPETÊNCIA

Dá-se o nome "modificação da competência" ao fenômeno processual que versa em **atribuir competência a um juízo que originariamente não a possuía**. São causas à modificação:

a. **Prorrogação:** é uma forma de modificação da competência que ocorre por **disposição legal,** somente na hipótese de competência relativa (art. 65). Como essa espécie não pode ser reconhecida de ofício pelo juiz, é preciso que seja expressamente arguida pelo réu; caso este não o faça, haverá a prorrogação e o foro que originalmente era incompetente tornar-se-á competente.

b. **Conexão e continência:** a competência relativa (determinada em razão do valor e do território, afora as exceções já mencionadas) poderá modificar-se pela conexão ou continência (art. 54). Reputam-se **conexas** duas ou mais ações quando lhes for *comum o objeto ou a causa de pedir* (art. 55).

> Art. 54. A competência relativa poderá modificar-se pela conexão ou pela continência, observado o disposto nesta Seção.

CONEXÃO	CONTINÊNCIA
Art. 55. Reputam-se conexas 2 (duas) ou mais ações quando lhes for comum o pedido ou a causa de pedir.	Art. 56. Dá-se a continência entre 2 (duas) ou mais ações quando houver **identidade quanto às partes e à causa de pedir**, mas o pedido de uma, por ser mais amplo, abrange o das demais.

Havendo conexão ou continência de uma demanda a ser ajuizada com uma anteriormente proposta, a distribuição será feita por dependência.

As ações conexas ou continentes serão distribuídas por dependência ao juízo da causa anterior, ou seja, ao juízo prevento (art. 286, I), ocorrendo prévia prorrogação da competência. Caso as ações conexas ou continentes já estejam em curso, e **sendo relativa a competência**, elas deverão ser reunidas para decisão conjunta, salvo se em um dos processos já houver sido proferida sentença (art. 55, § 1º). A reunião, se for o caso, far-se-á no juízo prevento (art. 58). **Cuidado em relação à continência, pois cabe** uma ressalva: se a causa continente (mais ampla) tiver sido proposta antes da causa contida (mais restrita), esta deverá ser extinta sem resolução do mérito (art. 57). Se ocorrer o contrário, as ações serão necessariamente reunidas.

c. Eleição de foro (derrogação da competência): conforme preceitua o art. 62 c/c o art. 63, a competência determinada em razão da matéria, da pessoa ou da função é inderrogável por convenção das partes, mas estas podem modificar a competência em razão do valor e do território, elegendo foro onde será proposta ação oriunda de direitos e obrigações. **A eleição de foro dá-se por meio de cláusula constante de instrumento escrito celebrado entre as partes**, aludindo expressamente a determinado negócio jurídico.

O juiz poderá, no entanto, reputar ineficaz a **cláusula de eleição de foro se considerá-la abusiva**. Nesse caso, os autos deverão ser remetidos ao juízo do foro de domicílio do réu (regra geral).

3.5.5. CONFLITO DE COMPETÊNCIA

Segundo o disposto no art. 66, há conflito de competência quando:

I. 2 (dois) ou mais juízes se declaram competentes;
II. 2 (dois) ou mais juízes se consideram incompetentes, atribuindo um ao outro a competência;
III. entre 2 (dois) ou mais juízes surge controvérsia acerca da reunião ou separação de processos.

Espécies: são duas

a. **positivo:** o conflito será positivo quando os juízes se declaram competentes; e

b. **negativo:** quando dois ou mais juízes se declaram incompetentes.

> ATENÇÃO: Se um dos juízos conflitantes já tiver, na causa, proferido sentença com trânsito em julgado, não haverá conflito de competência (Enunciado 59 do STJ).

Legitimidade para alegar o conflito: pode ser suscitado por qualquer das partes – exceto por aquela que, no processo, arguiu a incompetência relativa (art. 952) –, bem como pelo Ministério Público ou pelo juiz ao tribunal hierarquicamente superior aos juízes envolvidos na divergência (arts. 951 e 953).

Nos conflitos que **envolvam órgãos fracionários** dos tribunais, desembargadores e juízes em exercício no tribunal, o conflito de competência será suscitado segundo as regras constantes do regimento interno no respectivo tribunal (art. 958).

3.5.6. COOPERAÇÃO NACIONAL

A cooperação entre juízos nacionais está positivada no CPC atual, mais precisamente nos arts. 67 a 69. Segundo o caput do dispositivo que inicia o tema, *"aos órgãos do Poder Judiciário, estadual ou federal, especializado ou comum, em todas as instâncias e graus de jurisdição, inclusive aos tribunais superiores, incumbe o dever de recíproca cooperação, por meio de seus magistrados e servidores"*.

FORMA: o pedido de cooperação feito por parte de servidor ou magistrado independe de forma específica, e pode ser realizado **visando a prática de qualquer ato processual** (art. 68). Poderá, inclusive, ser realizado **entre órgãos jurisdicionais de diferentes ramos do Poder Judiciário** (§3º do art. 69, CPC).

MEIOS: dentre os meios de cooperação jurisdicional estão (art. 69, I a IV):

o auxílio direto	nomenclatura mais utilizada para tratar dos meios de cooperação jurídica internacional, também serve como ferramenta para viabilizar pedidos de cooperação jurisdicional nacional, ao passo que **possibilita o intercâmbio direto entre magistrados ou servidores, sem interferência de qualquer outro órgão ou autoridade**. Consiste em uma modalidade mais simplificada de cooperação, podendo ocorrer, por exemplo, para prática de ato que, inicialmente, seria possível mediante a expedição de carta precatória, mas, com o pedido de auxílio direto, torna-se desnecessária tal formalidade.
reunião ou apensamento de processos	pode ocorrer nas hipóteses de **conexão**, assim como quando existir **risco de prolação de decisões conflitantes** caso ações que tramitam separadamente não sejam decididas de forma conjunta (art. 55, § 3º).
prestação de informações	medida que deve ocorrer sem maiores formalidades, especialmente com a difusão acerca da utilização de meios eletrônicos para a prática dos atos processuais;
atos concertados entre juízes cooperantes	são aqueles definidos de comum acordo entre os juízes cooperantes, na tentativa de estabelecer procedimentos para: a) a prática de atos de citação, intimação ou notificação; b) a obtenção e apresentação de provas e a coleta de depoimentos; c) a efetivação de tutela antecipada; d) a efetivação de medidas e providências para recuperação e preservação de empresas; e) a facilitação da habilitação de créditos na falência e na recuperação judicial; f) a centralização de processos repetitivos; g) a execução de decisão jurisdicional (art. 69, § 2º, I a VII).

ENTENDIMENTOS SUMULADOS

× Súmula nº 1 do STJ: "O foro do domicílio ou da residência do alimentando é o competente para a ação de investigação de paternidade, quando cumulada com a de alimentos".

× Súmula nº 3 do STJ: "Compete ao Tribunal Regional Federal dirimir conflito de competência verificado, na respectiva região, entre juiz federal e juiz estadual investido de jurisdição federal".

× Súmula nº 11 do STJ: "A presença da união ou de qualquer de seus entes, na ação de usucapião especial, não afasta a competência do foro da situação do imóvel".

× Súmula nº 33 do STJ: "A incompetência relativa não pode ser declarada de ofício".

× Súmula nº 34 do STJ: "Compete à Justiça Estadual processar e julgar causa relativa à mensalidade escolar, cobrada por estabelecimento particular de ensino".

- Súmula nº 42 do STJ: "Compete à justiça comum estadual processar e julgar as causas cíveis em que é parte sociedade de economia mista e os crimes praticados em seu detrimento".
- Súmula nº 55 do STJ: "Tribunal Regional Federal não é competente para julgar recurso de decisão proferida por juiz estadual não investido de jurisdição federal".
- Súmula nº 59 do STJ: "Não há conflito de competência se já existe sentença com trânsito em julgado, proferida por um dos juízos conflitantes".
- Súmula nº 66 do STJ: "Compete à Justiça Federal processar e julgar execução fiscal promovida por conselho de fiscalização profissional".
- Súmula nº 82 do STJ: "Compete à Justiça Federal, excluídas as reclamações trabalhistas, processar e julgar os feitos relativos à movimentação do FGTS".
- Súmula nº 137 do STJ: "Compete à Justiça Comum Estadual processar e julgar ação de servidor público municipal, pleiteando direitos relativos ao vínculo estatutário".
- Súmula nº 150 do STJ: "Compete à Justiça Federal decidir sobre a existência de interesse jurídico que justifique a presença, no processo, da União, suas autarquias ou empresas públicas".
- Súmula nº 161 do STJ: "É da competência da Justiça Estadual autorizar o levantamento dos valores relativos ao PIS I PASEP e FGTS, em decorrência do falecimento do titular da conta".
- Súmula nº 170 do STJ: "Compete ao juízo onde primeiro for intentada a ação envolvendo acumulação de pedidos, trabalhista e estatutário, decidi-la nos limites da sua jurisdição, sem prejuízo do ajuizamento de nova causa, com o pedido remanescente, no juízo próprio".
- Súmula nº 173 do STJ: "Compete à Justiça Federal processar e julgar o pedido de reintegração em cargo público federal, ainda que o servidor tenha sido dispensado antes da instituição do regime jurídico único".
- Súmula nº 206 do STJ: "A existência de vara privativa, instituída por lei estadual, não altera a competência territorial resultante das leis de processo".
- Súmula nº 218 do STJ: "Compete à Justiça dos Estados processar e julgar ação de servidor estadual decorrente de direitos e vantagens estatutárias no exercício de cargo em comissão".

* Súmula n° 224 do STJ: "Excluído do feito o ente federal, cuja presença levará o Juiz Estadual a declinar da competência, deve o Juiz Federal restituir os autos e não suscitar conflito".
* Súmula n° 235 do STJ: "A conexão não determina a reunião dos processos, se um deles já foi julgado".
* Súmula n° 236 do STJ: "Não compete ao Superior Tribunal de Justiça dirimir conflitos de competência entre juízes trabalhistas vinculados a Tribunais Regionais do Trabalho diversos".
* Súmula n° 238 do STJ: "A avaliação da indenização devida ao proprietário do solo, em razão de alvará de pesquisa mineral, é processada no Juízo Estadual da situação do imóvel".
* Súmula n° 254 do STJ: "A decisão do Juízo Federal que exclui da relação processual ente federal não pode ser reexaminada no Juízo Estadual".
* Súmula n° 270 do STJ: "O protesto pela preferência de crédito, apresentado por ente federal em execução que tramita na Justiça Estadual, não desloca a competência para a Justiça Federal".
* Súmula n° 363 do STJ: "Compete à Justiça estadual processar e julgar a ação de cobrança ajuizada por profissional liberal contra cliente".
* Súmula n° 363 do STF: "A pessoa jurídica de direito privado pode ser demandada no domicílio da agência, ou estabelecimento, em que se praticou o ato".
* Súmula n° 367 do STJ: "A competência estabelecida pela EC n. 45/2004 não alcança os processos já sentenciados".
* Súmula n° 368 do STJ: "Compete à Justiça comum estadual processar e julgar os pedidos de retificação de dados cadastrais da Justiça Eleitoral".
* Súmula n° 374 do STJ: "Compete à Justiça Eleitoral processar e julgar a ação para anular débito decorrente de multa eleitoral".
* Súmula n° 383 do STJ: "A competência para processar e julgar as ações conexas de interesse de menor é, em princípio, do foro do domicílio do detentor de sua guarda".
* Súmula n° 489 do STJ: "Reconhecida a continência, devem ser reunidas na Justiça Federal as ações civis públicas propostas nesta e na Justiça estadual".
* Súmula n° 505 do STJ: "A competência para processar e julgar as demandas que têm por objeto obrigações decorrentes dos contratos

de planos de previdência privada firmados com a Fundação Rede Ferroviária de Seguridade Social – REFER é da Justiça estadual".
× Súmula nº 506 do STJ: "A Anatel não é parte legítima nas demandas entre a concessionária e o usuário de telefonia decorrentes de relação contratual".
× Súmula nº 508 do STF: "Compete à justiça estadual, em ambas as instâncias, processar e julgar as causas em que for parte o Banco do Brasil S.A".
× Súmula nº 517 do STF: "As sociedades de economia mista só têm foro na justiça federal, quando a união intervém como assistente ou opoente".
× Súmula nº 540 do STJ: "Na ação de cobrança do seguro DPVAT, constitui faculdade do autor escolher entre os foros do seu domicílio, do local do acidente ou ainda do domicílio do réu".
× Súmula nº 553 do STJ: "Nos casos de empréstimo compulsório sobre o consumo de energia elétrica, é competente a Justiça estadual para o julgamento de demanda proposta exclusivamente contra a Eletrobrás. Requerida a intervenção da União no feito após a prolação de sentença pelo juízo estadual, os autos devem ser remetidos ao Tribunal Regional Federal competente para o julgamento da apelação se deferida a intervenção".
× Súmula nº 556 do STF: "É competente a Justiça comum para julgar as causas em que é parte sociedade de economia mista".
× Súmula nº 570 do STJ: "Compete à Justiça Federal o processo e julgamento de demanda em que se discute a ausência de ou o obstáculo ao credenciamento de instituição particular de ensino superior no Ministério da Educação como condição de expedição de diploma de ensino a distância aos estudantes".

EXERCÍCIOS DE FIXAÇÃO

01. Ano: 2019 Banca: FGV Órgão: MPE-RJ Prova: FGV - 2019 - MPE-RJ - Oficial do Ministério Público

Sobre o instituto da conexão, é correto afirmar que:

A) reputam-se conexas 2 (duas) ou mais ações quando as partes e os pedidos forem comuns;

B) a prevenção dos processos de ações conexas será do juízo em que houver a primeira citação válida;

C) os processos de ações conexas devem ser reunidos para decisão conjunta, mesmo quando um deles já tiver sido sentenciado;

D) reputam-se conexas 2 (duas) ou mais ações quando houver identidade quanto às partes e à causa de pedir, mas o pedido de uma, por ser mais amplo, abrange o das demais;

E) serão reunidos para julgamento conjunto os processos que possam gerar risco de prolação de decisões conflitantes ou contraditórias caso decididos separadamente, mesmo sem conexão entre eles.

02. Ano: 2021 Banca: INSTITUTO AOCP Órgão: PC-PA Prova: INSTITUTO AOCP - 2021 - PC-PA - Delegado de Polícia Civil

Acerca da modificação da competência, prevista no Código de Processo Civil, assinale a alternativa correta.

A) Reputam-se conexas duas ou mais ações quando houver identidade quanto às partes e à causa de pedir, mas o pedido de uma, por ser mais amplo, abrange o das demais.

B) A competência determinada em razão da matéria, da pessoa ou da função é inderrogável por convenção das partes.

C) A reunião das ações propostas em separado far-se-á no juízo prevento, onde serão decididas sucessivamente.

D) Dá-se a continência entre duas ou mais ações quando lhes for comum o pedido ou a causa de pedir.

E) Serão reunidos para julgamento conjunto os processos que possam gerar risco de prolação de decisões conflitantes ou contraditórias, caso decididos separadamente, salvo se não houver conexão entre eles.

» GABARITO

01. GABARITO: E

Exige-se o conhecimento da letra seca da lei. Vejamos:

- A) ERRADO: Art. 55. Reputam-se conexas 2 (duas) ou mais ações quando lhes for comum o pedido ou a causa de pedir.
- B) ERRADO: Art. 59. O registro ou a distribuição da petição inicial torna prevento o juízo.
- C) ERRADO: Art. 55, § 1º Os processos de ações conexas serão reunidos para decisão conjunta, salvo se um deles já houver sido sentenciado.
- D) ERRADO: Art. 56. Dá-se a continência entre 2 (duas) ou mais ações quando houver identidade quanto às partes e à causa de pedir, mas o pedido de uma, por ser mais amplo, abrange o das demais.
- E) CERTO: Art. 55, § 3º Serão reunidos para julgamento conjunto os processos que possam gerar risco de prolação de decisões conflitantes ou contraditórias caso decididos separadamente, mesmo sem conexão entre eles.

02. GABARITO: B

- A) ERRADO: Art. 56. Dá-se a continência entre 2 (duas) ou mais ações quando houver identidade quanto às partes e à causa de pedir, mas o pedido de uma, por ser mais amplo, abrange o das demais.
- B) CERTO: Art. 62. A competência determinada em razão da matéria, da pessoa ou da função é inderrogável por convenção das partes.
- C) ERRADO: Art. 58. A reunião das ações propostas em separado far-se-á no juízo prevento, onde serão decididas simultaneamente.
- D) ERRADO: Art. 55. Reputam-se conexas 2 (duas) ou mais ações quando lhes for comum o pedido ou a causa de pedir.
- E) ERRADO: Art. 55, § 3º Serão reunidos para julgamento conjunto os processos que possam gerar risco de prolação de decisões conflitantes ou contraditórias caso decididos separadamente, mesmo sem conexão entre eles.

4 DOS SUJEITOS DO PROCESSO

4.1. PARTES E PROCURADORES

Segundo Fredie Didier, o conceito "deve restringir-se àquele que participa (ao menos potencialmente) do processo com parcialidade, tendo interesse em determinado resultado do julgamento.

Já para Marinoni, Arenhart e Mitidiero "Parte no processo é quem pede e contra quem se pede tutela jurisdicional." (2015, pp. 78 e 81). De acordo com estes autores, a condição de parte pode ser adquirida:
a. por força da propositura da ação;
b. pela sucessão processual; ou
c. pela intervenção de terceiro em um processo já pendente.

4.1.1. CAPACIDADE

Acerca da noção de "capacidade", pode-se vislumbrar tríplice aspecto:
× capacidade de ser parte = pressuposto de existência ou constituição do processo quando analisada isoladamente; quando abordada a "tríplice" capacidade se está diante dos pressupostos processuais positivos de validade;
× capacidade para estar em juízo = pressuposto processual positivo de validade do processo;
× capacidade postulatória = também apontada como pressuposto processual positivo subjetivo de validade, diz respeito à capacidade de postular atribuída aos advogados, membros do MP e Defensores Públicos.

4.1.1.1. CAPACIDADE DE SER PARTE:

é a aptidão para ser sujeito de uma relação jurídica processual ou para ser titular de situações jurídicas processuais. Diz com a capacidade de direito ou com a personalidade (ou subjetividade), categorias do

Direito Civil. Assim, todos aqueles que têm capacidade de direito, têm capacidade de ser parte em um processo judicial.

A **capacidade de ser parte não se restringe aos entes personalizados (pessoas físicas ou jurídicas)**. A lei atribui a alguns entes despersonalizados a capacidade de ser parte, ainda quando não lhes atribua personalidade jurídica.

Exemplo: "Súmula n.º 525 - A Câmara de Vereadores não possui personalidade jurídica, apenas personalidade judiciária, somente podendo demandar em juízo para defender os seus direitos institucionais. Ademais, além da *Câmara de Vereadores, a Mesa das Casas Legislativas, o Tribunal de Contas e os tribunais em geral*, conquanto desprovidos de personalidade jurídica, também possuem personalidade judiciária e podem atuar em defesa de suas prerrogativas. Nesse sentido:"

O CPC prevê o tema no art. 75:

> Art. 75. Serão representados em juízo, ativa e passivamente:
> I - a União, pela Advocacia-Geral da União, diretamente ou mediante órgão vinculado;
> II - o Estado e o Distrito Federal, por seus procuradores;
> III - o Município, por seu prefeito, procurador ou Associação de Representação de Municípios, quando expressamente autorizada; (Redação dada pela Lei nº 14.341, de 2022)
> IV - a autarquia e a fundação de direito público, por quem a lei do ente federado designar;
> V - a massa falida, pelo administrador judicial;
> VI - a herança jacente ou vacante, por seu curador;
> VII - o espólio, pelo inventariante;
> VIII - a pessoa jurídica, por quem os respectivos atos constitutivos designarem ou, não havendo essa designação, por seus diretores;
> IX - a sociedade e a associação irregulares e outros entes organizados sem personalidade jurídica, pela pessoa a quem couber a administração de seus bens;
> X - a pessoa jurídica estrangeira, pelo gerente, representante ou administrador de sua filial, agência ou sucursal aberta ou instalada no Brasil;
> XI - o condomínio, pelo administrador ou síndico.
> § 1º Quando o inventariante for dativo, os sucessores do falecido serão intimados no processo no qual o espólio seja parte.
> § 2º A sociedade ou associação sem personalidade jurídica não poderá opor a irregularidade de sua constituição quando demandada.
> § 3º O gerente de filial ou agência presume-se autorizado pela pessoa jurídica estrangeira a receber citação para qualquer processo.
> § 4º Os Estados e o Distrito Federal poderão ajustar compromisso recíproco para prática de ato processual por seus procuradores em favor

de outro ente federado, mediante convênio firmado pelas respectivas procuradorias.

§ 5º A representação judicial do Município pela Associação de Representação de Municípios somente poderá ocorrer em questões de interesse comum dos Municípios associados e dependerá de autorização do respectivo chefe do Poder Executivo municipal, com indicação específica do direito ou da obrigação a ser objeto das medidas judiciais. (Incluído pela Lei nº 14.341, de 2022)

Importante também trazer a previsão do Informativo 661 do STJ, que apresentou o seguinte: " É regular a citação da pessoa jurídica estrangeira por meio de seu entreposto no Brasil, ainda que não seja formalmente aquela mesma pessoa jurídica ou agência ou filial (HDE 410-EX, Rel. Min. Benedito Gonçalves, Corte Especial, por unanimidade, julgado em 20/11/2019, DJe 26/11/2019)

Ainda, diga-se que o nascituro (art. 2º do CC) também tem capacidade de ser parte (sujeito de direitos), mas não terá capacidade para estar em juízo, porque depende de representação em juízo por seus pais ou pelo curador (art. 1.779 do CC; art. 71, CPC).

Art. 71. O incapaz será representado ou assistido por seus pais, por tutor ou por curador, na forma da lei.

Quanto à *coletivização dos direitos*, ampliou-se sobremaneira o rol dos capazes de serem parte. Assim, também se reconhece a capacidade de ser parte e legitimidade *ad causam* do **Ministério Público (autor por excelência das ações coletivas), da Defensoria Pública e** também ao Procon, órgãos públicos despersonalizados, para atuarem em juízo na defesa do meio ambiente, do patrimônio artístico, estético, histórico, turístico e paisagístico, da ordem urbanística e econômica e economia popular, entre outros direitos difusos (direitos coletivos *lato sensu*).

4.1.1.2. CAPACIDADE PARA ESTAR EM JUÍZO (LEGITIMATIO AD PROCESSUM)

Quanto à capacidade para estar em juízo, inicialmente é relevante o conhecimento dos arts. 70 e 71 do CPC:

Art. 70. Toda pessoa que se encontre no exercício de seus direitos tem capacidade para estar em juízo.
Art. 71. O incapaz será representado ou assistido por seus pais, por tutor ou por curador, na forma da lei.

Via de regra a capacidade processual pressupõe a capacidade de ser parte. Todavia, é possível ter capacidade de ser parte e não ter capacidade processual.

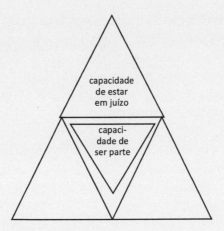

Exemplo: o absolutamente incapaz ter capacidade de ser parte para promover uma demanda alimentar contra seu genitor, mas terá de ser representado ou assistido, razão pela qual dizemos que não tem capacidade processual.

O art. 70 do CPC cuida da capacidade processual ou legitimidade para o processo (*legitimatio ad processum*), sendo um dos pressupostos processuais para o exercício da demanda. **Trata-se da aptidão de participar da relação processual, em nome próprio ou alheio**, se exigindo da parte a mesma capacidade que se reclama para os atos da vida civil. Diga-se nesse ponto que, ainda que a Lei 13.146/16, Estatuto da Pessoa com Deficiência, não tenha promovido alterações diretas no novo CPC com relação à capacidade processual, cabe lembrar que, pela evidente vinculação com o direito material, *a capacidade para estar em juízo depende da verificação da capacidade jurídica*, que, efetivamente, sofreu alteração no art. 3°, CC, ao restringir a incapacidade absoluta apenas aos menores de 16 anos.

Esclarece ainda Dinamarco (2017, p.284) que "A capacidade processual ou capacidade de estar em juízo está intimamente ligada ao conceito de capacidade civil. As pessoas físicas têm essa capacidade quando se acham no pleno exercício de seus direitos (CPC, art. 7°/atual art. 70, CPC/15)."

Em suma: a capacidade de estar em juízo reclama completa compreensão das consequências da postulação e da dinâmica processual, oferecendo-lhe condições para praticar os atos, em todas as suas fases, por si ou através de advogado devidamente constituído. Se houver necessidade de ser representado ou assistido em juízo por pais, tutor ou curador, podemos afirmar que não haverá capacidade de estar em juízo

Atenção às diferenças:

a. *Diferença entre representação e substituição processual:* o representante (pais, tutores ou curadores) defende direito alheio (do representado), em nome alheio. Na substituição, o substituto pratica atos em nome próprio na defesa do direito alheio, objetivando o seu reconhecimento;

b. *Representação e assistência:* se a parte for absolutamente incapaz (menores de dezesseis anos), deve ser representada por seus genitores, tutores ou curadores. Sendo relativamente incapaz (maiores de dezesseis e menores de dezoito anos; ébrios habituais e os viciados em tóxico; aqueles que, por causa transitória ou permanente, não puderem exprimir sua vontade e os pródigos), deve ser assistida por seus genitores, tutores ou curadores;

c. *Hipóteses legais concernentes à tutela:* os filhos menores podem ser postos em regime de tutela com o falecimento dos pais, quando estes são julgados ausentes ou quando decaírem do poder familiar (art. 1.728 do CC).

d. *Hipóteses legais concernentes à curatela:* o art. 1.767 do CC prevê que se sujeitam à curatela: (a) aqueles que, por causa transitória ou permanente, não puderem exprimir sua vontade; (b) os ébrios habituais e os viciados em tóxicos; (c) os pródigos. Assim como ocorre na tutela, o curador representa o curatelado nos atos da vida civil.

Concebendo como requisito de validade para a prática de atos processuais, a falta da capacidade de estar em juízo deve ser sanada, na forma do art. 76 do CPC de 2015:

> Art. 76. Verificada a incapacidade processual ou a irregularidade da representação da parte, **o juiz suspenderá o processo e designará prazo razoável** para que seja sanado o vício.
> § 1º Descumprida a determinação, caso o processo esteja na instância originária:
> I - o processo será **extinto**, se a providência couber ao **autor**;
> II - o **réu será considerado revel**, se a providência lhe couber;
> III - o **terceiro será considerado revel ou excluído do processo**, dependendo do polo em que se encontre.
> § 2º Descumprida a determinação em fase recursal perante tribunal de justiça, tribunal regional federal ou tribunal superior, o relator: I - **não conhecerá do recurso**, se a providência couber ao **recorrente**;
> II - determinará o **desentranhamento das contrarrazões**, se a providência couber ao **recorrido**.

4.1.1.3. CAPACIDADE POSTULATÓRIA:

é a prerrogativa do advogado, do Ministério Público e Defensorias Públicas. A capacidade postulatória é mitigada em algumas situações, como nos Juizados Especiais Cíveis, permitindo o art. 9º da Lei nº 9.099/95 que as queixas sejam formuladas diretamente pela parte, independentemente de assistência ou de representação por advogado, até o valor de 20 salários-mínimos.

4.1.2. CAPACIDADE PROCESSUAL DAS PESSOAS CASADAS

A regra é de que as pessoas casadas não sofrem restrições em sua capacidade processual, salvo exceções previstas no art. 73 do CPC:

> Art. 73. O cônjuge necessitará do consentimento do outro para **propor ação** que verse sobre **direito real imobiliário**, salvo quando casados sob o regime de separação absoluta de bens.
> § 1º Ambos os **cônjuges** serão **necessariamente citados** para a ação:
> I - que verse sobre **direito real imobiliário**, salvo quando casados sob o regime de separação absoluta de bens;
> II - resultante de **fato** que diga respeito a ambos os cônjuges ou de **ato praticado por eles**;
> III - fundada em dívida contraída por um dos cônjuges a **bem da família**;
> IV - que tenha por objeto o **reconhecimento, a constituição ou a extinção de ônus sobre imóvel** de um ou de ambos os cônjuges.
> § 2º Nas ações possessórias, a participação do cônjuge do autor ou do réu somente é indispensável nas hipóteses de composse ou de ato por ambos praticado.
> § 3º Aplica-se o disposto neste artigo à união estável comprovada nos autos.

Para simplificar, veja as regras na tabela, que indicam ou não a necessidade tanto para autor como para réu:

DIREITO REAL IMOBILIÁRIO	AÇÕES POSSESSÓRIAS (Manutenção de posse, reintegração de posse e interdito proibitório - arts. 554-568, CPC)
Regra geral: necessitará de consentimento; *Exceção:* casamento ou união estável sob regime de separação absoluta de bens. *Dica:* se for indicado "bem imóvel; bem de família; ato/fato que diz respeito a ambos" haverá necessidade de consentimento do cônjuge ou companheiro	*Regra:* **é dispensável o consentimento;** *Exceção:* composse ou ato por ambos praticado. Nesse caso, será necessário o consentimento do outro.

O consentimento é necessário para validade dos atos, quando assim indicam as hipóteses analisadas (§ú, do art. 74). Sendo assim, havendo **impossibilidade do cônjuge ou companheiro de concedê-lo ou mesmo não havendo motivo justificado para a recusa, poderá o magistrado realizar o consentimento judicial** (art. 74, CPC). Vide tabela:

CONSENTIMENTO PELA VIA JUDICIAL (ART. 74, CPC)

Hipóteses:	1. Impossibilidade de concessão de um dos cônjuges/companheiro;
	2. Recusa sem justo motivo;

4.1.3. CURATELA ESPECIAL

O curador especial pode praticar todos os atos necessários à preservação dos interesses do representado, como requerer a produção de provas, manifestar-se sobre o laudo pericial, interpor recursos, arrolar testemunhas, abrangendo os atos de mera administração dos interesses do representado, e será nomeado nas hipóteses dos incisos I e II do art. 72 do CPC:

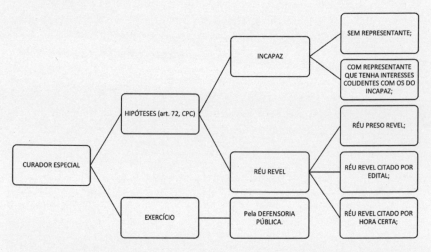

A pessoa que recebe o encargo processual em exame **não é substituto processual**, mas representante da parte, que em regra, conforme §ú do art. 72, será papel da Defensoria Pública. Entretanto, o STJ já entendeu que "[...] é desnecessária a intervenção da Defensoria Pública como curadora especial do menor na ação de destituição do poder familiar ajuizada pelo Ministério Público. Na espécie, considerou-se inexistir prejuízo aos menores apto a justificar a nomeação de curador especial. [...] (STJ. REsp nº 1.176.512/RJ. Rel. Min. Maria Isabel Gallotti. DJ 01/03/2012. Informativo 492).

A ausência de nomeação do curador acarreta o reconhecimento da nulidade do processo, a partir do momento em que o ato deveria ter sido praticado.

4.2. DEVERES DA PARTES E DOS PROCURADORES (ARTS. 77 E 78, CPC)

Na relação jurídica processual, as partes têm faculdades, ônus e deveres. O art. 77 elencou os deveres a serem observados pelas partes e por todos aqueles que de qualquer forma participam do processo. São eles:

× expor os fatos em juízo conforme a verdade (inciso I);
× não formular pretensão ou de apresentar defesa quando cientes de que são destituídas de fundamento (inciso II);
× não produzir provas e não praticar atos inúteis ou desnecessários à declaração ou à defesa do direito (inciso III);
× cumprir com exatidão as decisões jurisdicionais, de natureza provisória ou final, e não criar embaraços à sua efetivação (inciso IV);
× declinar, no primeiro momento que lhes couber falar nos autos, o endereço residencial ou profissional onde receberão intimações, atualizando essa informação sempre que ocorrer qualquer modificação temporária ou definitiva (inciso V);
× não praticar inovação ilegal no estado de fato de bem ou direito litigioso (inciso VI);
× informar e manter atualizados seus dados cadastrais perante os órgãos do Poder Judiciário e, no caso do § 6º do art. 246 deste Código, da Administração Tributária, para recebimento de citações e intimações (inciso VII - <u>incluído pela Lei nº 14.195, de 2021)</u>

> Contudo, atenção! Nem todos deveres quando descumpridos, trarão prejuízo à parte. Tome muito cuidado com as previsões dos incisos IV e VI, do art. 77 do CPC ♥, pois nesses casos poderemos falar de aplicação de multa por ato atentatório à dignidade da justiça.

Ato atentatório

> Art. 77. Além de outros previstos neste Código, são deveres das partes, de seus procuradores e de todos aqueles que de qualquer forma participem do processo:
> **IV - cumprir com exatidão as decisões jurisdicionais, de natureza provisória ou final, e não criar embaraços à sua efetivação;**
> **VI - não praticar inovação ilegal no estado de fato de bem ou direito litigioso.**

VALOR: Art. 77. § 2º A violação ao disposto nos incisos IV e VI constitui ato atentatório à dignidade da justiça, devendo o juiz, sem prejuízo das sanções criminais, civis e processuais cabíveis, aplicar ao responsável **multa de até vinte por cento do valor da causa,** de acordo com a gravidade da conduta. Exceção: § 5º Quando o valor da causa for **irrisório ou inestimável**, a multa prevista no § 2º poderá ser fixada em **até 10 (dez) vezes o valor do salário-mínimo.** **BENEFICIÁRIO:** União ou Estado. **Cobrança através de execução fiscal.**	**ATENÇÃO:** cuidado para não confundir com os casos de multa por litigância de má-fé, que trataremos no próximo tópico, onde o valor da multa **deverá ser *superior a um por cento e inferior a dez* por cento do valor corrigido da causa (art. 81, CPC).** Beneficiário: no caso de multa por litigância de má-fé o beneficiário é a outra parte (art. 81, CPC), que poderá cobrar nos próprios autos.

Muito embora no art. 77 se preveja a multa por ato atentatório à dignidade da justiça, existem artigos esparsos no CPC que prevêem a aplicação em outros casos. Veja, por exemplo, o art. 774 do CPC, no âmbito do processo de execução, que possui tratamento distinto:

> **Ato atentatório: PROCESSO DE EXECUÇÃO**
>
> Art. 774. Considera-se **atentatória à dignidade da justiça** a conduta comissiva ou omissiva do executado que:
> I - frauda a execução;
> II - se opõe maliciosamente à execução, empregando ardis e meios artificiosos;
> III - dificulta ou embaraça a realização da penhora;
> IV - resiste injustificadamente às ordens judiciais;
> V - intimado, não indica ao juiz quais são e onde estão os bens sujeitos à penhora e os respectivos valores, nem exibe prova de sua propriedade e, se for o caso, certidão negativa de ônus.
> Parágrafo único. Nos casos previstos neste artigo, o juiz fixará multa em montante não superior a *vinte por cento* do valor atualizado do débito em execução, a qual será **revertida em proveito do exequente**, exigível nos próprios autos do processo, sem prejuízo de outras sanções de natureza processual ou material.

4.2.1. DA RESPONSABILIDADE DAS PARTES POR DANO PROCESSUAL: AS SANÇÕES PROCESSUAIS POR LITIGÂNCIA DE MÁ-FÉ

As hipóteses de litigância de má-fé encontram-se taxativamente previstas no art. 80 do CPC/2015, o qual dispõe que:

> Art. 80. Considera-se litigante de má-fé aquele que:
> I – deduzir pretensão ou defesa contra texto expresso de lei ou fato incontroverso;
> II – alterar a verdade dos fatos;
> III – usar do processo para conseguir objetivo ilegal;
> IV – opuser resistência injustificada ao andamento do processo;
> V – proceder de modo temerário em qualquer incidente ou ato do processo;
> VI – provocar incidente manifestamente infundado;
> VII – interpuser recurso com intuito manifestamente protelatório.

Entretanto, destaca a doutrina que a taxatividade se refere apenas às hipóteses caracterizadoras da litigância de má-fé, e não à incidência do instituto, tendo em vista que o preceito do dispositivo em comento poderá ser aplicado aos processos regulados por legislações extravagantes, como a ação civil pública, a ação popular, entre outras.

> **ATENÇÃO:** Está consolidado no **STJ o entendimento** de que a interposição de recursos cabíveis no processo, por si só, não implica litigância de má-fé nem ato atentatório à dignidade da Justiça: "A mera interposição do recurso cabível, ainda que com argumentos reiteradamente refutados pelo tribunal de origem ou sem a alegação de qualquer fundamento novo, apto a rebater a decisão recorrida, não traduz má-fé nem justifica a aplicação de multa", destacou a ministra Nancy Andrighi no julgamento do REsp 1.333.425.

Para que reste configurada, a **jurisprudência exige que a conduta do agente seja dolosa**. Assim, para caracterizar a litigância de má-fé, capaz de ensejar a aplicação de multa, é necessária a intenção dolosa do agente, apta a configurar uma conduta desleal.

Alguns pontos devem ser tratados com atenção:

× dois ou mais litigantes: quando forem dois ou mais os litigantes de má-fé, o juiz condenará cada um na proporção do seu respectivo interesse na causa, ou solidariamente aqueles que se coligaram para lesar a parte contrária (art. 81, § 1º).

- alcance da condenação: a responsabilidade pelas perdas e danos decorrente da litigância de má-fé alcança o autor, o réu e os terceiros intervenientes (art. 79, caput).
- necessidade de contraditório prévio: antes de o juiz condenar a parte às sanções previstas no art. 81, deverá oportunizar prazo para defesa, nos termos dos arts. 9º e 10, sob pena de violação dos princípios do contraditório e da ampla defesa. Após essa manifestação, se o juiz entender ser aplicável a sanção, poderá arbitrar o valor;
- beneficiário: o valor da multa imposta reverterá em benefício da parte contrária (art. 96, primeira parte).

4.2.2. VEDAÇÃO AO USO DE EXPRESSÕES OFENSIVAS

Conforme prevê o art. 78 do CPC

> "É vedado às partes, a seus procuradores, aos juízes, aos membros do Ministério Público e da Defensoria Pública e a qualquer pessoa que participe do processo empregar expressões ofensivas nos escritos apresentados."
> § 1º Quando expressões ou condutas ofensivas forem manifestadas oral ou presencialmente, o juiz advertirá o ofensor de que não as deve usar ou repetir, sob pena de lhe ser cassada a palavra.
> § 2º De ofício ou a requerimento do ofendido, o juiz determinará que as expressões ofensivas sejam riscadas e, a requerimento do ofendido, determinará a expedição de certidão com inteiro teor das expressões ofensivas e a colocará à disposição da parte interessada."

Veja que ao juiz também são vedadas expressões ofensivas. Recentemente o STJ já entendeu que quando isso ocorrer, poderá implicar na própria falta de imparcialidade do magistrado, o que atrai nulidade aos atos, conforme edição 734 do Informativo de Jurisprudência. "Expressões ofensivas, desrespeitosas e pejorativas de magistrado, em sessão de julgamento contra a pessoa que está sendo julgada, podem configurar causa de nulidade absoluta" (HC 718.525-PR, Rel. Min. Olindo Menezes - Desembargador convocado do TRF 1ª Região, Sexta Turma, por unanimidade, julgado em 26/04/2022).

Ademais, veja a tabela quanto ao tratamento a depender da ofensa ser verbal ou documentada:

OFENSA VERBAL/PRESENCIAL	OFENSA DOCUMENTADA
1º advertência do magistrado 2º na reiteração, será cassada a palavra	Reconhecida: de ofício (ex officio) ou a requerimento
	Riscam-se os escritos ofensivos
	A requerimento: expede-se certidão ao ofendido

4.3. DAS DESPESAS, DOS HONORÁRIOS ADVOCATÍCIOS E DAS MULTAS: O REGIME FINANCEIRO DO CÓDIGO DE PROCESSO CIVIL

O exercício da atividade jurisdicional, como toda e qualquer atividade do Estado, apresenta um custo. O recolhimento das custas processuais constitui requisito processual objetivo de validade, cabendo ao autor, via de regra, adiantar as custas processuais (§1º, art. 82, CPC):

> Art. 82. Salvo as disposições concernentes à gratuidade da justiça, incumbe às partes prover as despesas dos atos que realizarem ou requererem no processo, antecipando-lhes o pagamento, desde o início até a sentença final ou, na execução, até a plena satisfação do direito conhecido no título.
> § 1º Incumbe ao autor adiantar as despesas relativas a ato cuja realização o juiz determinar de ofício ou a requerimento do Ministério Público, quando sua intervenção ocorrer como fiscal da ordem jurídica.
> § 2º A sentença condenará o vencido a pagar ao vencedor as despesas que antecipou.

A doutrina costuma identificar duas espécies de custas ou gastos processuais que não se confundem:

× as despesas processuais; e
× os honorários advocatícios.

Nos termos do art. 84, o conceito de despesas abrange:

× a taxa judiciária (custas iniciais e preparo dos recursos): constituem espécie do gênero tributo;
× os emolumentos devidos a eventuais cartórios não oficializados;
× o custo de certos atos e diligências (como a citação e a intimação das partes e testemunhas);
× remuneração de auxiliares eventuais (peritos, avaliadores, depositários, entre outros).

Já os honorários advocatícios constituem a remuneração devida aos advogados em razão da atuação no processo, e estão tratados especialmente no art. 85 do CPC.

Art. 85. A sentença condenará o vencido a pagar honorários ao advogado do vencedor.

§ 1º São devidos honorários advocatícios na reconvenção, no cumprimento de sentença, provisório ou definitivo, na execução, resistida ou não, e nos recursos interpostos, cumulativamente.

§ 2º Os honorários serão fixados entre o mínimo de dez e o máximo de vinte por cento sobre o valor da condenação, do proveito econômico obtido ou, não sendo possível mensurá-lo, sobre o valor atualizado da causa, atendidos:

I - o grau de zelo do profissional;
II - o lugar de prestação do serviço;
III - a natureza e a importância da causa;
IV - o trabalho realizado pelo advogado e o tempo exigido para o seu serviço.

§ 3º Nas causas em que a Fazenda Pública for parte, a fixação dos honorários observará os critérios estabelecidos nos incisos I a IV do § 2º e os seguintes percentuais:

I - mínimo de dez e máximo de vinte por cento sobre o valor da condenação ou do proveito econômico obtido até 200 (duzentos) salários-mínimos;
II - mínimo de oito e máximo de dez por cento sobre o valor da condenação ou do proveito econômico obtido acima de 200 (duzentos) salários-mínimos até 2.000 (dois mil) salários-mínimos;
III - mínimo de cinco e máximo de oito por cento sobre o valor da condenação ou do proveito econômico obtido acima de 2.000 (dois mil) salários-mínimos até 20.000 (vinte mil) salários-mínimos;
IV - mínimo de três e máximo de cinco por cento sobre o valor da condenação ou do proveito econômico obtido acima de 20.000 (vinte mil) salários-mínimos até 100.000 (cem mil) salários-mínimos;
V - mínimo de um e máximo de três por cento sobre o valor da condenação ou do proveito econômico obtido acima de 100.000 (cem mil) salários-mínimos.

§ 4º Em qualquer das hipóteses do § 3º :

I - os percentuais previstos nos incisos I a V devem ser aplicados desde logo, quando for líquida a sentença;
II - não sendo líquida a sentença, a definição do percentual, nos termos previstos nos incisos I a V, somente ocorrerá quando liquidado o julgado;
III - não havendo condenação principal ou não sendo possível mensurar o proveito econômico obtido, a condenação em honorários dar-se-á sobre o valor atualizado da causa;
IV - será considerado o salário-mínimo vigente quando prolatada sentença líquida ou o que estiver em vigor na data da decisão de liquidação.

§ 5º Quando, conforme o caso, a condenação contra a Fazenda Pública ou o benefício econômico obtido pelo vencedor ou o valor da causa for superior ao valor previsto no inciso I do § 3º, a fixação do percentual de honorários deve observar a faixa inicial e, naquilo que a exceder, a faixa subsequente, e assim sucessivamente.

§ 6º Os limites e critérios previstos nos §§ 2º e 3º aplicam-se independentemente de qual seja o conteúdo da decisão, inclusive aos casos de improcedência ou de sentença sem resolução de mérito

§ 6º-A. Quando o valor da condenação ou do proveito econômico obtido ou o valor atualizado da causa for líquido ou liquidável, para fins de fixação dos honorários advocatícios, nos termos dos §§ 2º e 3º, é proibida a apreciação equitativa, salvo nas hipóteses expressamente previstas no § 8º deste artigo. (Incluído pela Lei nº 14.365, de 2022)

§ 7º Não serão devidos honorários no cumprimento de sentença contra a Fazenda Pública que enseje expedição de precatório, desde que não tenha sido impugnada.

§ 8º Nas causas em que for inestimável ou irrisório o proveito econômico ou, ainda, quando o valor da causa for muito baixo, o juiz fixará o valor dos honorários por apreciação equitativa, observando o disposto nos incisos do § 2º.

§ 8º-A. Na hipótese do § 8º deste artigo, para fins de fixação equitativa de honorários sucumbenciais, o juiz deverá observar os valores recomendados pelo Conselho Seccional da Ordem dos Advogados do Brasil a título de honorários advocatícios ou o limite mínimo de 10% (dez por cento) estabelecido no § 2º deste artigo, aplicando-se o que for maior. (Incluído pela Lei nº 14.365, de 2022)

§ 9º Na ação de indenização por ato ilícito contra pessoa, o percentual de honorários incidirá sobre a soma das prestações vencidas acrescida de 12 (doze) prestações vincendas.

§ 10. Nos casos de perda do objeto, os honorários serão devidos por quem deu causa ao processo.

§ 11. O tribunal, ao julgar recurso, majorará os honorários fixados anteriormente levando em conta o trabalho adicional realizado em grau recursal, observando, conforme o caso, o disposto nos §§ 2º a 6º, sendo vedado ao tribunal, no cômputo geral da fixação de honorários devidos ao advogado do vencedor, ultrapassar os respectivos limites estabelecidos nos §§ 2º e 3º para a fase de conhecimento.

§ 12. Os honorários referidos no § 11 são cumuláveis com multas e outras sanções processuais, inclusive as previstas no art. 77.

§ 13. As verbas de sucumbência arbitradas em embargos à execução rejeitados ou julgados improcedentes e em fase de cumprimento de sentença serão acrescidas no valor do débito principal, para todos os efeitos legais.

§ 14. Os honorários constituem direito do advogado e têm natureza alimentar, com os mesmos privilégios dos créditos oriundos da legislação do trabalho, sendo vedada a compensação em caso de sucumbência parcial.

§ 15. O advogado pode requerer que o pagamento dos honorários que lhe caibam seja efetuado em favor da sociedade de advogados que integra na qualidade de sócio, aplicando-se à hipótese o disposto no § 14.

§ 16. Quando os honorários forem fixados em quantia certa, os juros moratórios incidirão a partir da data do trânsito em julgado da decisão.

§ 17. Os honorários serão devidos quando o advogado atuar em causa própria.

§ 18. Caso a decisão transitada em julgado seja omissa quanto ao direito aos honorários ou ao seu valor, é cabível ação autônoma para sua definição e cobrança.

§ 19. Os advogados públicos perceberão honorários de sucumbência, nos termos da lei.

§ 20. O disposto nos §§ 2º, 3º, 4º, 5º, 6º, 6º-A, 8º, 8º-A, 9º e 10 deste artigo aplica-se aos honorários fixados por arbitramento judicial. (Incluído pela Lei nº 14.365, de 2022)

O artigo 85 do Código de Processo Civil foi alterado pela lei nº 14.365/22 com o acréscimo dos parágrafos 8ª-A e 20. A preocupação da reforma neste ponto diz respeito ao problema relacionado à possibilidade de fixação equitativa dos honorários advocatícios quando a causa tiver valor elevado. O parágrafo 8º-A estabelece que deve ser observado o limite mínimo de 10% ou os valores recomendados pelo Conselho da OAB.

Outro ponto considerado interessante que foi objeto de reforma, é a previsão de possibilidade de sustentação oral em recurso interposto contra decisões monocráticas – a orientação que prevalecia, sobretudo nos tribunais superiores, era de que não há sustentação oral em julgamento de agravo interno contra decisão monocrática.

ATENÇÃO: Exceção ao §7º do art. 85 está no caso de ações coletiva, conforme entendimento sumulado: Súmula 345 - São devidos honorários advocatícios pela Fazenda Pública nas execuções individuais de sentença proferida em ações coletivas, ainda que não embargadas. Destarte, o atual CPC não afastou esse entendimento, conforme já decidiu o STJ no Tema 973 dos recursos repetitivos, onde a Corte definiu a seguinte tese: "O artigo 85, parágrafo 7º, do CPC/2015 não afasta a aplicação do entendimento consolidado na Súmula 345 do STJ, de modo que são devidos honorários advocatícios nos procedimentos individuais de cumprimento de sentença decorrente de ação coletiva, ainda que não impugnados e promovidos em litisconsórcio."

Ademais, sobre o tema, trazemos os seguintes entendimentos sumulados:

× Súmula Vinculante nº 5: "A falta de defesa técnica por advogado no processo administrativo disciplinar não ofende a Constituição".

- Súmula nº 115 do STF: "Sobre os honorários do advogado contratado pelo inventariante, com a homologação do juiz, não incide o imposto de transmissão 'causa mortis'".
- Súmula nº 257 do STF: "São cabíveis honorários de advogado na ação regressiva do segurador contra o causador do dano".
- Súmula nº 378 do STF: "Na indenização por desapropriação incluem-se honorários do advogado do expropriado".
- Súmula nº 389 do STF: "Salvo limite legal, a fixação de honorários de advogado, em complemento da condenação, depende das circunstâncias da causa, não dando lugar a recurso extraordinário".
- Súmula nº 450 do STF: "São devidos honorários de advogado sempre que vencedor o beneficiário de justiça gratuita".
- Súmula nº 512 do STF: "Não cabe condenação em honorários de advogado na ação de mandado de segurança".
- Súmula nº 616 do STF: "É permitida a cumulação da multa contratual com os honorários de advogado, após o advento do Código de Processo Civil vigente".41
- Súmula nº 617 do STF: "A base de cálculo dos honorários de advogado em desapropriação é a diferença entre a oferta e a indenização, corrigidas ambas monetariamente".
- Súmula nº 105 do STJ: "Na ação de mandado de segurança não se admite condenação em honorários advocatícios".
- Súmula nº 110 do STJ: "A isenção do pagamento de honorários advocatícios, nas ações acidentárias, é restrita ao segurado".
- Súmula nº 187 do STJ: "É deserto o recurso interposto para o Superior Tribunal de Justiça, quando o recorrente não recolhe, na origem, a importância das despesas de remessa e retorno dos autos".42
- Súmula nº 190 do STJ: "Na execução fiscal, processada perante a Justiça Estadual, cumpre à Fazenda Pública antecipar o numerário destinado ao custeio das despesas com o transporte dos oficiais de justiça".
- Súmula nº 201 do STJ: "Os honorários advocatícios não podem ser fixados em salários-mínimos".
- Súmula nº 232 do STJ: "A Fazenda Pública, quando parte no processo, fica sujeita à exigência do depósito prévio dos honorários do perito".
- Súmula nº 303 do STJ: "Em embargos de terceiro, quem deu causa à constrição indevida deve arcar com os honorários advocatícios".

- Súmula nº 325 do STJ: "A remessa oficial devolve ao Tribunal o reexame de todas as parcelas da condenação suportadas pela Fazenda Pública, inclusive dos honorários de advogado".
- Súmula nº 421 do STJ: "Os honorários advocatícios não são devidos à Defensoria Pública quando ela atua contra a pessoa jurídica de direito público à qual pertença".
- Súmula nº 462 do STJ: "Nas ações em que representa o FGTS, a CEF, quando sucumbente, não está isenta de reembolsar as custas antecipadas pela parte vencedora".
- Súmula 481 do STJ, "Faz jus ao benefício da justiça gratuita a pessoa jurídica com ou sem fins lucrativos que demonstrar sua impossibilidade de arcar com os encargos processuais".
- Súmula nº 488 do STJ: "O § 2º do art. 6º da Lei n. 9.469/1997, que obriga à repartição dos honorários advocatícios, é inaplicável a acordos ou transações celebrados em data anterior à sua vigência".
- Súmula nº 517 do STJ: "São devidos honorários advocatícios no cumprimento de sentença, haja ou não impugnação, depois de escoado o prazo para pagamento voluntário, que se inicia após a intimação do advogado da parte executada".
- Súmula nº 519 do STJ: "Na hipótese de rejeição da impugnação ao cumprimento de sentença, não são cabíveis honorários advocatícios".

4.3.1. O PAGAMENTO DAS DESPESAS PROCESSUAIS

Na análise da petição inicial, verificando que a parte não realizou o pagamento das custas e despesas de ingresso, o juiz concederá o prazo de 15 dias para que a parte sane o vício, *sob pena de ser cancelada a distribuição*, nos moldes do art. 290 do CPC.

Ademais, também se pode dizer que o pagamento das despesas processuais pode ser tratado como uma condição para a propositura de nova demanda na hipótese extinção do processo sem resolução do mérito em virtude, por exemplo, do abandono da causa por parte do autor (art. 485, III). É que nessa hipótese o juiz, a requerimento do réu, deixará de apreciar o pedido e julgará extinto o processo. O autor, neste caso, só poderá propor novamente a ação se pagar ou depositar em cartório as despesas a que foi condenado (art. 92).

> Art. 92. Quando, a requerimento do réu, o juiz proferir sentença sem resolver o mérito, o autor não poderá propor novamente a ação sem pagar ou depositar em cartório as despesas e os honorários a que foi condenado.

Quanto ao pagamento, em suma:

Regra geral:	a guia de recolhimento do preparo inicial é juntada à própria inicial. Em alguns casos, a petição será recebida mesmo sem a comprovação do preparo. Se deixar de realizar o preparo no prazo de quinze dias, ter-se-á o cancelamento da distribuição (art. 290).
Recursos:	devem ser preparados previamente e o recolhimento das respectivas custas há de ser demonstrado no ato de interposição. A não comprovação do preparo acarreta a inadmissibilidade (ou deserção) do recurso (art. 1.007), que não é imediata, mas ocorre após 5 dias que a parte possui para sanar o vício. ATENÇÃO: alguns recursos dispensam preparo, como os embargos declaratórios.
Atos dos auxiliares da justiça	a parte interessada deve promover o recolhimento prévio das respectivas despesas na ocasião de cada um desses atos, sob pena de não realização da diligência;
Perícia:	se esta for determinada de ofício pelo juiz ou requerida por ambas as partes, o valor a ser adiantado poderá ser rateado entre elas (art. 95). Art. 95. Cada parte adiantará a remuneração do assistente técnico que houver indicado, sendo a do perito adiantada pela parte que houver requerido a perícia ou rateada quando a perícia for determinada de ofício ou requerida por ambas as partes. § 1º O juiz poderá determinar que a parte responsável pelo pagamento dos honorários do perito deposite em juízo o valor correspondente. § 2º A quantia recolhida em depósito bancário à ordem do juízo será corrigida monetariamente e paga de acordo com o art. 465, § 4º. § 3º Quando o pagamento da perícia for de responsabilidade de beneficiário de gratuidade da justiça, ela poderá ser: I - custeada com recursos alocados no orçamento do ente público e realizada por servidor do Poder Judiciário ou por órgão público conveniado; II - paga com recursos alocados no orçamento da União, do Estado ou do Distrito Federal, no caso de ser realizada por particular, hipótese em que o valor será fixado conforme tabela do tribunal respectivo ou, em caso de sua omissão, do Conselho Nacional de Justiça. § 4º Na hipótese do § 3º, o juiz, após o trânsito em julgado da decisão final, oficiará a Fazenda Pública para que promova, contra quem tiver sido condenado ao pagamento das despesas processuais, a execução dos valores gastos com a perícia particular ou com a utilização de servidor público ou da estrutura de órgão público, observando-se, caso o responsável pelo pagamento das despesas seja beneficiário de gratuidade da justiça, o disposto no art. 98, § 2º. § 5º Para fins de aplicação do § 3º, é vedada a utilização de recursos do fundo de custeio da Defensoria Pública. ** Art. 91. As despesas dos atos processuais praticados a requerimento da Fazenda Pública, do Ministério Público ou da Defensoria Pública serão pagas ao final pelo vencido. § 1º As perícias requeridas pela Fazenda Pública, pelo Ministério Público ou pela Defensoria Pública poderão ser realizadas por entidade pública ou, havendo previsão orçamentária, ter os valores adiantados por aquele que requerer a prova. § 2º Não havendo previsão orçamentária no exercício financeiro para adiantamento dos honorários periciais, eles serão pagos no exercício seguinte ou ao final, pelo vencido, caso o processo se encerre antes do adiantamento a ser feito pelo ente público.

Em ação que envolva **autor, brasileiro ou estrangeiro**, que *resida fora do país ou que deixe de residir* ao longo da tramitação do processo, o juiz deverá determinar que ele preste caução suficiente para o pagamento das custas e dos honorários, salvo se existirem bens imóveis de sua titularidade que possam assegurar o pagamento dessas despesas. Esta regra não se aplica quando se tratar de ação de execução fundada em título extrajudicial, no cumprimento de sentença, na reconvenção e, ainda, não houver dispensa prevista em acordo ou tratado internacional ratificado pelo Brasil (art. 83, § 1º, I a III).

> Art. 83. O autor, brasileiro ou estrangeiro, que residir fora do Brasil ou deixar de residir no país ao longo da tramitação de processo prestará caução suficiente ao pagamento das custas e dos honorários de advogado da parte contrária nas ações que propuser, se não tiver no Brasil bens imóveis que lhes assegurem o pagamento.
> § 1º Não se exigirá a caução de que trata o caput :
> I - quando houver dispensa prevista em acordo ou tratado internacional de que o Brasil faz parte;
> II - na execução fundada em título extrajudicial e no cumprimento de sentença;
> III - na reconvenção.
> § 2º Verificando-se no trâmite do processo que se desfalcou a garantia, poderá o interessado exigir reforço da caução, justificando seu pedido com a indicação da depreciação do bem dado em garantia e a importância do reforço que pretende obter.

Vale destacar que a lei dispensa alguns sujeitos do ônus de adiantar as despesas processuais. Exemplos: há dispensa de adiantamento de despesas na Lei dos Juizados Especiais, para as despesas de primeira instância (art. 54 da Lei nº 9.099/1995); na Lei de Ação Popular (art. 10 da Lei nº 4.717/1965) e na Lei de Ação Civil Pública (art. 18 da Lei nº 7.347/1985).

Já os beneficiários da assistência judiciária não necessitam realizar o pagamento das despesas processuais (art. 98, caput c/c a Lei nº 1.060/1950).

4.3.1.1. DIVISÃO DOS ÔNUS SUCUMBENCIAIS: PRINCÍPIOS DA SUCUMBÊNCIA E DA CAUSALIDADE

A atribuição da obrigação ao custo final do processo (despesas e honorários advocatícios) é balizada por dois princípios: o da sucumbência e o da causalidade. De acordo com o princípio da sucumbência, todos os gastos do processo devem ser atribuídos à parte vencida quanto à pretensão deduzida em juízo, independentemente da sua culpa pela derrota.

Nesse sentido, havendo sucumbência recíproca, as despesas e os honorários serão distribuídos recíproca e proporcionalmente entre as partes (art. 86). Se um litigante sucumbir de parte mínima do pedido, o outro responderá pela integralidade das despesas e honorários (parágrafo único do art. 86).

O art. 90, indica que o processo pode terminar com sentença proferida "com fundamento em desistência, em renúncia ou em reconhecimento do pedido, as despesas e os honorários serão pagos pela parte que desistiu, renunciou ou reconheceu", deixando claro a possibilidade de aplicação do princípio da causalidade. É a máxima: "quem deu causa, paga!".

> Art. 90. Proferida sentença com fundamento em desistência, em renúncia ou em reconhecimento do pedido, as despesas e os honorários serão pagos pela parte que desistiu, renunciou ou reconheceu.
> § 1º Sendo parcial a desistência, a renúncia ou o reconhecimento, a responsabilidade pelas despesas e pelos honorários será proporcional à parcela reconhecida, à qual se renunciou ou da qual se desistiu.
> § 2º Havendo transação e nada tendo as partes disposto quanto às despesas, estas serão divididas igualmente.
> § 3º Se a transação ocorrer antes da sentença, as partes ficam dispensadas do pagamento das custas processuais remanescentes, se houver.
> § 4º Se o réu reconhecer a procedência do pedido e, simultaneamente, cumprir integralmente a prestação reconhecida, os honorários serão reduzidos pela metade.
> Art. 93. As despesas de atos adiados ou cuja repetição for necessária ficarão a cargo da parte, do auxiliar da justiça, do órgão do Ministério Público ou da Defensoria Pública ou do juiz que, sem justo motivo, houver dado causa ao adiamento ou à repetição.

4.3.2. ASSISTÊNCIA JUDICIÁRIA

Prevê o art. 5º, LXXIV, da CF/1988: "o Estado prestará assistência judiciária integral e gratuita aos que comprovarem insuficiência de recursos". Já o CPC/2015 estabeleceu uma seção específica para tratar da gratuidade da justiça, nos arts. 98-102.

> Art. 98. A pessoa natural ou jurídica, brasileira ou estrangeira, com insuficiência de recursos para pagar as custas, as despesas processuais e os honorários advocatícios têm direito à gratuidade da justiça, na forma da lei.
> § 1º A gratuidade da justiça compreende:
> I - as taxas ou as custas judiciais;

II - os selos postais;

III - as despesas com publicação na imprensa oficial, dispensando-se a publicação em outros meios;

IV - a indenização devida à testemunha que, quando empregada, receberá do empregador salário integral, como se em serviço estivesse;

V - as despesas com a realização de exame de código genético - DNA e de outros exames considerados essenciais;

VI - os honorários do advogado e do perito e a remuneração do intérprete ou do tradutor nomeado para apresentação de versão em português de documento redigido em língua estrangeira;

VII - o custo com a elaboração de memória de cálculo, quando exigida para instauração da execução;

VIII - os depósitos previstos em lei para interposição de recurso, para propositura de ação e para a prática de outros atos processuais inerentes ao exercício da ampla defesa e do contraditório;

IX - os emolumentos devidos a notários ou registradores em decorrência da prática de registro, averbação ou qualquer outro ato notarial necessário à efetivação de decisão judicial ou à continuidade de processo judicial no qual o benefício tenha sido concedido.

§ 2º A concessão de gratuidade não afasta a responsabilidade do beneficiário pelas despesas processuais e pelos honorários advocatícios decorrentes de sua sucumbência.

§ 3º Vencido o beneficiário, as obrigações decorrentes de sua sucumbência ficarão sob condição suspensiva de exigibilidade e somente poderão ser executadas se, nos 5 (cinco) anos subsequentes ao trânsito em julgado da decisão que as certificou, o credor demonstrar que deixou de existir a situação de insuficiência de recursos que justificou a concessão de gratuidade, extinguindo-se, passado esse prazo, tais obrigações do beneficiário.

§ 4º A concessão de gratuidade não afasta o dever de o beneficiário pagar, ao final, as multas processuais que lhe sejam impostas.

§ 5º A gratuidade poderá ser concedida em relação a algum ou a todos os atos processuais, ou consistir na redução percentual de despesas processuais que o beneficiário tiver de adiantar no curso do procedimento.

§ 6º Conforme o caso, o juiz poderá conceder direito ao parcelamento de despesas processuais que o beneficiário tiver de adiantar no curso do procedimento.

§ 7º Aplica-se o disposto no art. 95, §§ 3º a 5º , ao custeio dos emolumentos previstos no § 1º, inciso IX, do presente artigo, observada a tabela e as condições da lei estadual ou distrital respectiva.

§ 8º Na hipótese do § 1º, inciso IX, havendo dúvida fundada quanto ao preenchimento atual dos pressupostos para a concessão de gratuidade, o notário ou registrador, após praticar o ato, pode requerer, ao juízo competente para decidir questões notariais ou registrais, a revogação total ou parcial do benefício ou a sua substituição pelo parcelamento de que trata o § 6º deste artigo, caso em que o beneficiário será citado para, em 15 (quinze) dias, manifestar-se sobre esse requerimento.

* O caput expressa o entendimento da Súmula nº 481 do STJ: "Faz jus ao benefício da justiça gratuita a pessoa jurídica com ou sem fins lucrativos que demonstrar sua impossibilidade de arcar com os encargos processuais".
* O § 1º reafirma o que já estava previsto no art. 3º da Lei nº 1.060/1950 - revogado pelo CPC/2015, conforme art. 1.072, III, ao estabelece quais são as despesas abarcadas pela gratuidade;
* Novidade: 1) o § 1º insere na proteção da gratuidade as despesas relativas à memória de cálculo quando esta for exigida para instauração de execução (VII), bem como as taxas relativas a registro e outros atos notariais necessários à efetivação da decisão (IX); 2) Concessão: pode estar restrita a determinado ato processual ou consistir na redução de percentual de despesa processual (art. 98, § 5º). Trata-se de novidade que visa adequar o instituto às necessidades das partes, que podem muitas vezes não ter condições de arcar com um único ato processual (perícia, por exemplo), e não com todos os que se fizerem necessários. Ademais, outro dispositivo que transmite essa mesma ideia é o § 6º do art. 98, o qual autoriza o juiz a conceder o parcelamento das despesas processuais sempre que houver necessidade de adiantamento.

Há presunção da veracidade da alegação de insuficiência de recursos SOMENTE quando deduzida por pessoa natural (art. 99, § 3º).
Pessoa jurídica também faz jus a AJG, mas tem que comprovar a necessidade. Veja a **Súmula 481 do STJ**: Faz jus ao benefício da justiça gratuita a pessoa jurídica com ou sem fins lucrativos que demonstrar sua impossibilidade de arcar com os encargos processuais.
Vale observar que os benefícios da gratuidade judiciária são pessoais, não se comunicando ao litisconsorte e nem se transmitindo aos sucessores do beneficiário, salvo se houver requerimento e deferimento expressos (art. 99, § 5º).

JURISPRUDÊNCIA

Jurisprudência do STJ: "Não se presume a hipossuficiência econômica para concessão da gratuidade da justiça pelo simples fato de a parte ser representada pela Defensoria Pública, sendo necessário o preenchimento dos requisitos previstos em lei" (AgInt no AREsp 1517705/PE, Rel. Ministro Marco Buzzi, 4ª Turma, j. 17.12.2019, DJe 03.02.2020). No mesmo sentido: "O patrocínio da causa por Núcleo de Prática Jurídica não implica, automaticamente, a concessão dos benefícios da assistência judiciária gratuita, sendo indispensável o preenchimento dos requisitos previstos em lei" (STJ, AREsp 1664199/DF (decisão monocrática), Rel. Ministro Marco Buzzi, j. 27.04.2020, DJe 29.04.2020).

× **Momento da postulação:** pode ser formulado não somente na petição inicial, mas, também, na contestação, na petição para ingresso de terceiro ou no próprio recurso. Enquanto estiver em curso e passar a existir a situação de hipossificiência, a benesse pode ser pleiteada.

> **ATENÇÃO:** ao contrário do CPC/73 não se falará mais em abertura de incidente processual em apartado para debate quanto ao pedido de AJG! Logo, aquele que discordar quanto a sua concessão deverá seguir nos moldes dos arts. 100 e 101 do CPC.

× Recursos/manifestações sobre o pedido: estão tratados nos arts. 100 e 101 do CPC.
× No caso da concessão (art. 100): impugnação no bojo da contestação, da réplica ou nas contrarrazões privilegia a instrumentalidade das formas e a celeridade processual.
× No caso de indeferimento ou revogação (art. 101, CPC):
× indeferimento do pedido ou de revogação do benefício <u>via decisão interlocutória</u> → caberá agravo de instrumento (art. 1.015, V).
× indeferimento ou revogação resolvida na sentença → cabível recurso de apelação (art. 1.009).

4.4. PROCURADORES

O CPC reafirma as previsões constitucionais (art. 133 CRFB) no seu art. 103, autorizando, em razão do ius postulandi que é conferido ao procurador, praticar em causa própria ou alheia os atos processuais necessários. Falta à parte a capacidade técnica-formal (inscrição regular na ordem), assim eventuais atos praticados estarão revoltos por nulidade (arts. 1º e 3º da Lei nº 8.906/1994).

> Art. 103. A parte será representada em juízo por advogado regularmente inscrito na Ordem dos Advogados do Brasil.
> Parágrafo único. É lícito à parte postular em causa própria quando tiver habilitação legal.

JURISPRUDÊNCIA: em 04/11/2021 o STF reconheceu como inconstitucional a exigência de inscrição do defensor público nos quadros da Ordem dos Advogados do Brasil: Ementa: RECURSO EXTRAORDINÁRIO. REPERCUSSÃO GERAL. DEFENSOR PÚBLICO. CAPACIDADE POSTULATÓRIA.

INSCRIÇÃO NA ORDEM DOS ADVOGADOS DO BRASIL. INCONSTITUCIONALIDADE. DESPROVIMENTO. 1. O artigo 134, § 1º, da CONSTITUIÇÃO FEDERAL, ao outorgar à lei complementar a organização da Defensoria Pública da União, do Distrito Federal e dos Territórios, e a edição de normas gerais organizacionais para as Defensorias Públicas dos Estados, vedou expressamente "o exercício da advocacia fora das atribuições institucionais". 2. A exigência prevista na Lei Complementar 80/1994, de que o candidato ao cargo de defensor público deve comprovar sua inscrição na Ordem dos Advogados do Brasil – OAB, não conduz à inarredável conclusão de que o Defensor Público deve estar inscrito nos registros da entidade. 3. O artigo 4º, § 6º, da Lei Complementar 80/1994, na redação dada pela Lei Complementar 132/2009, dispõe que a capacidade postulatória do defensor decorre exclusivamente de sua nomeação e posse no cargo público, para se dedicar unicamente à nobre missão institucional de proporcionar o acesso dos assistidos à ordem jurídica justa. 4. Logo, o Defensor Público submete-se somente ao regime próprio da Defensoria Pública, sendo inconstitucional a sua sujeição também ao Estatuto da OAB. 5. Recurso extraordinário desprovido. Tese para fins da sistemática da Repercussão geral: É inconstitucional a exigência de inscrição do Defensor Público nos quadros da Ordem dos Advogados do Brasil.(RE 1240999, Relator(a): ALEXANDRE DE MORAES, Tribunal Pleno, julgado em 04/11/2021, PROCESSO ELETRÔNICO REPERCUSSÃO GERAL - MÉRITO DJe-248 DIVULG 16-12-2021 PUBLIC 17-12-2021)

NOVIDADE LEGISLATIVA: a lei nº 8.906/94 teve sua redação alterada pela Lei nº 14.365/22, sendo que adicionou o §4º ao art. 5º do Estatuto, prevendo que "§ 4º As atividades de consultoria e assessoria jurídicas podem ser exercidas de modo verbal ou por escrito, a critério do advogado e do cliente, e independem de outorga de mandato ou de formalização por contrato de honorários."

Caro(a) leitor(a), veja que houve previsão somente no Estatuto da Advocacia, sendo que a referida lei, no âmbito do CPC, somente adicionou parágrafos aos art. 85 (§§ 6-A, 8-A e 20)! Logo, ainda permanece a previsão de necessidade de mandado no Código de Processo Civil (art. 104. CPC).

> Art. 85 [...] § 6º-A. Quando o valor da condenação ou do proveito econômico obtido ou o valor atualizado da causa for líquido ou liquidável, para fins de fixação dos honorários advocatícios, nos termos dos §§ 2º e 3º, é proibida a apreciação equitativa, salvo nas hipóteses expressamente previstas no § 8º deste artigo. (Incluído pela Lei nº 14.365, de 2022)

§ 8º-A. Na hipótese do § 8º deste artigo, para fins de fixação equitativa de honorários sucumbenciais, o juiz deverá observar os valores recomendados pelo Conselho Seccional da Ordem dos Advogados do Brasil a título de honorários advocatícios ou o limite mínimo de 10% (dez por cento) estabelecido no § 2º deste artigo, aplicando-se o que for maior. (Incluído pela Lei nº 14.365, de 2022)

§ 20. O disposto nos §§ 2º, 3º, 4º, 5º, 6º, 6º-A, 8º, 8º-A, 9º e 10 deste artigo aplica-se aos honorários fixados por arbitramento judicial. (Incluído pela Lei nº 14.365, de 2022)

Art. 104. O advogado não será admitido a postular em juízo sem procuração, salvo para evitar preclusão, decadência ou prescrição, ou para praticar ato considerado urgente.

§ 1º Nas hipóteses previstas no caput, o advogado deverá, independentemente de caução, exibir a procuração no prazo de 15 (quinze) dias, prorrogável por igual período por despacho do juiz.

§ 2º O ato não ratificado será considerado ineficaz relativamente àquele em cujo nome foi praticado, respondendo o advogado pelas despesas e por perdas e danos.

Em suma: no âmbito do Código de Processo Civil permanece a regra de não ser outorgado ao advogado não é admitido a postular em juízo sem procuração, salvo para evitar preclusão, decadência ou prescrição, ou para praticar ato considerado urgente (art. 104, CPC). Nesses casos, deverá, independentemente de caução, exibir a procuração no prazo de 15 (quinze) dias, prorrogável por igual período por despacho do juiz. Se não cumprir tal ônus, o ato será considerado ineficaz relativamente àquele em cujo nome foi praticado, respondendo o advogado pelas despesas e por perdas e danos.

> **DICA:** Para os casos em que é permitido ao advogado postular sem procuração, devendo juntá-la no prazo dilatório de 15 dias (art. 104, caput e §§ do CPC), utilize o mnemônico D-U-P-P. Trata-se da "cerveja" da autora que é também procuradora/advogada, inspiração na cerveja do personagem Homer Simpson (Duff).
> D- ecadência
> U- rgência
> P- reclusão
> P- rescrição

4.4.1. PODERES

No mandato poderemos falar em:

× Poderes para o foro geral;
× Poderes específicos/especiais.

A procuração geral para o foro, outorgada por instrumento público ou particular assinado pela parte, habilita o advogado a praticar todos os atos do processo (art. 105, CPC), exceto aqueles que devem constar de cláusula específica, os denominados poderes "especiais":

i. receber citação;
ii. confessar;
iii. reconhecer a procedência do pedido;
iv. transigir;
v. desistir;
vi. renunciar ao direito sobre o qual se funda a ação;
vii. receber e
viii. dar quitação;
ix. firmar compromiss;o e
xi. assinar declaração de hipossuficiência econômica.

Contudo, quando o advogado funcionar em causa própria será desnecessária procuração. No entanto, os requisitos do instrumento deverão constar na petição inicial ou na contestação (art. 106, I).

> Art. 106. Quando postular em causa própria, incumbe ao advogado:
> I - declarar, na petição inicial ou na contestação, o endereço, seu número de inscrição na Ordem dos Advogados do Brasil e o nome da sociedade de advogados da qual participa, para o recebimento de intimações;
> II - comunicar ao juízo qualquer mudança de endereço.
> § 1º Se o advogado descumprir o disposto no inciso I, o juiz ordenará que se supra a omissão, no prazo de 5 (cinco) dias, antes de determinar a citação do réu, sob pena de indeferimento da petição.
> § 2º Se o advogado infringir o previsto no inciso II, serão consideradas válidas as intimações enviadas por carta registrada ou meio eletrônico ao endereço constante dos autos.

4.4.2. REQUISITOS E VALIDADE DA PROCURAÇÃO

A outorga de procuração, via de regra, não está condicionada a instância judicial ou tempo, sendo que o instrumento outorgado na fase de conhecimento será eficaz para todas as fases do processo, salvo de houver disposição em sentido contrário na própria procuração (art. 105, § 4º). No mesmo artigo, temos a previsão quanto ao requisitos formais:

> Art. 105. A procuração geral para o foro, outorgada por instrumento público ou particular assinado pela parte, habilita o advogado a praticar todos os atos do processo, exceto receber citação, confessar, reconhecer a procedência do pedido, transigir, desistir, renunciar ao direito sobre o qual se funda a ação, receber, dar quitação, firmar compromisso e assinar declaração de hipossuficiência econômica, que devem constar de cláusula específica.
> § 1º A procuração pode ser assinada digitalmente, na forma da lei.
> § 2º A procuração deverá conter o nome do advogado, seu número de inscrição na Ordem dos Advogados do Brasil e endereço completo.
> § 3º Se o outorgado integrar sociedade de advogados, a procuração também deverá conter o nome dessa, seu número de registro na Ordem dos Advogados do Brasil e endereço completo.
> § 4º Salvo disposição expressa em sentido contrário constante do próprio instrumento, a procuração outorgada na fase de conhecimento é eficaz para todas as fases do processo, inclusive para o cumprimento de sentença.

Sobre a necessidade de procuração em instância especial, vide entendimento sumulado:

> SÚMULA N. 115 STJ - Na instância especial é inexistente recurso interposto por advogado sem procuração nos autos

Essa súmula era aplicada rigorosamente na vigência do CPC/73, contudo, no atual código, o STJ entende que não foi revogada mas que deve ser interpretada conjuntamente com os arts. 76 e 932 do CPC/15. Concessão de prazo para sanar o vício!

> Art. 932 (...)Parágrafo único. Antes de considerar inadmissível o recurso, o relator concederá o prazo de 5 (cinco) dias ao recorrente para que seja sanado vício ou complementada a documentação exigível.

4.4.3. EXTINÇÃO DO MANDATO

O mandato poderá ser extinto nas hipóteses previstas no art. 682 do CC:

> Art. 682. Cessa o mandato:
> I - pela revogação ou pela renúncia;
> II - pela morte ou interdição de uma das partes;
> III - pela mudança de estado que inabilite o mandante a conferir os poderes, ou o mandatário para os exercer;
> IV - pelo término do prazo ou pela conclusão do negócio.

No caso de mandato judicial, não se aplica o disposto no inc. IV do art. 682, pois, como já dissemos, a procuração outorgada ao advogado não tem prazo de validade. Contudo, diga-se que poderá o cliente revogar o instrumento de mandato ou mesmo poderá o advogado renunciar, momento em que haverá necessidade de regularização da representação processual. Sobre o tema, analisaremos adiante, no tópico de sucessão das partes e procuradores.

4.4.4. DIREITOS DOS PROCURADORES

Os direitos dos advogados estão previstos na Lei nº 8.906/1994 (EOAB), mais precisamente em seus arts. 6º, 7º e 7º-A, este incluído pela Lei nº 13.363/2016, assim como no art. 107 do CPC/2015.

> Art. 107. O advogado tem direito a:
> I - examinar, em cartório de fórum e secretaria de tribunal, mesmo sem procuração, autos de qualquer processo, <u>independentemente da fase de tramitação</u>, assegurados a obtenção de cópias e o registro de anotações, salvo na hipótese de segredo de justiça, nas quais apenas o advogado constituído terá acesso aos autos;
> II - requerer, como procurador, **vista** dos autos de qualquer processo, pelo <u>prazo de 5 (cinco) dias;</u>
> III - retirar os autos do cartório ou da secretaria, pelo prazo legal, sempre que neles lhe couber falar por determinação do juiz, nos casos previstos em lei.
> § 1º Ao receber os autos, o advogado assinará carga em livro ou documento próprio.
> § 2º Sendo o prazo comum às partes, os procuradores poderão retirar os autos somente em conjunto ou mediante prévio ajuste, por petição nos autos.
> § 3º Na hipótese do § 2º, é lícito ao procurador retirar os autos para obtenção de <u>cópias, pelo prazo de 2 (duas) a 6 (seis) horas</u>, independentemente de ajuste e sem prejuízo da continuidade do prazo.
> § 4º O procurador perderá no mesmo processo o direito a que se refere o § 3º se não devolver os autos tempestivamente, salvo se o prazo for prorrogado pelo juiz.
> § 5º O disposto no inciso I do caput deste artigo aplica-se integralmente a processos eletrônicos. (Incluído pela Lei nº 13.793, de 2019)

4.5. SUCESSÃO DE PARTES E PROCURADORES

No curso do processo somente é lícita a sucessão voluntária das partes nos casos expressos em lei (art. 108, CPC).

4.5.1. HIPÓTESES: O CÓDIGO CONTEMPLA DUAS HIPÓTESES DE SUCESSÃO PROCESSUAL.

- **Alienação de bem litigioso**: a primeira hipótese, facultativa, ocorre quando o bem litigioso é alienado a título particular, por ato entre vivos (por meio de contrato, por exemplo). Nesse caso, o adquirente pode suceder o alienante ou cedente (parte originária na demanda), desde que haja consentimento da outra parte (art. 109, § 1º). Independentemente do consentimento da outra parte, tem o adquirente direito de intervir no processo como assistente do alienante ou do cedente (§ 2º). De qualquer forma, havendo ou não sucessão processual, a sentença estende seus efeitos ao adquirente ou ao cessionário (§ 3º).

Vide o artigo na íntegra:

> Art. 109. A alienação da coisa ou do direito litigioso por ato entre vivos, a título particular, não altera a legitimidade das partes.
> § 1º O adquirente ou cessionário não poderá ingressar em juízo, sucedendo o alienante ou cedente, sem que o consinta a parte contrária.
> § 2º O adquirente ou cessionário poderá intervir no processo como assistente litisconsorcial do alienante ou cedente.
> § 3º Estendem-se os efeitos da sentença proferida entre as partes originárias ao adquirente ou cessionário.

× **Morte:** essa hipótese é obrigatória. Ocorrendo a morte de qualquer das partes, dar-se-á a sucessão pelo seu espólio ou pelos seus sucessores, observada a suspensão do processo até a habilitação dos substitutos (arts. 110, 313 e 687 do CPC/2015).

Cuidado com alguns pontos nesse sentido, veja as tabelas abaixo e os respectivos artigos:

Morte do autor: prazo fixado pelo juiz	Morte do réu: prazo mín. De 2 até 6 meses	Morte do procurador: prazo de 15 dias
× Intimação do espólio, herdeiros ou sucessores se o direito for transmissível × Havendo interessado(s): serão habilitados a suceder × Sem interessados: extinção do processo sem resoução de mérito.	× Intimação do autor para promover a citação dos sucessores do réu; × Citação do espólio, herdeiros ou sucessores no prazo mín de 2 até 6 meses; × Respondem nos limites da herança (art. 1792, CCB)	× Procurador do autor: deve regularizar a representação sob pena de extinção do processo sem resolução de mérito × Procurador do réu: deve regularizar a representação sob pena de revelia

> Art. 110. Ocorrendo a morte de qualquer das partes, dar-se-á a sucessão pelo seu espólio ou pelos seus sucessores, observado o disposto no art. 313, §§ 1º e 2º.
> Art. 313. Suspende-se o processo:
> I - pela morte ou pela perda da capacidade processual de qualquer das partes, de seu representante legal ou de seu procurador;

§ 1º Na hipótese do inciso I, o juiz suspenderá o processo, nos termos do art. 689.
§ 2º Não ajuizada ação de habilitação, ao tomar conhecimento da morte, o juiz determinará a suspensão do processo e observará o seguinte:
I - **falecido o réu**, ordenará a *intimação* do autor para que promova a citação do respectivo espólio, de quem for o sucessor ou, se for o caso, dos herdeiros, no prazo que designar, <u>de no mínimo 2 (dois) e no máximo 6 (seis) meses;</u>
II - **falecido o autor** e sendo *transmissível o direito* em litígio, determinará a intimação de seu espólio, de quem for o sucessor ou, se for o caso, dos herdeiros, pelos meios de divulgação que reputar mais adequados, para que manifestem *interesse* na sucessão processual e promovam a respectiva habilitação no <u>prazo designado</u>, sob pena de extinção do processo sem resolução de mérito.
§ 3º No caso de morte do procurador de qualquer das partes, ainda que iniciada a audiência de instrução e julgamento, o juiz determinará que a parte constitua novo mandatário, <u>no prazo de 15 (quinze) dias</u>, ao final do qual extinguirá o processo sem resolução de mérito, se o autor não nomear novo mandatário, ou ordenará o prosseguimento do processo à revelia do réu, se falecido o procurador deste.

4.5.2. RENÚNCIA E REVOGAÇÃO DE MANDATO

Quanto aos procuradores, temos os arts. 111 e 112 do CPC, que tratam dos casos de

× Renúncia; ou
× revogação do mandato.

Veja os artigos:
> Art. 111. A parte que revogar o mandato outorgado a seu advogado constituirá, no mesmo ato, outro que assuma o patrocínio da causa.
> Parágrafo único. Não sendo constituído novo procurador no prazo de 15 (quinze) dias, observar-se-á o disposto no art. 76 .
> Art. 76. Verificada a incapacidade processual ou a irregularidade da representação da parte, o juiz suspenderá o processo e designará prazo razoável para que seja sanado o vício.
> § 1º Descumprida a determinação, caso o processo esteja na instância originária:
> I - o processo será extinto, se a providência couber ao autor;
> II - o réu será considerado revel, se a providência lhe couber;
> III - o terceiro será considerado revel ou excluído do processo, dependendo do polo em que se encontre.
> § 2º Descumprida a determinação em fase recursal perante tribunal de justiça, tribunal regional federal ou tribunal superior, o relator:
> I - não conhecerá do recurso, se a providência couber ao recorrente;

II - determinará o desentranhamento das contrarrazões, se a providência couber ao recorrido.

Art. 112. O advogado poderá renunciar ao mandato a qualquer tempo, provando, na forma prevista neste Código, que comunicou a renúncia ao mandante, a fim de que este nomeie sucessor.

§ 1º <u>Durante os 10 (dez) dias seguintes</u>, o advogado continuará a representar o mandante, desde que necessário para lhe evitar prejuízo

§ 2º Dispensa-se a comunicação referida no caput quando a procuração tiver sido outorgada a vários advogados e a parte continuar representada por outro, apesar da renúncia.

Segue abaixo esquemas para melhor compreensão das diferenças:

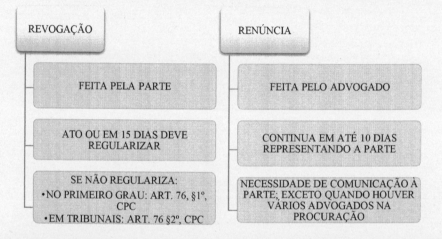

+ EXERCÍCIOS DE FIXAÇÃO

01. Ano: 2021 Banca: CESPE / CEBRASPE Órgão: TC-DF Prova: CESPE / CEBRASPE - 2021 - TC-DF - Procurador

Acerca de lei processual no tempo, litisconsórcio, Ministério Público e comunicação dos atos processuais, julgue o item a seguir.

De acordo com a jurisprudência do Superior Tribunal de Justiça, é nula a citação de pessoa jurídica estrangeira por intermédio de seu entreposto no Brasil se for demonstrado que, do ponto de vista formal, o réu e o entreposto citado possuem personalidades jurídicas distintas.

( ) Certo
( ) Errado

02. Ano: 2020 Banca: IBADE Órgão: Prefeitura de Vila Velha - ES Prova: IBADE - 2020 - Prefeitura de Vila Velha - ES - Procurador Autárquico - IPVV

O Código de Processo Civil elenca normas específicas sobre os sujeitos do processo, detalhando alguns institutos, como partes, procuradores, deveres das partes e dos procuradores. Com relação ao tema epigrafado, assinale a alternativa correta:

A) toda pessoa tem capacidade processual, mas nem todas tem capacidade de ser parte.

B) verificada a incapacidade processual ou a irregularidade na representação da parte, o juiz suspenderá o processo e designará prazo razoável para que seja sanado o vício.

C) o juiz nomeará curador especial ao réu preso revel, bem como ao réu citado por edital ou com hora certa, ainda que constituído advogado.

D) os Estados e o Distrito Federal serão representados em juízo, ativa ou passivamente, por seus procuradores ou mediante órgão vinculado.

E) a representação processual é o instituto que visa suprir a falta de capacidade de ser parte.

03. Ano: 2017 Banca: FCC Órgão: TRT - 21ª Região (RN)

Acerca dos procuradores no processo, considere:

I. Salvo disposição expressa em sentido contrário constante do próprio instrumento, a procuração outorgada na fase de conhecimento é ineficaz para a fase de cumprimento de sentença.

II. A procuração geral para o foro habilita o advogado a praticar todos os atos do processo, inclusive receber citação, confessar, desistir, firmar compromisso e assinar declaração de hipossuficiência econômica, que não precisam constar de cláusula específica.

III. O advogado não será admitido a postular em juízo sem procuração, salvo para evitar preclusão, decadência ou prescrição, ou para praticar ato considerado urgente, caso em que deverá, independentemente de caução, exibir a procuração no prazo de 15 dias, prorrogável por igual período por despacho do juiz.

IV. A procuração para o foro pode ser assinada digitalmente, na forma da lei, devendo conter, obrigatoriamente, o nome do advogado, seu número de inscrição na Ordem dos Advogados do Brasil e endereço completo.

V. A parte será representada em juízo por advogado regularmente inscrito na Ordem dos Advogados do Brasil ou em órgão equivalente dos países com os quais o Brasil tenha firmado acordo de cooperação internacional.

De acordo com o novo Código de Processo Civil, está correto o que consta APENAS em

A) I e II.
B) I e V.
C) II e IV.
D) III e V.
E) III e IV.

GABARITO

01. Gabarito Errado

Comentário: o art. 75, X e §3° trata da representação da pessoa jurídica estrangeira pelo gerente da filial ou agência instalada no Brasil. A questão em comento demandou conhecimento do posicionamento do STJ sobre citação de pessoa jurídica estrangeira por meio de seu entreposto no Brasil. Sobre o tema, o Informativo 661 do STJ apresentou o seguinte: " É regular a citação da pessoa jurídica estrangeira por meio de seu entreposto no Brasil, ainda que não seja formalmente aquela mesma pessoa jurídica ou agência ou filial (HDE 410-EX, Rel. Min. Benedito Gonçalves, Corte Especial, por unanimidade, julgado em 20/11/2019, DJe 26/11/2019).Na prática, o que temos aqui é a aplicação clara da teoria da aparência. O escopo do julgado é facilitar a citação de pessoa jurídica estrangeira.

02. Gabarito b

Alternativa A) Conforme já vimos, a doutrina diferencia a capacidade de ser parte da capacidade de estar em juízo (capacidade processual): "O terceiro pressuposto processual de validade é relativo à capacidade, em duas de suas formas: a capacidade de ser parte e a capacidade processual, que consiste na capacidade de estar em juízo, fazendo valer direitos. A capacidade de ser parte, em linhas gerais, corresponde à capacidade civil (personalidade jurídica), isso é, capacidade de assumir direitos e deveres... Já a capacidade de estar em juízo coincide, em termos gerais, com a capacidade para exercício de direitos ('capacidade de fato') no plano do direito material. Nos termos do art. 70 do CPC/2015: "Toda pessoa que se encontre no exercício de seus direitos tem capacidade para estar em juízo". Em regra, capacidade de ser parte e de estar em juízo andas juntas. Mas há casos em que as duas formas de capacidade apresentam-se dissociadas. Por exemplo, uma criança de dez anos de idade é sujeito de direitos - detendo, portanto, capacidade de ser parte. Mas não pode estar sozinha em juízo porque não detém capacidade para o exercício de seus direitos. Para tanto, dependerá da representação de quem por ele seja responsável (pai, por exemplo). Pode-se dizer, em suma, em relação à afirmativa, que toda pessoa tem capacidade de ser parte, mas nem todas têm capacidade processual. Afirmativa incorreta.

Alternativa B) se exigia o conhecimento da letra seca da lei: art. 76, caput, do CPC/15. "Verificada a incapacidade processual ou a irregularidade da representação da parte, o juiz suspenderá o processo e designará prazo razoável para que seja sanado o vício". Afirmativa correta.

Alternativa C) Ao dispor sobre a capacidade processual, o art. 72, do CPC/15, traz as hipóteses em que o juiz deverá nomear curador especial à parte, sendo que o inciso II prevê que o desempenho do encargo ocorrerá enquanto não constituído advogado. Vide: "II - ao réu preso revel, bem como ao réu revel citado por edital ou com hora certa, enquanto não for constituído advogado". Afirmativa incorreta.

Alternativa D) Os Estados e o Distrito Federal serão representados em juízo por seus procuradores e não por órgão vinculado (art. 75, II, CPC/15). Afirmativa incorreta.

Alternativa E) A representação processual é o instituto que visa suprir a falta de capacidade processual e não a falta da capacidade de ser parte. Afirmativa incorreta.

03. Gabarito: letra e

A questão exige o conhecimento da letra seca da lei. Para melhor compreensão passaremos a análise de cada uma das assertivas:

A assertiva I está INCORRETA. Ao contrário do exposto, a procuração outorgada no processo de conhecimento é válida no cumprimento de sentença. Diz o art. 105, §4º, do CPC: § 4º Salvo disposição expressa em sentido contrário constante do próprio instrumento, a procuração outorgada na fase de conhecimento é eficaz para todas as fases do processo, inclusive para o cumprimento de sentença.

A assertiva II está INCORRETA. Ao contrário do exposto, os poderes expressos na assertiva demandam cláusula específica em procuração. Diz o art. 105 do CPC: Art. 105. A procuração geral para o foro, outorgada por instrumento público ou particular assinado pela parte, habilita o advogado a praticar todos os atos do processo, exceto receber citação, confessar, reconhecer a procedência do pedido, transigir, desistir, renunciar ao direito sobre o qual se funda a ação, receber, dar quitação, firmar compromisso e assinar declaração de hipossuficiência econômica, que devem constar de cláusula específica.

A assertiva III está CORRETA. Reproduz, com efeito, o art. 104, §1º, do CPC: Art. 104 (...)§ 1º Nas hipóteses previstas no caput , o advogado deverá, independentemente de caução, exibir a procuração no prazo de 15 (quinze) dias, prorrogável por igual período por despacho do juiz.

A assertiva IV está CORRETA. Reproduz, com efeito, o art. 105, §§1º e 2º, do CPC: Art. 105 (...)§ 1º A procuração pode ser assinada digitalmente, na forma da lei.§ 2º A procuração deverá conter o nome do advogado, seu número de inscrição na Ordem dos Advogados do Brasil e endereço completo.

A assertiva V está INCORRETA. Ao contrário do exposto, inexiste previsão legal no CPC de advogado inscrito em órgãos equivalentes de países com os quais o Brasil tenha acordo de cooperação internacional. Diz o art. 103 do CPC: Art. 103. A parte será representada em juízo por advogado regularmente inscrito na Ordem dos Advogados do Brasil.

De fato, as assertivas III e IV estão corretas.

5 LITISCONSÓRCIO

A configuração mínima do processo como "iudicium est actum trium personarum: actoris, rei et iudicis" - o processo é ato de três pessoas, o autor, o réu e o juiz - , permite pensar nos sujeitos não como indivíduos, mas como polos na relação processual. Em inúmeras situações um fato ou direito será capaz de produzir consequências jurídicas a uma pluralidade de pessoas, assim poderemos ter em cada polo de uma relação processual duas ou mais pessoas, situação em que há a ocorrência do fenômeno da pluralidade de partes, de que são espécies:

a. Litisconsórcio;
b. Intervenção de terceiros.

O litisconsórcio pode ser conceituado como a cumulação de ações no aspecto subjetivo, ou seja, um fenômeno da pluralidade de partes no processo, ocorrendo toda vez que existir mais de um sujeito em um dos polos da relação processual, em conjunto ou isoladamente, buscando-se economia processual e a harmonização dos julgados. Não se confunde com intervenção de terceiros, uma vez que são considerados como partes originárias, ainda que não constem na petição inicial (art. 319, II, CPC).

O estudo do litisconsórcio, que é instituto amplamente aceito no procedimento civil, inclusive no âmbito dos procedimentos especiais (por exemplo no Juízado Especial Cível, que autoriza a formação de litisconsórcio no seu art. 10) se faz necessário, principalmente quanto às premissas dos arts. 113-118 do CPC, as quais de maneira sintetizada vamos expor na tabela abaixo, conforme critérios doutrinários de classificação:

DIREITO PROCESSUAL CIVIL

Classificação	Resumo	Aprofundamento
LITISCONSÓRCIO NECESSÁRIO OU FACULTATIVO	Nessa classificação se toma por orientação a obrigatoriedade ou não da formação do litisconsórcio (art. 114 do CPC/2015).	O litisconsórcio será **necessário (art. 114, CPC)** quando houver compulsoriedade na formação do litisconsórcio, seja por força de lei, seja por força da ralação jurídica que é indivisível. Nesses casos haverá legitimação conjunta ou complexa. Será **facultativo** (art. 113, CPC) quando houver a possibilidade de apenas um sujeito ocupar, isoladamente, um dos polos da relação processual. Ocorrerá quando entre as parte: 1- houver comunhão de direitos ou de obrigações relativamente à lide; 2- entre as causas houver conexão pelo pedido ou pela causa de pedir; 3- ocorrer afinidade de questões por ponto comum de fato ou de direito. **Tratando-se de litisconsórcio multitudinário - modalidade de litisconsórcio facultativo - o juiz poderá limitá-lo (§1º, art. 113, CPC).**
LITISCONSÓRCIO UNITÁRIO OU SIMPLES	Aqui o foco de observação está "na sorte" dos litisconsortes em razão do julgamento (art. 116 do CPC/2015).	Será **unitário** o litisconsórcio quando a demanda tiver que ser decidida de forma homogênea (UNIFORME) em relação a todos os litigantes que figurem no mesmo polo da relação processual. Os litisconsortes serão considerados, em suas relações com a parte adversa, como litigantes distintos, *exceto no litisconsórcio unitário*, caso em que os atos e as omissões de um não prejudicarão os outros, mas os poderão beneficiar (art. 117, CPC). Será **simples** quando tal homogeneidade não estiver obrigada a ocorrer, podendo haver resultado diferente para partes do mesmo polo da ação.
CRITÉRIO DE POSIÇÃO PROCESSUAL (OU TOPOLÓGICO)	ATIVO	A pluralidade de partes está no polo ativo.
	PASSIVO	A pluralidade de partes está no polo passivo.
	MISTO/RECÍPROCO	A pluralidade de partes ocorre tanto no polo ativo, quanto no polo passivo.
CRITÉRIO CRONOLÓGICO	ORIGINÁRIO	A pluralidade de partes ocorre desde o início da demanda.
	POSTERIOR OU ULTERIOR	A pluralidade de partes surge após a efetiva formação da demanda.

> **DICA:** A banca CESPE/CEBRASPE tem cobrado com frequência sobre o desmembramento do litisconsórcio multitudinário (§1º, art. 113, CPC). Repetiu a mesma questão no ano de 2020 para o concurso do TJ-PA- Analista Judiciário - Direito e para o concurso do TJ-PA - Oficial de Justiça - Avaliador.
> **Art. 113 [...]**
> § 1º O juiz poderá limitar o litisconsórcio facultativo quanto ao número de litigantes na fase de conhecimento, na liquidação de sentença ou na execução, quando este comprometer a rápida solução do litígio ou dificultar a defesa ou o cumprimento da sentença.
> § 2º O requerimento de limitação interrompe o prazo para manifestação ou resposta, que recomeçará da intimação da decisão que o solucionar.

Destarte, a sentença de mérito, quando proferida sem a integração do contraditório, será (art. 115, CPC):

× **nula**, se a decisão deveria ser <u>uniforme</u> em relação a todos que deveriam ter integrado o processo;
× **ineficaz**, <u>nos outros casos</u>, apenas para os que não foram citados.

> **ATENÇÃO:** O litisconsórcio necessário SOMENTE se dará no polo passivo da ação! O direito constitucional de ação (art. 5º, XXXV, CRFB) não pode ser limitado, ou seja, não pode se condicionar o indivíduo à prestação da tutela Estatal somente se outrem tiver interesse! Logo, nos casos de <u>litisconsórcio passivo necessário</u>, o juiz determinará ao autor que requeira a citação de todos que devam ser litisconsortes, dentro do prazo que assinar, sob pena de extinção do processo (Sú. art. 115 CPC). Nesse sentido, ainda, a Súmula nº 631 do STF: "Extingue-se o processo de mandado de segurança se o impetrante não promove, no prazo assinado, a citação do litisconsorte passivo necessário".

Nelson Nery (2007, p.259) afirma que o litisconsorte deverá ser incluído no polo passivo, como réu, para que, de maneira forçada, passe a integrar a relação processual. Uma vez citado, o litisconsorte faltante poderá continuar no polo passivo, resistindo à pretensão autoral, ou integrar o polo ativo em litisconsórcio com o autor. Entretanto, também seria razoável se considerar que basta a cientificação da lide àquele que deveria figurar como litisconsorte ativo, mas não figurou, para que tome uma das seguintes posturas: ingresse na lide em litisconsórcio ativo com o autor; atue ao lado do réu, ou permaneça inerte, hipótese em que o autor passará a atuar como substituto processual do litisconsórcio faltante. Sobre o tema, definiu o FPPC:

> Enunciado 224, Fórum Permanente dos Processualistas Civis: "(Art. 116). O litisconsorte unitário ativo, uma vez convocado, pode optar por ingressar no processo na condição de litisconsorte do autor ou de assistente do réu. (Grupo: Litisconsórcio e Intervenção de Terceiros)".

JURISPRUDÊNCIA

A jurisprudência do STJ já pacificou entendimento de que não há litisconsórcio necessário nos casos de responsabilidade solidária, sendo facultado ao credor optar pelo ajuizamento da ação contra um, alguns ou todos os responsáveis. Precedentes: AgRg no REsp 1.164.933/RJ, Rel. Min. Regina Helena Costa, Primeira Turma, DJe 09/12/2015; EDcl no AgRg no AREsp 604.505/RJ, Rel. Min. Luiz Felipe Salomão, Quarta Turma, DJe 27/05/2015; AgRg no AREsp 566.921/RS, Rel. Min. Humberto Martins, Segunda Turma, DJe 17/11/2014; REsp 1.119.969/RJ, Rel. Min. Luis Felipe Salomão, Quarta Turma, DJe 15/10/2013; REsp 1.358.112/SC, Rel. Min. Humberto Martins, Segunda Turma, DJe 28/06/2013;REsp 1.625.833/PR, Rel. Min. Benedito Gonçalves, DJe 05.09.2019.

+ EXERCÍCIOS DE FIXAÇÃO

01. Ano: 2018 Banca: IBFC Órgão: Prefeitura de Divinópolis - MG Prova: IBFC - 2018 - Prefeitura de Divinópolis - MG - Procurador do Município

No que se refere ao litisconsórcio, assinale a alternativa incorreta:

A) Os litisconsortes serão considerados, em suas relações com a parte adversa, como litigantes distintos, assim como no litisconsórcio unitário, caso em que os atos e as omissões de um não prejudicarão os outros, mas os poderão beneficiar

B) Cada litisconsorte tem o direito de promover o andamento do processo, e todos devem ser intimados dos respectivos atos

C) Nos casos de litisconsórcio passivo necessário, o juiz deve determinar ao autor que requeira a citação de todos que devam ser litisconsortes, dentro do prazo que assinar, sob pena de extinção do processo

D) O juiz pode limitar o litisconsórcio facultativo quanto ao número de litigantes na fase de conhecimento, na liquidação de sentença ou na execução, quando este comprometer a rápida solução do litígio ou dificultar a defesa ou o cumprimento da sentença

02. Ano: 2019 Banca: VUNESP Órgão: IPREMM - SP Prova: VUNESP - 2019 - IPREMM - SP - Procurador Jurídico

Quando duas ou mais pessoas litigam no mesmo processo, em conjunto, ativa ou passivamente, ocorre o litisconsórcio. Sobre o tema, considerando o disposto no Código de Processo Civil, assinale a alternativa correta.

A) O litisconsórcio será necessário quando, pela natureza da relação jurídica, o juiz tiver de decidir o mérito de modo uniforme para todos os litisconsortes.

B) Os litisconsortes serão considerados, em suas relações com a parte adversa, como litigantes distintos, exceto no litisconsórcio unitário, caso em que os atos e as omissões de um não prejudicarão os outros, mas os poderão beneficiar.

C) litisconsórcio será unitário por disposição de lei ou quando, pela natureza da relação jurídica controvertida, a eficácia da sentença depender da citação de todos que devam ser litisconsortes.

D) Nos casos de litisconsórcio passivo facultativo, o juiz determinará ao autor que requeira a citação de todos que devam ser litisconsortes, dentro do prazo que assinar, sob pena de extinção do processo.

E) O juiz poderá limitar o litisconsórcio necessário quanto ao número de litigantes na fase de conhecimento, na liquidação de sentença ou na execução, quando este comprometer a rápida solução do litígio ou dificultar a defesa ou o cumprimento da sentença.

» GABARITO

01. GABARITO A

A questão em comento encontra resposta na literalidade do CPC. Diz o art. 117 do CPC: Art. 117. Os litisconsortes serão considerados, em suas relações com a parte adversa, como litigantes distintos, exceto no litisconsórcio unitário, caso em que os atos e as omissões de um não prejudicarão os outros, mas os poderão beneficiar. Vamos, diante disto, apreciar as alternativas da questão.

LETRA A- incorreta, logo responde a questão. Ao contrário do exposto, os litisconsortes, em caso de litisconsórcio unitário, não são considerados distintos. Basta leitura atenta do comando do art. 117 do CPC: Os litisconsortes serão considerados, em suas relações com a parte adversa, como litigantes distintos, exceto no litisconsórcio unitário, caso em que os atos e as omissões de um não prejudicarão os outros, mas os poderão beneficiar.

LETRA B- correta, logo não responde a questão. Reproduz o art. 118 do CPC: Art. 118. Cada litisconsorte tem o direito de promover o andamento do processo, e todos devem ser intimados dos respectivos atos.

DIREITO PROCESSUAL CIVIL

LETRA C- correta, logo não responde a questão. Reproduz o art. 115 do CPC, parágrafo único, do CPC: Art. 115 (...)Parágrafo único. Nos casos de litisconsórcio passivo necessário, o juiz determinará ao autor que requeira a citação de todos que devam ser litisconsortes, dentro do prazo que assinar, sob pena de extinção do processo.

LETRA D- correta, logo não responde a questão. Reproduz o art. 113, §1º, do CPC: Art. 113 (...) § 1º O juiz poderá limitar o litisconsórcio facultativo quanto ao número de litigantes na fase de conhecimento, na liquidação de sentença ou na execução, quando este comprometer a rápida solução do litígio ou dificultar a defesa ou o cumprimento da sentença.

02. GABARITO B

A resposta está na literalidade do CPC. Para tanto, vamos analisar cada uma das alternativas:

Alternativa A) Quando à obrigatoriedade, o litisconsórcio é classificado como facultativo quando a reunião de pessoas no polo ativo ou no passivo é opcional, e é classificado como necessário quando essa reunião é obrigatória, seja por exigência da lei ou da própria relação jurídica que deu azo à demanda. Quanto ao tratamento conferido aos litisconsortes, o litisconsórcio é classificado como simples, quando o mérito da causa puder ser decidido de forma diferente em relação a cada um dos litisconsortes, e é classificado como unitário quando o mérito tiver que ser decidido igualmente em relação a todos eles. Conforme se nota, quando o juiz tiver de decidir o mérito de modo uniforme para todos os litisconsortes, o litisconsórcio será classificado como "unitário" e não como "necessário". Afirmativa incorreta.

Alternativa B) É o que dispõe expressamente o art. 117, do CPC/15: "Os litisconsortes serão considerados, em suas relações com a parte adversa, como litigantes distintos, exceto no litisconsórcio unitário, caso em que os atos e as omissões de um não prejudicarão os outros, mas os poderão beneficiar". Afirmativa correta, portanto é o gabarito.

Alternativa C) Trata-se de litisconsórcio necessário, conforme art. 114 do CPC. Sendo assim está incorreta a alternativa.

Alternativa D) Tratando-se de litisconsórcio facultativo (art. 113, CPC), ou seja, não há obrigação do autor de incluir todos os interessados no polo passivo da ação, não havendo que se falar em extinção do processo por este motivo. Afirmativa incorreta.

Alternativa E) O juiz somente poderá limitar o litisconsórcio facultativo, mas não o necessário. Aliás, nesse sentido dispõe o art. 113, §1º, do CPC/15: "O juiz poderá limitar o litisconsórcio facultativo quanto ao número de litigantes na fase de conhecimento, na liquidação de sentença ou na execução, quando este comprometer a rápida solução do litígio ou dificultar a defesa ou o cumprimento da sentença". Afirmativa incorreta.

6 INTERVENÇÃO DE TERCEIROS

1. Base legal: arts. 119-138, CPC
2. Intervenção de terceiros: noções gerais e previsões relevantes

O tema de intervenção de terceiros é tratado nos arts. 119 a 138 do CPC/15, os quais trazem as seguintes formas:

× Assistência : arts. 119-124,CPC
× Denunciação da lide: arts. 125 -129, CPC
× Chamamento ao processo: arts. 130-132, CPC
× Incidente de desconsideração de personalidade jurídica: arts 133-137, CPC;
× Amicus curiae: art. 138 do CPC;

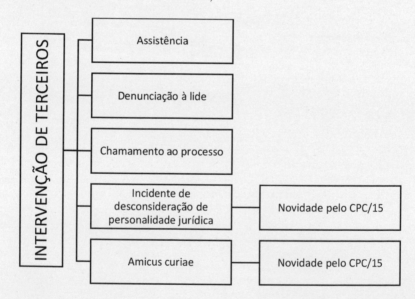

O CPC/15 inova ao trazer o incidente de desconsideração da personalidade jurídica e regulamentar o amicus curiae como novas formas de intervenção.

Destarte, deixam de ser tratados como formas de intervenção, como ocorria no CPC/73: a oposição e a nomeação à autoria.

As formas típicas de intervenção do Código não inviabilizam demais previsões em leis extravagantes, tidas como intervenções atípicas. Destarte, falaremos em intervenção de terceiros quando alguém ingressa como parte ou coadjuvante da parte (assistente) em processo já pendente, devendo, em regra, haver interesse do *terceiro* - sujeito estranho à relação processual estabelecida entre autor e réu.

De forma resumida, vamos destacar alguns dos pontos essenciais de cada uma dessas modalidades:

ASSISTÊNCIA

- Terceiro que intervém para COLABORAR com uma parte.
- **Pressupostos de admissibilidade:**
- relação jurídica entre uma das partes e o terceiro;
- possibilidade da decisão influir na relação jurídica;
- **Formas**
- simples: interesse jurídico indireto; não obsta a que a parte principal reconheça a procedência do pedido, desista da ação, renuncie ao direito sobre o que se funda a ação ou transija sobre direitos controvertidos.
- litisconsorcial: interesse jurídico direto

ADMISSÃO: até o trânsito em julgado da sentença.

EFEITOS DA COISA JULGADA:

- assistente simples: alcança indiretamente;
- assistente litisconsorcial: alcança diretamente.

Previsões legais:

Disposições gerais	Assistência simples	Assistência litisconsorcial
Art. 119. Pendendo causa entre 2 (duas) ou mais pessoas, o terceiro juridicamente interessado em que a sentença seja favorável a uma delas poderá intervir no processo para assisti-la. Parágrafo único. A assistência será admitida em qualquer procedimento e em todos os graus de jurisdição, recebendo o assistente o processo no estado em que se encontre. Art. 120. Não havendo impugnação no prazo de 15 (quinze) dias, o pedido do assistente será deferido, salvo se for caso de rejeição liminar. Parágrafo único. Se qualquer parte alegar que falta ao requerente interesse jurídico para intervir, o juiz decidirá o incidente, sem suspensão do processo.	Art. 121. O assistente simples atuará como auxiliar da parte principal, exercerá os mesmos poderes e sujeitar-se-á aos mesmos ônus processuais que o assistido. Parágrafo único. Sendo revel ou, de qualquer outro modo, omisso o assistido, o assistente será considerado seu substituto processual. Art. 122. A assistência simples não obsta a que a parte principal reconheça a procedência do pedido, desista da ação, renuncie ao direito sobre o que se funda a ação ou transija sobre direitos controvertidos. Art. 123. Transitada em julgado a sentença no processo em que interveio o assistente, este não poderá, em processo posterior, discutir a justiça da decisão, salvo se alegar e provar que: I - pelo estado em que recebeu o processo ou pelas declarações e pelos atos do assistido, foi impedido de produzir provas suscetíveis de influir na sentença; II - desconhecia a existência de alegações ou de provas das quais o assistido, por dolo ou culpa, não se valeu.	Art. 124. Considera-se litisconsorte da parte principal o assistente sempre que a sentença influir na relação jurídica entre ele e o adversário do assistido.

DENUNCIAÇÃO DA LIDE

Trata-se de uma ação regressiva que pode ser proposta <u>tanto pelo autor como pelo réu</u>.

× Hipóteses:
× ALIENANTE IMEDIATO, no processo relativo à coisa cujo domínio foi transferido ao denunciante, a fim de que possa exercer direitos que da evicção lhe resultam;
× AQUELE QUE POR LEI OU CONTRATO está obrigado a indenizar em ação regressiva o prejuízo ao vencido no processo.

Exemplo: casos de seguradoras, em que o segurado denuncia à lide a fim de que a mesma arque com eventual condenação em ação de reparação por colisão no trânsito.

Previsões legais:

HIPÓTESES	PRAZO DE CITAÇÃO: 30 dias Lugar incerto/outra comarca/seção/subseção: 2 meses	ACRESCENTAR NOVOS ARGUMENTOS	DENUNCIAÇÃO PELO RÉU
Art. 125. É admissível a denunciação da lide, promovida por qualquer das partes: I - ao alienante imediato, no processo relativo à coisa cujo domínio foi transferido ao denunciante, a fim de que possa exercer os direitos que da evicção lhe resultam; II - àquele que estiver obrigado, por lei ou pelo contrato, a indenizar, em ação regressiva, o prejuízo de quem for vencido no processo. § 1º O direito regressivo será exercido por ação autônoma quando a denunciação da lide for indeferida, deixar de ser promovida ou não for permitida. § 2º Admite-se uma única denunciação sucessiva, promovida pelo denunciado, contra seu antecessor imediato na cadeia dominial ou quem seja responsável por indenizá-lo, não podendo o denunciado sucessivo promover nova denunciação, hipótese em que eventual direito de regresso será exercido por ação autônoma.	Art. 126. A citação do denunciado será requerida na petição inicial, se o denunciante for autor, ou na contestação, se o denunciante for réu, devendo ser realizada na forma e nos prazos previstos no art. 131.	Art. 127. Feita a denunciação pelo autor, o denunciado poderá assumir a posição de litisconsorte do denunciante e acrescentar novos argumentos à petição inicial, procedendo-se em seguida à citação do réu.	Art. 128. Feita a denunciação pelo réu: I - se o denunciado contestar o pedido formulado pelo autor, o processo prosseguirá tendo, na ação principal, em litisconsórcio, denunciante e denunciado; II - se o denunciado for revel, o denunciante pode deixar de prosseguir com sua defesa, eventualmente oferecida, e abster-se de recorrer, restringindo sua atuação à ação regressiva; III - se o denunciado confessar os fatos alegados pelo autor na ação principal, o denunciante poderá prosseguir com sua defesa ou, aderindo a tal reconhecimento, pedir apenas a procedência da ação de regresso. Parágrafo único. Procedente o pedido da ação principal, pode o autor, se for o caso, requerer o cumprimento da sentença também contra o denunciado, nos limites da condenação deste na ação regressiva.

JULGAMENTO

Art. 129. Se o denunciante for vencido na ação principal, o juiz passará ao julgamento da denunciação da lide.

Parágrafo único. Se o denunciante for vencedor, a ação de denunciação não terá o seu pedido examinado, sem prejuízo da condenação do denunciante ao pagamento das verbas de sucumbência em favor do denunciado.

CHAMAMENTO AO PROCESSO

Objetiva a inclusão do devedor ou dos coobrigados pela dívida para integrarem o polo passivo da relação processual.

× HIPÓTESES
× AFIANÇADO, na ação em que o fiador for réu;
× DEMAIS FIADORES, quando a ação foi proposta contra um ou alguns deles;
× DEMAIS DEVEDORES SOLIDÁRIOS;

HIPÓTESES	PRAZO DE CITAÇÃO: 30 dias* Lugar incerto/outra comarca/ seção/subseção: 2 meses	JULGAMENTO
Art. 130. É admissível o chamamento ao processo, requerido pelo réu: I - do afiançado, na ação em que o fiador for réu; II - dos demais fiadores, na ação proposta contra um ou alguns deles; III - dos demais devedores solidários, quando o credor exigir de um ou de alguns o pagamento da dívida comum.	Art. 131. A citação daqueles que devam figurar em litisconsórcio passivo será requerida pelo réu na contestação e deve ser promovida no prazo de 30 (trinta) dias, sob pena de ficar sem efeito o chamamento. Parágrafo único. Se o chamado residir em outra comarca, seção ou subseção judiciárias, ou em **lugar incerto, o prazo será de 2 (dois) meses.**	Art. 132. A sentença de procedência valerá como título executivo em favor do réu que satisfizer a dívida, a fim de que possa exigi-la, por inteiro, do devedor principal, ou, de cada um dos codevedores, a sua quota, na proporção que lhes tocar.

INCIDENTE DE DESCONSIDERAÇÃO DA PERSONALIDADE JURÍDICA

É instituto excepcional em que se pretende tornar eficazes os atos realizados pela sociedade quando praticados em descumprimento à função social da empresa. Busca-se atingir o patrimônio dos sócios.

HIPÓTESES DE CABIMENTO

× Em todas as fases do processo de conhecimento, no cumprimento de sentença e na execução (134, CPC)
× Cabível no JEC - art. 1.062 CPC

TEORIA APLICÁVEL

× **TEORIA MAIOR DA DESCONSIDERAÇÃO: é a regra! Requisitos no art. 50 CC/02** - insuficiência patrimonial + desvio de finalidade ou confusão patrimonial por meio da fraude ou abuso de direito;
× **TEORIA MENOR**: cabível excepcionalmente nos casos do art. 4º, L9605/98 e art. 28, §5º CDC - a personalidade jurídica deve representar obstáculo ao ressarcimento dos prejuízos causados;

- LEGITIMADOS PARA REQUERER A INSTAURAÇÃO: partes ou Ministério Público. *Vedado ex officio!*
- DESCONSIDERAÇÃO INVERSA: objetiva atingir os bens da própria sociedade em razão das obrigações contraídas pelo sócio;

LEGITIMIDADE E REQUISITOS FORMAIS	CABIMENTO	INSTRUÇÃO	JULGAMENTO
Art. 133. O incidente de desconsideração da personalidade jurídica será instaurado a pedido da parte ou do Ministério Público, quando lhe couber intervir no processo. § 1º O pedido de desconsideração da personalidade jurídica observará os pressupostos previstos em lei. § 2º Aplica-se o disposto neste Capítulo à hipótese de desconsideração inversa da personalidade jurídica.	Art. 134. O incidente de desconsideração é cabível em todas as fases do processo de conhecimento, no cumprimento de sentença e na execução fundada em título executivo extrajudicial. § 1º A instauração do incidente será imediatamente comunicada ao distribuidor para as anotações devidas. § 2º Dispensa-se a instauração do incidente se a desconsideração da personalidade jurídica for requerida na petição inicial, hipótese em que será citado o sócio ou a pessoa jurídica. § 3º A instauração do incidente suspenderá o processo, salvo na hipótese do § 2º. § 4º O requerimento deve demonstrar o preenchimento dos pressupostos legais específicos para desconsideração da personalidade jurídica.	Art. 135. Instaurado o incidente, o sócio ou a pessoa jurídica será citado para manifestar-se e requerer as provas cabíveis no prazo de 15 (quinze) dias. Art. 136. Concluída a instrução, se necessária, o incidente será resolvido por decisão interlocutória. Parágrafo único. Se a decisão for proferida pelo relator, cabe agravo interno.	Art. 137. Acolhido o pedido de desconsideração, a alienação ou a oneração de bens, havida em fraude de execução, será ineficaz em relação ao requerente.

AMICUS CURIAE

Não deve ser confundido com *custos vulnerabilis*, que é forma de intervenção da Defensoria Pública, com aptidão ampla para recorrer, ao contrário dessa forma de intervenção, conforme se demonstra:

REQUISITOS
- relevância da matéria
- Especificidade do tema ou repercussão social da controvérsia
- Representatividade adequada

PROCEDIMENTO
- Espontâneo; ou
- Provocado

MOMENTO
- CPC não estabelece
- STF entende que deve ocorrer até a inclusão do processo em pauta de julgamento;

RECURSOS DA DECISÃO JUDICIAL

DECISÃO QUE SOLICITA OU ADMITE A INTERVENÇÃO
- IRRECORRÍVEL

RECURSOS QUE O AMICUS CURIAE PODERÁ INTERPOR QUANDO ADMITIDO NO PROCESSO
- EMBARGOS DE DECLARAÇÃO;
- RECURSO SOBRE DECISÃO QUE JULGA O IRDR.

AMICUS CURIAE

Art. 138. O juiz ou o relator, considerando a relevância da matéria, a especificidade do tema objeto da demanda ou a repercussão social da controvérsia, poderá, por decisão irrecorrível, de ofício ou a requerimento das partes ou de quem pretenda manifestar-se, solicitar ou admitir a participação de *pessoa natural ou jurídica, órgão ou entidade especializada, com representatividade adequada*, no prazo de 15 (quinze) dias de sua intimação.

§ 1º A intervenção de que trata o caput não implica alteração de competência nem autoriza a interposição de recursos, ressalvadas a oposição <u>de embargos de declaração e a hipótese do § 3º</u>.

§ 2º Caberá ao juiz ou ao relator, na decisão que solicitar ou admitir a intervenção, definir os poderes do amicus curiae.

§ 3º O amicus curiae pode recorrer da decisão que julgar o <u>incidente de resolução de demandas repetitivas</u>.

6.5.1. ENUNCIADOS, JURISPRUDÊNCIA E SÚMULAS PERTINENTES AO TEMA

- Enunciado 14 do FONAJEF: nos Juizados Especiais Federais, não é cabível a intervenção de terceiros ou a assistência.
- SÚMULA 537 STJ: "Em ação de reparação de danos, a seguradora denunciada, se aceitar a denunciação ou contestar o pedido do autor, pode ser condenada, direta e solidariamente junto com o segurado, ao pagamento da indenização devida à vítima, nos limites contratados na apólice".
- Súmula nº 529 do STJ: "no seguro de responsabilidade civil facultativo, não cabe o ajuizamento de ação pelo terceiro prejudicado direta e exclusivamente em face da seguradora do apontado causador do dano".
- "É prescindível o incidente de desconsideração da personalidade jurídica para o redirecionamento da execução fiscal na sucessão de empresas com a configuração de grupo econômico de fato e em confusão patrimonial" (STJ, REsp 1.786.311-PR, 2ª T., Rel. Min. Francisco Falcão, j. 09.05.2019 (Info 648).
- "É necessária a instauração do incidente de desconsideração da personalidade da pessoa jurídica devedora para o redirecionamento de execução fiscal a pessoa jurídica que integra o mesmo grupo econômico, mas que não foi identificada no ato de lançamento (Certidão de Dívida Ativa) ou que não se enquadra nas hipóteses dos arts. 134 e 135 do CTN" (STJ, REsp 1.775.269-PR, 1ª T., Rel. Min. Gurgel de Faria, j. 21.02.2019 (Info 643).
- " É recorrível a decisão denegatória de ingresso no feito como amicus curiae. É possível a impugnação recursal por parte de terceiro, quando denegada sua participação na qualidade de amicus curiae." (STF. Plenário. ADI 3396 AgR/DF, Rel. Min. Celso de Mello, julgado em 6/8/2020 (Info 985).
- Informativo 657 fixou o seguinte entendimento: "Admite-se a intervenção da Defensoria Pública da União no feito como custos vulnerabilis nas hipóteses em que há formação de precedentes em favor dos vulneráveis e dos direitos humanos".

+ EXERCÍCIOS DE FIXAÇÃO

01. Ano: 2018 Banca: VUNESP Órgão: Prefeitura de Pontal - SP Prova: VUNESP - 2018 - Prefeitura de Pontal - SP - Procurador

Assinale a hipótese de intervenção de terceiros, a qual deixou de existir no Código de Processo Civil vigente.

- A) Litisconsórcio.
- B) Chamamento ao processo.
- C) Denunciação à lide.
- D) Nomeação à autoria.
- E) Assistência.

02. Ano: 2020 Banca: UFPR Órgão: Câmara de Curitiba - PR Prova: UFPR - 2020 - Câmara de Curitiba - PR - Procurador Jurídico

O Código de Processo Civil de 2015 disciplina as seguintes modalidades de intervenção de terceiros: assistência, simples e litisconsorcial, denunciação da lide, chamamento ao processo, incidente de desconsideração da personalidade jurídica e amicus curiae. A respeito dessas modalidades de intervenção de terceiros no processo, é correto afirmar:

- A) A assistência simples obsta a que a parte principal, sem a anuência do assistente, reconheça a procedência do pedido, desista da ação, renuncie ao direito sobre o que se funda a ação ou transija sobre direitos controvertidos.
- B) Admitem-se denunciações da lide sucessivas, promovidas pelo denunciado e pelos denunciados sucessivos contra os respectivos antecessores na cadeia dominial ou quem seja responsável por indenizá-los, evitando assim que eventual direito de regresso tenha de ser exercido por ação autônoma.
- C) No chamamento ao processo, a sentença de procedência valerá como título executivo em favor do réu que satisfizer a dívida, a fim de que possa exigi-la por inteiro do devedor principal, ou de cada um dos co-devedores a sua quota, na proporção que lhes tocar.
- D) O incidente de desconsideração da personalidade jurídica é cabível no processo de conhecimento, desde que na fase postulatória, no cumprimento de sentença e na execução fundada em título executivo extrajudicial.
- E) A intervenção do amicus curiae autoriza a interposição de quaisquer recursos pelo amicus curiae admitido a intervir no processo, mas não implica alteração de competência.

03. Ano: 2021 Banca: CESPE / CEBRASPE Órgão: PGE-MS Prova: CESPE / CEBRASPE - 2021 - PGE-MS - Procurador do Estado

Marcelo propôs ação de reparação de danos materiais e morais contra a empresa Fernando & Fernandes Ltda. No curso da ação, o requerente constatou que o patrimônio da empresa era insuficiente para garantir o cumprimento integral do pedido formulado bem como que os dois sócios da empresa requerida passaram a alienar os seus bens pessoais com o objetivo de frustrar uma possível execução. Diante desse caso, o autor requereu a instauração do incidente de desconsideração da personalidade jurídica com o objetivo de impedir a alienação dos bens dos sócios.

Nessa situação hipotética,

- A) a medida pretendida deve ser indeferida de pronto, haja vista que a instauração desse incidente só é admissível na fase de cumprimento de sentença ou em ação de execução de título executivo extrajudicial.
- B) a medida pleiteada é incabível, visto que o autor poderá promover o chamamento ao processo dos sócios da empresa requerida sem a necessidade de instauração do incidente.
- C) a medida pretendida é apropriada, pois, diante da insuficiência de bens da executada, o patrimônio dos sócios pode ser responsabilizado.
- D) a providência deve ser indeferida, visto que a instauração desse incidente só poderá ocorrer após o reconhecimento da obrigação mediante sentença condenatória.
- E) o pedido se apresenta inadequado, tendo em vista que o autor da ação pode simplesmente requerer a emenda da inicial para incluir os sócios na empresa requerida no polo passivo da demanda, como litisconsortes.

» GABARITO

01. GABARITO D

Lembre-se do macete: De-C-A-N-O, que traz as formas de intervenção de terceiros no CPC/73. O Código de Processo Civil - Lei nº 13.105/15, prevê as seguintes modalidades de intervenção de terceiros: assistência (simples e litisconsorcial), denunciação da lide, chamamento ao processo, desconsideração da personalidade jurídica e amicus curiae. Essas modalidades estão regulamentadas em seus artigos 119 a 138. A nomeação à autoria deixou de ser considerada uma modalidade de intervenção de terceiros pelo novo Código de Processo Civil. Litisconsórcio não é intervenção de terceiros, mas a presença de mais de uma parte no polo ativo ou passivo da ação.

02. GABARITO C

A questão está na literalidade do CPC. Cabe comentar as alternativas da questão.

A) ERRADO: Art. 122. A assistência simples não obsta a que a parte principal reconheça a procedência do pedido, desista da ação, renuncie ao direito sobre o que se funda a ação ou transija sobre direitos controvertidos.

B) ERRADO: Art. 125, § 2º Admite-se uma única denunciação sucessiva, promovida pelo denunciado, contra seu antecessor imediato na cadeia dominial ou quem seja responsável por indenizá-lo, não podendo o denunciado sucessivo promover nova denunciação, hipótese em que eventual direito de regresso será exercido por ação autônoma.

C) CERTO: Art. 132. A sentença de procedência valerá como título executivo em favor do réu que satisfizer a dívida, a fim de que possa exigi-la, por inteiro, do devedor principal, ou, de cada um dos codevedores, a sua quota, na proporção que lhes tocar.

D) ERRADO: Art. 134. O incidente de desconsideração é cabível em todas as fases do processo de conhecimento, no cumprimento de sentença e na execução fundada em título executivo extrajudicial.

E) ERRADO: Art. 138, § 1º A intervenção de que trata o caput não implica alteração de competência nem autoriza a interposição de recursos, ressalvadas a oposição de embargos de declaração e a hipótese do § 3º.

03. GABARITO C

Se for pelo CDC (teoria menor) é possível a medida, haja vista que tem como requisito apenas a insuficiência de bens pelo empresário. Já se for aplicado o CC na relação (teoria maior) deveria se verificar anteriomente o abuso da personalidade jurídica, que pode ser pela confusão patrimonial ou desvio de finalidade.

A) O incidente pode ser aplicado em qualquer fase processual

Art. 134. O incidente de desconsideração é cabível em todas as fases do processo de conhecimento, no cumprimento de sentença e na execução fundada em título executivo extrajudicial.

B) Não é o caso das hipóteses do chamamento.

Art. 130. É admissível o chamamento ao processo, requerido pelo réu:

I - do afiançado, na ação em que o fiador for réu;

II - dos demais fiadores, na ação proposta contra um ou alguns deles;

III - dos demais devedores solidários, quando o credor exigir de um ou de alguns o pagamento da dívida comum.

C) Correta, se for relação de consumo.

Art. 28. O juiz poderá desconsiderar a personalidade jurídica da sociedade quando, em detrimento do consumidor, houver abuso de direito, excesso de poder, infração da lei, fato ou ato ilícito ou violação dos estatutos ou contrato social. A desconsideração também será efetivada quando houver falência, estado de insolvência, encerramento ou inatividade da pessoa jurídica provocados por má administração.

§ 5º Também poderá ser desconsiderada a pessoa jurídica sempre que sua personalidade for, de alguma forma, obstáculo ao ressarcimento de prejuízos causados aos consumidores.

D) Mesmo justificativa da letra a.

7 DO JUIZ

Todos sujeitos da relação processual possuem deveres e obrigações estabelecidos em lei. Os deveres das partes e dos procuradores estão previstos, mais especificamente, a partir do art. 77 do Código de Processo Civil, e os do magistrado a partir do art. 139 do CPC. Tais poderes e deveres não estão previstos à saciedade nos referidos artigos, uma vez que ao longo do CPC e em legislações extravagantes encontraremos previsões sobre o tema. Veja:

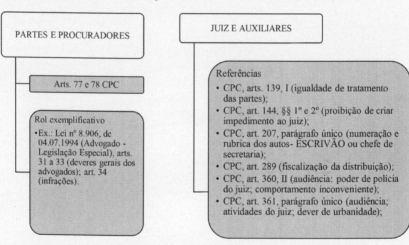

O art. 139 prevê diversos deveres ao magistrado:

Incumbências do juiz previstas no art. 139	PALAVRAS-CHAVE
I - Assegurar às partes igualdade de tratamento;	ISONOMIA
II - Velar pela duração razoável do processo;	ZELAR PELA CELERIDADE
III - prevenir ou reprimir qualquer ato contrário à dignidade da justiça e indeferir postulações meramente protelatórias;	ZELAR PELA BOA-FÉ OBJETIVA

Incumbências do juiz previstas no art. 139	PALAVRAS-CHAVE
IV - Determinar todas as medidas indutivas, coercitivas, mandamentais ou sub-rogatórias necessárias para assegurar o cumprimento de ordem judicial, inclusive nas ações que tenham por objeto prestação pecuniária;	SUBSIDIARIEDADE DE MEDIDAS ATÍPICAS
V - Promover, a qualquer tempo, a autocomposição, preferencialmente com auxílio de conciliadores e mediadores judiciais;	INCENTIVO AOS MÉTODOS AUTOCOMPOSITIVOS
VI - Dilatar os prazos processuais e alterar a ordem de produção dos meios de prova, adequando-os às necessidades do conflito de modo a conferir maior efetividade à tutela do direito;	ADAPTABILIDADE/ FLEXIBILIDADE PROCEDIMENTAL
VII - exercer o poder de polícia, requisitando, quando necessário, força policial, além da segurança interna dos fóruns e tribunais;	PODER DE POLÍCIA
VIII - determinar, a qualquer tempo, o comparecimento pessoal das partes, para inquiri-las sobre os fatos da causa, hipótese em que **não incidirá a pena de confesso;**	DETERMINAR COMPARECIMENTO DAS PARTES
IX - Determinar o suprimento de pressupostos processuais e o saneamento de outros vícios processuais;	PRINCÍPIO DA PRIMAZIA DO MÉRITO
X - quando se deparar com diversas demandas individuais repetitivas, oficiar o Ministério Público, a Defensoria Pública e, na medida do possível, outros legitimados a que se referem o art. 5º da Lei nº 7.347, de 24 de julho de 1985, e o art. 82 da Lei nº 8.078, de 11 de setembro de 1990, para se for o caso, promover a propositura da ação coletiva respectiva.	IMPOSSIBILIDADE DE CONVERSÃO DA AÇÃO INDIVIDUAL EM COLETIVA *Art. 333 do CPC/15 foi vetado!

Ademais, uma vez provocada pela parte, a atuação da jurisdição é inevitável, ainda que exista lacuna ou obscuridade, conforme se depreende do art. 140 do CPC:

> Art. 140. O juiz não se exime de decidir sob a alegação de lacuna ou obscuridade do ordenamento jurídico.
> Parágrafo único. O juiz só decidirá por equidade nos casos previstos em lei.

O Estado deverá, portanto, desempenhar a função de compor o litígio, aplicando o direito ao caso concreto. Contudo, é nos hard cases que falaremos na necessidade do juiz de buscar em outras fontes os critérios para uma decisão justa. Não havendo lei ou não constituindo ela critério razoável de apreciação do justo, cabe ao juiz buscar a integração do direito por meio de outras fontes (analogia, costumes e princípios gerais do direito), nos termos do art. 4º da Lei de Introdução às Normas do Direito brasileiro (LINDB). Vale ressaltar que muitos doutrinadores entendem que a ordem prevista no art. 4º da LINDB não deve ser rigorosamente seguida pelo julgador, isso porque os princípios, notadamente os de índole constitucional, são verdadeiros alicerces de nosso ordenamento e, por esta razão, não devem ser tratados como o último recurso de integração da norma jurídica.

PRINCÍPIO DA ADSTRIÇÃO/CONGRUÊNCIA/CORRELAÇÃO: LIMITES DA DECISÃO JUDICIAL

A sentença constitui uma resposta ao pedido formulado pelo autor e, eventualmente, pelo réu, acolhendo-o ou rejeitando-o, no todo ou em parte. Assim, constitui dever de o juiz decidir o mérito nos limites propostos pelas partes, sendo-lhe vedado conhecer de questões não suscitadas, a cujo respeito à lei exige a iniciativa da parte (art. 141).

> Art. 141. O juiz decidirá o mérito nos limites propostos pelas partes, sendo-lhe vedado conhecer de questões não suscitadas a cujo respeito a lei exige iniciativa da parte.
> Parágrafo único. A decisão deve ser certa, ainda que resolva relação jurídica condicional.

O juiz não pode decidir aquém do pedido (sentença citra petita), nem além (sentença ultra petita), nem fora do que foi pedido (sentença extra petita).A vedação do art. 141 não impede o juiz de apreciar livremente a prova, atendendo aos fatos e às circunstâncias constantes dos autos, ainda que não alegados pelas partes. A decadência e a prescrição, por exemplo, são questões que podem ser conhecidas de ofício.

O regramento contido no art. 141, juntamente com o do art. 492, constitui positivação de um princípio segundo o qual o juiz deve se ater aos limites da demanda traçados pelas partes, na petição inicial e na resposta, sem falar da manifestação de alguns intervenientes.

> Art. 492. É vedado ao juiz proferir decisão de natureza diversa da pedida, bem como condenar a parte em quantidade superior ou em objeto diverso do que lhe foi demandado.

Conforme enaltece DONIZETTI:

> "Tal princípio recebe diversos nomes, mas a essência é a mesma: princípio da inércia, princípio da demanda, princípio da congruência e princípio da correlação ou da adstrição. São muitas palavras para designar a mesma coisa: o juiz, a não ser nos casos previstos em lei (como ocorre com as matérias de ordem pública), não pode fugir às questões (nem para ir além, nem para ficar aquém) deduzidas pelos litigantes, sob pena de viciar a sua decisão."

> **ATENÇÃO:** PRINCÍPIO DA IDENTIDADE FÍSICA DO JUIZ E O CPC/15
> O art. 132 do CPC/1973 contemplava o princípio da identidade física, segundo o qual o juiz titular ou substituto que concluísse a audiência deveria julgar a lide, salvo se estivesse convocado, licenciado, afastado por qualquer motivo, promovido ou aposentado, casos em que os autos deveriam ser repassados ao seu sucessor. **O CPC/2015, no entanto, retirou da legislação processual esse princípio. Diversos tribunais já relativizavam esse princípio quando da interpretação do CPC/1973,** *v.g.,* **a concessão de férias, promoção ou remoção de magistrado que havia instruído o feito são exemplos de hipóteses em que o princípio não podia ser invocado.**

DAS RESPONSABILIDADES DO JUIZ

O juiz reponde pessoalmente por dolo ou fraude no exercício de suas funções. Mas o Estado, diante do prejuízo decorrente de falha do juiz, responde objetivamente, nos termos do art. 37, § 6º, da CF. Não responderá **por atos jurisdicionais típicos!**

EXEMPLO

Se o juiz profere uma sentença contrária ao Direito, a parte prejudicada não pode se valer de ação contra o Estado para obter o ressarcimento pelos prejuízos que a decisão lhe causou, pois a lei já lhe confere o direito ao recurso, de modo a garantir a discussão da causa em outra esfera jurisdicional.

O CPC traz no seu art.143 as seguintes hipóteses que podem dar ensejo à responsabilidade civil do juiz. São as mesmas da legislação de 1973 (art. 133):

> I – No exercício de suas funções, proceder com dolo ou fraude;
> II – Recusar, omitir ou retardar, sem justo motivo, providência que deva ordenar de ofício, ou a requerimento da parte.

As hipóteses do inc. II só se reputarão verificadas depois que a parte, por intermédio do escrivão, requerer ao juiz que determine a providência e este não aprecie o requerimento dentro de dez dias (parágrafo único).

JURISPRUDÊNCIA RELEVANTE

"O princípio da responsabilidade objetiva do Estado não se aplica aos atos do Poder Judiciário, salvo os casos expressamente declarados em lei. Orientação assentada na jurisprudência do STF. Recurso conhecido e provido" (STF, RE 219.117, Rel. Min. Ilmar Galvão, 1ª Turma, jul. 03.08.1999, DJ 29.10.1999).

[...]4. A orientação vinculante (Tema 940/STF) prevê que a ação por danos causados por agente **público deve ser ajuizada contra o Estado ou a pessoa jurídica de direito privado prestadora de serviço público**, sendo parte ilegítima para a ação o autor do ato, assegurado o direito de regresso contra o responsável nos casos de dolo ou culpa.5. A parte agravante não procedeu ao necessário cotejo analítico entre os julgados, deixando de evidenciar o ponto em que os acórdãos confrontados, diante da mesma base fática e jurídica, teriam adotado a alegada solução jurídica diversa.6. Agravo interno não provido.(AgInt no REsp 1230776/RS, Rel. Ministro SÉRGIO KUKINA, PRIMEIRA TURMA, julgado em 16/11/2021, DJe 19/11/2021)

CAUSAS DE SUSPEIÇÃO E IMPEDIMENTO

É imperioso destacar que as causas previstas nos arts. 144 e 145 do CPC, além se serem aplicáveis ao juiz, também recairão sobre

- ao membro do Ministério Público;
- aos auxiliares da justiça;
- aos demais sujeitos imparciais do processo;

Essa é a previsão do art. 148 e seus incisos, que também prevê a forma pela qual a parte interessada deverá arguir o impedimento ou a suspeição: em petição fundamentada e devidamente instruída, na primeira oportunidade em que lhe couber falar nos autos (§1º, art. 148, CPC).

Será formado um incidente em separado (§2º do art. 148, CPC), sem suspensão, ouvindo o arguido no prazo de 15 (quinze) dias e facultando a produção de prova, quando necessária. Tais previsões não se aplicam à arguição de impedimento ou de suspeição de testemunha (§4º do art. 148).

A lei especifica os motivos que podem afastar o juiz da demanda, espontaneamente ou por ato das partes. São de duas ordens:

- impedimentos (art. 144), de cunho objetivo, peremptório;
- suspeição (art. 145), cujo reconhecimento, se não declarado de ofício pelo juiz, demanda prova.

Os impedimentos taxativamente obstaculizam o exercício da jurisdição contenciosa ou voluntária. Já a suspeição, embora constitua pressuposto processual de validade, se não arguida no momento oportuno, é envolvida pela coisa julgada. Vejamos as previsões legais:

Art. 144. Há **impedimento** do juiz, sendo-lhe vedado exercer suas funções no processo:

I - Em que interveio como mandatário da parte, oficiou como perito, funcionou como membro do Ministério Público ou prestou depoimento como testemunha;

II - De que conheceu em outro grau de jurisdição, tendo proferido decisão;

III - quando nele estiver postulando, como defensor público, advogado ou membro do Ministério Público, seu cônjuge ou companheiro, ou qualquer parente, consanguíneo ou afim, em linha reta ou colateral, até o terceiro grau, inclusive; [§§1 e 3º]

IV - Quando for parte no processo ele próprio, seu cônjuge ou companheiro, ou parente, consanguíneo ou afim, em linha reta ou colateral, até o terceiro grau, inclusive;

V - Quando for sócio ou membro de direção ou de administração de pessoa jurídica parte no processo;

VI - Quando for **herdeiro presuntivo, donatário ou empregador** de qualquer das partes;

VII - em que figure como **parte instituição de ensino com a qual tenha relação de emprego** ou decorrente de contrato de prestação de serviços;

VIII - em que figure como **parte cliente do escritório de advocacia de seu cônjuge**, companheiro ou parente, consanguíneo ou afim, em linha reta ou colateral, até o terceiro grau, inclusive, mesmo que patrocinado por advogado de outro escritório;

IX - Quando **promover ação** contra a parte ou seu advogado.

§ 1º **Na hipótese do inciso III, o impedimento só se verifica quando o defensor público, o advogado ou o membro do Ministério Público já integrava o processo antes do início da atividade judicante do juiz.**

§ 2º É vedada a criação de fato superveniente a fim de caracterizar impedimento do juiz.

§ 3º O impedimento previsto no inciso III também se verifica no caso de mandato conferido a membro de escritório de advocacia que tenha em seus quadros advogado que individualmente ostente a condição nele prevista, mesmo que não intervenha diretamente no processo.

Art. 145. Há **suspeição** do juiz:

I - **Amigo íntimo ou inimigo** de qualquer das partes ou **de seus advogados**;

II - Que receber **presentes** de pessoas que tiverem interesse na causa antes ou depois de iniciado o processo, **que aconselhar** alguma das partes acerca do objeto da causa ou que **subministrar meios** para atender às despesas do litígio;

III - quando qualquer das **partes for sua credora ou devedora**, de seu cônjuge ou companheiro ou de parentes destes, em linha reta até o terceiro grau, inclusive;

IV - **Interessado no julgamento** do processo em favor de qualquer das partes.

§ 1º **Poderá o juiz declarar-se suspeito por motivo de foro íntimo**, sem necessidade de declarar suas razões.

§ 2º **Será ilegítima a alegação de suspeição quando:**

I - Houver sido provocada por quem a alega;

II - A parte que a alega houver praticado ato que signifique manifesta aceitação do arguido.

Tais previsões não são aplicáveis unicamente ao magistrado, mas também aos demais sujeitos imparciais da relação processual (art. 148, CPC), quais sejam: I - ao membro do Ministério Público; II - aos auxiliares da justiça; III - aos demais sujeitos imparciais do processo.

> **DICA:** Em função da reiterada cobrança em provas, podemos memorizar as **causas de suspeição** através da seguinte frase: SUSPEITO QUE CIDA RECEBEU PRESENTES INTERESSANTES, POIS ACONSELHOU AS PARTES FINANCEIRAMENTE.

C	CREDOR: III - quando qualquer das partes for sua credora ou devedora, de seu cônjuge ou companheiro ou de parentes destes, em linha reta até o terceiro grau, inclusive;
I	INIMIGO: I - amigo íntimo ou inimigo de qualquer das partes ou de seus advogados;
D	DEVEDOR: III - quando qualquer das partes for sua credora ou devedora, de seu cônjuge ou companheiro ou de parentes destes, em linha reta até o terceiro grau, inclusive;
A	AMIGO ÍNTIMO: I - amigo íntimo ou inimigo de qualquer das partes ou de seus advogados;
RECEBEU PRESENTES	II - que receber presentes de pessoas que tiverem interesse na causa antes ou depois de iniciado o processo, que aconselhar alguma das partes acerca do objeto da causa ou que subministrar meios para atender às despesas do litígio;
INTERESSANTES	IV - interessado no julgamento do processo em favor de qualquer das partes.
POIS ACONSELHOU AS PARTES	II - que receber presentes de pessoas que tiverem interesse na causa antes ou depois de iniciado o processo, que aconselhar alguma das partes acerca do objeto da causa ou que subministrar meios para atender às despesas do litígio;
FINANCEIRAMENTE	II - que receber presentes de pessoas que tiverem interesse na causa antes ou depois de iniciado o processo, que aconselhar alguma das partes acerca do objeto da causa ou que subministrar meios para atender às despesas do litígio;

> **ATENÇÃO:** No CPC/73 ser herdeiro presuntivo, donatário ou empregador eram causas de suspeição, entretanto no CPC/15 essas são causas de impedimento!

ANTES: CPC/73	ATUALMENTE: CPC/15
Art. 135. Reputa-se fundada a suspeição de parcialidade do juiz, quando: II - Herdeiro presuntivo, donatário ou empregador de alguma das partes	Art. 144. Há impedimento do juiz, sendo-lhe vedado exercer suas funções no processo: VI - Quando for herdeiro presuntivo, donatário ou empregador de qualquer das partes;

EXERCÍCIOS DE FIXAÇÃO

01. Ano: 2018 Banca: FGV Órgão: TJ-SC Prova: FGV - 2018 - TJ-SC - Oficial de Justiça e Avaliador

Credor ajuizou ação de cobrança em face do devedor, pedindo a sua condenação a lhe pagar a quantia de cem mil reais, obrigação contratual não paga. Finda a fase instrutória, o juiz, concluindo que os fatos alegados pelo autor restaram comprovados, julgou procedente o seu pedido. Outrossim, observando que o contrato continha uma cláusula autônoma, não mencionada na petição inicial, que previa o pagamento de multa de um por cento sobre o valor da obrigação principal, no caso de mora do devedor, o magistrado, reputando-a válida, fixou o montante condenatório em cento e um mil reais.

A sentença proferida nesse contexto é:

A) válida;
B) ultra petita;
C) citra petita;
D) extra petita;
E) erga omnes.

02. Ano: 2018 Banca: FCC Órgão: TRT - 15ª Região (SP) Prova: FCC - 2018 - TRT - 15ª Região (SP) - Analista Judiciário - Área Judiciária - Oficial de Justiça Avaliador Federal

Em relação ao juiz,

A) responderá por perdas e danos, civil e diretamente, quando, no exercício de suas funções, proceder com dolo, fraude ou culpa.
B) poderá dilatar os prazos processuais, mas não alterar a ordem de produção dos meios de prova, que é peremptória e, se desobedecida, acarretará a nulidade do ato.
C) poderá, como regra, julgar por equidade e considerando os usos e costumes e princípios gerais do direito.
D) deverá decidir o mérito da lide nos limites propostos pela parte, em princípio, podendo, porém, conhecer de questões não suscitadas a cujo respeito a lei exige iniciativa da parte.
E) cabe determinar todas as medidas indutivas, coercitivas, mandamentais ou sub-rogatórias necessárias para assegurar o cumprimento de ordem judicial, inclusive nas ações que tenham por objeto prestação pecuniária.

03. Ano: 2016 Banca: IBFC Órgão: EBSERH Prova: IBFC - 2016 - EBSERH - Advogado (HUAP-UFF)

Assinale a alternativa correta sobre o impedimento e suspeição após analisá-las a seguir e considerar as normas da Lei Federal nº 13.105, de 16/03/2015 (Novo Código de Processo Civil).

A) Há impedimento do juiz, sendo-lhe vedado exercer suas funções no processo quando nele estiver postulando, como defensor público, advogado ou membro do Ministério Público, seu cônjuge ou companheiro, ou primo

B) Há impedimento do juiz, sendo-lhe vedado exercer suas funções no processo quando receber presentes de pessoas que tiverem interesse na causa, antes ou depois de iniciado o processo, que aconselhar alguma das partes acerca do objeto da causa ou que subministrar meios para atender às despesas do litígio

C) Há suspeição do juiz que seja amigo íntimo ou inimigo de qualquer das partes ou de seus advogados

D) Há impedimento do juiz, sendo-lhe vedado exercer suas funções no processo quando qualquer das partes for sua credora ou devedora, de seu cônjuge ou companheiro ou de parentes destes, em linha reta até o quarto grau, inclusive

E) Poderá o juiz declarar-se suspeito por motivo de foro íntimo, devendo declarar suas razões

» GABARITO

01. GABARITO B

O juiz concedeu algo que está dentro os pedidos da parte, contudo extrapola o limite pleiteado, razão pela qual estamos diante de sentença ultra petita. Explica a doutrina: "1. Sentença conforme ao pedido. A regra no processo civil é que a sentença seja conforme ao pedido do demandante. Duplamente conforme: conforme ao pedido imediato (providência jurisdicional postulada - declaração, constituição, condenação, mandamento ou execução) e conforme ao pedido mediato (bem da vida perseguido em juízo). Daí a razão pela qual é vedado ao juiz proferir sentença, a favor do autor, de natureza diversa da pedida (vale dizer, desconforme ao pedido imediato), ou que tenha objeto diverso do demandado (isto é, desconforme ao pedido mediato). Fazendo-o, profere o juiz sentença infra, extra ou ultra petita. A sentença infra petita é aquela que não aprecia o pedido ou um dos pedidos cumulados. A sentença extra petita que julga fora do pedido do demandante. A sentença ultra petita é aquela em que o órgão jurisdicional vai além daquilo que foi pedido pelo demandante. Em todos esses casos a sentença é desconforme ao pedido e viola os Arts. 2º, 141, 490 e 492, CPC, podendo ser decretada a sua invalidade... (MARINONI, Luiz Guilherme, e outros. Novo Código de Processo Civil Comentado. São Paulo: Revista dos Tribunais. 1 ed. 2015. p. 496).

02. GABARITO E

A- Assertiva incorreta conforme "Art. 143 do CPC. O juiz responderá, civil e regressivamente, por perdas e danos quando: I - no exercício de suas funções, proceder com dolo ou fraude."

B- Assertiva incorreta conforme "Art.139. O juiz dirigirá o processo conforme as disposições deste Código, incumbindo-lhe: VI - dilatar os prazos processuais e alterar a ordem de produção dos meios de prova, adequando-os às necessidades do conflito de modo a conferir maior efetividade à tutela do direito; Parágrafo único. A dilação de prazos prevista no inciso VI somente pode ser determinada antes de encerrado o prazo regular."

C- Assertiva incorreta. A jurisdição por equidade não é a regra. Veja: "Art. 140. O juiz não se exime de decidir sob a alegação de lacuna ou obscuridade do ordenamento jurídico. Parágrafo único. O juiz só decidirá por equidade nos casos previstos em lei."

D- Assertiva incorreta conforme "Art. 141. O juiz decidirá o mérito nos limites propostos pelas partes, sendo-lhe vedado conhecer de questões não suscitadas a cujo respeito a lei exige iniciativa da parte."

E- Assertiva correta conforme "Art. 139. O juiz dirigirá o processo conforme as disposições deste Código, incumbindo-lhe: IV - determinar todas as medidas indutivas, coercitivas, mandamentais ou sub-rogatórias necessárias para assegurar o cumprimento de ordem judicial, inclusive nas ações que tenham por objeto prestação pecuniária."

03. GABARITO C

Era necessário o domínio dos artigos 144 e 145 do CPC, que tratam dos motivos de impedimento e suspeição. Vamos analisar cada uma das alternativas:

Alternativa A) Somente há impedimento do juiz quando em alguma dessas condições estiver postulando seu cônjuge ou companheiro. Primo é parente consanguíneo em quarto grau, o qual não está abrangido pela hipótese legal de impedimento do art. 144, III, do CPC/15. Afirmativa incorreta.

Alternativa B) A hipótese trazida pela afirmativa é de suspeição e não de impedimento do juiz (art. 145, II, CPC/15). Afirmativa incorreta.

Alternativa C) De fato, essa é uma hipótese de suspeição do juiz. Ela está contida no art. 145, I, do CPC/15. Afirmativa correta.

Alternativa D) O fato de uma das partes ser credora ou devedora do juiz, de seu cônjuge ou companheiro ou de parentes destes, constitui uma hipótese de suspeição e não de impedimento do juiz. Além disso, a hipótese legal limita-se à linha reta até o terceiro grau, inclusive, não abrangendo o quarto grau (art. 145, III, CPC/15). Afirmativa incorreta.

Alternativa E) É certo que o juiz poderá declarar-se suspeito por motivo de foro íntimo. Porém, nessa hipótese, não precisará expor as suas razões. É o que dispõe o art. 145, §1º, do CPC/15: "Poderá o juiz declarar-se suspeito por motivo de foro íntimo, sem necessidade de declarar suas razões". Afirmativa incorreta.

DOS AUXILIARES DA JUSTIÇA

A Justiça não poderia funcionar se não houvesse ao lado do juiz um número de serventuários para auxiliá-lo na realização dos atos processuais. É no art. 149 do CPC que temos um rol <u>meramente exemplificativo</u> desses auxiliares:

> Art. 149. São auxiliares da Justiça, além de outros cujas atribuições sejam determinadas pelas normas de organização judiciária, o escrivão, o chefe de secretaria, o oficial de justiça, o perito, o depositário, o administrador, o intérprete, o tradutor, o mediador, o conciliador judicial, o partidor, o distribuidor, o contabilista e o regulador de avarias.

O legislador optou por dividir o Capítulo III do Título IV do CPC – Do juiz e dos auxiliares da justiça, em 5 (cinco) seções:

- Seção I - escrivão ou chefe de secretaria, nos arts. 152, 153 e 155; oficial de justiça nos arts. 154 e 155;
- Seção II- do perito, nos arts. 156-158;
- Seção III- depositário e o administrador, nos arts. 159-161;
- Seção IV- do intérprete e o tradutor, nos arts. 162-164;
- Seção V- dos conciliadores e os mediadores judiciais nos arts. 165-175.

Seção I - escrivão ou chefe de secretaria e oficial de justiça

Atividades do escrivão ou chefe de secretaria: art. 152 do CPC
Verbos relativamente às incumbências: *comparecer, praticar, efetivar, redigir, fornecer, manter*;

- Art. 152. Incumbe ao escrivão ou ao chefe de secretaria:
- I - redigir, na forma legal, os ofícios, os mandados, as cartas precatórias e os demais atos que pertençam ao seu ofício;
- II - efetivar as ordens judiciais, realizar citações e intimações, bem como praticar todos os demais atos que lhe forem atribuídos pelas normas de organização judiciária;
- III - comparecer às audiências ou, não podendo fazê-lo, designar servidor para substituí-lo;
- IV - manter sob sua guarda e responsabilidade os autos, não permitindo que saiam do cartório, exceto:
- a) quando tenham de seguir à conclusão do juiz;
- b) com vista a procurador, à Defensoria Pública, ao Ministério Público ou à Fazenda Pública;
- c) quando devam ser remetidos ao contabilista ou ao partidor;
- d) quando forem remetidos a outro juízo em razão da modificação da competência;
- V - fornecer certidão de qualquer ato ou termo do processo, independentemente de despacho, observadas as disposições referentes ao segredo de justiça;
- VI - praticar, de ofício, os atos meramente ordinatórios.
- § 1º O juiz titular editará ato a fim de regulamentar a atribuição prevista no inciso VI.
- § 2º No impedimento do escrivão ou chefe de secretaria, o juiz convocará substituto e, não o havendo, nomeará pessoa idônea para o ato.

Atividades do oficial de justiça: art. 154 do CPC

Verbos relativamente às incumbências: *executar, entregar, certificar, auxiliar, fazer, efetuar;*

Art. 154. Incumbe ao oficial de justiça:

I - fazer pessoalmente citações, prisões, penhoras, arrestos e demais diligências próprias do seu ofício, sempre que possível na presença de 2 (duas) testemunhas, certificando no mandado o ocorrido, com menção ao lugar, ao dia e à hora;

II - executar as ordens do juiz a que estiver subordinado;

III - entregar o mandado em cartório após seu cumprimento;

IV - auxiliar o juiz na manutenção da ordem;

V - efetuar avaliações, quando for o caso;

VI - certificar, em mandado, proposta de autocomposição apresentada por qualquer das partes, na ocasião de realização de ato de comunicação que lhe couber.

Parágrafo único. Certificada a proposta de autocomposição prevista no inciso VI, o juiz ordenará a intimação da parte contrária para manifestar-se, no prazo de 5 (cinco) dias, sem prejuízo do andamento regular do processo, entendendo-se o silêncio como recusa.

DICA

Considerando o alto índice de cobrança, podemos memorizar as diferenças com os seguintes mnemônicos: EXECUTA e ENTREGA o C-A-F-É (OFICIAL DE JUSTIÇA); e COM.PRA E RE.FOR.MA (ESCRIVÃO OU CHEFE DE SECRETARIA);

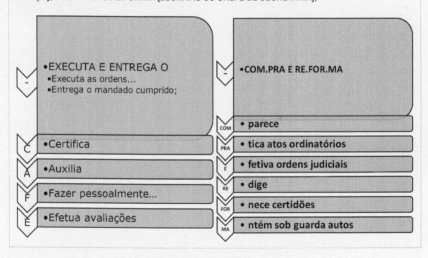

Seção II- do perito, nos arts. 156-158;

Profissional eventual; realiza trabalho técnico-científico;
Nomeação: peritos serão nomeados entre os profissionais legalmente habilitados e os órgãos técnicos ou científicos devidamente inscritos em cadastro mantido pelo tribunal ao qual o juiz está vinculado.
Prazo: realiza perícias no prazo fixado pelo juiz;
Pode se escusar do encargo: será apresentada no prazo de 15 (quinze) dias, contado da intimação, da suspeição ou do impedimento supervenientes, sob pena de renúncia ao direito a alegá-la.

Responsabilidade: por dolo ou culpa, prestar informações inverídicas responderá pelos prejuízos que causar à parte e ficará inabilitado para atuar em outras perícias no prazo de 2 (dois) a 5 (cinco) anos, independentemente das demais sanções previstas em lei, devendo o juiz comunicar o fato ao respectivo órgão de classe para adoção das medidas que entender cabíveis.

Seção III- depositário e o administrador, nos arts. 159-161;

Responsabilidade: guarda e a conservação de bens penhorados, arrestados, sequestrados ou arrecadados serão confiadas a depositário ou a administrador;

Administrador: tem funções de gerência;

Remuneração: é função remunerada. O depositário ou o administrador responde pelos prejuízos que, por dolo ou culpa, causar à parte, perdendo a remuneração que lhe foi arbitrada, mas tem o direito a haver o que legitimamente despendeu no exercício do encargo.

Seção IV- do intérprete e o tradutor, nos arts. 162-164;

Atuação nos seguintes casos:

Tradutor: traduzir documento redigido em língua estrangeira;

Tradutor: verter para o português as declarações das partes e das testemunhas que não conhecerem o idioma nacional;

Intérprete: realizar a interpretação simultânea dos depoimentos das partes e testemunhas com deficiência auditiva que se comuniquem por meio da Língua Brasileira de Sinais, ou equivalente, quando assim for solicitado.

Seção V- dos conciliadores e os mediadores judiciais nos arts. 165-175.

Conciliador: atuará preferencialmente nos casos em que não houver vínculo anterior entre as partes, poderá sugerir soluções para o litígio, sendo vedada a utilização de qualquer tipo de constrangimento ou intimidação para que as partes conciliem.

Mediador: atuará preferencialmente nos casos em que houver vínculo anterior entre as partes, auxiliará aos interessados a compreender as questões e os interesses em conflito, de modo que eles possam, pelo restabelecimento da comunicação, identificar, por si próprios, soluções consensuais que gerem benefícios mútuos.

Princípios: conciliação e a mediação são informadas pelos princípios da independência, da imparcialidade, da autonomia da vontade, da confidencialidade, da oralidade, da informalidade e da decisão informada (4 Índios na **O-C-A**). **I**ndependência **I**mparcialidade **I**nformalidade **D**ecisão **I**nformada **O**ralidade **C**onfidencialidade **A**utonomia
O tribunal poderá optar pela criação de quadro próprio de conciliadores e mediadores, a ser preenchido por concurso público de provas e títulos.
As partes podem escolher, de comum acordo, o conciliador, o mediador ou a câmara privada de conciliação e de mediação.
Remuneração: o conciliador e o mediador receberão pelo seu trabalho remuneração prevista em tabela fixada pelo tribunal, conforme parâmetros estabelecidos pelo Conselho Nacional de Justiça. Cuidado: mediação e a conciliação <u>podem ser realizadas como trabalho voluntário</u>, observada a legislação pertinente e a regulamentação do tribunal.

> **NOVIDADE: escolha dos conciliadores e mediadores pelas partes**
>
> Novidade trazida no CPC/15 é a possibilidade das partes de, comum acordo, escolher o mediador, o conciliador ou a câmara privada de conciliação e mediação (CPC/2015, art. 168; Lei n. 13.140/2015, art. 4º), que <u>*podem ou não estar cadastrados junto ao tribunal*</u> (CPC/2015, art. 168, § 1º).
>
> **Art. 168.** As partes podem escolher, de comum acordo, o conciliador, o mediador ou a câmara privada de conciliação e de mediação.
>
> § 1º O conciliador ou mediador escolhido pelas partes poderá ou não estar cadastrado no tribunal.
>
> § 2º Inexistindo acordo quanto à escolha do mediador ou conciliador, haverá distribuição entre aqueles cadastrados no registro do tribunal, observada a respectiva formação
>
> § 3º Sempre que recomendável, haverá a designação de mais de um mediador ou conciliador.

EXERCÍCIOS DE FIXAÇÃO

01. Ano: 2017 Banca: FCC Órgão: TRF - 5ª REGIÃO Prova: FCC - 2017 - TRF - 5ª REGIÃO - Analista Judiciário - Oficial de Justiça Avaliador Federal

Texto associado

Atenção: Considere o novo Código de Processo Civil para responder a questão.

São incumbências do Oficial de Justiça

A) executar as ordens do juiz a que estiver subordinado, bem como auxiliar o juiz na manutenção da ordem; no entanto, não lhe cabe fazer pessoalmente prisões, providência que incumbe somente à polícia.

B) praticar, de ofício, os atos meramente ordinatórios, bem como entregar o mandado em cartório após seu cumprimento; no entanto, só lhe cabe fazer avaliações quando não houver na comarca perito habilitado a realizá-las.

C) fazer pessoalmente citações, penhoras, arrestos, bem como auxiliar o juiz na manutenção da ordem; no entanto, não lhe cabe certificar, em mandado, eventual proposta de autocomposição apresentada pela parte, por se tratar de ato privativo de advogado.

D) fazer pessoalmente prisões, bem como certificar, em mandado, proposta de autocomposição apresentada por qualquer das partes; no entanto, não lhe cabe redigir os mandados e as cartas precatórias, providência que incumbe ao escrivão ou ao chefe de secretaria.

E) fornecer certidão de qualquer ato ou termo do processo, independentemente de despacho, bem como efetuar avaliações, quando for o caso; no entanto, não lhe cabe fazer pessoalmente prisões, providência que incumbe somente à polícia.

02. Ano: 2019 Banca: FGV Órgão: MPE-RJ Prova: FGV - 2019 - MPE-RJ - Oficial do Ministério Público

Sobre os conciliadores e mediadores judiciais, é correto afirmar que:

A) a conciliação e a mediação são informadas pelos princípios da independência, da imparcialidade, da imperatividade, da confidencialidade, da oralidade, da informalidade e da decisão informada;

B) a mediação e a conciliação observarão regras procedimentais rígidas e preestabelecidas pelo respectivo tribunal;

C) caberá ao juiz a escolha do conciliador, do mediador ou da câmara privada de conciliação e de mediação para solucionar o litígio;

D) o conciliador e o mediador ficam impedidos, pelo prazo de 1 (um) ano, contado do término da última audiência em que atuaram, de assessorar, representar ou patrocinar qualquer das partes;

E) a mediação e a conciliação não podem ser realizadas como trabalho voluntário, em razão da legislação pertinente e da regulamentação do tribunal.

» GABARITO

01. gabarito: letra d.

As funções atribuídas por lei ao oficial de justiça estão contidas no art. 154, do CPC/15. São elas:

I - fazer pessoalmente citações, prisões, penhoras, arrestos e demais diligências próprias do seu ofício, sempre que possível na presença de 2 (duas) testemunhas, certificando no mandado o ocorrido, com menção ao lugar, ao dia e à hora;

II - executar as ordens do juiz a que estiver subordinado;

III - entregar o mandado em cartório após seu cumprimento;

IV - auxiliar o juiz na manutenção da ordem;

V - efetuar avaliações, quando for o caso;

VI - certificar, em mandado, proposta de autocomposição apresentada por qualquer das partes, na ocasião de realização de ato de comunicação que lhe couber.

02. gabarito: d

Era necessário o conhecimento da letra seca da lei. Vejamos cada alternativa:

Alternativa A) A conciliação e a mediação, além desses princípios, também são informadas pelo princípio da autonomia da vontade, senão vejamos: "Art. 166, CPC/15. A conciliação e a mediação são informadas pelos princípios da independência, da imparcialidade, da autonomia da vontade, da confidencialidade, da oralidade, da informalidade e da decisão informada".

A afirmativa não está incorreta, mas assim foi considerada pela banca examinadora por não corresponder à transcrição literal do dispositivo legal em comento, deixando de mencionar o princípio da autonomia da vontade.

Alternativa B) Em sentido diverso, dispõe o art. 166, §4º, do CPC/15, que "a mediação e a conciliação serão regidas conforme a livre autonomia dos interessados, inclusive no que diz respeito à definição das regras procedimentais". Afirmativa incorreta.

Alternativa C) A lei processual admite a livre escolha do conciliador ou do mediador pelas partes, senão vejamos: "Art. 168, CPC/15. As partes podem escolher, de comum acordo, o conciliador, o mediador ou a câmara privada de conciliação e de mediação. §1º O conciliador ou mediador escolhido pelas partes poderá ou não estar cadastrado no tribunal". Afirmativa incorreta.

Alternativa D) É o que dispõe o art. 172, do CPC/15: "O conciliador e o mediador ficam impedidos, pelo prazo de 1 (um) ano, contado do término da última audiência em que atuaram, de assessorar, representar ou patrocinar qualquer das partes". Alternativa correta.

Alternativa E) Em sentido diverso, dispõe o art. 169, do CPC/15: "Ressalvada a hipótese do art. 167, §6º, o conciliador e o mediador receberão pelo seu trabalho remuneração prevista em tabela fixada pelo tribunal, conforme parâmetros estabelecidos pelo Conselho Nacional de Justiça. § 1º A mediação e a conciliação podem ser realizadas como trabalho voluntário, observada a legislação pertinente e a regulamentação do tribunal. (...)". Afirmativa incorreta.

FUNÇÕES ESSENCIAIS À JUSTIÇA

Podemos conceituar como sujeitos estranhos à estrutura do Judiciário, mas imprescindíveis para que este Poder cumpra sua missão constitucional. Estamos a falar do Ministério Público, dos Advogados - públicos e particulares - e da Defensoria Pública. Todos, dentro das suas peculiaridades, são fundamentais para a realização da Justiça.

- DEFENSORIA PÚBLICA
- ADVOCACIA PÚBLICA E PRIVADA
- MINISTÉRIO PÚBLICO

MINISTÉRIO PÚBLICO

O Ministério Público (MP) é um órgão de origem francesa, muito frequentemente denominado de parquet, idealizado para ser um fiscalizador da adequada aplicação da lei e da imparcialidade da jurisdição, tendo evoluído de mero acusador criminal e defensor do Estado para uma "instituição permanente, essencial à função jurisdicional do Estado, incumbindo-lhe a defesa da ordem jurídica, do regime democrático e dos interesses sociais e individuais indisponíveis", como se extrai do art. 127 da CR/1988.

Previsões no CPC: arts. 177-181;

No processo civil, o Ministério Público atua como parte ou como fiscal da ordem jurídica (custos juris ou custos societatis). Na condição de parte, sua atuação será conforme as suas atribuições institucionais (art. 177), já como fiscal, será nas hipóteses elencadas no art. 178.

Art. 177. O Ministério Público exercerá o direito de ação em conformidade com suas atribuições constitucionais.

Art. 178. O Ministério Público será intimado para, no prazo de 30 (trinta) dias, intervir como fiscal da ordem jurídica nas hipóteses previstas em lei ou na Constituição Federal e nos processos que envolvam:
I - interesse público ou social;
II - interesse de incapaz;
III - litígios coletivos pela posse de terra rural ou urbana.
Parágrafo único. A participação da Fazenda Pública não configura, por si só, hipótese de intervenção do Ministério Público.

> **ATENÇÃO:**
>
> × AÇÕES DE FAMÍLIA: o CPC/2015 não repetiu a necessidade de intervenção obrigatória do órgão ministerial em todas as ações de família, mas somente quando houver interesse de incapaz, confirmado pelo art. 698. O próprio STJ já se posicionou no sentido de que o fato do réu residir com filhos menores no imóvel não torna obrigatória a intervenção do MP em reintegração de posse.
> × CONVENÇÃO: é inválida a convenção para excluir a intervenção do Ministério Público como fiscal da ordem jurídica, como consagrado no Enunciado 254 do FPPC.

AUSÊNCIA DE INTIMAÇÃO DO MINISTÉRIO PÚBLICO

Atuando como fiscal da ordem jurídica, caso não seja intimado, o processo poderá ser considerado nulo (art. 279 do CPC/2015), contudo, tal nulidade somente poderá ser decretada depois que o Parquet for efetivamente intimado e se manifestar sobre a existência ou inexistência de prejuízo (art. 279, § 2º, do CPC/2015), entendimento que já era seguido pelo STJ. Frise-se que somente a falta de intimação tem potencial para gerar nulidade, pois, se intimado, o Ministério Público tem independência para opinar pela falta de interesse em sua manifestação, desde que não esteja violando o ordenamento jurídico.

PRAZOS, DESPESAS E RESPONSABILIDADES

O art. 180 do CPC/2015 estabelece o prazo em dobro para qualquer manifestação nos autos, exceto nas hipóteses em que a lei estabelecer, de forma expressa, outro prazo próprio para esses entes, bem como traz a prerrogativa de intimação pessoal.

> Art. 180. O Ministério Público gozará de prazo em dobro para manifestar-se nos autos, que terá início a partir de sua intimação pessoal, nos termos do art. 183, § 1º.

> SÚMULA 116 - A Fazenda Publica e o Ministerio Público tem prazo em dobro para interpor agravo regimental no superior tribunal de justiça.

> § 1º Findo o prazo para manifestação do Ministério Público sem o oferecimento de parecer, o juiz requisitará os autos e dará andamento ao processo.

> § 2º Não se aplica o benefício da contagem em dobro quando a lei estabelecer, de forma expressa, prazo próprio para o Ministério Público.

RESPONSABILIDADE

O órgão do Ministério Público será civil e regressivamente responsável quando, no exercício de suas funções, proceder com dolo ou fraude (art. 181 do CPC/2015), devendo o prejudicado, por ato doloso ou fraudulento praticado pelo representante do Ministério Público, promover ação dirigida contra o Poder Público e, se procedente tal demanda, o membro do Ministério Público será responsabilizado em regresso.

> Art. 181. O membro do Ministério Público será civil e regressivamente responsável quando agir com dolo ou fraude no exercício de suas funções.

ADVOCACIA PÚBLICA

O advogado é tido como "indispensável à administração da Justiça" e tem a sua liberdade de ação assegurada pela inviolabilidade de seus atos, proclamada no art. 133 da CF.

Previsões no CPC: arts. 182-184

As incumbências da Advocacia pública estão previstas nos arts. 182 a 184 do CPC.

Art. 182. Incumbe à Advocacia Pública, na forma da lei, defender e promover os interesses públicos da União, dos Estados, do Distrito Federal e dos Municípios, por meio da representação judicial, em todos os âmbitos federativos, das pessoas jurídicas de direito público que integram a **administração direta e indireta**.

Caro(a) leitor(a), atenção para os conceitos de administração direta e indireta:

ADMINISTRAÇÃO DIRETA
União
Estados
Municípios
Distrito Federal

ADMINISTRAÇÃO INDIRETA	CRIAÇÃO	NATUREZA JURÍDICA
Autarquias	Criadas por lei	Direito Público
Fundações públicas de direito público	Criadas por lei	Direito Público
Fundações públicas de direito privado	Autorizadas por lei	Direito Privado
Empresas públicas	Autorizadas por lei	Direito Privado
Sociedades de economia mista	Autorizadas por lei	Direito Privado

CITAÇÃO (242, §3º, do CPC/15): a citação da União, dos Estados, do Distrito Federal, dos Municípios e de suas respectivas autarquias e fundações de direito público será realizada perante o órgão de Advocacia Pública responsável por sua representação judicial. Atualmente, conforme §2 do art. 246 – modificado pela lei nº 14.195/21 – será realizada de forma *preferencialmente eletrônica*.

(RE)PRESENTAÇÃO: o CPC trata da representação ativa e passiva em juízo nos incisos I a IV do art. 75:

> Art. 75. Serão representados em juízo, ativa e passivamente:
> I - a União, pela Advocacia-Geral da União, diretamente ou mediante órgão vinculado;
> II - o Estado e o Distrito Federal, por seus procuradores;
> III - o Município, por seu prefeito, procurador ou Associação de Representação de Municípios, quando expressamente autorizada; (Redação dada pela Lei nº 14.341, de 2022)
> IV - a autarquia e a fundação de direito público, por quem a lei do ente federado designar;

INTIMAÇÃO PESSOAL E DOBRA DE PRAZO: a advocacia pública gozará da prerrogativa de intimação pessoal, ou seja, realizada por carga, remessa ou meio eletrônico (§1º do art. 183, CPC). A partir dessa intimação haverá prazo em dobro para a prática de todos os atos processuais a exceção daqueles em que a lei prever prazo próprio para o advogado público.

Art. 183. A União, os Estados, o Distrito Federal, os Municípios e suas respectivas autarquias e fundações de direito público gozarão de prazo em dobro para todas as suas manifestações processuais, cuja contagem terá início a partir da intimação pessoal.
§ 1º A intimação pessoal far-se-á por carga, remessa ou meio eletrônico.
§ 2º Não se aplica o benefício da contagem em dobro quando a lei estabelecer, de forma expressa, prazo próprio para o ente público.

Exemplo

Na Lei n.º 12.153/09 (Juizados Especiais da Fazenda Pública) não haverá prazo diferenciado para a prática de qualquer ato processual pelas pessoas jurídicas de direito público, inclusive a interposição de recursos, devendo a citação para a audiência de conciliação ser efetuada com antecedência mínima de 30 (trinta) dias (art. 7º).

RESPONSABILIDADE (art. 184): o membro da Advocacia Pública será civil e regressivamente responsável quando agir com dolo ou fraude no exercício de suas funções.

HONORÁRIOS DE SUCUMBÊNCIA: temos novidade no CPC/15 quanto aos honorários sucumbenciais de advogados públicos. Veja:

Art. 85. A sentença condenará o vencido a pagar honorários ao advogado do vencedor.
§ 19. Os advogados públicos perceberão honorários de sucumbência, nos termos da lei.

O art. 85 prevê, ainda, a fixação de honorários em causas em que a Fazenda Pública for parte:

art. 85 [...]§ 3º Nas causas em que a Fazenda Pública for parte, a fixação dos honorários observará os critérios estabelecidos nos incisos I a IV do § 2º e os seguintes percentuais:

Mín de 10% até 20%	até 200 (duzentos) salários-mínimos;
Mínimo de 8% até 10%	acima de 200 (duzentos) salários-mínimos até 2.000 (dois mil) saláriosmínimos;
Mín. 5% até 8%	acima de 2.000 (dois mil) salários-mínimos até 20.000 (vinte mil) saláriosmínimos;
Mín de 3% até 5%	acima de 20.000 (vinte mil) salários-mínimos até 100.000
Mín de 1% até 3%	acima de 100.000 (cem mil) salários-mínimos.

DEFENSORIA PÚBLICA: arts. 185-187, CPC; CF, arts. 134 e 135

A Defensoria Pública é instituição essencial à função jurisdicional do Estado, a quem a Constituição Federal incumbiu a orientação jurídica e a defesa, em todos os graus, dos necessitados (CF, art. 134).

> Art. 134. A Defensoria Pública é instituição permanente, essencial à função jurisdicional do Estado, incumbindo-lhe, como expressão e instrumento do regime democrático, fundamentalmente, a orientação jurídica, a promoção dos direitos humanos e a defesa, em todos os graus, judicial e extrajudicial, dos direitos individuais e coletivos, de forma integral e gratuita, aos necessitados, na forma do inciso LXXIV do art. 5º desta Constituição Federal.

O Código atual atribuiu um título próprio à Defensoria Pública, tratando de suas funções, prerrogativas e responsabilidade nos arts. 185 a 187 do CPC/2015. Nos termos da legislação, a Defensoria Pública exercerá a orientação jurídica, a promoção dos direitos humanos e a defesa dos direitos individuais e coletivos dos necessitados, em todos os graus, de forma integral e gratuita (art. 185).

> Art. 185. A Defensoria Pública exercerá a orientação jurídica, a promoção dos direitos humanos e a defesa dos direitos individuais e coletivos dos necessitados, em todos os graus, de forma integral e gratuita.

PRAZO: os seus membros também gozarão de prazo em dobro para todas as suas manifestações processuais, cuja contagem se iniciará de sua intimação pessoal, feita por carga, remessa ou meio eletrônico (arts. 186, caput e § 1º, e 183, § 1º).

Essa prerrogativa aplica-se também aos escritórios de prática jurídica das faculdades de Direito reconhecidas na forma da lei e às entidades que prestam assistência jurídica gratuita em razão de convênios firmados com a Defensoria Pública (art. 186, § 3º).

> art. 186 [...]§ 3º O disposto no caput aplica-se aos escritórios de prática jurídica das faculdades de Direito reconhecidas na forma da lei e às entidades que prestam assistência jurídica gratuita em razão de convênios firmados com a Defensoria Pública.

ATENÇÃO

O prazo em dobro não se aplica ao Defensor Dativo! Entendimento do STJ, no AgRg no AREsp 947.520; STF, Informativo 219.

Info 219, STF: Defensor Dativo e Prazo em Dobro: Não se estendem aos defensores dativos as prerrogativas processuais da intimação pessoal e do prazo em dobro asseguradas aos defensores públicos em geral e aos profissionais que atuam nas causas patrocinadas pelos serviços estaduais de assistência judiciária (Lei 7.871/89 e LC 80/94). Com base nesse entendimento, o Tribunal, por maioria, negou provimento a recurso interposto contra decisão que não conhecera de agravo regimental - interposto contra decisão que concedera exequatur a carta rogatória -, porque intempestivo (RISTF, art. 227, parágrafo único).

Vencidos os Ministros Marco Aurélio, Sepúlveda Pertence e Néri da Silveira, que davam provimento ao agravo regimental. Precedentes citados: Pet 932-SP (DJU de 14.9.94) e AG 166.716-RS (DJU de 25.5.95).

Destaca-se que essa função, em geral, deve ser exercida pela Defensoria Pública, porém, na impossibilidade de a entidade fazê-lo, o juiz deve nomear advogado dativo, cujos honorários serão pagos ao final do processo pela parte vencida ou, se esta gozar dos benefícios da Justiça gratuita, pelo Estado.

INTIMAÇÃO PESSOAL: se o ato processual depender de providência ou informação que somente a parte patrocinada pela Defensoria Pública possa realizar ou prestar, o defensor poderá requerer ao juiz a intimação pessoal direta do interessado (art. 186, § 2º).

RESPONSABILIDADE CIVIL DOS MEMBROS DA DEFENSORIA PÚBLICA: os membros da Defensoria Pública serão civil e regressivamente responsáveis pelos prejuízos causados, quando agirem com dolo ou fraude no exercício de suas funções (CPC/2015, art. 187).

Art. 187. O membro da Defensoria Pública será civil e regressivamente responsável quando agir com dolo ou fraude no exercício de suas funções.

Jurisprudência temática: caro(a) leitor(a) tem sido frequente a cobrança de atual entendimento do STJ a respeito da atuação da defensoria pública como *custos vulnerabilis:* STJ - EDcl no REsp 1.712.163-SP, publicado no Informativo 657: neste julgamento, foi proferido que "Admite-se a intervenção da Defensoria Pública da União no feito como custos vulnerabilis nas hipóteses em que há formação de precedentes em favor dos vulneráveis e dos direitos humanos". Não se confunde com a intervenção pelo amicus curiae (art. 138 CPC).

+ EXERCÍCIOS DE FIXAÇÃO

01. Ano: 2021 Banca: FCC Órgão: DPE-AM Prova: FCC - 2021 - DPE-AM - Defensor Público

A respeito da atuação institucional da Defensoria Pública no âmbito do direito processual civil, considere as assertivas abaixo.

I. A atuação da Defensoria Pública pode se dar em posições processuais dinâmicas, que se distinguem e apresentam peculiaridades, como nas situações de atuação como representante de uma parte, como legitimada extraordinária, como amicus curiae e como custos vulnerabilis.

II. O deferimento do pedido de habilitação da Defensoria Pública como amicus curiae é irrecorrível, mas a decisão de indeferimento da atuação como custos vulnerabilis em processo civil que tenha interesse institucional é passível de recurso.

III. A intervenção tanto na condição de amicus curiae, omo custos vulnerabilis, dará à Defensoria Pública os mesmos poderes processuais, que permitem que a Instituição possa produzir provas, requerer medidas processuais e recorrer das decisões tomadas no processo em que se deu a intervenção.

IV. A atuação da Defensoria Pública como representante da parte e como curadora especial deve se pautar primordialmente pelos interesses institucionais na causa e pela formação de precedentes com impacto coletivo.

Está correto o que se afirma APENAS em:

A) III e IV.
B) I e II.
C) I e III.
D) II e IV.
E) I, III e IV.

02. Ano: 2021 Banca: FUNDATEC Órgão: Prefeitura de Ivoti - RS Prova: FUNDATEC - 2021 - Prefeitura de Ivoti - RS - Advogado

Assinale a alternativa correta em relação à atuação da Advocacia Pública no processo civil.

A) Incumbe à Advocacia Pública, na forma da lei, defender e promover os interesses públicos da União, dos Estados, do Distrito Federal e dos Municípios, por meio da representação judicial, em todos os âmbitos federativos, das pessoas jurídicas de direito público que integram a administração direta, apenas.

B) A União, os Estados, o Distrito Federal, os Municípios e suas respectivas autarquias e fundações de direito público gozarão de prazo em dobro para todas as suas manifestações processuais, cuja contagem terá início a partir da intimação por diário oficial.

C) Não se aplica o benefício da contagem em dobro quando a lei estabelecer, de forma expressa, prazo próprio para o ente público.

D) O membro da Advocacia Pública será civil e diretamente responsável quando agir com dolo ou fraude no exercício de suas funções.

E) A requerimento da Defensoria Pública, o juiz determinará a intimação pessoal da parte patrocinada quando o ato processual depender de providência ou informação que preferencialmente por ela deva ser realizada ou prestada.

» GABARITO

01. Gabarito: Letra b

I – Correta. a Defensoria Pública posições dinâmicas. Conforme doutrina de Elpídio Donizetti: " Sem esgotar o tema, vejamos as demais hipóteses de atuação da Defensoria Pública no CPC/2015:A Defensoria Pública deve ser oficiada pelo juiz quando este se deparar com diversas demandas individuais sobre a mesma questão de direito, a fim de que seja promovida a propositura da ação coletiva respectiva (art. 139, X); O defensor público pode representar ao juiz contra o serventuário que, de forma injustificada, exceder aos prazos previstos em lei (art. 233, § 2º); A Defensoria Pública pode representar ao corregedor do tribunal ou ao Conselho Nacional de Justiça (CNJ) contra juiz ou relator que injustificadamente exceda os prazos previstos em lei, regulamento ou regimento interno (art. 235); A distribuição dos processos pode ser fiscalizada pela Defensoria Pública (art. 289), mesmo quando o defensor não atuar como procurador de uma das partes; Nas ações possessórias em que figure no polo passivo grande número de litigantes em situação de hipossuficiência econômica, o juiz deverá determinar a intimação da Defensoria Pública para acompanhar o feito (art. 554, § 1º); A Defensoria Pública pode requerer a instauração do incidente de resolução de demandas repetitivas quando for verificada a possível multiplicação de ações fundadas na mesma tese jurídica (art. 977, III). (Curso de Direito Processual Civil, p.393).

II – Correta. O art. 138 do CPC trata do amicus curiae e prevê que em regra essa forma de intervenção de terceiro não poderá recorrer: art. 138 [...]§ 1º A intervenção de que trata o caput não implica alteração de competência nem autoriza a interposição de recursos, ressalvadas a oposição de embargos de declaração e a hipótese do § 3º.

Entretanto, o custos vulnerabilis (papel da Defensoria Pública) pode interpor qualquer espécie de recurso. Custos vulnerabilis significa "guardiã dos vulneráveis" ("fiscal dos vulneráveis"). Enquanto o Ministério Público atua como custos legis (fiscal ou guardião da ordem jurídica), a Defensoria Pública possui a função de custos vulnerabilis. Cassio Scarpinella Bueno esclarece que: "A expressão 'custos vulnerabilis', cujo emprego vem sendo defendido pela própria Defensoria Pública, é pertinente para descrever o entendimento aqui robustecido. Seu emprego e difusão têm a especial vantagem de colocar lado a lado – como deve ser em se tratando de funções essenciais à administração da justiça – esta modalidade interventiva a cargo da Defensoria Pública e a tradicional do Ministério Público. O 'fiscal dos vulneráveis', (...) vem sendo compreendido sobre a legitimidade ativa da Defensoria Pública no âmbito do 'direito processual coletivo', o 'fiscal dos direitos vulneráveis', deve atuar, destarte, sempre que os direitos e/ou interesses dos processos (ainda que individuais) justifiquem a oitiva (e a correlata consideração) do posicionamento institucional da Defensoria Pública.

Veja, ainda, precedentes do STJ: Admite-se a intervenção da Defensoria Pública da União no feito como custos vulnerabilis nas hipóteses em que há formação de precedentes em favor dos vulneráveis e dos direitos humanos. STJ. 2ª Seção. EDcl no REsp 1.712.163-SP, Rel. Min. Moura Ribeiro, julgado em 25/09/2019 (Info 657).

III – Incorreta. Veja os comentários ao item II.

IV – Incorreta. Diversamente do que afirma a assertiva, a Defensoria Pública deve se pautar pela formação de precedentes com impacto coletivo quando atua no âmbito do direito coletivo, e não como representante da parte ou curadora especial. Nesse sentido, o art. 182 do CPC.

02. Gabarito: Letra C

A questão exige o conhecimento da letra seca da lei. Para melhor compreensão passaremos a análise de cada uma das alternativas:

Alternativa A) Incorreta. Incumbirá também defender os interesses das pessoas jurídicas que integram a administração indireta. Veja: Art. 182. Incumbe à Advocacia Pública, na forma da lei, defender e promover os interesses públicos da União, dos Estados, do Distrito Federal e dos Municípios, por meio da representação judicial, em todos os âmbitos federativos, das pessoas jurídicas de direito público que integram a administração direta e indireta.

Alternativa B) Incorreta. Início do prazo se dará pela intimação pessoal, ou seja, por carga, remessa ou meio eletrônico. Veja: Art. 183. A União, os Estados, o Distrito Federal, os Municípios e suas respectivas autarquias e fundações de direito público gozarão de prazo em dobro para todas as suas manifestações processuais, cuja contagem terá início a partir da intimação pessoal.§ 1º A intimação pessoal far-se-á por carga, remessa ou meio eletrônico.

Alternativa C) Correta, é o teor do §2º do art. 183: § 2º Não se aplica o benefício da contagem em dobro quando a lei estabelecer, de forma expressa, prazo próprio para o ente público.

Alternativa D) Incorreta. O membro será civil e regressivamente responsável. Veja: Art. 184. O membro da Advocacia Pública será civil e regressivamente responsável quando agir com dolo ou fraude no exercício de suas funções.

Alternativa E) Incorreta. Haverá intimação quando o ato somente puder ser realizado pela parte. Veja: § 2º A requerimento da Defensoria Pública, o juiz determinará a intimação pessoal da parte patrocinada quando o ato processual depender de providência ou informação que somente por ela possa ser realizada ou prestada.

10 ATOS PROCESSUAIS

PARTE I — DA FORMA, DO TEMPO, DO LUGAR E DOS PRAZOS

Segundo Fredie Didier Jr., "ato processual é todo aquele comportamento humano volitivo que é apto a produzir efeitos jurídicos num processo, atual ou futuro" (Curso de Direito Processual Civil, v.1. 18 ed. Salvador: JusPodivm, 2016, p. 380). Conforme se nota, ato processual é praticado no processo e não sobre uma relação jurídica de direito material, pelas partes (atos de postulação, dispositivos e instrutórios), pelo juiz (despachos e decisões, interlocutórias ou finais) e pelos auxiliares da justiça (citações, intimações, termos de juntada e de vista, laudo pericial etc.).

Via de regra, os atos não possuem forma definida (art. 188, CPC) e seguem a regra de publicidade (arts. 11 c/c 189, CPC).

> **Princípio da instrumentalidade das formas:** aproveita-se o ato que atinge a finalidade, ainda que a forma prevista não seja cumprida. Desapego à forma.
>
> Art. 188. Os atos e os termos processuais independem de forma determinada, salvo quando a lei expressamente a exigir, considerando-se válidos os que, realizados de outro modo, lhe preencham a finalidade essencial.
>
> Art. 277. Quando a lei prescrever determinada forma, o juiz considerará válido o ato se, realizado de outro modo, lhe alcançar a finalidade.

Excepcionalmente teremos atos solenes, que dependerão de forma, ou mesmo poderemos falar em processos que seguirão segredo de justiça. Nesse especial, podemos citar os casos trazidos no art. 189 do CPC:

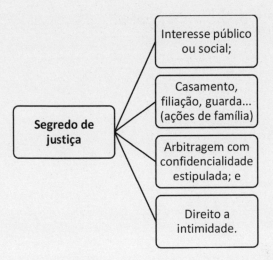

Art. 189. Os atos processuais são públicos, todavia tramitam em segredo de justiça os processos:
I - em que o exija o interesse público ou social;
II - que versem sobre casamento, separação de corpos, divórcio, separação, união estável, filiação, alimentos e guarda de crianças e adolescentes;
III - em que constem dados protegidos pelo direito constitucional à intimidade;
IV - que versem sobre arbitragem, inclusive sobre cumprimento de carta arbitral, desde que a confidencialidade estipulada na arbitragem seja comprovada perante o juízo.
§ 1º O direito de consultar os autos de processo que tramite em segredo de justiça e de pedir certidões de seus atos é restrito às partes e aos seus procuradores.
§ 2º O terceiro que demonstrar interesse jurídico pode requerer ao juiz certidão do dispositivo da sentença, bem como de inventário e de partilha resultantes de divórcio ou separação.

Os atos processuais serão praticados na língua portuguesa/uso do vernáculo (art. 192, CPC), sendo que o documento redigido em língua estrangeira somente pode ser juntado aos autos quando acompanhado de versão para a língua portuguesa tramitada por via diplomática ou pela autoridade central, ou firmada por tradutor juramentado.

Ademais, tem-se que o CPC atual segue a *teoria dos negócios jurídicos processuais*, por meio da qual se conferiu **certa flexibilização procedimental ao processo**, respeitados os princípios constitucionais, de sorte a que se consiga dar maior efetividade ao direito material discutido. Sobre o tema, podemos dizer que temos

Negócios jurídicos atípicos (art. 190, CPC)	Negócios jurídicos típicos
Possibilita mudanças procedimentais sobre ônus, poderes, deveres e faculdades, seja antes ou durante o processo, desde que × as partes sejam plenamente capazes; × os direitos admitam autocomposição. × direitos que admitem autocomposição não devem ser confundidos com direitos indisponíveis, vez que em certos casos esses também admitirão autocomposição (ex.: lei da mediação - art. 3º, [...] § 2º O consenso das partes envolvendo direitos indisponíveis, mas transigíveis, deve ser homologado em juízo, exigida a oitiva do Ministério Público).	× Podemos citar o art. 191 do CPC que prevê a possibilidade das partes, conjuntamente com o juiz, fixarem calendário para a prática de atos processuais. × Os negócios típicos **não são novidade do CPC/15.** × Existem diversos outros exemplos ao longo do CPC, como v.g. eleição de foro pelas partes (art. 63, §1º), renúncia ao prazo (art. 225 CPC); acordo para suspensão do processo (art. 313, II CPC); convenção sobre ônus da prova (art. 373, §§3º e 4º CPC); calendário processual (art. 191, §§1º e 2º CPC).
Art. 190. Versando o processo sobre direitos que admitam autocomposição, é lícito às partes plenamente capazes estipular mudanças no procedimento para ajustá-lo às especificidades da causa e convencionar sobre os seus ônus, poderes, faculdades e deveres processuais, antes ou durante o processo. Parágrafo único. De ofício ou a requerimento, o juiz controlará a validade das convenções previstas neste artigo, recusando-lhes aplicação somente nos casos de nulidade ou de inserção abusiva em contrato de adesão ou em que alguma parte se encontre em manifesta situação de vulnerabilidade.	Art. 191. De comum acordo, o juiz e as partes podem fixar calendário para a prática dos atos processuais, quando for o caso. **§ 1º O calendário vincula as partes e o juiz, e os prazos nele previstos somente serão modificados em casos excepcionais, devidamente justificados.** **§ 2º Dispensa-se a intimação das partes para a prática de ato processual ou a realização de audiência cujas datas tiverem sido designadas no calendário.**

ATENÇÃO

- "O negócio jurídico processual somente se submeterá à homologação judicial quando expressamente exigido em norma jurídica, admitindo-se, em todo caso, o controle de validade da convenção" (Enunciado nº 115/CEJ da II Jornada de Direito Processual Civil).
- "a intervenção do Ministério Público como fiscal da ordem jurídica não inviabiliza a celebração de negócios jurídicos" (Enunciado nº 112/CEJ da II Jornada de Direito Processual Civil);
- "a indisponibilidade do direito material não impede, por si só, a celebração de negócio jurídico processual" (Enunciado 135 FPPC).

> * Enunciado 133. (art. 190; art. 200, parágrafo único) Salvo nos casos expressamente previstos em lei, os negócios processuais do art. 190 não dependem de homologação judicial. (Grupo: Negócios Processuais)
> * Enunciado 134. (Art. 190, parágrafo único) Negócio jurídico processual pode ser invalidado parcialmente. (Grupo: Negócios Processuais)
> * "A Fazenda Pública pode celebrar convenção processual, nos termos do art. 190 do CPC" (Enunciado 17 da I JDPC do CEJ).

Sobre o **tempo e local** para a prática dos atos (arts. 212-217, CPC), temos como regra o horário das 6h às 20h, salvo

* Atos iniciados no horário cuja interrupção puder causar prejuízo;
* Penhora, citação e intimação, que podem ser realizados em férias, feriados e fora do horário;
* Atos a serem praticados em processos físicos, os quais deverão respeitar o expediente forense;
* Atos em processos eletrônicos, que poderão ser praticados até as 24h do último dia do prazo (art. 213, CPC).

Quanto às férias, é importante destacar que o CPC prevê o prazo do dia 20 de dezembro até o dia 20 de janeiro (art. 220, CPC), sendo que, como regra, os processos não tramitarão e não serão realizadas audiências e sessões. Contudo, existem exceções previstas nos arts. 214 e 215 do CPC:

ATOS PRATICADOS EM FÉRIAS (arts. 214 e 215, CPC)	ATOS PRATICADOS EM FERIADOS (art. 214, CPC)
* procedimentos de jurisdição voluntária (art. 215, I, CPC); * necessários à conservação de direitos (art. 215, I, CPC) * a ação de alimentos (art. 215, II, CPC); * processos de nomeação ou remoção de tutor e curador (art. 215, II, CPC); * os processos que a lei determinar (art. 215, III, CPC); * TUTELAS DE URGÊNCIA (art. 214, II, CPC) * AS CITAÇÕES, INTIMAÇÕES E PENHORAS (art. 214, I, CPC)	* TUTELAS DE URGÊNCIA * AS CITAÇÕES, INTIMAÇÕES E PENHORAS

Ainda, como já enaltecido, os atos processuais serão praticados em **dias úteis** (art. 212 c/c arts. 216 e 219, todos do CPC) na **sede do juízo** (art. 217, CPC), caso em que os sábados, domingos, feriados e dias sem expediente forense se mostram dias excepcionais, admitindo somente a prática de atos de tutela de urgência ou mesmo os atos do oficial de justiça (citação, intimação e penhora), inteligência do art. 214 do CPC.

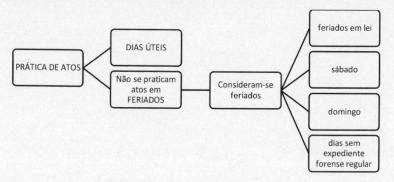

A prática dos atos fora da sede é exceção, e se fará em razão de deferência, de interesse da justiça, da natureza do ato ou de obstáculo arguido pelo interessado e acolhido pelo juiz (art. 217, CPC). Exemplos: audição do Presidente da República (art. 454, I) constitui exemplo de prática de ato fora da sede do juízo em razão de deferência; a inspeção judicial é realizada fora da sede do juízo, no interesse da Justiça (art. 481); a oitiva de testemunha por carta precatória é, por sua vez, medida que se realiza fora do juízo em razão de sua natureza; por fim, a enfermidade da pessoa a ser ouvida constitui exemplo de obstáculo à prática do ato na sede do juízo.

Diga-se, ainda, que a **contagem dos prazos** *processuais* (art. 218-232, CPC) também levará e conta unicamente os dias úteis (art. 219, CPC), excluindo o dia do começo e incluindo o dia do vencimento (arts. 224 c/c 231, CPC). Nesse especial, importante que se saiba da classificação:

Classificação dos prazos

Origem
Legais: definidos em lei. Ex.: art. 226, CPC.
Judiciais: fixados pelo juiz quando a lei é omissa. Ex.: 218, §3º, CPC.
Convencionais: fixados em convenção.
Consequências
Próprios: prazos das partes. Ocorre preclusão temporal.
Impróprios: prazos do juiz e auxiliares da justiça. Não há consequências pela perda do prazo.

Alterabilidade
Dilatórios/ redutórios: podem ser ampliados e reduzidos pelas partes. Ex.: art. 313, II, CPC.
Peremptórios: fixados em lei. Podem ser reduzidos se as partes concordarem. Ex.: art. 222 §1º, CPC.
Unidade
Minutos, horas, dias, mês e anos;

Importante dizer que o CPC/15 permite ao juiz <u>reduzir</u> os prazos peremptórios, desde que com prévia anuência das partes. Anuência das partes, num sentido lato, significa convenção ou acordo procedimental. Contudo, qualquer que seja a natureza do prazo, pode o juiz <u>prorrogá-lo</u> por até dois meses nas comarcas, seção ou subseção judiciária onde for difícil o transporte (art. 222). Em caso de calamidade pública, a prorrogação não tem limite (art. 222, § 2º).

> Art. 222. Na comarca, seção ou subseção judiciária onde for difícil o transporte, o juiz poderá prorrogar os prazos por até 2 (dois) meses.
> ♥ § 1º Ao juiz é vedado reduzir prazos peremptórios sem anuência das partes.
> § 2º Havendo calamidade pública, o limite previsto no caput para prorrogação de prazos poderá ser excedido.

Caro(a) leitor(a), importante ainda compreender como se dá a fixação do prazo. Veja:

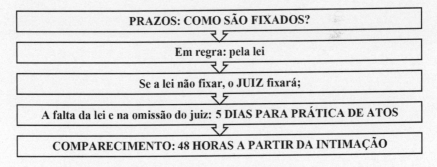

Sobre o tema, vide o teor do art. 218, CPC:

> Art. 218. Os atos processuais serão realizados nos prazos prescritos em lei.
> § 1º Quando a lei for omissa, o juiz determinará os prazos em consideração à complexidade do ato.
> § 2º Quando a lei ou o juiz não determinar prazo, as intimações somente obrigarão a comparecimento após decorridas 48 (quarenta e oito) horas.

♥ § 3º Inexistindo preceito legal ou prazo determinado pelo juiz, será de 5 (cinco) dias o prazo para a prática de ato processual a cargo da parte.
§ 4º Será considerado tempestivo o ato praticado antes do termo inicial do prazo.

Para fins didáticos, é importante a conjugação dos seguintes artigos para compreensão da contagem dos prazos: arts. 216, 219, 224 e 231, CPC.

> Art. 216. Além dos declarados em lei, são feriados, para efeito forense, os sábados, os domingos e os dias em que não haja expediente forense.
> Art. 219. Na contagem de prazo em dias, estabelecido por lei ou pelo juiz, computar-se-ão somente os dias úteis.
> Parágrafo único. O disposto neste artigo aplica-se somente aos <u>prazos processuais</u>.
> Art. 224. Salvo disposição em contrário, os prazos serão contados excluindo o dia do começo e incluindo o dia do vencimento.
> § 1º Os dias do começo e do vencimento do prazo serão protraídos para o primeiro dia útil seguinte, se coincidirem com dia em que o expediente forense for encerrado antes ou iniciado depois da hora normal ou houver indisponibilidade da comunicação eletrônica.
> § 2º Considera-se como data de publicação o primeiro dia útil seguinte ao da disponibilização da informação no Diário da Justiça eletrônico.
> § 3º A contagem do prazo terá início no primeiro dia útil que seguir ao da publicação.

Os incisos do art. 231 estabelecem os diversos marcos definidores do "dia do começo do prazo". Definido o dia do começo (que é excluído), a partir do dia seguinte, começa a contagem do prazo em si.

> Art. 231. Salvo disposição em sentido diverso, considera-se dia do começo do prazo:
> I - a data de juntada aos autos do aviso de recebimento, quando a citação ou a intimação for pelo correio;
> II - a data de juntada aos autos do mandado cumprido, quando a citação ou a intimação for por oficial de justiça;
> III - a data de ocorrência da citação ou da intimação, quando ela se der por ato do escrivão ou do chefe de secretaria;
> IV - o dia útil seguinte ao fim da dilação assinada pelo juiz, quando a citação ou a intimação for por edital;
> V - o dia útil seguinte à consulta ao teor da citação ou da intimação ou ao término do prazo para que a consulta se dê, quando a citação ou a intimação for eletrônica;
> VI - a data de juntada do comunicado de que trata o art. 232 ou, não havendo esse, a data de juntada da carta aos autos de origem devida-

mente cumprida, quando a citação ou a intimação se realizar em cumprimento de carta;

VII - a data de publicação, quando a intimação se der pelo Diário da Justiça impresso ou eletrônico;

VIII - o dia da carga, quando a intimação se der por meio da retirada dos autos, em carga, do cartório ou da secretaria.

IX - o quinto dia útil seguinte à confirmação, na forma prevista na mensagem de citação, do recebimento da citação realizada por meio eletrônico. (Incluído pela Lei nº 14.195, de 2021)

§ 1º Quando houver mais de um réu, o dia do começo do prazo para contestar corresponderá à última das datas a que se referem os incisos I a VI do caput.

§ 2º Havendo mais de um intimado, o prazo para cada um é contado individualmente.

§ 3º Quando o ato tiver de ser praticado diretamente pela parte ou por quem, de qualquer forma, participe do processo, sem a intermediação de representante judicial, o dia do começo do prazo para cumprimento da determinação judicial corresponderá à data em que se der a comunicação.

§ 4º Aplica-se o disposto no inciso II do caput à citação com hora certa.

> ATENÇÃO: O inciso IX do art. 231 foi incluído pela Lei nº 14.195, de 2021, e indica como dia de começo "o quinto dia útil seguinte à confirmação, na forma prevista na mensagem de citação, do recebimento da citação realizada por meio eletrônico." Isso aplica-se para os casos em que houve comunicação por endereço eletrônico à parte, nos moldes do §4º do art. 246: [...]§ 4º As citações por correio eletrônico serão acompanhadas das orientações para realização da confirmação de recebimento e de código identificador que permitirá a sua identificação na página eletrônica do órgão judicial citante.
> Não confundir com o inciso V, que indica como dia de começo "o dia útil seguinte à consulta ao teor da citação ou da intimação ou ao término do prazo para que a consulta se dê, quando a citação ou a intimação for eletrônica". Nesse caso a citação ou intimação é feita diretamente pelo portal do processo eletrônico.

Cabe dizer ainda que o Código contempla a contagem de prazos em minutos, horas, dias, meses e anos. Entretanto, geralmente, os prazos processuais são em dias, contados somente **os dias (úteis), excluindo-se o dia do começo e incluindo o dia do vencimento (art. 224)**.

× REGRAS ESPECIAIS DE CONTAGEM DE PRAZO

O art. 229 e os parágrafos do art. 231 estabelecem regras especiais relativas à contagem dos prazos processuais. São elas:

a. **Litisconsortes com procuradores distintos e de escritórios de advocacia distintos:** o prazo será contado em dobro para todas as manifestações processuais. A regra, no entanto, não será aplicada quando se tratar de processos em autos eletrônicos (art. 229, § 2º), e cessará quando a demanda contar apenas com dois réus e somente um deles apresentar defesa (§ 1º).

A **Súmula nº 641 do** STF impede a contagem em dobro do prazo para recorrer quando somente um dos litisconsortes sucumbe. Não se aplica quando se tratar de processo eletrônico e, igualmente, de processo em curso nos Juizados Especiais.

b. **Processo com mais de um réu:** o dia do começo do prazo para contestar (15 dias) corresponde à última das datas a que se referem os incisos I a VII do art. 231, caput. EXEMPLO: tratando-se de citação pelo correio (inc. I), somente quando o último aviso de recebimento for juntado aos autos é que o prazo começará para todos os réus. Se o ato se der por meio eletrônico, a defesa deve ser ofertada quando findar o prazo para a consulta ao sistema processual de todos os réus. Esta regra vale somente para os casos de citação. Se for caso de intimação, o prazo para o autor e/ou para o réu é contado individualmente (art. 231, § 2º).

c. **Ato que deva ser praticado pela própria parte:** se para a prática do ato não bastar a cientificação do advogado ou de outro representante judicial, o dia do começo do prazo corresponderá à data da efetiva comunicação feita às partes.

Por fim, **quanto às penalidades** (arts. 233-235, CPC), essas estão previstas ao servidor, ao juiz, aos advogados públicos e privados, assim como ao membro do MP:

× **Servidor:** prazo de 1 dia para conclusão e 5 dias para execução. O juiz apurará se o serventuário excedeu, sem motivo legítimo, os prazos estabelecidos em lei.

× **Advogados públicos ou privados; Membros do** MP: devem restituir os autos no prazo do ato a ser praticado. Intimação para devolução: 3 dias. Se, intimado, o advogado não devolver os autos no prazo de 3 (três) dias, perderá o direito à vista fora de cartório e incorrerá em multa correspondente à metade do salário-mínimo.

× **Juiz:** qualquer parte, o Ministério Público ou a Defensoria Pública poderá representar ao corregedor do tribunal ou ao Conselho Nacional de Justiça contra juiz ou relator que injustificadamente exceder os prazos previstos em lei, regulamento ou regimento interno.

× Prazo para justificativa: intimação por meio eletrônico para apresentar justificativa no prazo de 15 (quinze) dias. Em até 48 (quarenta e oito) horas após a apresentação ou não da justificativa o corregedor do tribunal ou o relator no Conselho Nacional de Justiça determinará a intimação do representado por meio eletrônico para que, em 10 (dez) dias, pratique o ato. Mantida a inércia, os autos serão remetidos ao substituto legal do juiz ou do relator contra o qual se representou para decisão em 10 (dez) dias.

+ EXERCÍCIOS DE FIXAÇÃO

01. Ano: 2019 Banca: IESES Órgão: Prefeitura de São José - SC Prova: IESES - 2019 - Prefeitura de São José - SC - Procurador Municipal

Em relação aos atos processuais, é correto afirmar que:

A) O documento redigido em língua estrangeira não poderá ser juntado aos autos do processo.

B) O direito de consultar os autos de processo que tramite em segredo de justiça e de pedir certidões de seus atos é restrito aos procuradores, vedado que a parte requeira consulta.

C) Os atos processuais podem ser totalmente digitais, inexistindo previsão de atos processuais na forma física.

D) Os atos processuais são públicos, todavia tramitam em segredo de justiça os processos em que o exija o interesse público ou social.

02. Ano: 2019 Banca: CESPE / CEBRASPE Órgão: TJ-AM Prova: CESPE - 2019 - TJ-AM - Analista Judiciário - Oficial de Justiça Avaliador

Acerca do disposto no Código de Processo Civil (CPC) sobre as normas processuais civis, os deveres das partes e dos procuradores, a intervenção de terceiros e a forma dos atos processuais, julgue o item a seguir.

Situação hipotética: Ao celebrarem contrato de parceria, duas sociedades empresárias firmaram cláusula de eleição de foro que estabelecia que eventual litígio de natureza patrimonial referente ao contrato deveria ser julgado na comarca de Manaus. Assertiva: Nessa situação hipotética, a referida cláusula possui natureza de negócio processual típico.

( ) Certo
( ) Errado

> GABARITO

01. Gabarito: Letra d

A questão exige o conhecimento da letra seca da lei. Para melhor compreensão passaremos a análise de cada uma das alternativas:

Alternativa A) ERRADA, conforme art. 192. Parágrafo único. O documento redigido em língua estrangeira somente poderá ser juntado aos autos quando acompanhado de versão para a língua portuguesa tramitada por via diplomática ou pela autoridade central, ou firmada por tradutor juramentado.

Alternativa B) ERRADA, conforme art. 189. § 1º O direito de consultar os autos de processo que tramite em segredo de justiça e de pedir certidões de seus atos é restrito às partes e aos seus procuradores.

Alternativa C) ERRADA, conforme art. 193. Os atos processuais podem ser total ou parcialmente digitais, de forma a permitir que sejam produzidos, comunicados, armazenados e validados por meio eletrônico, na forma da lei.

Alternativa D) CORRETA, conforme art Art. 189. Os atos processuais são públicos, todavia tramitam em segredo de justiça os processos: I - em que o exija o interesse público ou social;

02. Gabarito: certo

A questão exige o conhecimento da letra seca da lei e da doutrina. Exemplos de negócios típicos (DIDIER): Eleição negocial do foro (art. 63 CPC); Renúncia ao prazo (art. 225 CPC); Acordo para suspensão do Processo (art. 313, II CPC); Convenção sobre ônus da prova (art. 373, §§3º e 4º CPC); Calendário processual (art. 191, §§1º e 2º CPC).

Art. 63. As partes podem modificar a competência em razão do valor e do território, elegendo foro onde será proposta ação oriunda de direitos e obrigações.

PARTE II — DA COMUNICAÇÃO DOS ATOS PROCESSUAIS (ARTS. 236-275, CPC)

O ponto de comunicação dos atos processuais inicia nos arts. 236-237 do Código de Processo Civil. No seu capítulo I trata das "disposições gerais" e, de forma específica, nos capítulos que lhe seguem: da citação (capítulo II), nos arts. 238-259, CPC; das cartas (capítulo III), nos arts. 260-268, CPC; da intimação (capítulo IV), nos arts. 269-275, CPC.

Importante destacar que toda comunicação de ato pode ser real ou presumida (ficta):

× **Real:** quando a ciência é dada diretamente à pessoa do interessado. Ex.: intimações feitas por edital ou com hora certa e, ainda, pela imprensa.

× **Presumida:** quando feita através de um órgão ou um terceiro que se presume faça chegar à ocorrência ao conhecimento do interessado. Ex.: são reais as intimações feitas pelo escrivão ou pelo oficial de Justiça, bem como as efetuadas por meio de correspondência post

Vejamos as modalidades:

× **CARTAS: arts. 236 - 237; 260-268, CPC**

O CPC inicia no seu art. 236 tratando das disposições gerais quanto aos atos de comunicação processual, e é no art. 237 que passamos a trabalhar as modalidades de cartas.

OBJETIVO: servem a cooperação e prática de atos entre juízos distintos, isto é, fora dos limites territoriais do tribunal, da comarca, da seção ou da subseção judiciárias, ressalvadas as hipóteses previstas em lei (§1 do art. 236 do CPC). São o meio pelo qual órgãos jurisdicionais comunicam-se entre si, permitindo também a comunicação entre um tribunal arbitral e um órgão jurisdicional.

De maneira sistematizada, podemos assim expor:

CARTAS	× buscam a comunicação e cooperação entre juízos (art. 236, CPC)
Disposições gerais quanto à comunicação de atos processuais	Espécies: art. 237, CPC CARTA DE ORDEM × EXPEDIDA POR TRIBUNAL CARTA PRECATÓRIA × EXPEDIDA POR JUÍZO NACIONAL PARA COMUNICAÇÃO E COOPERAÇÃO COM OUTRO JUÍZO NACIONAL CARTA ROGATÓRIA × EXPEDIDA POR JUÍZO NACIONAL PARA COMUNICAÇÃO E COOPERAÇÃO COM JUÍZO INTERNACIONAL CARTA ARBITRAL × EXPEDIDA POR JUIZ ARBITRALL PARA COMUNICAÇÃO E COOPERAÇÃO JUÍZO NACIONAL (ESTADO-JUIZ)
EXPEDIÇÃO DA CARTA (art. 261, CPC)	× Intimação das partes × Expedida a carta, as partes acompanharão o cumprimento da diligência perante o juízo destinatário, ao qual compete a prática dos atos de comunicação.

PRAZO E OBRIGATORIEDADE DE CUMPRIMENTO (ARTS. 261 E 267, CPC)	PRAZO: fixado pelo juiz × Cumprimento: pode haver recusa (art. 267, CPC) RECUSA (ART. 267, CPC) × I - a carta não estiver revestida dos requisitos legais; × II - faltar ao juiz competência em razão da matéria ou da hierarquia; × ATENÇÃO! PODE HAVER REMESSÃO AO JUÍZO COMPETENTE (§ú, art. 267, CPC) × III - o juiz tiver dúvida acerca de sua autenticidade.
CARÁTER ITINERANTE DAS CARTAS! ART. 262, CPC	× A carta tem caráter itinerante, podendo, antes ou depois de lhe ser ordenado o cumprimento, ser encaminhada a juízo diverso do que dela consta, a fim de se praticar o ato.
PRAZO PARA DEVOLVER A CARTA (ART. 268, CPC)	× 10 DIAS × INDEPENDE DE TRANSLADO; pagamento pela parte: custas.
FORMA (ARTS. 263-266, CPC)	REGRA GERAL: meio eletrônico PODE: × TELEFONE × TELEGRAMA

× CITAÇÃO (arts. 238-259, CPC): citação é o ato pelo qual são convocados o réu, o executado ou o interessado para integrar a relação jurídica processual (art. 238, CPC). Realizado o ato de citação, as partes serão posteriormente intimadas dos atos e termos, não se falando em "nova" citação.

A lei nº 14.195/21 trouxe prazo para a sua efetivação, que deverá se dar em **até 45 (quarenta e cinco) dias** a partir da propositura da ação (§ú, art. 238, CPC).

> **ATENÇÃO:** via de regra, para a **validade** do processo é indispensável a citação do réu ou do executado (art. 239, CPC), ressalvadas as hipóteses de indeferimento da petição inicial ou de improcedência liminar do pedido (arts. 330-332, CPC). É importante constatar que embora o art. 239 sugira que a citação seja um *pressuposto de validade* do processo, a doutrina se divide quanto a isso: parte dela defende que citação é pressuposto processual de existência e outra parte entende que ela mesmo é um pressuposto processual de validade. Em que pese essa divergência, a doutrina é uníssona em reconhecer que tanto a falta de citação quanto a citação irregular, quando o processo corre à revelia do réu, constituem um vício insanável que pode ser alegado pelo réu a qualquer tempo, invalidando todo o processo.

Alegação de nulidade: tratando-se de alegação de nulidade, importa destacar que o juiz poderá rejeitá-la, caso em que o réu será considerado revel ou, no processo de execução, se prosseguirão os atos executivos. Veja:

> Art. 239 § 2 Rejeitada a alegação de nulidade, tratando-se de processo de:
> I - conhecimento, o réu será considerado revel;
> II - execução, o feito terá seguimento.

Contudo, eventual alegação de nulidade ou mesmo falta de citação não seja analisada pelo juiz quando houver o comparecimento espontâneo do réu ou do executado, fluindo a partir desta data o prazo para apresentação de contestação ou de embargos à execução (§1 do art. 239).

Destacamos que a doutrina costuma designar a nulidade ou falta de citação de vício transrescisório, pois não haverá prazo para sua alegação, que poderá ser feita incidentalmente ao processo, por meio de impugnação ao cumprimento de sentença (art. 525, § 1º, I, do CPC), por embargos (art. 917, VI, do CPC), exceção de pré-executividade ou por meio da ação autônoma denominada querela nullitatis.

Observe-se, ainda, que tal vício é denominado transrescisório por ser admissível sua alegação ainda que depois do prazo decadencial de dois anos da ação rescisória (art. 975 do CPC).

EFEITOS DA CITAÇÃO (art. 240, CPC): sendo válida a citação, ainda que ordenada por juízo incompetente, se induz litispendência, se torna litigiosa a coisa e se constitui em mora o devedor, ressalvado o disposto nos arts. 397 e 398 da Lei nº10.406, de 10 de janeiro de 2002 (Código Civil).

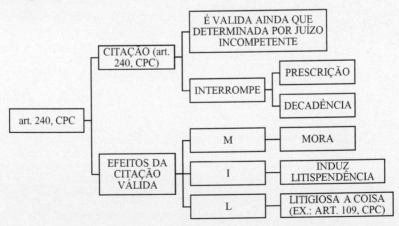

O FPPC já elaborou enunciado informando que "Haverá interrupção da prescrição ainda que o processo seja extinto em virtude da previsão de convenção de arbitragem (Enunciado 136 do FPPC)."

MEDIDAS PARA VIABILIZAR A CITAÇÃO: devem ser adotas pelo autos pelo autor, no prazo de 10 (dez) dias, sob pena de não ocorrer a interrupção da prescrição (art. 240, §2º).

DESTINATÁRIO DA CITAÇÃO: a regra geral é que a citação seja feita pessoalmente ao citando, ou mesmo ao seu representante legal ou a procurador legalmente habilitado com *poderes especiais* **para tanto (arts. 105 c/c 242, CPC).**

> Art. 105. A procuração geral para o foro, outorgada por instrumento público ou particular assinado pela parte, habilita o advogado a praticar todos os atos do processo, exceto receber citação, confessar, reconhecer a procedência do pedido, transigir, desistir, renunciar ao direito sobre o qual se funda a ação, receber, dar quitação, firmar compromisso e assinar declaração de hipossuficiência econômica, que devem constar de cláusula específica.
>
> Art. 242. A citação será pessoal, podendo, no entanto, ser feita na pessoa do representante legal ou do procurador do réu, do executado ou do interessado.
>
> § 1o Na ausência do citando, a citação será feita na pessoa de seu mandatário, administrador, preposto ou gerente, quando a ação se originar de atos por eles praticados.
>
> § 2o O locador que se ausentar do Brasil sem cientificar o locatário de que deixou, na localidade onde estiver situado o imóvel, procurador com poderes para receber citação será citado na pessoa do administrador do imóvel encarregado do recebimento dos aluguéis, que será considerado habilitado para representar o locador em juízo.
>
> § 3o A citação da União, dos Estados, do Distrito Federal, dos Municípios e de suas respectivas autarquias e fundações de direito público será realizada perante o órgão de Advocacia Pública responsável por sua representação judicial.

LUGAR: se realizará em qualquer lugar em que se encontre o réu.

> **ATENÇÃO:** Sendo militar da ativa, será citado na unidade onde estiver prestando serviço, se não for conhecida a sua residência (art. 243, parágrafo único).
>
> **Art.** 243. A citação poderá ser feita em qualquer lugar em que se encontre o réu, o executado ou o interessado. Parágrafo único. O militar em serviço ativo será citado na unidade em que estiver servindo, se não for conhecida sua residência ou nela não for encontrado.

CIRCUNSTÂNCIAS LEGAIS QUE IMPEDEM A CITAÇÃO: a lei elenca algumas circunstâncias em que não se fará a citação do réu, salvo para evitar perecimento do direito (art. 244, CPC).

> Art. 244. Não se fará a citação, salvo para evitar o perecimento do direito:
> I - de quem estiver participando de ato de culto religioso;
> II - de cônjuge, de companheiro ou de qualquer parente do morto, consanguíneo ou afim, em linha reta ou na linha colateral em segundo grau, no dia do falecimento e nos 7 (sete) dias seguintes;
> III - de noivos, nos 3 (três) primeiros dias seguintes ao casamento;
> IV - de doente, enquanto grave o seu estado.

Também não se procederá a citação do mentalmente incapaz (art. 245, CPC). Verificada tal circunstância, o juiz nomeará um médico para examinar o citando, devendo apresentar laudo em cinco dias. Sendo reconhecida a impossibilidade, dar-se-á um curador restrito a causa, em quem será feita e citação e ficará responsável pela defesa (art. 245, §§ 1º a 5º).

> Art. 245. Não se fará citação quando se verificar que o citando é mentalmente incapaz ou está impossibilitado de recebê-la.
> § 1o O oficial de justiça descreverá e certificará minuciosamente a ocorrência.
> § 2o Para examinar o citando, o juiz nomeará médico, que apresentará laudo no prazo de 5 (cinco) dias.
> § 3o Dispensa-se a nomeação de que trata o § 2o se pessoa da família apresentar declaração do médico do citando que ateste a incapacidade deste.
> § 4o Reconhecida a impossibilidade, o juiz nomeará curador ao citando, observando, quanto à sua escolha, a preferência estabelecida em lei e restringindo a nomeação à causa.
> § 5o A citação será feita na pessoa do curador, a quem incumbirá a defesa dos interesses do citando.

GÊNEROS: podemos falar em dois gêneros de citação, quais sejam

- citações reais (ou pessoais);
- citações fictas (ou presumidas).

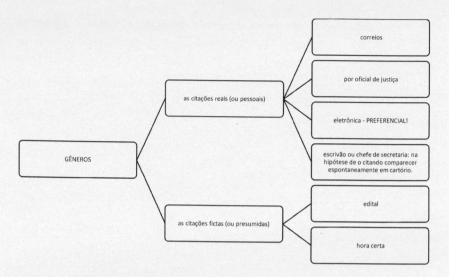

NOVIDADES IMPLEMENTADAS PELO ART. 44 DA Lei n° 14.195/21: foram diversos pontos essenciais à trajetória processual que restaram inovados, principalmente no que diz respeito à forma de citação, que passou a privilegiar os meios eletrônicos.

Ness sentido, sempre que possível, preferencialmente, a citação dar-se-á pelo meio eletrônico. Aqui, enetenda-se, pela plataforma do processo judicial eletrônico. Veja:

1. A citação será feita preferencialmente por meio eletrônico, no prazo de até 2 (dois) dias úteis, contado da decisão que a determinar (art. 246, caput, CPC);
2. a parte será comunicada por endereço eletrônico (246, caput e §§1-A e 4°, CPC): terá até 3 dias úteis para confimar a citação a partir das orientações e do código identificador que receber;

Aqui, incluem-se:

× as empresas públicas e privadas (§1°, 246, CPC);
× União, Estados, Distrito Federal, Municípios e entidades da administração indireta (§2°, 246, CPC);
× microempresas e empresas de pequeno porte, quando não possuírem endereço eletrônico no sistema integrado da Rede Nacional para a Simplificação do Registro e da Legalização de Empresas e Negócios (Redesim). Se possuírem o cadastro deverá haver compartilhamento de dados com o órgão do Poder Judiciário, incluído o endereço eletrônico constante do sistema integrado da Redesim (§§5° e 6°, 246, CPC);

3. Se a parte não confirmar a citação pelo meio eletrônico no prazo (§1-A, 246, CPC), serão utilizadas as demais formas de realização do ato: I - pelo correio; II - por oficial de justiça; III - pelo escrivão ou chefe de secretaria, se o citando comparecer em cartório; IV - por edital.
4. Nesse caso, na primeira oportunidade de falar nos autos, deverá apresentar justa causa para a ausência de confirmação do recebimento da citação enviada eletronicamente, sob pena de incorrer em multa por ato atentatório à dignidade da justiça no valor de até 5% sobre o valor da causa (§§1-B e 1-C, do art. 246, CPC).

Contudo, sendo positiva a citação por meio eletrônico, a contagem de prazo deverá seguir a regra especial inserida no inciso XI: art. 231, IX - o quinto dia útil seguinte à confirmação, na forma prevista na mensagem de citação, do recebimento da citação realizada por meio eletrônico. Lembramos que o dia de começo não se conta nos prazos processuais, portanto o dia útil seguinte será o primeiro dia da contagem (art. 224, CPC).

EXEMPLO

Desconsiderando qualquer feriado ou mesmo a natureza do ato a ser praticado pela ré, consideremos: João ingressa com ação indenizatória contra Maria, o juiz recebe a petição inicial e determina a citação, que deve se dar em até 2 dias úteis. Maria é citada por meio eletrônico no dia 01/06/22, uma segunda-feira. É certo que ela terá até 3 (três) dias úteis para confirmar a citação, o que vem a ser feito, motivo pelo qual se dispensa a necessidade do uso das demais formas para realização do ato. Logo, confirmada a citação no dia 04/06/22 (quinta-feira), teremos para contagem do prazo processual, como dia de começo, o quinto dia útil a partir da confirmação, i.e., dia 11/06/22, uma quinta-feira. Logo, o dia útil seguinte, será o primeiro dia do prazo: 12/06/22, uma sexta-feira. Veja a tabela para facilitar:

SEG	TER	QUA	QUI	SEX	SAB	DOM
01/06/22	02/06/22	03/06/22	04/06/22	05/06/22	06/06/22	07/06/22

SEG	TER	QUA	QUI	SEX	SAB	DOM
Maria é citada via meio eletrônico. *O ato ocorreu em até 2 dias úteis contados da decisão que determinou a citação (246, CPC); *O ato ocorreu em até 45 dias da propositura da ação (§ú, 238, CPC).			Tem até o terceiro dia útil para confirmar a citação. Ela confirma no sistema.	*Não é o dia de começo! Conforme inciso XI do art. 231, será dia de começo o 5 dia útil seguinte a confirmação. <u>Dia 1</u>	Não é dia útil	Não é dia útil
08/06/22	09/06/22	10/06/22	11/06/22	12/06/22	13/06/22	14/06/22
<u>Dia 2</u>	<u>Dia 3</u>	<u>Dia 4</u>	**DIA DE COMEÇO** <u>Dia 5</u> O dia de começo não se conta! O primeiro dia útil seguinte será o primeiro dia do prazo (art. 224, CPC).	**PRIMEIRO DIA DO PRAZO**	Não é dia útil	Não é dia útil

Logo, passamos a ter como regra que a citação é feita pelo meio eletrônico, ou, não sendo possível, será realizada pelo correio para qualquer comarca do país. Entretanto, essa regra comporta exceções previsatas no art. 247 do CPC, onde teremos <u>citação pela via oficial</u>:

× nas ações de estado, observado o disposto no art. 695, § 3º ;
× quando o citando for incapaz;
× quando o citando for pessoa de direito público;
× quando o citando residir em local não atendido pela entrega domiciliar de correspondência;
× quando o autor, justificadamente, a requerer de outra forma.

Nesses casos, o mandado do Oficial de Justiça conterá (art. 250, CPC): os nomes do autor e do citando e seus respectivos domicílios ou residências; a finalidade da citação, com todas as especificações constantes da petição inicial, bem como a menção do prazo para contestar, sob pena de revelia, ou para embargar a execução; a aplicação de sanção para o caso de descumprimento da ordem, se houver; se for o caso, a intimação do citando para comparecer, acompanhado de advogado ou de defensor público, à audiência de conciliação ou de mediação, com a menção do dia, da hora e do lugar do comparecimento;a cópia da petição inicial, do despacho ou da decisão que deferir tutela provisória; a assinatura do escrivão ou do chefe de secretaria e a declaração de que o subscreve por ordem do juiz.

Poderá cumprir mandados nas comarcas contíguas de fácil comunicação e nas que se situem na mesma região metropolitana (art. 255, CPC), a fim de realizar citações, intimações, notificações, penhoras e quaisquer outros atos executivos.

Em suma: a citação via oficial de justiça se fará nos casos excepcionais do art. 247 ou quando frutradas as citações eletrônicas ou por correio (arts. 246 c/c 249, CPC).

Quanto à citação por correio (art. 248, CPC), cabe dizer que o escrivão ou o chefe de secretaria remeterá por <u>carta registrada</u> ao citando cópias da petição inicial e do despacho do juiz e comunicará o prazo para resposta, o endereço do juízo e o respectivo cartório. Dessa carta de citação constarão os requisitos supracitados do art. 250 .

Nos condomínios edilícios ou nos loteamentos com controle de acesso, será válida a entrega do mandado a funcionário da portaria responsável pelo recebimento de correspondência, que, entretanto, poderá recusar o recebimento, se declarar, por escrito, sob as penas da lei, que o destinatário da correspondência está ausente.

> **ATENÇÃO**
>
> SÚMULA 429 STJ - A citação postal, quando autorizada por lei, exige o aviso de recebimento.
> **Sendo direcionada a uma pessoa física, entende o STJ que deve ser feita exclusivamente na pessoa do citando, sob pena de nulidade. STJ, CE, EResp 117.949/SP, rel. Min. Carlos Alberto Menezes Direito, DJU 26.09.2005.**

> Sendo a citação de **pessoa jurídica**, será válida a entrega do mandado a pessoa com poderes de gerência geral ou de administração ou, ainda, o funcionário responsável pelo recebimento de correspondências (art. 248, § 2º), **contudo tal entendimento tem sido flexibilizado pelo STJ, admitindo que a citação da pessoa jurídica pela via postal é válida quando realizada no endereço da ré e recebido o aviso registrado por simples empregado, sendo desnecessário que a carta citatória seja recebida e o aviso de recebimento seja assinado por representante legal da empresa. Nesse sentido, o informativo 338 do STJ, 3ª T., EResp 249.771/SC, rel. Min. Fernando Gonçalves, j. 07.11.2007. Precedentes citados: REsp 582.005/BA, DJ 05.04.2004, e REsp 259.283/MG, DJ 11.09.2000.**

CITAÇÃO FICTA: EDITAL OU HORA CERTA

Cumpre registrar que se trata de modalidades excepcionais, que devem ser utilizadas somente na hipótese de frustradas as tentativas de citação real (LOURENÇO, Haroldo).

A primeira citação por hora certa possui previsão nos arts. 252 a 254 do CPC, os quais indicam os requisitos formais cumulativos, objetivos e subjetivos, para que se dê a sua realização:

(i) **objetivo**: o oficial deverá procurar o réu em seu domicílio por duas oportunidades sem localizá-lo. Observe-se que deve ser na residência ou domicílio do réu, não em escritórios ou locais de trabalho, bem como tais procuras não necessitam ser no mesmo dia;

(ii) **subjetivo**: ocorrer a suspeita de ocultação, devendo tais fatos ser evidenciados na certidão a ser exarada pelo oficial de justiça.

Realizada a citação por hora certa, ainda que o reu não está presente ou mesmo as pessoas – familiar, vizinho ou funcionário da portaria em condomínios edilícios ou nos loteamentos com controle de acesso – o oficial de justiça certificará a ocorrência, bem como deixará contrafé com qualquer pessoa da família ou vizinho, conforme o caso, declarando-lhe o nome. Ainda, fará constar do mandado a advertência de que será nomeado curador especial se houver revelia.

Devolvido o mandado, se abrirá incumbência ao **escrivão ou chefe de secretaria**, que terá que enviar ao réu, executado ou interessado, no prazo de 10 (dez) dias, contado da data da juntada do mandado aos autos, carta, telegrama ou correspondência eletrônica, dando-lhe de tudo ciência (254, CPC).

CITAÇÃO POR EDITAL

As previsões quanto á citação por edital estão de maneira específica nos arts. 256-259, CPC. Quanto às hipóteses, assim dispõe o art. 256:

> Art. 256. A citação por edital será feita:
> I - quando desconhecido ou incerto o citando;
> II - quando ignorado, incerto ou inacessível o lugar em que se encontrar o citando;
> III - nos casos expressos em lei.

Caro(a) leitor(a), veja algumas expressões corriqueiras que nos levam a crer sobre a necessidade dessa citação:

- INACESSÍVEL: Considera-se inacessível, para efeito de citação por edital, o país que recusar o cumprimento de carta rogatória. Nesse caso, a notícia de sua citação será divulgada também pelo rádio, se na comarca houver emissora de radiodifusão (art. 256, §§ 1º e 2º, CPC);
- INCERTO/IGNORADO: o réu será considerado em local ignorado ou incerto se infrutíferas as tentativas de sua localização, inclusive mediante requisição pelo juízo de informações sobre seu endereço nos cadastros de órgãos públicos ou de concessionárias de serviços públicos (§3º, 256,CPC).
- DESCONHECIDO: sendo o citando desconhecido, ou mesmo no caso de terceiros interessados que se desconheça, deverá haver citação por edital;

Se a parte requerer **dolosamente a citação por edital, vista que por se tratar de modalidade de citação ficta, devendo ser realizada somente em situações excepcionais**, incorrerá em multa de 5 (cinco) vezes o salário-mínimo (art. 258, CPC), que reverterá em benefício do citando.

A lei, contudo, indica casos de obrigatoriedade de publicação de editais (art. 259, CPC):

- na ação de usucapião de imóvel;
- na ação de recuperação ou substituição de título ao portador;

em qualquer ação em que seja necessária, por determinação legal, a provocação, para participação no processo, de interessados incertos ou desconhecidos.

> **ATENÇÃO:** Na ação de usucapião, o réu e os confinantes serão citados, bem como haverá a publicação de editais (art. 259, II, CPC). Porém, o §3º do art. 246 prevê exceção quanto à citação pessoal dos confinantes, veja: "Na ação de usucapião de imóvel, os confinantes serão citados pessoalmente, exceto quando tiver por objeto unidade autônoma de prédio em condomínio, caso em que tal citação é dispensada".

INTIMAÇÃO: ARTS. 269 – 275, CPC

Intimação é o ato pelo qual se dá ciência a alguém dos atos e dos termos do processo (art. 269). Em regra, realiza-se por impulso oficial (art. 2º), não dependendo de provocação, salvo disposição legal em sentido contrário (art. 271).

> Art. 269. Intimação é o ato pelo qual se dá ciência a alguém dos atos e dos termos do processo.
> Art. 271. O juiz determinará de ofício as intimações em processos pendentes, salvo disposição em contrário.

> **ATENÇÃO:** Novidade trazida no §1 do art. 269 do CPC diz respeito à faculdade que tem o advogado de promover a intimação do advogado da outra parte por meio do correio, juntando aos autos, a seguir, cópia do ofício de intimação e do aviso de recebimento. O ofício de intimação deverá ser instruído com cópia do despacho, da decisão ou da sentença (§2, art. 269).

FORMA: sempre que possível as intimações são feitas por **meio eletrônico**, o que se aplica ao Ministério Público, Advocacia Pública e Defensoria (art. 270, CPC).

A Lei 11.419/2006 e o desenvolvimento do processo eletrônico, permitem que muitas das comunicações passem a ser realizadas por meio dos *portais eletrônicos dos tribunais*, dispensando-se a publicação em órgão oficial, o que foi autorizado pelo art. 5º da mencionada Lei. As intimações nesses portais eletrônicos ocorrem mediante acesso dos advogados (art. 5º, § 1º, da Lei 11.419/2006) ou, quando não houver login no sistema e consulta ao teor da decisão, dez dias corridos após sua liberação no portal (art. 5º, § 2º, da Lei 11.419/2006). Trata-se da intimação tácita.

No CPC/2015 foi consagrada a primazia de tais portais eletrônicos para a comunicação dos atos processuais (art. 270), dispondo que as intimações serão realizadas por publicação no órgão oficial "quando não realizadas por meio eletrônico", conforme se depreende do art. 272, CPC:

> Art. 272. Quando não realizadas por meio eletrônico, consideram-se feitas as **intimações pela publicação dos atos no órgão oficial.**
> § 1o Os advogados poderão requerer que, na intimação a eles dirigida, figure apenas o nome da sociedade a que pertençam, desde que devidamente registrada na Ordem dos Advogados do Brasil.
> § 2o Sob pena de nulidade, é indispensável que da publicação constem os nomes das partes e de seus advogados, com o respectivo número de inscrição na Ordem dos Advogados do Brasil, ou, se assim requerido, da sociedade de advogados.
> § 3o A grafia dos nomes das partes **não deve conter abreviaturas.**
> § 4o A grafia dos nomes dos advogados deve corresponder ao nome completo e ser a mesma que constar da procuração ou que estiver registrada na Ordem dos Advogados do Brasil.
> § 5o Constando dos autos pedido expresso para que as comunicações dos atos processuais sejam feitas em nome dos advogados indicados, o seu desatendimento implicará nulidade.
> § 6o A retirada dos autos do cartório ou da secretaria em carga pelo advogado, por pessoa credenciada a pedido do advogado ou da sociedade de advogados, pela Advocacia Pública, pela Defensoria Pública ou pelo Ministério Público implicará intimação de qualquer decisão contida no processo retirado, ainda que pendente de publicação.
> § 7o O advogado e a sociedade de advogados deverão requerer o respectivo credenciamento para a retirada de autos por preposto.
> **§ 8º A parte arguirá a nulidade da intimação em capítulo preliminar do próprio ato que lhe caiba praticar, o qual será tido por tempestivo se o vício for reconhecido.**
> § 9o Não sendo possível a prática imediata do ato diante da necessidade de acesso prévio aos autos, a parte limitar-se-á a arguir a nulidade da intimação, caso em que o prazo será contado da intimação da decisão que a reconheça.

Todavia, se no local não houver meio eletrônico ou publicação em órgão oficial, a intimação será realizada pelo **escrivão ou chefe de secretaria , nos moldes do art. 273 do** CPC:

Art. 273. Se inviável a intimação por meio eletrônico e não houver na localidade publicação em órgão oficial, incumbirá ao escrivão ou chefe de secretaria intimar de todos os atos do processo os advogados das partes:

I. pessoalmente, se tiverem domicílio na sede do juízo;
II. por carta registrada, com aviso de recebimento, quando forem domiciliados fora do juízo.

Também se mostra possível a intimação via **correio**,
- às partes;
- aos seus representantes legais;
- aos advogados; e
- aos demais sujeitos do processo.

Nesse caso, **presumem-se válidas as intimações dirigidas ao endereço** constante dos autos, ainda que não recebidas pessoalmente pelo interessado, se a modificação temporária ou definitiva não tiver sido devidamente comunicada ao juízo, fluindo os prazos a partir da juntada aos autos do comprovante de entrega da correspondência no primitivo endereço (§ú, art. 274, CPC). Contudo, se presentes em cartório, se dará diretamente pelo **escrivão ou chefe de secretaria** (art. 274, CPC).

O **oficial de justiça também fará intimações**, desde que frustrada a realização por meio eletrônico ou pelo correio (art. 275, CPC).

> Art. 275. A intimação será feita por oficial de justiça quando frustrada a realização por meio eletrônico ou pelo correio.
> § 1º A certidão de intimação deve conter:
> I - a indicação do lugar e a descrição da pessoa intimada, mencionando, quando possível, o número de seu documento de identidade e o órgão que o expediu;
> II - a declaração de entrega da contrafé;
> III - a nota de ciente ou a certidão de que o interessado não a após no mandado.
> § 2º Caso necessário, a intimação poderá ser efetuada com hora certa ou por edital.

Note que o §2 do art. 275 prevê as modalidades fictas à intimação, que também poderá ocorrer por hora certa ou **edital**. **Essa, se dará, quando esgotados os demais meios disponíveis para intimação, conforme prevê a jurisprudência:**

Ementa: AGRAVO DE INSTRUMENTO. AÇÃO DE BUSCA E APREENSÃO (DL 911/67). CONTRATO BANCÁRIO DE OUTORGA DE CRÉDITO COM GARANTIA DE ALIENAÇÃO FIDUCIÁRIA. PROTESTO. **INTIMAÇÃO POR EDITAL**. CASO CONCRETO. RESP PARADIGMA Nº 1.398.356/MG. COMPROVAÇÃO DO ESGOTAMENTO DOS MEIOS DISPONÍVEIS PARA LOCALIZAÇÃO DO DEVEDOR PELO TABELIÃO. COMPROVADA A PRÉVIA CONSTITUIÇÃO EM MORA. Deferimento da liminar de busca e apreensão, nos termos do art. 3º do DL 911/69. Decisão mantida. AGRAVO DE INSTRUMENTO DESPROVIDO.(Agravo de Instrumento, Nº 70080180847, Décima Terceira Câmara Cível, Tribunal de Justiça do RS, Relator: Angela Terezinha de Oliveira Brito, Julgado em: 06-03-2020)

EXERCÍCIOS DE FIXAÇÃO

01. Ano: 2021 Banca: CESPE / CEBRASPE Órgão: CODEVASF Prova: CESPE / CEBRASPE - 2021 - CODEVASF - Assessor Jurídico – Direito

A respeito dos prazos no processo civil, da tutela provisória, da petição inicial, do processo de execução e do mandado de segurança, julgue o item a seguir.

Quando a citação se der por via eletrônica, o prazo para a prática do ato processual terá início no dia útil seguinte à consulta ao teor da citação.

( ) Certo
( ) Errado

02. Ano: 2019 Banca: VUNESP Órgão: SERTPREV - SP Prova: VUNESP - 2019 - SERTPREV - SP - Procurador Jurídico

No que diz respeito à comunicação dos atos processuais, será expedida carta

A) arbitral, para que órgão do Poder Judiciário pratique ou determine o cumprimento, na área de sua competência territorial, de ato objeto de pedido de cooperação judiciária formulado por juízo arbitral, inclusive os que importem efetivação de tutela provisória.

B) ao juízo federal da comarca mais próxima se o ato relativo a processo em curso na justiça federal ou em tribunal superior houver de ser praticado em local onde não haja vara federal.

C) de ordem, pelo juízo de primeiro grau, na hipótese de o tribunal expedir carta para juízo a ele vinculado, se o ato houver de se realizar fora dos limites territoriais do local de sua sede.

D) precatória para que órgão jurisdicional estrangeiro pratique ato de cooperação jurídica internacional, relativo a processo em curso perante órgão jurisdicional brasileiro.

E) rogatória para que órgão jurisdicional brasileiro pratique ou determine o cumprimento, na área de sua competência territorial, de ato relativo a pedido de cooperação judiciária formulado por órgão jurisdicional de competência territorial diversa.

» GABARITO

01. Gabarito: certo

Embora se cobre a literalidade do inciso V do art. 231 o(a) leitor(a) deve ter atenção, pois tivemos alterações feitas pela Lei 14.195, de 24 de agosto de 2021, que incluiu o seguinte inciso ao art. 231, do CPC:

Art. 231. Salvo disposição em sentido diverso, considera-se dia do começo do prazo:

IX - o quinto dia útil seguinte à confirmação, na forma prevista na mensagem de citação, do recebimento da citação realizada por meio eletrônico.

A norma do inc. IX do art. 231 diz respeito às citações enviadas por e-mail cadastrado no Judiciário (art. 246, caput do CPC: A citação será feita preferencialmente por meio eletrônico, no prazo de até 2 (dois) dias úteis, contado da decisão que a determinar, por meio dos endereços eletrônicos indicados pelo citando no banco de dados do Poder Judiciário, conforme regulamento do Conselho Nacional de Justiça). Já a do art. 231, inc. V, do CPC, diz respeito às citações e intimações enviadas pelo portal eletrônico mantido pelo Poder Judiciário.

02. Gabarito: letra a

A questão exige o conhecimento da letra seca da lei. Diz o art. 237 do CPC: Art. 237. Será expedida carta: I - de ordem, pelo tribunal, na hipótese do § 2º do art. 236 ; II - rogatória, para que órgão jurisdicional estrangeiro pratique ato de cooperação jurídica internacional, relativo a processo em curso perante órgão jurisdicional brasileiro; III - precatória, para que órgão jurisdicional brasileiro pratique ou determine o cumprimento, na área de sua competência territorial, de ato relativo a pedido de cooperação judiciária formulado por órgão jurisdicional de competência territorial diversa; IV - arbitral, para que órgão do Poder Judiciário pratique ou determine o cumprimento, na área de sua competência territorial, de ato objeto de pedido de cooperação judiciária formulado por juízo arbitral, inclusive os que importem efetivação de tutela provisória. Parágrafo único. Se o ato relativo a processo em curso na justiça federal ou em tribunal superior houver de ser praticado em local onde não haja vara federal, a carta poderá ser dirigida ao juízo estadual da respectiva comarca.

NULIDADES

O ato processual é um **ato jurídico** e por isso deve preencher os requisitos mínimos: a capacidade do agente, licitude do objeto e **forma prescrita ou não defesa em lei**. Quanto à essa, temos o ponto mais importante para a teoria das nulidades processuais, dado o caráter instrumental do processo e da indispensabilidade da forma para se alcançar seus desígnios.

Os **atos jurídicos** ocorrem por atuação da vontade relevante: podendo ser lícitos (voluntários e os negócios jurídicos), ou ilícitos, os quais possuem condições contrárias à lei, à ordem pública ou aos bons costumes, razão pela qual privam de eficácia o ato jurídico, ou o sujeitarem ao puro arbítrio de um dos sujeitos.

Para uma melhor compreensão, e para o estudo da validade de atos processuais, importante então são os três planos dos **fatos jurídicos**: existência, validade e eficácia.

Nesse especial, cabe ainda elucidar que:

i.	"**fato**" é tudo o que acontece no mundo, desde o evento mais corriqueiro até o mais complexo;
ii.	**Fato jurídico** é todo fato que gera repercussões no plano do Direito. O cuidado que o jurista deve ter é para determinar quais fatos têm relevância jurídica, pois o Direito é ciência normativa humana, e não pode pretender regular todo e qualquer evento que ocorre no mundo.

A violação aos seus elementos ou requisitos de validade, **os atos do processo, como os demais atos jurídicos**, podem ser considerados:

× atos inexistentes: não reúne os mínimos requisitos de fato para sua existência como ato jurídico; o ato inexistente jamais se poderá convalidar e tampouco precisa ser invalidado.
× atos absolutamente nulos: já dispõe da categoria de ato processual; mas sua condição jurídica mostra-se gravemente afetada por defeito localizado em seus requisitos essenciais. Diz respeito a interesse de ordem pública, afetando, por isso, a própria jurisdição (falta de pressupostos processuais ou condições da ação).

× **atos relativamente nulos:** ocorre quando o ato, embora viciado em sua formação, mostra-se capaz de produzir seus efeitos processuais, se a parte prejudicada não requerer sua invalidação. Pode-se dizer que as nulidades relativas ocorrem quando se violam faculdades processuais da parte, i.e., envolvem interesse privado.

A nulidade, pela sistemática trazida no Código de Processo Civil, não pode ser alegada pela parte que lhe deu causa (art. 276, CPC). Ademais, no que tange às nulidades absolutas e relativas, o momento deve ser oportuno:

× **nas nulidade relativas**, a parte deverá arguir a nulidade no primeiro momento que vier falar aos autos, sob pena de preclusão, salvo se provar legítimo impedimento (art. 278);
× **nas nulidades absolutas, não se falará em preclusão, razão pela qual a qualquer tempo e grau de jurisdição poderá ser alegada, ou mesmo, deve o magistrado lhe reconhecer (§ú, art. 278, CPC);**

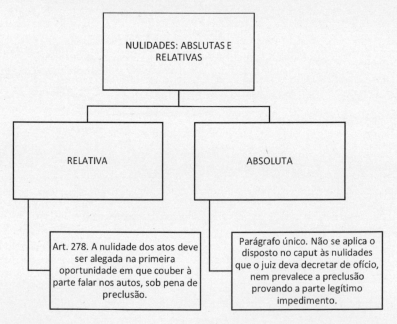

A distribuição da competência em razão da matéria e das pessoas (competência absoluta), por exemplo, leva em conta apenas interesse da jurisdição e não eventual comodidade dos litigantes, como ocorre com a competência territorial. O mesmo ocorre com determinados princípios, como a imparcialidade do juiz (impedimento) e o contraditório, cuja infringência a lei não tolera.

Usualmente, também se denomina esse tipo de nulidade (ABSOLUTA) de "insanável" ou "cominada", afirmando-se, como suas características principais, a possibilidade de ser decretada ex officio e a qualquer tempo.

Na nulidade RELATIVA, verifica-se que o objetivo maior do disciplinamento é tutelar interesse privado. Se a parte não alegar sua existência ano primeiro momento, haverá preclusão, salvo provando legítimo impedimento.

O nosso sistema de nulidades possui inspiração no sistema francês, sendo que o STF adota o princípio do *pas de nullité sans grief* – não existe nulidade sem dano/prejuízo. Também podemos extrair tal entendimento dos seguintes artigos:

> Art. 279. É nulo o processo quando o membro do Ministério Público não for intimado a acompanhar o feito em que deva intervir. **§ 1º Se o processo tiver tramitado sem conhecimento do membro do Ministério Público, o juiz invalidará os atos praticados a partir do momento em que ele deveria ter sido intimado. § 2º A nulidade só pode ser decretada após a intimação do Ministério Público, que se manifestará sobre a existência ou a inexistência de prejuízo.**
>
> 282 [...] § 1º O ato não será repetido nem sua falta será suprida quando não prejudicar a parte.
>
> 283 [...]Parágrafo único. Dar-se-á o aproveitamento dos atos praticados desde que não resulte prejuízo à defesa de qualquer parte.

Na mesma linha, está o art. 277 do CPC, o qual traz o **princípio da instrumentalidade das formas**, dando primazia à finalidade do ato, em detrimento da sua forma.

Tem-se que o erro formal no procedimento, se não causar prejuízo às partes, não justifica a anulação do ato impugnado, até mesmo em observância ao princípio da economia processual.

Todavia, caso o magistrado conclua pela decretação da nulidade, deverá declarar os atos atingidos e ordenar as providências necessárias a fim de que sejam repetidos ou retificados (art. 282).

> Art. 282. Ao pronunciar a nulidade, o juiz declarará que atos são atingidos e ordenará as providências necessárias a fim de que sejam repetidos ou retificados.
> § 1º O ato não será repetido nem sua falta será suprida quando não prejudicar a parte.
> § 2º Quando puder decidir o mérito a favor da parte a quem aproveite a decretação da nulidade, o juiz não a pronunciará nem mandará repetir o ato ou suprir-lhe a falta.

Destarte, o erro de forma acarreta a anulação somente dos atos que não possam ser aproveitados (art. 283). Assim, conforme já ressaltamos, desde que não haja prejuízo para a defesa de qualquer parte, a regra é aproveitar todos os atos processuais.

> Art. 283. O erro de forma do processo acarreta unicamente a anulação dos atos que não possam ser aproveitados, devendo ser praticados os que forem necessários a fim de se observarem as prescrições legais.
> Parágrafo único. Dar-se-á o aproveitamento dos atos praticados desde que não resulte prejuízo à defesa de qualquer parte.

Impedimento e suspeição do juiz: no caso de impedimento do juiz, todo o processo é contaminado com a presumível falta de imparcialidade. A nulidade é total. Destaca DONIZETTI que "Constitui sentença o ato que anula todo o processo e decisão interlocutória ou que se limita a invalidar determinado ato processual". Na primeira hipótese, o recurso cabível é a apelação e, na segunda, agravo de instrumento.

+ EXERCÍCIOS DE FIXAÇÃO

01. Ano: 2019 Banca: VUNESP Órgão: TJ-RS Prova: VUNESP - 2019 - TJ-RS - Titular de Serviços de Notas e de Registros - Remoção

Sobre as nulidades, conforme expressa e literalmente, consta do Código de Processo Civil de 2015, cabe asseverar:

A) é nulo o processo quando o membro do Ministério Público não for citado a acompanhar o feito em que deva intervir.

B) o erro de forma do processo acarreta a anulação de todos os atos neles praticados.

C) a nulidade dos atos, seja lá de que espécie for, deve ser alegada na primeira oportunidade em que couber à parte falar nos autos, sob pena de condenação em litigância de má-fé.

D) quando a lei prescrever determinada forma sob pena de nulidade, a decretação desta pode ser requerida pela parte que lhe deu causa.

E) quando a lei prescrever determinada forma, o juiz considerará válido o ato se, realizado de outro modo, lhe alcançar a finalidade.

02. Ano: 2019 Banca: FCC Órgão: TRF - 3ª REGIÃO Prova: FCC - 2019 - TRF - 3ª REGIÃO - Analista Judiciário - Área Judiciária

Considere as seguintes proposições acerca das nulidades:

I. Se a parte interessada na declaração da nulidade deixar de alegá-la na primeira oportunidade em que lhe couber falar nos autos, ocorrerá a preclusão, ainda que se trate de nulidade que o juiz deva decretar de ofício.

II. Se o processo tiver tramitado sem conhecimento do membro do Ministério Público, em feito no qual devesse intervir, o juiz deverá decretar a invalidade dos atos praticados a partir do momento em que ele deveria ter sido intimado; entretanto, a nulidade só pode ser decretada após a intimação do Ministério Público, que se manifestará sobre a existência ou a inexistência de prejuízo.

III. A decretação da nulidade por descumprimento da forma prevista em lei poderá ser requerida pela parte que lhe deu causa, mas ela responderá pelas custas do retardamento do processo, além de incorrer nas sanções previstas para a litigância de má-fé.

IV. Nos casos em que puder decidir o mérito a favor da parte a quem aproveite a decretação da nulidade, o juiz não deverá pronunciá-la nem mandará repetir o ato ou suprir-lhe a falta.

V. Quando a lei prescrever determinada forma, o juiz considerará válido o ato se, realizado de outro modo, lhe alcançar a finalidade, desde que haja a concordância de todas as partes.

De acordo com o Código de Processo Civil, está correto o que consta APENAS de

A) I e II.
B) I e III.
C) II e IV.
D) III e V.
E) IV e V.

» GABARITO

01. Gabarito: letra e

A questão exige o conhecimento da letra seca da lei. Para melhor compreensão passaremos a análise de cada uma das alternativas:

A) ERRADO: Art. 279. É nulo o processo quando o membro do Ministério Público não for intimado a acompanhar o feito em que deva intervir.

B) ERRADO: Art. 283. O erro de forma do processo acarreta unicamente a anulação dos atos que não possam ser aproveitados, devendo ser praticados os que forem necessários a fim de se observarem as prescrições legais.

C) ERRADO: Art. 278. A nulidade dos atos deve ser alegada na primeira oportunidade em que couber à parte falar nos autos, sob pena de preclusão.

D) ERRADO: Art. 276. Quando a lei prescrever determinada forma sob pena de nulidade, a decretação desta não pode ser requerida pela parte que lhe deu causa.

E) CERTO: Art. 277. Quando a lei prescrever determinada forma, o juiz considerará válido o ato se, realizado de outro modo, lhe alcançar a finalidade.

02. Gabarito: letra c

A fim de encontrar a resposta correta, iremos analisar todas as alternativas propostas pela questão:

Afirmativa I) Dispõe o art. 278, do CPC/15, que "a nulidade dos atos deve ser alegada na primeira oportunidade em que couber à parte falar nos autos, sob pena de preclusão", e que "não se aplica o disposto no caput às nulidades que o juiz deva decretar de ofício, nem prevalece a preclusão provando a parte legítimo impedimento". Apenas a leitura deste artigo já seria suficiente para demonstrar o equívoco da afirmativa, porém, é importante lembrar algo mais. As nulidades são classificadas pela doutrina processual em "nulidades relativas" e em "nulidades absolutas". Em poucas palavras, as nulidades absolutas estão relacionadas a matérias de ordem pública (relacionadas a interesses indisponíveis), e, por isso, não estão sujeitas à preclusão, podendo ser alegadas a qualquer tempo e em qualquer grau de jurisdição e, até mesmo, serem reconhecidas, de ofício, pelo juiz. Ocorre uma nulidade absoluta, por exemplo, quando o réu não é citado e ao processo é dado prosseguimento. As nulidades relativas, por sua vez, estão relacionadas a interesses disponíveis, por isso, se não forem alegadas pela parte interessada, na primeira oportunidade em que lhe couber falar nos autos, estará sujeita à preclusão, não podendo mais ser alegada e, tampouco, reconhecida. Afirmativa incorreta.

Afirmativa II) De fato, dispõe o art. 279, caput, do CPC/15, que "é nulo o processo quando o membro do Ministério Público não for intimado a acompanhar o feito em que deva intervir". Porém, a nulidade somente será declarada depois de o órgão ser intimado a se manifestar acerca da existência ou não de prejuízo. Ademais, caso isso ocorra, a invalidade retroagirá à data em que o Ministério Público deveria ter sido intimado, senão vejamos: "§ 1o Se o processo tiver tramitado sem conhecimento do membro do Ministério Público, o juiz invalidará os atos praticados a partir do momento em que ele deveria ter sido intimado. § 2o A nulidade só pode ser decretada após a intimação do Ministério Público, que se manifestará sobre a existência ou a inexistência de prejuízo". Afirmativa correta.

Afirmativa III) Dispõe o art. 276, do CPC/15, que "quando a lei prescrever determinada forma sob pena de nulidade, a decretação desta não pode ser requerida pela parte que lhe deu causa". Afirmativa incorreta.

Afirmativa IV) É o que dispõe, expressamente, o art. 282, §2º, do CPC/15: "Quando puder decidir o mérito a favor da parte a quem aproveite a decretação da nulidade, o juiz não a pronunciará nem mandará repetir o ato ou suprir-lhe a falta". Afirmativa correta.

Afirmativa V) Dispõe o art. 277, do CPC/15, que "quando a lei prescrever determinada forma, o juiz considerará válido o ato se, realizado de outro modo, lhe alcançar a finalidade". Trata-se da positivação do princípio da instrumentalidade das formas, que indica que o ato processual deve ser considerado válido, ainda que não praticado pela forma exigida em lei, se o seu objetivo for alcançado e se não provocar nenhum prejuízo às partes, não exigindo a lei que para tanto haja concordância das partes. Afirmativa incorreta.

12 DISTRIBUIÇÃO, REGISTRO E VALOR DA CAUSA

No âmbito do processo civil, sempre que houver mais de um juízo em tese competente, deve-se promover a distribuição entre tais órgãos jurisdicionais (art. 284), pois é através da distribuição, que pode ser eletrônica (art. 285), que se determina para qual dentre os juízos o processo será encaminhado.

> Art. 284. Todos os processos estão sujeitos a registro, devendo ser distribuídos onde houver mais de um juiz.

A distribuição, via de regra, será alternada e aleatória, sendo realizada por sorteio ("livre distribuição"), obedecendo-se rigorosa igualdade entre os diversos juízos (art. 285).

Exige-se que a lista de distribuições seja publicada no Diário de Justiça (art. 285, parágrafo único), o que permite seu controle. Eventuais erros ou falta de distribuição serão corrigidos pelo juiz, de ofício ou a requerimento do interessado, determinando-se nestes casos sua compensação (art. 288).

> Art. 285. A distribuição, que poderá ser eletrônica, será alternada e aleatória, obedecendo-se rigorosa igualdade.
> Parágrafo único. A lista de distribuição deverá ser publicada no Diário de Justiça.
> Art. 288. O juiz, de ofício ou a requerimento do interessado, corrigirá o erro ou compensará a falta de distribuição.

Entretanto, existem casos em que não se realiza a "livre distribuição", devendo o processo ser distribuído de forma automática a algum juízo predeterminado. É o que se costuma designar "**distribuição por dependência**" (art. 286).

O primeiro caso de "distribuição por dependência" é o das causas entre as quais haja conexão ou continência (arts. 55 e 56). Assim, pendente um processo e vindo a ser ajuizada a petição inicial de outra causa, àquela ligada por conexão ou continência, deverá este segundo processo ser atribuído ao juízo onde já tramita o primeiro feito (art. 286, I).

A mesma regra se aplica no caso de não haver conexão entre causas, mas, pendente um processo, instaurar-se outro que gere o risco de decisões conflitantes ou contraditórias (art. 286, III).

Também haverá "distribuição por dependência" (art. 286, II), "quando, tendo sido extinto o processo sem resolução de mérito, for reiterado o pedido, ainda que em litisconsórcio com outros autores ou que sejam parcialmente alterados os réus da demanda".

Evitam-se, deste modo, os males da assim chamada distribuição múltipla.

Ademais, tem-se que a petição que se sujeita a registro e distribuição deve vir acompanhada de procuração outorgada ao advogado que a subscreve, dela devendo constar o endereço da sede do escritório de advocacia e o endereço eletrônico do advogado (art. 287). Dispensa-se a juntada de procuração:

quando houver urgência no recebimento da petição, a fim de evitar preclusão, decadência ou prescrição, ou em razão da urgência (arts. 287, parágrafo único, I, e 104 do CPC).
se a parte estiver representada pela Defensoria Pública (art. 287, parágrafo único, II); ou
se a representação decorrer diretamente de norma constitucional ou legal, como se dá no caso dos Procuradores do Estado (art. 287, parágrafo único, III).

A distribuição poderá ser fiscalizada pela parte, por seu procurador, pelo Ministério Público e pela Defensoria Pública (art. 289). **Uma vez promovidos o registro e a distribuição (se necessária) de um novo processo, tudo será cancelado se a parte, no prazo de quinze dias (contados da intimação de seu advogado), não recolher as custas e demais despesas de ingresso em juízo (art. 290).**

O ato que determina o cancelamento da distribuição tem natureza de sentença, impugnável por apelação.

Em suma:

REGISTRO	DISTRIBUIÇÃO
Primeiro ato que o escrivão pratica logo após a autuação da petição inicial. Realizado por meio de lançamento em livro próprio do cartório.	Quando houver diversos órgãos concorrentes em matéria de competência ou atribuições, ou seja, vários juízes ou cartórios com igual competência, numa mesma comarca, haverá necessidade de distribuir entre eles os feitos. Ato que está ligado a característica de imparcialidade da jurisdição.

Quanto ao **valor da causa**, será certo, ainda que não tenha conteúdo econômico imediatamente aferível (art. 291). Os critérios previstos no art. 292 do CPC servem para arbitramento:

× Nas demandas cujo objeto seja a cobrança de uma dívida, o valor da causa será a soma da quantia cobrada, já corrigida monetariamente, dos juros de mora vencidos e de outras penalidades (como multa, por exemplo). O cálculo deve ser feito na data do ajuizamento da demanda (art. 292, I);

× Já se a demanda tiver por objeto a existência, validade, cumprimento, modificação, resolução, resilição ou rescisão de negócio jurídico, o valor da causa corresponderá ao valor do próprio negócio, o valor da causa corresponderá ao valor da parte controvertida (art. 292, II).

× Nas demandas de alimentos, o valor da causa corresponde a doze vezes o valor da prestação mensal pedida pelo autor (art. 292, III).

× Quando se tratar de demanda de divisão, de demarcação e de reivindicação, o valor da causa será o valor de avaliação da área ou do bem objeto do pedido (art. 292, IV).

× Nas demandas de reparação de danos, o valor da causa corresponde ao valor pretendido (art. 292, V). Por força do que dispõe o aludido dispositivo legal, esta regra se aplica não só às demandas de reparação por danos materiais, mas também àquelas que têm por objeto a compensação de danos morais.

× Havendo cumulação de pedidos, o valor da causa corresponderá à soma dos valores de todos eles (art. 292, VI), salvo no caso de se ter cumulação eventual de pedidos, caso em que o valor da causa será o valor do pedido principal, que não será somado ao do pedido subsidiário (art. 292, VIII).

× E se for formulado um só pedido alternativo, o valor da causa será o valor da maior das prestações alternativamente pretendidas (art. 292, VII).

Ao juiz caberá realizar o controle do valor da causa indicado na petição inicial ou na reconvenção. Assim, sempre que o **juiz verificar, de ofício ou provocado pelo demandado, que o valor da causa não corresponde ao conteúdo patrimonial do objeto da demanda ou ao proveito econômico buscado, deverá corrigi-lo** e, se for o caso, determinar que sejam complementadas as custas processuais.

+ EXERCÍCIOS DE FIXAÇÃO

01. Ano: 2019 Banca: FEPESE Órgão: Prefeitura de Florianópolis - SC Prova: FEPESE - 2019 - Prefeitura de Florianópolis - SC - Assistente Jurídico

É correto afirmar sobre o Valor da Causa.

A) É vedado ao juiz corrigir de ofício o valor da causa.
B) Na ação em que os pedidos são alternativos, o valor da causa corresponderá à soma dos valores.
C) O valor da causa corresponderá a uma prestação anual, quando se tratar de prestações vincendas.
D) O réu poderá impugnar o valor da causa, em petição e procedimento próprios, na primeira oportunidade em que se manifestar nos autos.
E) O valor da causa na ação em que houver pedido subsidiário deverá corresponder ao valor do pedido principal.

02. Ano: 2017 Banca: CONSULPLAN Órgão: TRF - 2ª REGIÃO Prova: CONSULPLAN - 2017 - TRF - 2ª REGIÃO - Técnico Judiciário - Sem Especialidade

A Constituição da República Federativa do Brasil de 1988 disciplina o princípio do juiz natural. Este princípio possui desdobramentos no Código de Processo Civil de 2015 (Lei Federal nº 13.105/15) voltados à concepção que deve existir um determinado juízo, previamente criado e estabelecido, para julgar a causa submetida à sua apreciação. Sobre as regras processuais que disciplinam a distribuição e o registro dos procedimentos em âmbito judicial, analise as afirmativas a seguir.

I. Todos os processos estão sujeitos a registro e, onde houver mais de um juiz, devem ser distribuídos. Tal distribuição que poderá ser eletrônica, será alternada e aleatória, obedecendo-se rigorosa igualdade.
II. Serão distribuídas por dependência as causas de qualquer natureza quando, tendo sido extinto o processo sem resolução de mérito, for reiterado o pedido, ainda que em litisconsórcio com outros autores ou que sejam parcialmente alterados os réus da demanda.
III. A citação válida, quando ordenada por juízo incompetente, não produz quaisquer efeitos.

Está(ão) correta(s) apenas a(s) afirmativa(s)

A) I.   B) I e III.   C) II e III.   D) I e II.

» GABARITO

01. gabarito: letra e

A questão exige o conhecimento da letra seca da lei. Para melhor compreensão passaremos a análise de cada uma das alternativas:

Alternativa A) ERRADO. Art. 292 [...] § 3º O juiz corrigirá, de ofício e por arbitramento, o valor da causa quando verificar que não corresponde ao conteúdo patrimonial em discussão ou ao proveito econômico perseguido pelo autor, caso em que se procederá ao recolhimento das custas correspondentes.

Alternativa B) ERRADO. Art. 292 [...] VII - na ação em que os pedidos são alternativos, o de maior valor;

Alternativa C) ERRADO. Art. 292 [...] § 1º Quando se pedirem prestações vencidas e vincendas, considerar-se-á o valor de umas e outras. § 2º O valor das prestações vincendas será igual a uma prestação anual, se a obrigação for por tempo indeterminado ou por tempo superior a 1 (um) ano, e, se por tempo inferior, será igual à soma das prestações.

Alternativa D) ERRADO. Art. 293. O réu poderá impugnar, em preliminar da contestação, o valor atribuído à causa pelo autor, sob pena de preclusão, e o juiz decidirá a respeito, impondo, se for o caso, a complementação das custas.

Alternativa E) CORRETO. Art. 292 [...] VIII - na ação em que houver pedido subsidiário, o valor do pedido principal.

02. Gabarito: letra d

A questão exige o conhecimento da letra seca da lei. Para melhor compreensão passaremos a análise de cada uma das assertivas:

Assertiva I) Correta, conforme arts. 284 e 285 do CPC: Art. 284, CPC: Todos os processos estão sujeitos a registro, devendo ser distribuídos onde houver mais de um juiz; Art. 285, CPC: A distribuição, que poderá ser eletrônica, será alternada e aleatória, obedecendo-se rigorosa igualdade.

Assertiva II) Correta, conforme art. 286, II, CPC: Serão distribuídas por dependência as causas de qualquer natureza quando, tendo sido extinto o processo sem resolução de mérito, for reiterado o pedido, ainda que em litisconsórcio com outros autores ou que sejam parcialmente alterados os réus da demanda.

Assertiva III) Incorreta, conforme art. 240, CPC: A citação válida, ainda quando ordenada por juízo incompetente, induz litispendência, torna litigiosa a coisa e constitui em mora o devedor, ressalvado o disposto nos arts. 397 e 398 da Lei nº 10.406, de 10 de janeiro de 2002.

13 TUTELAS PROVISÓRIAS

Analisando a sistemática atual podemos dizer que uma das maiores mudanças – senão a maior – é o "abandono" do antigo Livro III do CPC/73, onde se tratava do "Processo Cautelar" como um processo autônomo – tertium genus. À época, se depreendia claramente os ensinamentos de Carnelutti acerca da tutela cautelar e da cautelaridade, quando afirmava que as "[...]medidas cautelares são claramente substanciais e, portanto, extra-processuais ", daí o porquê da inadequação de considerá-las simplesmente como uma "[...]medida incidental no processo cognitivo ou executivo" (CARNELUTTI, Francesco. Diritto e processo. Napoli: Morano, 1958. p. 355). Ademais, conforme ensinamentos do ilustre autor, ainda que tenha sido alvo de fortes críticas, era possível se depreender que "[...] as ações cautelares acabam transformadas em 'pedaços' do processo principal, posto que não se lhes reconhece sequer, mérito (o mérito estaria no 'processo principal')" (SILVA, Ovídio Araújo Baptista da. Processo e ideologia: o paradigma racionalista. Rio de Janeiro: Forense, 2004. p. 237).

Contudo, hodiernamente haveria a máxima dessa denúncia, que já era formulada por Ovídio A. Baptista da Silva, tendo em vista que a tutela cautelar se inseriu na parte do Código que trata do Processo de Conhecimento, perdendo a sua autonomia procedimental ao condicioná-la a formulação de um *pedido principal*. Em suma: hoje passamos a falar de "medida cautelar", que se revela uma espécie de tutela de urgência a ser pleiteada no Processo de Conhecimento ou no Processo de Execução, apta a proteger o direito, pois assegura sua futura satisfação, sem, contudo, satisfazê-lo concretamente.

Alocadas no Livro V da Parte Geral, o legislador passou a tratar em três títulos as "tutelas provisórias":

1. disposições gerais (arts. 294-299, CPC);
2. tutela de urgência (arts. 300-310, CPC); e
3. tutela da evidência (art. 311, CPC).

Essas tutelas sumárias se prestam a regulação provisória da crise de direito (do tempo do direito) dos litigantes. Ou seja, sob a denominação de "Tutelas Provisória", o novo CPC passou a reunir três técnicas processuais capazes de tratar dessa ameaça de 'destemporalização': as tutelas de urgência (antecipada e cautelar) e da evidência. Diga-se: a atualidade jurídica não está desprendida da instantaneidade que caracteriza a cultura contemporânea, tendo o processo que readequar-se, assumindo as tutelas sumárias papel importante na própria aceleração do instrumento processual, garantindo direitos aos jurisdicionados ainda que de forma provisória.

São, assim, tutelas concedidas em situações pontuais, mas que devem se mostrar dotadas de "adequação". Isso porque uma coisa é "a tutela" e outra é "a técnica" de que se serve o Poder Judiciário para realizar, nas diversas situações litigiosas, a tutela jurisdicional adequada. A esse intento, passaremos a analisar a sistematização e a técnica inaugurada no Novo CPC.

I. **Tutelas Provisórias: objetivos e espécies**

Ao que o CPC de 1973 "chamava de 'tutela antecipada' e 'processo cautelar' " se passou a realocar, "lado a lado, e longe da *forma* como estava"[6], mostrando-se uma mudança bastante radical. Veja a tabela:

CPC/73	CPC/15
Art. 273 → tutela antecipada Art. 461, §3º → tutela antecipada Arts. 796 a 889 → **processo** cautelar	Arts. 294 a 311 → Tutela Provisória

Logo, de acordo com o que estamos a falar, com o CPC/15 só há duas espécies de processos:

1. processo de conhecimento;
2. processo de execução.

Nessa linha, a disposição do art. 318 do CPC:

LIVRO I
DO PROCESSO DE CONHECIMENTO E DO CUMPRIMENTO DE SENTENÇA
TÍTULO I
DO PROCEDIMENTO COMUM
CAPÍTULO I

---
6 BUENO, Cassio Scarpinella. Manual de direito processual civil. São Paulo: Saraiva, 2016. p.246.

> **DISPOSIÇÕES GERAIS**
> **Art. 318.** Aplica-se a todas as causas o *procedimento comum*, salvo disposição em contrário deste Código ou de lei.
> Parágrafo único. O procedimento comum aplica-se subsidiariamente aos demais *procedimentos especiais* e ao **PROCESSO de execução**.

Em outras palavras, "antes, tutela antecipada e processo cautelar eram tratados em livros separados e eram requeridos de maneiras distintas (nos mesmos autos e em autos apartados, respectivamente)".[7] De outro lado, o Novo Código de Processo Civil unificou a tutela antecipada e a tutela cautelar em um único regime tratado no livro V, aproximando esses institutos.

A partir dessa constatação também é importante lembrar que as tutelas provisórias, muito embora estejam previstas no livro que trata do Processo de Conhecimento, também são aplicáveis ao processo de execução, tendo em vista o sincretismo processual (§único do art. 771, CPC). Sendo assim, seguindo os ensinamentos do artigo 294 do CPC, podemos sistematiza-las da seguinte forma:

> Art. 294. A **tutela provisória** pode fundamentar-se em **urgência ou evidência**.
> Parágrafo único. A tutela provisória de **urgência, cautelar ou antecipada**, pode ser concedida em caráter antecedente ou incidental.

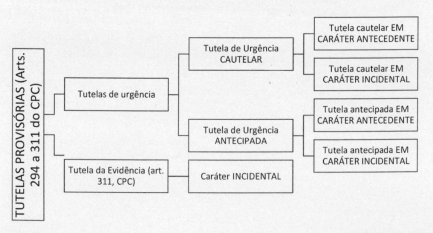

---

[7] TARTUCE, Fernanda; DELLORE, Luiz. 1001 dicas sobre o novo CPC: lei 13.105/2015. 2. ed. Indaiatuba, SP: Editora Foco Jurídico, 2016. p. 59

Note:

1. Tutelas de urgência e tutela da evidência: são espécies das tutelas provisórias;

2. Tutela cautelar e antecipada: *são subespécies de tutelas de urgência;*

3. Caráter: diz respeito ao momento de formulação do pedido e poderá ser

3.1. tutelas de urgência: caráter antecedente ou incidental;

3.2. tutelas da evidência: caráter incidental.

ATENÇÃO: De grande importância que o(a) leitor(a) consiga compreender a diferença entre o significado do caráter antecedente ou incidental. Na vigência do CPC/73 se falava unicamente em pedido incidental, seja para a tutela requerida no deflagra do processo ou para aquela requerida no curso. Contudo, no atual Código falamos em:

1) **antecedente:** ao pedido de tutela provisória de urgência formulado no início do processo. É aquela petição que deflagra (dá abertura) ao processo. Ver: arts. 303; 305 e 308, §1º, CPC.

As petições iniciais teriam uma exposição sumária (não aprofundada/não plena); admitindo ADITAMENTO POSTERIOR.

EXCEÇÃO: §1º do art. 308: também considera como um pedido cautelar antecedente aquela petição inicial que já vem "completa" (pedido da tutela cautelar + pedido principal), numa só petição.

Art. 303. Nos casos em que a urgência for *contemporânea à propositura da ação*, a *petição inicial* pode limitar-se ao requerimento da tutela antecipada e à indicação do pedido de tutela final, com a exposição da lide, do direito que se busca realizar e do perigo de dano ou do risco ao resultado útil do processo.

Art. 305. A *petição inicial da ação* que visa à prestação de tutela cautelar em caráter antecedente indicará a lide e seu fundamento, a exposição sumária do direito que se objetiva assegurar e o perigo de dano ou o risco ao resultado útil do processo.

Art. 308. Efetivada a tutela cautelar, o pedido principal terá de ser formulado pelo autor no prazo de 30 (trinta) dias, caso em que será **apresentado nos mesmos autos** em que deduzido o pedido de tutela cautelar, não dependendo do adiantamento de novas custas processuais.

§ 1º O pedido principal pode ser formulado conjuntamente com o pedido de tutela cautelar.

2) **incidental:** ao pedido de tutela realizado no curso/trâmite do processo. Assim, seriam aquelas em que o processo já está sendo analisado por um juiz, e uma das partes formula um pedido de tutela.

EXCEÇÃO: na tutela da evidência, mesmo que haja pedido no início do processo (na petição inicial que deflagra), ela SEMPRE será considerada uma tutela incidental.

13.1. PRESSUPOSTOS PARA A CONCESSÃO DAS TUTELAS

Tendo em vista que podemos falar em tutelas de urgência e da evidência, há necessidade de sistematizar as diferenças quanto aos pressupostos para sua concessão:

a. tutelas de urgência: antecipada e cautelar

Possuem seus pressupostos dispostos no art. 300, *caput e §3º, quais sejam: perigo de dano ou risco ao resultado útil (periculum in mora) e probabilidade do direito (fumus boni iuris)*. Destaca-se que a tutela ANTECIPADA, além desses requisitos, possui o requisito da reversibilidade, isto porque o legislador veda a sua concessão quando a medida se tornar irreversível (§3 do art. 300, CPC). Veja a tabela abaixo:

Tutela antecipada (art. 300, caput e §3º, CPC)	Tutela cautelar (art. 300, caput, CPC)
1. Fumus boni iuris (probabilidade do direito); 2. Periculum in mora (perigo de dano ou risco ao resultado útil); 3. Possibilidade de ser reversível; ♥	1. Fumus boni iuris (probabilidade do direito); 2. Periculum in mora (perigo de dano ou risco ao resultado útil);

Veja que a tutela provisória de urgência satisfativa (ou antecipada) exige também o preenchimento de mais um pressuposto específico – não exigido à tutela cautelar-, consistente na *reversibilidade* dos efeitos da decisão antecipatória (art. 300, §3º, CPC).

Por reversibilidade, entenda-se a possibilidade de retornar ao *status quo ante*. Entenda-se que isso é relevante, pois, *a contrario sensu*, se estaria concedendo uma tutela provisória satisfativa irreversível, isto é, a própria tutela definitiva de direito.

Quanto à essa temática, cabe dizer que o CPC/2015, ao dispor sobre a tutela de urgência como espécie de tutela provisória, desconsiderou a existência de casos de *tutela de urgência satisfativa*, isso é, *não provisória*, onde a satisfatividade estaria caracterizada pela irreversibilidade da medida.

Entretanto, são comuns os casos que podem gerar efeitos irreversíveis. Conforme assevera Rennan Faria Krüger Thamay (THAMAY, 2016), serve à título de exemplo "[...] a urgente determinação de uma operação cirúrgica que evidentemente não pode ser desfeita, não podendo, portanto, ser havida como 'provisória'. Outro exemplo: a urgente determinação de demolição de prédio que ameaça ruína [...]". Falaria-se, também, nos casos de demandas de medicamentos.

Efetivamente, são situações em que ocorre o fenômeno da *irreversibilidade recíproca*, isto é, onde a denegação da medida também produziria efeitos irreversíveis. Sendo assim, executada a medida, "[...] desaparece o interesse de agir do autor, que já não necessita de uma sentença que determine ou autorize um ato já praticado com efeitos irreversíveis, a não ser, que a necessidade da tutela se prolongue no tempo".

> **ATENÇÃO:** Quanto à chamada irreversibilidade recíproca, essa é resolvida no caso concreto pelo magistrado, através da ponderação. Ou seja, a irreversibilidade da medida deve ser mensurada objetivando a proteção do interesse daquele cujo o valor jurídico do bem a ser sacrificado é maior quando comparado ao outro bem a ser sacrificado. Como salienta Teori Albino Zavaski: "Caberá ao magistrado ponderar os bens e valores envolvidos e que se encontram em colisão, a fim de tutelar em favor daquele prevalente à luz do direito" (ZAVASKI, Teori Albino. Antecipação da tutela e colisão de direitos fundamentais. Revista do Tribunal Regional Federal: 1 Região, Brasília, DF, v. 7, n. 3, jul./set. 1995. Disponível em: <http://www.egov.ufsc.br/portal/sites/default/files/anexos/15394-15395-1-PB.pdf>. Acesso em: 15 abr. 2022).

b. **tutelas da evidência**

Para compreender os pressupostos da evidência, que está disposta no art. 311 do CPC, é importante considerar que "evidência" é diametralmente distinta das hipóteses de "mera aparência", até mesmo porque

Há casos em que há incerteza; e evidente quee há casos em que o direito é evidente. Para esses a tutela há de ser imediata como consectário do devido e 'adequado processo legal'. É indevido o processo moroso diante da situação jurídica da evidência. Ademais, imaginar o 'devido processo legal' com fases estanques é observá-lo cm as vistas voltadas somente para os interesses do demandado, olvidando a posição do autor, que, em regra, motivado por flagrante necessidade de acesso à jurisdição reclama por justiça tão imediata quanto aquela que ele empreenderia não fosse à vedação à autotutela (*cf.* FUX, Luiz. Tutela de segurança e tutela da evidência. São Paulo: Saraiva, 1996. p. 321-2).

Logo, essa espécie de tutela provisória (art. 294, caput, CPC/15) serve ao intuito de conferir maior efetividade e celeridade à prestação jurisdicional, para que o processo deixe de ser um fim em si mesmo e cumpra sua missão constitucional, que é a pacificação social. Até mesmo porque "O tempo é fator de denegação de justiça e sob essa ótica deve ser a exegese acerca dos poderes e deveres do juiz quanto à rápida solução dos litígios, quanto ao acesso à justiça na sua acepção efetiva e ao cumprimento do devido processo legal" (FUX, 1996).

Diante disso, independentemente da existência de urgência, a concessão da tutela da evidência entrega o bem da vida a quem comprovadamente dele faz jus, expurgando recursos e expedientes protelatórios, restaurando o equilíbrio das partes.

Suas possibilidades de concessão encontram-se disciplinadas nos incisos do artigo 311, nas oportunidades em que: I - ficar caracterizado o abuso do direito de defesa ou o manifesto propósito protelatório da parte; II - as alegações de fato puderem ser comprovadas apenas documentalmente e houver tese firmada em julgamento de casos repetitivos ou em súmula vinculante; III - se tratar de pedido reipersecutório fundado em prova documental adequada do contrato de depósito, caso em que será decretada a ordem de entrega do objeto custodiado, sob cominação de multa; IV - a petição inicial for instruída com prova documental suficiente dos fatos constitutivos do direito do autor, a que o réu não oponha prova capaz de gerar dúvida razoável. Destaca-se que, somente nas hipóteses dos incisos II e III, o juiz poderá decidir liminarmente (art. 9º, parágrafo único, II, do CPC/15).

> Art. 9º Não se proferirá decisão contra uma das partes sem que ela seja previamente ouvida.
> Parágrafo único. O disposto no caput não se aplica:
> I - à tutela provisória de urgência;
> II - às hipóteses de tutela da evidência previstas no art. 311, incisos II e III ;
> III - à decisão prevista no art. 701 .

13.2. OBJETIVOS DAS TUTELAS

São eles:

1. **TUTELA ANTECIPADA**: visa <u>satisfazer</u> a parte antes do fim do processo. Diga-se: antes da decisão final. Assim, a parte "recebe" aquilo que só ganharia no final;
2. **TUTELA CAUTELAR**: visa <u>assegurar</u> o direito. ♥

MACETE:
CAUTELAR → a própria palavra contém a expressão "tela", servindo à segurança.

3. **TUTELA DA EVIDÊNCIA:** visa demonstrar que há a evidência do direito. Hipóteses legais previstas pelo art. 311, CPC:

> Art. 311. A tutela da evidência será concedida, independentemente da demonstração de perigo de dano ou de risco ao resultado útil do processo, quando:
> I - ficar caracterizado o **abuso do direito de defesa** ou o manifesto **propósito protelatório** da parte;
> II - as **alegações de fato** puderem ser comprovadas apenas **documentalmente** e houver **tese firmada** em julgamento de casos repetitivos ou em súmula vinculante;
> III - se tratar de **pedido reipersecutório** fundado em **prova documental adequada do contrato de depósito**, caso em que será decretada a ordem de entrega do objeto custodiado, sob cominação de multa;
> IV - a **petição inicial for instruída com prova** documental suficiente dos fatos constitutivos do direito do autor, a que o **réu não oponha prova capaz** de gerar dúvida razoável.
> Parágrafo único. Nas hipóteses dos incisos II e III, o juiz poderá decidir liminarmente.

> ATENÇÃO: O juiz só poderá decidir LIMINARMENTE (sem necessidade de oitiva prévia da outra parte) nos casos previstos nos incisos II e III, do art. 311:
> 1. PROVA DOS FATOS + TESE em recurso repetitivo ou SÚMULA VINCULANTE;
> 2. PROVA DO CONTRATO DE DEPÓSITO + PEDIDO REIPERSECUTÓRIO;

13.3. DISPOSIÇÕES GERAIS

13.3.1. COMPETÊNCIA: ESTÁ PREVISTA NO CAPUT DO ART. 299, CPC.

> Art. 299. A tutela provisória será requerida ao juízo da causa e, quando antecedente, ao juízo competente para conhecer do pedido principal.
> Parágrafo único. Ressalvada disposição especial, na ação de competência originária de tribunal e nos recursos a tutela provisória será requerida ao órgão jurisdicional competente para apreciar o mérito.

O dispositivo trata da regra de que o juízo competente quando se tratar de:

× **pedido incidental:** é o "mesmo da causa", isto é, no juízo em que tramita o processo;

× **pedido antecedente:** é aquele em que deverá conhecer o pedido principal, isto é, aquele que tem competência para o processo, ainda que não houvesse pedido de tutela provisória antecedente.

Exemplo:

Pedido de alimentos provisórios em ação de divórcio. A tutela antecipada alimentar deverá ser pleiteada no juízo competente para a análise do pedido de divórcio, isto é, na vara de família.

O parágrafo único do art. 299, ressalvada disposição em contrário, dispõe que a tutela provisória requerida aos Tribunais deverá ser formulada perante o órgão jurisdicional competente para apreciar o mérito. Seria utilizada tanto em recursos, quanto em ações de competência originária de Tribunais.

13.3.2. DEVER DE MOTIVAÇÃO

Está previsto no art. 298 do CPC:

> "Art. 298. Na decisão que conceder, negar, modificar ou revogar a tutela provisória, o juiz motivará seu convencimento de modo claro e preciso."

Conforme esclarece MARINONI, "Como toda decisão, aquela que conceder, negar, modificar ou revogar a tutela provisória tem de ser fundamentada (arts. 93, inciso IX, da CF/88, 11, 298 e 498, §1º, do CPC)" (MARINONI, Luiz Guilherme. Novo curso de processo civil. São Paulo: Revista dos Tribunais, 2015. p.209-10). Logo o juiz deve mostrar as razões que o levaram a deferir ou indeferir o pedido de tutela provisória, de modo "claro e preciso"- conforme ainda especifica o art. 298 do CPC.

13.3.3. DURAÇÃO DA TUTELA PROVISÓRIA

Está prevista no art. 296 do CPC:

> "Art. 296. A tutela provisória conserva sua eficácia na pendência do processo, mas pode, A QUALQUER TEMPO, ser revogada ou modificada.
> Parágrafo único. Salvo decisão judicial em contrário, a tutela provisória conservará a eficácia durante o período de suspensão do processo."

A possibilidade de ser revogada ou modificada a qualquer tempo se deve a própria característica de provisoriedade da tutela. Ademais, quanto ao parágrafo único do art. 296, diga-se que deve ser interpretado em conjunto com o art. 314 que admite, como regra, a realização de atos urgentes durante a suspensão do processo para evitar a ocorrência de dano irreparável.

> Art. 314. Durante a suspensão é vedado praticar qualquer ato processual, podendo o juiz, todavia, determinar a realização de atos urgentes a fim de evitar dano irreparável, salvo no caso de arguição de impedimento e de suspeição.

13.3.4. DEVER-PODER GERAL DE ASSEGURAMENTO (CAUTELA) E DE SATISFAÇÃO

Está previsto no art. 297 do CPC:

> Art. 297. O juiz poderá determinar as **MEDIDAS** que considerar **adequadas** para efetivação da tutela provisória
> Parágrafo único. A efetivação da tutela provisória observará as normas referentes ao cumprimento provisório da sentença, no que couber.

O parágrafo único do art. 297 trata da disciplina a ser adotada para *efetivação* da tutela provisória, adotando o parâmetro operacional do "cumprimento provisório da sentença" (arts. 520 a 522).

13.3.5. RECORRIBILIDADE DAS INTERLOCUTÓRIAS RELATIVAS À TUTELA PROVISÓRIA

As **decisões interlocutórias** que tratarem sobre tutelas provisórias, concedendo-as ou negando-as, são imediatamente recorríveis por agravo de instrumento (art. 1.015, I, CPC).

> Art. 1.015. Cabe agravo de instrumento contra as decisões interlocutórias que versarem sobre:
> I - tutelas provisórias;

Das **sentenças** que analisem o pedido de tutela provisória, caberá apelação (art. 1009, §3º, CPC).

> Art. 1.009. Da sentença cabe apelação.
> [...] 3º O disposto no caput deste artigo aplica-se mesmo quando as questões mencionadas no art. 1.015 integrarem capítulo da sentença.

No âmbito dos Tribunais, as **decisões monocráticas** sobre o tema são recorríveis ao colegiado competente, por intermédio de recurso de agravo interno (art. 1.021, *caput*, CPC).

> Art. 1.021. Contra decisão proferida pelo relator caberá agravo interno para o respectivo órgão colegiado, observadas, quanto ao processamento, as regras do regimento interno do tribunal.

> **ATENÇÃO:** No CPC de 2015 a novidade é a possibilidade de a tutela provisória de urgência de natureza antecipada requerida em caráter antecedente se **estabilizar**. Situação em que há a ultratividade da tutela, muito embora o processo seja extinto.
> Falamos em estabilização desde que: a tutela antecipada antecedente tenha sido concedida e contra ela não ser interposto o respectivo recurso (art. 304, CPC).

> Art. 304. A tutela antecipada, concedida nos termos do <u>art. 303</u>, torna-se estável se da decisão que a conceder não for interposto o **respectivo recurso**.

A expressão "recurso" do art. 304 não tem entendimento pacificado pelo STJ, que já se manifestou pela admissibilidade de contestação para não permitir a estabilização de efeitos, como também já se posicionou que somente através de agravo de instrumento se poderia afastar a estabilização. A primeira posição foi a tomada pelo STJ no REsp 1760966/SP, em dezembro de 2018, relatado pelo Min. Marco Aurélio Bellizze. Como bem observado no acórdão:

> 3.2. É de se observar, porém, que, embora o caput do art. 304 do CPC/2015 determine que "a tutela antecipada, concedida nos termos do art. 303 do CPC/2015, torna-se estável se da decisão que a conceder não for interposto o respectivo recurso", a leitura que deve ser feita do dispositivo legal, tomando como base uma interpretação sistemática e teleológica do instituto, é que a **estabilização somente ocorrerá se não houver qualquer tipo de impugnação pela parte contrária**, sob pena de se estimular a interposição de agravos de instrumento, sobrecarregando desnecessariamente os Tribunais, além do ajuizamento da ação autônoma, prevista no art. 304, § 2º, do CPC/2015, a fim de rever, reformar ou invalidar a tutela antecipada estabilizada." (STJ, REsp 1760966/SP, Rel. Min. Marco Aurélio Bellizze, 3ª T., j. 04/12/2018, DJe 07/12/2018)

Por sua vez, também em recente decisão, publicada em 22/10/2019, o mesmo STJ decidiu pelo *oposto no REsp 1797365/RS, relatado pelo Min. Sérgio Kukina. Segundo o voto, apenas o agravo de instrumento* poderia afastar a estabilização:

> Os meios de defesa possuem finalidades específicas: a contestação demonstra resistência em relação à tutela exauriente, enquanto o agravo de instrumento possibilita a revisão da decisão proferida em cognição sumária. Institutos inconfundíveis.
> III - A ausência de impugnação da decisão mediante a qual deferida a antecipação da tutela em caráter antecedente, tornará, indubitavelmente, preclusa a possibilidade de sua revisão.
> IV - **A apresentação de contestação não tem o condão de afastar a preclusão decorrente da não utilização do instrumento processual ade-

quado - o agravo de instrumento (STJ, REsp 1797365/RS, Rel. Min. Sérgio Kukina. Rel. p/ Acórdão Min. Regina Helena Costa, 1ª T., j. 03/10/2019, DJe 22/10/2019).

> **DICA:** Considerando o índice de exigências em provas, podemos memorizar através do mnemônico **TUA CarA** que é a tutela de urgência antecipada em caráter antecedente que se estabiliza.
> Tutela de Urgência Antecipada em Caráter Antecedente

13.3.6. FUNGIBILIDADE

Encontra-se prevista no parágrafo único do art. 305 do entre as tutelas de URGÊNCIA:

> Art. 305. A petição inicial da ação que visa à prestação de tutela cautelar em caráter antecedente indicará a lide e seu fundamento, a exposição sumária do direito que se objetiva assegurar e o perigo de dano ou o risco ao resultado útil do processo.
> Parágrafo único. Caso entenda que o pedido a que se refere o caput tem natureza antecipada, o juiz observará o disposto no art. 303.

13.4. CAUÇÃO

A disposição a respeito da possibilidade de se exigir caução está prevista no art. 300, §1º do CPC, portanto diz respeito às TUTELAS DE URGÊNCIA: cautelar e/ou antecipada.

> Art. 300. A tutela de urgência será concedida quando houver elementos que evidenciem a probabilidade do direito e o perigo de dano ou o risco ao resultado útil do processo.
> § 1º Para a concessão da tutela de urgência, o juiz pode, conforme o caso, exigir caução real ou fidejussória idônea para ressarcir os danos que a outra parte possa vir a sofrer, podendo a caução ser dispensada se a parte economicamente hipossuficiente não puder oferecê-la.

> **ATENÇÃO:** Não há essa previsão nas disposições gerais, nem no que cabe à tutela da evidência (art. 311, CPC).

13.5. TUTELAS DE URGÊNCIA

Conforme já ressaltamos, temos na urgência a aproximação das tutelas antecipadas e cautelares.

Há requisitos de probabilidade do direito e perigo de dano grave ou risco ao resultado útil do processo (art. 300, CPC) que devem ser demonstrados para a sua concessão, sendo que o critério de reversibilidade da medida aplica-se somente às tutelas antecipadas (§3, art. 300, CPC).

Entretanto, além desses pontos que já destacamos, cabe dizer que ambas medidas poderão ser concedidas <u>liminarmente ou mesmo após justificação prévia (§2 do art. 300 c/c §ú, inciso I, do art. 9, CPC)</u>.

> Art. 300 [...]§ 2º A tutela de urgência pode ser concedida liminarmente ou após justificação prévia.
> Art. 9º Não se proferirá decisão contra uma das partes sem que ela seja previamente ouvida.
> Parágrafo único. O disposto no caput não se aplica:
> I - à tutela provisória de urgência;

Atipicidade das medidas cautelares: no ponto das disposições gerais relativas às medidas urgentes (arts. 300-302, CPC), temos no art. 301 a previsão da atipicidade das medidas cautelares:

> Art. 301. A tutela de urgência de natureza cautelar pode ser efetivada mediante arresto, sequestro, arrolamento de bens, registro de protesto contra alienação de bem e **qualquer outra medida idônea para asseguração do direito**.

No CPC/73 tínhamos o "processo cautelar", com procedimentos típicos – além da possibilidade de na época se falar em cautelares inominadas-, o que atualmente é deixado de lado.

Contudo, mantem-se o objetivo assecuratório da medida. Vale ainda dizer: "A tutela cautelar é uma proteção jurisdicional que visa resguardar o direito à outra tutela do direito. Não visa resguardar o processo".[8] É, por assim dizer, uma forma de proteção ao direito no plano material.[9]

Responsabilidade: haverá responsabilidade objetiva pela efetivação da tutela de urgência nos casos do art. 302 do CPC, independentemente de outros danos processuais que a parte poderá ter de arcar.

---

[8] MITIDIERO, Daniel. Antecipação da tutela. Da tutela cautelar à técnica antecipatória. 3. ed. São Paulo: Revista dos Tribunais, 2017. p. 63.

[9] Nesse sentido, Daniel Mitidiero critica a inserção da tutela cautelar como tutela provisória: "A tutela cautelar, portanto, é uma *forma de proteção ao direito no plano material* – especificamente, é uma forma de proteçãoo de *simples segurança* ao direito. Constitui caso de *tutela definitiva*, aferida mediante *cognição exauriente do direito à cautela* e *cognição sumária do direito acautelado*. A propósito, essa é a razão pela qual não é possível caracterizá-la simplesmente como uma espécie de tutela provisória – como determinada leitura do art. 294, parágrado único, CPC, pode sugerir. Como se verá, uma apropriada leitura do art. 294, parágrafo único, CPC, pressupõe que tanto a tutela cautelar como a tutela satisfativa (dita no dispositivo 'antecipada') podem ser prestadas de forma provisória ou de forma definitiva". Ibid., p. 62.

Art. 302. Independentemente da reparação por dano processual, a parte responde pelo prejuízo que a efetivação da tutela de urgência causar à parte adversa, se:
I - a sentença lhe for desfavorável;
II - obtida liminarmente a tutela em caráter antecedente, não fornecer os meios necessários para a citação do requerido no prazo de 5 (cinco) dias;
III - ocorrer a cessação da eficácia da medida em qualquer hipótese legal;
IV - o juiz acolher a alegação de decadência ou prescrição da pretensão do autor.
Parágrafo único. A indenização será liquidada nos autos em que a medida tiver sido concedida, sempre que possível.

13.5.1. TUTELAS DE URGÊNCIA REQUERIDAS EM CARÁTER ANTECEDENTE

O caráter antecedente, conforme já destacamos, surge no que tange à tutela

× Antecipada: tratada nos arts. 303 e 304 do CPC;
× Cautelar: tratada nos arts. 305 a 310, CPC.

Trata-se de situações em que a urgência é contemporânea a propositura da ação, autorizando o legislador a postulação da tutela na petição inicial, com posterior aditamento para o pedido principal.

a. Tutela antecipada antecedente

Conforme elucida LOURENÇO, "Trata-se de uma petição inicial incompleta, não obstante ser obrigatória a atribuição de valor à causa, levando-se em consideração a tutela final (§ 4º)." Observe que tal técnica somente é possível quando a urgência for atual, devendo o autor indicar que está se valendo de tal benefício, por força da boa-fé objetiva, justamente pela situação de extrema urgência.

O juiz poderá:

× analisando a inicial, determinar sua emenda no prazo de 5 dias (§6 do art. 303);

> Art. 303 [...]§ 6º Caso entenda que não há elementos para a concessão de tutela antecipada, o órgão jurisdicional determinará a emenda da petição inicial em até 5 (cinco) dias, sob pena de ser indeferida e de o processo ser extinto sem resolução de mérito.

× receber a inicial e não conceder a tutela, caso em que caberá ao autor o início do prazo de aditamento em 15 dias ou prazo maior fixado pelo juiz (§1, I, do art. 303, CPC);

× receber a inicial e conceder a tutela, caso em que também caberá ao autor o início do prazo de aditamento em 15 dias ou prazo maior fixado pelo juiz (§1, I, do art. 303, CPC);

> Art. 303 [...] § 1º Concedida a tutela antecipada a que se refere o caput deste artigo:
> I - o autor deverá aditar a petição inicial, com a complementação de sua argumentação, a juntada de novos documentos e a confirmação do pedido de tutela final, em 15 (quinze) dias ou em outro prazo maior que o juiz fixar;
> II - o réu será citado e intimado para a audiência de conciliação ou de mediação na forma do art. 334 ;
> III - não havendo autocomposição, o prazo para contestação será contado na forma do art. 335 .

Não realizado o aditamento, haverá extinção do processo sem resolução de mérito (§2 do art. 303, CPC).

> Art. 303 [...] § 2º Não realizado o aditamento a que se refere o inciso I do § 1º deste artigo, o processo será extinto sem resolução do mérito.

Citado o réu, será intimado também de eventual medida que tenha sido concedida (art. 250, IV, CPC), momento em que poderá recorrer (art. 304, CPC).

Se a parte requerida não recorrer da decisão que concedeu a tutela, a mesma se estabilizará. Tem-se na estabilização da tutela antecipada uma generalização da técnica monitória para situações de urgência e para a tutela satisfativa, na medida em que viabiliza a obtenção de resultados práticos a partir da inércia do réu.

Porém, grandes problemáticas ainda existem em torno desse instituto, que podem ser resumidas em dois pontos:

1. o vocábulo "recurso", utilizado pelo legislador no caput do art. 304, ponto que já aprofundamos; e
2. da leitura dos §§5 e 6º, do art. 304, não se mostra possível uma exata compreensão acerca da possibilidade de formação de coisa julgada após o prazo decadencial de dois anos para ajuizamento de ação autônoma.

Destacamos que somente se terá respostas aptas a esses questionamentos quando existentes pronunciamento dos Tribunais Superiores sobre a temática a fim de pacificar o tema. Em síntese, sobre o processamento desse pedido de tutela, se teria até o presente momento que: (a) se o autor aditar a inicial no prazo de 15 dias e o réu agravar, não haverá estabilização, e o processo seguirá regularmente; (b) se o autor aditar e o réu não agravar, o juiz deverá inquirir o autor sobre sua intenção de ver o processo prosseguir em direção a uma sentença de mérito, apta a alcançar a coisa julgada, ou, se o autor desistir da ação, caso em que haverá a estabilização e o processo será extinto sem resolução de mérito; (c) se o autor não aditar a inicial, ainda assim o réu poderá agravar, com o único intuito de impedir a estabilização, que não ocorrerá, restando extinto o processo e revogada a tutela antecipada, não sendo julgado o mérito do recurso, que estará prejudicado; (d) se o autor não aditar a inicial e o réu não agravar, ocorrerá a estabilização e o processo será extinto sem resolução de mérito, devendo o juízo declarar estabilizada a tutela antecipada.

Vejamos o art. 304 do CPC:

> Art. 304. A tutela antecipada, concedida nos termos do art. 303, torna-se estável se da decisão que a conceder não for interposto o respectivo recurso.
> *§ 1º No caso previsto no caput, o processo será extinto.*
> *§ 2º Qualquer das partes poderá demandar a outra com o intuito de rever, reformar ou invalidar a tutela antecipada estabilizada nos termos do caput.*
> *§ 3º A tutela antecipada conservará seus efeitos enquanto não revista, reformada ou invalidada por decisão de mérito proferida na ação de que trata o § 2º.*
> *§ 4º Qualquer das partes poderá requerer o desarquivamento dos autos em que foi concedida a medida, para instruir a petição inicial da ação a que se refere o § 2º, prevento o juízo em que a tutela antecipada foi concedida.*
> *§ 5º O direito de rever, reformar ou invalidar a tutela antecipada, previsto no § 2º deste artigo, extingue-se após 2 (dois) anos, contados da ciência da decisão que extinguiu o processo, nos termos do § 1º.*
> *§ 6º A decisão que concede a tutela não fará coisa julgada, mas a estabilidade dos respectivos efeitos só será afastada por decisão que a revir, reformar ou invalidar, proferida em ação ajuizada por uma das partes, nos termos do § 2º deste artigo.*

Em relação ao réu, ultrapassado o prazo para recurso, cabe dizer que após o aditamento realizado pelo autor, haverá designação de audiência de conciliação ou mediação, caso em que, inexitosa a autocomposição, iniciará o seu prazo para contestar, nos moldes do art. 335 do CPC (arts. 303, §3, CPC).

Por fim, no caso de estabilização, pela extinção do feito sumariamente, qualquer das partes poderá demandar em ação própria, no prazo de 2 anos a contar da ciência da decisão que extinguiu o processo a revisão, reforma ou invalidação da decisão judicial. ♥

ATENÇÃO: Não se trata de ação rescisória, pois a decisão que estabiliza a tutela não está apta a formar coisa julgada (§6º do art. 304, CPC).

b. Tutela cautelar antecedente

Tem-se como cautelar antecedente aquela que deflagra o processo e que merecerá aditamento, ou mesmo o pedido da tutela consta com o pedido principal já na petição inicial (art. 308, *caput* e parágrafo primeiro, CPC).

Disso decorre que a petição inicial que veicula a demanda em caráter antecedente (art. 305), além de ser escrita e preencher os requisitos do art. 319 do CPC/15, deverá conter: requerimento de concessão de tutela provisória cautelar, em caráter antecedente; indicação da lide, seu fundamento e exposição sumária da probabilidade do direito que se busca acautelar – que deverá ser requerido no prazo de 30 dias (art. 308, CPC/15); e a demonstração do risco de dano ou de perigo da demora.

> Art. 305. A petição inicial da ação que visa à prestação de tutela cautelar em caráter antecedente indicará a lide e seu fundamento, a exposição sumária do direito que se objetiva assegurar e o perigo de dano ou o risco ao resultado útil do processo.
> Parágrafo único. Caso entenda que o pedido a que se refere o caput tem natureza antecipada, o juiz observará o disposto no art. 303.
> Art. 308. Efetivada a tutela cautelar, o pedido principal terá de ser formulado pelo autor no prazo de 30 (trinta) dias, caso em que será apresentado nos mesmos autos em que deduzido o pedido de tutela cautelar, não dependendo do adiantamento de novas custas processuais.
> § 1º O pedido principal pode ser formulado conjuntamente com o pedido de tutela cautelar.
> § 2º A causa de pedir poderá ser aditada no momento de formulação do pedido principal.
> § 3º Apresentado o pedido principal, as partes serão intimadas para a audiência de conciliação ou de mediação, na forma do art. 334, por seus advogados ou pessoalmente, sem necessidade de nova citação do réu.
> § 4º Não havendo autocomposição, o prazo para contestação será contado na forma do art. 335.

Realizado o pedido, ao réu será oportunizada contestação no prazo de 5 dias (art. 306, CPC).

Daí duas situações poderão ocorrer:

> não apresentar contestação, caso em que o juiz julgará em 5 dias (art. 307, CPC); ou
>
> apresentando contestação, seguir-se-á o procedimento comum, podendo o juiz decidir tanto pela concessão da tutela como pela sua negativa.

> Art. 306. O réu será citado para, no prazo de 5 (cinco) dias, contestar o pedido e indicar as provas que pretende produzir.

> Art. 307. Não sendo contestado o pedido, os fatos alegados pelo autor presumir-se-ão aceitos pelo réu como ocorridos, caso em que o juiz decidirá dentro de 5 (cinco) dias.
> Parágrafo único. Contestado o pedido no prazo legal, observar-se-á o procedimento comum.

Destarte, a decisão que indefere a tutela cautelar não obstará que a parte autora formule o pedido principal, salvo nos casos de reconhecimento de prescrição ou decadência (art. 310, CPC). Isso se deve ao fato de que em tais situações o juiz estará sentenciando com resolução de mérito (art. 487, II, CPC), restando ao autor manejar recurso de apelação, sendo do seu interesse.

> Art. 310. O indeferimento da tutela cautelar não obsta a que a parte formule o pedido principal, nem influi no julgamento desse, salvo se o motivo do indeferimento for o reconhecimento de decadência ou de prescrição.
> Art. 487. Haverá resolução de mérito quando o juiz:
> I - acolher ou rejeitar o pedido formulado na ação ou na reconvenção;
> II - decidir, de ofício ou a requerimento, sobre a ocorrência de decadência ou prescrição;
> III - homologar:
> a) o reconhecimento da procedência do pedido formulado na ação ou na reconvenção;
> b) a transação;
> c) a renúncia à pretensão formulada na ação ou na reconvenção.
> Parágrafo único. Ressalvada a hipótese do § 1º do art. 332, a prescrição e a decadência não serão reconhecidas sem que antes seja dada às partes oportunidade de manifestar-se.

Realizado o aditamento pelo autor, nos próprios autos e independentemente de novas custas, no prazo de 30 dias (art. 308, CPC) contados da *efetivação da medida* - que também deverá ocorrer no prazo de 30 dias (art. 309, II, CPC)-, será designada audiência de conciliação ou mediação. Se esta for exitosa, o juiz homologará o acordo, mas em sentido contrário, iniciará o prazo para o réu contestar, nos moldes do art. 335 do CPC.

> Art. 309. Cessa a eficácia da tutela concedida em caráter antecedente, se:
> II - não for efetivada dentro de 30 (trinta) dias;
> Art. 308. Efetivada a tutela cautelar, o pedido principal terá de ser formulado pelo autor no prazo de 30 (trinta) dias, caso em que será apresentado nos mesmos autos em que deduzido o pedido de tutela cautelar, não dependendo do adiantamento de novas custas processuais.
> § 1º O pedido principal pode ser formulado conjuntamente com o pedido de tutela cautelar.

§ 2º A causa de pedir poderá ser aditada no momento de formulação do pedido principal.

§ 3º **Apresentado o pedido principal, as partes serão intimadas para a audiência de conciliação ou de mediação, na forma do** art. 334 , **por seus advogados ou pessoalmente, sem necessidade de nova citação do réu.**

§ 4º Não havendo autocomposição, o prazo para contestação será contado na forma do art. 335 .

Quanto à eficácia da tutela cautelar, cabe ainda ressaltar as demais hipóteses de perda dos seus efeitos trazidas no art. 309:

Art. 309. Cessa a eficácia da tutela concedida em caráter antecedente, se:
I - o autor não deduzir o pedido principal no prazo legal;
II - não for efetivada dentro de 30 (trinta) dias;
III - o juiz julgar improcedente o pedido principal formulado pelo autor ou extinguir o processo sem resolução de mérito.
Parágrafo único. Se por qualquer motivo cessar a eficácia da tutela cautelar, é vedado à parte renovar o pedido, salvo sob novo fundamento.

+ EXERCÍCIOS DE FIXAÇÃO

01. Ano: 2021 Banca: CESPE / CEBRASPE Órgão: PGE-PB Prova: CESPE / CEBRASPE - 2021 - PGE-PB - Procurador do Estado

De acordo com o Código de Processo Civil, concessão de tutela da evidência por decisão liminar

A) é inadmissível, sob pena de violação ao contraditório prévio.
B) é juridicamente impossível, pois depende sempre da demonstração de abuso no direito de defesa.
C) somente será possível quando houver demonstração de perigo de dano ou de risco ao resultado útil do processo.
D) depende impreterivelmente do oferecimento de caução idônea pela parte autora.
E) pode ser realizada se a demanda tratar de pedido reipersecutório fundado em prova documental adequada do contrato de depósito.

02. Ano: 2022 Banca: CESPE / CEBRASPE Órgão: DPE-PI Prova: CESPE / CEBRASPE - 2022 - DPE-PI - Defensor Público

A concessão da tutela de urgência de natureza antecipada exige

A) abuso do direito de defesa.
B) dispensabilidade de justificação prévia.
C) reversibilidade da decisão.
D) prestação de caução, se a parte não for hipossuficiente.
E) prova documental.

» GABARITO

01. Gabarito: letra e

A questão em comento encontra resposta na literalidade do CPC. As tutelas provisórias se dividem em tutela de urgência e de evidência. A tutela de urgência se dá nas hipóteses do art. 300 do CPC, demandando probabilidade do direito, perigo de demora ou dano irreversível ou de difícil reparação. Já a tutela de evidência tem previsão no art. 311 do CPC: " Art. 311. A tutela da evidência será concedida, independentemente da demonstração de perigo de dano ou de risco ao resultado útil do processo, quando - ficar caracterizado o abuso do direito de defesa ou o manifesto propósito protelatório da parte; II - as alegações de fato puderem ser comprovadas apenas documentalmente e houver tese firmada em julgamento de casos repetitivos ou em súmula vinculante; III - se tratar de pedido reipersecutório fundado em prova documental adequada do contrato de depósito, caso em que será decretada a ordem de entrega do objeto custodiado, sob cominação de multa; IV - a petição inicial for instruída com prova documental suficiente dos fatos constitutivos do direito do autor, a que o réu não oponha prova capaz de gerar dúvida razoável. Parágrafo único. Nas hipóteses dos incisos II e III, o juiz poderá decidir liminarmente." Diante do exposto, nos cabe comentar cada alternativa:

Alternativa a) incorreta. A tutela de evidência é possível, tudo com base no art. 311 do CPC.

Alternativa b) incorreta. A tutela de evidência é juridicamente possível, tudo com base no art. 311 do CPC.

Alternativa c) incorreta. Não há que se confundir tutela de evidência (art. 311 do CPC) com tutela de urgência (hipóteses do art. 300 do CPC, aqui contempladas).

Alternativa d) incorreta. Não há obrigatoriedade de caução para concessão de tutela de evidência.

Alternativa e) correta. Reproduz o art. 311, III, do CPC.

02. Gabarito: Letra c

A questão exige o conhecimento da letra seca da lei, mais precisamente do art. 300 do CPC:

Art. 300. A tutela de urgência será concedida quando houver elementos que evidenciem a probabilidade do direito e o perigo de dano ou o risco ao resultado útil do processo.

§ 1 Para a concessão da tutela de urgência, o juiz pode, conforme o caso, exigir caução real ou fidejussória idônea para ressarcir os danos que a outra parte possa vir a sofrer, podendo a caução ser dispensada se a parte economicamente hipossuficiente não puder oferecê-la.

§ 2º A tutela de urgência pode ser concedida liminarmente ou após justificação prévia.

§ 3º A tutela de urgência de natureza antecipada não será concedida quando houver perigo de irreversibilidade dos efeitos da decisão.

14 FORMAÇÃO, SUSPENSÃO E EXTINÇÃO DO PROCESSO

Vamos analisar o ponto de "formação, suspensão e extinção do processo", com previsão nos arts. 312 a 317 do CPC:

FORMAÇÃO: art. 312, CPC (Título I);
SUSPENSÃO: previsão nos arts. 313-315, CPC (Título II);
- Prazos (art. 313, CPC);
- Prática de atos (art. 314, CPC);
- Atos urgentes (art. 314, CPC);
- Existência de fato delituoso (art. 315);

DA EXTINÇÃO DO PROCESSO: previsão nos arts. 316-317, CPC (Título III); Extinção por sentença.

14.1. FORMAÇÃO DO PROCESSO

Previsão legal: art. 312 do CPC.

> Art. 312. Considera-se proposta a ação quando a petição inicial for protocolada, todavia, a propositura da ação só produz quanto ao réu os efeitos mencionados no art. 240 depois que for validamente citado.

A data do **protocolo da petição inicial** é a data de início do processo.

A demanda considera-se proposta na data em que a petição inicial foi protocolada (art. 312, CPC). É, portanto, a petição inicial que deflagra o processo, devendo preencher seus requisitos:

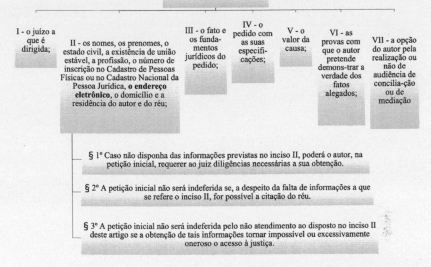

A partir da data do protocolo, **surge a litispendência (a pendência da causa)**: o processo existe e, para o autor, todos os efeitos daí decorrentes se produzem. Isso quer dizer que, para o autor, por exemplo, a coisa ou o direito discutido é litigioso.

Sobre litispendência, temos a previsão do §2º do art. 337:

> ART. 337 [...]§ 2º Uma ação é idêntica a outra quando possui as mesmas partes, a mesma causa de pedir e o mesmo pedido.

Logo, **os elementos** das ações são idênticos!

RELEMBRANDO

Elementos de uma ação não se confundem com condições da ação!
Elementos, são **três**: partes, causa de pedir e pedidos (§2º do art. 337 do CPC);
Condições, são **duas**: legitimidade e interesse (art. 17, CPC);

> * **Art. 17.** Para postular em juízo é necessário ter interesse e legitimidade.
> * **Art. 337.** § 2º Uma ação é idêntica a outra quando possui as mesmas partes, a mesma causa de pedir e o mesmo pedido.

14.2. EFEITOS AO RÉU

Para o réu, no entanto, a litispendência somente produz efeitos a partir da sua citação (art. 240, c/c art. 312, fine, CPC).

> Art. 240. A citação válida, ainda quando ordenada por juízo incompetente, induz litispendência, torna litigiosa a coisa e constitui em mora o devedor, ressalvado o disposto nos arts. 397 e 398 da Lei nº 10.406, de 10 de janeiro de 2002 (Código Civil).

> **DICA:** A citação **válida** opera os efeitos M-I-L!

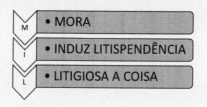

Art. 240 [...]
> § 1º A interrupção da prescrição, operada pelo despacho que ordena a citação, **ainda que proferido por juízo incompetente**, retroagirá à data de proposição da ação.
> § 2º Incumbe ao autor adotar, no prazo de 10 (dez) dias, as providências necessárias para viabilizar a citação, sob pena de não se aplicar o disposto no § 1º.
> § 3º A parte não será prejudicada pela demora imputável exclusivamente ao serviço judiciário.
> § 4º O efeito retroativo a que se refere o § 1º aplica-se à decadência e aos demais prazos extintivos previstos em lei.

Ou seja, os prazos do direito material restarão interrompidos, ainda que por despacho de juízo incompetente, tendo em vista que houve ação da parte, que abandona a inércia e exerce seu direito.

> **ATENÇÃO**
> Cuidado com as expressões: interromper e suspender!

> No processo civil, principalmente no *curso do processo*, ou seja, se tratando de prazos processuais e não do direito material (prescrição ou decadência), falar em "interrupção ou suspensão" gera efeitos completamente distintos! Podemos citar como exemplos:
> 1. **Oposição de embargos de declaração (art. 1.026 do CPC): interrompe**, via de regra, o prazo para outros recursos. Logo, após seu julgamento, sendo o caso, haverá 15 (quinze) dias para apresentação de apelação da sentença.
> 2. **Admissão de incidente de resolução de demandas repetitivas - IRDR (art. 980, CPC):** nesse caso haverá **suspensão** dos processos (art. 313, IV, CPC) afetados em função da controvérsia sobre a mesma questão de direito, pelo prazo máximo de 1 (um ano), salvo decisão fundamentada do relator que poderá prever em sentido contrário. Logo, os processos afetados, via de regra, voltarão a tramitar de onde pararam.

INTERROMPER	CONTAGEM DO PRAZO REINICIA DO ZERO
SUSPENDER	REINICIA A CONTAGEM DO PRAZO DE "ONDE PAROU"

14.3. SUSPENSÃO

O curso do processo pode, em razão de certos fatos, ficar suspenso temporariamente. Esse fenômeno é chamado de suspensão do processo.

A suspensão do processo não significa a suspensão dos efeitos jurídicos do processo (efeitos da litispendência), isto é, não haaverá suspensão do conteúdo eficacial da relação jurídica processual. **Suspensão do processo é, apenas, a suspensão do curso do procedimento, a paralisação da marcha processual, com o veto a que se pratiquem atos processuais.**

EXEMPLO

A coisa ou direito ainda é litigioso, *permitindo a incidência do art. 109 do CPC.*

> Art. 109. A alienação da coisa ou do direito litigioso por ato entre vivos, a título particular, não altera a legitimidade das partes.
> § 1º O adquirente ou cessionário não poderá ingressar em juízo, sucedendo o alienante ou cedente, sem que o consinta a parte contrária.

§ 2º O adquirente ou cessionário poderá intervir no processo como assistente litisconsorcial do alienante ou cedente.

§ 3º Estendem-se os efeitos da sentença proferida entre as partes originárias ao adquirente ou cessionário.

Logo, cabe estudar as hipóteses previstas nos arts. 313 a 315 do CPC.

Vamos iniciar com o art. 313, cuja cobrança é reiterada nos concursos! Faremos uma tabela, para facilitar a compreensão:

ART. 313 CPC – SUSPENDE-SE O PROCESSO:

I. pela morte ou pela perda da capacidade processual de qualquer das partes, de seu representante legal ou de seu procurador;

A morte pode ser:

× **Do autor:** prazo fixado pelo juiz para regulamentação, se não ajuizada habilitação;

× **Do réu:** prazo de 2 a 6 meses para regularizar, se não ajuizada habilitação;

× **Do procurador:** prazo de 15 dias para reularizar. <u>Ônus pelo inadimplemento:</u>

— <u>Autor:</u> extinção do processo sem resolução de mérito;

— <u>Réu:</u> prosseguimento do processo com decretação de revelia.

Essas são as previsões dos §§ 1 a 3º do art. 313:

§ 1o Na hipótese do inciso I, o juiz suspenderá o processo, nos termos do art. 689 → **habilitação para sucessão (art. 110,** CPC).

§ 2o Não ajuizada ação de habilitação, ao tomar conhecimento da morte, o juiz determinará a suspensão do processo e observará o seguinte:

I - **falecido o réu**, ordenará a intimação do autor para que promova a citação do respectivo espólio, de quem for o sucessor ou, se for o caso, dos herdeiros, no prazo que designar, de <u>no mínimo 2 (dois) e no máximo 6 (seis) meses;</u>

II - **falecido o autor** e sendo <u>transmissível o direito</u> em litígio, determinará a intimação de seu espólio, de quem for o sucessor ou, se for o caso, dos herdeiros, pelos meios de divulgação que reputar mais adequados, para que manifestem interesse na sucessão processual e promovam a respectiva habilitação no <u>prazo designado</u>, sob pena de extinção do processo sem resolução de mérito.

§ 3o No caso de **morte do procurador** de qualquer das partes, ainda que iniciada a audiência de instrução e julgamento, o juiz determinará

que a parte constitua novo mandatário, no prazo de 15 (quinze) dias, ao final do qual **extinguirá o processo sem resolução de mérito, se o autor** *não nomear novo mandatário, ou ordenará o* **prosseguimento do processo à revelia do réu,** se falecido o procurador deste.
Ocorrendo a morte, se dará a sucessão processual:

> Art. 110. Ocorrendo a morte de qualquer das partes, dar-se-á a sucessão pelo seu espólio ou pelos seus sucessores, observado o disposto no art. 313, §§ 1º e 2º.

Sobre o tema, destacamos a **Súmula 642 do STJ**: "O direito à indenização por danos morais transmite-se com o falecimento do titular, possuindo os herdeiros da vítima legitimidade ativa para ajuizar ou prosseguir a ação indenizatória."

ATENÇÃO

Não confunda sucessão processual com substituição processual, pois essa é forma de legitimação extraordinária. A sucessão processual possui duas hipóteses previstas no Código: i) art. 109 do CPC, que trata de alienação de bem litigioso. Hipótese facultativa; ii) sucessão processual por morte, hipótese obrigatória (art. 110, CPC). Há ainda a sucessão dos procuradores, que poderá ocorrer pela renúncia ou revogação do mandato (arts. 111 e 112 do CPC).

> Art. 109. A alienação da coisa ou do direito litigioso por ato entre vivos, a título particular, não altera a legitimidade das partes.
> *§ 1º O adquirente ou cessionário não poderá ingressar em juízo, sucedendo o alienante ou cedente, sem que o consinta a parte contrária.*
> *§ 2º O adquirente ou cessionário poderá intervir no processo como assistente litisconsorcial do alienante ou cedente.*
> *§ 3º Estendem-se os efeitos da sentença proferida entre as partes originárias ao adquirente ou cessionário.*
> Art. 110. Ocorrendo a morte de qualquer das partes, dar-se-á a sucessão pelo seu espólio ou pelos seus sucessores, observado o disposto no art. 313, §§ 1º e 2º.
> Art. 111. A parte que revogar o mandato outorgado a seu advogado constituirá, no mesmo ato, outro que assuma o patrocínio da causa.
> Parágrafo único. Não sendo constituído novo procurador no prazo de 15 (quinze) dias, observar-se-á o disposto no art. 76.
> Art. 112. O advogado poderá renunciar ao mandato a qualquer tempo, provando, na forma prevista neste Código, que comunicou a renúncia ao mandante, a fim de que este nomeie sucessor.
> *§ 1º Durante os 10 (dez) dias seguintes, o advogado continuará a representar o mandante, desde que necessário para lhe evitar prejuízo*

§ *2º Dispensa-se a comunicação referida no caput quando a procuração tiver sido outorgada a vários advogados e a parte continuar representada por outro, apesar da renúncia.*

Ademais, sobre *perda da capacidade ou necessidade de regularização processual*, importante lembrar também das previsões do art. 76 do CPC:

Art. 76. Verificada a incapacidade processual ou a irregularidade da representação da parte, o juiz suspenderá o processo e designará prazo razoável para que seja sanado o vício.
§ *1º Descumprida a determinação, caso o processo esteja na instância originária:*
I - o processo será extinto, se a providência couber ao autor;
II - o réu será considerado revel, se a providência lhe couber;
III - o terceiro será considerado revel ou excluído do processo, dependendo do polo em que se encontre.
§ *2º Descumprida a determinação em fase recursal perante tribunal de justiça, tribunal regional federal ou tribunal superior, o relator:*
I - não conhecerá do recurso, se a providência couber ao recorrente;
II - determinará o desentranhamento das contrarrazões, se a providência couber ao recorrido.

II. pela convenção das partes;

PRAZO DE ATÉ 6 MESES (§4º)

313[...] § 4º O prazo de suspensão do processo nunca poderá exceder 1 (um) ano nas hipóteses do inciso V e <u>6 (seis) meses naquela prevista no inciso II</u>.

Essa é uma convenção processual típica! Ultrapassado o prazo convencionado, o processo retoma automaticamente seu curso. A suspensão, nessa hipótese, não fica condicionada à aquiescência do juiz, conquanto dependa de despacho. O despacho determinando a suspensão é <u>ato vinculado</u>.

EXEMPLOS: sobre convenções é corriqueiro nas provas a cobranças dos artigos 190 e 191 do CPC, que tratam, respectivamente, de convenções atípicas e típicas. Vejamos:

CONVENÇÕES

TÍPICAS OU ATÍPICAS

EXEMPLO DE CONVENÇÃO TÍPICA

| ART. 191. CPC | PARTES +JUIZ FIXAM CALENDÁRIO PARA PRÁTICA DE ATOS |

EXEMPLO DE CONVENÇÃO ATÍPICA

| VER ART. 190, CPC | PARTES FAZEM ADEQUAÇÕES AO PROCEDIMENTO |

CONVENÇÃO ATÍPICA	CONVENÇÃO TÍPICA
Art. 190. Versando o processo sobre direitos que admitam autocomposição, é lícito às partes **plenamente capazes estipular mudanças no procedimento** para ajustá-lo às especificidades da causa e convencionar **sobre os seus ônus, poderes, faculdades e deveres processuais, antes ou durante o processo.** Parágrafo único. De ofício ou a requerimento, o juiz controlará a validade das convenções previstas neste artigo, recusando-lhes aplicação somente nos casos de nulidade ou de inserção abusiva em contrato de adesão ou em que alguma parte se encontre em manifesta situação de vulnerabilidade.	Art. 191. De comum acordo, o juiz e as partes podem **fixar calendário** para a prática dos atos processuais, quando for o caso. § 1º O calendário vincula as partes e o juiz, e os prazos nele previstos somente serão modificados em casos excepcionais, devidamente justificados. § 2º Dispensa-se a intimação das partes para a prática de ato processual ou a realização de audiência cujas datas tiverem sido designadas no calendário.

III - pela arguição de impedimento ou de suspeição;

REGRA: alegação via petição, no prazo de 15 dias (art. 146, CPC). *Pode ter ou não efeito suspensivo.* Veja:

Art. 146. No prazo de 15 (quinze) dias, a contar do conhecimento do fato, a parte alegará o impedimento ou a suspeição, em petição específica dirigida ao juiz do processo, na qual indicará o fundamento da recusa, podendo instruí-la com documentos em que se fundar a alegação e com rol de testemunhas.

§ 1º *Se reconhecer o impedimento ou a suspeição ao receber a petição, o juiz ordenará imediatamente a remessa dos autos a seu substituto legal, caso contrário, determinará a autuação em apartado da petição e, no prazo de 15 (quinze) dias, apresentará suas razões, acompanhadas de documentos e de rol de testemunhas, se houver, ordenando a remessa do incidente ao tribunal.*
§ 2º *Distribuído o incidente,* <u>o relator deverá declarar os seus efeitos</u>, sendo que, se o incidente for recebido:
I - *sem efeito suspensivo*, o processo voltará a correr;
II <u>- *com efeito suspensivo*</u>, o processo permanecerá suspenso até o julgamento do incidente. → caso em que se aplica o inciso III do art.313 do CPC.

Atenção: a suspensão do processo somente ocorre nos casos de arguição de suspeição ou impedimento do juiz. Tratando-se de incidente relativo à suposta parcialidade do membro do Ministério Público ou dos auxiliares da justiça, o processo não se suspenderá (art. 148, § 2º).

IV- pela admissão de incidente de resolução de demandas repetitivas;

PRAZO: regra de 1 anos de suspensão.
Exceção: decisão fundamentada do relator em sentido contrário.

> Art. 980. O incidente será julgado no prazo de 1 (um) ano e terá preferência sobre os demais feitos, ressalvados os que envolvam réu preso e os pedidos de habeas corpus .
> Parágrafo único. Superado o prazo previsto no caput , cessa a suspensão dos processos prevista no art. 982 , salvo decisão fundamentada do relator em sentido contrário.

V - quando a sentença de mérito:

> a) depender do julgamento de outra causa ou da declaração de existência ou de inexistência de relação jurídica que constitua o objeto principal de outro processo pendente;
> b) tiver de ser proferida somente após a verificação de determinado fato ou a produção de certa prova, requisitada a outro juízo;

PRAZO: ATÉ 1 ANO (§4º)

> Art. 313 [...] § 4º O prazo de suspensão do processo nunca poderá exceder <u>1 (um) ano nas hipóteses do inciso V</u> e 6 (seis) meses naquela prevista no inciso II.

Trata-se de caso de suspensão por prejudicialidade externa, e será analisada caso a caso pelo magistrado.
Veja jurisprudência sobre o tema: "Não é uma causa de suspensão obrigatória, ela depende de decisão judicial expressa do juiz no sentido da

suspensão do processo. Suspensão por prejudicialidade envolve segurança jurídica e não é obrigatória: A suspensão do processo pode ser decretada em nome da segurança jurídica (para evitar a prolação de decisões conflitantes). Ocorre que não é uma medida obrigatória, até porque ela subverte a lógica do sistema e mitiga a incidência dos princípios constitucionais da celeridade e da razoável duração do processo. Desse modo, a suspensão processual por prejudicialidade externa, além de excepcional, é regra não cogente (STJ, REsp 1.759.015, 2019)."

EXEMPLO

Podemos conjugar a análise do art. 315 do CPC que trata da existência de **fato delituoso** que interfira no julgamento do ação civil. Vejamos:

> Art. 315. Se o conhecimento do mérito depender de verificação da existência de **fato delituoso**, o juiz pode determinar a suspensão do processo até que se pronuncie a justiça criminal.
> § 1o Se a ação penal não for proposta no prazo de 3 (três) meses, contado da intimação do ato de suspensão, cessará o efeito desse, incumbindo ao juiz cível examinar incidentemente a questão prévia.
> § 2o Proposta a ação penal, o processo ficará suspenso pelo prazo máximo de 1 (um) ano, ao final do qual aplicar-se-á o disposto na parte final do § 1º.

Destarte, o período máximo de suspensão do processo cível é de 1 ano! Note:

× Se a ação penal não foi proposta: o juiz determina a suspensão do processo cível e a parte tem 3 meses para propor a ação penal. Note: o juiz já suspende! Logo:
  — Se propor, a ação cível continuará suspensa pelo prazo máximo de 1 ano. A contagem do prazo já estava ocorrendo! 3 meses (até a propositura) + 9 meses (após a propositura da Ação penal) = 1 ano;
  — Se não propor no prazo, a ação cível voltará a tramitar!
× Se já existe ação penal: suspensão do processo cível pelo período máximo de 1 ano.
× **Note: a existência de fato delituoso é hipótese de suspensão, não de extinção do processo cível!**

VI - por motivo de força maior;

É o fato humano (força maior) ou o acontecimento natural, imprevisível e inevitável (caso fortuito) capaz de comprometer a marcha regular do processo.

Quando trata-se de ato do juiz, porque os prazos são impróprios, a força maior é praticamente irrelevante para o processo. O mesmo não se pode dizer com relação aos atos das partes, sujeitos à preclusão.

Exemplos: a guerra e o atentado terrorista podem constituir causa de suspensão. Igualmente, o raio que cai no fórum e queima os processos, a enchente que inunda a cidade, apaga a luz e provoca a falta dos serviços de internet, o terremoto, a doença que impossibilita totalmente o advogado de exercer as suas atividades. O que importa é que o fato ou acontecimento impeça a prática do ato processual.

VII - quando se discutir em juízo questão decorrente de acidentes e fatos da navegação de competência do Tribunal Marítimo;

Novidade do CPC/15.

De regra, o Tribunal Marítimo, estribado em inquérito administrativo instaurado pela Capitania dos Portos, decide sobre a existência do fato ou acidente de navegação e algumas de suas consequências jurídicas. Esgotada a instância administrativa, os interessados podem, via ação própria, buscar a tutela jurisdicional.

Em face do inciso VII do art. 313, o Judiciário fica compelido a aguardar a decisão do Tribunal Marítimo. Pode o órgão judicial até instruir a causa, mas NÃO julgá-la.

× O STF foi além do Código, elevando o julgamento pelo Tribunal Marítimo à categoria de condição da ação (RE 7.446-BA). Falta interesse processual – desnecessidade da atuação judicial – àquele que sequer bateu às portas do órgão administrativo na tentativa de fazer prevalecer a sua pretensão.

VIII - nos demais casos que este Código regula.

O CPC ao longo do texto traz vários casos de suspensão:

× A incapacidade processual ou irregularidade da representação (art. 76);
× a instauração de incidente de desconsideração da personalidade jurídica (art. 134, § 3º);
× o pedido de habilitação (art. 689);
× a existência de mediação extrajudicial ou de atendimento multidisciplinar nas ações de família (art. 694, parágrafo único);
× a oposição de embargos monitórios (art. 702, § 4º);
× o reconhecimento de repercussão geral no recurso extraordinário (art. 1.035, § 5º);

- o julgamento dos recursos extraordinários e especiais repetitivos (art. 1.036, § 1º)
- dentre outras...

IX - pelo parto ou pela concessão de adoção, quando a advogada responsável pelo processo constituir a única patrona da causa;

Novidade do CPC/15.
Prazo: 30 dias.
Requisitos:
1. ser a única patrona nos autos;
2. ter se tornado mãe: parto ou adoção.
3. Apresentar documentos que comprovem a condição;
4. Ter notificado o(a) cliente.

Previsão: Art. 313 [...] § 6º No caso do inciso IX, o período de suspensão será de 30 (trinta) dias, contado a partir da data do parto ou da concessão da adoção, mediante apresentação de certidão de nascimento ou documento similar que comprove a realização do parto, ou de termo judicial que tenha concedido a adoção, desde que haja notificação ao cliente. (Incluído pela Lei nº 13.363, de 2016)

X - quando o advogado responsável pelo processo constituir o único patrono da causa e tornar-se pai.

Novidade do CPC/15.
Prazo: 8 dias.
Requisitos:
1. ser o único patrono nos autos;
2. ter se tornado pai: parto ou adoção.
3. Apresentar documentos que comprovem a condição;
4. Ter notificado o(a) cliente.

Previsão: 7º No caso do inciso X, o período de suspensão será de 8 (oito) dias, contado a partir da data do parto ou da concessão da adoção, mediante apresentação de certidão de nascimento ou documento similar que comprove a realização do parto, ou de termo judicial que tenha concedido a adoção, desde que haja notificação ao cliente.(Incluído pela Lei nº 13.363, de 2016)pela Lei nº 13.363, de 2016)

Durante a **suspensão é vedado praticar qualquer ato processual**, podendo o juiz, todavia, determinar a **realização de atos urgentes** a fim de evitar dano irreparável, salvo no caso de arguição de impedimento e de suspeição (art. 314, CPC).

Art. 314. Durante a suspensão é vedado praticar qualquer ato processual, podendo o juiz, todavia, determinar a realização de atos urgentes a fim de evitar dano irreparável, *salvo no caso de arguição de impedimento e de suspeição*.

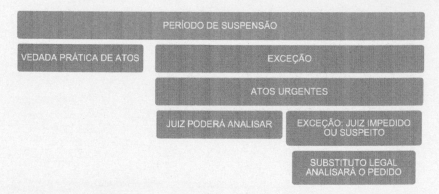

Conforme DIDIER JR.

"O art. 314 do CPC prescreve ser proibida a prática de qualquer ato processual durante a suspensão do processo, ressalvando a possibilidade de o magistrado determinar a realização de atos urgentes, para evitar dano irreparável. Em suma, é possível a concessão de tutela antecipada de urgência durante a suspensão do processo."

EXEMPLOS: Podemos citar como exemplos de medidas urgentes tutela de urgência (art. 300, CPC)
→ ANTECIPADA
  - ex.: cirurgia, remédios...
→ CAUTELAR
  - ex.: sequestro de bens, arresto...

14.4. EXTINÇÃO DO PROCESSO

Art. 316. A extinção do processo dar-se-á por sentença.
Art. 317. Antes de proferir decisão sem resolução de mérito, o juiz deverá conceder à parte oportunidade para, se possível, corrigir o vício.

A decisão final do juiz é a **sentença**, que preferencialmente será com resolução de mérito (art. 487, CPC), atendendo ao princípio da primazia da decisão de mérito.

SENTENÇA COM RESOLUÇÃO DE MÉRITO	SENTENÇA SEM RESOLUÇÃO DE MÉRITO
Art. 487. Haverá resolução de mérito quando o juiz: I - acolher ou rejeitar o pedido formulado na ação ou na reconvenção; II - decidir, de ofício ou a requerimento, sobre a ocorrência de decadência ou prescrição: III - homologar: a) o reconhecimento da procedência do pedido formulado na ação ou na reconvenção; b) a transação; c) a renúncia à pretensão formulada na ação ou na reconvenção. Parágrafo único. Ressalvada a hipótese do § 1º do art. 332, a prescrição e a decadência não serão reconhecidas sem que antes seja dada às partes oportunidade de manifestar-se.	Art. 485. O juiz não resolverá o mérito quando: I - indeferir a petição inicial; II - o processo ficar parado durante mais de 1 (um) ano por negligência das partes; III - por não promover os atos e as diligências que lhe incumbir, o autor abandonar a causa por mais de 30 (trinta) dias; § 1º Nas hipóteses descritas nos incisos II e III, a parte será intimada pessoalmente para suprir a falta no prazo de 5 (cinco) dias. § 2º No caso do § 1º, quanto ao inciso II, as partes pagarão proporcionalmente as custas, e, quanto ao inciso III, o autor será condenado ao pagamento das despesas e dos honorários de advogado. IV - verificar a ausência de pressupostos de constituição e de desenvolvimento válido e regular do processo; V - reconhecer a existência de perempção, de litispendência ou de coisa julgada; VI - verificar ausência de legitimidade ou de interesse processual; VII - acolher a alegação de existência de convenção de arbitragem ou quando o juízo arbitral reconhecer sua competência; VIII - homologar a desistência da ação; IX - em caso de morte da parte, a ação for considerada intransmissível por disposição legal; e X - nos demais casos prescritos neste Código. § 1º Nas hipóteses descritas nos incisos II e III, a parte será intimada pessoalmente para suprir a falta no prazo de 5 (cinco) dias. § 2º No caso do § 1º, quanto ao inciso II, as partes pagarão proporcionalmente as custas, e, quanto ao inciso III, o autor será condenado ao pagamento das despesas e dos honorários de advogado. § 3º O juiz conhecerá de ofício da matéria constante dos incisos IV, V, VI e IX, em qualquer tempo e grau de jurisdição, enquanto não ocorrer o trânsito em julgado. § 4º Oferecida a contestação, o autor não poderá, sem o consentimento do réu, desistir da ação. **§ 5º A desistência da ação pode ser apresentada até a sentença.** § 6º Oferecida a contestação, a extinção do processo por abandono da causa pelo autor depende de requerimento do réu. **Súmula 240-STJ:** A extinção do processo, por abandono da causa pelo autor, depende de requerimento do réu. § 7º Interposta a apelação em qualquer dos casos de que tratam os incisos deste artigo, o juiz terá 5 (cinco) dias para retratar-se.

EXERCÍCIOS DE FIXAÇÃO

01. Ano: 2018 Banca: FCC Órgão: TRT - 15ª Região (SP) Prova: FCC - 2018 - TRT - 15ª Região (SP) - Analista Judiciário - Área Judiciária

Em relação à formação, suspensão e extinção do processo,

A) durante a suspensão do processo é defesa a realização de qualquer ato processual, sem exceção, para proteção do princípio da isonomia.

B) considera-se proposta a ação quando a petição inicial for despachada pelo juiz, mas seus efeitos dependem quanto ao réu de sua citação válida.

C) se o conhecimento do mérito depender de verificação da existência de fato delituoso, o juiz deve determinar a suspensão do processo até que a justiça criminal se pronuncie; nesse caso, a ação penal deve ser proposta em até seis meses, sob pena de cessação dos efeitos da suspensão.

D) a extinção do processo sem resolução do mérito, por vício processual, dar-se-á de imediato; já a extinção com resolução de mérito dar-se-á somente por sentença, observados o contraditório e a ampla defesa.

E) suspende-se o processo pela admissão de incidente de resolução de demandas repetitivas.

02. Ano: 2018 Banca: FGV Órgão: TJ-AL Prova: FGV - 2018 - TJ-AL - Analista Judiciário - Oficial de Justiça Avaliador

Em uma audiência de instrução e julgamento, os procuradores do autor e do réu perceberam a possibilidade de se obter uma composição extrajudicial do feito, uma vez que esta não era possível naquele momento. Assim, convencionaram, em conjunto, pelo sobrestamento dos atos do processo pelo prazo de um ano, por considerarem que esse seria o tempo máximo necessário para que obtivessem junto aos seus clientes a solução amigável do conflito.

Nesse quadro, deverá o julgador:

A) admitir a suspensão do feito pelo prazo de um ano, pois há que se fomentar a atividade de composição dos conflitos;

B) inadmitir a suspensão do feito pelo prazo pretendido, uma vez que o prazo máximo, nessa hipótese, seria de seis meses;

C) inadmitir a suspensão do feito e designar nova data para a audiência, intimando todos os presentes desta decisão;

D) extinguir o feito, uma vez que a hipótese em tela seria equivalente à paralisação do feito por negligência das partes;

E) extinguir o feito, uma vez que a hipótese em tela é tratada como abandono da causa por parte do autor.

» GABARITO

01. gabarito: letra e

Era necessário o domínio da lei seca:

A) INCORRETA, conforme Art. 314. Durante a suspensão é vedado praticar qualquer ato processual, podendo o juiz, todavia, determinar a realização de atos urgentes a fim de evitar dano irreparável, salvo no caso de arguição de impedimento e de suspeição.

B) INCORRETA, conforme art. 312.Considera-se proposta a ação quando a petição inicial for protocolada, todavia, a propositura da ação só produz quanto ao réu os efeitos mencionados no art. 240 depois que for validamente citado.

C) INCORRETA, conforme art. 315. Se o conhecimento do mérito depender de verificação da existência de fato delituoso, o juiz pode determinar a suspensão do processo até que se pronuncie a justiça criminal. § 1º Se a ação penal não for proposta no prazo de 3 (três) meses, contado da intimação do ato de suspensão, cessará o efeito desse, incumbindo ao juiz cível examinar incidentemente a questão prévia.§ 2º Proposta a ação penal, o processo ficará suspenso pelo prazo máximo de 1 (um) ano, ao final do qual aplicar-se-á o disposto na parte final do § 1º.

D) INCORRETA, conforme art. 317. Antes de proferir decisão sem resolução de mérito, o juiz deverá conceder à parte oportunidade para, se possível, corrigir o vício.

E) CORRETA, conforme art. 313. Suspende-se o processo: [...] IV- pela admissão de incidente de resolução de demandas repetitivas.

02. gabarito: letra b

A lei processual incentiva a composição extrajudicial dos conflitos e admite que o processo seja suspenso por convenção das partes a fim de obtê-la. Porém, nessa hipótese em que a suspensão é convencionada pelas partes, o prazo máximo admitido pela lei é de 6 (seis) meses, senão vejamos:"Art. 313. Suspende-se o processo: (...) II - pela convenção das partes; (...) § 4º O prazo de suspensão do processo nunca poderá exceder 1 (um) ano nas hipóteses do inciso V e 6 (seis) meses naquela prevista no inciso II".

PARTE II — PROCESSO DE CONHECIMENTO E CUMPRIMENTO DE SENTENÇA

Parte Especial: arts. 319-538, CPC

15

No **procedimento comum** (art. 318, CPC), de forma sistematizada e a fim didático, podemos indicar seis fases:

Vejamos um pouco mais sobre cada fase processual na tabela abaixo:

Postulatória Previsão: arts. 319-346, CPC	Vai da propositura da ação (art. 319 e ss) até o momento da réplica (arts. 350 e 351 do CPC/2015). Em suma: compreende a 1-petição inicial, formulada pelo autor; 2-a citação do réu; 3- a realização de audiência de conciliação e mediação (334, CPC); 4-eventual resposta do requerido - contestação, impugnação ou reconvenção (NCPC, arts. 335 e 343; e 5- impugnação à contestação (réplica), quando esta levante preliminares ou contenha defesa indireta de mérito.

Saneadora Previsão: arts. 347-357, CPC.	ocorre ao longo de todo o processo, mas o seu ápice se dá no momento de saneamento e organização do processo (art. 357). Em suma: desde o recebimento da petição inicial até o início da fase de instrução, o juiz exerce uma atividade destinada a verificar a regularidade do processo, mediante decretação das nulidades insanáveis e promoção do suprimento daquelas que forem sanáveis. Com isso, procura-se chegar à instrução, sem correr o risco de estar o processo imprestável para a obtenção de um julgamento de mérito. Compreende essa fase as diligências de **emenda ou complementação da inicial (NCPC, art. 321), as "providências preliminares" (arts. 347 a 353) e o "saneamento do processo" (art. 357).** Pode conduzir ao reconhecimento de estar o processo em ordem, ou pode levar à sua extinção sem julgamento do mérito, quando concluir o juiz que o caso não reúne os requisitos necessários para uma decisão da lide. → Comumente ao encerrar o saneamento o juiz decidirá sobre as provas a produzir, determinando o exame pericial, quando necessário; e designará a audiência de instrução e julgamento, deferindo as provas que nela hão de produzir-se (art. 357).
Instrutória Previsão: arts. 358-483, CPC	também se estende ao longo de todo o processo, mas o seu principal momento é na AIJ - audiência de instrução e julgamento (art. 358); → Destina-se à coleta do material probatório, que servirá de suporte à decisão do mérito. Reconstituem-se por meio dela, no bojo dos autos, os fatos relacionados à lide. → Nos casos de revelia (art. 344), bem como nos de suficiência da prova documental e de questões meramente de direito (art. 355), **a fase instrutória propriamente dita é eliminada**, e o julgamento antecipado do mérito ocorre logo após a fase postulatória, no momento que normalmente seria reservado ao saneamento do processo.
Decisória Previsão: arts. 484-512, CPC	com a prolação da sentença há a fase decisória; → Realiza-se após o encerramento da instrução que, de ordinário, ocorre dentro da própria audiência, quando o juiz encerra a coleta das provas orais e permite às partes produzir suas alegações finais (NCPC, art. 364) ou em até 30 dias (art. 226, CPC). – Há possibilidade de antecipação da fase decisória (julgamento conforme o estado do processo); – Há, ainda, possibilidade de extrema abreviação do procedimento, em situações de decisão que extingue o processo no nascedouro, antes mesmo de completar-se a fase postulatória com a citação do réu, como a do indeferimento liminar da petição inicial (art. 330) e a da decretação liminar de improcedência do pedido (art. 332).
Recursal Previsão: arts. 994-1.044, CPC	Decorre do princípio do duplo grau de jurisdição, possibilitando que a parte possa buscar o reexame da matéria decidida, via de regra, por Tribunal hierarquicamente superior; Exemplos de recursos: apelação, agravo de instrumento, recurso especial..

| Executiva
Previsão: arts.
513-538, CPC | caso não seja cumprida a obrigação constante no título executivo judicial (art. 515, CPC) se poderá falar na fase executiva (cumprimento de sentença), em que se realiza em concreto o estabelecido na decisão exequenda. |

Feitas essas premissas iniciais, vamos iniciar nosso estudo na fase postulatória do procedimento comum.

15.1. FASE POSTULATÓRIA

Aqui, estamos no início do processo, cabendo falar sobre a sua formação.

Prevê o CPC no seu art. 312 c/c art. 5º, XXXV da CF/88, que com o protocolo da petição inicial considera-se proposta a ação.

> CPC, Art. 312. Considera-se proposta a ação quando a petição inicial for protocolada, todavia, a propositura da ação só produz quanto ao réu os efeitos mencionados no art. 240 depois que for validamente citado.
> CF, Art. 5º [...] XXXV - a lei não excluirá da apreciação do Poder Judiciário lesão ou ameaça a direito;

Sendo assim, podemos dizer que o procedimento se inicia através de um ato formal ou solene, denominado de **petição inicial**. Logo, com a sua propositura, assim como para o juiz, para o autor ocorrerão efeitos processuais, como submissão à litispendência, perempção e coisa julgada. Sobre esses efeitos, vamos conceituar a partir do art. 337 do CPC:

Instituto	Base legal: §§ do art. 337
Verificação da litispendência ou coisa julgada	§ 1º Verifica-se a litispendência ou a coisa julgada quando se reproduz ação anteriormente ajuizada.
Identidade entre ações	§ 2º Uma ação é idêntica a outra quando possui as mesmas partes, a mesma causa de pedir e o mesmo pedido.
Conceito de litispendência	§ 3º Há litispendência quando se repete ação que está em curso.
Conceito de coisa julgada	§ 4º Há coisa julgada quando se repete ação que já foi decidida por decisão transitada em julgado.

Contudo, somente falaremos em efeitos para o réu no momento em que ocorrer a citação válida, conforme art. 240 do CPC. Daí dizer que se induz litispendência, operar-se-á a mora e tornar-se-á litigiosa a coisa.

15.1.1. REQUISITOS DA PETIÇÃO INICIAL

Por ser um ato solene, são inúmeros os requisitos da petição inicial, genericamente previstos nos arts. 319, 320, 104 e 106, I, do CPC/2015, entre outros artigos.

> Art. 319. A petição inicial indicará:
> I - o juízo a que é dirigida;
> II - os nomes, os prenomes, o estado civil, a existência de união estável, a profissão, o número de inscrição no Cadastro de Pessoas Físicas ou no Cadastro Nacional da Pessoa Jurídica, o endereço eletrônico, o domicílio e a residência do autor e do réu;
> III - o fato e os fundamentos jurídicos do pedido;
> IV - o pedido com as suas especificações;
> V - o valor da causa;
> VI - as provas com que o autor pretende demonstrar a verdade dos fatos alegados;
> VII - a opção do autor pela realização ou não de audiência de conciliação ou de mediação.
> § 1º Caso não disponha das informações previstas no inciso II, poderá o autor, na petição inicial, requerer ao juiz diligências necessárias a sua obtenção.
> § 2º A petição inicial não será indeferida se, a despeito da falta de informações a que se refere o inciso II, for possível a citação do réu.
> § 3º A petição inicial não será indeferida pelo não atendimento ao disposto no inciso II deste artigo se a obtenção de tais informações tornar impossível ou excessivamente oneroso o acesso à justiça.
> Art. 320. A petição inicial será instruída com os documentos indispensáveis à propositura da ação.
> Art. 104. O advogado não será admitido a postular em juízo sem procuração, salvo para evitar preclusão, decadência ou prescrição, ou para praticar ato considerado urgente.
> § 1º Nas hipóteses previstas no caput, o advogado deverá, independentemente de caução, exibir a procuração no prazo de 15 (quinze) dias, prorrogável por igual período por despacho do juiz.
> § 2º O ato não ratificado será considerado ineficaz relativamente àquele em cujo nome foi praticado, respondendo o advogado pelas despesas e por perdas e danos.
> Art. 106. Quando postular em causa própria, incumbe ao advogado:
> I - declarar, na petição inicial ou na contestação, o endereço, seu número de inscrição na Ordem dos Advogados do Brasil e o nome da sociedade de advogados da qual participa, para o recebimento de intimações;
> II - comunicar ao juízo qualquer mudança de endereço.
> § 1º Se o advogado descumprir o disposto no inciso I, o juiz ordenará que se supra a omissão, no prazo de 5 (cinco) dias, antes de determinar a citação do réu, sob pena de indeferimento da petição.

§ 2º Se o advogado infringir o previsto no inciso II, serão consideradas válidas as intimações enviadas por carta registrada ou meio eletrônico ao endereço constante dos autos.

Vamos destacar alguns pontos relevantes:

× Inicialmente, para caracterizar a inicial é suficiente e relevante a indicação das partes, causa de pedir e pedido – elementos da ação.

× Em regra, deverá a petição inicial ser escrita, datada e subscrita por profissional com capacidade postulatória, advogado público ou privado, defensor, um procurador ou membro do Ministério Público.

> **ATENÇÃO:** EXCEÇÃO É FALAR EM PETIÇÃO INICIAL PELA VIA ORAL. Entretanto, se admite postulação oral nos juizados especiais, portanto, desprovida de solenidades (art. 14 da Lei 9.099/1995), bem como na hipótese de mulher que se afirmar vítima de violência doméstica ou familiar (art. 12 da Lei 11.340/2006) e da ação de alimentos (art. 3º, § 1º, da Lei 5.478/1968).

× Causa própria: quando o advogado postular em causa própria, deverá declinar o endereço, seu número de inscrição na Ordem dos Advogados do Brasil e o nome da sociedade de advogados da qual participa, para o recebimento de intimações (art. 106, I, do CPC/2015).

NOVIDADE: **endereço eletrônico**

× Endereço eletrônico e existência de união estável: em toda inicial deverá ser declarado o endereço eletrônico e se a parte possui união estável (art. 319, II, do CPC/2015);

× Juízo competente: deve estar presente a indicação do juízo a que é dirigida, observando-se as regras de competência;

× Fatos e fundamentos jurídicos: devem ser expostos os fatos e fundamentos jurídicos do pedido, formando a chamada causa de pedir, revelando os reais alcances da demanda. Os fatos compõem a causa de pedir remota e os fundamentos jurídicos a causa de pedir próxima.

— A causa de pedir é formada pelos fatos jurídicos e pela relação jurídica, ou seja, pela afirmação do fato jurídico e do direito que se afirma ter, por exemplo, direito de crédito.

ESQUEMATIZADO:
1º Ocorre um fato comum;
2º Incidência de uma hipótese normativa sobre o fato comum, transformando-o em um fato jurídico;

> **ESQUEMATIZADO:**
> 3º Fato comum + Hipótese normativa = Fato jurídico = CAUSA DE PEDIR PRÓXIMA;
> 4º Surgido o fato jurídico, ocorrerá um vínculo entre os sujeitos, que é a relação jurídica material = CAUSA DE PEDIR REMOTA.

- Pedido: toda petição inicial conterá, ao menos, um pedido, do contrário, será inepta que, de tão importante, será analisado em tópico separado.
- Valor da causa: a toda causa deve ser atribuído um valor (art. 291), ainda que não possua um valor econômico imediato, devendo ser certo e em moeda corrente nacional.
- MEIOS DE PROVA: devem ser indicados na petição inicial os meios de prova de que se irá valer o autor para comprovar as suas alegações, providência essa de pouca eficácia, pois, o magistrado pode deferir provas de ofício (art. 370), além de nas providências preliminares as partes serem instadas a especificá-las (art. 348 do CPC/2015).
- Citação: não consta expressamente dentre os requisitos do art. 319 do CPC. Contudo, a doutrina entende que deve ser requerida, juntamente com a especificação da modalidade citatória pretendida e, não sendo especificada, será realizada preferencialmente pela via eletrônica.
- PEDIDO IMPLÍCITO: lembre-se, ainda, da possibilidade do art. 115, parágrafo único, bem como do art. 18, parágrafo único, do CPC/2015, segundo o qual o juiz pode convocar um litisconsorte passivo necessário ou determinar a citação do substituído. Com o CPC/2015 tal pedido tornou-se implícito, eis que não ocupa o rol do art. 319.
- AUDIÊNCIA: a parte autora declara, também, a sua opção pela realização ou não da audiência de conciliação ou mediação, prevista no art. 334, como se observa do art. 319, VIII, do CPC.
- REQUISITO EXTRÍNSECO: DOCUMENTOS E PROCURAÇÃO: exige, ainda, o art. 320, chamado de requisito extrínseco da petição inicial, a apresentação de documento indispensável, como, por exemplo, a comprovação de microempresa ou de empresa de pequeno porte, título executivo, prova escrita na ação monitória, certidão de casamento, para ação de divórcio etc. No mesmo sentido, caminha a exigência de procuração, na forma do art. 104 do CPC.

Se faltar algum requisito será caso para emenda, no prazo de 15 dias, via de regra (321, CPC)!

Art. 321. O juiz, ao verificar que a petição inicial não preenche os requisitos dos arts. 319 e 320 ou que apresenta defeitos e irregularidades capazes de dificultar o julgamento de mérito, determinará que o autor, no prazo de 15 (quinze) dias, a emende ou a complete, indicando com precisão o que deve ser corrigido ou completado.
Parágrafo único. Se o autor não cumprir a diligência, o juiz indeferirá a petição inicial.

EMENDA À INICIAL	EMENDA À INICIAL DO ADVOGADO QUE ATUA EM CAUSA PRÓPRIA	EMENDA À INICIAL COM PEDIDO DE TUTELA ANTECIPADA EM CARÁTER ANTECEDENTE
Regra geral: 15 dias (art. 321, CPC)	Prazo de 5 dias (art. 106, § 1º)	Deverá ser observado o prazo de 5 dias (art. 303, § 6º).

Importante destacar que a emenda não poderá ser confundida com o ato de aditamento, visto que esse, em regra, é ato facultativo a parte, para fins de complementar ou mesmo **alterar os pedidos ou causa de pedir, conforme o art. 329 do** CPC:

× independentemente de concordância do réu, antes da citação;
× após a citação e até o saneamento, a depender de consentimento do réu.

Realizado o saneamento, falaremos em estabilização da demanda, razão pela qual não haverá mais possibilidade, ainda que houvesse concordância do réu, em se falar em aditamento.

Diga-se que, via de regra, os **pedidos** serão formulados de forma certa e determinada (arts. 322 e 324, CPC). Contudo, há possibilidade de indeterminação, ou mesmo, leia-se "pedidos genéricos" (§1º, art. 324, CPC), nos seguintes casos:

× nas ações universais, se o autor não puder individuar os bens demandados;
× quando não for possível determinar, desde logo, as consequências do ato ou do fato;
× quando a determinação do objeto ou do valor da condenação depender de ato que deva ser praticado pelo réu.

Logo, não sendo caso em que a lei admite a formulação de pedido indeterminado, estaremos diante de causa de inépcia da inicial, que gera o indeferimento da inicial. **São causas de inépcia:**

× lhe faltar pedido ou causa de pedir;

- o pedido for indeterminado, ressalvadas as hipóteses legais em que se permite o pedido genérico;
- da narração dos fatos não decorrer logicamente a conclusão;
- contiver pedidos incompatíveis entre si.

São demais causas de indeferimento, além da inépcia:
- a parte ser manifestamente ilegítima;
- o autor carecer de interesse processual;
- não atendidas as prescrições dos arts. 106 (advogado em causa própria que não emenda) e 321 (emenda a inicial).

Por fim, também poderá ocorrer a improcedência liminar da ação, casos em que falaremos em sentença com resolução de mérito, nos moldes do art. 332, o qual lista as seguintes causas em que o juiz poderá decidir se o pedido contrariar:
- enunciado de súmula do Supremo Tribunal Federal ou do Superior Tribunal de Justiça;
- acórdão proferido pelo Supremo Tribunal Federal ou pelo Superior Tribunal de Justiça em julgamento de recursos repetitivos;
- entendimento firmado em incidente de resolução de demandas repetitivas ou de assunção de competência;
- enunciado de súmula de tribunal de justiça sobre direito local.

15.1.2. AUDIÊNCIA PRELIMINAR DE CONCILIAÇÃO OU MEDIAÇÃO

O CPC/2015 segue a tendência de consagrar a utilização das "ADRs", expressão inglesa de *alternative dispute resolution*, estimulando a utilização de meios alternativos de solução de litígios, a qual pode ser extraída da cláusula de acesso à justiça ou a uma ordem jurisdicional justa (art. 3º, § 3º).

> Art. 3 (...) § 3º A conciliação, a mediação e outros métodos de solução consensual de conflitos deverão ser estimulados por juízes, advogados, defensores públicos e membros do Ministério Público, inclusive no curso do processo judicial.

Foi no sistema norte-americano que surgiu tal expressão, onde houve a criação mais intensa destes mecanismos, o que contribui para uma "justiça multiportas" (multi door courthouse), ou seja, ao invés de existir apenas uma alternativa – a solução imposta por um magistrado – o Judiciário tornou-se um "centro de justiça", onde as partes podem ser direcionadas "à porta" adequada para a solução do seu litígio.

A audiência será preliminar, visto que realizada antes do oferecimento da defesa e deve ser realizada no centro judiciário de solução consensual de conflitos (art. 165, CPC), por conciliador ou mediador, a depender do litígio. Veja:

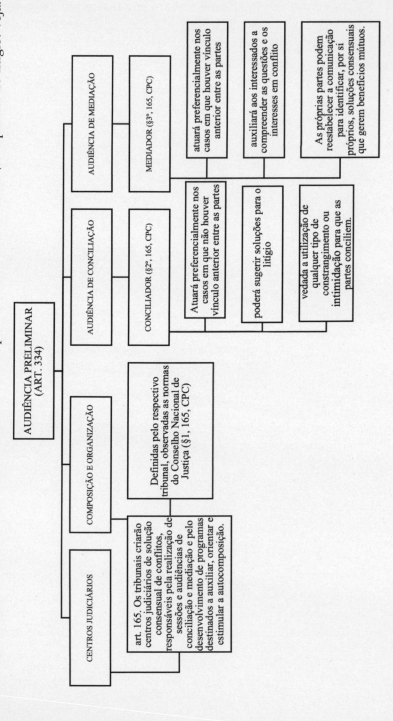

Logo, estando devidamente elaborada a petição inicial e não sendo caso de improcedência liminar do pedido, deverá o juiz designar audiência de conciliação ou mediação, nos termos dos arts. 334 do CPC/2015 e 27 da Lei 13.140/2015, **com antecedência mínima de 30 (trinta) dias, devendo ser citado o réu com pelo menos 20 (vinte) dias de antecedência, o que se denomina interstício reflexivo.**

> CPC, Art. 334. Se a petição inicial preencher os requisitos essenciais e não for o caso de improcedência liminar do pedido, o juiz designará audiência de conciliação ou de mediação com antecedência mínima de 30 (trinta) dias, devendo ser citado o réu com pelo menos 20 (vinte) dias de antecedência.
>
> Art. 27. Se a petição inicial preencher os requisitos essenciais e não for o caso de improcedência liminar do pedido, o juiz designará audiência de mediação.

ATENÇÃO: Sobre a obrigatoriedade ou não da audiência de conciliação ou mediação, temos conflito doutrinário.

Haroldo Lourenço, para quem "a designação dessa audiência é obrigatória, por se tratar de norma fundamental (art. 3º, § 3º), ser um dever do juiz (art. 139, V), devendo ser designada ainda que o autor se manifeste negativamente em sua petição inicial (art. 319, VII, e art. 334, § 8º), eis que o art. 334, § 4º, I, afirma que não haverá tal audiência se ambas as partes manifestarem, expressamente, desinteresse na composição consensual. Esse, inclusive, é o posicionamento esculpido no Enunciado 61 da ENFAM. Vale referenciar, ainda, que desde 2010 há a Resolução 125 do CNJ, que disciplina a Política Judiciária Nacional de tratamento adequado dos conflitos de interesse no âmbito do Poder Judiciário brasileiro." (LOURENÇO, Haroldo)

Em sentido contrário: CÂMARA, Alexandre Freitas. O novo processo civil brasileiro. São Paulo: Atlas, 2015. p. 199; TARTUCE, Fernanda. Mediação nos conflitos civis. 2. ed. São Paulo: Método, 2015. p. 295 e 298; BUENO, Cassio Scarpinella. Manual de direito processual civil. São Paulo: Saraiva, 2015. p. 272.

Entretanto, **nas ações contenciosas que envolvam direito de família, o CPC/2015 fez uma opção bem clara: a realização da audiência é obrigatória, independentemente de manifestação das partes (art. 695 do CPC).** Isso se deve à consagração da ideia de que, nesses litígios, realmente a melhor solução é a consensual, pois a decisão imposta às partes não soluciona o litígio, podendo, ao contrário, aumentar o grau de insatisfação.

A audiência de conciliação ou de mediação **pode realizar-se por meio eletrônico**, nos termos da lei (CPC, art. 334, § 7º).

Portanto, sendo designada a audiência, alguns prazos devem ser respeitados. Para facilitar a memorização, fizemos a tabela abaixo dos prazos previstos no art. 334 do CPC:

PRAZOS (334, CPC)

MÁXIMO 2 MESES (§2, 334, CPC)	entre uma sessão de conciliação/mediação e outra, no caso de mais de uma sessão
30 DIAS (caput, art. 334, CPC)	de antecedência para juiz designar a data
20 DIAS (caput, art. 334, CPC)	de antecedência da audiência para que o réu seja citado
10 DIAS (§5° do art. 334, CPC)	de antecedência da audiência para que o réu faça o protocolo do desinteresse na realização da audiência
20 minutos (§12, art. 334, CPC)	entre as pautas de audiências

15.1.3. ASPECTOS PROCEDIMENTAIS: CITAÇÃO X INTIMAÇÃO

O réu deve <u>ser citado</u> com no mínimo 20 dias de antecedência em relação à data da audiência e ser <u>intimado a nela comparecer</u>, **acompanhado de advogado ou defensor público**, com menção do dia, hora e lugar.

> Art. 334. Se a petição inicial preencher os requisitos essenciais e não for o caso de improcedência liminar do pedido, o juiz designará audiência de conciliação ou de mediação com antecedência mínima de 30 (trinta) dias, devendo ser citado o réu com pelo menos 20 (vinte) dias de antecedência.
> § 9º As partes **devem estar acompanhadas** por seus advogados ou defensores públicos.

Destacamos que, *se a citação se der via oficial de justiça*, já poderá se reduzir a termo eventual proposta de autocomposição que seja feita. Nesse sentido, o inciso VI e §único do art. 154 do CPC:

> CPC, art. 154. Incumbe ao oficial de justiça:
> VI - certificar, em mandado, proposta de autocomposição apresentada por qualquer das partes, na ocasião de realização de ato de comunicação que lhe couber.
> Parágrafo único. Certificada a proposta de autocomposição prevista no inciso VI, o juiz ordenará a intimação da parte contrária para manifestar-se, no prazo de 5 (cinco) dias, sem prejuízo do andamento regular do processo, entendendo-se o silêncio como recusa.

Já o autor, <u>será intimado</u> da data aprazada na pessoa do seu procurador (§3º do art. 334).

Contudo, <u>se alguma das partes não quiser comparecer, o legislador autoriza a constituição de representante, por meio de procuração específica, com poderes para negociar e transigir (§10, art. 334)</u>. Essa via é utilizada, muitas vezes, para evitar a multa pelo não comparecimento, prevista no §8 do art. 334 do CPC. Vejamos:

> Art. 334 (...)§ 8º O não comparecimento injustificado do autor ou do réu à audiência de conciliação é considerado ato atentatório à dignidade da justiça e será sancionado com **multa de até dois por cento** da vantagem econômica pretendida ou do valor da causa, revertida em favor da União ou do Estado.

O representante só tem poderes para negociar e assinar o acordo. Ele não postula, não alega e nem depõe pela parte. Constituído representante, a parte não precisa comparecer pessoalmente na audiência preliminar.

A autocomposição será homologada pelo juiz e, tendo abrangido todo o objeto do litígio, o processo será extinto com resolução de mérito.

Caro(a) leitor(a), entenda: comparecer à audiência quando essa é designada é um dever processual das partes. Nesse sentido, a manifestação do desinteresse na autocomposição (art. 319, VII, e art. 334, § 5º) não é causa justificadora para o não comparecimento à mencionada audiência, conforme Enunciado 61 da ENFAM.

Ainda que uma das partes se manifeste no sentido de não ter interesse na autocomposição, como a outra se declarou no sentido de ter interesse, ambas terão que comparecer, pois existe a possibilidade da solução consensual. Cumpre, contudo, registrar que, por respeito à boa-fé objetiva, o réu ao ser citado deverá ser informado de que a sua ausência implicará ato atentatório à dignidade da justiça, punível com a multa do art. 334, § 8º, do CPC (Enunciado 273 do FPPC).

> ATENÇÃO: Conforme vimos, o não comparecimento gerará multa, não se falará em revelia, conforme ocorre no âmbito dos Juizados Especiais Cíveis.
> → JEC, Art. 20. Não comparecendo o demandado à sessão de conciliação ou à audiência de instrução e julgamento, reputar-se-ão verdadeiros os fatos alegados no pedido inicial, salvo se o contrário resultar da convicção do Juiz.

15.1.4. NÃO REALIZAÇÃO DA AUDIÊNCIA

Não será designada audiência de conciliação ou mediação:

> CPC, art. 334, § 4º A audiência não será realizada:
> I - se ambas as partes manifestarem, expressamente, desinteresse na composição consensual;

II - quando *não se admitir a autocomposição*.

§ 6º Havendo litisconsórcio, o desinteresse na realização da audiência deve ser manifestado por todos os litisconsortes.

Cuidado para não confundir: "não admitir autocomposição", situação que autoriza a dispensa da audiência, com ser "indisponível o direito litigioso"! É possível um direito indisponível ser transacionável! O exemplo clássico é o dos alimentos; também podemos citar o caso de ações coletivas, onde é possível se celebrar um termo de ajustamento de conduta (art. 5º, § 6º, da Lei 7.347/1985).Ademais, ações como negatória de paternidade, de curatela, de interdição, de improbidade administrativa (art. 17, § 1º, da Lei 8.429/1992) são exemplos de demandas nas quais não se admite autocomposição, não havendo motivo para se designar tal audiência.

15.1.5. DESINTERESSE DO RÉU E PRAZO PARA CONTESTAR

Se o réu manifestar o desinteresse na solução por autocomposição, o prazo para a resposta começa a fluir da data do protocolo do pedido de cancelamento da audiência de conciliação e mediação apresentado pelo réu (art. 335, II, CPC).

> CPC, art. 334, § 5º O autor deverá indicar, na petição inicial, seu desinteresse na autocomposição, e o réu deverá fazê-lo, por petição, apresentada com 10 (dez) dias de antecedência, contados da data da audiência.

No caso de litisconsórcio, todos deverão manifestar o desinteresse (§6º, art. 334).

> CPC, art. 334, § 6º Havendo litisconsórcio, o desinteresse na realização da audiência deve ser manifestado por todos os litisconsortes.

15.1.6. DA RESPOSTA DO RÉU

Ao réu é facultado o direito de responder ao pedido de tutela jurisdicional formulado pelo autor. Há para ele apenas o ônus da defesa, pois, se não se defender, sofrerá as consequências da revelia (arts. 344 a 346). Em suma, o réu poderá adotar três atitudes diferentes após a citação, ou seja:

a. a inércia;
b. a resposta;
c. o reconhecimento da procedência do pedido.

Destarte, nos quinze dias seguintes à citação ou à realização da audiência de conciliação, o réu poderá responder ao pedido do autor por meio de **contestação e/ou reconvenção**.

Contestação: deve ser formalizada em petição escrita, no prazo de quinze dias, subscrita por advogado, endereçada ao juiz da causa (art. 335) e nela haverá toda matéria de defesa (336, CPC).

> Art. 335. O réu poderá oferecer contestação, por petição, no prazo de 15 (quinze) dias, cujo termo inicial será a data:
> I - da audiência de conciliação ou de mediação, ou da última sessão de conciliação, quando qualquer parte não comparecer ou, comparecendo, não houver autocomposição;
> II - do protocolo do pedido de cancelamento da audiência de conciliação ou de mediação apresentado pelo réu, quando ocorrer a hipótese do art. 334, § 4º, inciso I ;
> III - prevista no art. 231 , de acordo com o modo como foi feita a citação, nos demais casos.
> § 1º No caso de litisconsórcio passivo, ocorrendo a hipótese do art. 334, § 6º , o termo inicial previsto no inciso II será, para cada um dos réus, a data de apresentação de seu respectivo pedido de cancelamento da audiência.
> § 2º Quando ocorrer a hipótese do art. 334, § 4º, inciso II , havendo litisconsórcio passivo e o autor desistir da ação em relação a réu ainda não citado, o prazo para resposta correrá da data de intimação da decisão que homologar a desistência.
> Art. 336. Incumbe ao réu alegar, na contestação, toda a matéria de defesa, expondo as razões de fato e de direito com que impugna o pedido do autor e especificando as provas que pretende produzir.

Conforme Haroldo Lourenço "A contestação é o veículo da defesa, estando regida por dois princípios: concentração da defesa (ou eventualidade) e impugnação especificada dos fatos."

- **Concentração/eventualidade:** por força de tal princípio, deve ser concentrada na contestação toda a matéria de defesa, de uma só vez, ainda que incompatíveis entre si, sob pena de preclusão. Todas as argumentações devem ser reunidas, ainda que excludentes, devendo o magistrado levar em consideração a primeira e, caso essa seja rechaçada, analisará a segunda e assim sucessivamente (arts. 336).
- **Impugnação específica:** com o propósito de se proibir uma defesa genérica, que atentaria à boa-fé, exige-se que o réu aprofunde-se em sua defesa, impugnando ponto a ponto os fatos articulados na petição inicial, sob pena de o fato não impugnado ser considerado como verdadeiro (art. 341, caput). Evidentemente que tal presunção é relativa, podendo ceder diante do conjunto probatório.

Art. 341. Incumbe também ao réu manifestar-se precisamente sobre as alegações de fato constantes da petição inicial, presumindo-se verdadeiras as não impugnadas, salvo se:
I - não for admissível, a seu respeito, a confissão;
II - a petição inicial não estiver acompanhada de instrumento que a lei considerar da substância do ato;
III - estiverem em contradição com a defesa, considerada em seu conjunto.
Parágrafo único. O ônus da impugnação especificada dos fatos não se aplica ao defensor público, ao advogado dativo e ao curador especial.

ATENÇÃO: Fazenda Pública não se submete a tal ônus, em virtude da indisponibilidade do direito, da inadmissibilidade da confissão e, ainda, da presunção de legitimidade dos atos administrativos. Nesse sentido: CUNHA, Leonardo Carneiro da. A Fazenda Pública em juízo. 3. ed. São Paulo: Dialética, 2005. p. 88; STJ, REsp 969.472/PR, 1ª T., rel. Min. Teori Albino Zavascki, j. 18.09.2007; NEVES, Daniel Amorim Assumpção. Manual de direito processual civil cit., 3. ed., 2011. p. 385.
Entretanto o STJ já adotou o posicionamento de que não estando em litígio contrato genuinamente administrativo, mas sim obrigação de direito privado firmada pela Administração Pública, é possível a aplicação dos efeitos materiais da revelia -STJ, REsp 1.084.745/MG, 4ª T., rel. Min. Luis Felipe Salomão, j. 06.11.2012.

Prazo: tramitando a demanda pelo rito comum (art. 318), o prazo de resposta será de 15 dias (art. 335), contudo, nada obsta que em procedimentos específicos haja prazos de resposta específicos, como na ação de alimentos gravídicos no qual o prazo é de cinco dias (art. 7º da Lei 11.804/2008).

O prazo de defesa, no litisconsórcio passivo, é comum a todos os réus, tanto quando corre da audiência de conciliação frustrada, como da citação direta para a contestação, sem passar pela audiência. **Só há prazo separado quando é designada a audiência e os litisconsortes passivos manifestam seu desinteresse pela autocomposição em petições distintas.** Nesse caso, aplica-se o disposto no art. 335, § 1º, isto é, cada réu terá prazo próprio para responder à ação.

A contagem, outrossim, será feita em dobro (trinta dias), sempre que os litisconsortes estiverem representados por advogados diferentes e de escritórios de advocacia distintos (art. 229), *desde que não se trate de autos eletrônicos.*

Art. 229. Os litisconsortes que tiverem diferentes procuradores, de escritórios de advocacia distintos, terão prazos contados em dobro para todas as suas manifestações, em qualquer juízo ou tribunal, independentemente de requerimento.

§ 1º Cessa a contagem do prazo em dobro se, havendo apenas 2 (dois) réus, é oferecida defesa por apenas um deles.

§ 2º Não se aplica o disposto no caput aos processos em autos eletrônicos.

Na contestação é cabível o manejo de reconvenção e de incompetência, as quais na legislação anterior eram matérias alegáveis em defesas autônomas.

O art. 337 enumera as defesas processuais que devem ser apresentadas, prioritariamente/preliminarmente, na contestação, antes de se debater o mérito da demanda, podendo, inclusive, <u>serem conhecidas de ofício, ressalvada incompetência relativa e convenção de arbitragem (art. 337, § 5º, do CPC/2015)</u>.

Nesse sentido:

× A contestação deve se iniciar pelas PRELIMINARES (art. 337);
× Superadas as preliminares, deve o réu arguir as PREJUDICIAIS. São questões de mérito que condicionam ou influem no julgamento de outra demanda.

15.1.7. ALEGAÇÃO DE ILEGITIMIDADE

Os arts. 338 e 339 trazem hipóteses de defesas peremptórias quanto à relação processual previamente estabelecida pelo autor. Isso porque, apesar de as matérias constantes em ambos os dispositivos não levarem, ao menos inicialmente, à extinção do processo, elas têm o condão de alterar um dos polos da relação processual.

Vejamos:

> Art. 338. Alegando o réu, na contestação, ser parte ilegítima ou não ser o responsável pelo prejuízo invocado, o juiz facultará ao autor, em 15 (quinze) dias, a alteração da petição inicial para substituição do réu.
> Parágrafo único. Realizada a substituição, o autor reembolsará as despesas e pagará os honorários ao procurador do réu excluído, que serão fixados entre três e cinco por cento do valor da causa ou, sendo este irrisório, nos termos do art. 85, § 8º.
> Art. 339. Quando alegar sua ilegitimidade, incumbe ao réu indicar o sujeito passivo da relação jurídica discutida sempre que tiver conhecimento, sob pena de arcar com as despesas processuais e de indenizar o autor pelos prejuízos decorrentes da falta de indicação.
> § 1º O autor, ao aceitar a indicação, procederá, no prazo de 15 (quinze) dias, à alteração da petição inicial para a substituição do réu, observando-se, ainda, o parágrafo único do art. 338.

§ 2º No prazo de 15 (quinze) dias, o autor pode optar por alterar a petição inicial para incluir, como litisconsorte passivo, o sujeito indicado pelo réu.

15.2. RECONVENÇÃO

A chamada "reconvenção" é a ação proposta pelo réu contra o autor no mesmo processo. Trata-se de uma faculdade. Se não for proposta a reconvenção, nenhum prejuízo acarretará para o réu, uma vez que este pode propor ação autônoma, a qual, em face da conexão, será julgada simultaneamente com a ação principal, tal como o pedido de reconvenção.

> Art. 343. Na contestação, é lícito ao réu propor reconvenção para manifestar pretensão própria, conexa com a ação principal ou com o fundamento da defesa.
> § 1º Proposta a reconvenção, o autor será intimado, na pessoa de seu advogado, para apresentar resposta no prazo de 15 (quinze) dias.
> § 2º A desistência da ação ou a ocorrência de causa extintiva que impeça o exame de seu mérito não obsta ao prosseguimento do processo quanto à reconvenção.
> § 3º A reconvenção pode ser proposta contra o autor e terceiro.
> § 4º A reconvenção pode ser proposta pelo réu em litisconsórcio com terceiro.
> § 5º Se o autor for substituto processual, o reconvinte deverá afirmar ser titular de direito em face do substituído, e a reconvenção deverá ser proposta em face do autor, também na qualidade de substituto processual.
> § 6º O réu pode propor reconvenção independentemente de oferecer contestação.

15.3. REVELIA

Aos sujeitos da relação processual o CPC estabelece poderes, deveres, ônus e faculdades. Diz-se revel o réu que não compareceu a juízo para fazer contestar.

- CONSEQUÊNCIAS: a revelia, ou seja, o não comparecimento do réu ao processo, para praticar uma das modalidades de resposta, de regra, acarreta duas consequências processuais:
  — gera a presunção de veracidade dos fatos afirmados pelo autor (efeito material da revelia); e
  — possibilita a divulgação dos atos decisórios apenas por meio do órgão oficial (art. 346).

> Art. 344. Se o réu não contestar a ação, será considerado revel e presumir-se-ão verdadeiras as alegações de fato formuladas pelo autor

O revel poderá intervir no processo em qualquer fase, recebendo-o no estado em que se encontrar (art. 346, parágrafo único).

> Art. 346. Os prazos contra o revel que não tenha patrono nos autos fluirão da data de publicação do ato decisório no órgão oficial.
> Parágrafo único. O revel poderá intervir no processo em qualquer fase, recebendo-o no estado em que se encontrar.

Aliás, nos termos da Súmula nº 231 do STF, "o revel, em processo cível, pode produzir provas desde que compareça em tempo oportuno".

O art. 349 reforça esse entendimento ao prever que "ao revel será lícita a produção de provas, contrapostas às alegações do autor, desde que se faça representar nos autos a tempo de praticar os atos processuais indispensáveis a essa produção".

15.4. EXCEÇÕES AO EFEITO MATERIAL DA REVELIA

Nem sempre a revelia induz presunção de veracidade dos fatos afirmados na inicial. O art. 345 prevê as hipóteses nas quais, não obstante a revelia, não ocorre presunção de veracidade:

a. se, havendo pluralidade de réus, algum deles contestar a ação;
b. se o litígio versar sobre direitos indisponíveis (direito não patrimonial, ou patrimonial com titularidade atribuída a incapaz, por exemplo);
c. se a petição inicial não estiver acompanhada do instrumento público que a lei considere indispensável à prova do ato (quando o documento público for da substância do ato);
d. se as alegações de fato formuladas pelo autor forem inverossímeis ou estiverem em contradição com a prova constante dos autos.

EXERCÍCIOS DE FIXAÇÃO

01. Ano: 2021 Banca: FUNDATEC Órgão: PGE-RS Prova: FUNDATEC - 2021 - PGE-RS - Analista Jurídico

Analise as assertivas abaixo transcritas:

I. Considera-se inepta a petição inicial nos casos em que a parte for manifestamente ilegítima.

II. Nas causas que dispensem a fase instrutória, o juiz, independentemente da citação do réu, julgará liminarmente improcedente o pedido que contrariar acórdão proferido pelo Superior Tribunal de Justiça em julgamento de recurso especial repetitivo.

III. Nos casos em que admissível a autocomposição de litígios, não se realizará a audiência de conciliação ou de mediação se uma das partes manifestar, expressamente, desinteresse na composição consensual.

Quais estão corretas?

A) Apenas I.
B) Apenas II.
C) Apenas I e III.
D) Apenas II e III.
E) I, II e III.

02. Ano: 2018 Banca: VUNESP Órgão: Câmara de Olímpia - SP Prova: VUNESP - 2018 - Câmara de Olímpia - SP - Procurador Jurídico

Se o réu não contestar a ação, será considerado revel e presumir-se-ão verdadeiras as alegações de fato formuladas pelo autor, ainda que

A) as alegações de fato formuladas pelo autor forem inverossímeis.
B) o litígio verse sobre direitos disponíveis.
C) a petição inicial não esteja acompanhada de instrumento que a lei considere indispensável à prova do ato.
D) as alegações de fato formuladas pelo autor estiverem em contradição com prova constante dos autos.
E) havendo pluralidade de réus, algum deles conteste a ação.

» GABARITO

01. gabarito: letra b

A questão exige o conhecimento da letra seca da lei. Para melhor compreensão passaremos a análise de cada uma das assertivas:

I. ERRADO: Art. 330. A petição inicial será indeferida quando: II - a parte for manifestamente ilegítima;

II. CERTO: Art. 332. Nas causas que dispensem a fase instrutória, o juiz, independentemente da citação do réu, julgará liminarmente improcedente o pedido que contrariar: II - acórdão proferido pelo Supremo Tribunal Federal ou pelo Superior Tribunal de Justiça em julgamento de recursos repetitivos;

III. ERRADO: Art. 334, § 4º A audiência não será realizada: I - se ambas as partes manifestarem, expressamente, desinteresse na composição consensual;

02. Gabarito: letra b

É certo que o principal efeito da revelia é a confissão ficta, ou seja, a presunção de que os fatos alegados pelo autor são verdadeiros. Essa presunção, porém, é relativa e não absoluta, podendo ser ilidida nas seguintes hipóteses: «I - havendo pluralidade de réus, algum deles contestar a ação; II - o litígio versar sobre direitos indisponíveis; III - a petição inicial não estiver acompanhada de instrumento que a lei considere indispensável à prova do ato; IV - as alegações de fato formuladas pelo autor forem inverossímeis ou estiverem em contradição com prova constante dos autos» (art. 345, CPC/15).

16 FASE SANEADORA: PROVIDÊNCIAS PRELIMINARES E SANEAMENTO

Findo o prazo para a contestação, o juiz tomará, conforme o caso, as providências preliminares (347, CPC), determinando a abertura de prazo para réplica se:

- Se o réu alegar fato impeditivo, modificativo ou extintivo do direito do autor (350, CPC); ou
- Se o réu alegar qualquer das matérias enumeradas no art. 337;

Nesse ponto, cabe dizer que a jurisprudência do STJ se posiciona no sentido de que havendo na contestação defesas indiretas, deve ser dada oportunidade para a réplica, em vez de se julgar antecipadamente a lide, sob pena de ocorrer cerceamento de defesa, restando ofendidos os princípios do contraditório e da ampla defesa, pela incidência dos arts. 350 e 351 do CPC/2015.

Já a doutrina se posiciona no sentido de que somente deve haver réplica se houver defesa indireta ou questões prévias, pois do contrário, havendo somente defesa direta, não haverá sua necessidade.

Certo é que **cumpridas as providências preliminares ou não havendo necessidade delas, o juiz proferirá julgamento conforme o estado do processo (353, CPC)**. Nesse momento, poderemos falar de:

- Da extinção do processo: ocorrendo qualquer das hipóteses previstas nos arts. 485 e 487, incisos II e III, o juiz proferirá sentença (caput, art. 354, CPC);
- Da extinção parcial do processo: ocorrendo qualquer das hipóteses previstas nos arts. 485 e 487, incisos II e III, o juiz proferirá decisão interlocutora agravável (§ú, art. 354, CPC);
- **Julgamento antecipado do mérito**, nas hipóteses de
  — não houver necessidade de produção de outras provas;

— o réu for revel, ocorrer o efeito previsto no art. 344 e não houver requerimento de prova, na forma do art. 349.

× Julgamento Antecipado Parcial do Mérito, quando um ou mais dos pedidos formulados ou parcela deles:

— mostrar-se incontroverso;
— estiver em condições de imediato julgamento, nos termos do art. 355.

Nesse caso a decisão que julgar parcialmente o mérito poderá reconhecer a existência de obrigação líquida ou ilíquida, e será atacada via agravo de instrumento (§5º do art. 356 c/c inciso II do art. 1015, CPC).

ART. 356	ART. 355
Art. 356. O juiz decidirá parcialmente o mérito quando um ou mais dos pedidos formulados ou parcela deles: I - mostrar-se incontroverso; II - estiver em condições de imediato julgamento, nos termos do art. 355. § 1º A decisão que julgar parcialmente o mérito poderá reconhecer a existência de obrigação líquida ou ilíquida. § 2º A parte poderá liquidar ou executar, desde logo, a obrigação reconhecida na decisão que julgar parcialmente o mérito, independentemente de caução, ainda que haja recurso contra essa interposto. § 3º Na hipótese do § 2º, se houver trânsito em julgado da decisão, a execução será definitiva. § 4º A liquidação e o cumprimento da decisão que julgar parcialmente o mérito poderão ser processados em autos suplementares, a requerimento da parte ou a critério do juiz. § 5º A decisão proferida com base neste artigo é impugnável por agravo de instrumento.	Art. 355. O juiz julgará antecipadamente o pedido, proferindo sentença com resolução de mérito, quando: I - não houver necessidade de produção de outras provas; II - o réu for revel, ocorrer o efeito previsto no art. 344 e não houver requerimento de prova, na forma do art. 349.

Entretanto, **não sendo o caso de julgamento conforme o estado do processo, o juiz passará a decisão de saneamento e de organização do processo (art. 357, CPC)**, para o fim de:

× resolver as questões processuais pendentes, se houver;
× delimitar as questões de fato sobre as quais recairá a atividade probatória, especificando os meios de prova admitidos;
× definir a distribuição do ônus da prova, observado o art. 373;
— somente nesse especial, a decisão de saneamento – natureza de decisão interlocutória- será agravável, conforme inciso XI, do art. 1.015, CPC;

— também cabe destacar que no atual CPC, em função da possibilidade de distribuição dinâmica do ônus pelo juiz, não se fala mais em distribuição estática, como ocorria no CPC/73;
— a regra do ônus da prova do art. 373 do CPC, prevê: ao autor, quanto ao fato constitutivo de seu direito; ao réu, quanto à existência de fato impeditivo, modificativo ou extintivo do direito do autor.

× delimitar as questões de direito relevantes para a decisão do mérito;
× designar, se necessário, audiência de instrução e julgamento.

DECISÃO DE SANEAMENTO	Saneamento por escrito, em gabinete (art. 357, § 1º, do CPC)
	Saneamento consensual (art. 357, § 2º), um negócio jurídico bilateral (art. 190)
	Saneamento compartilhado (art. 357, § 3º), um negócio jurídico plurilateral (art. 190)

Em suma, poderá ocorrer o encerramento do feito, através de sentença, ou mesmo a extinção parcial, através de decisão interlocutória, que é uma das grandes inovações do atual diploma, trazida no art. 356 do CPC. Ou ainda, não sendo o caso, teremos o saneamento e organização do processo para o fim de seguir a próxima fase: instrutória ou probatória.

+ EXERCÍCIOS DE FIXAÇÃO

01. Ano: 2019 Banca: CESPE / CEBRASPE Órgão: TJ-BA Prova: CESPE / CEBRASPE - 2019 - TJ-BA - Juiz Leigo

A respeito do procedimento comum, julgue os itens a seguir, de acordo com o Código de Processo Civil (CPC).

I. Para que ocorra a cumulação de pedidos na petição inicial, é imprescindível que entre eles haja conexão.

II. O magistrado é autorizado a julgar a demanda improcedente de forma liminar se o pedido do autor contrariar enunciado de súmula de tribunal de justiça sobre direito local e se a causa dispensar instrução probatória.

III. A intimação para réplica do autor é prevista na hipótese de o réu apresentar, em sua contestação, defesa indireta. Na hipótese de o demandado utilizar somente defesa direta, não deve haver intimação para réplica.

Assinale a opção correta.

A) Apenas o item I está certo.
B) Apenas o item III está certo.
C) Apenas os itens I e II estão certos.
D) Apenas os itens II e III estão certos.
E) Todos os itens estão certos.

02. Ano: 2018 Banca: CESPE / CEBRASPE Órgão: DPE-PE Prova: CESPE - 2018 - DPE-PE - Defensor Público

Após encerrar a instrução de determinado processo, a juíza do caso foi removida para outra vara. O juiz substituto que assumiu a vara apreciou o referido processo, já instruído, e proferiu julgamento antecipado parcial do mérito de um dos pedidos da inicial, por ser incontroverso.

Com relação a essa situação hipotética, assinale a opção correta.

A) Ainda que interponha recurso, a parte deverá executar, desde logo e mediante prévia caução, a obrigação reconhecida pela decisão do juiz substituto.
B) A decisão do juiz substituto não poderá ser considerada nula com base no princípio da identidade física do juiz.
C) Contra a decisão proferida pelo juiz substituto caberá interposição de recurso de apelação.
D) A decisão do juiz substituto não pode ter reconhecido obrigação ilíquida.
E) O juiz substituto deveria ter designado audiência de instrução e julgamento para apurar o pedido.

» GABARITO

01. Gabarito: letra d

A questão em comento encontra resposta na literalidade do CPC. Vamos analisar cada uma das assertivas:

Assertiva I) é falsa. Não há necessidade de conexão para cumulação de pedidos. Diz o art. 327 do CPC: Art. 327. É lícita a cumulação, em um único processo, contra o mesmo réu, de vários pedidos, ainda que entre eles não haja conexão.§ 1º São requisitos de admissibilidade da cumulação que: I - os pedidos sejam compatíveis entre si; II - seja competente para conhecer deles o mesmo juízo; III - seja adequado para todos os pedidos o tipo de procedimento.

Assertiva II) a segunda assertiva é correta. Diz o art. 332, IV, do CPC: Art. 332. Nas causas que dispensem a fase instrutória, o juiz, independentemente da citação do réu, julgará liminarmente improcedente o pedido que contrariar:(...)IV - enunciado de súmula de tribunal de justiça sobre direito local.

Assertiva III) a terceira assertiva está correta. Vejamos o que diz o art. 350 do CPC: Art. 350. Se o réu alegar fato impeditivo, modificativo ou extintivo do direito do autor, este será ouvido no prazo de 15 (quinze) dias, permitindo-lhe o juiz a produção de prova.

Logo, o gabarito é letra D.

02. gabarito: letra b

A questão exige o conhecimento da letra seca da lei. Para melhor compreensão passaremos a análise de cada uma das alternativas:

Alternativa A) Acerca do julgamento antecipado do mérito, dispõe o art. 356, §2º, do CPC/15: "A parte poderá liquidar ou executar, desde logo, a obrigação reconhecida na decisão que julgar parcialmente o mérito, independentemente de caução, ainda que haja recurso contra essa interposto". Conforme se nota, a execução parcial é uma faculdade ofertada à parte e não uma obrigação. Ademais, essa execução independe de caução. Afirmativa incorreta.

Alternativa B) De fato, não há que se falar em violação ao princípio da identidade física do juiz: seja porque não está mais ele previsto no Código de Processo Civil de 2015, seja porque o próprio Código de Processo Civil de 1973 - já revogado - trazia uma exceção a este princípio nos casos em que houvesse remoção do juiz (art. 132, CPC/73). Afirmativa correta.

Alternativa C) Acerca do julgamento antecipado do mérito, dispõe o art. 356, §5º, do CPC/15, que "a decisão proferida com base neste artigo é impugnável por agravo de instrumento". Afirmativa incorreta.

Alternativa D) Acerca do julgamento antecipado do mérito, dispõe o art. 356, §1º, do CPC/15: "A decisão que julgar parcialmente o mérito poderá reconhecer a existência de obrigação líquida ou ilíquida. Afirmativa incorreta.

Alternativa E) Dispõe o art. 357, do CPC/15: "Não ocorrendo nenhuma das hipóteses deste Capítulo, deverá o juiz, em decisão de saneamento e de organização do processo: I - resolver as questões processuais pendentes, se houver; II - delimitar as questões de fato sobre as quais recairá a atividade probatória, especificando os meios de prova admitidos; III - definir a distribuição do ônus da prova, observado o art. 373; IV - delimitar as questões de direito relevantes para a decisão do mérito; V - designar, se necessário, audiência de instrução e julgamento". Conforme se nota, a lei processual determina que apenas no caso de não ocorrer nenhuma das hipóteses do capítulo (são elas a extinção do processo, o julgamento antecipado do mérito ou o julgamento antecipado parcial do mérito), deverá o juiz designar audiência de instrução e julgamento - e, ainda assim, se considerar necessário. No caso trazido pela questão houve julgamento antecipado parcial de mérito, o que afasta ainda mais a obrigação do juiz de designar a referida audiência. Afirmativa incorreta.

FASE INSTRUTÓRIA: DA AUDIÊNCIA DE INSTRUÇÃO E JULGAMENTO

É *um ato processual complexo*, no qual se realizam a i) conciliação, a ii) instrução e o iii) julgamento. Consoante se extrai do próprio nome, seu intento é

× instruir
× produzindo provas
× julgar oralmente
× buscar conciliação
× debater por meio das alegações finais.

Ademais, é ato público, seguindo as premissas gerais constitucionais e as previstas no próprio CPC: **art. 11, parágrafo único, e art. 189 do** CPC.

> Art. 11. Todos os julgamentos dos órgãos do Poder Judiciário serão públicos, e fundamentadas todas as decisões, sob pena de nulidade.
> Art. 189. Os atos processuais são públicos, todavia tramitam em segredo de justiça os processos:
> I - em que o exija o interesse público ou social;
> II - que versem sobre casamento, separação de corpos, divórcio, separação, união estável, filiação, alimentos e guarda de crianças e adolescentes;
> III - em que constem dados protegidos pelo direito constitucional à intimidade;
> IV - que versem sobre arbitragem, inclusive sobre cumprimento de carta arbitral, desde que a confidencialidade estipulada na arbitragem seja comprovada perante o juízo.
> § 1º O direito de consultar os autos de processo que tramite em segredo de justiça e de pedir certidões de seus atos é restrito às partes e aos seus procuradores.
> § 2º O terceiro que demonstrar interesse jurídico pode requerer ao juiz certidão do dispositivo da sentença, bem como de inventário e de partilha resultantes de divórcio ou separação.

Logo, a Audiência de Instrução e Julgamento (AIJ) realiza-se com as portas abertas, salvo nos casos de segredo de justiça, como se extrai do art. 368 do CPC/2015, ou circunstâncias inconvenientes que possam perturbar seu regular desenvolvimento (art. 360, II), por exemplo, excessivo número de pessoas.

> Art. 358. No dia e na hora designados, o juiz declarará aberta a audiência de instrução e julgamento e mandará apregoar as partes e os respectivos advogados, bem como outras pessoas que dela devam participar.
> Art. 368. A audiência será pública, ressalvadas as exceções legais.
> Art. 360. O juiz exerce o poder de polícia, incumbindo-lhe:
> II - ordenar que se retirem da sala de audiência os que se comportarem inconvenientemente;

ATENÇÃO: A AIJ é una e contínua, só existindo uma em todo o processo. A ideia é muito simples: como se pratica uma série de atos processuais, muitos deles orais, **mesmo com a obrigatoriedade de se registrar em ata os requerimentos formulados (art. 360, V), bem como com a possibilidade de gravação da audiência (art. 367, §§ 5º e 6º)**, o conteúdo dos atos processuais facilmente pode ser esquecido, portanto a regra é não se cindir a AIJ e, se possível, nela mesma ser prolatada a sentença (art. 366).
EXCEÇÃO: excepcionalmente e justificadamente a AIJ pode ser cindida na ausência de perito ou de testemunha, por exemplo, desde que haja concordância das partes. Caso ela não possa ser concluída na mesma oportunidade, teremos, apenas, a sua continuação (art. 365).

> Art. 365. A audiência é una e contínua, podendo ser excepcional e justificadamente cindida na ausência de perito ou de testemunha, desde que haja **concordância das partes**.
> Parágrafo único. Diante da impossibilidade de realização da instrução, do debate e do julgamento no mesmo dia, o juiz marcará seu prosseguimento para a data mais próxima possível, em pauta preferencial.

Durante sua realização, o juiz exerce o poder de polícia (360, CPC), incumbindo-lhe:

× manter a ordem e o decoro na audiência;
× ordenar que se retirem da sala de audiência os que se comportarem inconvenientemente;
× requisitar, quando necessário, força policial;
× tratar com urbanidade as partes, os advogados, os membros do Ministério Público e da Defensoria Pública e qualquer pessoa que participe do processo;

× registrar em ata, com exatidão, todos os requerimentos apresentados em audiência.

17.1. PRINCÍPIOS

Podemos citar 3 (três) princípios que norteiam a AIJ:

AIJ	**Da concentração:** em que se tem o maior número de atividades possíveis no mesmo momento (art. 361, produção de prova oral; art. 364, debates orais ou escritos e art. 366, prolação da sentença);
	Oralidade: apesar de não ter sido adotado em sua inteireza pelo nosso ordenamento, eis que não se repetiu no CPC/2015 o princípio da identidade física do juiz, outrora previsto no art. 132 do CPC/1973; não há uma total predominância dos atos orais sobre os escritos, porém <u>se adotou a regra da irrecorribilidade de imediato das decisões interlocutórias (art. 1.009, § 1º c/c o art. 1.015)</u>.
	Da imediação: as provas são <u>colhidas diretamente pelas partes</u>, abandonando-se o sistema presidencialista, no qual era o magistrado que colhia diretamente a prova. Como se observa do art. 459 do CPC/2015, **se adota o sistema da prova cruzada** (cross examination), no qual as perguntas serão formuladas pelas partes diretamente à testemunha, começando pela que a arrolou, não admitindo o juiz aquelas que puderem induzir a resposta, não tiverem relação com as questões de fato objeto da atividade probatória ou importarem repetição de outra já respondida. **O juiz poderá inquirir a testemunha tanto antes quanto depois da inquirição feita pelas partes.**

17.2. DOS SUJEITOS PROCESSUAIS NA AIJ

Sobre a atuação do juiz e das partes, podemos assim destacar:

× JUIZ: o magistrado, na AIJ, exerce várias funções:

— conciliador ou mediador, independentemente da adoção de outros métodos de solução consensual anteriormente (art. 359), podendo até mesmo suspender a audiência, se achar conveniente, para que mediadores e conciliadores exerçam essa tarefa;

> Art. 359. <u>Instalada a audiência, o juiz tentará conciliar as partes, independentemente</u> do emprego anterior de outros métodos de solução consensual de conflitos, como a mediação e a arbitragem.

— investigador, colhendo provas com as partes, tomando depoimento pessoal das partes (385 c/c 459), formulando perguntas às testemunhas de maneira suplementar às partes (art. 459) ou deduzindo quesitos de esclarecimentos para o perito e aos assistentes técnicos (art. 470, II c/c art. 477, § 3º, do CPC/2015, na forma do art. 370);

> Art. 385. Cabe à parte requerer o depoimento pessoal da outra parte, a fim de que esta seja interrogada na audiência de instrução e julgamento, sem prejuízo do poder do juiz de ordená-lo de ofício.
> Art. 459. As perguntas serão formuladas pelas partes diretamente à testemunha, começando pela que a arrolou, não admitindo o juiz aquelas que puderem induzir a resposta, não tiverem relação com as questões de fato objeto da atividade probatória ou importarem repetição de outra já respondida.
> § 1º O juiz poderá inquirir a testemunha tanto antes quanto depois da inquirição feita pelas partes.
> § 2º As testemunhas devem ser tratadas com urbanidade, não se lhes fazendo perguntas ou considerações impertinentes, capciosas ou vexatórias.
> § 3º As perguntas que o juiz indeferir serão transcritas no termo, se a parte o requerer.
> Art. 470. Incumbe ao juiz:
> I - indeferir quesitos impertinentes;
> II - formular os quesitos que entender necessários ao esclarecimento da causa.
> Art. 477. O perito protocolará o laudo em juízo, no prazo fixado pelo juiz, pelo menos 20 (vinte) dias antes da audiência de instrução e julgamento.
> § 3º Se ainda houver necessidade de esclarecimentos, a parte requererá ao juiz que mande intimar o perito ou o assistente técnico a comparecer à audiência de instrução e julgamento, formulando, desde logo, as perguntas, sob forma de quesitos.
> Art. 370. Caberá ao juiz, de ofício ou a requerimento da parte, determinar as provas necessárias ao julgamento do mérito.

— diretor, presidindo e conduzindo as atividades empreendidas na audiência, mantendo a ordem e o decoro (arts. 360, incisos I a III, IV, e 361, parágrafo único), no exercício do seu poder de polícia.

> Art. 360. O juiz exerce o poder de polícia, incumbindo-lhe:
> I - manter a ordem e o decoro na audiência;
> III - requisitar, quando necessário, força policial;
> IV - tratar com urbanidade as partes, os advogados, os membros do Ministério Público e da Defensoria Pública e qualquer pessoa que participe do processo;
> Art. 361. As provas orais serão produzidas em audiência, ouvindo-se nesta ordem, preferencialmente:
> I - o perito e os assistentes técnicos, que responderão aos quesitos de esclarecimentos requeridos no prazo e na forma do art. 477, caso não respondidos anteriormente por escrito;
> II - o autor e, em seguida, o réu, que prestarão depoimentos pessoais;
> III - as testemunhas arroladas pelo autor e pelo réu, que serão inquiridas.

Parágrafo único. Enquanto depuserem o perito, os assistentes técnicos, as partes e as testemunhas, não poderão os advogados e o Ministério Público intervir ou apartear, sem licença do juiz.

> **DICA:** Em função do alto índice de cobrança nas provas de concurso público, sobre a ordem de produção de provas, grave o mnemônico P-A-R-Tes. Veja a ordem:

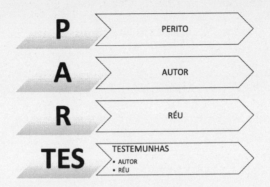

× **DAS PARTES:** compareçam para conciliação (art. 359) ou depoimento pessoal (art. 385, § 1º), sendo aquela delegável a um preposto, enquanto a última é personalíssima.
× **DO ADVOGADO:** possuindo poderes para transigir, dispensa o comparecimento das partes, salvo se tiver necessidade de depoimento pessoal (LOURENÇO, Haroldo). Formulam suas perguntas diretamente às testemunhas, apresentam suas alegações, contraditam testemunhas, formulando perguntas a peritos ou assistentes.
× **DOS AUXILIARES:** são colaboradores, como o oficial de justiça, o escrivão, o perito ou o intérprete (art. 149, CPC).

Requerida a prova, intimada a parte, não comparecendo ou se negando a colaborar, ser-lhe-á aplicada a pena de confesso (arts. 385 c/c 386, CPC). Vejamos:

> Art. 385. Cabe à parte requerer o depoimento pessoal da outra parte, a fim de que esta seja interrogada na audiência de instrução e julgamento, sem prejuízo do poder do juiz de ordená-lo de ofício.
> **§ 1º Se a parte, pessoalmente intimada para prestar depoimento pessoal e advertida da pena de confesso, não comparecer ou, comparecendo, se recusar a depor, o juiz aplicar-lhe-á a pena.**
> § 2º É vedado a quem ainda não depôs assistir ao interrogatório da outra parte.

§ 3º O depoimento pessoal da parte que residir em comarca, seção ou subseção judiciária diversa daquela onde tramita o processo poderá ser colhido por meio de videoconferência ou outro recurso tecnológico de transmissão de sons e imagens em tempo real, o que poderá ocorrer, inclusive, durante a realização da audiência de instrução e julgamento.

Art. 386. Quando a parte, sem motivo justificado, deixar de responder ao que lhe for perguntado ou empregar evasivas, o juiz, apreciando as demais circunstâncias e os elementos de prova, declarará, na sentença, se houve recusa de depor.

17.3. DO PROCEDIMENTO

Os atos são praticados na seguinte ordem:

PRIMEIRO
(1º) declara-se aberta a audiência, realiza-se o pregão (art. 358)
SEGUNDO
(2º) a tentativa de conciliação (art. 359)
TERCEIRO
(3º) a instrução (art. 361)
QUARTO
(4º) o debate ou as razões finais (art. 364)
QUINTO
(5º) o julgamento (art. 366)

Sobre as alegações finais, previstas no art. 364 do CPC, podemos sintetizar:

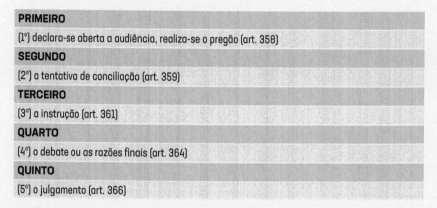

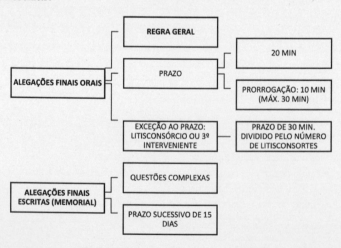

262 DIREITO PROCESSUAL CIVIL

17.4. DIREITO PROBATÓRIO

17.4.1. NOÇÕES GERAIS E CONCEITO

Afirma a doutrina, que a prova é a alma do processo de conhecimento e, devido a essa essencialidade, o direito probatório tem passado por significativas mudanças, principalmente pelas construções doutrinárias e jurisprudenciais.

CONCEITO DE PROVA: deve ser compreendida como todo elemento trazido ao processo que possa colaborar na formação da cognição do juiz a respeito da veracidade das alegações fáticas controvertidas e relevantes, além do mais possui íntima relação com o princípio do contraditório, por viabilizar a participação no procedimento de formação da decisão, como afirma a parte final do art. 369 do CPC/2015.

> Art. 369. As partes têm o direito de empregar **todos os meios legais, bem como os moralmente legítimos, ainda que não especificados neste Código**, para provar a verdade dos fatos em que se funda o pedido ou a defesa e influir eficazmente na convicção do juiz.

A partir desse artigos vemos que podem ser usadas provas:

× **Típicas:** previstas no CPC, i.e., codificadas;
× **Atípicas:** que, muito embora não estejam especificadas no Código, sejam moralmente legítimas.

> **EXEMPLO:** Podemos citar como prova atípica a prova pericial extrajudicial.

17.4.2. NAWTUREZA JURÍDICA DA PROVA

A natureza jurídica das normas que regulamentam as provas é um forte ponto de tensão doutrinária.

Há autores que afirmam uma natureza processual, pois seria o meio pelo qual o juiz formará a sua convicção a fim de exercer a função jurisdicional, sendo fortemente criticável a opção do Código Civil em também regulamentá-las (CÂMARA, Alexandre Freitas. Lições de direito processual civil cit., 17. ed., p. 374).

Para alguns haveria uma natureza mista, com uma associação entre o direito material e o processual, vislumbrando-se uma sistematização conjunta (FARIAS, Cristiano Chaves de; ROSENVALD, Nelson. Direito civil: teoria geral. 6. ed. Rio de Janeiro: Lumen Juris, 2007. p. 608).

Por fim, há quem visualize como possuindo natureza constitucional, sem contudo negarmos o caráter processual (Lourenço, Haroldo Processo civil sistematizado / Haroldo Lourenço. – 5. ed. – Rio de Janeiro: Forense; São Paulo: MÉTODO, 2019).

17.5. 3. DESTINATÁRIO DA PROVA

É o juiz, cabe-lhe também exigir determinadas dilações probatórias que possam ser de interesse para o julgamento do mérito.

> Art. 370. Caberá ao juiz, de ofício ou a requerimento da parte, determinar as provas necessárias ao julgamento do mérito.
> Parágrafo único. O juiz indeferirá, em decisão fundamentada, as diligências inúteis ou meramente protelatórias.

Se o juiz determinar a prova, a despesa para a realização da prova deverá ser rateada antecipadamente entre as partes, conforme disposição expressa do art. 95.

17.5.1. FUNDAMENTAÇÃO E APRECIAÇÃO DA PROVA

O dever de fundamentação já estava presente na ordem constitucional (art. 93, IX); Previsão atual no art. 489, §1º, CPC. No mesmo sentido, art. 371:

> Art. 371. O juiz apreciará a prova constante dos autos, independentemente do sujeito que a tiver promovido, e indicará na decisão as razões da formação de seu convencimento.

ATENÇÃO: O CPC/1973 adotava a regra do livre convencimento motivado ao dispor que "o juiz apreciará livremente a prova, atendendo aos fatos e circunstâncias constantes dos autos, ainda que não alegados pelas partes" (art. 131). O dispositivo justificava-se pela necessidade de superação da prova tarifada, haja vista inexistir qualquer espécie de hierarquia entre as várias espécies de prova. De acordo com a redação do CPC atual, deve-se compreender que a exclusão desse princípio não quer dizer que o juiz tenha que, a partir da vigência da nova legislação, valorar a prova de maneira hierarquizada. A mudança tem o sentido de limite, de controle da atuação jurisdicional. O principal objetivo é afastar as convicções pessoais do juiz e a sua atuação como protagonista do processo (Donizetti, Elpídio. Curso de direito processual civil / Elpídio Donizetti. - 23. ed. - São Paulo: Atlas, 2020.p.493).

17.6. PROVA EMPRESTADA

O atual CPC passa a adotar, de modo expresso, a possibilidade do uso da prova emprestada, isto é, da prova produzida em outro processo e que também afeta a causa em questão. Veja:

> Art. 372. O juiz poderá admitir a utilização de prova produzida em outro processo, atribuindo-lhe o valor que considerar adequado, observado o contraditório.

A jurisprudência entende que o empréstimo da prova pode ocorrer ainda que esta não tenha sido colhida entre as mesmas partes - STJ, EREsp 617.428/SP, Rel. Min. Nancy Andrighi, j. 04.06.2014.

17.7. ÔNUS DA PROVA

Regra geral, ao autor cabe provar os fatos constitutivos de seu direito e ao réu incumbe provar os fatos impeditivos, modificativos e extintivos do direito do autor. Esse regramento, no entanto, é **relativizado pelo § 1º, o qual possibilita a distribuição diversa do ônus da prova conforme as peculiaridades do caso concreto, atribuindo à parte** que tenha melhores condições de suportá-lo. Trata-se da distribuição dinâmica do ônus da prova, que se contrapõe à concepção estática prevista na legislação anterior (art. 333 do CPC/1973).

Conforme DONIZETTI

> "A distribuição dinâmica do ônus da prova decorre dos princípios da igualdade, da lealdade, da boa-fé e do princípio da cooperação entre os sujeitos do processo e também com o órgão jurisdicional. De todo modo, deve o juiz aplicar esta nova regra com cautela, de forma a afastar injustiças, mas sem prejudicar demasiadamente a produção probatória para uma das partes."

Vejamos o art. 373 do CPC:

Art. 373. O ônus da prova incumbe:
- I – ao autor, quanto ao fato constitutivo do seu direito;
- II – ao réu, quanto à existência de fato impeditivo, modificativo ou extintivo do direito do autor.

§ 1º Nos casos previstos em **lei ou diante de peculiaridades** da causa relacionadas à impossibilidade ou à excessiva dificuldade de cumprir o encargo nos termos do caput ou à maior facilidade de obtenção da prova do fato contrário, **poderá o juiz atribuir o ônus da prova de modo diverso**, desde que o faça por decisão fundamentada, caso em que deverá dar à parte a oportunidade de se desincumbir do ônus que lhe foi atribuído.

§ 2º A decisão prevista no § 1º deste artigo não pode gerar situação em que a desincumbência do encargo pela parte seja impossível ou excessivamente difícil.

§ 3º A distribuição diversa do ônus da prova também pode ocorrer por convenção das partes, **salvo quando:**
- I – recair sobre **direito indisponível** da parte;
- II – tornar **excessivamente difícil** a uma parte o exercício do direito.

§ 4º A convenção de que trata o § 3º pode ser celebrada **antes ou durante** o processo.

Segundo o STJ, a inversão do ônus da prova é regra de instrução (ou de procedimento), devendo a decisão judicial que determiná-la ser proferida preferencialmente na fase de saneamento do processo. Caso a decisão sobre a inversão seja posterior, deve-se assegurar à parte a quem não incumbia inicialmente o encargo a reabertura de oportunidade para manifestar-se nos autos (EREsp 422.778/SP, Rel. originário Min. João Otávio de Noronha, Rel. para o acórdão Min. Maria Isabel Gallotti, julgado em 29.02.2012. Informativo 492).

O CPC/2015 adotou esse posicionamento, conforme consta na parte final do § 1º do art. 373.

ATENÇÃO: Existem fatos que não dependem de prova, porquanto sobre eles não paira qualquer controvérsia. Essa é a regra que abrange todos os incisos do art. 374 Em outras palavras, só haverá necessidade de prova em relação aos fatos controvertidos.

Art. 374. Não dependem de prova os fatos:
I – notórios;
II – afirmados por uma parte e confessados pela parte contrária;
III – admitidos no processo como incontroversos;
IV – em cujo favor milita presunção legal de existência ou de veracidade.

- **Fatos notórios** são os acontecimentos de conhecimento geral, como, por exemplo, as datas históricas, daí a desnecessidade de comprovação.
- Igualmente dispensados de demonstração são os **fatos já confessados ou simplesmente admitidos como verdadeiros pela parte contrária.** Como na primeira hipótese já existe a prova (confissão), o que se dispensa é uma nova demonstração da mesma realidade.

× A **presunção legal** pode ser absoluta (juris et de jure) ou relativa (juris tantum). No primeiro caso, o fato é considerado verdadeiro pelo próprio sistema jurídico, sendo irrelevante qualquer comprovação em sentido contrário.

Na falta de normas jurídicas particulares, poderá o juiz utilizar-se subsidiariamente de todo o

17.8. COLABORAÇÃO E PRODUÇÃO DE PROVAS

O direito de não produzir provas contra si mesmo tem respaldo na Convenção Americana de Direitos Humanos de 1969, também conhecida como Pacto de San José da Costa Rica, que foi ratificado pelo Brasil em 1992. Sobre o tema, os arts. 378 e 379 do CPC:

> Art. 379. Preservado o direito de não produzir prova contra si própria, incumbe à parte:
> I – comparecer em juízo, respondendo ao que lhe for interrogado;
> II – colaborar com o juízo na realização de inspeção judicial que for considerada necessária;
> III – praticar o ato que lhe for determinado.
> Art. 378. Ninguém se exime do dever de colaborar com o Poder Judiciário para o descobrimento da verdade.

O referido dispositivo (378, CPC) é **reflexo da regra geral inserida no art. 6º, segundo o qual "todos os sujeitos do processo devem cooperar entre si para que se obtenha, em tempo razoável, decisão de mérito justa e efetiva"**

17.9. DEVERES DO TERCEIRO

> Art. 380. Incumbe ao terceiro, em relação a qualquer causa:
> I – informar ao juiz os fatos e as circunstâncias de que tenha conhecimento;
> II – exibir coisa ou documento que esteja em seu poder. Parágrafo único.
> Poderá o juiz, em caso de descumprimento, determinar, além da imposição de **multa**, outras medidas indutivas, coercitivas, mandamentais ou sub-rogatórias.

O dispositivo reitera o dever de colaboração contido no art. 378. A regra, no entanto, dirige-se àqueles que não têm ligação direta com a causa, mas que, apesar disso, podem possuir algum registro de dados ou fatos que interessem ao processo.

17.10. DA PRODUÇÃO ANTECIPADA DA PROVA (ARTS. 381-383, CPC)

A medida cautelar típica de produção antecipada de provas – prevista no art. 846 do CPC/1973 – passa a integrar o processo de conhecimento. No entanto, a sentença produzida neste procedimento permanece com a mesma natureza assecuratória, uma vez que não há julgamento de mérito (art. 382, § 2º).

> Art. 382. Na petição, o requerente apresentará as razões que justificam a necessidade de antecipação da prova e mencionará com precisão os fatos sobre os quais a prova há de recair.
> § 2º O juiz não se pronunciará sobre a ocorrência ou a inocorrência do fato, nem sobre as respectivas consequências jurídicas.

> ATENÇÃO: O processo autônomo de produção antecipada da prova é de jurisdição voluntária. Não é processo cautelar, nem há sequer a necessidade de alegar urgência.
> A autonomia da ação de produção antecipada de prova dispensa, inclusive, a necessidade de propor uma futura demanda com base na prova produzida.

A ação de produção antecipada de prova é a demanda pela qual se afirma o direito à produção de uma determinada prova e se pede que essa prova seja produzida antes da fase instrutória do processo pra o qual ela serviria. Ademais, DIDIER (2015, p.137) ressalta que **"Não obstante o silêncio normativo, é possível em situações de urgência, requerer a produção antecipada de prova incidentalmente, valendo o regramento da produção antecipada autônoma como modelo."**

> ATENÇÃO: Essa ação se esgota com a própria produção da prova, ou seja, não se pretende que o juiz reconheça que os fatos foram provados, ou que o juiz certifique situações jurídicas decorrentes de fatos jurídicos. A produção antecipada de prova pode ser requerida: i) como um incidente processual; ii) como ação autônoma.

17.11. HIPÓTESES E COMPETÊNCIA

Estão previstas no art. 381, sendo que o atual CPC inova ao adicionar duas situações que não constavam no CPC/73, nos seus incisos II e III. Vejamos todas elas:

Art. 381. A produção antecipada da prova será admitida nos casos em que:
I - haja fundado receio de que venha a tornar-se impossível ou muito difícil a verificação de certos fatos na pendência da ação;
II - a prova a ser produzida seja suscetível de viabilizar a autocomposição ou outro meio adequado de solução de conflito;
III - o prévio conhecimento dos fatos possa justificar ou evitar o ajuizamento de ação.
§ 1º O arrolamento de bens observará o disposto nesta Seção quando tiver por finalidade apenas a realização de documentação e não a prática de atos de apreensão.
§ 2º A produção antecipada da prova é da competência do juízo do foro onde esta deva ser produzida ou do foro de domicílio do réu.
§ 3º A produção antecipada da prova não previne a competência do juízo para a ação que venha a ser proposta.
§ 4º O juízo estadual tem competência para produção antecipada de prova requerida em face da União, de entidade autárquica ou de empresa pública federal se, na localidade, não houver vara federal.
§ 5º Aplica-se o disposto nesta Seção àquele que pretender justificar a existência de algum fato ou relação jurídica para simples documento e sem caráter contencioso, que exporá, em petição circunstanciada, a sua intenção.

17.12. PROVAS EM ESPÉCIE

17.12.1. ATA NOTARIAL (ART. 384, CPC)

De maneira inédita a ata notarial passa a ser regulada expressamente na legislação processual brasileira (art. 384 do CPC/2015).

Art. 384. A existência e o modo de existir de algum fato podem ser atestados ou documentados, a requerimento do interessado, mediante ata lavrada por tabelião.
Parágrafo único. Dados representados por **imagem ou som** gravados em arquivos eletrônicos poderão constar da ata notarial.

17.12.2. DEPOIMENTO PESSOAL (ARTS. 385- 388, CPC)

Trata-se da prova consistente na oitiva da parte em juízo, cabendo ressaltar que somente se admite o depoimento pessoal da parte contrária, eis que o seu propósito é provocar a confissão na audiência de instrução e julgamento (art. 361, II, do CPC/2015), nos termos do art. 385 do CPC/2015, sem prejuízo do poder do juiz de ordená-lo de ofício.

> **ATENÇÃO:** A doutrina distingue depoimento pessoal de interrogatório, sendo o primeiro o meio de prova no qual uma das partes requer que a parte contrária deponha sobre fatos relacionados com a demanda a fim de obter dela confissão, espontânea ou provocada, já o segundo ocorre quando o juiz determina o comparecimento da parte a fim de ser interrogada para esclarecer fatos que tenham relação com a demanda. "Infelizmente, como se percebe, o CPC/2015 embaralha os dois institutos" (LOURENÇO, Haroldo).

Portanto, cabe à parte requerer o depoimento pessoal da outra PARTE, a fim de que esta seja interrogada na audiência de instrução e julgamento, sem prejuízo do poder do juiz de ordená-lo de ofício (art. 385, CPC).

1. **NÃO COMPARECIMENTO OU RECUSA:** gerará a pena de confesso, conforme prevê o §1º do art. 385 do CPC:

   > art. 385 [...]§ 1o Se a parte, pessoalmente intimada para prestar depoimento pessoal e advertida da pena de confesso, não comparecer ou, comparecendo, se recusar a depor, o juiz aplicar-lhe-á a pena.

   Atualmente, cada vez mais se faz necessário o uso de tecnologias, nesse importa destacar que o depoimento pessoal da parte poderá ser feito por videoconferência ou recurso tecnológico. Vide o §3º do art. 385:

   > 385 (...) § 3o O depoimento pessoal da parte que residir em comarca, seção ou subseção judiciária diversa daquela onde tramita o processo poderá ser colhido por meio de videoconferência ou outro recurso tecnológico de transmissão de sons e imagens em tempo real, o que poderá ocorrer, **inclusive, durante a realização da audiência de instrução e julgamento.**

2. **USO DE EVASIVAS:** quando a parte, sem motivo justificado, deixar de responder ao que lhe for perguntado ou empregar evasivas, o juiz, apreciando as demais circunstâncias e os elementos de prova, declarará, na sentença, se houve recusa de depor (art. 386, CPC).

Entretanto, conforme art. 388 a parte não é obrigada a depor:

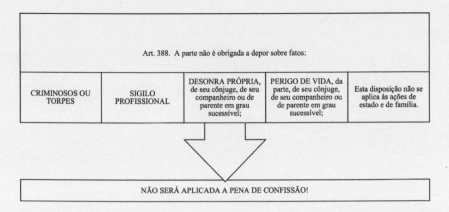

3. **NOTAS BREVES**: poderão ser utilizadas. A parte responderá pessoalmente sobre os fatos articulados, não podendo servir-se de escritos anteriormente preparados, **permitindo-lhe o juiz, todavia, a consulta a notas breves**, desde que objetivem completar esclarecimentos (387, CPC)."

17.13. CONFISSÃO: ARTS. 389-395

Confissão é a declaração de conhecimento de fatos contrários ao interesse de quem a emite e favorável ao do adversário, podendo ser espontânea, feita pela própria parte ou por representante com poder especial e nos limites do poder que lhe foi atribuído (art. 390, § 1º, do CPC/2015), ou provocada, que é a ocorrida durante o depoimento pessoal, devendo constar do respectivo termo (art. 390, § 2º, do CPC/2015), somente podendo recair sobre fatos relativos a direitos disponíveis (art. 392 do CPC/2015) (LOURENÇO, Haroldo).

> Art. 389. Há confissão, judicial ou extrajudicial, quando a parte admite a verdade de fato contrário ao seu interesse e favorável ao do adversário.
> Art. 390. A confissão judicial pode ser espontânea ou provocada.
> § 1º A confissão espontânea pode ser feita pela própria parte ou por representante com poder especial.
> § 2º A confissão provocada constará do termo de depoimento pessoal.
> **Art. 391. A confissão judicial faz prova contra o confitente, não prejudicando, todavia, os litisconsortes.**
> Art. 393. A confissão é irrevogável, mas pode ser anulada se decorreu de erro de fato ou de coação.
> Parágrafo único. A legitimidade para a ação prevista no caput é exclusiva do confitente e pode ser transferida a seus herdeiros se ele falecer após a propositura.

Art. 394. A confissão extrajudicial, quando feita oralmente, só terá eficácia nos casos em que a lei não exija prova literal.

Não vale como confissão a admissão, em juízo, de fatos relativos a direitos indisponíveis (392, CPC).

Ademais, será ineficaz se feita por quem não for capaz de dispor do direito a que se referem os fatos confessados.

Se feita por um representante somente é eficaz nos limites em que este pode vincular o representado. Destarte, deve ter poderes especiais para realizar o ato (art. 105, CPC).

17.14. EXIBIÇÃO DE DOCUMENTO OU DE COISA (ARTS. 396-404, CPC)

O juiz pode ordenar que a parte exiba documento ou coisa que se encontre em seu poder, conforme previsão do art. 396 do CPC.

> Art. 396. O juiz pode ordenar que a parte exiba documento ou coisa que se encontre em seu poder.

Se a parte requerer a exibição deverá demonstrar (art. 397, CPC):

1. a individuação, tão completa quanto possível, do documento ou da coisa;
2. a finalidade da prova, indicando os fatos que se relacionam com o documento ou com a coisa;
3. as circunstâncias em que se funda o requerente para afirmar que o documento ou a coisa existe e se acha em poder da parte contrária.

Sobre os prazos, atenção! Há diferença em relação a quem já é parte e ao terceiro. Veja:

Art. 398. O requerido dará sua resposta **nos 5 (cinco) dias** subsequentes à sua intimação.	Art. 401. Quando o documento ou a coisa estiver em poder de terceiro, o juiz ordenará sua citação para responder no **prazo de 15 (quinze) dias.**

> Parágrafo único. Se o requerido afirmar que não possui o documento ou a coisa, o juiz permitirá que o requerente prove, por qualquer meio, que a declaração não corresponde à verdade.

1. NEGATIVA DO TERCEIRO: **o juiz designará audiência especial**, tomando-lhe o depoimento, bem como o das partes e, se necessário, o de testemunhas, e em seguida proferirá decisão (art. 402, CPC). Se o juiz entender que o terceiro, **sem justo motivo**, se recusou a

efetuar a exibição, ordenar-lhe-á que proceda ao respectivo depósito em cartório ou em outro lugar designado, **no prazo de 5 (cinco) dias**, impondo ao requerente que o ressarça pelas despesas que tiver (art. 403, CPC).

Contudo, se o terceiro descumprir a ordem, o juiz expedirá mandado de apreensão, requisitando, se necessário, força policial, sem prejuízo da responsabilidade por crime de desobediência, pagamento de multa e outras medidas indutivas, coercitivas, mandamentais ou sub-rogatórias necessárias para assegurar a efetivação da decisão (§u, 403, CPC).

Para saber os atos a serem realizados, temos que verificar se a escusa foi legítima ou ilegítima!

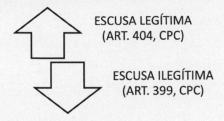

ESCUSA LEGÍTIMA (ART. 404, CPC)

ESCUSA ILEGÍTIMA (ART. 399, CPC)

Art. 399. O juiz não admitirá a recusa se:

    I - o requerido tiver obrigação legal de exibir;
    II - o requerido tiver aludido ao documento ou à coisa, no processo, com o intuito de constituir prova;
    III - o documento, por seu conteúdo, for comum às partes.

Art. 404. A parte e o terceiro se escusam de exibir, em juízo, o documento ou a coisa se:

    I - concernente a negócios da própria vida da família;
    II - sua apresentação puder violar dever de honra;
    III - sua publicidade redundar em desonra à parte ou ao terceiro, bem como a seus parentes consanguíneos ou afins até o terceiro grau, ou lhes representar perigo de ação penal;
    IV - sua exibição acarretar a divulgação de fatos a cujo respeito, por estado ou profissão, devam guardar segredo;
    V - subsistirem outros motivos graves que, segundo o prudente arbítrio do juiz, justifiquem a recusa da exibição;
    VI - houver disposição legal que justifique a recusa da exibição.

> **ATENÇÃO:** O parágrafo único do art. 400 traz novidades, contrariando o Enunciado 372 do STJ:
> "Na ação de exibição de documentos, não cabe a aplicação de multa cominatória." O próprio STJ já flexibilizou tal enunciado: STJ, REsp 1.359.976/PB, 3ª T., rel. Min. Paulo de Tarso Sanseverino, j. 25.11.2014.
>
> Enunciado 54 do FPPC: "Fica superado o enunciado 372 da súmula do STJ ('Na ação de exibição de documentos, não cabe a aplicação de multa cominatória') após a entrada em vigor do CPC, pela expressa possibilidade de fixação de multa de natureza coercitiva na ação de exibição de documento". Sendo assim, nada impede que o juiz adote outras medidas coercitivas, indutivas, mandamentais ou sub-rogatórias, tal como a imposição de multa cominatória, <u>o que é corroborado pelo art. 139, IV, do CPC/2015.</u>

17.15. DEMAIS MODALIDADES DE PROVAS EM ESPÉCIE: DOCUMENTAL, TESTEMUNHAL, PERICIAL E INSPEÇÃO JUDICIAL

Com intuito de simplificar o estudo dessas provas, vejamos os principais pontos:

Prova documental (arts. 405-429)	Documento é a prova histórica real consistente na representação física de um fato. Em sentido lato, documento compreende não apenas os escritos, mas também desenhos, pinturas, mapas, fotografias, gravações sonoras, filmes, por exemplo. × documento feito por **oficial público incompetente** ou sem a observância das formalidades legais, sendo subscrito pelas partes, tem a **mesma eficácia probatória do documento particular** (art. 407); × **os livros empresariais provam contra seu autor** (art. 417); × A escrituração contábil é indivisível (art. 419); × **a requerimento da parte, o juiz pode ordenar a apresentação dos livros empresariais** (art. 420): liquidação de empresa; sucessão por morte; demais previsões legais; × **qualquer reprodução mecânica, como a fotografia, a cinematográfica, a fonográfica ou de outra espécie, tem aptidão para fazer prova dos fatos ou das coisas representadas (art. 422);** × Cessa a fé do documento público ou particular sendo-lhe declarada judicialmente a falsidade. (427). × ÔNUS DA PROVA: Art. 429. Incumbe o ônus da prova quando: I - se tratar de falsidade de documento ou de preenchimento abusivo, à parte que a arguir; II - se tratar de impugnação da autenticidade, à parte que produziu o documento.
ARGUIÇÃO DE FALSIDADE (430-433)	**PRAZOS (art.430):** **AUTOR: na réplica** **RÉU: na contestação** **Autor e réu: no tramite do processo, 15 dias, a partir da juntada do documento;** × ouve-se a outra parte - prazo de 15 dias; × se faz prova pericial!

Produção da prova documental [434-438]	**REGRA GERAL da prova documental:** 1) JUNTADA DOS DOCUMENTOS AUTOR: junta na pet inicial (art. 320 + 434) RÉU: junta na contestação (art. 336 + 434). *CUIDADO: documentos novos ≠ novas alegações (ver art. 342).* ATENÇÃO: **DOCUMENTOS NOVOS → podem ser juntados A QUALQUER TEMPO (435)** 2) MANIFESTAÇÃO SOBRE OS DOCUMENTOS (437) AUTOR: na réplica; RÉU: na contestação NO TRÂMITE DO PROCESSO: prazo de 15 dias para a outra parte se manifestar sobre qualquer documento juntado. 3) REQUERIMENTOS ÀS REPARTIÇÕES PÚBLICAS (438): pode ser feito pelo JUIZ, para pedir CERTIDÕES ou PROCESSOS ADMINISTRATIVOS.
Documentos eletrônicos [439-441]	Conforme DONIZETTI, documento eletrônico compreende o registro de fatos que tem como meio físico um suporte eletrônico ou digital, quais sejam, os dispositivos que armazenam informações: CDs, DVDs, Blu-Ray Disc, HDs, pen-drives, e-mail etc. Regra geral: deverá o doc. eletrônico ser convertido a forma impressa; Exceção: se não convertido, o juiz avaliará seu teor probatório;

Prova testemunhal (442-463)

REGRA GERAL: SEMPRE ADMISSÍVEL, salvo disposição em lei em contrário (442).

DISPENSA DA PROVA (443):
- × fatos provados;
- × fatos confessados;
- × fatos que necessitam de prova pericial;

QUEM PODE SER TESTEMUNHA?
Regra geral: todos
Exceção: INCAPAZES, IMPEDIDOS OU SUSPEITOS;

CUIDADO
ART. 447 § 1º São incapazes:
I - o **interdito** por enfermidade ou deficiência mental;
II - o que, **acometido por enfermidade ou retardamento mental, ao tempo** em que ocorreram os fatos, não podia discerni-los, ou, **ao tempo em que deve depor, não está habilitado** a transmitir as percepções;
III - o que tiver **menos de 16 (dezesseis) anos;**
IV - o **cego e o surdo, quando a ciência do fato depender dos sentidos que lhes faltam.**

SOBRE O QUE PODE-SE RECUSAR A DEPOR?
Art. 448. A testemunha não é obrigada a depor sobre fatos:
I - **que lhe acarretem grave dano,** bem como ao seu cônjuge ou companheiro e aos seus parentes consanguíneos ou afins, em linha reta ou colateral, até o terceiro grau;
II - a cujo respeito, **por estado ou profissão, deva guardar sigilo.**

PRODUÇÃO DA PROVA TESTEMUNHAS - ARTS. 450-463

PODEM SER SUBSTITUÍDAS TESTEMUNHAS ARROLADAS?

SIM:

Art. 451. Depois de apresentado o rol de que tratam os §§ 4o e 5o do art. 357, a parte só pode substituir a testemunha:

I - que falecer;

II - que, por enfermidade, não estiver em condições de depor;

III - que, tendo mudado de residência ou de local de trabalho, não for encontrada.

ONDE SE OUVE A TESTEMUNHA???

REGRA GERAL: NA AUDIÊNCIA DE INSTRUÇÃO!

EXCEÇÕES:

TESTEMUNHA QUE PRESTA DEPOIMENTO ANTECIPADAMENTE (ART. 381);

OUVIDA POR CARTA;

PESSOAS NO ROL DO ART. 454 - PRESIDENTE, MINISTROS, ADVOGADO GERAL, ETC... à SÃO OUVIDOS NA SUA RESIDÊNCIA OU ONDE EXERCEM FUNÇÃO! VER: ARTS. 453 E 454, CPC;

CABE AO OFICIAL DE JUSTIÇA INTIMAR A TESTEMUNHA?

REGRA GERAL: NÃO!!!!!! Caberá ao advogado.

Exceções:

ADV. NÃO CONSEGUIR;

II - sua necessidade for devidamente demonstrada pela parte ao juiz;

III - figurar no rol de testemunhas servidor público ou militar, hipótese em que o juiz o requisitará ao chefe da repartição ou ao comando do corpo em que servir;

IV - a testemunha houver sido arrolada pelo Ministério Público ou pela Defensoria Pública;

V - a testemunha for uma daquelas previstas no art. 454 (PRESIDENTE, ADVOGADO-GERAL DA UNIÃO, MINISTRO...)

PODE ACAREAR TESTEMUNHAS?

SIM! DE OFÍCIO OU A REQUERIMENTO.

DUAS OU MAIS TESTEMUNHAS (ART. 461,CPC)

→ AS TESTEMUNHAS PRESTAM COMPROMISSO (ARTS. 457 e 458, CPC);

→ A PARTE PODE CONTRADITAR UMA TESTEMUNHA, COM DOCUMENTOS E ATÉ 3 TESTEMUNHAS (ART.457. §1º).

Prova pericial (464-480)

CONSISTE:
EXAME
VISTORIA
AVALIAÇÃO

PALAVRAS-CHAVES: NECESSIDADE DE CONHECIMENTO TÉCNICO

PRAZOS (465):
- **PARTES:** 15 dias apresentar quesitos e impugnar; Também podem indicar assistente técnico!
- **PERITO:** 5 dias para apresentar proposta de honorários e seus dados.
- **IMPUGNAR/ACEITAR PROPOSTA DE HONORÁRIOS:** 5 dias.
- **INFORMAR ASSISTENTES TÉCNICOS:** 5 DIAS ANTES DE EXAMES/VISTORIAS!
- **PAGAMENTO DOS HONORÁRIOS:** até 50 % no início; resto na entrega do laudo e esclarecimentos finais.
- **PERÍCIA INCONCLUSIVA/INEFICIENTE:** PODE O JUIZ REDUZIR OS HONORÁRIOS!
- **SUBSTITUIÇÃO DO PERITO:** pode ocorrer (468); RESTITUI OS VALORES NO PRAZO DE 15 DIAS!
- PROTOCOLO DO LAUDO: ao menos 20 dias antes da audiência de instrução. (477)
- INTIMAÇÃO DAS PARTES: **PRAZO COMUM DE 15 DIAS! (477, §1º)**
- **PODE O PERITO SER INTIMADO A COMPARECER NA AUDIÊNCIA?**
Sim! Prazo mínimo de 10 dias antes, para intimação! (art. [477, §4º)

PODE SER DESIGNADA NOVA PERÍCIA?
Sim. Art. 480!
Não substitui a primeira. Busca-se mais esclarecimento.

	RECAI SOBRE:
	PESSOAS
	COISAS
	*LUGARES (banca CESPE/CEBRASPE)
	PODE O JUIZ SER ASSISTIDO?
Inspeção	SIM! POR UM OU MAIS PERITOS.
judicial	**COMO SE DOCUMENTA ESSAS DILIGÊNCIAS DO JUIZ?**
(481-484)	LAVRAR-SE-Á AUTO CIRCUNSTANCIADO,
	O auto poderá ser instruído com desenho, gráfico ou fotografia. (§ÚNICO, ART. 484).

EXERCÍCIOS DE FIXAÇÃO

01. Ano: 2018 Banca: FAUEL Órgão: Prefeitura de São José dos Pinhais - PR Prova: FAUEL - 2018 - Prefeitura de São José dos Pinhais - PR - Advogado

Acerca das provas, de acordo com o Código de Processo Civil, assinale a alternativa correta:

A) A existência e o modo de existir de algum fato podem ser atestados ou documentados, a requerimento do interessado, mediante ata lavrada por tabelião. Dados representados por imagem ou som gravados em arquivos eletrônicos não poderão constar da ata notarial.

B) A produção antecipada da prova deve ser ajuizada no foro do juízo competente para conhecer a ação a ser posteriormente proposta.

C) A confissão extrajudicial, quando feita oralmente, só terá eficácia nos casos em que a lei não exija prova literal.

D) O documento público faz prova da sua formação, mas não dos fatos que o escrivão, o chefe de secretaria, o tabelião ou o servidor declarar que ocorreram em sua presença.

E) A utilização de documentos eletrônicos no processo convencional não dependerá de sua conversão à forma impressa, desde que verificada sua autenticidade, na forma da lei.

02. Ano: 2018 Banca: TJ-PR Órgão: TJ-PR Prova: TJ-PR - 2018 - TJ-PR - Comarca de Curitiba - Juiz Leigo

Considere as assertivas abaixo:

I. O depoimento pessoal da parte não pode ser determinado de ofício pelo Juiz.

II. Em ações de estado e de família, a parte não é obrigada a prestar depoimento sobre fatos, ainda que venham a resultar em desonra própria.

III. Haverá confissão ficta quando a parte, pessoalmente intimada para prestar depoimento pessoal e advertida da pena de confesso, não comparece em juízo.

IV. É vedado a quem ainda não depôs assistir ao interrogatório da outra parte.

V. A parte não tem legitimidade para requerer o seu próprio depoimento pessoal.

Em consonância com as disposições do Código de Processo Civil, está correto o que se afirma APENAS em

A) II e IV.
B) II, III e V.
C) I, II e V.
D) III, IV e V.
E) I, III e IV.

» GABARITO

01. Gabarito: letra c

A questão exige o conhecimento da letra seca da lei. Para melhor compreensão passaremos a análise de cada uma das alternativas:

Alternativa A) errada, conforme art.384. A existência e o modo de existir de algum fato podem ser atestados ou documentados, a requerimento do interessado, mediante ata lavrada por tabelião. Parágrafo único. Dados representados por imagem ou som gravados em arquivos eletrônicos poderão constar da ata notarial.

Alternativa B) errada, conforme art.381. A produção antecipada da prova será admitida nos casos em que: § 2º A produção antecipada da prova é da competência do juízo do foro onde esta deva ser produzida ou do foro de domicílio do réu.

Alternativa C) certa, conforme art.394. A confissão extrajudicial, quando feita oralmente, só terá eficácia nos casos em que a lei não exija prova literal.

Alternativa D) errada, conforme art. 405. O documento público faz prova não só da sua formação, mas também dos fatos que o escrivão, o chefe de secretaria, o tabelião ou o servidor declarar que ocorreram em sua presença.

Alternativa E) errada, conforme art. 439. A utilização de documentos eletrônicos no processo convencional dependerá de sua conversão à forma impressa e da verificação de sua autenticidade, na forma da lei.

02. gabarito: letra d

A questão aborda o tema do depoimento pessoal, um meio de prova típico previsto no Código de Processo Civil. Ele consiste no interrogatório de uma parte, requerido pela outra, ou pelo próprio juiz, a fim de obter uma confissão em juízo.

Afirmativa I) Previsto no art. 385, caput, a lei processual dispõe que "cabe à parte requerer o depoimento pessoal da outra parte, a fim de que esta seja interrogada na audiência de instrução e julgamento, sem prejuízo do poder do juiz de ordená-lo de ofício". Conforme se nota, o depoimento pessoal da parte pode, sim, ser ordenado de ofício pelo juízo. Afirmativa incorreta.

Afirmativa II) É certo que em algumas hipóteses excepcionais, a própria lei exime a parte do dever de depor, não lhe sendo aplicada a pena de confesso, caso opte por permanecer em silêncio. Essas hipóteses estão contidas no art. 388, do CPC/15: "Art. 388. A parte não é obrigada a depor sobre fatos: I - criminosos ou torpes que lhe forem imputados; II - a cujo respeito, por estado ou profissão, deva guardar sigilo; III - acerca dos quais não possa responder sem desonra própria, de seu cônjuge, de seu companheiro ou de parente em grau sucessível; IV - que coloquem em perigo a vida do depoente ou das pessoas referidas no inciso III". É importante, porém, estar atento para o que dispõe o parágrafo único deste mesmo dispositivo: "Esta disposição não se aplica às ações de estado e de família". Ou seja, essas ações de estado e de família constituem a exceção da exceção, podendo ser aplicada a pena de confesso à parte que se recusar a depor mesmo nessas hipóteses excepcionais. Afirmativa incorreta.

Afirmativa III) A lei processual afirma que se a parte que for intimada a prestar depoimento, sob pena de confesso, não comparecer à audiência ou, se mesmo comparecendo, se negar a depor, ser-lhe-á aplicada a pena de confissão ficta, sendo considerados verdadeiros, portanto, os fatos alegados pela parte contrária (art. 385, §1º, CPC/15). Afirmativa correta.

Afirmativa IV) Esta regra está contida expressamente no art. 385, §2º, do CPC/15. Afirmativa correta.

Afirmativa V) Conforme dito, por depoimento pessoal se entende o interrogatório de uma parte, requerido pela outra, ou pelo próprio juiz, a fim de obter uma confissão em juízo. Por este meio de prova, a parte pode requerer o depoimento pessoal da outra mas não de si própria. Afirmativa correta.

18 FASE DECISÓRIA: SENTENÇA E COISA JULGADA

18.1. SENTENÇA

× **Base legal:** arts. 485-501 CPC
× **Natureza jurídica:** é de ato jurídico estatal e documental.
× **Conceito:** tomaremos por base o conceito estrito de sentença, previsto nos arts. 316 c/c 203, §1º CPC.

> Art. 316. A extinção do processo dar-se-á por sentença.
> Art. 203. Os pronunciamentos do juiz consistirão em sentenças, decisões interlocutórias e despachos.
> § 1º Ressalvadas as disposições expressas dos procedimentos especiais, <u>sentença é o pronunciamento por meio do qual o juiz, com fundamento nos arts. 485 e 487, põe fim à fase cognitiva do procedimento comum, bem como extingue a execução.</u>

Com base no aludido, poderemos ter sentenças

Com resolução de mérito (art. 487, CPC): são os pronunciamentos preferenciais pela sistemática do CPC atual, que prima pela primazia da decisão de mérito. Também denominadas de "sentenças definitivas". Logo, antes de extinguir o processo, o juiz concederá, sempre que possível, prazo para a parte sanar eventual vício processual. Essa é, inclusive, a previsão do art. 317 do CPC.

× Art. 317. Antes de proferir decisão sem resolução de mérito, o juiz deverá conceder à parte oportunidade para, se possível, corrigir o vício.

Sem resolução de mérito (art. 485, CPC): são os prinunciamentos judiciais que colocam fim ao processo, sem resolver a lide ou enfrentar o direito material ameaçado ou lesado. Também denominadas "sentenças terminativas". Permitem que a parte ingresse novamente com a ação, conforme prevê o art. 486 do CPC:

× Art. 486. O pronunciamento judicial que não resolve o mérito não obsta a que a parte proponha de novo a ação.
× Exceção: caso de perempção.

— Art. 486 (...) § 3º Se o autor der causa, **por 3 (três) vezes, a sentença fundada em abandono da causa**, não poderá propor nova ação contra o réu com o mesmo objeto, ficando-lhe ressalvada, entretanto, a possibilidade de alegar em defesa o seu direito.

ATENÇÃO: Mesmo na hipótese de sentença terminativa (que não resolve o mérito), de regra o processo tem seguimento com a fase do cumprimento da sentença, com vistas à execução de verbas referentes aos ônus sucumbenciais (custas e honorários).

18.2. CLASSIFICAÇÃO

A classificação das sentenças depende da natureza da ação em que são proferidas, podendo ser: **condenatórias, declaratórias e constitutivas**.

DONIZETTI, ressaltar que "A rigor, todas as sentenças são, a um só tempo, condenatórias, declaratórias e constitutivas. Em toda sentença há, pelo menos, a condenação em custas e honorários; mesmo na ação condenatória, de reparação de danos, por exemplo, há a declaração relativa à violação do direito e à constituição de obrigação."

Para facilitar, veja a tabela:

ESPÉCIE	CONCEITO	EFEITOS
Sentença condenatória	é aquela que, além de promover o acertamento do direito, declarando-o, *impõe ao vencido uma prestação passível de execução*. A condenação consiste numa obrigação de dar, de fazer ou de não fazer. Exemplo: na ação de reparação de danos o juiz declara a culpa do réu e condena-o a indenizar (obrigação de dar). O comando judicial expresso no dispositivo costuma vir da seguinte forma: "Julgo procedente o pedido para condenar...".	são, em geral, ex tunc, isto é, retroagem para alcançar situações pretéritas. Exemplos: os juros moratórios fixados na sentença são devidos a partir da citação (data em que o devedor é constituído em mora, nos termos do art. 240); a correção monetária na ação de reparação de danos morais deve incidir a partir da data do arbitramento, ou seja, da data em que o valor for fixado na sentença (Súmula nº 362 do STJ: "A correção monetária do valor da indenização do dano moral incide desde a data do arbitramento"); os juros compensatórios na desapropriação são devidos desde a imissão na posse.
Sentença declaratória	tem por objeto simplesmente a declaração da existência ou inexistência de relação jurídica, ou da autenticidade ou falsidade de documento (art. 19, I e II). Exemplo da reparação de danos, pode ser que o interesse do autor se restrinja a obter, pela sentença, a declaração de um tempo de serviço. Nesse caso o comando judicial (dispositivo) será no sentido de "julgar procedente para declarar...".	Os efeitos da declaração retroagem à época em que se formou a relação jurídica (ex tunc). Exemplos: a declaração da existência de um crédito retroage à data de sua constituição; na usucapião, a aquisição da propriedade se dá com o transcurso do tempo e, se o pedido for declarado procedente, os efeitos da sentença retroagem à data da aquisição do domínio.
Sentença constitutiva	além da declaração do direito, há a constituição de novo estado jurídico, ou a criação ou a modificação de relação jurídica. Exemplos: divórcio; anulatória de negócio jurídico; rescisão de contrato e anulação de casamento.	Em regra, as sentenças constitutivas têm efeito ex nunc (para o futuro). Exemplo: é da sentença que decreta o divórcio que se tem por extinto o casamento. Exceção: sentença que anula negócio jurídico pode ter efeito ex tunc (art. 182 do CC).

Às três espécies de sentença, parte da doutrina acrescenta duas outras: sentença executiva lato sensu e sentença mandamental.

ESPÉCIE	CONCEITO
Sentenças executivas lato sensu	determina o que deve ser cumprido. É o caso da sentença que determina o despejo, a reintegração de posse e a imissão de posse. No caso, o comando jurisdicional determina, por ele mesmo, o cumprimento satisfativo da pretensão.
Sentença mandamental	é aquela que, além de declaração, contém uma ordem. Exemplos: reintegração de funcionário público no seu cargo por força de mandado de segurança e ordem para expedição de certidão.

elementos: os elementos essenciais da sentença estão contidos no art. 489 do CPC, porém o dispositivo deve ser lido de forma ampla, abrangendo sentenças e acórdãos.

> Art. 489. São elementos essenciais da sentença:
> I - o relatório, que conterá os nomes das partes, a identificação do caso, com a suma do pedido e da contestação, e o registro das principais ocorrências havidas no andamento do processo;
> II - os fundamentos, em que o juiz analisará as questões de fato e de direito;
> III - o dispositivo, em que o juiz resolverá as questões principais que as partes lhe submeterem.

Cabe registrar que o acórdão, além dos elementos constantes do art. 489, deverá conter ementa (art. 943, § 1º).

> Art. 943. Os votos, os acórdãos e os demais atos processuais podem ser registrados em documento eletrônico inviolável e assinados eletronicamente, na forma da lei, devendo ser impressos para juntada aos autos do processo quando este não for eletrônico.
> § 1º Todo acórdão conterá ementa.

18.3. FUNDAMENTAÇÃO

O art. 489, § 1º, do CPC/2015, em um rol exemplificativo (Enunciado 303 do FPPC), traz alguns casos em que não se considera fundamentada a decisão, permitindo um controle mais efetivo dos pronunciamentos judiciais, reduzindo a subjetividade, sendo aplicável a todo tipo de pronunciamento judicial de conteúdo decisório.

art. 489[...]

> § 1º Não se considera fundamentada qualquer decisão judicial, seja ela interlocutória, sentença ou acórdão, que:

I - se limitar à indicação, à reprodução ou à paráfrase de ato normativo, sem explicar sua relação com a causa ou a questão decidida;
II - empregar conceitos jurídicos indeterminados, sem explicar o motivo concreto de sua incidência no caso;
III - invocar motivos que se prestariam a justificar qualquer outra decisão;
IV - não enfrentar todos os argumentos deduzidos no processo capazes de, em tese, infirmar a conclusão adotada pelo julgador;
V - se limitar a invocar precedente ou enunciado de súmula, sem identificar seus fundamentos determinantes nem demonstrar que o caso sob julgamento se ajusta àqueles fundamentos;
VI - deixar de seguir enunciado de súmula, jurisprudência ou precedente invocado pela parte, sem demonstrar a existência de distinção no caso em julgamento ou a superação do entendimento.
§ 2º No caso de colisão entre normas, o juiz deve justificar o objeto e os critérios gerais da ponderação efetuada, enunciando as razões que autorizam a interferência na norma afastada e as premissas fáticas que fundamentam a conclusão.
§ 3º A decisão judicial deve ser interpretada a partir da conjugação de todos os seus elementos e em conformidade com o princípio da boa-fé.

18.4. ANÁLISE JUDICIAL DE PEDIDOS

O juiz resolverá o mérito acolhendo ou rejeitando, **no todo ou em parte**, os pedidos formulados pelas partes (art. 490, CPC).

> Art. 490. O juiz resolverá o mérito acolhendo ou rejeitando, no todo ou em parte, os pedidos formulados pelas partes.

Sempre que possível o *comando judicial será certo*, ainda que resolva relação jurídica condicional (§único, art. 492, CPC).

> Art. 492. É vedado ao juiz proferir decisão de natureza diversa da pedida, bem como condenar a parte em quantidade superior ou em objeto diverso do que lhe foi demandado.
> **Parágrafo único. A decisão deve ser certa, ainda que resolva relação jurídica condicional.**

Ademais, sempre que possível, também cumprirá ao magistrado determinar desde logo a *extensão da obrigação*, taxa de juros, correção monetária e capitalização. Mas, não sendo possível, será realizada liquidação (491, CPC).

> art. 491. Na ação relativa à obrigação de pagar quantia, ainda que formulado pedido genérico, a decisão definirá desde logo a extensão da obrigação, o índice de correção monetária, a taxa de juros, o termo inicial de ambos e a periodicidade da capitalização dos juros, se for o caso, **salvo quando:**
> I - não for possível determinar, de modo definitivo, o montante devido;

II - a apuração do valor devido depender da produção de prova de realização demorada ou excessivamente dispendiosa, assim reconhecida na sentença.

§ 1º Nos casos previstos neste artigo, seguir-se-á a apuração do valor devido por liquidação.

§ 2º O disposto no caput também se aplica quando o acórdão alterar a sentença.

× *Profª. o juiz pode decidir sobre pedido não formulado pela parte?*

Conforme **princípio dispositivo**, o processo começa por iniciativa da parte e se desenvolve epor impulse judicial (art. 2º, CPC). Os pedidos da parte *limitam a atuação* judicial, que, conforme **princípio da congruência ou adstrição**, indica que a sentença não poderá ultrapassá-los, sob pena de ser infra/citra petita, extra petita ou ultra petita. Logo, nesse sentido, também o *caput* do art. 491 do CPC, o qual prevê que "é vedado ao juiz proferir decisão de natureza diversa da pedida, bem como condenar a parte em quantidade superior ou em objeto diverso do que lhe foi demandado".

De maneira simples, veja os vícios narrados:

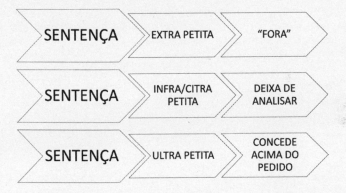

Ensina DONIZETTI:

> Consequência do princípio do contraditório, o princípio da congruência traduz no dever de o magistrado decidir a lide nos limites em que foi proposta, vedando o provimento aquém (citra petita), além (ultra petita) ou estranho (extra petita) ao que foi pedido e sua respectiva causa de pedir remota (fatos jurígenos). Embora também não esteja expresso na parte principiológica do CPC/2015, este princípio foi observado por ele ao manter, no art. 141, a disposição do art. 128 do CPC de 1973: "O juiz decidirá o mérito nos limites propostos pelas partes, sendo-lhe vedado conhecer de questões não suscitadas a cujo respeito a lei exige iniciativa da parte".

Assim, se o autor formula pedido de indenização por danos morais, por exemplo, o juiz não pode condenar o réu a pagar danos materiais, sob pena de violação ao princípio da congruência e ao exercício do contraditório.

A publicização do processo, contudo, tem relativizado também esse princípio, haja vista as providências liminares que o juiz pode tomar, de ofício, a fim de evitar o perecimento do direito de uma parte causado pela outra (art. 536, por exemplo).[1]

× **E se houver fato novo? O juiz necessita ouvir as partes?**

Conforme o art. 493 do CPC, "se depois da propositura da ação, algum fato constitutivo, modificativo ou extintivo do direito influir no julgamento do mérito, caberá ao juiz tomá-lo em consideração, de ofício ou a requerimento da parte, no momento de proferir a decisão". Assim, se constatar de ofício o fato novo, o juiz ouvirá as partes sobre ele antes de decidir (§ único, 493, CPC).

18.5. ESPÉCIES DE SENTENÇA

O juízo de primeiro grau pode proferir sentenças, decisões interlocutórias ou despachos, como sistematizado pelo art. 203 do CPC/2015 e, como se observa do seu § 1º, o legislador adotou o conceito de sentença baseado em seu conteúdo, ou seja, será sentença o ato do juiz que se fundar no art. 485 (terminativa) ou no art. 487 (definitiva) e, com base no momento, ou seja, quando puser fim à fase cognitiva do procedimento comum, bem como extinguir a execução.

Por óbvio tal conceito **não significa que o processo se exaure** com a prolação da sentença, pelo contrário, se iniciará a fase de cumprimento de sentença, por meio do denominado processo sine intervallo ou sincrético, bem como poderá haver interposição de <u>recurso e se prolongar o processo ou a causa poderia ser da competência originária de um tribunal e jamais haveria uma sentença.</u>

> Art. 485. O juiz **não resolverá o mérito** quando:
> I - indeferir a petição inicial;
> II - o processo ficar parado durante mais de 1 (um) ano por negligência das partes;
> III - por não promover os atos e as diligências que lhe incumbir, o autor abandonar a causa por mais de 30 (trinta) dias;
> IV - verificar a ausência de pressupostos de constituição e de desenvolvimento válido e regular do processo;

---

[1] DONIZETTI, Elpídio. Curso de Direito Processual Civil / Elpídio Donizetti. – 24. ed. – São Paulo: Atlas, 2021.p.112.

V - reconhecer a existência de perempção, de litispendência ou de coisa julgada;
VI - verificar ausência de legitimidade ou de interesse processual;
VII - acolher a alegação de existência de convenção de arbitragem ou quando o juízo arbitral reconhecer sua competência;
VIII - homologar a desistência da ação;
IX - em caso de morte da parte, a ação for considerada intransmissível por disposição legal; e
X - nos demais casos prescritos neste Código.
§ 1º Nas hipóteses descritas nos incisos II e III, a parte será intimada pessoalmente para suprir a falta no prazo de 5 (cinco) dias.
§ 2º No caso do § 1º, quanto ao inciso II, as partes pagarão proporcionalmente as custas, e, quanto ao inciso III, o autor será condenado ao pagamento das despesas e dos honorários de advogado.
§ 3º O juiz conhecerá de ofício da matéria constante dos incisos IV, V, VI e IX, em qualquer tempo e grau de jurisdição, enquanto não ocorrer o trânsito em julgado.
§ 4º Oferecida a contestação, o autor não poderá, sem o consentimento do réu, desistir da ação.
§ 5º A desistência da ação pode ser apresentada até a sentença.
§ 6º Oferecida a contestação, a extinção do processo por abandono da causa pelo autor depende de requerimento do réu.
§ 7º Interposta a apelação em qualquer dos casos de que tratam os incisos deste artigo, **o juiz terá 5 (cinco) dias para retratar-se.**
Art. 487. Haverá **resolução de mérito** quando o juiz:
I - acolher ou rejeitar o pedido formulado na ação ou na reconvenção;
II - decidir, de ofício ou a requerimento, sobre a ocorrência de **decadência ou prescrição;**
III - homologar:
a) o reconhecimento da procedência do pedido formulado na ação ou na reconvenção;
b) a transação;
c) a renúncia à pretensão formulada na ação ou na reconvenção.
Parágrafo único. Ressalvada a hipótese do § 1º do art. 332, a prescrição e a decadência não serão reconhecidas sem que antes seja dada às partes oportunidade de manifestar-se.

> ATENÇÃO: Para ser sentença, além de ter por fundamento o art. 485 ou o art. 487, será necessário pôr fim à fase cognitiva do procedimento ou extinguir a execução, ou seja, será possível a prolação de decisões com base nos arts. 485 e 487 que não encerram a fase de conhecimento, como se observa do art. 354 e seu parágrafo único, que é expresso em permitir a prolação de decisões que digam respeito a apenas uma parcela do processo. Igual previsão é encontrada no art. 356, que prevê o julgamento parcial de mérito. Nesses casos, teremos decisões interlocutórias, com ou sem mérito. Enfim, adota-se a tese das decisões parciais com ou sem mérito e, para se evitar imbróglios, traz-se a previsão recursal adequada, **que será o agravo de instrumento (art. 354, parágrafo único, art. 356, § 5º, na forma do art. 1.015, XI, do CPC/2015 e do Enunciado 103 do FPPC).**

> Art. 354. Ocorrendo qualquer das hipóteses previstas nos arts. 485 e 487, incisos II e III, o juiz proferirá sentença.
> Parágrafo único. A decisão a que se refere o caput pode dizer respeito a apenas parcela do processo, caso em que será impugnável por agravo de instrumento.

DECISÃO PARCIAL DE MÉRITO	Art. 355. O juiz julgará antecipadamente o pedido, proferindo sentença com resolução de mérito, quando:
Art. 356. O juiz decidirá parcialmente o mérito quando um ou mais dos pedidos formulados ou parcela deles:	I - não houver necessidade de produção de outras provas;
I - mostrar-se incontroverso;	II - o réu for revel, ocorrer o efeito previsto no art. 344 e não houver requerimento de prova, na forma do art. 349.
II - estiver em condições de imediato julgamento, nos termos do art. 355.	

18.6. PODE HAVER ALTERAÇÃO DA SENTENÇA?

Via de regra a resposta é negativa, mas há exceções no art. 494 do CPC!

> Art. 494. Publicada a sentença, o juiz só poderá alterá-la:
> I - **para corrigir-lhe**, de ofício ou a requerimento da parte, <u>inexatidões materiais ou erros de cálculo</u>;
> II - por meio de **embargos de declaração**.

18.7. REEXAME NECESSÁRIO

O reexame necessário – ou remessa necessária –, que não deve ser considerado recurso, está previsto no art. 496 do CPC. Vejamos:

> Art. 496. Está sujeita ao duplo grau de jurisdição, não produzindo efeito senão depois de confirmada pelo tribunal, a sentença:

I - proferida contra a União, os Estados, o Distrito Federal, os Municípios e suas respectivas autarquias e fundações de direito público;
II - que julgar procedentes, no todo ou em parte, os embargos à execução fiscal.

§ 1º Nos casos previstos neste artigo, não interposta a apelação no prazo legal, o juiz ordenará a remessa dos autos ao tribunal, e, se não o fizer, o presidente do respectivo tribunal avocá-los-á.

§ 2º Em qualquer dos casos referidos no § 1º, o tribunal julgará a remessa necessária.

§ 3º Não se aplica o disposto neste artigo quando a condenação ou o proveito econômico obtido na causa for de valor certo e líquido inferior a:
I - 1.000 (mil) salários-mínimos para a União e as respectivas autarquias e fundações de direito público;
II - 500 (quinhentos) salários-mínimos para os Estados, o Distrito Federal, as respectivas autarquias e fundações de direito público e **os Municípios que constituam capitais dos Estados;**
III - 100 (cem) salários-mínimos para todos os demais Municípios e respectivas autarquias e fundações de direito público.

§ 4º Também não se aplica o disposto neste artigo quando a sentença estiver fundada em:
I - súmula de tribunal superior;
II - acórdão proferido pelo Supremo Tribunal Federal ou pelo Superior Tribunal de Justiça em julgamento de recursos repetitivos;
III - entendimento firmado em incidente de resolução de demandas repetitivas ou de assunção de competência;
IV - entendimento coincidente com orientação vinculante firmada no âmbito administrativo do próprio ente público, consolidada em manifestação, parecer ou súmula administrativa.

> **ATENÇÃO:** Há vedação ao reexame necessário no âmbito dos Juizados Especiais Federais e nos Juizados Especiais da Fazenda Pública. Os arts. 13 da Lei nº 10.259/2001 e 11 da Lei nº 12.153/2009 proibiram, expressamente, o reexame necessário nas causas dos respectivos juizados, porquanto, tendo em vista o pequeno valor limite para a competência, prevalece a simplicidade e a celeridade processual.
>
> A vedação do reexame necessário decorre, por óbvio, da visualização dos princípios informadores do sistema dos Juizados Especiais, como a simplicidade e a celeridade processual, que apontam para a desburocratização do procedimento e superação de privilégios desarrazoados ao ente público.

18.8. HIPOTECA JUDICIÁRIA

A sentença que condene o réu a pagar dinheiro ou entregar coisa é, por força de lei, título hábil para hipotecar imóvel do réu, nos termos do art. 495 do CPC/2015 e art. 167, I, 2, da Lei 6.015/1973. Haverá, ainda, o direito de preferência com o registro da hipoteca judiciária (art. 797 do CPC c/c o art. 1.422 do CC).

Há três espécies de hipoteca:
(i) convencional, oriunda da manifestação de vontade das partes;
(ii) legal, na forma do art. 1.489 do CC/2002; e
(iii) judicial, decorrente de decisão judicial.

A nós interessa a terceira modalidade, onde admite-se a constituição da hipoteca judiciária ainda que a sentença seja ilíquida, que se esteja promovendo execução provisória ou que penda uma cautelar de arresto, como se extrai do art. 495, § 1º.

> Art. 495. A decisão que condenar o réu ao pagamento de prestação consistente em dinheiro e a que determinar a conversão de prestação de fazer, de não fazer ou de dar coisa em prestação pecuniária valerão como título constitutivo de hipoteca judiciária.
> § 1º A decisão produz a hipoteca judiciária:
> I - embora a condenação seja genérica;
> II - ainda que o credor possa promover o cumprimento provisório da sentença ou esteja pendente arresto sobre bem do devedor;
> III - mesmo que impugnada por recurso dotado de efeito suspensivo.
> § 2º A hipoteca judiciária poderá ser realizada mediante apresentação de cópia da sentença perante o cartório de registro imobiliário, independentemente de ordem judicial, de declaração expressa do juiz ou de demonstração de urgência.
> § 3º No prazo de até 15 (quinze) dias da data de realização da hipoteca, a parte informá-la-á ao juízo da causa, que determinará a intimação da outra parte para que tome ciência do ato.
> § 4º A hipoteca judiciária, uma vez constituída, implicará, para o credor hipotecário, o direito de preferência, quanto ao pagamento, em relação a outros credores, observada a prioridade no registro.
> § 5º Sobrevindo a reforma ou a invalidação da decisão que impôs o pagamento de quantia, a parte responderá, independentemente de culpa, pelos danos que a outra parte tiver sofrido em razão da constituição da garantia, devendo o valor da indenização ser liquidado e executado nos próprios autos.

Veja que, afora os efeitos principais de uma sentença (declaratório, condenatório ou constitutivo), há efeitos que se manifestam automaticamente, em decorrência de previsão legal, independentemente de qualquer pronunciamento judicial. A hipoteca judiciária, conforme previsto no art. 495, constitui efeito secundário de toda sentença que condenar o réu ao pagamento de prestação em dinheiro e que determinar a conversão de prestação de fazer, não fazer ou dar coisa certa em prestação pecuniária

18.9. TUTELA ESPECÍFICA E ASTREINTES

Por fim, cabe destacar a respeito da sentença que tenha por objeto obrigação de fazer, não fazer e de entregar coisa.

> Art. 497. Na ação que tenha por objeto a prestação de fazer ou de não fazer, o juiz, se procedente o pedido, concederá a tutela específica ou determinará providências que assegurem a obtenção de tutela pelo resultado prático equivalente.
> Parágrafo único. Para a concessão da tutela específica destinada a inibir a prática, a reiteração ou a continuação de um ilícito, ou a sua remoção, é irrelevante a demonstração da ocorrência de dano ou da existência de culpa ou dolo.
> Art. 498. Na ação que tenha por objeto a entrega de coisa, o juiz, ao conceder a tutela específica, fixará o prazo para o cumprimento da obrigação.
> Parágrafo único. Tratando-se de entrega de coisa determinada pelo gênero e pela quantidade, o autor individualizá-la-á na petição inicial, se lhe couber a escolha, ou, se a escolha couber ao réu, este a entregará individualizada, no prazo fixado pelo juiz.
> Art. 499. A obrigação somente será convertida em perdas e danos se o autor o requerer ou se impossível a tutela específica ou a obtenção de tutela pelo resultado prático equivalente.
> Art. 500. A indenização por perdas e danos dar-se-á sem prejuízo da multa fixada periodicamente para compelir o réu ao cumprimento específico da obrigação.
> Art. 501. Na ação que tenha por objeto a emissão de declaração de vontade, a sentença que julgar procedente o pedido, uma vez transitada em julgado, produzirá todos os efeitos da declaração não emitida.

A preocupação com a efetividade do processo levou o legislador a criar mecanismos no processo de conhecimento e no de execução para coagir o devedor a cumprir, tal como pactuadas, as obrigações de fazer e de não fazer, passando as perdas e danos a constituírem o último remédio à disposição do credor.

18.10. JURISPRUDÊNCIA

O STJ tem o seguinte entendimento sobre a multa: "(...) a decisão que arbitra astreintes não faz coisa julgada material, podendo, por isso mesmo, ser modificada, a requerimento da parte ou de ofício, seja para aumentar ou diminuir o valor da multa ou, ainda, para suprimi-la. Deste modo, as astreintes, sendo apenas um mecanismo coercitivo posto à disposição do Estado-Juiz para fazer cumprir as suas decisões, não ostentam caráter condenatório, tampouco transitam em julgado, o que as afastam da base de cálculo dos honorários advocatícios" (STJ. Respeito 1.367.212/RR. Rel. Min. Ricardo Villas Côas Cueva. DJe 01/08/17. Informativo 608)

Além da multa, não se descarta a aplicação das medidas de apoio, tais como busca e apreensão, remoção de pessoas e coisas, desfazimento de obras, intervenção em empresas e impedimento de atividade nociva, se necessário com requisição de força policial (art. 536, § 1º).

Ao credor não é facultado optar pelo pagamento da multa ou pelo cumprimento do preceito fixado na sentença. Assim, se a multa não foi capaz de compelir o devedor a adimplir a obrigação específica, deverá o juiz determinar providências que assegurem o resultado prático equivalente ao adimplemento. Mesmo adimplindo a obrigação, poderá o credor, após o trânsito em julgado da sentença, promover a execução da multa (execução por quantia certa).

A conversão da obrigação em perdas e danos ocupa o último lugar no rol de alternativas postas à disposição do credor, figurando como medida substitutiva do objeto da obrigação original, caso não tenha a multa o poder de coação almejado e não seja possível obter a tutela equivalente (art. 499). Entretanto, poderá o autor desprezar as tutelas que o legislador lhe facultou e requerer, já na petição inicial, a substituição da obrigação específica por perdas e danos.

18.11. COISA JULGADA

1. **Base legal:** arts. 502-508, CPC
2. **Preclusão x coisa julgada:** preclusão, no sentido técnico ou substantivo, exprime a ideia de:

× extinção de um poder, para o juiz ou o tribunal; e
× perda de uma faculdade, para a parte.

Visa dar celeridade ao processo, por isso se costuma dizer que o instituto da preclusão é totalmente descomprometido com a justiça ou injustiça da decisão. O instituto da coisa julgada se destina a tornar definitiva uma solução dada pelo Poder Judiciário a determinada controvérsia que a ele tenha sido submetida. É dividida, em geral, em duas espécies, a

× coisa julgada formal; e
× a coisa julgada material.

A coisa julgada formal significa que, em determinado processo, houve uma última decisão, por meio da qual se colocou seu termo final, sem que contra ela tenha sido interposto qualquer recurso. Constitui-se a coisa julgada formal em uma imutabilidade do decisum somente no âmbito do processo em que foi prolatado.

Por sua vez, a coisa julgada material é a qualidade de imutabilidade e indiscutibilidade, ou mais precisamente, a autoridade, com a qual resta revestida uma determinada decisão de mérito (art. 502, CPC). Se dá entre as partes, não prejudicando terceiros, via de regra. Existe exceção nas ações coletivas, onde poderá se formar coisa julgada *ultra partes* ou *erga omnes*.

× EXEMPLOS
× Na ação civil pública
× Art. 16. A sentença civil fará coisa julgada erga omnes, nos limites da competência territorial do órgão prolator, exceto se o pedido for julgado improcedente por insuficiência de provas, hipótese em que qualquer legitimado poderá intentar outra ação com idêntico fundamento, valendo-se de nova prova. (Redação dada pela Lei nº 9.494, de 10.9.1997)
× Veja o entendimento do STF sobre o art. 16 da LACP: "Os efeitos de decisão em ação civil pública não devem ter limites territoriais. Caso contrário, haverá restrição ao acesso à justiça e violação do princípio da igualdade. Com esse entendimento, o Plenário do Supremo Tribunal Federal, com o voto-vista do ministro Gilmar Mendes, declarou, em 8/4/2021, a inconstitucionalidade do artigo 16 da Lei da Ação Civil Pública (Lei 7.347/1985).
× No mandado de segurança coletivo
× Art. 22. No mandado de segurança coletivo, a sentença fará coisa julgada limitadamente aos membros do grupo ou categoria substituídos pelo impetrante. (Vide ADIN 4296)
× § 1 O mandado de segurança coletivo não induz litispendência para as ações individuais, mas os efeitos da coisa julgada não beneficiarão o impetrante a título individual se não requerer a desistência de seu mandado de segurança no prazo de 30 (trinta) dias a contar da ciência comprovada da impetração da segurança coletiva.
× Código de Defesa do Consumidor

> * Art. 104. As ações coletivas, previstas nos incisos I e II e do parágrafo único do art. 81, não induzem litispendência para as ações individuais, mas os efeitos da coisa julgada erga omnes ou ultra partes a que aludem os incisos II e III do artigo anterior não beneficiarão os autores das ações individuais, se não for requerida sua suspensão no prazo de trinta dias, a contar da ciência nos autos do ajuizamento da ação coletiva.
>
> * Ação popular
>
> * Art. 18. A sentença terá eficácia de coisa julgada oponível "erga omnes", exceto no caso de haver sido a ação julgada improcedente por deficiência de prova; neste caso, qualquer cidadão poderá intentar outra ação com idêntico fundamento, valendo-se de nova prova.

Destina-se a coisa julgada material a garantir a segurança extrínseca das relações jurídicas, impedindo qualquer outra decisão a respeito da mesma lide. Sendo assim, nenhum juiz decidirá novamente as questões já decididas relativas à mesma lide, salvo:

* se, tratando-se de relação jurídica de trato continuado, sobreveio modificação no estado de fato ou de direito, caso em que poderá a parte pedir a revisão do que foi estatuído na sentença;
* nos demais casos prescritos em lei.

Contudo, importa dizer que não fazem coisa julgada:

* os motivos, ainda que importantes para determinar o alcance da parte dispositiva da sentença;
* a verdade dos fatos, estabelecida como fundamento da sentença.

Diga-se que o atual CPC inovou ao possibilitar a formação de coisa julgada também sobre **questões prejudiciais**. A regra é que *a decisão que julgar total ou parcialmente o mérito tem força de lei nos limites da questão principal* expressamente decidida. Atualmente também o fará sobre as questões prejudiciais, independentemente de ajuizamento de nova ação incidental, como ocorria no CPC/73, mas desde que preenchidos os requisitos cumulativos:

* dessa resolução depender o julgamento do mérito;
* a seu respeito tiver havido contraditório prévio e efetivo, não se aplicando no caso de revelia;
* o juízo tiver competência em razão da matéria e da pessoa para resolvê-la como questão principal.

> ATENÇÃO: Não se aplica se no processo houver restrições probatórias ou limitações à cognição que impeçam o aprofundamento da análise da questão prejudicial.

Em suma:

COISA JULGADA

CONSTITUIÇÃO

- Em todo o texto da Constituição Federal de 1988, o termo "coisa julgada" só é mencionado no artigo 5º, inciso XXXVI, que o descreve como garantia fundamental e prevê que a lei não pode prejudicar a coisa julgada.
- Art. 5º Todos são iguais perante a lei, sem distinção de qualquer natureza, garantindo-se aos brasileiros e aos estrangeiros residentes no País a inviolabilidade do direito à vida, à liberdade, à igualdade, à segurança e à propriedade, nos termos seguintes:
- XXXVI - a lei não prejudicará o direito adquirido, o ato jurídico perfeito e a coisa julgada;

ESPÉCIES

COISA JULGADA MATERIAL
- O conceito de coisa julgada está previsto no artigo 502 do Código de Processo Civil, que a descreve como sendo uma autoridade que impede a modificação ou discussão de decisão de mérito da qual não cabe mais recursos.
- Indiscutibilidade e imutabilidade no processo (endoprocessual) e também fora dele (extraprocessual);
- ATENÇÃO: a formação da coisa julgada além dos dois requisitos do art. 502 (decisão de mérito e não sujeição a recurso), tem de satisfazer um terceiro requisito: a decisão de mérito deve resultar de um processo estruturado segundo a técnica da cognição exaustiva.
- De fato, procedimentos sumários – em que a lei restringe o debate das partes, a aspectos parciais da controvérsia, e a pesquisa judicial também não pode ir além do exame superficial do objeto litigioso –, não se compatibilizam com as garantias fundamentais do contraditório e da ampla defesa.

COISA JULGADA FORMAL
- A coisa julgada formal é o impedimento de modificação da decisão por qualquer meio processual dentro do processo em que foi proferida, mas não impede que se discutida e modificada em outro processo, pois a parte poderá propor nova ação (486, CPC).

NÃO FAZEM COISA JULGA

- Art. 504. Não fazem coisa julgada:
- I - os motivos, ainda que importantes para determinar o alcance da parte dispositiva da sentença;
- II - a verdade dos fatos, estabelecida como fundamento da sentença.

INCIDÊNCIA

- A coisa julgada incide sobre o dispositivo propriamente dito da sentença;
- sobre questão prejudicial quando (503, §1º, CPC)
- I - dessa resolução depender o julgamento do mérito;
- II - a seu respeito tiver havido contraditório prévio e efetivo, não se aplicando no caso de revelia;
- III - o juízo tiver competência em razão da matéria e da pessoa para resolvê-la como questão principal.
- não se aplica se no processo houver restrições probatórias ou limitações à cognição que impeçam o aprofundamento da análise da questão prejudicial.

EXERCÍCIOS DE FIXAÇÃO

01. Ano: 2020 Banca: VUNESP Órgão: EBSERH Prova: VUNESP - 2020 - EBSERH - Advogado

Considere as seguintes situações: (i) Joaquim ajuizou ação requerendo o pagamento de R$ 10.000,00 (dez mil reais) a título de danos morais em face do Hospital X em razão de uma infecção hospitalar; o juiz julgou a ação parcialmente procedente e condenou o Hospital X ao pagamento de R$ 5.000,00 (cinco mil reais). (ii) Fernando ajuizou ação de reintegração de posse em face de uma escola particular; o juiz julgou procedente a ação, condenando a escola a desocupar o imóvel e a pagar a Fernando indenização em danos morais e materiais no valor de R$ 10.000,00 (dez mil reais). (iii) Júlia ajuizou ação requerendo a condenação da empresa Y ao pagamento de danos morais no valor de R$ 5.000,00 (cinco mil reais) e o juiz julgou a ação procedente, condenando a empresa ao pagamento de R$ 10.000,00 (dez mil reais).

Diante das situações hipotéticas apresentadas, quanto às sentenças proferidas, é correto afirmar, nessa ordem:

A) são citra, extra e ultra petita.
B) são citra, ultra e extra petita.
C) não possui defeito, são extra e ultra petita.
D) não possui defeito, são ultra e extra petita.
E) são citra e extra petita; não possui defeito.

02. Ano: 2020 Banca: CESPE / CEBRASPE Órgão: MPE-CE Prova: CESPE - 2020 - MPE-CE - Promotor de Justiça de Entrância Inicial

De acordo com o CPC, não havendo recurso interposto pela parte interessada, incidirá a autoridade de coisa julgada material sobre

A) a decisão interlocutória que conceda a tutela provisória antecipada requerida em caráter antecedente.
B) a declaração de falsidade documental que for suscitada como questão principal e que conste da parte dispositiva da sentença.
C) o capítulo de acórdão que, em mandado de segurança, aprecie questão prejudicial incidentalmente arguida pelo impetrante.
D) a verdade dos fatos utilizada como fundamento principal da sentença de improcedência em ação desconstitutiva.
E) o pronunciamento do magistrado que arbitre astreinte em execução de título extrajudicial, fixando multa pelo descumprimento de obrigação de fazer.

» GABARITO

01. Gabarito: letra c

A questão exige o conhecimento do princípio da congruência ou da adstrição, segundo o qual a sentença proferida pelo juiz não pode estar nem além e nem aquém do pedido - ou seja, não pode conter julgamento a mais ou a menos do que o que for requerido.

Sobre o tema, explica a doutrina: "1. Sentença conforme ao pedido. A regra no processo civil é que a sentença seja conforme ao pedido do demandante. Duplamente conforme: conforme ao pedido imediato (providência jurisdicional postulada - declaração, constituição, condenação, mandamento ou execução) e conforme ao pedido mediato (bem da vida perseguido em juízo). Daí a razão pela qual é vedado ao juiz proferir sentença, a favor do autor, de natureza diversa da pedida (vale dizer, desconforme ao pedido imediato), ou que tenha objeto diverso do demandado (isto é, desconforme ao pedido mediato). Fazendo-o, profere o juiz sentença infra, extra ou ultra petita. A sentença infra petita é aquela que não aprecia o pedido ou um dos pedidos cumulados. A sentença extra petita que julga fora do pedido do demandante. A sentença ultra petita é aquela em que o órgão jurisdicional vai além daquilo que foi pedido pelo demandante. Em todos esses casos a sentença é desconforme ao pedido e viola os Arts. 2º, 141, 490 e 492, CPC, podendo ser decretada a sua invalidade... (MARINONI, Luiz Guilherme, e outros. Novo Código de Processo Civil Comentado. São Paulo: Revista dos Tribunais. 1 ed. 2015. p. 496).

Com base nisso, é possível afirmar que, no caso trazido pela questão, a sentença, no processo de Joaquim, não possui nenhum defeito, haja vista que se manteve adstrita ao limite do pedido formulado pelo autor de condenação do réu ao pagamento de danos morais - encontrando-se o valor da condenação dentro do limite requerido.

No que diz respeito ao processo de Fernando, a sentença foi extra petita, pois ultrapassou o pedido formulado pelo autor ao proceder à condenação do réu ao pagamento de danos materiais e morais que não foram requeridos.

Por fim, no que tange ao processo de Júlia, a sentença foi ultra petita por condenar o réu em quantia superior à demandada.

02. Gabarito: letra b

A questão exige o conhecimento da letra seca da lei. Para melhor compreensão passaremos a análise de cada uma das alternativas:

Alternativa A) A decisão que concede a tutela em caráter antecedente não faz coisa julgada. A esse respeito, dispõe a lei processual: "Art. 304, §6º, CPC/15. A decisão que concede a tutela não fará coisa julgada, mas a estabilidade dos respectivos efeitos só será afastada por decisão que a revir, reformar ou invalidar, proferida em ação ajuizada por uma das partes, nos termos do § 2o deste artigo". Afirmativa incorreta.

Alternativa B) Sobre a arguição de falsidade da prova documental, dispõe o art. 430, parágrafo único, do CPC/15, que "uma vez arguida, a falsidade será resolvida como questão incidental, salvo se a parte requerer que o juiz a decida como questão principal, nos termos do inciso II do art. 19", quando, portanto, fará coisa julgada. Afirmativa correta.

Alternativa C) A lei processual determina que a questão prejudicial decidida expressa e incidentemente no processo fará coisa julgada se observados três requisitos: "I - dessa resolução depender o julgamento do mérito; II - a seu respeito tiver havido contraditório prévio e efetivo, não se aplicando no caso de revelia; III - o juízo tiver competência em razão da matéria e da pessoa para resolvê-la como questão principal" (art. 503, §1º, CPC/15). O §2º deste dispositivo legal afirma, no entanto, que "a hipótese do § 1º não se aplica se no processo houver restrições probatórias ou limitações à cognição que impeçam o aprofundamento da análise da questão prejudicial". A ação de mandado de segurança corre sob rito especial (Lei nº 12.016/09) e não admite dilação probatória, devendo toda a prova ser pré-constituída e acompanhar a petição inicial, motivo pelo qual, havendo limitação da cognição, sobre as questões prejudiciais não haverá formação de coisa julgada. Afirmativa incorreta.

Alternativa D) Dispõe o art. 504, do CPC/15, que não fazem coisa julgada: "I - os motivos, ainda que importantes para determinar o alcance da parte dispositiva da sentença; II - a verdade dos fatos, estabelecida como fundamento da sentença". Afirmativa incorreta.

Alternativa E) As astreintes - multa coercitiva - estão previstas na lei processual nos seguintes termos: "Art. 537. A multa independe de requerimento da parte e poderá ser aplicada na fase de conhecimento, em tutela provisória ou na sentença, ou na fase de execução, desde que seja suficiente e compatível com a obrigação e que se determine prazo razoável para cumprimento do preceito. § 1o O juiz poderá, de ofício ou a requerimento, modificar o valor ou a periodicidade da multa vincenda ou excluí-la, caso verifique que: I - se tornou insuficiente ou excessiva; II - o obrigado demonstrou cumprimento parcial superveniente da obrigação ou justa causa para o descumprimento". A decisão que fixa o valor das astreintes não faz coisa julgada material, podendo o juiz alterá-lo posteriormente sempre que julgar necessário. Esse é o entendimento do STJ sobre o mencionado dispositivo de lei: "(...) a decisão que arbitra astreintes não faz coisa julgada material, podendo, por isso mesmo, ser modificada, a requerimento da parte ou de ofício, seja para aumentar ou diminuir o valor da multa ou, ainda, para suprimi-la. Deste modo, as astreintes, sendo apenas um mecanismo coercitivo posto à disposição do Estado-Juiz para fazer cumprir as suas decisões, não ostentam caráter condenatório, tampouco transitam em julgado, o que as afastam da base de cálculo dos honorários advocatícios" (STJ. Respeito 1.367.212/RR. Rel. Min. Ricardo Villas Côas Cueva. DJe 01/08/17. Informativo 608). Afirmativa incorreta.

19 LIQUIDAÇÃO DE SENTENÇA

19.1. BASE LEGAL: ARTS. 509-512, CPC

A liquidação constitui fase processual, onde sua decisão será um simples complemento da sentença de condenação.

O procedimento preparatório da liquidação não pode ser utilizado como meio de ataque à sentença liquidanda, que há de permanecer intacta. Sua função é apenas a de gerar uma decisão declaratória do quantum debeatur que, na espécie, já se contém na sentença genérica, e que é proferida em complementação desta.

Por isso, o Código é taxativo ao dispor que "na liquidação é **vedado discutir de novo a lide ou modificar a sentença que a julgou**" (NCPC, art. 509, § 4º). A restrição do art. 509, § 4º, todavia, não atinge os juros, nas dívidas de dinheiro ou que se reduzem a dinheiro, porque nas condenações a elas referentes considera-se implicitamente contida a verba acessória dos juros, nos termos do art. 322, § 1º. Dessa forma, "incluem-se os juros moratórios, na liquidação, embora omisso o pedido inicial ou a condenação" (STF, Súmula 254).

Pode ocorrer que uma só sentença condene o vencido a uma parcela líquida e outra ilíquida. Em tais hipóteses, é direito do credor, desde logo, executar a parte líquida da sentença. Poderá, também, facultativamente, propor em paralelo a liquidação da parte ilíquida.

São, no entanto, dois procedimentos distintos e de objetos totalmente diversos, que poderão, em suas marchas processuais, inclusive dar ensejo a provimentos e recursos diferentes e inconciliáveis. Deverão, por isso, correr em autos apartados: a execução nos autos principais e a liquidação em autos apartados formados com cópias das peças processuais pertinentes (NCPC, art. 509, § 1º).

São duas as modalidades de liquidação:

por arbitramento
quando determinado pela sentença, convencionado pelas partes ou exigido pela natureza do objeto da liquidação;
o juiz intimará as partes para a apresentação de pareceres ou documentos elucidativos, no prazo que fixar, e, caso não possa decidir de plano, nomeará perito, observando-se, no que couber, o procedimento da prova pericial.
pelo procedimento comum
quando houver necessidade de alegar e provar fato novo.
o juiz determinará a intimação do requerido, na pessoa de seu advogado ou da sociedade de advogados a que estiver vinculado, para, querendo, apresentar contestação no prazo de 15 (quinze) dias;
o procedimento comum e todas suas provas, serão aplicáveis.

A existência de recurso não impede a liquidação (art. 512, CPC).

+ EXERCÍCIOS DE FIXAÇÃO

01. Ano: 2021 Banca: FCC Órgão: TJ-SC Prova: FCC - 2021 - TJ-SC - Técnico Judiciário Auxiliar

De acordo com o Código de Processo Civil, a liquidação de sentença

A) não poderá ser realizada na pendência de recurso.
B) exige, em todos os casos, nova citação do devedor.
C) observará o procedimento comum quando houver necessidade de alegar e provar fato novo.
D) somente será realizada por arbitramento se houver convenção das partes nesse sentido.
E) admite a rediscussão de todos os aspectos da lide.

02. Ano: 2021 Banca: FGV Órgão: TJ-PR Prova: FGV - 2021 - TJ-PR - Juiz Substituto

Sobre o procedimento de liquidação de sentença, é correto afirmar que:

A) a liquidação por arbitramento se aplica quando houver necessidade de alegar e provar fato novo relacionado com o quantum debeatur;
B) em caso de julgamento parcial de mérito estabelecendo obrigações líquida e ilíquida, poderá a parte liquidar ou executar a obrigação, independentemente de caução, ainda que haja recurso pendente de julgamento;
C) quando a apuração do valor depender de cálculo aritmético, o credor deverá instaurar a liquidação por cálculos, com a participação do contador judicial ou de perito contábil;

D) em caso de omissão do título judicial, os juros moratórios podem ser incluídos na liquidação desde que a parte tenha formulado o pedido na inicial;

E) não cabe agravo de instrumento contra as decisões proferidas em sede de liquidação de sentença, devendo a parte, se houver interesse, manejar exceção de pré-executividade.

» GABARITO

01. Gabarito: letra c

A questão exige o conhecimento da letra seca da lei. Para melhor compreensão passaremos a análise de cada uma das alternativas:

Alternativa A) ERRADO, conforme art. 512. A liquidação poderá ser realizada na pendência de recurso, processando-se em autos apartados no juízo de origem, cumprindo ao liquidante instruir o pedido com cópias das peças processuais pertinentes.

Alternativa B) ERRADO, conforme art. 511. Na liquidação pelo procedimento comum, o juiz determinará a intimação do requerido, na pessoa de seu advogado ou da sociedade de advogados a que estiver vinculado, para, querendo, apresentar contestação no prazo de 15 (quinze) dias, observando-se, a seguir, no que couber, o disposto no Livro I da Parte Especial deste Código.

Alternativa C) CERTO, conforme art. 509. Quando a sentença condenar ao pagamento de quantia ilíquida, proceder-se-á à sua liquidação, a requerimento do credor ou do devedor: II - pelo procedimento comum, quando houver necessidade de alegar e provar fato novo.

Alternativa D) ERRADO, conforme art. 509. Quando a sentença condenar ao pagamento de quantia ilíquida, proceder-se-á à sua liquidação, a requerimento do credor ou do devedor: I - por arbitramento, quando determinado pela sentença, convencionado pelas partes ou exigido pela natureza do objeto da liquidação;

Alternativa E) ERRADO, conforme art. 509, § 4º Na liquidação é vedado discutir de novo a lide ou modificar a sentença que a julgou.

02. Gabarito: Letra b

A questão exige o conhecimento da letra seca da lei. De todas as alternativas, a "b" é a que se mostra mais correta, contudo, poderia ser uma questão alvo de recurso. Vejamos cada uma das alternativas:

Alternativa a) Incorreta. Art. 509. Quando a sentença condenar ao pagamento de quantia ilíquida, proceder-se-á à sua liquidação, a requerimento do credor ou do devedor: I - por arbitramento, quando determinado pela sentença, convencionado pelas partes ou exigido pela natureza do objeto da liquidação; II - pelo procedimento comum, quando houver necessidade de alegar e provar fato novo.

Se há fato novo, deverá se falar em liquidação pelo procedimento comum.

Alternativa b) Correta, mas com problema. O art. 509, §1º prevê: Quando na sentença houver uma parte líquida e outra ilíquida, ao credor é lícito promover simultaneamente a execução daquela e, em autos apartados, a liquidação desta.

Pode fazer a liquidação E o cumprimento. Quando o examinador colocou "liquidar ou executar", incidiu em erro, mas é a alternativa que melhor traz uma resposta.

Alternativa c) Incorreta. Art. 509, § 2º Quando a apuração do valor depender apenas de cálculo aritmético, o credor poderá promover, desde logo, o cumprimento da sentença.

Para tanto, poderá fazer uso de programa de cálculo: 509 § 3º O Conselho Nacional de Justiça desenvolverá e colocará à disposição dos interessados programa de atualização financeira.

Alternativa d) Incorreta. Art. 322, § 1º Compreendem-se no principal os juros legais, a correção monetária e as verbas de sucumbência, inclusive os honorários advocatícios.

Alternativa e) Incorreta. Art. 1.015, parágrafo único. Também caberá agravo de instrumento contra decisões interlocutórias proferidas na fase de liquidação de sentença ou de cumprimento de sentença, no processo de execução e no processo de inventário.

20 CUMPRIMENTO DE SENTENÇA

20.1. BASE LEGAL: ARTS. 513-538, CPC

A atividade executiva pode ser definida como um conjunto de atos praticados pelo Estado, com ou sem o concurso da vontade do devedor, em que se invadirá o seu patrimônio, realizando a vontade concreta do direito material, consubstanciada em um título executivo.

Executar é materializar um direito a uma prestação, por meio de uma conduta de fazer, não fazer ou de dar coisa (que se divide em dar coisa diversa de dinheiro e pagar quantia certa). Nessa linha, organiza-se o CPC, como se observa dos arts. 520 a 535, nos quais são tratadas as obrigações de pagar quantia, e dos arts. 536 a 538, nos quais são tratadas as obrigações de fazer, não fazer e entregar coisa.

A expressão "execução civil" comporta a relativa a títulos judiciais e a de títulos extrajudiciais. Contudo, nessa aula estamos tratando do cumprimento de sentença, o qual terá títulos judiciais como objeto.

Objeto: falaremos na existência de um *título executivo* judicial (art. 515, CPC). Destarte, no processo de execução, haverá um título executivo extrajudicial.

Caro(a) leitor(a), esse conhecimento se mostra essencial para diversas diferenciações que poderão aparecer na prova, visto que identificando o título, saberemos, por exemplo, qual a via de defesa do executado:

No cumprimento de sentença: impugnação (arts. 525 e 535, CPC);
No processo de execução: embargos à execução (arts. 914-920, CPC).

Cabe destacar, antes de tudo, que a **existência de título executivo extrajudicial não impede a parte de optar pelo processo de conhecimento**, a fim de obter título executivo judicial (art. 785, CPC).

Feitas essas considerações, vejamos quais são os títulos judiciais e extrajudiciais na tabela abaixo:

ART. 515 → ROL TAXATIVO	ART. 784 → ROL EXEMPLIFICATIVO
Art. 515. São títulos **executivos judiciais**, cujo cumprimento dar-se-á de acordo com os artigos previstos neste Título: I – as decisões proferidas no processo civil que reconheçam a exigibilidade de obrigação de pagar quantia, de fazer, de não fazer ou de entregar coisa; II – a decisão homologatória de autocomposição judicial; III – a decisão homologatória de autocomposição extrajudicial de qualquer natureza; IV – o formal e a certidão de partilha, exclusivamente em relação ao inventariante, aos herdeiros e aos sucessores a título singular ou universal; V – o crédito de auxiliar da justiça, quando as custas, emolumentos ou honorários tiverem sido aprovados por decisão judicial; VI – a sentença penal condenatória transitada em julgado; VII – a sentença arbitral; VIII – a sentença estrangeira homologada pelo Superior Tribunal de Justiça; IX – a decisão interlocutória estrangeira, após a concessão do exequatur à carta rogatória pelo Superior Tribunal de Justiça; X – VETADO § 1o Nos casos dos incisos VI a IX, o devedor será citado no juízo cível para o cumprimento da sentença ou para a liquidação no prazo de 15 (quinze) dias. § 2o A autocomposição judicial pode envolver sujeito estranho ao processo e versar sobre relação jurídica que não tenha sido deduzida em juízo.	Art. 784. São títulos **executivos extrajudiciais**: I – a letra de câmbio, a nota promissória, a duplicata, a debênture e o cheque; II – a escritura pública ou outro documento público assinado pelo devedor; III – o documento particular assinado pelo devedor e por 2 (duas) testemunhas; IV – o instrumento de transação referendado pelo Ministério Público, pela Defensoria Pública, pela Advocacia Pública, pelos advogados dos transatores ou por conciliador ou mediador credenciado por tribunal; V – o contrato garantido por hipoteca, penhor, anticrese ou outro direito real de garantia e aquele garantido por caução; VI – o contrato de seguro de vida em caso de morte; VII – o crédito decorrente de foro e laudêmio; VIII – o crédito, documentalmente comprovado, decorrente de aluguel de imóvel, bem como de encargos acessórios, tais como taxas e despesas de condomínio; IX – a certidão de dívida ativa da Fazenda Pública da União, dos Estados, do Distrito Federal e dos Municípios, correspondente aos créditos inscritos na forma da lei; X – o crédito referente às contribuições ordinárias ou extraordinárias de condomínio edilício, previstas na respectiva convenção ou aprovados em assembleia geral, desde que documentalmente comprovadas; XI – a certidão expedida por serventia notarial ou de registro relativa a valores de emolumentos e demais despesas devidas pelos atos por ela praticados, fixados nas tabelas estabelecidas em lei; XII – todos os demais títulos aos quais, por disposição expressa, a lei atribuir força executiva. → ROL EXEMPLIFICATIVO § 1o A propositura de qualquer ação relativa a débito constante de título executivo não inibe o credor de promover-lhe a execução. § 2o Os títulos executivos extrajudiciais oriundos de país estrangeiro não dependem de homologação para serem executados. § 3o O título estrangeiro só terá eficácia executiva quando satisfeitos os requisitos de formação exigidos pela lei do lugar de sua celebração e quando o Brasil for indicado como o lugar de cumprimento da obrigação.

308 DIREITO PROCESSUAL CIVIL

> **DICA:** Tendo em vista a importância dessa distinção e a corriqueira cobrança em provas, grave os títulos judiciais (rol taxativo) através do mnemônico **SE-DE-CRE-CE**.
> **SE**NTENÇA – CÍVEL, PENAL, ARBITRAL, ESTRANGEIRA.
> **DE**CISÃO JUDICIAL – HOMOLOGATÓRIA; ESTRANGEIRA; INTERLOCUTÓRIA; DECISÃO MONOCRÁTICA; ACÓRDÃO; SENTENÇA.
> **CRÉ**DITOS DOS AUXILIARES DA JUSTIÇA
> **CE**RTIDÃO E FORMAL DE PARTILHA

20.2. REQUISITOS

Para dar início ao cumprimento de sentença, alguns pontos devem ser esclarecidos:

i. **Necessidade de requerimento ou início *ex officio***

É importante destacar que somente falaremos em cumprimento *ex officio* nas tutelas específicas: fazer, não fazer ou entregar. Demais modalidades, deverá haver requerimento da parte. Logo, podemos assim elucidar

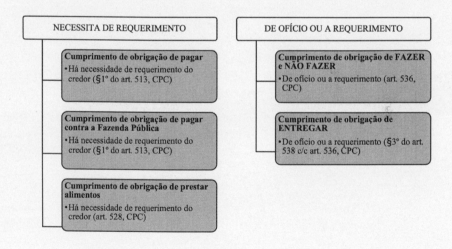

> **ATENÇÃO:** Se o requerimento do cumprimento de sentença de obrigação de pagar for formulado **após 1 (um) ano do trânsito em julgado da sentença**, prevê o §4º do art.513 que a intimação será feita na pessoa do devedor, por meio de carta com aviso de recebimento encaminhada ao endereço constante dos autos, observado o disposto no parágrafo único do art. 274 e no § 3º do art. 513. Sendo assim, se mudou de endereço, deverá comnicar ao juízo, considerando-se realizada a intimação com o envio da carta.

>> Art. 274. Não dispondo a lei de outro modo, as intimações serão feitas às partes, aos seus representantes legais, aos advogados e aos demais sujeitos do processo pelo correio ou, se presentes em cartório, diretamente pelo escrivão ou chefe de secretaria.
>> Parágrafo único. Presumem-se válidas as intimações dirigidas ao endereço constante dos autos, ainda que não recebidas pessoalmente pelo interessado, se a modificação temporária ou definitiva não tiver sido devidamente comunicada ao juízo, fluindo os prazos a partir da juntada aos autos do comprovante de entrega da correspondência no primitivo endereço.
>> 513 [...] § 3º Na hipótese do § 2º, incisos II e III [II - por carta com aviso de recebimento, quando representado pela Defensoria Pública ou quando não tiver procurador constituído nos autos, ressalvada a hipótese do inciso IV; III - por meio eletrônico, quando, no caso do § 1º do art. 246, não tiver procurador constituído nos autos], considera-se realizada a intimação quando o devedor houver mudado de endereço sem prévia comunicação ao juízo, observado o disposto no parágrafo único do art. 274.

ii. **Natureza jurídica do cumprimento de sentença e forma de intimação do devedor**

Em regra, o cumprimento de sentença **possui natureza jurídica de** *fase processual* do processo de conhecimento, sendo que todas suas decisões interlocutórias poderão ser alvo de recurso de agravo de instrumento. Vejamos:

>> Art. 1.015. Cabe agravo de instrumento contra as decisões interlocutórias que versarem sobre: (...)
>> Parágrafo único. Também caberá agravo de instrumento contra decisões interlocutórias proferidas **na fase** de liquidação de sentença ou **de cumprimento de sentença**, no processo de execução e no processo de inventário.

Sendo fase, tem-se que o requerido já foi citado na fase cognitiva, motivo pelo qual será intimado nos moldes do §2º do art. 513 do CPC:

>> Art. 513 [...] § 2º O devedor será intimado para cumprir a sentença:
>> I - pelo Diário da Justiça, na pessoa de seu advogado constituído nos autos;

II - por carta com aviso de recebimento, quando representado pela Defensoria Pública ou quando não tiver procurador constituído nos autos, ressalvada a hipótese do inciso IV;
III - por meio eletrônico, quando, no caso do § 1º do art. 246, não tiver procurador constituído nos autos
IV - por edital, quando, citado na forma do art. 256, tiver sido revel na fase de conhecimento.
§ 3º Na hipótese do § 2º, incisos II e III, considera-se realizada a intimação quando o devedor houver mudado de endereço sem prévia comunicação ao juízo, observado o disposto no parágrafo único do art. 274.

> **ATENÇÃO:** De acordo com o CPC/2015, independentemente da natureza da obrigação, a regra é que o devedor será intimado pelo Diário da Justiça, na pessoa do advogado constituído nos autos. Apesar do regramento expresso, previsto na parte geral do cumprimento de sentença (art. 513, § 2º, I), o **STJ, já na vigência do CPC/2015, considerou válida a Súmula 410**, que exige a *intimação pessoal do devedor quando se tratar de cumprimento de sentença envolvendo obrigação de fazer e de não fazer.* Veja: "Processo civil. Embargos de divergência. Obrigação de fazer. Descumprimento. Multa diária. Necessidade da intimação pessoal do executado. Súmula 410 do STJ. 1. É necessária a prévia intimação pessoal do devedor para a cobrança de multa pelo descumprimento de obrigação de fazer ou não fazer antes e após a edição das Leis n. 11.232/2005 e 11.382/2006, nos termos da Súmula 410 do STJ, cujo teor permanece hígido também após a entrada em vigor do novo Código de Processo Civil. 2. Embargos de divergência não providos" (EREsp 1.360.577/MG, Corte Especial, Rel. Min. Humberto Martins, Rel. p/ acórdão Min. Luis Felipe Salomão, j. 19.12.2018, DJe 07.03.2019).

Entretanto, também haverá hipótese de o cumprimento de sentença revelar a necessidade de citação do executado, se os títulos executivos judiciais forem

Sentença arbitral	→	título formado no juízo arbitral
Sentença penal	→	título fornado no juízo criminal
Sentença estrangeira homologada pelo STJ	→	título de juízo alienígena homologado pelo STJ
Decisão interlocurória estrangeira após concessão de exequatur à carta rogatória pelo STJ	→	título de juízo alienígena homologado pelo STJ

Note que em tais casos ainda não há ainda um *juízo cível* competente, razão pela qual haverá distribuição para o cumprimento (no caso de haver mais de um juízo competente), e daí falaremos em necessidade de citação do réu para angularização da relação jurídica processual. Nesse sentido, o §1º do art. 515 do CPC:

> Art; 515 § 1º Nos casos dos **incisos VI a IX**, o devedor será citado no juízo cível para o cumprimento da sentença ou para a liquidação no prazo de 15 (quinze) dias.
> Art. 515 [...]
> VI - a sentença penal condenatória transitada em julgado;
> VII - a sentença arbitral;
> VIII - a sentença estrangeira homologada pelo Superior Tribunal de Justiça;
> IX - a decisão interlocutória estrangeira, após a concessão do exequatur à carta rogatória pelo Superior Tribunal de Justiça;

iii. **Legitimidade passiva**

O executado, aquele que consta como devedor da obrigação prevista no título executivo judicial, é quem ordinariamente detém legitimidade para figurar no polo passivo do cumprimento de sentença. Contudo se o tiver figurado como réu na fase cognitiva da ação, poderá também responder ao cumprimento de sentença. Nesse caso, ele pode exercer a sua ampla defesa e contraditório (art. 5º, LV, CF/88), podendo ser executado. Veja:

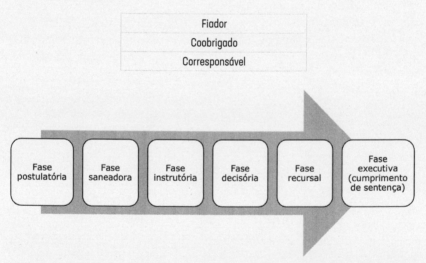

Caro(a) leitor(a), muita atenção nesse ponto, pois tem sido alvo frequente de cobranças nas provas a literalidade do §5 do art. 515:

> Art. 513 [...] § 5º O cumprimento da sentença **não poderá** ser promovido em face <u>**do fiador, do coobrigado ou do corresponsável que não tiver participado da fase de conhecimento.**</u>

20.3. COMPETÊNCIA (ART. 516)

Conforme art. 516 do CPC o cumprimento da sentença efetuar-se-á perante:

i. **os tribunais**, nas causas de sua competência **originária**;
ii. **o juízo** que decidiu a causa no **primeiro grau** de jurisdição → é a regra geral;
iii. **o juízo cível competente**, quando se tratar de **sentença penal condenatória, de sentença arbitral, de sentença estrangeira ou de acórdão proferido pelo Tribunal Marítimo** → nesse caso haverá distribuição e citação.

Nas hipóteses dos incisos II e III, o exequente poderá optar pelo juízo do atual domicílio do executado, **pelo juízo do local onde se encontrem os bens sujeitos à execução ou pelo juízo do local onde deva ser executada a obrigação de fazer ou de não fazer**, <u>casos em que a remessa dos autos do processo será solicitada ao juízo de origem.</u>

Essa previsão se encontra no parágrafo único do art. 516, e traz uma exceção ao princípio da *perpetuatio jurisdictionis*. Vê-se, a toda evidência, que a regra mitiga o caráter absoluto da competência funcional do juízo no qual se processou a causa

Protesto: é um ato formal e solene pelo qual se prova a inadimplência e o descumprimento de obrigação originada em títulos e outros documentos de dívida e, para sua efetivação, incumbe ao exequente apresentar certidão de teor da decisão (art. 517, §1º).

> O art. 782, § 3º, e o art. 528, § 1º, do CPC autorizam a inserção do nome do executado nos cadastros de inadimplentes e, na hipótese da dívida alimentar, pode ser realizada de ofício.

Para elucidar a possibilidade de protesto, vamos listar os requisitos:

1. **Decisão judicial transitada em julgados;**
2. **Transcorrido o prazo de 15 dias úteis para adimplemento voluntário.**

Veja o art. 517 do CPC:

> Art. 517. A decisão judicial **transitada em julgado** poderá ser levada a protesto, nos termos da lei, depois de transcorrido o prazo para pagamento voluntário previsto no art. 523.
> § 1º Para efetivar o protesto, incumbe ao exequente apresentar certidão de teor da decisão.
> § 2º A certidão de teor da decisão deverá ser **fornecida no prazo de 3 (três) dias** e indicará o nome e a qualificação do exequente e do executado,

o número do processo, o valor da dívida e a data de decurso do prazo para pagamento voluntário.

§ 3º O executado que tiver proposto ação rescisória para impugnar a decisão exequenda pode requerer, a suas expensas e sob sua responsabilidade, a anotação da propositura da ação à margem do título protestado.

§ 4º A requerimento do executado, o protesto será cancelado por determinação do juiz, mediante ofício a ser expedido ao cartório, no prazo de 3 (três) dias, contado da data de protocolo do requerimento, desde que comprovada a satisfação integral da obrigação.

> **ATENÇÃO:** Além do protesto, outras medidas podem ser tomadas, como
> × Pedido de inserção do nome do executado em cadastros de inadimplentes.
> × **Art. 782.** Não dispondo a lei de modo diverso, o juiz determinará os atos executivos, e o oficial de justiça os cumprirá.
>
> § 2º Sempre que, para efetivar a execução, for necessário o emprego de força policial, o juiz a requisitará.
>
> § 3º A requerimento da parte, o juiz pode determinar a inclusão do nome do executado em cadastros de inadimplentes.
>
> § 4º A inscrição será cancelada imediatamente se for efetuado o pagamento, se for garantida a execução ou se a execução for extinta por qualquer outro motivo.
>
> § 5º O disposto nos §§ 3º e 4º aplica-se à execução definitiva de título judicial.
>
> × DONIZETTI destaca que "Na linha do ativismo judicial, não é incomum deparar-se com decisão que, com base no art. 139, IV, amplia sobremaneira os meios executivos. O fato de o executado não pagar a dívida e não indicar bens à penhora tem servido de mote para a apreensão de carteira nacional de habilitação, de passaporte e de cartões de crédito."

20.4. CUMPRIMENTO PROVISÓRIO DE SENTENÇA (ART. 520-522, CPC):

Como vimos, exceto nos casos previstos nos incisos VI a IX do art. 515, não se exige a instauração de nova relação processual, com petição inicial e citação do devedor, para que se possa executar a obrigação fixada pelo juiz. Comumente os atos de realização do direito acertado no processo de conhecimento são praticados em continuidade à sentença. Todavia, a prática de tais atos, que caracterizam o cumprimento da sentença, pressupõe a liquidez do título. Assim, antes de proceder à intimação do devedor para cumprir o julgado, às vezes é preciso proceder a providências preparatórias, como a liquidação da sentença (arts. 509-512, CPC0 ou a elaboração de demonstrativo discriminado e atualizado do débito.

Tomadas as providências preparatórias, passa-se ao cumprimento propriamente dito, ou seja, à execução quando a prestação consistir no

× pagamento de quantia; ou
× à efetivação quando se tratar de prestações de fazer, não fazer ou entregar coisa.

Pois bem. O cumprimento de título judicial líquido poderá ser definitivo ou provisório.

> Será definitivo quando a decisão tiver transitado em julgado;
> Será provisório quando a decisão tiver sido impugnada mediante recurso ao qual não tenha sido atribuído efeito suspensivo

20.5. RESPONSABILIDADE NO CUMPRIMENTO PROVISÓRIO

Na execução definitiva, porque fundada em título judicial com trânsito em julgado, não se cogita de responsabilidade do exequente em prestação de caução para a prática de atos executivos tampouco em restituição das partes ao estado anterior. **Basicamente, a distinção entre uma e outra modalidade de cumprimento é a responsabilidade do credor,** a possibilidade de retorno das partes ao estado anterior e a exigência de caução para levantamento de depósito em dinheiro e alienação de propriedade ou de outro direito real.

O cumprimento provisório far-se-á do mesmo modo que o definitivo, distinguindo-se deste nos seguintes aspectos, previstos nos incisos I e IV do art. 520:

× Corre por iniciativa, conta e responsabilidade do exequente, que se obriga, se a sentença for reformada, a reparar os danos que o executado haja sofrido (inciso I);
× Fica sem efeito, sobrevindo decisão que modifique ou anule a sentença objeto da execução, restituindo-se as partes ao estado anterior e liquidados eventuais prejuízos nos mesmos autos (inciso II);

O § 4º do art. 520 estabelece que o retorno ao estado anterior não implicará desfazimento da transferência de posse ou da alienação de propriedade, ou de outro direito real, eventualmente já realizada. Nesses casos, a impossibilidade de restituição resolve-se em perdas e danos, cujos valores serão aferíveis no mesmo processo. A restituição ou o ressarcimento limitar-se-ão à parcela da decisão reformada ou anulada, caso a modificação ou anulação não tenha sido integral (inciso III).

× **O levantamento de depósito em dinheiro e a prática de atos que importem transferência de posse ou alienação de propriedade ou de outro direito real, ou dos quais possa resultar grave dano ao executado, dependem de caução suficiente e idônea, arbitrada de plano pelo juiz e prestada nos próprios autos (inciso IV);**

A caução, isto é, a garantia, pode ser real ou fidejussória. A real funda-se em direitos reais de garantia, como hipoteca, penhor, anticrese ou depósito em dinheiro. A fidejussória funda-se em obrigação pessoal, como, por exemplo, a decorrente de fiança. A toda evidência, a caução deve ser prestada por terceiro que tem idoneidade financeira. Não se admite caução fidejussória do próprio credor, porquanto este, em decorrência da lei, já responde pelos danos que a execução provisória acarretar ao devedor.

Em quatro hipóteses a lei autoriza a dispensa da caução (art. 521, CPC/2015):

i. quando o crédito for de natureza alimentar, independentemente de sua origem;
ii. quando o credor demonstrar situação de necessidade;
iii. quando pender o agravo do art. 1.042;
iv. quando sentença a ser provisoriamente cumprida estiver em consonância com a súmula da jurisprudência do Supremo Tribunal Federal ou do Superior Tribunal de Justiça ou em conformidade com acórdão proferido no julgamento de casos repetitivos.

Ressalte-se que o CPC/2015 promoveu uma ampliação nas hipóteses de dispensa se comparado com o CPC/1973. Entretanto, o parágrafo único do art. 521 traz uma importante ressalva, que deve ser analisada casuisticamente. Se existir manifesto risco de grave dano de difícil ou incerta reparação a exigência de caução será mantida, ainda que a situação se enquadre em uma das hipóteses presentes nos incisos do art. 521.

> EXEMPLO: Quando falamos que o cumprimento provisório far-se-á como se definitivo fosse, podemos dizer que a multa do §1º do art. 523 será aqui aplicável.

> **Art. 523→ 10% DE HONORÁRIOS + 10% MULTA NO INADIMPLEMENTO (OBRIGAÇÃO DE PAGAR QUANTIA CERTA)**

20.6. PETIÇÃO NO CUMPRIMENTO PROVISÓRIO

Dirigida ao juízo competente (art. 516, CPC). Se for eletrônica, a juntada de peças está dispensada. Contudo, sendo processo físico, se observará o §único do art. 522:

> Art. 522. O cumprimento provisório da sentença será requerido por petição dirigida ao juízo competente.
> Parágrafo único. Não sendo eletrônicos os autos, a petição será acompanhada de cópias das seguintes peças do processo, cuja autenticidade poderá ser certificada pelo próprio advogado, sob sua responsabilidade pessoal:
> I - decisão exequenda;
> II - certidão de interposição do recurso não dotado de efeito suspensivo;
> III - procurações outorgadas pelas partes;
> IV - decisão de habilitação, se for o caso;
> V - facultativamente, outras peças processuais consideradas necessárias para demonstrar a existência do crédito.

20.7. AUTOS APARTADOS OU MESMOS AUTOS?

Cumpre registrar que, geralmente, o cumprimento provisório de sentença se dará em novos autos, embora tal regra não seja absoluta:

× Haverá processamento em autos separados, por exemplo, na pendência do agravo pela inadmissão de recurso especial e/ou extraordinário, eis que se processa nos mesmos autos do processo principal, como se extrai do art. 1.042 do CPC e do Enunciado 225 do FPPC, fazendo com que suba todo o processo, bem como nas hipóteses em que a apelação terá duplo efeito (art. 1.012, § 1º).

× Na hipótese, por exemplo, de agravo de instrumento contra decisão de tutela provisória (art. 1.015, I, do CPC), o cumprimento provisório de sentença será realizado nos mesmos autos do processo principal.

A regra de ser em autos apartados ocorre que porque a decisão do recurso poderá modificar o título judicial ao qual se está buscando dar efetividade de maneira provisória, o que evitaria "tumultos processuais". Sendo assim, no caso de ocorrer modificação, liquidar-se-á eventuais perdas e danos.

20.8. EXIGÊNCIA DE REQUERIMENTO

Não se admite que o cumprimento provisório de sentença se inicie de ofício, justamente para o credor avaliar a possibilidade de êxito, se existem bens, a probabilidade do tribunal reformar ou anular a decisão recorrida e, principalmente, ponderar os riscos diante da responsabilidade objetiva a que estará sujeito (art. 520, I, do CPC).

20.9. EXECUÇÃO PROVISÓRIA CONTRA A FAZENDA PÚBLICA E SEUS LIMITES

Quando o executado é a Fazenda Pública, temos que ter alguns cuidados:

× **obrigação de fazer, não fazer e entrega de coisa** não há qualquer empecilho legal ao cumprimento provisório de sentença contra a Fazenda Pública;

× **obrigação para pagamento de quantia certa**: há duas formas de executar a Fazenda Pública na obrigação para pagamento de quantia certa, seja (i) pelo sistema de precatórios; (ii) ou por meio de requisição de pequeno valor (RPV). Nesse contexto, como o art. 100 da CR/1988 exige tanto para expedir o precatório, quanto para o RPV, o **trânsito em julgado da decisão, resta inadmissível a execução provisória** quando se trata de obrigação para o pagamento de quantia.

Cumpre registrar que o STJ permite a expedição de precatório antes do trânsito em julgado quando houver parcela incontroversa da pretensão; todavia, tal parcela será executada definitivamente (STJ, Corte Especial, EREsp 658.542/SC, rel. Min. Francisco Peçanha Martins, j. 01.02.2007, DJ 26.02.2007.)

No que se refere ao reexame necessário (art. 496 do CPC), por ser um instituto, em regra, voltado para a Fazenda Pública, na sua pendência não é admissível a execução provisória, como se extrai do Enunciado 423 do STF.

× Súmula 423 do STF: "Não transita em julgado a sentença por haver omitido o recurso ex officio, que se considera interposto ex lege."

> Art. 496. Está sujeita ao duplo grau de jurisdição, não produzindo efeito senão depois de confirmada pelo tribunal, a sentença:
> I - proferida contra a União, os Estados, o Distrito Federal, os Municípios e suas respectivas autarquias e fundações de direito público;
> II - que julgar procedentes, no todo ou em parte, os embargos à execução fiscal.

§ 1º Nos casos previstos neste artigo, não interposta a apelação no prazo legal, o juiz ordenará a remessa dos autos ao tribunal, e, se não o fizer, o presidente do respectivo tribunal avocá-los-á.

§ 2º Em qualquer dos casos referidos no § 1º, o tribunal julgará a remessa necessária.

§ 3º Não se aplica o disposto neste artigo quando a condenação ou o proveito econômico obtido na causa for de valor certo e líquido inferior a:

I - 1.000 (mil) salários-mínimos para a União e as respectivas autarquias e fundações de direito público;

II - 500 (quinhentos) salários-mínimos para os Estados, o Distrito Federal, as respectivas autarquias e fundações de direito público e os Municípios que constituam capitais dos Estados;

III - 100 (cem) salários-mínimos para todos os demais Municípios e respectivas autarquias e fundações de direito público.

§ 4º Também não se aplica o disposto neste artigo quando a sentença estiver fundada em:

I - súmula de tribunal superior;

II - acórdão proferido pelo Supremo Tribunal Federal ou pelo Superior Tribunal de Justiça em julgamento de recursos repetitivos;

III - entendimento firmado em incidente de resolução de demandas repetitivas ou de assunção de competência;

IV - entendimento coincidente com orientação vinculante firmada no âmbito administrativo do próprio ente público, consolidada em manifestação, parecer ou súmula administrativa.

Há, porém, quem aplique a literalidade do Enunciado 423 do STF, afirmando que o reexame somente impede o trânsito em julgado da decisão, admitindo, assim, a execução provisória, alicerçando-se no art. 14 §§ 1º e 3º da Lei 12.016/2009.

20.10. DEFESA DO DEVEDOR (ARTS. 525 E 535, CPC)

Caro(a) leitor(a), esse é um ponto de cobrança corriqueira em provas!

Seja no cumprimento provisório ou definitivo de sentença, a defesa do executado será a <u>impugnação ao cumprimento de sentença</u>!

Cuidado com as diferenças:

- × Impugnação (arts. 525 e 535, CPC) é a via de defesa no cumprimento de sentença;
- × Embargos à execução (arts. 914-920, CPC) no processo de Execução.

Vejamos os artigos da impugnação e suas diferenças, anotadas e destacadas na tabela abaixo:

Impugnação (art. 525, CPC)	Impugnação pela Fazenda Pública (art. 535, CPC)
Art. 525. Transcorrido o prazo previsto no art. 523 sem o pagamento voluntário, inicia-se o prazo de 15 (quinze) dias para que o executado, independentemente de penhora ou nova intimação, apresente, nos próprios autos, sua impugnação. **[7 HIPÓTESES]** § 1º Na impugnação, o executado poderá alegar: I - falta ou nulidade da citação se, na fase de conhecimento, o processo correu à revelia; II - ilegitimidade de parte; III - inexequibilidade do título ou inexigibilidade da obrigação; IV - penhora incorreta ou avaliação errônea; V - excesso de execução ou cumulação indevida de execuções; VI - incompetência absoluta ou relativa do juízo da execução; VII - qualquer causa modificativa ou extintiva da obrigação, como pagamento, novação, compensação, transação ou prescrição, desde que supervenientes à sentença. § 2º A alegação de impedimento ou suspeição observará o disposto nos arts. 146 e 148. § 3º Aplica-se à impugnação o disposto no art. 229. § 4º Quando o executado alegar que o exequente, em excesso de execução, pleiteia quantia superior à resultante da sentença, cumprir-lhe-á declarar de imediato o valor que entende correto, apresentando demonstrativo discriminado e atualizado de seu cálculo.	Art. 535. A Fazenda Pública será intimada na pessoa de seu representante judicial, por carga, remessa ou meio eletrônico, para, querendo, **no prazo de 30 (trinta) dias** e nos **próprios autos**, impugnar a execução, podendo arguir: **[6 HIPÓTESES: bens públicos são inalienáveis (art. 100, CC), potanto não se falará em penhora incorreta ou avaliação errônea.** I - falta ou nulidade da citação se, na fase de conhecimento, o processo correu à revelia; II - ilegitimidade de parte; III - inexequibilidade do título ou inexigibilidade da obrigação; IV - excesso de execução ou cumulação indevida de execuções; V - incompetência absoluta ou relativa do juízo da execução; VI - qualquer causa modificativa ou extintiva da obrigação, como pagamento, novação, compensação, transação ou prescrição, desde que supervenientes ao trânsito em julgado da sentença. § 1º A alegação de impedimento ou suspeição observará o disposto nos arts. 146 e 148. § 2º Quando se alegar que o exequente, em **excesso de execução**, pleiteia quantia superior à resultante do título, cumprirá à executada declarar de imediato o valor que entende correto, sob pena de não conhecimento da arguição. **§ 3º Não impugnada a execução ou rejeitadas as arguições da executada:**

DIREITO PROCESSUAL CIVIL

Impugnação (art. 525, CPC)	Impugnação pela Fazenda Pública (art. 535, CPC)
§ 5º Na hipótese do § 4º, não apontado o valor correto ou não apresentado o demonstrativo, a impugnação será liminarmente rejeitada, se o excesso de execução for o seu único fundamento, ou, se houver outro, a impugnação será processada, mas o juiz não examinará a alegação de excesso de execução. § 6º A apresentação de impugnação não impede a prática dos atos executivos, inclusive os de expropriação, podendo o juiz, a requerimento do executado e desde que garantido o juízo com penhora, caução ou depósito suficientes, atribuir-lhe efeito suspensivo, se seus fundamentos forem relevantes e se o prosseguimento da execução for manifestamente suscetível de causar ao executado grave dano de difícil ou incerta reparação. § 7º A concessão de efeito suspensivo a que se refere o § 6º não impedirá a efetivação dos atos de substituição, de reforço ou de redução da penhora e de avaliação dos bens § 8º Quando o efeito suspensivo atribuído à impugnação disser respeito apenas a parte do objeto da execução, esta prosseguirá quanto à parte restante. § 9º A concessão de efeito suspensivo à impugnação deduzida por um dos executados não suspenderá a execução contra os que não impugnaram, quando o respectivo fundamento disser respeito exclusivamente ao impugnante. § 10. Ainda que atribuído efeito suspensivo à impugnação, é lícito ao exequente requerer o prosseguimento da execução, oferecendo e prestando, nos próprios autos, caução suficiente e idônea a ser arbitrada pelo juiz.	I - **expedir-se-á, por intermédio do presidente do tribunal competente, precatório em favor do exequente, observando-se o disposto na Constituição Federal** ; II - por ordem do juiz, dirigida à autoridade na pessoa de quem o ente público foi citado para o processo, o pagamento de obrigação de pequeno valor será realizado no prazo de 2 (dois) meses contado da entrega da requisição, mediante depósito na agência de banco oficial mais próxima da residência do exequente. (Vide ADI 5534) § 4º Tratando-se de impugnação parcial, a parte não questionada pela executada será, desde logo, objeto de cumprimento. (Vide ADI 5534) § 5º Para efeito do disposto no inciso III do caput deste artigo, considera-se também inexigível a obrigação reconhecida em título executivo judicial fundado em lei ou ato normativo considerado inconstitucional pelo Supremo Tribunal Federal, ou fundado em aplicação ou interpretação da lei ou do ato normativo tido pelo Supremo Tribunal Federal como incompatível com a Constituição Federal , em controle de constitucionalidade concentrado ou difuso. § 6º No caso do § 5º, os efeitos da decisão do Supremo Tribunal Federal poderão ser modulados no tempo, de modo a favorecer a segurança jurídica.

Impugnação (art. 525, CPC)	Impugnação pela Fazenda Pública (art. 535, CPC)
§ 11. As questões relativas a fato superveniente ao término do prazo para apresentação da impugnação, assim como aquelas relativas à validade e à adequação da penhora, da avaliação e dos atos executivos subsequentes, podem ser arguidos por simples petição, tendo o executado, em qualquer dos casos, o prazo de 15 (quinze) dias para formular esta arguição, contado da comprovada ciência do fato ou da intimação do ato. § 12. Para efeito do disposto no inciso III do § 1° deste artigo, considera-se também inexigível a obrigação reconhecida em título executivo judicial fundado em lei ou ato normativo considerado inconstitucional pelo Supremo Tribunal Federal, ou fundado em aplicação ou interpretação da lei ou do ato normativo tido pelo Supremo Tribunal Federal como incompatível com a Constituição Federal, em controle de constitucionalidade concentrado ou difuso. § 13. No caso do § 12, os efeitos da decisão do Supremo Tribunal Federal poderão ser modulados no tempo, em atenção à segurança jurídica. § 14. A decisão do Supremo Tribunal Federal referida no § 12 deve ser anterior ao trânsito em julgado da decisão exequenda. § 15. Se a decisão referida no § 12 for proferida após o trânsito em julgado da decisão exequenda, caberá ação rescisória, cujo prazo será contado do trânsito em julgado da decisão proferida pelo Supremo Tribunal Federal.	§ 7° A decisão do Supremo Tribunal Federal referida no § 5° deve ter sido proferida antes do trânsito em julgado da decisão exequenda. § 8° Se a decisão referida no § 5° for proferida após o trânsito em julgado da decisão exequenda, caberá ação rescisória, cujo prazo será contado do trânsito em julgado da decisão proferida pelo Supremo Tribunal Federal.

Cumprimento definitivo de sentença (arts. 523-538, CPC)

O cumprimento definitivo será realizado quando a decisão

× já tiver transitado em julgado e, se for o caso, já tiver seu valor fixado em liquidação.

× Disser respeito a parcela incontroversa, ou seja, julgamento antecipado parcial do mérito (art. 356, § 2º).

20.II. HONORÁRIOS

No cumprimento de sentença, a verba honorária, quando devida, deve ser calculada exclusivamente sobre as parcelas já vencidas, e não sobre aquelas que ainda estão pendentes de vencimento. Nesse cenário, de acordo com o STJ,

> "os honorários devem obedecer as seguintes regras: (i) na fase de conhecimento, havendo condenação em pensão mensal, os honorários advocatícios incidem sobre as parcelas vencidas, acrescidas de 12 (doze) prestações vincendas, de acordo com o art. 85, § 9º, do CPC/2015; (ii) iniciado o cumprimento de sentença, caberá ao credor/exequente instruir o requerimento com o valor da dívida e com a verba honorária calculada conforme o item anterior (art. 523, caput, do CPC/2015); (iii) escoado o prazo legal para cumprimento voluntário da obrigação (art. 523, caput, e § 1º, os novos honorários são calculados sobre o valor do débito, excluído o montante das parcelas vincendas da pensão" (REsp 1.837.146/MS, Rel. Min. Ricardo Villas Bôas Cueva, 3ª Turma, j. 11.02.2020, DJe 20.02.2020).

Nesse sentido, importante não confundir a regra prevista no art. 85, § 9º, do CPC com o disposto no § 1º do art. 523.

O primeiro dispositivo prevê que nas ações indenizatórias por ato ilícito contra a pessoa, o percentual de honorários incidirá sobre a soma das prestações vencidas, acrescida de 12 (doze) prestações vincendas.

O segundo, aplicável ao cumprimento de sentença, estabelece que, não ocorrendo o pagamento voluntário, o débito será acrescido de multa e honorários.

> Art. 85. [...] § 9º Na ação de indenização por ato ilícito contra pessoa, o percentual de honorários incidirá sobre a soma das prestações vencidas acrescida de 12 (doze) prestações vincendas.
> Art. 523. No caso de condenação em quantia certa, ou já fixada em liquidação, e no caso de decisão sobre parcela incontroversa, o cumprimento definitivo da sentença far-se-á a requerimento do exequente, sendo o executado intimado para pagar o débito, no prazo de 15 (quinze) dias, acrescido de custas, se houver.

§ 1º Não ocorrendo pagamento voluntário no prazo do caput, o débito será acrescido de multa de dez por cento e, também, de honorários de advogado de dez por cento.

Destarte, sobre o tema, importante destacar que se a ré for a Fazenda Pública, e não for apresentada impugnação, ou seja, se não houver resistência, não se falará em honorários. Veja o §7º do art. 85:

> Art. 85 [...] § 7º Não serão devidos honorários no cumprimento de sentença contra a Fazenda Pública que enseje expedição de precatório, desde que não tenha sido impugnada.

Exceção a essa regra está nas ações coletivas, caso em que nas execuções individuais, ainda que não impugnadas, se falará em verba honoraria. Veja o teor da Súmula 345 do STJ:

> Súmula nº 345 do STJ: "São devidos honorários advocatícios pela Fazenda Pública nas execuções individuais de sentença proferida em ações coletivas, ainda que não embargadas".

20.12. PROCEDIMENTOS PARA CUMPRIMENTO

Poderemos falar na modalidade de procedimento de acordo com a obrigação a que se busca adimplir:

OBRIGAÇÃO	Procedimento nos artigos	Defesa do executado: via impugnação
Pagar quantia certa	Arts. 523-527, CPC	Art. 525, CPC
Prestar alimentos	Arts. 528-533, CPC	Art. 525, CPC
Pagar quantia certa contra a Fazenda Pública	Arts. 534-535, CPC	**Art. 535, CPC**
Fazer e não fazer	Arts. 536-537, CPC	Art. 525, CPC
Entregar	Art. 538 c/c arts. 536-537, CPC;	Art. 525, CPC

Vamos aprofundar cada uma dessas modalidades!

20.13. CUMPRIMENTO DEFINITIVO DE OBRIGAÇÃO DE PAGAR QUANTIA CERTA (ARTS. 523-527, CPC)

No que toca ao cumprimento de sentença das obrigações de pagar quantia, a matéria é tratada nos arts. 523 a 527 do CPC/2015, contudo, deverão ser observadas as suas disposições gerais (arts. 513 a 519), bem como as disposições da execução extrajudicial, no que couber (arts. 513, parte final c/c 771), como já havíamos ressaltado inicialmente.

Assim, por exemplo, nos artigos do cumprimento de sentença nada é mencionado sobre penhora, sobre hasta pública, devendo, então, serem observadas as normas previstas para a execução extrajudicial.

Requerimento, indicação de bens penhoráveis e defesa do executado

O cumprimento de sentença referente às obrigações de pagar quantia exige requerimento do exequente, **não podendo, portanto, ser iniciado de ofício** (art. 523, caput).

Decidiu o STJ que se o executado estiver pela Defensoria Pública o prazo do art. 523 deverá ser contado em dobro (STJ. 4ª T., REsp 1261856/DF, rel. Min. Marco Buzzi, julgado em 22.11.2016).

Havendo o requerimento e não sendo o débito adimplito em 15 dias, falaremos na incidencia de multa de 10% e honorários advocatícios de 10% (§1º, art. 523).

> **DICA:** O §1º do art. 523 é corriqueiro em provas e prevê que "não ocorrendo pagamento voluntário no prazo do caput, o débito será acrescido de multa de dez por cento e, também, de honorários de advogado de dez por cento." Para gravar, lembre "A FOQUINHA BATE DUAS PALMINHAS, SÓ NÃO BATE PARA A FAZENDINHA!"
>
> **Palminha nº1)** 10% multa
>
> **Palminha nº2)** 10% honorários
>
> Contudo, tais "palminhas" não ocorrerão contra a Fazenda Pública conforme as previsões:
>
> **Art.** 534, § 2º A multa prevista no § 1o do art. 523 não se aplica à Fazenda Pública.
>
> **Art.** 85 § 7º Não serão devidos honorários no cumprimento de sentença contra a Fazenda Pública que enseje expedição de precatório, desde que não tenha sido impugnada.

Tendo o exequente **conhecimento sobre bens penhoráveis** do executado, já poderá indicá-los em tal requerimento (art. 524, VII), pois não é direito do executado indicar os seus bens penhoráveis, exceto se o magistrado determinar (arts. 829, § 2º, 847, § 2º e 774, V, do CPC/2015).

Na forma do art. 799, IX, e do art. 828, poderá o credor requerer que a serventia expeça uma certidão de propositura de execução, de atos de constrição, além da admissão da execução, possibilitando averbações nos registros imobiliários, por exemplo, a fim de se evitar eventual fraude à execução.

De igual modo, não efetuado tempestivamente o pagamento voluntário, será expedido, desde logo, mandado de penhora e avaliação, seguindo-se os atos de expropriação (§ 3º do art. 523).

A etapa expropriatória do bem, que está prevista no art. 825, CPC, consiste em:

a. adjudicação;
b. alienação; e
c. apropriação de frutos e rendimentos de empresa ou de estabelecimentos e de outros bens.

Vejamos os artigos pertinentes:

> Art. 799. Incumbe ainda ao exequente:
> IX - proceder à averbação em registro público do ato de propositura da execução e dos atos de constrição realizados, para conhecimento de terceiros.
> Art. 828. O exequente poderá obter certidão de que a execução foi admitida pelo juiz, com identificação das partes e do valor da causa, para fins de averbação no registro de imóveis, de veículos ou de outros bens sujeitos a penhora, arresto ou indisponibilidade.
> § 1º No prazo de 10 (dez) dias de sua concretização, o exequente deverá comunicar ao juízo as averbações efetivadas.
> § 2º Formalizada penhora sobre bens suficientes para cobrir o valor da dívida, o exequente providenciará, no prazo de 10 (dez) dias, o cancelamento das averbações relativas àqueles não penhorados.
> § 3º O juiz determinará o cancelamento das averbações, de ofício ou a requerimento, caso o exequente não o faça no prazo.
> § 4º Presume-se em fraude à execução a alienação ou a oneração de bens efetuada após a averbação.
> § 5º O exequente que promover averbação manifestamente indevida ou não cancelar as averbações nos termos do § 2º indenizará a parte contrária, processando-se o incidente em autos apartados.
> Art. 523. No caso de condenação em quantia certa, ou já fixada em liquidação, e no caso de decisão sobre parcela incontroversa, o cumprimento definitivo da sentença far-se-á a requerimento do exequente, sendo o executado intimado para pagar o débito, no prazo de 15 (quinze) dias, acrescido de custas, se houver.
> **§ 1º Não ocorrendo pagamento voluntário no prazo do caput, o débito será acrescido de multa de dez por cento e, também, de honorários de advogado de dez por cento.**
> § 2º Efetuado o pagamento parcial no prazo previsto no caput, a multa e os honorários previstos no § 1º incidirão sobre o restante.
> § 3º Não efetuado tempestivamente o pagamento voluntário, será expedido, desde logo, mandado de penhora e avaliação, seguindo-se os atos de expropriação.

Evidentemente que esse requerimento para iniciar a fase de cumprimento não necessita das formalidades de uma petição inicial, justamente por não se estar iniciando um novo processo, mas uma fase, todavia, o art. 524 traz alguns pontos que devem figurar em tal requerimento, o qual deve ser instruído com demonstrativo discriminado e atualizado do crédito.

> Art. 524. O requerimento previsto no art. 523 será instruído com demonstrativo discriminado e atualizado do crédito, devendo a petição conter:
> I - o nome completo, o número de inscrição no Cadastro de Pessoas Físicas ou no Cadastro Nacional da Pessoa Jurídica do exequente e do executado, observado o disposto no art. 319, §§ 1º a 3º;
> II - o índice de correção monetária adotado;
> III - os juros aplicados e as respectivas taxas;
> IV - o termo inicial e o termo final dos juros e da correção monetária utilizados;
> V - a periodicidade da capitalização dos juros, se for o caso;
> VI - especificação dos eventuais descontos obrigatórios realizados;
> VII - indicação dos bens passíveis de penhora, sempre que possível.
> § 1º Quando o valor apontado no demonstrativo aparentemente exceder os limites da condenação, a execução será iniciada pelo valor pretendido, mas a penhora terá por base a importância que o juiz entender adequada.
> § 2º Para a verificação dos cálculos, o juiz poderá valer-se de contabilista do juízo, que terá o prazo máximo de 30 (trinta) dias para efetuá-la, exceto se outro lhe for determinado.
> § 3º Quando a elaboração do demonstrativo depender de dados em poder de terceiros ou do executado, o juiz poderá requisitá-los, sob cominação do crime de desobediência.
> § 4º Quando a complementação do demonstrativo depender de dados adicionais em poder do executado, o juiz poderá, a requerimento do exequente, requisitá-los, fixando prazo de até 30 (trinta) dias para o cumprimento da diligência.
> § 5º Se os dados adicionais a que se refere o § 4º não forem apresentados pelo executado, sem justificativa, no prazo designado, reputar-se-ão corretos os cálculos apresentados pelo exequente apenas com base nos dados de que dispõe.

O executado será intimado para pagar em 15 dias e independentemente de nova intimação se iniciará o prazo para impugnação (art. 525, CPC), conforme já estudamos.

Entretanto, importa destacar que **antes mesmo da intimação**, poderá comparecer e voluntariamente quitar o débito, conforme art. 526 do CPC:

Art. 526. É lícito ao réu, **antes de ser intimado para o cumprimento da sentença**, comparecer em juízo e oferecer em pagamento o valor que entender devido, apresentando memória discriminada do cálculo.

§ 1º O autor será ouvido no prazo de 5 (cinco) dias, podendo impugnar o valor depositado, sem prejuízo do levantamento do depósito a título de parcela incontroversa.

§ 2º Concluindo o juiz pela insuficiência do depósito, sobre a diferença incidirão multa de dez por cento e honorários advocatícios, também fixados em dez por cento, seguindo-se a execução com penhora e atos subsequentes.

§ 3º Se o autor não se opuser, o juiz declarará satisfeita a obrigação e extinguirá o processo.

Destarte, se o réu já foi intimado, não há de se falar em adimplemento voluntário!

Profº HÁ POSSIBILIDADE DE CONTAGEM DE PRAZO EM DOBRO NESSA FORMA DE CUMPRIMENTO? E NAS DEMAIS?

Aplica-se, aqui, expressamente no § 3o a prerrogativa do prazo em dobro no caso de litisconsortes com procuradores diferentes (art. 229, caput), salvo se forem eletrônicos os autos (art. 229, § 2). Em relação às demais espécies de obrigação (fazer, não fazer e dar coisa), Fredie Didier, já na vigência do CPC/73, entendia cabível a sua aplicação, por analogia.

ATENÇÃO: A aplicação do 229 do CPC ocorre no cumprimento de sentença, não ocorrendo para apresentação de embargos no processo de execução! Veja:

× **Art.** 915. Os embargos serão oferecidos no prazo de 15 (quinze) dias, contado, conforme o caso, na forma do art. 231. w§ 3º Em relação ao prazo para oferecimento dos embargos à execução, não se aplica o disposto no art. 229.

20.14. CUMPRIMENTO DE OBRIGAÇÃO DE PRESTAR ALIMENTOS (ARTS. 528-533, CPC)

A execução de alimentos é uma execução para pagar quantia certa, todavia, possui um procedimento diferenciado em razão da própria necessidade do alimentado, sendo possível a constrição de bens, penhora de salário com desconto em folha de pagamento e, ainda, a própria prisão do executado, na hipótese permitida pela legislação (art. 528 a 533 do CPC/2015).

20.15. COMPETÊNCIA

A competência para a execução alimentícia encontra previsão no art. 53, II, do CPC/2015, devendo prevalecer sobre a regra do inciso II, do art. 46 do CPC.

> Art. 53. É competente o foro:
> II - de domicílio ou residência do alimentando, para a ação em que se pedem alimentos;
> Súmula nº 1 STJ - O foro do domicilio ou da residencia do alimentando e o competente para a ação de investigação de paternidade, quandoCumulada com a de alimentos.

O próprio legislador já se manifestou no sentido de flexibilizar a regra de que a execução deve correr necessariamente no juízo da sentença, como se nota no parágrafo único do art. 516 e como prevê o § 9º do art. 528 do CPC/2015.

Destarte, a ação de conhecimento, onde se postula alimentos, será promovida no domicílio ou residência do alimentando (art. 53, II, do CPC/2015), já a execução de alimentos poderá ser realizada no juízo sentenciante (art. 516, II), bem como poderá ser no atual domicílio do executado ou no juízo do local onde se encontrem os bens sujeitos à execução, o que já era ratificado pelo STJ (STJ, CC 2.933/DF, 2ª S., rel. Min. Waldemar Zveiter, j. 28.10.1992.).

Não faria sentido a interpretação que resultasse na conclusão de que, logo no momento de executar a sentença, não pudesse o alimentado, agora residindo em outra comarca, valer-se da regra que lhe beneficia. **A execução de alimentos é itinerante** (DIDIER JR., Fredie. Curso de direito processual civil. Execução cit., 2. ed., v. 5, p. 226.).

20.16. LEGITIMIDADE ATIVA DO MINISTÉRIO PÚBLICO

No que se refere à legitimidade ativa na execução de alimentos, vigora a regra geral do art. 778, § 1º, I, do CPC/2015, ou seja, será o credor aquele a quem a lei confere título executivo, sendo, geralmente, um absolutamente ou relativamente incapaz.

Há, ainda, legitimidade ativa para o Ministério Público para a promoção de execução de alimentos, nas hipóteses do art. 201, III, da Lei 8.069/1990, coincidindo com o art. 778, § 1º, I, do CPC/2015.

20.17. PROCEDIMENTO

Havendo um título executivo judicial que estabeleça uma obrigação de alimentos, seja uma interlocutória ou uma sentença, caberá ao exequente realizá-la por meio de prisão civil (art. 528, §§ 3º ao 7º) **ou*** pelo cumprimento de sentença tradicional (art. 523 a 527, na forma do art. 528, § 8º).

> **JURISPRUDÊNCIA:** Em Agosto de 2022 o STJ inovou ao prever a possibilidade de cumulação de pedidos de prisão e de penhora no mesmo procedimento para execução de dívida alimentar
> A Quarta Turma do Superior Tribunal de Justiça (STJ) entendeu que, para a cobrança de alimentos, é cabível a cumulação das medidas de coerção pessoal (prisão) e de expropriação patrimonial (penhora) no âmbito do mesmo procedimento executivo, desde que não haja prejuízo ao devedor - a ser comprovado por ele - nem ocorra tumulto processual, situações que devem ser avaliadas pelo magistrado em cada caso.
> No processo analisado pelo colegiado - nº não divulgado por segredo de justiça-, o Ministro Salomão explicou que "não está havendo uma cumulação de ritos sobre o mesmo valor, mas, sim, de duas pretensões executivas distintas em um mesmo processo". O magistrado observou também que não é possível presumir eventual prejuízo decorrente dessa aplicação, nem pressupor a ocorrência de tumulto processual - entendimento do STJ em relação ao CPC/1973 e do Enunciado 32 do Instituto Brasileiro de Direito de Família (Ibdfam). Como conclusão, o ministro salientou que, tendo em vista a flexibilidade procedimental instituída com o CPC/2015 e a relevância do bem jurídico tutelado, o mais correto é adotar uma posição conciliatória entre as correntes divergentes, de forma a garantir efetividade à opção do credor de alimentos, sem descuidar de eventual infortúnio prático - a ser sopesado em cada situação. "É possível o processamento em conjunto dos requerimentos de prisão e de expropriação, devendo os respectivos mandados citatórios ou intimatórios se adequar a cada pleito executório", disse o ministro.
> Disponível em: https://www.stj.jus.br/sites/portalp/Paginas/Comunicacao/Noticias/30082022-E-possivel-cumular-pedidos-de-prisao-e--de-penhora-no-mesmo-procedimento-para-execucao-de-divida-alimentar.aspx

Vejamos o artigo 528 do CPC:

> Art. 528. No cumprimento de sentença que condene ao pagamento de prestação alimentícia ou de decisão interlocutória que fixe alimentos, o

juiz, a requerimento do exequente, mandará intimar o executado pessoalmente para, em 3 (três) dias, pagar o débito, provar que o fez ou justificar a impossibilidade de efetuá-lo.

§ 1º Caso o executado, no prazo referido no caput, não efetue o pagamento, não prove que o efetuou ou não apresente justificativa da impossibilidade de efetuá-lo, o juiz mandará protestar o pronunciamento judicial, aplicando-se, no que couber, o disposto no art. 517.

§ 2º Somente a comprovação de fato que gere a impossibilidade absoluta de pagar justificará o inadimplemento.

§ 3º Se o executado não pagar ou se a justificativa apresentada não for aceita, o juiz, além de mandar protestar o pronunciamento judicial na forma do § 1º, decretar-lhe-á a prisão pelo prazo de 1 (um) a 3 (três) meses.

§ 4º A prisão será **cumprida em regime fechado**, devendo o preso ficar separado dos presos comuns.

§ 5º O cumprimento da pena não exime o executado do pagamento das prestações vencidas e vincendas.

§ 6º Paga a prestação alimentícia, o juiz suspenderá o cumprimento da ordem de prisão.

§ 7º O débito alimentar que autoriza a prisão civil do alimentante é o que **compreende até as 3 (três) prestações anteriores** ao ajuizamento da execução e as que se vencerem no curso do processo.

§ 8º O exequente pode optar por promover o cumprimento da sentença ou decisão desde logo, nos termos do disposto neste Livro, Título II, Capítulo III, caso em que não será admissível a prisão do executado, e, recaindo a penhora em dinheiro, a concessão de efeito suspensivo à impugnação não obsta a que o exequente levante mensalmente a importância da prestação.

§ 9º Além das opções previstas no art. 516, parágrafo único, o exequente pode promover o cumprimento da sentença ou decisão que condena ao pagamento de prestação alimentícia no juízo de seu domicílio.

PRAZO PARA PAGAMENTO: conforme o art. 528 o exequente deve requerer ao juiz que **intime o executado pessoalmente** para, em 3 (três) dias venha a

1. pagar o débito;
2. provar que já o fez; ou
3. justificar a impossibilidade de efetuá-lo.

> **DICA:** Lembre do nº **3**, que norteia a execução alimentar:
> × pagar: **3** dias;
> × prestações executáveis: até as **3** últimas;
> × legações do devedor: são **3** → pagar, provar que já o fez ou justificar a impossibilidade absoluta;
> × prazo da prisão: até **3** meses.

× QUAL O TIPO DE IMPOSSIBILIDADE QUE É ACEITA?

Ressalte-se que, segundo o próprio legislador, apenas a **impossibilidade absoluta** é capaz de justificar o inadimplemento (§ 2º). Aqui, a jurisprudência entende que o desemprego não é causa justificadora.

× Profª é possível o protesto da decisão que ordena o pagamento de alimentos pode ser feito de ofício?

Sim! Ultrapassado **os 3 dias** sem que o devedor proceda qualquer destas soluções, o juiz ordenará o protesto do pronunciamento judicial, aplicando-se, no que couber, o disposto no art. 517.

× Qual o prazo mínimo de não pagamento para decretar prisão civil?

1 mês de débito já basta para poder ser preso!

Note que as prestações que admitem o rito de prisão, serão de até 3 meses. O §7 do art. 528 deve ser lido conjuntamente com a Súmula 309 do STJ, vez que traz entendimento mais recente!

> S. 309 STJ→ O débito alimentar que autoriza a prisão civil do alimentante é o que compreende **as três prestações anteriores** ao ajuizamento da execução e as que se vencerem no curso do processo.
>
> Art. 528 [...] § 7º O débito alimentar que autoriza a prisão civil do alimentante é o que compreende <u>**até as 3 (três) prestações anteriores**</u> ao ajuizamento da execução e as que se vencerem no curso do processo.

PRAZO: o prazo para prestar alimentos é de 3 dias, mas para impugnação seguirá a regra de 15 dias do art. 525 do CPC.

MATÉRIAS DE DEFESA: conforme já vimos, na impugnação, o executado poderá alegar:

1. falta ou nulidade da citação se, na fase de conhecimento, o processo correu à revelia;
2. ilegitimidade de parte;
3. inexequibilidade do título ou inexigibilidade da obrigação;
4. penhora incorreta ou avaliação errônea;
5. excesso de execução ou cumulação indevida de execuções;
6. incompetência absoluta ou relativa do juízo da execução;
7. qualquer causa modificativa ou extintiva da obrigação, como pagamento, novação, compensação, transação ou prescrição, desde que supervenientes à sentença.

PROCESSAMENTO: está previsto no art. 531, CPC. Veja o esquema:

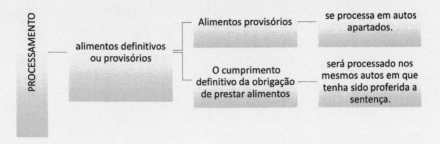

20.18. CONSTITUIÇÃO DE CAPITAL

Art. 533. Quando a indenização por ato ilícito incluir prestação de alimentos, caberá ao executado, a requerimento do exequente, constituir capital cuja renda assegure o pagamento do valor mensal da pensão.
§ 1º O capital a que se refere o caput, representado por imóveis ou por direitos reais sobre imóveis suscetíveis de alienação, títulos da dívida pública ou aplicações financeiras em banco oficial, será inalienável e impenhorável enquanto durar a obrigação do executado, além de constituir-se em patrimônio de afetação.
§ 2º O juiz poderá substituir a constituição do capital pela inclusão do exequente em folha de pagamento de pessoa jurídica de notória capacidade econômica ou, a requerimento do executado, por fiança bancária ou garantia real, em valor a ser arbitrado de imediato pelo juiz.
§ 3º Se sobrevier modificação nas condições econômicas, poderá a parte requerer, conforme as circunstâncias, redução ou aumento da prestação.
§ 4º A prestação alimentícia poderá ser fixada tomando por base o salário-mínimo.
§ 5º Finda a obrigação de prestar alimentos, o juiz mandará liberar o capital, cessar o desconto em folha ou cancelar as garantias prestadas.

Trata-se de forma de assegurar o cumprimento de obrigação alimentícia, segundo a qual o devedor disponibiliza vultosa quantia, para que seja, aos poucos, liberada ao credor.

Não obstante o legislador referir-se somente a alimentos decorrentes de atos ilícitos, aplica-se a todas as obrigações alimentícias, havendo, inclusive, quem sustente sua aplicabilidade a qualquer obrigação (MEDINA, José Miguel Garcia. Execução. São Paulo: RT, 2008. p. 265).

Aplicando-se a menor onerosidade, pois a constituição de capital pode ocasionar, por exemplo, um desfalque patrimonial muito forte na pessoa jurídica, tem se aplicado o previsto no art. 533, § 2º, do CPC/2015, que é a inclusão do credor na folha de pagamento do devedor.

Contudo, a Súmula 313 do STJ, com base na realidade econômica do país e das empresas, afirma que, em ação de indenização, procedente o pedido, é necessária a constituição de capital ou caução fidejussória para a garantia do pagamento da pensão, independentemente da situação financeira do demandado, entendimento com o qual tem concordado a doutrina (DIDIER JR., Fredie. Curso de direito processual civil. Execução cit., 2. ed., v. 5, p. 707.).

Admite-se, ainda, constituição de capital sobre imóvel (garantia real), mesmo que o bem seja impenhorável, diante do disposto no art. 3º, III, da Lei 8.009/1990, com redação dada pela Lei 13.144/2015 ("III – pelo credor da pensão alimentícia, resguardados os direitos, sobre o bem, do seu coproprietário que, com o devedor, integre união estável ou conjugal, observadas as hipóteses em que ambos responderão pela dívida;"), como já afirmou o STJ (STJ, 3ª T., REsp 374.332/RJ, rel. Min. Carlos Alberto Menezes Direito, j. 29.11.2003.).

20.19. CUMPRIMENTO DE SENTENÇA CONTRA A FAZENDA PÚBLICA (ARTS. 536-537, CPC)

A denominação "Fazenda Pública" é genérica a qualquer espécie de fazenda, atribuída às pessoas de direito público. Nela assim se computam as Fazendas Federal, Estadual e Municipal (MISAEL MONTENEGRO FILHO. In Curso de Dir. Processual Civil, vol. II, 2015. p.420).

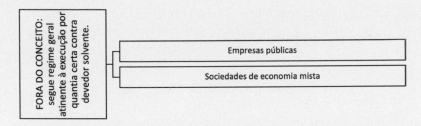

A execução contra a Fazenda pode ter origem em título judicial ou extrajudicial (Súmula 279 STJ), mas vamos estudar a prevista nos arts. 533 e 534: cumprimento de sentença.

A execução por quantia certa em face da Fazenda Pública, no que concerne aos títulos *executivos judiciais*, é procedimento disciplinado, em origem, no art. 100 da CF. Preocupa-se a CF com o estabelecimento de uma ordem de preferência para pagamento da quantia devida, por meio da sistemática de precatórios.

O mesmo não ocorre em relação às outras obrigações – de fazer, não fazer e dar coisa diferente de dinheiro –, cuja execução segue o regramento geral do CPC, nem em relação às obrigações que derivam de títulos extrajudiciais, eis que o art. 100, caput, da CF, faz referência aos pagamentos devidos pela Fazenda Pública Federal "em virtude de sentença judiciária".

O art. 534 do NCPC impõe ao exequente o dever de apresentar **demonstrativo discriminado e atualizado do crédito, contendo uma série de exigências:**

1. nome completo do credor, com CPF e/ou CNPJ;
2. índice de correção monetária adotado;
3. taxa e periodicidade de juros;
4. termo inicial e o termo final dos juros e da correção monetária utilizados;
5. eventuais descontos obrigatórios realizados.

No caso de **pluralidade de exequentes**, cada um deverá apresentar o seu próprio demonstrativo.

> Art. 534. No cumprimento de sentença que impuser à Fazenda Pública o dever de pagar quantia certa, o exequente apresentará demonstrativo discriminado e atualizado do crédito contendo:
> I - o nome completo e o número de inscrição no Cadastro de Pessoas Físicas ou no Cadastro Nacional da Pessoa Jurídica do exequente;
> II - o índice de correção monetária adotado;
> III - os juros aplicados e as respectivas taxas;

IV - o termo inicial e o termo final dos juros e da correção monetária utilizados;
V - a periodicidade da capitalização dos juros, se for o caso;
VI - a especificação dos eventuais descontos obrigatórios realizados.
§ 1º Havendo pluralidade de exequentes, cada um deverá apresentar o seu próprio demonstrativo, aplicando-se à hipótese, se for o caso, o disposto nos §§ 1º e 2º do art. 113.
§ 2º A multa prevista no § 1º do art. 523 não se aplica à Fazenda Pública.

Abandonando o antigo *processo autônomo de execução* para os títulos executivos judiciais, o CPC/15 prevê a *intimação* da Fazenda Pública para, **no prazo de 30 (trinta) dias**, IMPUGNAR a execução contra ela movida na fase procedimental. Assim, a defesa da parte executada não mais será feita pela via dos embargos à execução, que ostentam a natureza de ação autônoma de impugnação, mas sim pela via da impugnação, **mero incidente processual**, destinado a combater os títulos executivos *judiciais*.

> ATENÇÃO: A Fazenda é intimada para oferecer defesa, não para pagar, como ocorre no art. 523 do CPC!

20.20. DEFESA DA FAZENDA PÚBLICA

Os incisos I a VI do art. 535, do NCPC, delimitam as matérias que podem ser sustentadas pela Fazenda Pública ao impugnar o título judicial.

> Art. 535. A Fazenda Pública será intimada na pessoa de seu representante judicial, por carga, remessa ou meio eletrônico, para, querendo, no prazo de 30 (trinta) dias e nos próprios autos, impugnar a execução, podendo arguir:
> I - falta ou nulidade da citação se, na fase de conhecimento, o processo correu à revelia;
> II - ilegitimidade de parte;
> III - inexequibilidade do título ou inexigibilidade da obrigação;
> IV - excesso de execução ou cumulação indevida de execuções;
> V - incompetência absoluta ou relativa do juízo da execução;
> VI - qualquer causa modificativa ou extintiva da obrigação, como pagamento, novação, compensação, transação ou prescrição, desde que supervenientes ao trânsito em julgado da sentença.
> § 1º A alegação de impedimento ou suspeição observará o disposto nos arts. 146 e 148.
> § 2º Quando se alegar que o exequente, em excesso de execução, pleiteia quantia superior à resultante do título, cumprirá à executada declarar de imediato o valor que entende correto, sob pena de não conhecimento da arguição.
> § 3º Não impugnada a execução ou rejeitadas as arguições da executada:

I - expedir-se-á, por intermédio do presidente do tribunal competente, precatório em favor do exequente, observando-se o disposto na Constituição Federal ;

II - por ordem do juiz, dirigida à autoridade na pessoa de quem o ente público foi citado para o processo, o pagamento de obrigação de pequeno valor será realizado no prazo de 2 (dois) meses contado da entrega da requisição, mediante depósito na agência de banco oficial mais próxima da residência do exequente. (Vide ADI 5534)

§ 4º Tratando-se de impugnação parcial, a parte não questionada pela executada será, desde logo, objeto de cumprimento. (Vide ADI 5534)

§ 5º Para efeito do disposto no inciso III do caput deste artigo, considera-se também inexigível a obrigação reconhecida em título executivo judicial fundado em lei ou ato normativo considerado inconstitucional pelo Supremo Tribunal Federal, ou fundado em aplicação ou interpretação da lei ou do ato normativo tido pelo Supremo Tribunal Federal como incompatível com a Constituição Federal , em controle de constitucionalidade concentrado ou difuso.

§ 6º No caso do § 5º, os efeitos da decisão do Supremo Tribunal Federal poderão ser modulados no tempo, de modo a favorecer a segurança jurídica.

§ 7º A decisão do Supremo Tribunal Federal referida no § 5º deve ter sido proferida antes do trânsito em julgado da decisão exequenda.

§ 8º Se a decisão referida no § 5º for proferida após o trânsito em julgado da decisão exequenda, caberá ação rescisória, cujo prazo será contado do trânsito em julgado da decisão proferida pelo Supremo Tribunal Federal.

Em linhas gerais, não houve grandes modificações no ponto, **com exceção do inciso V,** que agora prevê expressamente a possibilidade de o executado sustentar não apenas a **incompetência absoluta** por meio da impugnação, mas também a *incompetência relativa do juízo da execução, dispensando-se o uso da exceção instrumental de incompetência, que não mais existe.*

Não impugnada a execução ou rejeitadas as arguições da parte executada, **segue-se o procedimento previsto no § 3.º**, em harmonia com a sistemática de precatórios e requisições de pequeno valor, prevista no art. 100 da CF. (leitura!)

Com efeito, em se tratando de obrigação de pequeno valor, o próprio juiz determinará à autoridade, na pessoa de quem o ente público foi citado para a causa, o pagamento da quantia devida, o que deve ser feito no **prazo de dois meses**, contados da **entrega da requisição**, mediante depósito na agência de banco oficial mais próxima da residência do exequente.

Por outro lado, caso **não se trate de obrigação de pequeno valor,** o Presidente do Tribunal competente deverá determinar a expedição de precatório em favor do exequente, respeitado o regramento constitucional.

De acordo com o art. 87 do ACDT, serão considerados de pequeno valor, até que se dê a publicação oficial das respectivas leis definidoras pelos entes da Federação, os débitos ou as obrigações consignados em precatório judiciário, que tenham valor igual ou inferior a:

a. No âmbito da União, consideram-se como de pequeno valor as obrigações de até **sessenta salários-mínimos**.
b. **quarenta salários-mínimos**, perante a Fazenda dos Estados e do Distrito Federal;
c. **trinta salários-mínimos**, perante a Fazenda dos Municípios.

× É possível cumprimento parcial contra a Fazenda Pública???

Sim! Art. 535 § 4º Tratando-se de impugnação parcial, a parte não questionada pela executada será, desde logo, objeto de cumprimento.

20.21. COISA JULGADA INCONSTITUCIONAL

O § 5º do art. 535 do CPC afirma que se considera inexigível a obrigação reconhecida em título executivo judicial fundado em lei ou ato normativo considerado inconstitucional pelo STF, ou fundado em aplicação ou interpretação da lei ou do ato normativo tido pelo STF como incompatível com a Constituição Federal, em controle de constitucionalidade concentrado ou difuso, informando o § 6º que os efeitos da decisão do STF poderão ser modulados no tempo, de modo a favorecer a segurança jurídica.

Sobre tal modulação, cumpre registrar o Enunciado 176 do FPPC (Fórum Permanente de Processualistas Cíveis), em que se afirma que compete exclusivamente ao STF modular os efeitos da decisão prevista no § 13 do art. 525, o qual merece aplicação para o art. 535, § 6º, do CPC/2015.

O mencionado dispositivo consagra a denominada coisa julgada inconstitucional. Tem-se, a rigor, uma hipótese de rescisória de sentenças inconstitucionais, sem a necessidade de observância do prazo bienal, bem como sem ser da competência originária de um tribunal, tampouco a propositura de uma ação autônoma. **Nesse sentido, cumpre consignar o Enunciado 58 do FPPC, que afirma que tais decisões de inconstitucionalidade devem ser proferidas pelo Plenário do STF.**

O § 7º do art. 535 afirma que a decisão do STF referida no § 5º deve ter sido proferida anteriormente ao trânsito em julgado da decisão exequenda, consagrando o que já era afirmado pela doutrina e pela jurisprudência (Súmula 487 do STJ), evitando-se, que decisões posteriores tenham o condão de desfazer a coisa julgada material, violando a segurança jurídica preconizada pelo art. 5º, XXXVI, da CR/1988.

Primando pela clareza, afirma o § 8º do art. 535 que se a decisão do STF (prevista no § 5º) tiver sido proferida após o trânsito em julgado da decisão exequenda, caberá ação rescisória, cujo prazo (art. 975 do CPC) será contado do trânsito em julgado da decisão proferida pelo STF, fortalecendo o papel do STF como corte constitucional.

Esse, inclusive, já vinha sendo a interpretação realizada pelo STF para os casos de violação à Constituição, afirmando que se os tribunais divergiam sobre a interpretação constitucional, caberia rescisória para fazer prevalecer o entendimento da corte suprema. Assim, a jurisprudência já havia criado uma hipótese de distinguishing ao Enunciado 343 do STF, pois deixou de ter incidência em matéria constitucional, passando a rescisória a ser um instrumento de controle de constitucionalidade, agora com previsão expressa em lei.

Para se evitar um tratamento diferenciado, tal regra é repetida no art. 525, § 15, onde, de igual modo, se admite o manejo da ação rescisória para a mencionada hipótese pelo particular.

20.22. CUMPRIMENTO DE SENTENÇA DE OBRIGAÇÃO DE FAZER, NÃO FAZER OU ENTREGAR (ARTS. 536-538, CPC)

Vamos iniciar pela obrigação de entregar, pois há somente um artigo no CPC, o qual nos remeterá às dispsições das obrigações de fazer e não fazer. Vejamos:

> Art. 538. Não cumprida a obrigação de entregar coisa no **prazo estabelecido na sentença**, será expedido mandado de busca e apreensão ou de imissão na posse em favor do credor, conforme se tratar de coisa móvel ou imóvel.
> § 1º A existência de benfeitorias deve ser alegada na fase de conhecimento, em contestação, de forma discriminada e com atribuição, sempre que possível e justificadamente, do respectivo valor.
> § 2º O direito de retenção por benfeitorias deve ser exercido na contestação, na fase de conhecimento.
> <u>§ 3º Aplicam-se ao procedimento previsto neste artigo, no que couber, as disposições sobre o cumprimento de obrigação de fazer ou de não fazer.</u>

Logo, no caso de sentença que fixe obrigação de entregar (art. 498, CPC), o juiz, se procedente concederá a tutela específica, fixará o prazo para o cumprimento da obrigação.

> Art. 498. Na ação que tenha por objeto a entrega de coisa, o juiz, ao conceder a tutela específica, fixará o prazo para o cumprimento da obrigação.
> Parágrafo único. Tratando-se de entrega de coisa determinada pelo gênero e pela quantidade, o autor individualizá-la-á na petição inicial, se lhe couber a escolha, ou, se a escolha couber ao réu, este a entregará individualizada, no prazo fixado pelo juiz.

ATENÇÃO: Tanto na obrigação de entregar, como de fazer ou não fazer, teremos fixação de prazo: pelo juiz, ou será aplicado o prazo previsto no título judicial.
A "regra" de chutar em 15 dias não será efetiva nessas obrigações!

Já no caso de sentença que fixe obrigações de fazer e não fazer (art. 497 do CPC) o juiz, se procedente o pedido, concederá a **tutela específica** ou determinará providências que assegurem a obtenção de tutela pelo **resultado prático equivalente**.

Na concessão da tutela específica destinada a inibir a prática, a reiteração ou a continuação de um ilícito, ou a sua remoção, **é irrelevante a demonstração da ocorrência de dano ou da existência de culpa ou dolo** (art. 497, parágrafo único).

> Art. 497. Na ação que tenha por objeto a prestação de fazer ou de não fazer, o juiz, se procedente o pedido, concederá a tutela específica ou determinará providências que assegurem a obtenção de tutela pelo resultado prático equivalente.
> Parágrafo único. Para a concessão da tutela específica destinada a inibir a prática, a reiteração ou a continuação de um ilícito, ou a sua remoção, é irrelevante a demonstração da ocorrência de dano ou da existência de culpa ou dolo.

Perceba-se, portanto, que a regra é que a tutela jurisdicional se aproxime, ao máximo, do que o jurisdicional realmente tem direito, sendo a conversão em perdas e danos uma medida excepcional (art. 499), somente sendo possível na hipótese de se tornar (i) impossível seu cumprimento, ou a (ii) requerimento do credor (art. 499 do CPC/2015).

Ao se referir à tutela específica, o legislador está autorizando o emprego de meios de coerção indiretos, estimulando que o executado cumpra a obrigação, no que sua participação será essencial. Ao se referir a resultado prático equivalente, o legislador está a se referir ao emprego de meios de sub-rogação, podendo a atividade do devedor ser substituída pela de outra pessoa, sendo irrelevante a vontade do executado.

A concessão do resultado prático equivalente se mostra uma exceção ao princípio da adstrição (arts. 141 e 492 do CPC/2015), todavia, liberdade não pode ser confundida com arbitrariedade.

> **EXEMPLO:** Temos o do pedido de cessação de poluição ao meio ambiente em decorrência de atividade poluidora de uma fábrica. O pedido é para que a poluição cesse, porém, sua efetivação pode se dar de vários modos, como, por exemplo, com o fechamento da empresa ou com a instalação de um filtro em sua chaminé. O magistrado deve optar pelo meio menos gravoso, por força da proporcionalidade. O STJ decidiu que, nessa situação, não teríamos afronta ao princípio da adstrição (STJ, REsp 332.772/SP, 2ª T., rel. Min. João Otávio Noronha, j. 04.05.2006, DJ 28.06.2006. p. 225).

Vejamos os arts. 536 e 537 do CPC que dipõem sobre o tema:

> Art. 536. No cumprimento de sentença que reconheça a exigibilidade de obrigação de fazer ou de não fazer, o juiz poderá, de ofício ou a requerimento, para a efetivação da tutela específica ou a obtenção de tutela pelo resultado prático equivalente, determinar as medidas necessárias à satisfação do exequente.
> **§ 1º Para atender ao disposto no caput, o juiz poderá determinar, entre outras medidas, a imposição de multa, a busca e apreensão, a remoção de pessoas e coisas, o desfazimento de obras e o impedimento de atividade nociva, podendo, caso necessário, requisitar o auxílio de força policial.**
> § 2º O mandado de busca e apreensão de pessoas e coisas será cumprido por 2 (dois) oficiais de justiça, observando-se o disposto no art. 846, §§ 1º a 4º, se houver necessidade de arrombamento.
> § 3º O executado incidirá nas penas de litigância de má-fé quando injustificadamente descumprir a ordem judicial, sem prejuízo de sua responsabilização por crime de desobediência.
> § 4º No cumprimento de sentença que reconheça a exigibilidade de obrigação de fazer ou de não fazer, aplica-se o art. 525, no que couber.
> § 5º O disposto neste artigo aplica-se, no que couber, ao cumprimento de sentença que reconheça deveres de fazer e de não fazer de natureza não obrigacional.
> Art. 537. A multa independe de requerimento da parte e poderá ser aplicada na fase de conhecimento, em tutela provisória ou na sentença, ou na fase de execução, desde que seja suficiente e compatível com a obrigação e que se determine prazo razoável para cumprimento do preceito.
> § 1º O juiz poderá, de ofício ou a requerimento, modificar o valor ou a periodicidade da multa vincenda ou excluí-la, caso verifique que:

I - se tornou insuficiente ou excessiva;

II - o obrigado demonstrou cumprimento parcial superveniente da obrigação ou justa causa para o descumprimento.

§ 2º O valor da multa será devido ao exequente.

§ 3º A decisão que fixa a multa é passível de cumprimento provisório, devendo ser depositada em juízo, permitido o levantamento do valor após o trânsito em julgado da sentença favorável à parte.

§ 4º A multa será devida desde o dia em que se configurar o descumprimento da decisão e incidirá enquanto não for cumprida a decisão que a tiver cominado.

§ 5º O disposto neste artigo aplica-se, no que couber, ao cumprimento de sentença que reconheça deveres de fazer e de não fazer de natureza não obrigacional.

× **Há alguma peculiaridade a ser notada nessa modalidade de cumprimento?**

Sim! A possibilidade de cominação de multa diária e outras medidas executivas. Veja:

> Art. 536. § 1º Para atender ao disposto no caput , **o juiz poderá determinar, entre outras medidas, a imposição de multa**, a busca e apreensão, a remoção de pessoas e coisas, o desfazimento de obras e o impedimento de atividade nociva, podendo, caso necessário, requisitar o auxílio de força policial.

Esse é um ponto essencial, pois é importante compreender que os arts. 139, IV, c/c 297 e 536, § 1º, do CPC **consagram a atipicidade dos meios executivos**, superando a vetusta regra da tipicidade dos meios, ou seja, dispõe o magistrado de um rol exemplificativo de medidas tendentes a compelir o executado a cumprir as obrigações, inclusive se a obrigação for pecuniária.

Preceitos mandamentais, indutivas e coercitivas sinônimos de execução indireta, já medidas sub-rogatórias são sinônimos de execução direta.

No que toca ao limite da utilização de tal poder de efetivação, também denominado de concentração dos poderes de execução, alguns pontos merecem destaque:

i. é aplicável a execução direta e a indireta, bem como em qualquer obrigação;
ii. dirigida a todos no processo, bem como em qualquer processo, seja de conhecimento, execução ou cumprimento de sentença;
iii. deve observar a proporcionalidade (art. 8), adequação, menor onerosidade (art. 805) e a vedação ao excesso;

iv. fundamentação (accountability) e contraditório;
v. mitiga a adstrição (arts. 141 c/c 492) podendo ser aplicado de ofício, salvo se a lei exigir requerimento, como na prisão civil (art. 538), penhora on-line (art. 854), inclusão cadastros (art. 782, § 3º), constituição de capital (art. 533).

O STJ já afirmou possível a aplicação de **medidas atípicas, com esteio no art. 139, IV, do CPC/15**. No julgamento do REsp 1.864.190, a Terceira Turma estabeleceu que os meios de execução indireta previstos no artigo 139, inciso IV, do CPC têm caráter subsidiário em relação aos meios típicos e, por isso, o juízo deve observar alguns pressupostos para autorizá-los – por exemplo, indícios de que o devedor tem recursos para cumprir a obrigação e a comprovação de que foram esgotados os meios típicos para a satisfação do crédito.

Feitas essas consideração, vamos a algumas perguntas corriqueiras para fixar pontos essenciais:

× A astreinte pode ser aplicada de ofício?

Sim! Art. 537. **A multa independe de requerimento da parte** e poderá ser aplicada na fase de conhecimento, em tutela provisória ou na sentença, ou na fase de execução, desde que seja suficiente e compatível com a obrigação e que se determine prazo razoável para cumprimento do preceito.

× A astreinte pode ser concebida como um direito adquirido?

Não! O juiz poderá modificá-la ou até excluí-la! Art. 537. § 1º O juiz poderá, de ofício ou a requerimento, modificar o valor ou a periodicidade da multa vincenda ou excluí-la, caso verifique que: I - se tornou insuficiente ou excessiva; II - o obrigado demonstrou cumprimento parcial superveniente da obrigação ou justa causa para o descumprimento. § 2º O valor da multa será devido ao exequente.

× A astreinte ser executada através de cumprimento provisório?

Sim! Art. 537. § 3º A decisão que fixa a multa é passível de cumprimento provisório, devendo ser depositada em juízo, permitido o levantamento do valor após o trânsito em julgado da sentença favorável à parte. § 4º A multa será devida desde o dia em que se configurar o descumprimento da decisão e incidirá enquanto não for cumprida a decisão que a tiver cominado.

EXERCÍCIOS DE FIXAÇÃO

01. Ano: 2019 Banca: FCC Órgão: TJ-AL Prova: FCC - 2019 - TJ-AL - Juiz Substituto

Considere os enunciados quanto ao cumprimento da sentença:

I. O cumprimento da sentença que reconhece o dever de pagar quantia, provisório ou definitivo, far-se-á de ofício ou a requerimento do exequente.

II. Quando o Juiz decidir relação jurídica sujeita a condição ou termo, o cumprimento da sentença dependerá de demonstração de que se realizou a condição ou de que ocorreu o termo.

III. A autocomposição judicial, no cumprimento da sentença, pode envolver sujeito estranho ao processo e versar sobre relação jurídica que não tenha sido deduzida em juízo.

IV. A decisão judicial, desde que pendente de recurso recebido somente no efeito devolutivo, poderá ser levada a protesto nos termos da lei, depois de transcorrido o prazo para pagamento voluntário.

Está correto o que se afirma APENAS em

A) II e III.
B) I, II e IV.
C) I e IV.
D) III e IV.
E) I, II e III.

02. Ano: 2021 Banca: FGV Órgão: TJ-RO Prova: FGV - 2021 - TJ-RO - Analista Judiciário - Oficial de Justiça

André, em 2020, foi intimado a pagar uma quantia de cem mil reais, por força de uma sentença condenatória transitada em julgado em 2018. Após transcorrido o prazo legal, sem o pagamento voluntário, foi apresentada a impugnação, arguindo-se a inexigibilidade da obrigação, pois o Supremo Tribunal Federal, em 2019, em controle concentrado de constitucionalidade, declarou inconstitucional a lei que serviu de fundamento para a referida sentença. Nesse cenário, pode-se afirmar que a matéria apresentada na impugnação é:

A) incorreta, vez que esta arguição deveria vir por meio de ação rescisória, cujo prazo será contado do trânsito em julgado da decisão proferida pelo Supremo Tribunal Federal;

B) correta, vez que também se considera inexigível a obrigação reconhecida em título executivo judicial fundado em lei considerada inconstitucional pelo Supremo Tribunal Federal;

C) incorreta, pois a defesa cabível no processo de execução se opera pela ação de embargos à execução, que demanda uma via própria;

D) correta, pois nesta via defensiva, o executado poderá alegar qualquer matéria que lhe seria lícito deduzir como defesa em processo de conhecimento;

E) incorreta, vez que a decisão já transitou em julgado, cabendo apenas a via da reclamação para garantir a observância da decisão do Supremo Tribunal Federal.

» GABARITO

01. gabarito: letra a

A fim de encontrar uma resposta correta, analisaremos as alternativas a seguir:

Afirmativa I) Dispõe o art. 513, §1º, do CPC/15, que "o cumprimento da sentença que reconhece o dever de pagar quantia, provisório ou definitivo, far-se-á a requerimento do exequente". Afirmativa incorreta.

Afirmativa II) É o que dispõe o art. 514, do CPC/15: "Quando o juiz decidir relação jurídica sujeita a condição ou termo, o cumprimento da sentença dependerá de demonstração de que se realizou a condição ou de que ocorreu o termo". Afirmativa correta.

Afirmativa III) É o que dispõe, expressamente, o art. 515, §2º, do CPC/15: "a autocomposição judicial pode envolver sujeito estranho ao processo e versar sobre relação jurídica que não tenha sido deduzida em juízo". Afirmativa correta.

Afirmativa IV) Dispõe o art. 517, caput, do CPC/15, que "a decisão judicial transitada em julgado poderá ser levada a protesto, nos termos da lei, depois de transcorrido o prazo para pagamento voluntário previsto no art. 523". Conforme se nota, se houver recurso pendente de apreciação, ainda que recebido somente no efeito devolutivo, não haverá trânsito em julgado e a decisão não poderá ser levada a protesto. Afirmativa incorreta.

02. Gabarito a

A solução da questão exige o conhecimento acerca do cumprimento de sentença, das ações autônomas de impugnação e da ação rescisória, analisemos as alternativas:

A) Correta. De fato, a matéria apresentada na impugnação foi inadequada, quando uma lei ou ato normativo é considerado inconstitucional pelo STF, a obrigação reconhecida em título executivo judicial considera-se inexigível. Neste caso, se a decisão do STF declarando a inconstitucionalidade ou incompatibilidade for proferida após o trânsito em julgado da decisão exequenda, caberá ação rescisória, cujo prazo será contado do trânsito em julgado da decisão proferida pelo Supremo Tribunal Federal, nos termos do art. 525, §§ 12 e 15 do CPC.

B) Errada. Não está correta porque não poderia ter sido impugnada a inexigibilidade da obrigação dentro do processo, vez que a sentença condenatória já havia transitado em julgado. Se a decisão ainda não houvesse transitado em julgado, poderia o executado alegar na impugnação a inexigibilidade da obrigação, de acordo com o art. 525, §1º, III e §§ 12 e 14 do CPC.

C) Errada. A defesa cabível seria a impugnação ao cumprimento de sentença, não há que se falar aqui em embargos à execução, estes são meios de defesa dentro do processo de execução.

D) Errada. Como vimos, como a decisão já transitou em julgado, somente seria cabível ação rescisória (arts. 966 e ss).

E) Errada. Não há que se falar em reclamação decisão transitada em julgado, conforme art. 988, §5º inciso, I.

PARTE III —
PROCEDIMENTOS ESPECIAIS

21

Destarte, poderemos falar em
× Procedimentos especiais de jurisdição contenciosa (arts. 539-718, CPC);
× Procedimentos especiais de jurisdição voluntária (arts. 719-770, CPC).

Vejamos de quais ações estamos a falar:

DOS PROCEDIMENTOS DE JURISDIÇÃO CONTENCIOSA (ARTS. 539 A 718)	DOS PROCEDIMENTOS DE JURISDIÇÃO VOLUNTÁRIA (ARTS. 719 A 770)
Da ação de consignação em pagamento (arts. 539 a 549)	Da notificação e da interpelação (arts. 726 a 729)
Da ação de exigir contas (arts. 550 a 553)	Da alienação judicial (art. 730)
Das ações possessórias (arts. 554 a 568) São elas: (1)Da manutenção e da (2) reintegração de posse (arts. 560 a 566); (3)Do interdito proibitório (arts. 567 e 568);	Do divórcio e da separação consensuais, da extinção consensual de união estável e da alteração do regime de bens do matrimônio (arts. 731 a 734)
Da divisão e da demarcação de terras particulares (arts. 569 a 598)	Dos testamentos e dos codicilos (arts. 735 a 737)
Da ação de dissolução parcial de sociedade (arts. 599 a 609)	Da herança jacente (arts. 738 a 743)
Do inventário e da partilha (arts. 610 a 673)	Dos bens dos ausentes (arts. 744 e 745)
Dos embargos de terceiro (arts. 674 a 681)	Das coisas vagas (art. 746)
Da oposição (arts. 682 a 686)	Da interdição (arts. 747 a 758)
Da habilitação (arts. 687 a 692)	Disposições comuns à tutela e à curatela (arts. 759 a 763)
Das ações de família (arts. 693 a 699)	Da organização e da fiscalização das fundações (arts. 764 e 765)
Da ação monitória (arts. 700 a 702)	Da ratificação dos protestos marítimos e dos processos testemunháveis formados a bordo (arts. 766 a 770)

DOS PROCEDIMENTOS DE JURISDIÇÃO CONTENCIOSA (ARTS. 539 A 718)	DOS PROCEDIMENTOS DE JURISDIÇÃO VOLUNTÁRIA (ARTS. 719 A 770)
Da homologação do penhor legal (arts. 703 a 706)	
Da regulação de avaria grossa (arts. 707 a 711)	
Da restauração de autos (arts. 712 a 718)	

ATENÇÃO: À todos, subsidiariamente, será aplicável o procedimento comum, conforme prevê o §único do art. 318, CPC:Art. 318. Aplica-se a todas as causas o procedimento comum, salvo disposição em contrário deste Código ou de lei. Parágrafo único. O procedimento comum aplica-se subsidiariamente aos demais procedimentos especiais e ao processo de execução.

Vamos estudar mais aprofundadamente cada um deles?! Iniciaremos pelos pontos teóricos indispensáveis, para adentrar nas peculiaridades de cada procedimento!

NOÇÕES INICIAIS E TEORIA APLICÁVEL

Importante que o(a) leitor(a) lembre que uma das características da jurisdição é a unicidade, ela é una, ou seja, como atividade estatal que é não se divide. Todavia, a própria legislação contempla divisões para a jurisdição. O CPC/1973, mais precisamente no Livro IV, tratava dos procedimentos especiais e os dividia em "procedimentos especiais de jurisdição contenciosa" (Título I, arts. 890 a 1.102-C) e "procedimentos especiais de jurisdição voluntária" (Título II, arts. 1.103 a 1.210).

O CPC atual, apesar de não seguir exatamente a divisão, pois insere os procedimentos especiais no livro que trata do processo de conhecimento e do cumprimento de sentença (Parte Especial, Livro I), continua a prever, em capítulo autônomo (Capítulo XV), os procedimentos especiais de jurisdição voluntária.

Jurisdição contenciosa é a jurisdição propriamente dita, isto é, a função estatal exercida com o objetivo de compor litígios. **A jurisdição voluntária ou graciosa**, por sua vez, não se presta a compor litígios. A rigor, não se vislumbra nessa atividade estatal atuação do poder jurisdicional. A denominação "jurisdição voluntária" advém do simples fato de o Estado-Juiz integrar um negócio privado para conferir-lhe validade.

Quanto ao processo, o Código também contempla divisão.

Dependendo da tutela jurisdicional postulada pela parte, a lei processual divide-o em processo de conhecimento e processo de execução. Ocorre, entretanto, de a atividade jurisdicional desenvolvida segundo esses métodos, isoladamente considerados, não atingir seu objetivo, ou seja, não tutelar o direito da parte. Isso ocorre em razão da natureza de certos direitos materiais, cuja tutela às vezes reclama o acertamento, o acautelamento e a execução numa só relação processual. Assim, a inexistência de um processo que por si só fosse capaz de tutelar determinados direitos levou o legislador a engendrar os chamados "procedimentos especiais".

TÉCNICAS DOS PROCEDIMENTOS ESPECIAIS

As técnicas de especialização procedimental compreendem:

a. a simplificação e agilização dos trâmites processuais, por meio da redução de prazos e eliminação de atos desnecessários;
b. delimitação do tema deduzido na inicial e contestação;
c. alteração das regras relativas à legitimidade e iniciativa da parte;
d. fusão de providências de natureza cognitiva e executiva;
e. fixação de regras especiais de competência, bem como de citação e suas finalidades;
f. derrogação dos princípios da inalterabilidade do pedido e da legalidade estrita.

MODALIDADES

Assim como já explanado, podemos denominar os procedimentos especiais em:

CONTENCIOSOS	DE JURISDIÇÃO VOLUNTÁRIA
Os procedimentos especiais são denominados contenciosos quando a jurisdição atua no sentido de compor, satisfazer ou acautelar direitos, podendo haver a fusão de duas ou das três atividades.	São denominados jurisdição voluntária quando a atividade estatal consistir na administração de interesses privados ou na integração em negócio privado para dar-lhe validade.

Exemplos: Os procedimentos especiais estão previstos no CPC e na legislação extravagante, como, por exemplo, o mandado de segurança e a ação discriminatória.

TEORIAS

Caro(a) leitor(a), muita atenção nesse ponto, pois principalmente ele é alvo de cobranças no que tange aos procedimentos especiais de jurisdição voluntária! Durante muitos anos se questionou se esses procedimentos teriam uma jurisdição *propriamente dita*, explico: uma jurisdição constitucional apta a substituir a vontade das partes aplicando a lei, resolvendo a lide com intuito de pacificação social e apta a formar coisa julgada. Os procedimentos de jurisdição voluntária em regra não possuem lide, logo, por muitos anos se tratou da atividade do juiz **como um gestor público de interesses privados (teoria administrativista ou clássica)**. Contudo, o CPC/15 busca consolidar a **teoria jurisdicionalista ou revisionista** à esses procedimentos.

Feito esse introito, vamos aprofundar!

Corrente clássica ou administrativista	Corrente jurisdicionalista ou revisionista
É capitaneada por Chiovenda, que sustenta que a chamada jurisdição voluntária não constitui, na verdade, jurisdição, tratando-se de atividade eminentemente administrativa. No Brasil, o maior defensor dessa orientação foi Frederico Marques, para quem a jurisdição voluntária é materialmente administrativa e subjetivamente judiciária. Em síntese: nessa atividade o Estado-juiz se limita a integrar ou fiscalizar a manifestação de vontade dos particulares, agindo como administrador público de interesses privados. Não há composição de lide. Se não há lide, não há por que falar em jurisdição nem em partes, mas em <u>interessados</u>. Sustentam também que falta à jurisdição voluntária a característica da substitutividade, haja vista que o Poder Judiciário não substitui a vontade das partes, mas se junta aos interessados para integrar, dar eficácia a certo negócio jurídico. Por fim, concluem que, se não há lide nem jurisdição, as decisões não formam coisa julgada material. Para corroborar esse ponto de vista, invocam o art. 1.111 do CPC/1973, segundo o qual "a sentença poderá ser modificada, sem prejuízo dos efeitos já produzidos, se ocorrerem circunstâncias supervenientes".	Corrente que atribui à jurisdição voluntária a natureza de atividade jurisdicional. Conta com a adesão de Calmon de Passos, Ovídio Baptista, Leonardo Greco e Elpídeo Donizetti. Segundo essa corrente, não se afigura correta a afirmação de que não há lide na jurisdição voluntária. Com efeito, o fato de, em um primeiro momento, inexistir conflito de interesses, não retira dos procedimentos de jurisdição voluntária a potencialidade de se criarem litígios no curso da demanda. Em outras palavras: a lide não é pressuposta, não vem narrada desde logo na inicial, mas nada impede que as partes se controvertam. EXEMPLO: pode ocorrer no bojo de uma ação de alienação judicial de coisa comum, por exemplo, em que os interessados podem dissentir a respeito do preço da coisa ou do quinhão atribuído a cada um. Não se pode falar em inexistência de partes nos procedimentos de jurisdição voluntária. A bem da verdade, no sentido material do vocábulo, parte não há, porquanto não existe conflito de interesses, ao menos em um primeiro momento. Entretanto, considerando a acepção processual do termo, não há como negar a existência de sujeitos parciais na relação jurídico-processual. Reforçando a tese de que a jurisdição voluntária tem natureza de função jurisdicional, Leonardo Greco esclarece que ela não se resume a solucionar litígios, mas também a tutelar interesses dos particulares, ainda que não haja litígio, desde que tal tarefa seja exercida por órgãos investidos das garantias necessárias para exercer referida tutela com impessoalidade e independência. Em suma, para a corrente jurisdicionalista: a jurisdição voluntária reveste-se de feição jurisdicional, pois: (a) a existência de lide não é fator determinante da sua natureza; (b) existem partes, no sentido processual do termo; (c) o Estado age como terceiro imparcial; (d) há coisa julgada. Destaca DONIZETTI: "O CPC/2015 trilhou o caminho da corrente jurisdicionalista e vitaminou os procedimentos de jurisdição voluntária com a imutabilidade da coisa julgada. A não repetição do texto do art. 1.111 do CPC/1973 é proposital. A sentença não poderá ser modificada, o que, obviamente, não impede a propositura de nova demanda, com base em outro fundamento. A corrente administrativista está morta e com cal virgem foi sepultada. Também a jurisdição voluntária é jurisdição – tal como a penicilina, grande descoberta! – com aptidão para formar coisa julgada material e, portanto, passível de ação rescisória."

Vamos verificar suscintamente a previsão legal de cada uma das modalidades, bem como seu objetivo ou características mais marcantes:

PROCEDIMENTOS ESPECIAIS DE JURISDIÇÃO CONTENCIOSA

Da ação de consignação em pagamento (arts. 539 a 549)
Ação que visa dar eficácia liberatória ao devedor;
Poderá ser:

× extrajudicial: somente para obrigações em dinheiro;
× judicial: pagar ou entregar;

Da ação de exigir contas (arts. 550 a 553)
Aquele que tem bens ou direitos administrados por outrem, poderá exigir-lhe a prestação de contas.
O réu poderá: contestar ou prestar contas; ou mesmo ficar inerte.

DAS AÇÕES POSSESSÓRIAS (ARTS. 554 A 568)

São elas:
1. Da manutenção de posse: nos casos de turbação;
2. reintegração de posse: nos casos de esbulho;
3. Do interdito proibitório (arts. 567 e 568): nos casos de ameaça iminente de turbação ou esbulho.

DA DIVISÃO E DA DEMARCAÇÃO DE TERRAS PARTICULARES (ARTS. 569 A 598)

× Possuem duas fases!
× Divisória: busca encerrar o condomínio;
× Demarcatória: busca-se fixar limites, aviventar ou renovar.
× Pode haver cumulação dessas ações.

DA AÇÃO DE DISSOLUÇÃO PARCIAL DE SOCIEDADE (ARTS. 599 A 609)

O procedimento especial da ação de dissolução parcial de sociedade deve ser observado quando não houver concordância entre os sócios relativamente à dissolução, bem como quando a lei exigir a intervenção judicial para o desfazimento do vínculo societário. Cabe destacar que a dissolução parcial de sociedade também é denominada "liquidação parcial de sociedade".

DO INVENTÁRIO E DA PARTILHA (ARTS. 610 A 673)

× Inventário extrajudicial (art. 610,§§1º e 2º, CPC)

NÃO PODE HAVER:

× Testamento; ou
× herdeiro incapaz envolvido;
× Discordância dos herdeiros;

Se houver, proceder-se-á a via judicial!

Prazo: 2 meses para abertura;

× Obrigatoriedade de presença de advogados!

DOS EMBARGOS DE TERCEIRO (ARTS. 674 A 681)

O remédio processual posto à disposição de quem, não sendo parte no processo, sofrer constrição ou ameaça de constrição sobre bens que possua ou sobre os quais tenha direito incompatível com o ato constritivo (art. 674).

DA OPOSIÇÃO (ARTS. 682 A 686)

Procedimento que permite ao opoente demandar em face do autor e do réu da ação originária, com objetivo de haver para si o bem jurídico disputado.

× Limite para oposição: até prolação da sentença;
× No CPC/73 era forma de intervenção de terceiro.

DA HABILITAÇÃO (ARTS. 687 A 692)

A habilitação consiste no procedimento especial incidente e que tem por fim restabelecer o desenvolvimento da relação processual interrompido pela morte de uma das partes.

DAS AÇÕES DE FAMÍLIA (ARTS. 693 A 699)

O Código de Processo Civil de 2015 estabelece um procedimento especial para as chamadas "ações de família", quais sejam o divórcio, a separação, o reconhecimento e a extinção da união estável, a guarda, a visitação e a filiação. Quanto às ações de alimentos, há previsão para aplicação do Código de Processo Civil apenas no que for cabível.

-as ações previstas nesses artigos são litigiosas!

DA AÇÃO MONITÓRIA (ARTS. 700 A 702)

Procedimento especial que tem for finalidade a formação de título judicial, exigindo-se prova escrita que mostre a obrigação de pagar soma em dinheiro; obrigação de entregar coisa fungível ou infungível, bem móvel ou imóvel; obrigação de fazer ou não fazer (art. 700);

× a prova documental pode ser pré-constituída por produção antecipada de provas;

DA HOMOLOGAÇÃO DO PENHOR LEGAL (ARTS. 703 A 706)

Visa o reconhecimento de uma situação preestabelecida em lei, de modo a dar-lhe regularidade e eficácia. Esse reconhecimento pode decorrer de decisão judicial (homologação judicial) ou escritura pública (homologação extrajudicial).

DA REGULAÇÃO DE AVARIA GROSSA (ARTS. 707 A 711)

Avaria grossa são as despesas que são repartidas proporcionalmente entre o navio, seu frete e carga. A regulação, repartição e rateio será feita por árbitros.

Se não houver consenso na escolha do regulador, a comarca do primeiro porto que o navio atracar será competente para a ação.

DA RESTAURAÇÃO DE AUTOS (ARTS. 712 A 718)

O procedimento de restauração tem por finalidade a recomposição de autos desaparecidos, por meio de cópias, certidões e quaisquer outros documentos (art. 1.063 do CPC/1973; art. 712 do CPC/2015). A redação do CPC/2015 passou a fazer referência aos autos como eletrônicos (e não apenas físicos, como fazia o CPC/1973), em alusão às regras contidas nos arts. 193 a 199, que tratam da prática eletrônica dos atos processuais.

× Pode ser iniciado de ofício pelo juiz. Exceção ao princípio dispositivo!

PROCEDIMENTOS ESPECIAIS DE JURISDIÇÃO VOLUNTÁRIA

× juiz não está obrigado a seguir o critério da legalidade estrita (§único do art. 723, CPC)
× Via de regra, não há lide!

DA NOTIFICAÇÃO E DA INTERPELAÇÃO (ARTS. 726 A 729)

Os protestos, as notificações e as interpelações não têm caráter constritivo de direito, mas apenas tornam público que alguém fez determinada manifestação. Esses atos formais não têm outra consequência jurídica a não ser o conhecimento incontestável da manifestação de alguém.

DA ALIENAÇÃO JUDICIAL (ART. 730)

A alienação judicial consiste num procedimento especial de jurisdição voluntária, por intermédio do qual o Poder Judiciário, agindo de ofício ou mediante requerimento da parte interessada, procede à venda de bens privados.

Constitui o procedimento da alienação judicial relevante instrumento processual, pois evita o perecimento ou a desvalorização do objeto da lide, servindo também para dirimir conflitos entre condôminos.

DO DIVÓRCIO E DA SEPARAÇÃO CONSENSUAIS, DA EXTINÇÃO CONSENSUAL DE UNIÃO ESTÁVEL E DA ALTERAÇÃO DO REGIME DE BENS DO MATRIMÔNIO (ARTS. 731 A 734)

× As regras do 731-734 somente tem aplicação quando não for procedimento contencioso, ou seja, quando houver acordo entre os companheiros ou cônjuges.

Alteração de regime de bens: obrigatoriamente pela via judicial, pelo CPC. Contudo, cabe dizer que o Conselho Nacional de Justiça (CNJ) publicou no dia 20/03/2023 o Provimento nº 141/2023, que altera o Provimento nº 37/2014 para atualizá-lo à luz da Lei nº 14.382/2022. A norma trata do termo declaratório de reconhecimento e dissolução de união estável perante o registro civil das pessoas naturais e também dispõe sobre a alteração do regime de bens na união estável e a sua conversão extrajudicial em casamento. A mudança tem como objetivo simplificar o processo de reconhecimento e dissolução de união estável, além de facilitar a alteração do regime de bens e a conversão da união estável em casamento.

DOS TESTAMENTOS E DOS CODICILOS (ARTS. 735 A 737)

Testamento é ato jurídico personalíssimo, unilateral, gratuito, solene e revogável, pelo qual alguém (testador) dispõe, no todo ou em parte, de seu patrimônio, para depois de sua morte, bem como realiza outras declarações de natureza pessoal.

Codicilo é um "testamento informal", sempre particular (escrito pelo próprio disponente, independentemente de testemunhas), por intermédio do qual dispõe-se sobre assuntos de pequena relevância, como enterro, esmolas, legados de bens pessoais móveis e de pequeno valor (art. 1.881 do CC). Trata-se de disposição testamentária de pequena monta, para a qual a lei não exige maiores formalidades.

DA HERANÇA JACENTE (ARTS. 738 A 743)

Diz-se que a herança é jacente quando não há herdeiros, inclusive colaterais, que, até o quarto grau (na linguagem leiga, o tio-avô, sobrinho-neto e primo primeiro), estão na ordem de vocação hereditária (art. 1.839 do CC), notoriamente conhecidos, sem que o falecido tenha deixado testamento (art. 1.819 do CC).

- ✗ Transitada em julgado a sentença que declarar a vacância, os herdeiros só poderão reclamar o seu direito por ação direta, ou seja, por petição de herança (art. 743, § 2º).
- ✗ A sentença de declaração de vacância possibilita a transferência dos bens jacentes ao ente público (STJ, AgRg no Ag 851.228/RJ, Rel. Min. Sidnei Beneti, julgado em 23.09.2008). A propriedade do Estado tem, nesse caso, caráter resolúvel, pois somente depois de decorridos cinco anos da abertura da sucessão, os bens arrecadados passarão definitivamente ao domínio da pessoa de direito público (art. 1.822 do CC).

DOS BENS DOS AUSENTES (ARTS. 744 E 745)

Procedimento que se ocupa da nomeação de curador, da arrecadação e administração dos bens, da sucessão provisória e da conversão desta em partilha;

> Ausente = pessoa que desaparece de seu domicílio, sem que dela haja notícia se sem que tenha deixado procurador.

DAS COISAS VAGAS (ART. 746)

Coisa vaga é a coisa móvel perdida pelo dono e achada por outrem (descobridor).

Quem encontra coisa perdida está obrigado a restituí-la ao dono, posto que a perda não extingue a propriedade, conforme disciplinado nos arts. 1.233 a 1.237 do CC. A restituição da coisa achada, a propósito, tem relação direta com a vedação ao enriquecimento sem causa (art. 88 do CC).

DA INTERDIÇÃO (ARTS. 747 A 758)

Procedimento pelo qual se investiga e se declara a incapacidade de pessoa para o fim de ser representada ou assistida por curador.

MP- Somente proverá a interdição nos casos de doença mental grave e quando inexistirem legitimados ou estes forem incapazes.

DISPOSIÇÕES COMUNS À TUTELA E À CURATELA (ARTS. 759 A 763)

Os arts. 759 a 763 do CPC/2015 disciplinam a nomeação, o compromisso e as responsabilidades dos tutores e curadores, bem como as garantias que devem prestar para acautelar os bens que serão confiados à sua administração. Preveem, também, a sua remoção no caso de descumprimento dos encargos que lhe são atribuídos pela lei e sua dispensa no caso de cessão das funções.

DA ORGANIZAÇÃO E DA FISCALIZAÇÃO DAS FUNDAÇÕES (ARTS. 764 E 765)

Em razão da relevância que as fundações podem representar para a sociedade, foram elas colocadas sob custódia do Ministério Público do Estado onde se situarem (art. 66 do CC). E, devido a essa interferência tutelar do Estado na vida das fundações, é que o legislador instituiu um procedimento especial de jurisdição voluntária para disciplinar sua organização, fiscalização e extinção.

Qualquer interessado ou o Ministério Público poderá promover a extinção da fundação quando se tornar ilícito o seu objeto, for impossível a sua manutenção ou vencer o prazo de sua existência (art. 765). O CC, no art. 69, especifica os casos de extinção e prevê a destinação dos bens da fundação.

DA RATIFICAÇÃO DOS PROTESTOS MARÍTIMOS E DOS PROCESSOS TESTEMUNHÁVEIS FORMADOS A BORDO (ARTS. 766 A 770)

Protesto é meio pelo qual se serve o capitão do navio para comprovar fato ocorrido no curso da viagem.

+ EXERCÍCIOS DE FIXAÇÃO

01. Ano: 2017 Banca: FCC Órgão: TRT - 24ª REGIÃO (MS) Prova: FCC - 2017 - TRT - 24ª REGIÃO (MS) - Analista Judiciário - Oficial de Justiça Avaliador Federal

Sobre as ações possessórias, à luz do Código de Processo Civil, é correto afirmar:

A) Na pendência de ação possessória o autor e o réu poderão, em regra, propor ação de reconhecimento de domínio.

B) O prazo para o réu apresentar contestação na ação de reintegração de posse é de cinco dias.

C) O juiz deverá designar audiência de mediação antes de apreciar a medida liminar em caso de litígio coletivo pela posse de imóvel, quando o esbulho houver ocorrido há mais de ano e dia.

D) O possuidor indireto que tenha justo receio de ser molestado na posse não poderá se valer do interdito proibitório.

E) A alegação de propriedade ou de outro direito sobre a coisa obsta a manutenção ou a reintegração de posse.

02. Ano: 2022 Banca: OBJETIVA Órgão: Prefeitura de Varginha - MG Prova: OBJETIVA - 2022 - Prefeitura de Varginha - MG - Procurador Municipal

De acordo com as regras expressamente previstas no Código de Processo Civil, sobre processo de execução, marcar C para as afirmativas Certas, E para as Erradas e, após, assinalar a alternativa que apresenta a sequência CORRETA:

( ) Quem, não sendo parte no processo, sofrer constrição ou ameaça de constrição sobre bens que possua ou sobre os quais tenha direito incompatível com o ato constritivo, poderá requerer seu desfazimento ou sua inibição por meio de embargos de terceiro.

( ) Os embargos podem ser de terceiro proprietário, inclusive fiduciário, ou possuidor.

Alternativas

A) C - E.
B) C - C.
C) E - C.
D) E - E.

GABARITO

01. GABARITO: C

Alternativa A) Ao contrário do que se afirma, dispõe o art. 557, caput, do CPC/15, que "na pendência de ação possessória é vedado, tanto ao autor quanto ao réu, propor ação de reconhecimento do domínio, exceto se a pretensão for deduzida em face de terceira pessoa". Conforme se nota, a regra é a impossibilidade da propositura da ação de reconhecimento do domínio, apenas excepcionalmente é que a lei a admite em face de terceiros. Afirmativa incorreta.

Alternativa B) O prazo é de 15 (quinze) dias e não de cinco, senão vejamos: "Art. 564. Concedido ou não o mandado liminar de manutenção ou de reintegração, o autor promoverá, nos 5 (cinco) dias subsequentes, a citação do réu para, querendo, contestar a ação no prazo de 15 (quinze) dias. Parágrafo único. Quando for ordenada a justificação prévia, o prazo para contestar será contado da intimação da decisão que deferir ou não a medida liminar". Afirmativa incorreta.

Alternativa C) Quando o esbulho tem mais de um ano e um dia, diz-se que a posse é velha. Para essas situações, a lei processual exige que o réu seja instado a se manifestar antes da concessão da medida liminar, senão vejamos: "Art. 565, caput, CPC/15. No litígio coletivo pela posse de imóvel, quando o esbulho ou a turbação afirmado na petição inicial houver ocorrido há mais de ano e dia, o juiz, antes de apreciar o pedido de concessão da medida liminar, deverá designar audiência de mediação, a realizar-se em até 30 (trinta) dias, que observará o disposto nos §§ 2o e 4o. Afirmativa correta.

Alternativa D) Ao contrário do que se afirma, dispõe o art. 567, do CPC/15, que "o possuidor direto ou indireto que tenha justo receio de ser molestado na posse poderá requerer ao juiz que o segure da turbação ou esbulho iminente, mediante mandado proibitório em que se comine ao réu determinada pena pecuniária caso transgrida o preceito". Afirmativa incorreta.

Alternativa E) Embora o art. 557, caput, do CPC/15, disponha que "na pendência de ação possessória é vedado, tanto ao autor quanto ao réu, propor ação de reconhecimento do domínio, exceto se a pretensão for deduzida em face de terceira pessoa". Conforme se nota, a REGRA é a impossibilidade da propositura da ação de reconhecimento do domínio, apenas excepcionalmente é que a lei a admite em face de terceiros", o parágrafo único do mesmo dispositivo estabelece que "não obsta à manutenção ou à reintegração de posse a alegação de propriedade ou de outro direito sobre a coisa". Afirmativa incorreta.

02. GABARITO: letra b

A questão exige conhecimento da lei seca. Vejamos:

(C) Certo. A banca trouxe a cópia literal do art. 674, caput, CPC: Art. 674. Quem, não sendo parte no processo, sofrer constrição ou ameaça de constrição sobre bens que possua ou sobre os quais tenha direito incompatível com o ato constritivo, poderá requerer seu desfazimento ou sua inibição por meio de embargos de terceiro.

(C) Certo. A banca trouxe a cópia literal do art. 674, § 1º, CPC: Art. 674. § 1º Os embargos podem ser de terceiro proprietário, inclusive fiduciário, ou possuidor.

Portanto, a sequência correta é C - C.

PARTE IV — PROCESSO DE EXECUÇÃO

Parte Especial: arts. 771-925, CPC

22

O processo de execução está no Livro II do CPC, que inicia no art. 771. A partir do primeiro artigo, já é possível confirmar o sincretismo processual, diante do §ú que prevê que "Aplicam-se subsidiariamente à execução as disposições do Livro I da Parte Especial".

> **EXEMPLO:** Deve o juiz admitir a emenda a inicial na petição inicial de EMBARGOS À EXECUÇÃO (arts. 914-920, CPC), ao invés de, desde logo, indeferi-los, nos termos do art. 321 do CPC/2015, aplicável ao art. 918 do mesmo Código (semelhantemente ocorria quanto aos arts. 284 e 739 do CPC/73 - cf. AgRg na MC 17.308/PR, j. 16.11.2010)

Não há mais de se falar em **autonomia**[2] do processo de execução e do processo de conhecimento. Entretanto, isso não significa negar as peculiaridades procedimentais, pois dependendo da finalidade para a qual a jurisdição foi provocada, o Código estabelece particularidades procedimentais em vista do objetivo da atuação do Estado-Juiz. Essas particularidades definem o que se denomina processo de conhecimento e de execução.

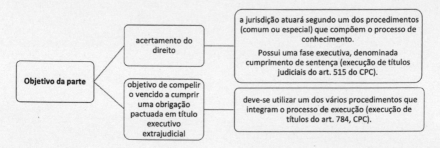

"No processo de conhecimento, a atividade é **essencialmente intelectiva**: o juiz ouve os argumentos do autor e do réu, colhe as provas, pon-

---

2 Foi superada a ideia de que os processo de conhecimento e de execução devem ser absolutamente autônomos (MEDINA).

dera as informações trazidas e emite um comando, **declarando se o autor tem ou não o direito postulado e se faz jus à tutela jurisdicional**.

Já no de execução, a atividade do juiz é desenvolvida para tornar efetivo o direito do exequente, que o executado resiste em satisfazer 'sponte própria'. **A atividade já não é intelectiva, mas de alteração da realidade material**, na busca da satisfação do direito, que não foi voluntariamente observado." [3]

Enrico Tullio Liebman afirmava que "com a execução busca-se obter o resultado prático a que tendia a regra jurídica que não foi obedecida"[4].

Em suma, o conflito é distinto: no primeiro, recai sobre a existência do direito alegado pelo autor em face do réu. Na execução, o conflito é de inadimplemento. O direito do autor está reconhecido, mas o réu recusa-se a satisfazê-lo espontaneamente, sendo necessária a intervenção do Judiciário para torná-lo efetivo.

A execução calcada em título executivo extrajudicial está prevista genericamente nos arts. 797 a 805, que preveem regras gerais que serão aplicáveis a todas as execuções extrajudiciais, ou seja, para obrigações

- de entrega de coisa (arts. 806 a 813);
- fazer ou não fazer (arts. 814 a 823);
- pagar quantia certa (arts. 824 a 909);
- pagar quantia contra a Fazenda Pública (art. 910)
- prestar alimentos (arts. 911-913);
- que seguem a lei de execução fiscal, que está prevista na Lei 6.830/1990 (art. 784, IX, do CPC).

Vamos aprofundar as disposições da teoria geral e das diversas espécies?!

TEORIA GERAL: PRINCIPIOLOGIA

O processo de execução é regido por **princípios** que lhe são peculiares. São eles[5]:

- *Princípio da autonomia do processo de execução tradicional*: é incluído aqui apenas em homenagem à tradição de nosso direito.

---

[3] Técnicas de execução (Marcus Vinícius Rios Gonçalves - novo curso de dir. processual civil, vol.3, 8ª ed.)

[4] Processo de execução, n.2, p.4

[5] Marcus Vinícius Rios Gonçalves - novo curso de dir. processual civil, vol.3, 8ª ed.)

Mas hoje em dia só se pode falar em independência do processo de execução quando ela estiver fundada em título extrajudicial.

— Ou quando o título judicial for sentença arbitral, estrangeira ou penal condenatória. Somente nesses casos formar-se-á processo autônomo, em que o devedor precisará ser citado.

— Nos demais, haverá mera fase de cumprimento de sentença, e a execução formará um conjunto unitário com os processos antecedentes, denominado processo sincrético (arts. 513 e §único do art. 771, CPC).

× *Princípio da patrimonialidade: o art. 789 do CPC:* com os bens responde o executado, não com a sua pessoa!

> Art. 789. O devedor responde com todos os seus bens presentes e futuros para o cumprimento de suas obrigações, salvo as restrições estabelecidas em lei.

— Não se admite mais a coação física, e a pessoa do devedor é intangível, à exceção do alimentante.

— Não constituem violação ao princípio da patrimonialidade as medidas de pressão psicológica (por exemplo, multas diárias), para cumprimento da obrigação, pois elas também repercutirão sobre a esfera patrimonial e não pessoal do indivíduo.

× *Princípio do exato adimplemento*: o objetivo da execução é atribuir ao credor a mesma vantagem ou utilidade que ele lograria se a **prestação tivesse sido voluntariamente cumprida** pelo devedor. O legislador brasileiro tem feito esforços para munir o juiz de poderes para alcançar esse objetivo.

— Quando fracassarem as medidas de coerção para execução específica, ou quando o credor o preferir, fica autorizada a conversão em perdas e danos.

— EXEMPLO: quando o juiz condena em obrigação de fazer ou não fazer, o réu deve cumpri-la especificamente, observando o que foi determinado. Se não o fizer, o credor poderá requerer a aplicação de meios de sub-rogação, quando possível, ou de coerção, para pressionar o devedor. Essas medidas estão enumeradas nos §§ do art. 536 do CPC; Aplicação de multa na execução de título extrajudicial, ex. art. 814, CPC.

> Art. 814. Na execução de obrigação de fazer ou de não fazer fundada em título extrajudicial, ao despachar a inicial, o juiz fixará multa por período de atraso no cumprimento da obrigação e a data a partir da qual será devida.

Parágrafo único. Se o valor da multa estiver previsto no título e for excessivo, o juiz poderá reduzi-lo.

— Se a obrigação for **fungível**, pode determinar que <u>terceiro a cumpra à custa do devedor, ou pode impor meios de coerção para que ele próprio o faça;</u> se **infungível**, <u>o juiz só disporá dos meios de coerção.</u>
— Se todos eles forem ineficazes, e o cumprimento da tutela específica inviabilizar-se, o juiz, antes da conversão em perdas e danos, deve determinar eventual providência que assegure um resultado semelhante àquele que decorreria do adimplemento.

O princípio do exato adimplemento proíbe que a execução se estenda <u>além daquilo que seja suficiente</u> para o cumprimento da obrigação. Estabelece o art. 831 do CPC que serão penhorados tantos bens quantos bastem para o pagamento do principal, juros, custas e honorários advocatícios.

O juiz <u>indeferirá a ampliação da penhora</u> quando verificar que os bens constritos são suficientes para a garantia do débito e suspenderá a arrematação quando verificar que os bens alienados já são suficientes.

As custas e despesas do processo de execução, como as relacionadas às publicações de editais, ou as decorrentes da avaliação dos bens devem ser carreadas <u>ao devedor</u> e somar-se-ão ao débito principal.

× **Princípio da disponibilidade do processo pelo credor:** no processo de conhecimento, o autor só pode desistir livremente da ação antes da resposta do réu; depois, só com o seu consentimento (art. 485, VIII, §§4º e 5º, CPC). **Na execução, a desistência pode ser feita a qualquer tempo, de toda execução ou de algumas medidas.** Ocorre que, quando já apresentados embargos à execução, deve-se atentar às regras do art. 775:

> Art. 775. O exequente tem o direito de desistir de toda a execução ou de apenas alguma medida executiva.
> Parágrafo único. Na desistência da execução, observar-se-á o seguinte:
> I - serão extintos a impugnação e os embargos que versarem apenas sobre questões processuais, pagando o exequente as custas processuais e os honorários advocatícios;
> II - nos demais casos, a extinção dependerá da concordância do impugnante ou do embargante.

A desistência do credor pode abranger toda a execução, ou algumas medidas executivas, como, por exemplo, a penhora sobre determinado bem.

× **Princípio da utilidade:** a execução só se justifica se trouxer alguma vantagem para o credor. O processo é um instrumento que objetiva alcançar um fim determinado; na execução, a satisfação total ou parcial do credor.

Não se pode admitir que ela prossiga quando apenas trará prejuízos ao devedor, sem reverter em proveito para o credor. Por exemplo, se constatado que o valor do bem penhorado será inteiramente consumido para o pagamento apenas das custas e despesas da própria execução. É o que estabelece expressamente o **art. 836 do CPC/15.**

× *Princípio da menor onerosidade*:

> Art. 805. Quando por vários meios o exequente puder promover a execução, o juiz mandará que se faça pelo modo menos gravoso para o executado. Parágrafo único. Ao executado que alegar ser a medida executiva mais gravosa incumbe indicar outros meios mais eficazes e menos onerosos, sob pena de manutenção dos atos executivos já determinados.

Não se pode perder de vista que o objetivo da execução é a satisfação do credor: se houver vários meios equivalentes para alcançá-la, deve o juiz preferir a que cause menos ônus para o devedor. Mas, para tanto, é preciso que os vários modos sejam equivalentes, no que concerne ao resultado almejado pelo credor. O devedor não pode, por exemplo, requerer a substituição da penhora de dinheiro, ou do faturamento de sua empresa, por outros, de mais difícil liquidação, aduzindo que essa forma é menos onerosa. Pode ser menos onerosa para ele, mas é mais gravosa para o credor, e a execução se estabelece para a satisfação deste. A substituição só deverá ser deferida se não prejudicar o credor, assegurando-lhe um meio equivalente de satisfação de seus interesses.

× *Princípio do contraditório*: muito se discutiu sobre sua aplicação na execução, porque o devedor não tem oportunidade de contestar o pedido inicial. Isso levou parte da doutrina, de início, a responder pela negativa, sob o argumento de que o juiz não ouve as ponderações de ambas as partes, mas se limita a determinar as providências necessárias para o cumprimento daquilo que consta do título executivo.

— Eventual defesa do devedor ficava restrita aos embargos, que tem a natureza de processo de conhecimento, e não havia, na execução, atos dirigidos à formação do convencimento do juiz. **Efetivamente, na execução, não existe a sentença de mérito.** O juiz não vai ouvir as partes para formar a sua convicção e declarar quem está com a razão, o autor ou o réu. Nela, parte-se do pressuposto de que se sabe quem tem razão: aquele que está munido de título executivo, documento que lhe assegura a certeza e a exigibilidade do seu direito.

— *"Mas não assiste razão àqueles que negam o contraditório na execução. É evidente que ele é menos amplo que no processo de conhecimento, mas isso não indica que não existe."*

— O devedor poderá, por advogado, acompanhar a execução, devendo ser ouvido sobre os incidentes que ocorram. Por exemplo, se é apresentada uma conta de liquidação, ele deve ser ouvido. Se surge um pedido do credor para substituir o bem penhorado por outro de mais fácil liquidação, também.

— "É preciso lembrar também que, embora o mérito não se julgue no processo executivo, deixar absolutamente de julgar o juiz da execução não deixa. Nem só de mérito existem sentenças; nem só sentenças profere o juiz. Pois seria inconcebível um juiz 'robot', sem participação inteligente e sem poder decisório algum. O juiz é seguidamente chamado a proferir juízos de valor no processo de execução, seja acerca dos pressupostos processuais, condições da ação ou dos pressupostos específicos dos diversos atos levados ou a levar a efeito".[6]

— É preciso lembrar também que, embora o mérito não se julgue no processo executivo, deixar absolutamente de julgar o juiz da execução não deixa. Nem só de mérito existem sentenças; nem só sentenças profere o juiz. Pois seria inconcebível um juiz 'robot', sem participação inteligente e sem poder decisório algum. O juiz é seguidamente chamado a proferir juízos de valor no processo de execução, seja acerca dos pressupostos processuais, condições da ação ou dos pressupostos específicos dos diversos atos levados ou a levar a efeito" (CANDIDO RANGEL DINAMARCO, Processo Civil, p.170)

---

[6] CANDIDO RANGEL DINAMARCO, Processo Civil, p.170.

TEORIA GERAL E PROCEDIMENTO
LEGITIMADOS

Os sujeitos ativos na execução são aqueles que podem atuar como autores, agindo e demandado com base em obrigação consubstanciada em título executivo extrajudicial.

× **LEGITIMADOS ATIVOS:** art. 778, CPC;

> Art. 778. Pode promover a execução forçada o credor a quem a lei confere título executivo.
> § 1º Podem promover a execução forçada ou nela prosseguir, em sucessão ao exequente originário:
> I - o Ministério Público, nos casos previstos em lei;
> II - o espólio, os herdeiros ou os sucessores do credor, sempre que, por morte deste, lhes for transmitido o direito resultante do título executivo;
> III - o cessionário, quando o direito resultante do título executivo lhe for transferido por ato entre vivos;
> IV - o sub-rogado, nos casos de sub-rogação legal ou convencional.
> § 2º A sucessão prevista no § 1º independe de consentimento do executado.

× **LEGITIMADOS PASSIVOS:** aqueles que são demandados e respondem à pretensão executiva (art. 779). Esses sujeitos, partes do processo executivo, são questionados como possíveis devedores de prestação específica.

> Art. 779. A execução pode ser promovida contra:
> I - o devedor, reconhecido como tal no título executivo;
> II - o espólio, os herdeiros ou os sucessores do devedor;
> III - o novo devedor que assumiu, com o consentimento do credor, a obrigação resultante do título executivo;
> IV - o fiador do débito constante em título extrajudicial;
> V - o responsável titular do bem vinculado por garantia real ao pagamento do débito;
> VI - o responsável tributário, assim definido em lei.

JURISPRUDÊNCIA

De acordo com o STF, a legitimidade ativa para execução de condenação patrimonial imposta por tribunal de contas estadual é do ente público beneficiado com a condenação. Veja: "AGRAVO REGIMENTAL NO RECURSO EXTRAORDINÁRIO COM AGRAVO. ALEGADA CONTRARIEDADE AO ART. 5º, XXXV, DA CONSTITUIÇÃO. OFENSA REFLEXA. PROCESSUAL CIVIL E CONSTITUCIONAL. TRIBUNAL DE CONTAS ESTADUAL. APLICAÇÃO DE PENALIDADE. EXECUÇÃO. LEGITIMIDADE ATIVA. BENEFICIÁRIO

DA CONDENAÇÃO. ILEGITIMIDADE DO MINISTÉRIO PÚBLICO. AGRAVO A QUE SE NEGA PROVIMENTO. (...) II - A jurisprudência desta Corte é no sentido de que a ação de execução de penalidade imposta por Tribunal de Contas somente pode ser ajuizada pelo ente público beneficiário da condenação. Precedentes. III - Agravo regimental a que se nega provimento" (STF. ARE 791577 AgR/MA. Rel. Min. Ricardo Lewandowski. DJ 12/08/2014).

ATRIBUIÇÕES DO MAGISTRADO:

O juiz atuará para a realização da execução, podendo, em qualquer momento do processo (772, CPC):

× I - ordenar o comparecimento das partes;
× II - advertir o executado de que seu procedimento constitui ato atentatório à dignidade da justiça;
× III - determinar que sujeitos indicados pelo exequente forneçam informações em geral relacionadas ao objeto da execução, tais como documentos e dados que tenham em seu poder, assinando-lhes prazo razoável.

De ofício ou a requerimento, também poderá determinar as medidas necessárias ao cumprimento da ordem de entrega de documentos e dados (art. 773, CPC).

COMPETÊNCIA

A **competência** para a execução de título extrajudicial é relativa e deve ser apurada de acordo com as regras gerais de competência estabelecidas no Código de Processo Civil para o processo de conhecimento.

× Em princípio, não havendo **foro de eleição**, a competência será do foro do local do pagamento, pois o **art. 53, III, d, do CPC** estabelece que a ação deve ser proposta no lugar **onde a obrigação deve ser satisfeita, para as ações em que se lhe exigir o cumprimento.**
× **Como quase sempre o título executivo traz tal indicação, com muita frequência será essa a regra de competência aplicável.**

Sobre o tema, ensina Marcus Vinicius Rios Gonçalves:

> "As regras gerais de competência aplicam-se também à execução hipotecária. A competência não é a do foro de situação do imóvel dado em garantia, porque a execução não tem natureza real, mas pessoal. O que se executa é uma dívida, e o imóvel é apenas uma garantia. A execução será proposta também no foro do local do pagamento ou, na falta deste, no do domicílio do réu." (MARCUS VINÍCIUS)

O CPC prevê no art 781 as seguintes regras a serem seguidas:

> Art. 781. A execução fundada em título extrajudicial será processada perante o juízo competente, observando-se o seguinte:
> I - a execução poderá ser proposta no foro de domicílio do executado, de eleição constante do título ou, ainda, de situação dos bens a ela sujeitos;
> II - tendo mais de um domicílio, o executado poderá ser demandado no foro de qualquer deles;
> III - sendo incerto ou desconhecido o domicílio do executado, a execução poderá ser proposta no lugar onde for encontrado ou no foro de domicílio do exequente;
> IV - havendo mais de um devedor, com diferentes domicílios, a execução será proposta no foro de qualquer deles, à escolha do exequente;
> V - a execução poderá ser proposta no foro do lugar em que se praticou o ato ou em que ocorreu o fato que deu origem ao título, mesmo que nele não mais resida o executado.

MULTAS

× **PODE HAVER APLICAÇÃO DE MULTAS PELO MAGISTRADO?**

Sim, conforme arts. 774 e §6º do art. 903 do CPC!

Cuidado, caro(a) leitor(a), para não confundir com as disposições de ato atentatório previstas nas normas gerais. Vide tabela abaixo:

ATO ATENTATÓRIO À DIGNIDADE DA JUSTIÇA ART. 77	ATO ATENTATÓRIO À DIGNIDADE DA JUSTIÇA ART. 774 CPC	ATO ATENTATÓRIO À DIGNIDADE DA JUSTIÇA POR SUSCITAÇÃO INFUNDADA DE VÍCIO §5º DO ART. 903
VALOR REVERTE PARA A UNIÃO OU ESTADO -COBRANÇA EM EXECUÇÃO FISCAL -VALOR DE ATÉ 20% DO VALOR DA CAUSA	VALOR REVERTE AO EXEQUENTE (CREDOR) -COBRANÇA NOS PRÓPRIOS AUTOS -VALOR DE ATÉ 20 % DO VALOR ATUALIZADO DO DÉBITO DA EXECUÇÃO	Art. 903, § 5o O arrematante poderá desistir da arrematação, sendo-lhe imediatamente devolvido o depósito que tiver feito: I - se provar, nos 10 (dez) dias seguintes, a existência de ônus real ou gravame não mencionado no edital; II - se, antes de expedida a carta de arrematação ou a ordem de entrega, o executado alegar alguma das situações previstas no § 1o; III - uma vez citado para responder a ação autônoma de que trata o § 4o deste artigo, desde que apresente a desistência no prazo de que dispõe para responder a essa ação. § 6o Considera-se ato atentatório à dignidade da justiça a suscitação infundada de vício com o objetivo de ensejar a desistência do arrematante, devendo o suscitante ser condenado, sem prejuízo da responsabilidade por perdas e danos, ao pagamento de multa, a ser fixada pelo juiz e devida ao exequente, em montante não superior a vinte por cento do valor atualizado do bem.

A cobrança das multas ocorrerá nos próprios autos conforme art. 777:

> Art. 777. A cobrança de multas ou de indenizações decorrentes de litigância de má-fé ou de prática de ato atentatório à dignidade da justiça **será promovida nos próprios autos do processo.**

PETIÇÃO INICIAL

Exige-se a apresentação de uma petição de abertura (pressuposto de constituição do processo), devidamente assinada por advogado que represente o credor (capacidade postulatória), perante autoridade investida da função jurisdicional (pressuposto de constituição do processo), operando-se a citação do réu (pressuposto de validade do processo).

Devem ser observados os requisitos previstos nos arts. 798 e 799, além dos artigos genéricos inerentes a qualquer inicial, previstos nos arts. 319, 320, 106, I e 77, V, na forma do art. 771, parágrafo único, com as devidas adaptações. Destarte, um documento essencial inerente à petição é o **título executivo extrajudicial** (art. 798, I, "a" c/c art. 784 do CPC/2015).

Caro(a) leitor(a), ainda que o objeto da execução seja um título extrajudicial, é possível que o exequente opte pelo processo de conhecimento, conforme art. 785 do CPC: Art. 785. **A existência de título executivo extrajudicial não impede** a parte de optar pelo processo de conhecimento, a fim de obter título executivo judicial.

Sendo o título extrajudicial (art. 784, CPC) o objeto do processo de execução, é indispensável que não seja confundido com títulos judiciais (art.515, CPC)! Veja a tabela:

ART. 515 à ROL TAXATIVO

Art. 515. São títulos executivos judiciais, cujo cumprimento dar-se-á de acordo com os artigos previstos neste Título:

I – as **decisões** proferidas no processo civil que reconheçam a exigibilidade de obrigação de pagar quantia, de fazer, de não fazer ou de entregar coisa;

II – a **decisão homologatória** de autocomposição judicial;

III – a **decisão homologatória** de autocomposição extrajudicial de qualquer natureza;

IV – o instrumento de transação referendado pelo Ministério Público, pela Defensoria Pública, pela Advocacia Pública, pelos advogados dos transatores ou por conciliador ou mediador credenciado por tribunal;

VII – a **sentença arbitral**;

VIII – a **sentença** estrangeira homologada pelo Superior Tribunal de Justiça;

IX – a **decisão interlocutória** estrangeira, após a concessão do exequatur à carta rogatória pelo Superior Tribunal de Justiça;

X – VETADO

§ 1.o Nos casos dos incisos VI a IX, o devedor será citado no juízo cível para o cumprimento da sentença ou para a liquidação no prazo de 15 (quinze) dias.

§ 2.o A autocomposição judicial pode envolver sujeito estranho ao processo e versar sobre relação jurídica que não tenha sido deduzida em juízo.

ART. 784 à ROL EXEMPLIFICATIVO

Art. 784. São títulos executivos extrajudiciais:

I – **a letra de câmbio, a nota promissória, a duplicata, a debênture e o cheque**;

II – a escritura pública ou outro documento público assinado pelo devedor;

III – o documento particular assinado pelo devedor e por 2 (duas) testemunhas;

IV – **o instrumento de transação referendado pelo Ministério Público, pela Defensoria Pública, pela Advocacia Pública, pelos advogados dos transatores ou por conciliador ou mediador credenciado por tribunal;**

V – o contrato garantido por hipoteca, penhor, anticrese ou outro direito real de garantia e aquele garantido por caução;

VI – o contrato de seguro de vida em caso de morte;

VII – o crédito decorrente de foro e laudêmio;

VIII – o crédito, documentalmente comprovado, decorrente de aluguel de imóvel, bem como de encargos acessórios, tais como taxas e despesas de condomínio;

IX – **a certidão de dívida ativa da Fazenda Pública da União, dos Estados, do Distrito Federal e dos Municípios, correspondente aos créditos inscritos na forma da lei**;

X – o crédito referente às contribuições ordinárias ou extraordinárias de condomínio edilício, previstas na respectiva convenção ou aprovadas em assembleia geral, desde que documentalmente comprovadas;

XI – a certidão expedida por serventia notarial ou de registro relativa a valores de emolumentos e demais despesas devidas pelos atos por ela praticados, fixados nas tabelas estabelecidas em lei;

XII – **todos os demais títulos** aos quais, por disposição expressa, a lei atribuir força executiva. → **ROL EXEMPLIFICATIVO**

§ 1.o A propositura de qualquer ação relativa a débito constante de título executivo não inibe o credor de promover-lhe a execução.

§ 2.o **Os títulos executivos extrajudiciais oriundos de país estrangeiro não dependem de homologação para serem executados.**

§ 3. **O título estrangeiro só terá eficácia executiva quando satisfeitos os requisitos de formação exigidos pela lei do lugar de sua celebração e quando o Brasil for indicado como o lugar de cumprimento da obrigação.**

> **RELEMBRANDO:** Tendo em vista a importância dessa distinção e a corriqueira cobrança em provas, grave os títulos judicias (rol taxativo) através do mnemônico **SE-DE-CRE-CE.**
> **SE**NTENÇA - CÍVEL, PENAL, ARBITRAL, ESTRANGEIRA.
> **DE**CISÃO JUDICIAL - HOMOLOGATÓRIA; ESTRANGEIRA; INTERLOCUTÓRIA; DECISÃO MONOCRÁTICA; ACÓRDÃO; SENTENÇA.
> **CRÉ**DITOS DOS AUXILIARES DA JUSTIÇA
> **CE**RTIDÃO E FORMAL DE PARTILHA
> Se não constar nesse rol, será título extrajudicial!

> **ATENÇÃO:** De acordo com o STJ, "o contrato de desconto bancário (borderô) não constitui, por si só, título executivo extrajudicial, dependendo a ação executiva de vinculação a um título de crédito concedido em garantia ou à assinatura pelo devedor e por duas testemunhas" (REsp 986972 MS 2007/0214802-3).

A PROPOSITURA DE AÇÃO RELATIVA AO DÉBITO INIBE A EXECUÇÃO DO TÍTULO?

NÃO, conforme § 1º do art. 784: A propositura de qualquer ação relativa a débito constante de título executivo não inibe o credor de promover-lhe a execução.

Logo, se o executado tiver proposto uma ação revisional, v.g., **não afastará a possibilidade do título ser executado.**

OS TÍTULOS EXTRAJUDICIAIS ESTRANGEIROS NECESSITAM DE HOMOLOGAÇÃO?

NÃO! Os §§ 2º e 3º do art. 784 preveem: § 2º Os títulos executivos extrajudiciais oriundos de país estrangeiro não dependem de homologação para serem executados.§ 3º O título estrangeiro só terá eficácia executiva quando satisfeitos os requisitos de formação exigidos pela lei do lugar de sua celebração e quando o Brasil for indicado como o lugar de cumprimento da obrigação.

Não confunda com os *títulos judiciais estrangeiros,* como sentença estrangeira e decisão interlocutória, os quais deverão ser homologados ou ter concessão de exequatur pelo STJ, nos moldes do art. 515: VIII – a sentença estrangeira homologada pelo Superior Tribunal de Justiça;

IX – a decisão interlocutória estrangeira, após a concessão do exequatur à carta rogatória pelo Superior Tribunal de Justiça;

Sendo assim, havendo obrigação prevista em título executivo extrajudicial, incumbe ao **exequente demonstrar a prova em que se verificou a condição ou ocorreu o termo**, se for o caso (art. 798, I, "c"), de que adimpliu a contraprestação que lhe corresponde ou que lhe assegura o cumprimento, se o executado não for obrigado a satisfazer a sua prestação senão mediante a contraprestação do exequente (art. 798, I, "d").

A obrigação deve ser **certa, líquida e exigível (arts. 783 c/c 786, CPC)**!

> **DICA:** Em função da necessidade de força executiva para início da execução, sempre lembrar dos requisitos pensando na "**dancinha do funk do LEC LEC**": L- E- C
> **L**iquidez; **E**xigibilidade; **C**erteza.

> **EXEMPLO:** Deve o exequente apresentar o demonstrativo do débito atualizado até a data de propositura da ação, quando se tratar de execução por quantia certa (art. 798, I, "b"). Tal demonstrativo deverá observar, obrigatoriamente, o art. 798, parágrafo único, do CPC.

Além dos mencionados requisitos, incumbe ao exequente indicar, na forma do art. 798, II:

> (i) **a espécie de execução de sua preferência**, quando por mais de um modo puder ser realizada, como, por exemplo, na execução de alimentos, que pode ser por prisão ou por penhora de bens;
>
> **JURISPRUDÊNCIA:** em 30/08/2022 a Quarta Turma do Superior Tribunal de Justiça (STJ) entendeu que, para a cobrança de alimentos, é cabível a cumulação das medidas de coerção pessoal (prisão) e de expropriação patrimonial (penhora) no âmbito do mesmo procedimento executivo, desde que não haja prejuízo ao devedor - a ser comprovado por ele - nem ocorra tumulto processual, situações que devem ser avaliadas pelo magistrado em cada caso.
> ˣ número deste processo não é divulgado em razão de segredo judicial.
>
> (ii) os nomes completos do exequente e do executado e seus números de inscrição no Cadastro de Pessoas Físicas ou no Cadastro Nacional da Pessoa Jurídica;
>
> (iii) **os bens suscetíveis de penhora, sempre que possível.**

JURISPRUDÊNCIA: tem admitido que se esgotadas todas as diligências cabíveis, é direito do credor requerer a expedição de ofícios a órgãos públicos e particulares, sem ofensa ao sigilo bancário e fiscal, para localizar o devedor e/ou bens penhoráveis, evitando cerceamento na instrução (Súmula 47 do TJRJ). Observe-se que se faz necessário o esgotamento de todos os meios possíveis para localização dos bens (STJ, AgRg no Ag 1.386.116/MS, 4ª T., rel. Min. Raul Araújo, j. 26.04.2011. AgRg no REsp 595.612/DF, 4ª T., rel. Min. Hélio Quaglia Barbosa, DJ 11.02.2008; REsp 306.570/SP, rel. Min. Eliana Calmon, DJU 18.02.2002).

Incumbe, ainda, ao exequente, nos termos do art. 799:

(i) **requerer a intimação do credor pignoratício, hipotecário, anticrético ou fiduciário, quando a penhora recair sobre bens gravados por penhor, hipoteca, anticrese ou alienação fiduciária, o que geraria ineficácia da alienação, mas não tem preclusão, na forma do art. 804 do CPC;**

(ii) requerer a intimação do titular de usufruto, uso ou habitação, quando a penhora recair sobre bem gravado por usufruto, uso ou habitação;

(iii) requerer a intimação do promitente comprador, quando a penhora recair sobre bem em relação ao qual haja promessa de compra e venda registrada;

(iv) requerer a intimação do promitente vendedor, quando a penhora recair sobre direito aquisitivo derivado de promessa de compra e venda registrada;

(v) requerer a intimação do superficiário, enfiteuta ou concessionário, em caso de direito de superfície, enfiteuse, concessão de uso especial para fins de moradia ou concessão de direito real de uso, quando a penhora recair sobre imóvel submetido ao regime do direito de superfície, enfiteuse ou concessão;

(vi) requerer a intimação do proprietário de terreno com regime de direito de superfície, enfiteuse, concessão de uso especial para fins de moradia ou concessão de direito real de uso, quando a penhora recair sobre direitos do superficiário, do enfiteuta ou do concessionário;

(vii) requerer a intimação da sociedade, no caso de penhora de quota social ou de ação de sociedade anônima fechada, para o fim previsto no art. 876, § 7º;

(vii) pleitear, se for o caso, **medidas urgentes**, o que engloba a tutela provisória urgente antecipada (Enunciado 488 do FPPC);

(ix) **proceder à averbação em registro público do ato de propositura da execução e dos atos de constrição realizados, para conhecimento de terceiros.**

(x) requerer a intimação do titular da construção-base, bem como, se for o caso, do titular de lajes anteriores, quando a penhora recair sobre o direito real de laje (art. 799, X, do CPC/15 incluído pela Lei nº 13.465/17), o que é importante para que o titular da laje possa exercer direito de preferência;

(xi) requerer a intimação do titular das lajes, quando a penhora recair sobre a construção-base (art. 799, XI, do CPC/15 incluído pela Lei nº 13.465/17).

Não há necessidade de se requerer a produção probatória, eis que, nessa hipótese, não há o que ser demonstrado pelo autor, pois já há nos autos um documento que, por força de lei, tem eficácia executiva (arts. 783 e 786).

> Art. 783. A execução para cobrança de crédito fundar-se-á sempre em título de obrigação certa, líquida e exigível.
> Art. 786. A execução pode ser instaurada caso o devedor não satisfaça a obrigação certa, líquida e exigível consubstanciada em título executivo.
> Parágrafo único. A necessidade de simples operações aritméticas para apurar o crédito exequendo não retira a liquidez da obrigação constante do título.

A requerimento do exequente, o juiz poderá determinar a inclusão do nome do executado em cadastros de inadimplentes (§3º, 782, CPC).[7]

Outro aspecto relevante é perceber que é possível ao credor/exequente cumular, em uma única medida executiva, várias outras execuções, como determina o art. 780 do CPC.

> Art. 780. O exequente pode cumular várias execuções, ainda que fundadas em títulos diferentes, quando o *executado for o mesmo* e desde que para todas elas seja *competente o mesmo juízo* e *idêntico o procedimento*.

> **DICA:** Para lembrar dos requisitos para cumulação (art. 780, CPC), use o mnemônico **CEP**
> **MESMA(O)**
> **C** ompetência
> **E** xecutado
> **P** rocedimento

ATOS EXECUTIVOS

O juiz determinará os atos executivos e os oficiais de justiça os cumprirão (art. 782 do CPC), mesmo que, para efetivar a execução, venha a ser necessário o emprego da força policial, caso em que o juiz a requisitará. Poderão ser realizados atos em comarcas contíguas, de fácil comunicação, e nas que se situem na mesma região metropolitana (§1º).

× E SE NÃO FOR ENCONTRADO O EXECUTADO E NÃO TER INDICAÇÃO DE BENS?

---

[7] Tal disposição se aplica, inclusive, a execução de título judicial (§5º do art. 782, CPC).

Se não ter for encontrado o executado e não ter o exequente indicado bens à penhora, deverá o oficial de justiça proceder ao arresto a que se refere o art. 830 do CPC, sem obstar a possibilidade de o exequente valer-se da regra do art. 854 do CPC (verificação e indisponibilização de ativos em nome do executado).

× Arresto: encargos do oficial de justiça
× Realizado o arresto (frutífero ou infrutífero), o oficial de justiça deve procurar o devedor – de preferência no local onde o mesmo normalmente se encontra – por **duas vezes em dias distintos**, e, não o encontrando, deverá certificar o ocorrido (art. 830, § 1.º);
× havendo suspeita de ocultação, realizará a citação com hora certa, certificando pormenorizadamente o ocorrido.
× Incumbe ao exequente requerer a citação por edital, uma vez frustradas a pessoal e a com hora certa. Uma vez frustradas a pessoal e a por hora certa (art. 830, § 2.º).
× Aperfeiçoada a citação e transcorrido o prazo de pagamento, **o arresto converter-se-á em penhora, independentemente de termo.**

PRESTE ATENÇÃO

1º PENHORA ARTS. 831-869	→	2º AVALIAÇÃO ARTS. 870-875, CPC	→	3º EXPROPRIAÇÃO 876-903, CPC

EMENDA. INTERRUPÇÃO DA PRESCRIÇÃO. FORMA DE CITAÇÃO

Caso não sejam atendidos quaisquer dos requisitos da petição inicial, o juiz determinará a sua emenda **no prazo de 15 dias**, e não sendo esta realizada, haverá indeferimento da petição inicial (art. 801). Destarte, o STJ já admitiu a apresentação do título executivo original ainda que depois do prazo fixado para emenda, aplicando o princípio da instrumentalidade.[8]

O despacho que ordenar a citação determinará uma sequência de efeitos processuais e materiais:

---

[8] Informativo 471: STJ, REsp 924.989/RJ, 4ª T., rel. Min. Luis Felipe Salomão, j. 05.05.2011. Precedentes citados: REsp 595.768-PB, DJ 10.10.2005; AgRg no REsp 747.949-PR, DJ 03.10.2005; REsp 329.069-MG, DJ 04.03.2002; AgRg no REsp 330.878-AL, DJ 30.06.2003; REsp 329.069-MG, DJ 04.03.2002; REsp 49.910-MS, DJ 05.02.1996; REsp 467.358-PR, DJ 20.10.2003.

i. interrupção da prescrição (art. 802 do CPC);
ii. dever do juiz de fixar honorários advocatícios em 10% (art. 827 do CPC);
iii. direito do exequente obter a certidão prevista no art. 828 do CPC.

Assim, o despacho que ordenar a citação, desde que realizada em observância ao disposto no § 2º do art. 240, interrompe a prescrição (art. 802 do CPC c/c Súmula 150 do STF), ainda que proferido por juízo incompetente, a qual retroagirá à data de propositura da ação (art. 802), a semelhança do processo de conhecimento (art. 202, I, CC e art. 240, § 1º, do CPC).

Na forma do art. 827 do CPC, ao receber a inicial, deve o magistrado fixar **honorários advocatícios em 10%,** os quais poderão ser reduzidos pela metade na hipótese de pagamento integral – tratando-se de obrigação de pagar.

O art. 828 permite que o **exequente obtenha certidão de que a execução foi admitida pelo juiz**, com identificação das partes e do valor da causa, para fins de averbação no registro de imóveis, de veículos ou de outros bens sujeitos a penhora, arresto ou indisponibilidade, independentemente de decisão judicial (Enunciado 130 do FPPC). Sobre o tema, importante a previsão da **Súmula 375 do STJ e do art. 844 do CPC:**

> S. 375 STJ - O reconhecimento da fraude à execução depende do registro da penhora do bem alienado ou da prova de má-fé do terceiro adquirente.
> Art. 844. Para presunção absoluta de conhecimento por terceiros, cabe ao exequente providenciar a averbação do arresto ou da penhora no registro competente, mediante apresentação de cópia do auto ou do termo, independentemente de mandado judicial.

Portanto, muito mais simples de demonstrar má-fé de terceiro e evitar debates se houver a averbação da existência da execução, mostrando-se medida hábil ao credor.

Ademais, quanto à citação, cabe dizer que o art. 247 não traz mais a vedação à citação postal no processo de execução, como havia no CPC/73 (art. 222, "d"), porém o art. 829, §§ 1º e 2º, bem como o art. 830 do CPC, delimitam diversas atribuições a serem exercidas diretamente pelo oficial de justiça, fazendo crer ser essa a modalidade de citação no processo de execução.

Sobre o tema, ensina Haroldo Lourenço:

"Esse, contudo, não nos parece ser o melhor entendimento, não obstante a citação por oficial de justiça buscar proteger uma maior segurança jurídica inerente a um processo de execução, cremos ser admissível citação postal no processo de execução, o que é ratificado pelo CJF. Há, ainda, que se considerar que, atualmente, as penhoras, em boa parte, realizam-se eletronicamente em aplicações financeiras, portanto, não há motivos para se privilegiar que a diligência se dê por oficial de justiça, para que esse, fazendo a citação e, não efetuado o pagamento espontâneo, desde logo se realize a penhora. Assim, a citação deve, preferencialmente, ser pela via postal; contudo, nada obsta que o exequente busque de imediato a citação por oficial de justiça (art. 247, V do CPC)."

Vejamos o que diz o CJF:

> Enunciado 85 do CJF: Na execução de título extrajudicial ou judicial (art. 515, § 1º, do CPC) é cabível a citação postal.

ATENÇÃO
- É possível que a citação seja ficta (Enunciado 196 do STJ). Leia-se: é possível citação por hora certa ou edital.
- Na execução fiscal a regra é a citação postal (art. 8º da Lei 6.830/1980).

JURISDIÇÃO E EXECUTADO

Citado, o executado, a depender da modalidade de obrigação, terá prazo para adimplemento.

EXEMPLOS

Vamos estudar em aulas específicas as diversas espécies de execução, mas podemos sintetizar os prazos da seguinte forma:

Entregar (arts. 806-813, CPC)	**Coisa certa:** 15 dias para entregar (806, CPC); **Coisa incerta:** sem previsão em dias. Nesse caso o juiz poderá fixar ou constar o prazo do título. Após escolha (credor ou devedor), 15 dias para impugnar (arts. 811-812, CPC) somente
Fazer e não fazer (arts. 814-823, CPC)	**Fazer:** prazo que o juiz lhe designar, se outro não estiver determinado no título executivo (815, CPC). **Não fazer:** prazo que o juiz lhe designar (art. 822, CPC).
Pagar quantia certa (arts. 824-909, CPC)	3 (três) dias contado da citação. * No caso de integral pagamento no prazo de 3 (três) dias, o valor dos honorários advocatícios será reduzido pela metade.

Pagar quantia contra a Fazenda Pública (art. 910, CPC)	NÃO há citação para cumprir, somente para apresentar embargos em 30 dias (910, CPC). Fazenda pagará por precatório ou RPV após trânsito em julgado.
Alimentos (arts. 911-913, CPC)	3 dias para *pagar, provar que o fez ou justificar a impossibilidade absoluta* (art. 911, CPC).

Juntado o mandado de citação aos autos, também se falará em início do prazo para embargos à execução (arts. 914-920, CPC), que vamos estudar com mais profundida da aula de Execução II.

Os embargos serão oferecidos no prazo de 15 (quinze) dias, contado, conforme o caso, na forma do art. 231 (art. 915, CPC). Quando houver mais de um executado, o prazo para cada um deles embargar conta-se a partir da juntada do respectivo comprovante da citação, salvo no caso de cônjuges ou de companheiros, quando será contado a partir da juntada do último.

É importante destacar que ainda que a execução esteja voltada a realização do direito, também há um olhar ao executado, não somente ao exequente!

× **Então podemos afirmar que o executado é sujeito merecedor da tutela jurisdicional?**

Sim, principalmente podemos citar alguns exemplos a partir dos arts. 829, §2º; 847, caput, e 867, todos do CPC/15.

Entenda: busca-se aquilo que é efetivamente devido, <u>mas sempre buscando um MENOR PREJUÍZO</u>! **PRISMA: OLHAR EXEQUENTE E EXECUTADO (princípio da menor onerosidade).**

> Art. 829. O executado será citado para pagar a dívida no prazo de 3 (três) dias, contado da citação.
> § 1º Do mandado de citação constarão, também, a ordem de penhora e a avaliação a serem cumpridas pelo oficial de justiça tão logo verificado o não pagamento no prazo assinalado, de tudo lavrando-se auto, com intimação do executado.
> § 2º A penhora recairá sobre os bens indicados pelo exequente, salvo se outros forem indicados pelo executado e aceitos pelo juiz, mediante demonstração de que a constrição proposta lhe será menos onerosa e não trará prejuízo ao exequente.
> Art. 847. O executado pode, no **prazo de 10 (dez) dias** contado da intimação da penhora, requerer a substituição do bem penhorado, desde que comprove que lhe <u>será menos onerosa e não trará prejuízo ao exequente</u>.
> § 1º O juiz só autorizará a substituição se o executado:
> I - comprovar as respectivas matrículas e os registros por certidão do correspondente ofício, quanto aos bens imóveis;

II - descrever os bens móveis, com todas as suas propriedades e características, bem como o estado deles e o lugar onde se encontram;
III - descrever os semoventes, com indicação de espécie, de número, de marca ou sinal e do local onde se encontram;
IV - identificar os créditos, indicando quem seja o devedor, qual a origem da dívida, o título que a representa e a data do vencimento; e
V - atribuir, em qualquer caso, valor aos bens indicados à penhora, além de especificar os ônus e os encargos a que estejam sujeitos.
§ 2º Requerida a substituição do bem penhorado, o executado deve indicar onde se encontram os bens sujeitos à execução, exibir a prova de sua propriedade e a certidão negativa ou positiva de ônus, bem como abster-se de qualquer atitude que dificulte ou embarace a realização da penhora.
§ 3º O executado somente poderá oferecer bem imóvel em substituição caso o requeira com a expressa anuência do cônjuge, salvo se o regime for o de separação absoluta de bens
§ 4º O juiz intimará o exequente para manifestar-se sobre o requerimento de substituição do bem penhorado
Art. 867. O juiz pode ordenar a penhora de frutos e rendimentos de coisa móvel ou imóvel quando a considerar mais eficiente para o recebimento do crédito e **menos gravosa ao executado.**

TÉCNICAS EXECUTIVAS

Existem duas maneiras pelas quais se pode aperfeiçoar a execução:
1. com a instauração de um processo próprio e citação do executado (Livro II); ou
2. de forma imediata, sem novo processo, em sequência natural do processo de conhecimento → Cumprimento de sentença.

Tanto na execução tradicional, quanto na imediata, a sanção executiva pode fazer uso de dois instrumentos: a **(1)sub-rogação e a (2)coerção.**
1. SUB-ROGAÇÃO: o Estado-juiz substitui-se ao devedor, no cumprimento da obrigação. O Estado, sem nenhuma participação do devedor, satisfaz o direito, no seu lugar.

EXEMPLO

Se o executado não paga, o Estado toma os seus bens, e os vende em hasta pública, pagando com o produto o credor. Se ele não entrega voluntariamente a coisa, determina que um oficial de justiça a tome, e a entregue ao credor.

Concede o mesmo resultado que o adimplemento espontâneo da obrigação **se não tiver caráter personalíssimo**. <u>**Do contrário, ela é impossível.**</u> Logo, se a obrigação constante do título é pintar um muro, caso o devedor não a cumpra, é possível que outrem o faça, a mando do Estado. Mas, <u>se for de pintar um quadro,</u> ou escrever um livro, ou de participar de um concerto — obrigações que são contraídas em função da pessoa do devedor —, a técnica da sub-rogação não será eficaz.

2. COERÇÃO: o segundo instrumento utilizado na execução é a coerção, única forma eficaz para tentar obter a **execução específica das obrigações de fazer de cunho personalíssimo**. O Estado não substituirá o devedor no cumprimento da obrigação, <u>**mas imporá multas ou fará uso de outros instrumentos**, cuja finalidade será exercer pressão sobre a vontade dele, para que a cumpra.</u>

Em uma mesma execução, ambos os instrumentos poderão ser utilizados, de acordo com as circunstâncias para que se obtenha o resultado almejado.

EXEMPLO

Conforme prevê o art. 814 o juiz poderá aplicar multa: Art. 814. Na execução de obrigação de fazer ou de não fazer fundada em título extrajudicial, ao despachar a inicial, o juiz fixará multa por período de atraso no cumprimento da obrigação e a data a partir da qual será devida. Parágrafo único. Se o valor da multa estiver previsto no título e for excessivo, o juiz poderá reduzi-lo.

RESSARCIMENTO

✗ O EXEQUENTE PODE TER QUE RESSARCIR O EXECUTADO?

SIM! Conforme art. 776 no caso de ser declarada inexistente a obrigação. Veja:

> Art. 776. O exequente ressarcirá ao executado os danos que este sofreu, quando a sentença,
> transitada em julgado, **declarar inexistente, no todo ou em parte, a obrigação que ensejou a execução.**

A responsabilidade do exequente por danos causados ao executado ou a terceiros, em razão de indevida averbação, é objetiva. Dispensa-se a demonstração de culpa. Basta ao executado, na própria ação de execução, requerer a indenização, mediante comprovação dos danos (que podem ser apurados incidentalmente) e do nexo de causalidade.

Quando formulado pelo próprio executado ou alguma outra parte na execução, é incidental, com autuação em apartado. Aliás, a regra geral que se extrai dos arts. 776 e 520, I, é que a responsabilidade decorrente de atos executivos indevidos, seja no cumprimento de sentença ou na execução de títulos extrajudiciais, é objetiva.

RESPONSABILIDADE PATRIMONIAL: ARTS. 789-796, CPC

A responsabilidade patrimonial consiste no vínculo de natureza processual que sujeita os bens de uma pessoa, devedora ou não, à execução. No direito brasileiro, a responsabilidade é patrimonial. Exceto nos casos de não pagamento de pensão alimentícia, a execução recairá diretamente sobre o patrimônio do devedor.

A responsabilidade patrimonial pode ser originária ou secundária.

A regra geral é que, para o cumprimento de suas obrigações, salvo as restrições estabelecidas em lei, o devedor responde com todos os seus bens presentes, ou seja, aqueles que compõem o patrimônio no momento do ajuizamento da execução, e futuros, isto é, aqueles que vierem a ser adquiridos no curso da execução, enquanto não declarada a extinção das obrigações, ainda que pelo advento da prescrição (art. 789).

> Art. 789. O devedor responde com todos os seus bens presentes e futuros para o cumprimento de suas obrigações, salvo as restrições estabelecidas em lei.

ATENÇÃO: As restrições estabelecidas em lei referem-se aos bens reputados impenhoráveis ou inalienáveis (arts. 832 e 833), por exemplo, os previstos no art. 833 e na Lei nº 8.009/1990.

> Art. 832. Não estão sujeitos à execução os bens que a lei considera impenhoráveis ou inalienáveis.
> Art. 833. São impenhoráveis:
> I - os bens inalienáveis e os declarados, por ato voluntário, não sujeitos à execução;
> II - os móveis, os pertences e as utilidades domésticas que guarnecem a residência do executado, salvo os de elevado valor ou os que ultrapassem as necessidades comuns correspondentes a um médio padrão de vida;
> III - os vestuários, bem como os pertences de uso pessoal do executado, salvo se de elevado valor;

IV - os vencimentos, os subsídios, os soldos, os salários, as remunerações, os proventos de aposentadoria, as pensões, os pecúlios e os montepios, bem como as quantias recebidas por liberalidade de terceiro e destinadas ao sustento do devedor e de sua família, os ganhos de trabalhador autônomo e os honorários de profissional liberal, ressalvado o § 2º ;

V - os livros, as máquinas, as ferramentas, os utensílios, os instrumentos ou outros bens móveis necessários ou úteis ao exercício da profissão do executado;

VI - o seguro de vida;

VII - os materiais necessários para obras em andamento, salvo se essas forem penhoradas;

VIII - a pequena propriedade rural, assim definida em lei, desde que trabalhada pela família;

IX - os recursos públicos recebidos por instituições privadas para aplicação compulsória em educação, saúde ou assistência social;

X - a quantia depositada em caderneta de poupança, até o limite de 40 (quarenta) salários-mínimos;

XI - os recursos públicos do fundo partidário recebidos por partido político, nos termos da lei;

XII - os créditos oriundos de alienação de unidades imobiliárias, sob regime de incorporação imobiliária, vinculados à execução da obra.

§ 1º A impenhorabilidade não é oponível à execução de dívida relativa ao próprio bem, inclusive àquela contraída para sua aquisição.

§ 2º O disposto nos incisos IV e X do caput não se aplica à hipótese de penhora para pagamento de prestação alimentícia, independentemente de sua origem, bem como às importâncias excedentes a 50 (cinquenta) salários-mínimos mensais, devendo a constrição observar o disposto no art. 528, § 8º , e no art. 529, § 3º .

§ 3º Incluem-se na impenhorabilidade prevista no inciso V do caput os equipamentos, os implementos e as máquinas agrícolas pertencentes a pessoa física ou a empresa individual produtora rural, exceto quando tais bens tenham sido objeto de financiamento e estejam vinculados em garantia a negócio jurídico ou quando respondam por dívida de natureza alimentar, trabalhista ou previdenciária.

Art. 834. Podem ser penhorados, à falta de outros bens, os frutos e os rendimentos dos bens inalienáveis

Lei 8.009/90 – IMPENHORABILIDADE DO BEM DE FAMÍLIA

Art. 1º O imóvel residencial próprio do casal, ou da entidade familiar, é impenhorável e não responderá por qualquer tipo de dívida civil, comercial, fiscal, previdenciária ou de outra natureza, contraída pelos cônjuges ou pelos pais ou filhos que sejam seus proprietários e nele residam, salvo nas hipóteses previstas nesta lei.

Parágrafo único. A impenhorabilidade compreende o imóvel sobre o qual se assentam a construção, as plantações, as benfeitorias de qualquer natureza e todos os equipamentos, inclusive os de uso profissional, ou móveis que guarnecem a casa, desde que quitados.

Art. 2º Excluem-se da impenhorabilidade os veículos de transporte, obras de arte e adornos suntuosos.
Parágrafo único. No caso de imóvel locado, a impenhorabilidade aplica-se aos bens móveis quitados que guarneçam a residência e que sejam de propriedade do locatário, observado o disposto neste artigo.
Art. 3º A impenhorabilidade é oponível em qualquer processo de execução civil, fiscal, previdenciária, trabalhista ou de outra natureza, salvo se movido:
I - revogado
II - pelo titular do crédito decorrente do financiamento destinado à construção ou à aquisição do imóvel, no limite dos créditos e acréscimos constituídos em função do respectivo contrato;
III – pelo credor da pensão alimentícia, resguardados os direitos, sobre o bem, do seu coproprietário que, com o devedor, integre união estável ou conjugal, observadas as hipóteses em que ambos responderão pela dívida; (Redação dada pela Lei nº 13.144 de 2015)
IV - para cobrança de impostos, predial ou territorial, taxas e contribuições devidas em função do imóvel familiar;
V - para execução de hipoteca sobre o imóvel oferecido como garantia real pelo casal ou pela entidade familiar;
VI - por ter sido adquirido com produto de crime ou para execução de sentença penal condenatória a ressarcimento, indenização ou perdimento de bens.
VII - por obrigação decorrente de fiança concedida em contrato de locação. (Incluído pela Lei nº 8.245, de 1991)

RESPONSABILIDADE DO FIADOR

O fiador tem direito de exigir benefício de ordem? Somente no caso de não ter renunciado a esse direito.

Art. 794. O fiador, quando executado, tem o direito de exigir que primeiro sejam executados os bens do devedor situados na mesma comarca, livres e desembargados, indicando-os pormenorizadamente à penhora.
§ 1º Os bens do fiador ficarão sujeitos à execução se os do devedor, situados na mesma comarca que os seus, forem insuficientes à satisfação do direito do credor.
§ 2º O fiador que pagar a dívida poderá executar o afiançado nos autos do mesmo processo.
§ 3º O disposto no caput não se aplica se o fiador houver renunciado ao benefício de ordem.

Destaca-se, ainda, que há bens que, a despeito de não integrarem o patrimônio do devedor no momento do ajuizamento do processo executivo ou dele terem saído no curso deste, mesmo assim se sujeitam à execução.

São os bens pertencentes às pessoas indicadas nos incisos I a IV e VII no art. 790 ou alienados na forma dos incisos V e VI.

BENS SUJEITOS À EXECUÇÃO

Conforme art. 790 são sujeitos à execução os bens:

- I - do sucessor a título singular, tratando-se de execução fundada em direito real ou obrigação reipersecutória;
- II - do sócio, nos termos da lei;
- III - do devedor, ainda que em poder de terceiros;
- IV - do cônjuge ou companheiro, nos casos em que seus bens próprios ou de sua meação respondem pela dívida;
- V - alienados ou gravados com ônus real em fraude à execução;
- VI - cuja alienação ou gravação com ônus real tenha sido anulada em razão do reconhecimento, em ação autônoma, de fraude contra credores;
- VII - do responsável, nos casos de desconsideração da personalidade jurídica.

CÔNJUGE

No caso do cônjuge, destaca DONIZETTI:

> Em geral, somente o devedor é citado para a execução, tendo em vista que ele é o responsável originário pelo pagamento da dívida. Isso não exclui, todavia, a possibilidade de penhora de bens de terceiros, o que pode ocorrer nas hipóteses do art. 790. Entre tais hipóteses, encontra-se a da penhora de bens do cônjuge ou companheiro, "nos casos em que os seus bens próprios ou de sua meação respondem pela dívida" (inciso IV). Os bens próprios ou da meação do cônjuge ou companheiro respondem pelas dívidas contraídas pelo outro se o débito tiver beneficiado a família ou o casal, independentemente do regime de bens adotado. Seu patrimônio não poderá ser excutido se a dívida não o beneficiou.

> **Nessa situação a posição do cônjuge que, intimado, se opõe à execução ou à penhora: trata-se de parte na execução ou terceiro?**

Sem cuidar de conceitos, a jurisprudência tem adotado a solução mais flexível possível em favor do cônjuge da execução. Assim, dependendo do regime de bens, reconhece legitimidade do cônjuge do executado para discutir a dívida por meio dos embargos à execução ou de impugnação, e, para defender sua meação, via embargos de terceiro. A propósito, confira o seguinte julgado do Tribunal de Justiça do Paraná:

"O cônjuge do devedor possui legitimidade para opor embargos à execução a fim discutir dívida que possa atingir o patrimônio comum do casal, bem como proteger a sua meação, dependendo do regime de bens do casamento, e, também, pode se valer dos embargos de terceiro para esta defesa, conforme assentou o Colendo Superior Tribunal de Justiça através da Súmula nº 134: 'Embora intimado da penhora em imóvel do casal, o cônjuge do executado pode opor embargos de terceiro para defesa de sua meação'" (TJPR, Apelação Cível 0469186-7).

RESPONSABILIDADE ENVOLVENDO DIREITO DE SUPERFÍCIE

Nos termos do art. 791, "se a execução tiver por objeto obrigação de que seja sujeito passivo o proprietário de terreno submetido ao regime do direito de superfície, ou o superficiário, responderá pela dívida, exclusivamente, o direito real do qual é titular o executado, recaindo a penhora ou outros atos de constrição exclusivamente sobre o terreno, no primeiro caso, ou sobre a construção ou a plantação, no segundo caso"

Caro(a) leitor(a), atenção:

× dispositivo é novidade no ordenamento processual e individualiza a tutela executiva quando esta recair sobre bens gravados pelo direito real de superfície.

× Em síntese, distingue a responsabilidade do concedente – proprietário do imóvel que o cede, nos termos da lei civil, a outrem – e do superficiário – terceiro não proprietário que recebe o direito de construir ou plantar no imóvel, bem como ressalva a intangibilidade do direito de superfície constituído, de maneira que, quando a execução for promovida em face do proprietário, apenas nesta medida poder-se-á praticar atos de constrição, sem que implique desconstituição do direito real de superfície.

Por outro lado, quando o executado for o superficiário, apenas a construção ou plantação estará sujeita à satisfação do crédito inadimplido.

× por sua vez, prevê que os atos de constrição a que se refere o caput do art. 791 serão averbados separadamente na matrícula do imóvel, com a identificação do executado, do valor do crédito e do objeto sobre o qual recai o gravame, devendo o oficial destacar o bem que responde pela dívida, se o terreno, a construção ou a plantação, de modo a assegurar a publicidade da responsabilidade patrimonial de cada um deles pelas dívidas e pelas obrigações que a eles estão vinculadas (§1º, 791).

× Essa previsão de averbação permite que se particularize o ônus da execução sobre o bem, de forma que, por meio do registro, individualiza-se o bem executado: ora o terreno, ora as construções ou plantações sobre o terreno.

A satisfação do direito do exequente não implica extinção do direito constituído entre concedente e superficiário, mas, no máximo, a substituição destes.

EXEMPLO

Em execução movida em face de superficiário construtor de um shopping center, não poderá o exequente pretender, com o processo de execução, penhorar todo o imóvel, incluindo o terreno sobre o qual fora construído, pois atingiria o direito de propriedade do concedente que não toca o superficiário. Neste caso, qualquer ato de constrição que ameace o direito de propriedade do concedente desafia a oposição de embargos de terceiro.

FRAUDE À EXECUÇÃO

Além da responsabilidade originária, ou seja, a sujeição dos bens presentes e futuros do devedor à execução, há também a responsabilidade secundária: hipóteses de sujeição de bens que não integrantes do patrimônio do devedor a dívidas por este contraídas.

EXEMPLO

Alienações fraudentas.

As alienações fraudulentas subdividem-se em
× alienação em fraude contra credores; e
× alienação em fraude à execução.

FRAUDE CONTRA CREDORES	FRAUDE À EXECUÇÃO
× instituto de direito material; × A fraude contra credores, que está regulamentada no CC (art. 158 e seguintes); × tem como requisitos: × a diminuição do patrimônio do devedor que configure situação de insolvência (eventus damni) e a intenção do devedor e do adquirente do(s) bem(ns) de causar o dano por meio da fraude (consilium fraudis). × Essa modalidade de fraude, que acarreta prejuízo apenas para o credor, é combatida por meio de ação própria (ação pauliana/revocatória), tendo como consequência a anulabilidade do ato.	× **instituto de direito processual;** × fraude à execução está discriminada no art. 792 do CPC/2015 e não se confunde com a fraude contra credores. 3 × **a fraude à execução gera a ineficácia do ato** em relação ao exequente; × alegação por simples petição nos autos.

EFEITOS: atenção nesse ponto pois a cobrança é corriqueira!!

Uma diferença entre os dois institutos, comumente apontada pela doutrina, com base no direito positivo, refere-se às consequências do reconhecimento do vício sobre o negócio jurídico. **Ao passo que a fraude contra credores conduziria à desconstituição do negócio jurídico** (arts. 158 a 165 do CC), com a restituição das partes ao status quo ante, **a fraude à execução seria apenas ineficaz** em relação ao exequente, mantendo indene o negócio. Nesse ponto:

"Entretanto, de acordo com a doutrina e jurisprudência mais atualizadas, nem mesmo essa distinção tem razão de ser. De acordo com esse entendimento, demonstrada a fraude contra o credor, a sentença não anulará a alienação, mas simplesmente reputará ineficaz o ato fraudatório em relação à execução" (DONIZETTI).

JURISPRUDÊNCIA

"O STJ, apreciando o tema sob o regime do recurso repetitivo, firmou as seguintes teses: 1) Em regra, para que haja fraude à execução, é indispensável que tenha havido a citação válida do devedor. 2) Mesmo sem citação válida, haverá fraude à execução se, quando o devedor alienou ou onerou o bem, o credor já havia realizado a averbação da execução nos registros públicos (art. 615-A do CPC 1973 / art. 828 do CPC 2015). Presume-se em fraude de execução a alienação ou oneração de bens realizada após essa averbação (§ 3º do art. 615-A do CPC 1973 / § 4º do art. 828 do CPC 2015). 3) Persiste válida a Súmula 375 do STJ, segundo a qual o reconhecimento da fraude de execução depende do registro da penhora do bem alienado ou da prova de má-fé do terceiro adquirente. 4) A presunção de boa-fé é princípio geral de direito universalmente aceito, devendo ser respeitada a parêmia (ditado) milenar que diz o seguinte: "a boa-fé se presume, a má-fé se prova". 5) Assim, não havendo registro da penhora na matrícula do imóvel, é do credor o ônus de provar que o terceiro adquirente tinha conhecimento de demanda capaz de levar o alienante à insolvência (art. 659, § 4º, do CPC 1973 / art. 844 do CPC 2015)". (STJ, REsp 956.943-PR, Corte Especial, Rel. originária Min. Nancy Andrighi, Rel. para acórdão Min. João Otávio de Noronha, j. 20.08.2014, Info 552).

Base legal:

Art. 792. A alienação ou a oneração de bem é considerada fraude à execução:
I - quando sobre o bem pender ação fundada em direito real ou com pretensão reipersecutória, desde que a pendência do processo tenha sido averbada no respectivo registro público, se houver;
II - quando tiver sido averbada, no registro do bem, a pendência do processo de execução, na forma do art. 828 ;
III - quando tiver sido averbado, no registro do bem, hipoteca judiciária ou outro ato de constrição judicial originário do processo onde foi arguida a fraude;
IV - quando, ao tempo da alienação ou da oneração, tramitava contra o devedor ação capaz de reduzi-lo à insolvência;
V - nos demais casos expressos em lei.
§ 1º A alienação em fraude à execução é ineficaz em relação ao exequente.
§ 2º No caso de aquisição de bem não sujeito a registro, o terceiro adquirente tem o ônus de provar que adotou as cautelas necessárias para a aquisição, mediante a exibição das certidões pertinentes, obtidas no domicílio do vendedor e no local onde se encontra o bem.
§ 3º Nos casos de desconsideração da personalidade jurídica, a fraude à execução verifica-se a partir da citação da parte cuja personalidade se pretende desconsiderar.
§ 4º Antes de declarar a fraude à execução, o juiz deverá intimar o terceiro adquirente, que, se quiser, poderá opor embargos de terceiro, no prazo de 15 (quinze) dias.

Por fim, sobre o tema citamos importantes previsões jurisprudênciais e legais:

× O reconhecimento da fraude à execução depende do registro da penhora do bem alienado ou da prova de má-fé do terceiro adquirente (STJ 375)
× Inexistindo registro da penhora na matrícula do imóvel, é do credor o ônus da prova de que o terceiro adquirente tinha conhecimento de demanda capaz de levar o alienante à insolvência (STJ. Corte Especial. REsp 956.943-PR, 20/8/2014. Recurso Repetitivo – Tema 243)
× Se não houver registro da ação ou da penhora à margem da matrícula do bem imóvel alienado a terceiro, o exequente terá que

provar má-fé do adquirente sucessivo (STJ. T3. REsp 1863952-SP, 26/10/2021).

× No caso de aquisição de bem não sujeito a registro, o terceiro adquirente tem o ônus de provar que adotou as cautelas necessárias para a aquisição, mediante a exibição das certidões pertinentes, obtidas no domicílio do vendedor e no local onde se encontra o bem (CC, art. 792, §2°).

× STJ 375 não aplicável a dívidas tributárias, porque, em relação a elas, a fraude é identificada objetivamente, desconsiderando-se o elemento volitivo (STJ. Resp n° 1.141.990/PR).

× STJ, no Resp. 316242/SP previu que considera-se em fraude à execução quando o devedor oferece em hipoteca bem imóvel objeto de penhora em execução judicial, independentemente da falta de registro da penhora e de o credor não provar o negócio fraudulento praticado pelo devedor, porque o artigo 593 do CPC estabelece uma presunção de fraude a fim de proteger o exequente, não se podendo alterar o objetivo da lei para garantir proteção a terceiros de boa-fé, restando a estes os direitos decorrentes da evicção. [CPC atual prevê fraude no art. 792]

× É constitucional a penhora de bem de família pertencente a fiador de contrato de locação, seja residencial, seja comercial (STF 03/2022; RE 1307334)

× Súmula 549 do STJ – "É válida a penhora de bem de família pertencente a fiador de contrato de locação."

× Impenhorabilidade de pequena propriedade rural (art. 833, VIII, CPC):

— Vale ressaltar que para reconhecer a impenhorabilidade é imperiosa a satisfação de dois requisitos, a saber:

i. que o imóvel se qualifique como pequena propriedade rural, nos termos da lei, e

ii. que seja explorado pela família.

— Até o momento, não há uma lei definindo o que seja pequena propriedade rural para fins de impenhorabilidade. Diante da lacuna legislativa, a jurisprudência tem tomado emprestado o conceito estabelecido na Lei n. 8.629/1993, a qual regulamenta as normas constitucionais relativas à reforma agrária. Em seu artigo 4°, II, alínea "a", atualizado pela Lei n. 13.465/2017, consta que se enquadra como pequena propriedade rural o imóvel

rural "de área até quatro módulos fiscais, respeitada a fração mínima de parcelamento".
— Info 689 STJ: Pequena propriedade rural. Impenhorabilidade. Art. 833, VIII, do CPC/2015. Bem explorado pela família. Ônus da prova do executado. Única propriedade. Desnecessidade. Garantia hipotecária. Não afastamento da proteção.
— Info 616 STJ: Embargos à execução. Pequena propriedade rural trabalhada pela entidade familiar. Impenhorabilidade reconhecida. Executado que não reside no imóvel e débito que não se relaciona à atividade produtiva. Circunstâncias irrelevantes.
— Info 596 STJ: No que concerne à proteção da pequena propriedade rural, incumbe ao executado comprovar que a área é qualificada como pequena, nos termos legais; e ao exequente demonstrar que não há exploração familiar da terra.
— Info 574 STJ: A pequena propriedade rural, trabalhada pela família, é impenhorável, ainda que dada pelos proprietários em garantia hipotecária para financiamento da atividade produtiva. Conforme exposto no REsp 262.641-RS (Quarta Turma, DJ 15/4/2002), o art. 5º, XXVI, da CF "revogou as determinações contidas na legislação ordinária, proibindo a penhora desse bem por sobradas razões, a fim de garantir condições mínimas de sobrevivência e capacidade de produção ao pequeno agricultor. Se não for assim, evidentemente o dispositivo constitucional não está sendo aplicado; e ele existe exatamente para essa finalidade". Ademais, convém esclarecer não ser relevante a alteração legislativa promovida pela Lei n. 11.382/2006, que substituiu a impenhorabilidade do imóvel rural de até um módulo (art. 649, X, do CPC, incluído pela Lei n. 7.513/1987) pela impenhorabilidade da "pequena propriedade rural, assim definida em lei" (art. 649, VIII, do CPC, com redação dada pela Lei n. 11.382/2006), haja vista que, em uma interpretação teleológica, fica clara a intenção do legislador de proteger a atividade agropecuária de subsistência do trabalhador rural e de sua família, a par do enquadramento do imóvel como pequena propriedade rural. Precedentes citados dos STJ: AgRg no REsp 261.350-RS, Terceira Turma, DJ 6/5/2002; e REsp 684.648-RS, Quarta Turma, DJe 21/10/2013. Precedente citado do STF: AI 184.198 AgR, Segunda Turma, DJ 4/4/1997. REsp 1.368.404-SP, Rel. Min. Maria Isabel Gallotti, julgado em 13/10/2015, DJe 23/11/2015.

× O STF reconheceu a repercussão geral do tema e no RE 938837/SP fixou a seguinte tese: "Os pagamentos devidos, em razão de pronunciamento judicial, pelos Conselhos de Fiscalização não se submetem ao regime de precatórios". O argumento utilizado para tanto foi o de que apesar de os conselhos profissionais possuírem a natureza de autarquias especiais, não possuem orçamento ou recebem verba da União Federal, não podendo ser submetidos às regras constitucionais referentes às finanças públicas, o que inviabiliza a submissão deles ao regime de precatórios.

EXECUÇÃO DE PAGAR QUANTIA CERTA, SUSPENSÃO E EXTINÇÃO DA EXECUÇÃO

A execução por quantia certa, seja judicial ou extrajudicial, se realizará por expropriação de bens do executado, ressalvadas as execuções especiais (art. 824), como a execução contra a Fazenda Pública, que será pelo regime do precatório (art. 100 da CR/1988).

A execução fundada em título extrajudicial é sempre definitiva, enquanto as baseadas em título judicial podem ensejar um cumprimento de sentença provisório ou definitivo, dependendo, é claro, do tipo do título judicial: provisório ou definitivo.

No processo de execução, ao despachar a inicial, o juiz fixará, de plano, os honorários advocatícios de dez por cento, a serem pagos pelo executado (art. 827), determinando a citação do executado que poderá assumir algumas posturas diante de tal mandado:

i. Pagamento no prazo de três dias a contar da citação (art. 829);
ii. Inércia em efetuar o pagamento no prazo acima (art. 829, § 1º);
iii. Oposição de embargos do executado – prazo de 15 dias (art. 915 c/c art. 914);
iv. Pedido de parcelamento compulsório – prazo de 15 dias (art. 916).

PAGAMENTO NO PRAZO DE TRÊS DIAS

O prazo para cumprimento da obrigação constante no título extrajudicial é de três dias, a contar da citação, não da juntada do mandado (art. 829) e, sendo feito o pagamento integral em tal prazo, haverá redução pela metade dos honorários advocatícios (art. 827, § 1º), os quais já foram fixados no despacho que determinou a citação em 10% (art. 802).

Trata-se de legítima hipótese de sanção premial, que busca estimular o cumprimento da obrigação.

Observe-se que tais honorários serão fixados de maneira provisória, pois, sendo opostos e acolhidos os embargos do executado, tais valores podem vir a ser cancelados ou reduzidos.

JURISPRUDÊNCIA

A jurisprudência do STJ é no sentido de ser possível a cumulação de honorários advocatícios arbitrados na execução com aqueles fixados em razão do julgamento dos embargos do devedor, desde que a soma dos encargos não seja superior a 20% sobre o valor executado (STJ, 6ª T., AgRg no REsp 1.117.348/RS, rel. Min. Vasco Della Giutina, j. 14.06.2011)

O valor dos honorários poderá ser elevado até vinte por cento, quando rejeitados os embargos à execução, podendo a majoração, caso não opostos os embargos, ocorrer ao final do procedimento executivo, levando-se em conta o trabalho realizado pelo advogado do exequente (§ 2º do art. 827 do CPC/2015).

Cumpre registrar que da citação até o terceiro dia subsequente, não pode ser realizada penhora, tampouco avaliação, eis que o art. 829, §1º, somente permite tais atos a partir de transcorrido o tríduo previsto no art. 827.

INÉRCIA DO EXECUTADO (ART. 829, § 1º)

Do mandado de citação que instou o executado ao pagamento (art. 829) já constarão, também, a ordem de penhora e a avaliação (art. 154, V) a serem cumpridas pelo oficial de justiça tão logo verificado o não pagamento no prazo assinalado, de tudo lavrando-se auto, com intimação do executado (art. 829, § 1º).

PRESTE ATENÇÃO

PENHORA	→	AVALIAÇÃO	→	EXPROPRIAÇÃO
ARTS. 831-869		ARTS. 870-875, CPC		976-903, CPC

A penhora recairá sobre os bens indicados pelo exequente (art. 798, II, "c", do CPC), salvo se outros forem indicados pelo executado e aceitos pelo juiz, mediante demonstração de que a constrição proposta lhe será menos onerosa e não trará prejuízo ao exequente.

Como visto, o art. 829, § 1º, parte da premissa de que o credor indicou na petição inicial os bens penhoráveis, contudo, não tendo havido tal indicação ou não tendo o oficial de justiça localizado os bens, poderá o magistrado, de ofício ou a requerimento, intimar o devedor para indicar bens à penhora sendo, possível, ainda, a imposição de uma multa de até 20% do valor do débito caso o devedor não cumpra a determinação judicial (art. 774, V e parágrafo único).

OPOSIÇÃO DE EMBARGOS DO EXECUTADO (ARTS. 914-920, CPC)

A contar da juntada aos autos do mandado de citação, tem o executado o prazo de 15 dias para opor embargos do executado (art. 915), providência essa que não requer garantia do juízo, portanto, pode não ter, sequer, sido realizada a penhora. Nesse sentido, desde a juntada aos autos do mandado de citação devidamente cumprido, pode o devedor pagar em três dias; do contrário, a partir do quarto dia, poderá sofrer penhora; todavia, já podia ter se defendido mesmo antes de transcorrido o prazo para pagamento.

> **Atenção:** A Fazenda Pública terá prazo de 30 dias para oposição de embargos, a partir da sua citação, conforme art. 910, CPC!

Destarte, para defesa do executado, é **dispensada a garantia do juízo** (art. 914, CPC). Vejamos:

> Art. 914. O executado, independentemente de penhora, depósito ou caução, poderá se opor à execução por meio de embargos.
> § 1º Os embargos à execução serão distribuídos por dependência, autuados em apartado e instruídos com cópias das peças processuais relevantes, que poderão ser declaradas autênticas pelo próprio advogado, sob sua responsabilidade pessoal.
> COMPETÊNCIA
> § 2º Na execução por carta, os embargos serão oferecidos no juízo deprecante ou no juízo deprecado, mas a competência para julgá-los é do juízo deprecante, salvo se versarem unicamente sobre vícios ou defeitos da penhora, da avaliação ou da alienação dos bens efetuadas no juízo deprecado.

> **ATENÇÃO:** No JEC o tratamento é distinto! Acerca da oposição de embargos à execução, a Lei nº 9.099/95 prevê a necessidade de garantia do juízo: Art. 53. A execução de título executivo extrajudicial, no valor de até quarenta salários mínimos, obedecerá ao disposto no Código de Processo Civil, com as modificações introduzidas por esta Lei. § 1º. Efetuada a penhora, o devedor será intimado a comparecer à audiência de conciliação, quando poderá oferecer embargos (art. 52, IX), por escrito ou verbalmente.

O Fórum Nacional dos Juizados Especiais (FONAJE), ao analisar essa questão, editou o seguinte enunciado: "Enunciado 117. É obrigatória a segurança do Juízo pela penhora para apresentação de embargos à execução de título judicial ou extrajudicial perante o Juizado Especial (XXI Encontro – Vitória/ES)".

PRAZO: 15 DIAS

> Art. 915. Os embargos serão oferecidos no prazo de 15 (quinze) dias, contado, conforme o caso, na forma do art. 231.
> CÔNJUGE E COMPANHEIRO
> § 1º Quando houver mais de um executado, o prazo para cada um deles embargar conta-se a partir da juntada do respectivo comprovante da citação, salvo no caso de cônjuges ou de companheiros, quando será contado a partir da juntada do último.
> EXECUÇÕES POR CARTA
> § 2º Nas execuções por carta, o prazo para embargos será contado:
> I - da juntada, na carta, da certificação da citação, quando versarem unicamente **sobre vícios ou defeitos da penhora, da avaliação ou da alienação dos bens;**
> II - da juntada, nos autos de origem, do comunicado de que trata o § 3º Em relação ao prazo para oferecimento dos embargos à execução, não se aplica o disposto no art. 229.
> § 4º deste artigo ou, não havendo este, da juntada da carta devidamente cumprida, **quando versarem sobre questões diversas da prevista no inciso I deste parágrafo.**
> § 4º Nos atos de comunicação por carta precatória, rogatória ou de ordem, a realização da citação será imediatamente informada, por meio eletrônico, pelo juiz deprecado ao juiz deprecante.

Se o executado optar por embargar, <u>não poderá parcelar! Se parcelar, não poderá embargar!</u> Veja:

PARCELAMENTO

Art. 916. No prazo para embargos, reconhecendo o crédito do exequente e comprovando o depósito de trinta por cento do valor em execução, acrescido de custas e de honorários de advogado, o executado poderá requerer que lhe seja permitido pagar o restante em até 6 (seis) parcelas mensais, acrescidas de correção monetária e de juros de um por cento ao mês.

§ 1º O exequente será intimado para manifestar-se sobre o preenchimento dos pressupostos do caput, e o juiz decidirá o requerimento em 5 (cinco) dias.

§ 2º Enquanto não apreciado o requerimento, o executado terá de depositar as parcelas vincendas, facultado ao exequente seu levantamento.

§ 3º Deferida a proposta, o exequente levantará a quantia depositada, e serão suspensos os atos executivos.

§ 4º Indeferida a proposta, seguir-se-ão os atos executivos, mantido o depósito, que será convertido em penhora.

§ 5º O não pagamento de qualquer das prestações acarretará cumulativamente:
I - o vencimento das prestações subsequentes e o prosseguimento do processo, com o imediato reinício dos atos executivos;
II - a imposição ao executado de multa de dez por cento sobre o valor das prestações não pagas.

§ 6º A opção pelo parcelamento de que trata este artigo importa renúncia ao direito de opor embargos

§ 7º O disposto neste artigo não se aplica ao cumprimento da sentença.

MATÉRIAS DE DEFESA: estão previstas no art. 917 do CPC, sendo certo que *qualquer matéria que lhe seria lícito deduzir como defesa em processo de conhecimento* será cabível.

Art. 917. Nos embargos à execução, o executado poderá alegar:
I - inexequibilidade do título ou inexigibilidade da obrigação;
II - penhora incorreta ou avaliação errônea;
III - excesso de execução ou cumulação indevida de execuções;
IV - retenção por benfeitorias necessárias ou úteis, nos casos de execução para entrega de coisa certa;
V - incompetência absoluta ou relativa do juízo da execução;
VI - qualquer matéria que lhe seria lícito deduzir como defesa em processo de conhecimento.

> **ATENÇÃO:** No caso do executado querer alegar nulidade da execução, não será preciso embargar, mas poderá apresentar *exceção de pré-executividade!* A exceção é admitida em casos em que já exista: i) prova pré-constituída, portanto se dispensa dilação probatória; ii) matérias que o juiz possa decidir de ofício; iii) matérias de ordem pública.

> É via amplamente admitida na jurisprudência e na doutrina. No âmbito da execução de título extrajudicial, encontra amparo no §único do art. 803 do CPC:
> **Art. 803.** É nula a execução se:
> I - o título executivo extrajudicial não corresponder a obrigação certa, líquida e exigível;
> II - o executado não for regularmente citado;
> III - for instaurada antes de se verificar a condição ou de ocorrer o termo
> **Parágrafo único. A nulidade de que cuida este artigo será pronunciada pelo juiz, de ofício ou a requerimento da parte, independentemente de embargos à execução.**
> Embora o Novo CPC não trate diretamente da exceção de pré-executividade, o artigo citado acima trata do caso, mesmo que de forma indireta.

Elucida DONIZETTI, além das matérias cognoscíveis de ofício, a instrumentalidade das formas aponta no sentido de que, não havendo necessidade de dilação probatória, admissível é a exceção de pré-executividade. No caso de pagamento, há uma peculiaridade que recomenda a arguição via exceção de pré-executividade. Ocorre que, se pagamento houve, o título não será exigível e a inexigibilidade do título é, pois, matéria de ordem pública.

Nesse ponto, pode-se afirmar que o Código positivou em parte o entendimento jurisprudencial: "Direito processual civil. Alegação de pagamento do título em exceção de pré-executividade. Na exceção de pré-executividade, é possível ao executado alegar o pagamento do título de crédito, desde que comprovado mediante prova pré-constituída. De fato, a exceção de pré-executividade é expediente processual excepcional que possibilita ao executado, no âmbito da execução e sem a necessidade da oposição de embargos, arguir matéria cognoscível de ofício pelo juiz que possa anular o processo executivo. Dessa forma, considerando que o efetivo pagamento do título constitui causa que lhe retira a exigibilidade e que é nula a execução se o título executivo extrajudicial não corresponder à obrigação certa, líquida e exigível (art. 618, I, do CPC)9, é possível ao executado arguir essa matéria em exceção de pré-executividade, sempre que, para sua constatação, mostrar-se desnecessária dilação probatória". Precedentes citados: AgRg no Ag 741.593/PR, 1ª Turma, DJ 08.06.2006, e REsp 595.979/SP, 2ª Turma, DJ 23.05.2005 (STJ, REsp 1.078.399/MA, Rel. Min. Luis Felipe Salomão, j. 02.04.2013).

REJEIÇÃO LIMINAR

Conforme o art. 918 do CPC o juiz rejeitará liminarmente os embargos:

> I - quando intempestivos;
> II - nos casos de indeferimento da petição inicial e de improcedência liminar do pedido;
> III - manifestamente **protelatórios**.
>
> **Considera-se conduta atentatória à dignidade da justiça o oferecimento de embargos manifestamente protelatórios - aplicação do art. 774 do CPC, ou seja, multa em montante não superior a vinte por cento do valor atualizado do débito em execução, a qual será revertida em proveito do exequente, exigível nos próprios autos do processo, sem prejuízo de outras sanções de natureza processual ou material.**

EFEITOS: os embargos à execução não terão efeito suspensivo (art. 919). Entretanto, o juiz poderá, a requerimento do embargante, atribuir efeito suspensivo aos embargos quando verificados os requisitos para a concessão da tutela provisória e desde que a execução já esteja garantida por penhora, depósito ou caução suficientes (§1º).

ATENÇÃO

§§3º a 5º do art. 919, CPC:

× Quando o efeito suspensivo atribuído aos embargos disser respeito apenas a parte do objeto da execução, esta prosseguirá quanto à parte restante (§3º).

× A concessão de efeito suspensivo aos **embargos oferecidos por um dos executados** não suspenderá a execução contra os que não embargaram quando o respectivo fundamento disser respeito exclusivamente ao embargante(§4º).

× A concessão de efeito suspensivo não impedirá a efetivação dos atos de substituição, de reforço ou de redução da penhora e de avaliação dos bens (§5º).

RESPOSTA DO EXEQUENTE E EXTINÇÃO DA EXECUÇÃO

Conforme o art. 920, assim que forem recebidos os embargos:

× I - o exequente será ouvido no prazo de 15 (quinze) dias;
× II - a seguir, o juiz julgará imediatamente o pedido ou designará audiência;
× III - **encerrada a instrução, o juiz proferirá sentença**.

Conforme elucidade, é através de sentença que são julgados os embargos. Ademais, conforme Capítulo II, da extinção do processo de execução, assim dispõem os arts 924 e 925, CPC:

> Art. 924. Extingue-se a execução quando:
> I - a petição inicial for indeferida;
> II - a obrigação for satisfeita;
> III - o executado obtiver, por qualquer outro meio, a extinção total da dívida;
> IV - o exequente renunciar ao crédito;
> V - ocorrer a prescrição intercorrente.
> **Art. 925.** A extinção só produz efeito quando declarada por sentença.

INEXISTÊNCIA DE BENS PENHORÁVEIS E CAUSAS DE SUSPENSÃO DA EXECUÇÃO

Diante da inexistência de bens, se suspenderá a execução!
Vejamos o art. 921, CPC:

> Art. 921. Suspende-se a execução:
> I - nas hipóteses dos arts. 313 e 315, no que couber;
> II - no todo ou em parte, quando recebidos com efeito suspensivo os embargos à execução;
> **III - quando não for localizado o executado ou bens penhoráveis;** (Redação dada pela Lei nº 14.195, de 2021)
> IV - se a alienação dos bens penhorados não se realizar por falta de licitantes e o exequente, em 15 (quinze) dias, não requerer a adjudicação nem indicar outros bens penhoráveis;
> V - quando concedido o parcelamento de que trata o art. 916.
> § 1º Na hipótese do inciso III, o juiz suspenderá a execução pelo prazo de 1 (um) ano, durante o qual se suspenderá a prescrição.
> § 2º Decorrido o prazo máximo de 1 (um) ano sem que seja localizado o executado ou que sejam encontrados bens penhoráveis, o juiz ordenará o arquivamento dos autos.
> § 3º Os autos serão desarquivados para prosseguimento da execução se a qualquer tempo forem encontrados bens penhoráveis.
> § 4º O termo inicial da prescrição no curso do processo será a ciência da primeira tentativa infrutífera de localização do devedor ou de bens penhoráveis, e será suspensa, por uma única vez, pelo prazo máximo previsto no § 1º deste artigo. (Redação dada pela Lei nº 14.195, de 2021)
> § 4º-A A efetiva citação, intimação do devedor ou constrição de bens penhoráveis interrompe o prazo de prescrição, que não corre pelo tempo necessário à citação e à intimação do devedor, bem como para as formalidades da constrição patrimonial, se necessária, desde que o credor cumpra os prazos previstos na lei processual ou fixados pelo juiz. (Incluído pela Lei nº 14.195, de 2021)

§ 5º O juiz, depois de ouvidas as partes, no prazo de 15 (quinze) dias, poderá, de ofício, reconhecer a prescrição no curso do processo e extingui-lo, sem ônus para as partes. (Redação dada pela Lei nº 14.195, de 2021)

§ 6º A alegação de nulidade quanto ao procedimento previsto neste artigo somente será conhecida caso demonstrada a ocorrência de efetivo prejuízo, que será presumido apenas em caso de inexistência da intimação de que trata o § 4º deste artigo. (Incluído pela Lei nº 14.195, de 2021)

§ 7º Aplica-se o disposto neste artigo ao cumprimento de sentença de que trata o art. 523 deste Código. (Incluído pela Lei nº 14.195, de 2021)

ATENÇÃO

SUSPENÇÃO ≠ REMIÇÃO

REMIR A EXECUÇÃO
- Art. 826. Antes de adjudicados ou alienados os bens, o executado pode, a todo tempo, remir a execução, pagando ou consignando a importância atualizada da dívida, acrescida de juros, custas e honorários advocatícios.

REMIÇÃO DE BEM
- Art. 902. No caso de leilão de bem hipotecado, o executado poderá remi-lo até a assinatura do auto de arrematação, oferecendo preço igual ao do maior lance oferecido.
- Parágrafo único. No caso de falência ou insolvência do devedor hipotecário, o direito de remição previsto no caput defere-se à massa ou aos credores em concurso, não podendo o exequente recusar o preço da avaliação do imóvel.

NÃO LOCALIZAÇÃO DO EXECUTADO

Não tendo sido localizado o executado nenhum dos prazos mencionados se iniciará, pois, como visto, os seus termos iniciais são ou da citação ou da juntada do mandado de citação.

Não sendo encontrado o devedor, partiu o legislador da premissa de que já foram indicados bens na inicial (art. 798, II, "c"), autorizando o oficial de justiça a realizar arresto no patrimônio do executado, observado, analogicamente, o art. 838 do CPC/2015, eis que não há caráter de tutela provisória cautelar, prescindindo, portanto, de fumus boni iuris ou periculum in mora. Trata-se, a rigor, de um arresto executivo ou de uma pré-penhora.

Realizado tal arresto, o oficial, dentro de 10 dias, deve procurar o devedor duas vezes em dias distintos, e, havendo suspeita de ocultação, realizará a citação com hora certa, certificando pormenorizadamente o ocorrido (art. 830, § 1º) e se, ainda assim, não o encontrar, certificará para que o credor seja intimado para, em 10 dias, requerer a citação por edital do devedor, uma vez frustradas a pessoal e a com hora certa (art. 830, § 2º).

> Art. 830. Se o oficial de justiça não encontrar o executado, arrestar-lhe-á tantos bens quantos bastem para garantir a execução.
> § 1º Nos 10 (dez) dias seguintes à efetivação do arresto, o oficial de justiça procurará o executado 2 (duas) vezes em dias distintos e, havendo suspeita de ocultação, realizará a citação com hora certa, certificando pormenorizadamente o ocorrido.
> § 2º Incumbe ao exequente requerer a citação por edital, uma vez frustradas a pessoal e a com hora certa.
> § 3º Aperfeiçoada a citação e transcorrido o prazo de pagamento, o arresto converter-se-á em penhora, independentemente de termo.
> Art. 828. O exequente poderá obter certidão de que a execução foi admitida pelo juiz, com identificação das partes e do valor da causa, para fins de averbação no registro de imóveis, de veículos ou de outros bens sujeitos a penhora, arresto ou indisponibilidade.
> § 1º No prazo de 10 (dez) dias de sua concretização, o exequente deverá comunicar ao juízo as averbações efetivadas.
> § 2º Formalizada penhora sobre bens suficientes para cobrir o valor da dívida, o exequente providenciará, no prazo de 10 (dez) dias, o cancelamento das averbações relativas àqueles não penhorados.
> § 3º O juiz determinará o cancelamento das averbações, de ofício ou a requerimento, caso o exequente não o faça no prazo.
> § 4º Presume-se em fraude à execução a alienação ou a oneração de bens efetuada após a averbação.
> § 5º O exequente que promover averbação manifestamente indevida ou não cancelar as averbações nos termos do § 2º indenizará a parte contrária, processando-se o incidente em autos apartados.

Caso o credor quede-se inerte, não promovendo a citação editalícia, haverá a liberação dos bens apreendidos.

Cumpre registrar que o arresto executivo atribui ao exequente o direito de preferência na participação do produto da expropriação do bem constrito (art. 797). De igual modo, realizada a citação por edital, a pré-penhora se converterá em penhora, sendo desnecessário intimar novamente o executado.

Art. 797. Ressalvado o caso de insolvência do devedor, em que tem lugar o concurso universal, **realiza-se a execução no interesse do exequente que adquire, pela penhora, o direito de preferência sobre os bens penhorados.**

PENHORA: 831-869, CPC

Conforme ensina LOURENÇO

> "Consiste a penhora em um ato de apreensão judicial para, de maneira direta ou indireta, ser empregado o bem apreendido na satisfação do crédito exequendo."

A penhora produz efeitos processuais e materiais. Os efeitos processuais são:

i. garantia do juízo;
ii. individualização do bem; e
iii. geração de direito de preferência.

Já os de direito material são:

iv. desapossamento; e
v. ineficácia dos atos de alienação ou oneração.

<u>Alguns pontos devem ser enfatizados:</u>

i. O registro da penhora para fins de preferência é irrelevante, pois não faz parte do ato processual da penhora, prestando-se somente a dar ciência a terceiros da constrição judicial;
ii. Tendo ocorrido o arresto executivo (art. 830 do CPC/2015), já haverá direito de preferência, justamente por não ter natureza cautelar, pois o arresto cautelar não gera direito de preferência; .
iii. O depósito do bem penhorado também é irrelevante, não obstante a legislação sugerir que o ato de penhora deve ser acompanhado do ato de depósito, ou seja, realizada a penhora, deve ser indicado um depositário para o bem, contudo, antes do depósito, a penhora já está perfeita e acabada, portanto, já há direito de preferência. Inclusive, para o STJ, o depósito é um ato complementar à penhora, não fazendo, assim, parte dela → Informativo 354, REsp 990502/MS, Min. Fernando Gonçalves, 4ª T., j. 06.05.2008.
iv. Entende o STJ que a execução do crédito condominial tem preferência sobre o hipotecário, como se observa do Enunciado 478 da Súmula do STJ;

v. De igual modo, os créditos das autarquias federais preferem aos créditos da Fazenda estadual desde que coexistam penhoras sobre o mesmo bem, como determina a Súmula 497 do STJ.

ORDEM PREFERENCIAL: a ordem preferencial consta no art. 835 do CPC. Vejamos:

> Art. 835. A penhora observará, preferencialmente, a seguinte ordem:
> I - dinheiro, em espécie ou em depósito ou aplicação em instituição financeira;
> II - títulos da dívida pública da União, dos Estados e do Distrito Federal com cotação em mercado;
> III - títulos e valores mobiliários com cotação em mercado;
> IV - veículos de via terrestre;
> V - bens imóveis;
> VI - bens móveis em geral;
> VII – semoventes;
> VIII - navios e aeronaves;
> IX - ações e quotas de sociedades simples e empresárias;
> X - percentual do faturamento de empresa devedora;
> XI - pedras e metais preciosos;
> XII - direitos aquisitivos derivados de promessa de compra e venda e de alienação fiduciária em garantia;
> XIII - outros direitos.
> § 1º É prioritária a penhora em dinheiro, podendo o juiz, nas demais hipóteses, alterar a ordem prevista no caput de acordo com as circunstâncias do caso concreto.
> SUBSTITUIÇÃO
> § 2º Para fins de substituição da penhora, equiparam-se a dinheiro a fiança bancária e o seguro garantia judicial, **desde que em valor não inferior ao do débito constante da inicial, acrescido de trinta por cento.**
> § 3º Na execução de crédito com garantia real, a penhora recairá sobre a coisa dada em garantia, e, se a coisa pertencer a terceiro garantidor, este também será intimado da penhora.

× **SE A PENHORA NÃO SEGUIR A ORDEM, SERÁ POSSÍVEL A SUBSTITUIÇÃO DO BEM?**

Sim, conforme inciso I do art. 848 que trata do pedido de substituição, que deverá ser realizado no prazo de 10 dias a partir da intimação. Veja:

> Art. 847. O executado pode, no prazo de 10 (dez) dias contado da intimação da penhora, requerer a substituição do bem penhorado, desde que comprove que lhe será menos onerosa e não trará prejuízo ao exequente.
> § 1º O juiz só autorizará a substituição se o executado:

I - comprovar as respectivas matrículas e os registros por certidão do correspondente ofício, quanto aos bens imóveis;
II - descrever os bens móveis, com todas as suas propriedades e características, bem como o estado deles e o lugar onde se encontram;
III - descrever os semoventes, com indicação de espécie, de número, de marca ou sinal e do local onde se encontram;
IV - identificar os créditos, indicando quem seja o devedor, qual a origem da dívida, o título que a representa e a data do vencimento; e
V - atribuir, em qualquer caso, valor aos bens indicados à penhora, além de especificar os ônus e os encargos a que estejam sujeitos.
§ 2º Requerida a substituição do bem penhorado, o executado deve indicar onde se encontram os bens sujeitos à execução, exibir a prova de sua propriedade e a certidão negativa ou positiva de ônus, bem como abster-se de qualquer atitude que dificulte ou embarace a realização da penhora.
CÔNJUGE: **§ 3º O executado somente poderá oferecer bem imóvel em substituição caso o requeira com a expressa anuência do cônjuge, salvo se o regime for o de separação absoluta de bens.**
§ 4º O juiz intimará o exequente para manifestar-se sobre o requerimento de substituição do bem penhorado.
Art. 848. As partes poderão requerer a substituição da penhora se:
I - ela não obedecer à ordem legal; - ART. 835 CPC
II - ela não incidir sobre os bens designados em lei, contrato ou ato judicial para o pagamento;
III - havendo bens no foro da execução, outros tiverem sido penhorados;
IV - havendo bens livres, ela tiver recaído sobre bens já penhorados ou objeto de gravame;
V - ela incidir sobre bens de baixa liquidez;
VI - fracassar a tentativa de alienação judicial do bem; ou
VII - o executado não indicar o valor dos bens ou omitir qualquer das indicações previstas em lei.
Parágrafo único. A penhora pode ser substituída por fiança bancária ou por seguro garantia judicial, em valor não inferior ao do débito constante da inicial, acrescido de trinta por cento.

PENHORA DE ATIVOS FINANCEIROS (ART. 854, CPC)

O exequente poderá requerer ao juiz e valer-se da regra do art. 854 para obter informações sobre a existência de ativos em nome do executado e assim proceder à indisponibilização de dinheiro até o valor indicado na execução para sua futura penhora.

Trata-se de uma penhora de dinheiro por meio eletrônico. Então, pela via eletrônica, obterá informação sobre a existência de ativos e, automaticamente, realizará a constrição de valores até o limite do valor exequendo.

Com os arts. 854 e 837 do CPC/2015, apesar da penhora on-line ser preferencial, não é exclusiva, de forma que a requisição de informações e a determinação de indisponibilidade de bens podem ser feitas pelo tradicional método de expedição de ofício.

× É POSSÍVEL PENHORA ON-LINE EX OFFICIO?

Exige o legislador, expressamente, requerimento para a realização de penhora on-line, sem dar ciência prévia do ato ao executado. **Há renomada doutrina que defende que ela poderia se dar de ofício (BUENO, Cassio Scarpinella. Curso sistematizado de direito processual civil, 3. Tutela jurisdicional executiva. São Paulo: Saraiva, 2008. p. 245.).**

× Há entendimento em sede de JEC que admite a sua realização, desde que requerida no início da execução. Veja: **Enunciado 147 do FONAJE: (Substitui o Enunciado 119) "A constrição eletrônica de bens e valores poderá ser determinada de ofício pelo juiz".**

> Art. 854. Para possibilitar a penhora de dinheiro em depósito ou em aplicação financeira, **o juiz, a requerimento do exequente**, sem dar ciência prévia do ato ao executado, determinará às instituições financeiras, por meio de sistema eletrônico gerido pela autoridade supervisora do sistema financeiro nacional, que torne indisponíveis ativos financeiros existentes em nome do executado, limitando-se a indisponibilidade ao valor indicado na execução.
> § 1º No prazo de 24 (vinte e quatro) horas a contar da resposta, de ofício, o juiz determinará o cancelamento de eventual indisponibilidade excessiva, o que deverá ser cumprido pela instituição financeira em igual prazo.
> § 2º Tornados indisponíveis os ativos financeiros do executado, este será intimado na pessoa de seu advogado ou, não o tendo, pessoalmente.
> § 3º Incumbe ao executado, no prazo de 5 (cinco) dias, comprovar que:
> **I - as quantias tornadas indisponíveis são impenhoráveis;**
> II - ainda remanesce indisponibilidade excessiva de ativos financeiros.
> § 4º Acolhida qualquer das arguições dos incisos I e II do § 3º, o juiz determinará o cancelamento de eventual indisponibilidade irregular ou excessiva, a ser cumprido pela instituição financeira em 24 (vinte e quatro) horas.
> § 6º Realizado o pagamento da dívida por outro meio, o juiz determinará, imediatamente, por sistema eletrônico gerido pela autoridade supervisora do sistema financeiro nacional, a notificação da instituição financeira para que, em até 24 (vinte e quatro) horas, cancele a indisponibilidade.
> § 7º As transmissões das ordens de indisponibilidade, de seu cancelamento e de determinação de penhora previstas neste artigo far-se-ão por meio de sistema eletrônico gerido pela autoridade supervisora do sistema financeiro nacional.
> § 8º A instituição financeira será responsável pelos prejuízos causados ao executado em decorrência da indisponibilidade de ativos financeiros em

valor superior ao indicado na execução ou pelo juiz, bem como na hipótese de não cancelamento da indisponibilidade no prazo de 24 (vinte e quatro) horas, quando assim determinar o juiz.

§ 9º Quando se tratar de execução contra partido político, o juiz, a requerimento do exequente, determinará às instituições financeiras, por meio de sistema eletrônico gerido por autoridade supervisora do sistema bancário, que tornem indisponíveis ativos financeiros somente em nome do órgão partidário que tenha contraído a dívida executada ou que tenha dado causa à violação de direito ou ao dano, ao qual cabe exclusivamente a responsabilidade pelos atos praticados, na forma da lei.

Sobre a **impenhorabilidade de bens**, importante o disposto no art. 833 do CPC:

> Art. 833. São impenhoráveis:
> I - os bens inalienáveis e os declarados, por ato voluntário, não sujeitos à execução;
> II - os móveis, os pertences e as utilidades domésticas que guarnecem a residência do executado, salvo os de elevado valor ou os que ultrapassem as necessidades comuns correspondentes a um médio padrão de vida;
> III - os vestuários, bem como os pertences de uso pessoal do executado, salvo se de elevado valor;
> IV - os vencimentos, os subsídios, os soldos, os salários, as remunerações, os proventos de aposentadoria, as pensões, os pecúlios e os montepios, bem como as quantias recebidas por liberalidade de terceiro e destinadas ao sustento do devedor e de sua família, os ganhos de trabalhador autônomo e os honorários de profissional liberal, ressalvado o § 2º ;
> V - os livros, as máquinas, as ferramentas, os utensílios, os instrumentos ou outros bens móveis necessários ou úteis ao exercício da profissão do executado;
> **VI - o seguro de vida;**
> VII - os materiais necessários para obras em andamento, salvo se essas forem penhoradas;
> VIII - a pequena propriedade rural, assim definida em lei, desde que trabalhada pela família;
> IX - os recursos públicos recebidos por instituições privadas para aplicação compulsória em educação, saúde ou assistência social;
> X - a quantia depositada em caderneta de poupança, até o limite de 40 (quarenta) salários-mínimos;
> XI - os recursos públicos do fundo partidário recebidos por partido político, nos termos da lei;
> XII - os créditos oriundos de alienação de unidades imobiliárias, sob regime de incorporação imobiliária, vinculados à execução da obra.
> § 1º A impenhorabilidade não é oponível à execução de dívida relativa ao próprio bem, inclusive àquela contraída para sua aquisição.

§ 2º O disposto nos incisos IV e X do caput não se aplica à hipótese de penhora para pagamento de prestação alimentícia, independentemente de sua origem, bem como às importâncias excedentes a 50 (cinquenta) salários-mínimos mensais, devendo a constrição observar o disposto no art. 528, § 8º, e no art. 529, § 3º.

§ 3º Incluem-se na impenhorabilidade prevista no inciso V do caput os equipamentos, os implementos e as máquinas agrícolas pertencentes a pessoa física ou a empresa individual produtora rural, exceto quando tais bens tenham sido objeto de financiamento e estejam vinculados em garantia a negócio jurídico ou quando respondam por dívida de natureza alimentar, trabalhista ou previdenciária.

FORMA DE REALIZAÇÃO DE PENHORAS

A penhora se realiza em concreto mediante a apreensão e o depósito de bens do executado. **Formaliza-se essa apreensão e depósito por meio do "auto" ou do "termo" de penhora (art. 838).**

Será feita por intermédio de um auto de penhora, sempre que a sua concretização se der por ato praticado pelo oficial de justiça, o que, aliás, ordinariamente acontece.

Tratando-se de penhora de dinheiro e as averbações de penhoras de bens imóveis e móveis (quando, por exemplo, o credor junta documentos do imóvel), podem (e devem) ser realizadas pelo **sistema eletrônico**.

AUTO X TERMO

Se a penhora se concretizar mediante o "termo de penhora", é porque foi feita (lavrado o termo) no cartório do juízo.

INDICAÇÃO DE BENS E PENHORA

Se a nomeação foi feita pelo exequente, como estabelece a regra geral, ou então nos casos do art. 829, § 1.º, do CPC, caberá ao oficial de justiça proceder à penhora de "tantos bens quanto bastem para o pagamento do principal, juros, custas e honorários advocatícios" (art. 831).

AUTO DE PENHORA

× A penhora é feita mediante ato do oficial de justiça que cristaliza a apreensão e o depósito do bem em um auto de penhora (839).

× Se as diligências forem concluídas em um só dia, bastará a confecção de um único auto.

× Havendo mais de uma penhora (e não mais de um bem penhorado!), lavrar-se-á um auto para cada uma delas (art. 839, parágrafo único).

> Art. 839. Considerar-se-á feita a penhora mediante a apreensão e o depósito dos bens, lavrando-se um só auto se as diligências forem concluídas no mesmo dia.
> Parágrafo único. Havendo mais de uma penhora, serão lavrados autos individuais.

AUTO DE PENHORA : DADOS

O auto de penhora é um documento preparado pelo oficial de justiça, e deverá conter:

× a indicação do dia, mês, ano e lugar em que foi ela feita;
× os nomes do exequente e do executado;
× a descrição dos bens penhorados, com seus característicos;
× e a nomeação do depositário dos bens (art. 838).

AUTO DE PENHORA E HORÁRIO

Quando realizada mediante ato do oficial de justiça, a penhora consubstancia em ato processual realizado fora de cartório e, por isso, **independe do horário de funcionamento do fórum** (arts. 845 e ss.).

LOCAL DA PENHORA

Quanto ao lugar, embora a penhora praticada pelo oficial de justiça seja, em geral, restrita aos bens localizados dentro da comarca, deve ser efetuada

> "onde quer que se encontrem os bens, ainda que sob a posse, detenção e guarda de terceiros" (art. 845, caput).

> Art. 845. Efetuar-se-á a penhora onde se encontrem os bens, ainda que sob a posse, a detenção ou a guarda de terceiros.
> § 1º A penhora de imóveis, independentemente de onde se localizem, quando apresentada certidão da respectiva matrícula, e a penhora de veículos automotores, quando apresentada certidão que ateste a sua existência, serão realizadas por termo nos autos.
> § 2º Se o executado não tiver bens no foro do processo, não sendo possível a realização da penhora nos termos do § 1º, a execução será feita por carta, penhorando-se, avaliando-se e alienando-se os bens no foro da situação.

ARROMBAMENTO

Não há dúvida de que o local em que possivelmente o oficial de justiça encontrará bens do executado a serem penhorados é na sua residência, e, por isso, já prevendo a dificuldade de realização de tal ato, determina o Código que, "se o executado fechar as portas da casa, a fim de obstar a penhora dos bens, o oficial de justiça comunicará o fato ao juiz, solicitando-lhe ordem de arrombamento" (art. 846).

> Art. 846. Se o executado fechar as portas da casa a fim de obstar a penhora dos bens, o oficial de justiça comunicará o fato ao juiz, solicitando-lhe ordem de arrombamento.
> § 1º Deferido o pedido, 2 (dois) oficiais de justiça cumprirão o mandado, arrombando cômodos e móveis em que se presuma estarem os bens, e lavrarão de tudo auto circunstanciado, que será assinado por 2 (duas) testemunhas presentes à diligência.
> § 2º Sempre que necessário, o juiz requisitará força policial, a fim de auxiliar os oficiais de justiça na penhora dos bens.
> § 3º Os oficiais de justiça lavrarão em duplicata o auto da ocorrência, entregando uma via ao escrivão ou ao chefe de secretaria, para ser juntada aos autos, e a outra à autoridade policial a quem couber a apuração criminal dos eventuais delitos de desobediência ou de resistência.
> § 4º Do auto da ocorrência constará o rol de testemunhas, com a respectiva qualificação.

NOVO AUTO/TERMO

> Art. 849. Sempre que ocorrer a substituição dos bens inicialmente penhorados, será lavrado novo termo.

DEMAIS FORMAS DE PENHORA

Da Penhora das Quotas ou das Ações de Sociedades Personificadas

Art. 861. Penhoradas as quotas ou as ações de sócio em sociedade simples ou empresária, o juiz assinará prazo razoável, **não superior a 3 (três) meses**, para que a sociedade:

I - apresente balanço especial, na forma da lei;

II - ofereça as quotas ou as ações aos demais sócios, observado o direito de preferência legal ou contratual;

III - não havendo interesse dos sócios na aquisição das ações, proceda à liquidação das quotas ou das ações, depositando em juízo o valor apurado, em dinheiro.

§ 1º Para evitar a liquidação das quotas ou das ações, a sociedade poderá adquiri-las sem redução do capital social e com utilização de reservas, para manutenção em tesouraria.

§ 2º O disposto no caput e no § 1º não se aplica à sociedade anônima de capital aberto, cujas ações serão adjudicadas ao exequente ou alienadas em bolsa de valores, conforme o caso.

§ 3º Para os fins da liquidação de que trata o inciso III do caput, o juiz poderá, a requerimento do exequente ou da sociedade, nomear administrador, que deverá submeter à aprovação judicial a forma de liquidação.

§ 4º O prazo previsto no caput poderá ser ampliado pelo juiz, se o pagamento das quotas ou das ações liquidadas:

I - superar o valor do saldo de lucros ou reservas, exceto a legal, e sem diminuição do capital social, ou por doação; ou

II - colocar em risco a estabilidade financeira da sociedade simples ou empresária.

§ 5º Caso não haja interesse dos demais sócios no exercício de direito de preferência, não ocorra a aquisição das quotas ou das ações pela sociedade e a liquidação do inciso III do caput seja excessivamente onerosa para a sociedade, o juiz poderá determinar o leilão judicial das quotas ou das ações.

Da Penhora de Empresa, de Outros Estabelecimentos e de Semoventes

Art. 862. Quando a penhora recair em estabelecimento comercial, industrial ou agrícola, bem como em semoventes, plantações ou edifícios em construção, o juiz nomeará administrador-depositário, determinando-lhe que apresente em **10 (dez) dias o plano de administração**.

§ 1º Ouvidas as partes, o juiz decidirá.

§ 2º É lícito às partes ajustar a forma de administração e escolher o depositário, hipótese em que o juiz homologará por despacho a indicação.

§ 3º Em relação aos edifícios em construção sob regime de incorporação imobiliária, a penhora somente poderá recair sobre as unidades imobiliárias ainda não comercializadas pelo incorporador.

§ 4º Sendo necessário afastar o incorporador da administração da incorporação, será ela exercida pela comissão de representantes dos adquirentes ou, se se tratar de construção financiada, por empresa ou profissional indicado pela instituição fornecedora dos recursos para a obra, devendo ser ouvida, neste último caso, a comissão de representantes dos adquirentes.

Art. 863. A penhora de empresa que funcione mediante concessão ou autorização far-se-á, conforme o valor do crédito, sobre a renda, sobre determinados bens ou sobre todo o patrimônio, e o juiz nomeará como depositário, de preferência, um de seus diretores.

§ 1º Quando a penhora recair sobre a renda ou sobre determinados bens, o administrador-depositário apresentará a forma de administração e o esquema de pagamento, observando-se, quanto ao mais, o disposto em relação ao regime de penhora de frutos e rendimentos de coisa móvel e imóvel.

§ 2º Recaindo a penhora sobre todo o patrimônio, prosseguirá a execução em seus ulteriores termos, ouvindo-se, antes da arrematação ou da adjudicação, o ente público que houver outorgado a concessão.

Art. 864. A penhora de navio ou de aeronave não obsta que continuem navegando ou operando até a alienação, mas o juiz, ao conceder a autorização para tanto, não permitirá que saiam do porto ou do aeroporto antes que o executado faça o seguro usual contra riscos.

Art. 865. A penhora de que trata esta Subseção somente será determinada se não houver outro meio eficaz para a efetivação do crédito.

Da Penhora de Percentual de Faturamento de Empresa:

Art. 866. Se o executado não tiver outros bens penhoráveis ou se, tendo-os, esses forem de difícil alienação ou insuficientes para saldar o crédito executado, o juiz poderá ordenar a penhora de percentual de faturamento de empresa.

§ 1º **O juiz fixará percentual** que propicie a satisfação do crédito exequendo em tempo razoável, mas que não torne inviável o exercício da atividade empresarial.

§ 2º O juiz nomeará administrador-depositário, o qual submeterá à aprovação judicial a forma de sua atuação e prestará contas mensalmente, entregando em juízo as quantias recebidas, com os respectivos balancetes mensais, a fim de serem imputadas no pagamento da dívida.

§ 3º **Na penhora de percentual de faturamento de empresa, observar-se-á, no que couber, o disposto quanto ao regime de penhora de frutos e rendimentos de coisa móvel e imóvel.**

Da Penhora de Frutos e Rendimentos de Coisa Móvel ou Imóvel

Art. 867. O juiz pode ordenar a penhora de frutos e rendimentos de **coisa móvel ou imóvel quando a considerar mais eficiente** para o recebimento do crédito e menos gravosa ao executado.

> **RELEMBRANDO:** Não esqueça que aquele que dificulta ou embaraça a penhora pratica ato atentatório à dignidade da justiça, conforme inciso III do art. 774 do CPC:Art. 774. Considera-se atentatória à dignidade da justiça a conduta comissiva ou omissiva do executado que:I - frauda a execução;II - se opõe maliciosamente à execução, empregando ardis e meios artificiosos;III - **dificulta ou embaraça a realização da penhora**;IV - resiste injustificadamente às ordens judiciais;V - intimado, não indica ao juiz quais são e onde estão os bens sujeitos à penhora e os respectivos valores, nem exibe prova de sua propriedade e, se for o caso, certidão negativa de ônus. Parágrafo único. Nos casos previstos neste artigo, o juiz fixará multa em montante não superior a vinte por cento do valor atualizado do débito em execução, a qual será revertida em proveito do exequente, exigível nos próprios autos do processo, sem prejuízo de outras sanções de natureza processual ou material.

AVALIAÇÃO: 870-875, CPC

Por expressa dicção do Código, o avaliador é, via de regra, o oficial de justiça. O caput do art. 870 é claro ao fazer essa afirmação, coadunando-se com o que já disse o CPC em outros dispositivos, como o art. 154, V; o art. 829, § 1.º etc. Entretanto, pode ser que o objeto da execução recaia sobre bem cuja avaliação dependa de conhecimento técnico.

> Art. 870. A avaliação será feita pelo oficial de justiça.
> Parágrafo único. Se forem necessários conhecimentos especializados e o valor da execução o comportar, o **juiz nomeará avaliador, fixando-lhe prazo não superior a 10 (dez) dias** para entrega do laudo.
> Art. 872. A avaliação realizada pelo oficial de justiça constará de vistoria e de laudo anexados ao auto de penhora ou, em caso de perícia realizada por avaliador, de laudo apresentado no prazo fixado pelo juiz, devendo-se, em qualquer hipótese, especificar:
> I - os bens, com as suas características, e o estado em que se encontram;
> II - o valor dos bens.
> § 1º Quando o imóvel for suscetível de cômoda divisão, a avaliação, tendo em conta o crédito reclamado, será realizada em partes, sugerindo-se,

com a apresentação de memorial descritivo, os possíveis desmembramentos para alienação.

§ 2º Realizada a avaliação e, sendo o caso, apresentada a proposta de desmembramento, as partes serão ouvidas no prazo de 5 (cinco) dias.

> ATENÇÃO: Poderemos falar em dispensa de avaliação quando verificarmos as seguintes palavras-chave:
> × CONCORDÂNCIA MÚTUA;
> × COTAÇÃO;
> × PREÇO MÉDIO DE MERCADO
>
> **Art.** 871. Não se procederá à avaliação quando:
> I - uma das partes aceitar a estimativa feita pela outra;
> II - se tratar de títulos ou de mercadorias que tenham cotação em bolsa, comprovada por certidão ou publicação no órgão oficial;
> I
> III - se tratar de títulos da dívida pública, de ações de sociedades e de títulos de crédito negociáveis em bolsa, cujo valor será o da cotação oficial do dia, comprovada por certidão ou publicação no órgão oficial;
> IV - se tratar de veículos automotores ou de outros bens cujo preço médio de mercado possa ser conhecido por meio de pesquisas realizadas por órgãos oficiais ou de anúncios de venda divulgados em meios de comunicação, caso em que caberá a quem fizer a nomeação o encargo de comprovar a cotação de mercado.
> Parágrafo único. Ocorrendo a hipótese do inciso I deste artigo, a avaliação poderá ser realizada quando houver fundada dúvida do juiz quanto ao real valor do bem.

Será possível falarmos em nova avaliação, nos casos do art. 873, CPC:

> Art. 873. É admitida nova avaliação quando:
> I - qualquer das partes arguir, fundamentadamente, a ocorrência de erro na avaliação ou dolo do avaliador;
> II - se verificar, posteriormente à avaliação, que houve majoração ou diminuição no valor do bem;
> III - o juiz tiver fundada dúvida sobre o valor atribuído ao bem na primeira avaliação.
> Parágrafo único. Aplica-se o art. 480 à nova avaliação prevista no inciso III do caput deste artigo.

Após a avaliação, e após ouvida a parte contrária, poderá ser realizada a redução da penhora ou mesmo sua ampliação (874, CPC). No caso dessas medidas não serem necessárias, o processo está apto aos atos de expropriação (875, CPC).

Art. 874. Após a avaliação, o juiz poderá, a requerimento do interessado e ouvida a parte contrária, mandar:
I - reduzir a penhora aos bens suficientes ou transferi-la para outros, se o valor dos bens penhorados for consideravelmente superior ao crédito do exequente e dos acessórios;
II - ampliar a penhora ou transferi-la para outros bens mais valiosos, se o valor dos bens penhorados for inferior ao crédito do exequente.
Art. 875. Realizadas a penhora e a avaliação, o juiz dará início aos atos de expropriação do bem.

> DICA: Lembre sempre da ordem através da frase: Vem pro P-A-E!
> 1º Penhora; 2º avalia; 3º expropria

EXPROPRIAÇÃO (ARTS. 876-909, CPC)

A execução forçada compreende quatro fases:
1. da proposição
2. da apreensão de bens
3. **da expropriação**
4. pagamento.

CONCEITO: a expropriação consiste no ato pelo qual o Estado-juízo, para satisfação do direito de crédito, desapossa o devedor de seus bens, converte esses bens em dinheiro ou simplesmente transfere o domínio deles ao credor.

PROCEDIMENTO: se o ato de apreensão recai sobre dinheiro, a expropriação é mais simplificada.

Nesse caso, não havendo embargos do devedor ou sendo esses julgados improcedentes, passa-se, de imediato, ao pagamento do credor.

Entretanto, tratando-se de bens de natureza diferente de dinheiro, torna-se necessária a observância de um procedimento expropriatório, a fim de que o credor possa receber o seu crédito, seja com a transferência a ele do domínio do bem penhorado, com o pagamento da quantia que lhe é devida ou com a apropriação dos frutos e rendimentos da coisa penhorada.

> Art. 825. A expropriação consiste em:
> I – adjudicação;
> II – alienação;
> III – apropriação de frutos e rendimentos de empresa ou de estabelecimentos e de outros bens.

Caro(a) leitor (a), vamos passar a análise de cada uma delas:

I. **ADJUDICAÇÃO**: na lição de Cândido Rangel Dinamarco, consiste na transferência do bem penhorado ao patrimônio do exequente, para satisfação de seu crédito.

Tal como a alienação por iniciativa particular ou em leilão (art. 879, I e II) e a apropriação dos frutos e rendimentos, a adjudicação é uma forma de expropriação, de alienação forçada.

Nas demais modalidades de expropriação, o crédito do exequente é satisfeito com o produto da alienação ou com valor relativos aos frutos e rendimentos da coisa; na adjudicação, <u>o pagamento se dá com a transferência do domínio, assemelhando-se a uma dação em pagamento forçada.</u>

Se diz "forçada" porque se trata de transferência judicial e compulsória do bem penhorado, e não de negócio jurídico particular.

PREVISÕES NO CPC/15 E JURISPRUDÊNCIA

De acordo com o caput do art. 876, é lícito ao exequente, oferecendo preço não inferior ao da avaliação, requerer lhe sejam adjudicados os bens penhorados.

Como se vê, não há momento procedimental definido na lei para que se possa requerer a adjudicação. Feita a penhora, avaliados e depositados os bens objeto da constrição, o que comumente se dá num mesmo momento processual, pode-se requerer a adjudicação.

> **Mas qual seria o limite temporal para a formalização do requerimento?**
>
> De acordo com o abalizado Humberto Theodoro, uma vez iniciada a licitação em hasta pública, resta frustrada a possibilidade de adjudicação, porquanto não haveria como impedir que o arrematante adquirisse o bem, ainda que por lance inferior ao da avaliação.
>
> Esse é também o posicionamento do STJ: "A adjudicação poderá ser requerida após resolvidas as questões relativas à avaliação do bem penhorado e antes de realizada a hasta pública" (STJ, REsp 1.505.399-RS, 4ª T., Rel. Min. Maria Isabel Gallotti, j. 12.04.2016).
>
> **ENTRETANTO...**

> ... à falta de restrição na lei, não há obstáculo para que se requeira a adjudicação mesmo depois de findo o procedimento de alienação, desde que o requerimento seja protocolado antes da assinatura do termo de alienação ou do auto de arrematação a que se referem os arts. 880, § 2º, e 903.

Art. 880. Não efetivada a adjudicação, o exequente poderá requerer a alienação por sua própria iniciativa ou por intermédio de corretor ou leiloeiro público credenciado perante o órgão judiciário.

§ 1º O juiz fixará o prazo em que a alienação deve ser efetivada, a forma de publicidade, o preço mínimo, as condições de pagamento, as garantias e, se for o caso, a comissão de corretagem.

§ 2º A alienação será formalizada por termo nos autos, com a assinatura do juiz, do exequente, do adquirente e, se estiver presente, do executado, expedindo-se:

I - a carta de alienação e o mandado de imissão na posse, quando se tratar de bem imóvel;

II - a ordem de entrega ao adquirente, quando se tratar de bem móvel.

§ 3º Os tribunais poderão editar disposições complementares sobre o procedimento da alienação prevista neste artigo, admitindo, quando for o caso, o concurso de meios eletrônicos, e dispor sobre o credenciamento dos corretores e leiloeiros públicos, os quais deverão estar em exercício profissional por não menos que 3 (três) anos.

§ 4º Nas localidades em que não houver corretor ou leiloeiro público credenciado nos termos do § 3º, a indicação será de livre escolha do exequente.

Art. 903. Qualquer que seja a modalidade de leilão, assinado o auto pelo juiz, pelo arrematante e pelo leiloeiro, a arrematação será considerada perfeita, acabada e irretratável, ainda que venham a ser julgados procedentes os embargos do executado ou a ação autônoma de que trata o § 4º deste artigo, assegurada a possibilidade de reparação pelos prejuízos sofridos.

§ 1º Ressalvadas outras situações previstas neste Código, a arrematação poderá, no entanto, ser:

I - invalidada, quando realizada por preço vil ou com outro vício;

II - considerada ineficaz, se não observado o disposto no art. 804 ;

III - resolvida, se não for pago o preço ou se não for prestada a caução.

§ 2º O juiz decidirá acerca das situações referidas no § 1º, se for provocado em até 10 (dez) dias após o aperfeiçoamento da arrematação.

§ 3º Passado o prazo previsto no § 2º sem que tenha havido alegação de qualquer das situações previstas no § 1º, será expedida a carta de arrematação e, conforme o caso, a ordem de entrega ou mandado de imissão na posse.

§ 4º Após a expedição da carta de arrematação ou da ordem de entrega, a invalidação da arrematação poderá ser pleiteada por ação autônoma, em cujo processo o arrematante figurará como litisconsorte necessário.

§ 5º O arrematante poderá desistir da arrematação, sendo-lhe imediatamente devolvido o depósito que tiver feito:

I - se provar, nos 10 (dez) dias seguintes, a existência de ônus real ou gravame não mencionado no edital;
II - se, antes de expedida a carta de arrematação ou a ordem de entrega, o executado alegar alguma das situações previstas no § 1º ;
III - uma vez citado para responder a ação autônoma de que trata o § 4º deste artigo, desde que apresente a desistência no prazo de que dispõe para responder a essa ação.

§ 6º Considera-se ato atentatório à dignidade da justiça a suscitação infundada de vício com o objetivo de ensejar a desistência do arrematante, devendo o suscitante ser condenado, sem prejuízo da responsabilidade por perdas e danos, ao pagamento de multa, a ser fixada pelo juiz e devida ao exequente, em montante não superior a vinte por cento do valor atualizado do bem.

Legitimados à adjudicação (876, caput, §§5º e 6º): são eles

a. o exequente, desde que pague preço não inferior ao da avaliação;
b. o coproprietário de bem indivisível do qual tenha sido penhorada a fração ideal (exemplo: na penhora de 50% de um apartamento o outro proprietário pode adjudicar);
c. os titulares de usufruto, uso, habitação, enfiteuse, direito de superfície, concessão de uso especial para fins de moradia ou concessão de direito real de uso, quando a penhora recair sobre bem gravado com tais direitos reais;
d. o proprietário do terreno submetido ao regime de direito de superfície, enfiteuse, concessão de uso especial para fins de moradia ou concessão de direito real de uso, quando a penhora recair sobre tais direitos reais;
e. o credor pignoratício, hipotecário, anticrético, fiduciário ou com penhora anteriormente averbada, quando a penhora recair sobre bens com tais gravames, caso não seja o próprio credor (parte da demanda executiva);
f. o promitente comprador, quando a penhora recair sobre bem em relação ao qual haja promessa de compra e venda registrada;
g. o promitente vendedor, quando a penhora recair sobre o direito aquisitivo derivado de promessa de compra e venda registrada;
h. a União, o Estado e o Município, no caso de alienação de bem tombado;
i. o cônjuge, o companheiro, os descendentes ou ascendentes do executado;

j. os sócios ou a própria sociedade, quando, na execução contra sócio, procedida por terceiro alheio à sociedade, a penhora recair sobre quota social ou ação de sociedade anônima fechada (art. 876, § 7º).

> art. 876 [...] § 6º Se houver mais de um pretendente, proceder-se-á a licitação entre eles, tendo preferência, em caso de igualdade de oferta, o cônjuge, o companheiro, o descendente ou o ascendente, nessa ordem.

> **ATENÇÃO:** Note que o EXECUTADO NÃO ADJUDICA! Ele poderá remir a execução (826, CPC).

DECISÃO: a adjudicação é resolvida por meio de decisão interlocutória, da qual cabe agravo de instrumento (art. 1.015, parágrafo único). Decididas eventuais questões, o juiz mandará lavrar o auto de adjudicação (art. 877).

> Art. 877. Transcorrido o **prazo de 5 (cinco) dias, contado da última intimação, e decididas eventuais questões, o juiz ordenará a lavratura do auto de adjudicação.**
> § 1º Considera-se **perfeita e acabada a adjudicação com a lavratura e a assinatura do auto pelo juiz, pelo adjudicatário, pelo escrivão ou chefe de secretaria, e, se estiver presente, pelo executado**, expedindo-se:
> I - a carta de adjudicação e o mandado de imissão na posse, quando se tratar de bem imóvel;
> II - a ordem de entrega ao adjudicatário, quando se tratar de bem móvel.
> § 2º A carta de adjudicação conterá a descrição do imóvel, com remissão à sua matrícula e aos seus registros, a cópia do auto de adjudicação e a prova de quitação do imposto de transmissão.
> § 3º No caso de penhora de bem hipotecado, o executado poderá remi-lo até a assinatura do auto de adjudicação, oferecendo preço igual ao da avaliação, se não tiver havido licitantes, ou ao do maior lance oferecido.
> § 4º Na hipótese de falência ou de insolvência do devedor hipotecário, o direito de remição previsto no § 3º será deferido à massa ou aos credores em concurso, não podendo o exequente recusar o preço da avaliação do imóvel.
> **Art. 878. Frustradas as tentativas de alienação do bem, será reaberta oportunidade para requerimento de adjudicação, caso em que também se poderá pleitear a realização de nova avaliação.**

2. **ALIENAÇÃO:** dispõe o art. 880 que, não efetivada a adjudicação dos bens penhorados, **o exequente poderá requerer a alienação por sua própria iniciativa ou por intermédio de corretor ou leiloeiro público credenciado perante o órgão judiciário.**

Verifica-se que a <u>alienação por iniciativa particular</u> constitui faculdade do exequente, somente ocorrerá mediante requerimento deste, não havendo possibilidade de determinação do juiz.

> Art. 881. A alienação far-se-á em leilão judicial se não efetivada a adjudicação ou a alienação por iniciativa particular.
> § 1º **O leilão do bem penhorado será realizado por leiloeiro público.**
> § 2º Ressalvados os casos de alienação a cargo de corretores de bolsa de valores, todos os demais bens serão alienados em leilão público.

Leilão: poderá ser eletrônico ou presencial (art. 882, CPC).

> Art. 881. A alienação far-se-á em leilão judicial se não efetivada a adjudicação ou a alienação por iniciativa particular.
> § 1º **O leilão do bem penhorado será realizado por leiloeiro público.**
> § 2º Ressalvados os casos de alienação a cargo de corretores de bolsa de valores, todos os demais bens serão alienados em leilão público.

× E se não houver leiloeiro na localidade?

Nesse caso, a indicação será de livre escolha do exequente, conforme dispõe o § 4º do art. 880. De qualquer modo, entendo que a alienação por corretor ou leiloeiro não cadastrado, ainda que haja profissionais habilitados na comarca, não deve invalidar a alienação, salvo se comprovado prejuízo para uma das partes. Isso porque deve o juiz levar em conta o melhor proveito para a execução, ou seja, a alienação deve ser realizada pelo melhor preço, com a maior rapidez possível e com o menor custo.

Atos preparatórios: é necessária a publicação de editais.

> Art. 886. O leilão será precedido de publicação de edital, que conterá:
> I - a descrição do bem penhorado, com suas características, e, tratando-se de imóvel, sua situação e suas divisas, com remissão à matrícula e aos registros;
> II - o valor pelo qual o bem foi avaliado, o preço mínimo pelo qual poderá ser alienado, as condições de pagamento e, se for o caso, a comissão do leiloeiro designado;
> III - o lugar onde estiverem os móveis, os veículos e os semoventes e, tratando-se de créditos ou direitos, a identificação dos autos do processo em que foram penhorados;
> IV - o sítio, na rede mundial de computadores, e o período em que se realizará o leilão, salvo se este se der de modo presencial, hipótese em que serão indicados o local, o dia e a hora de sua realização;
> V - a indicação de local, dia e hora de segundo leilão presencial, para a hipótese de não haver interessado no primeiro;
> VI - menção da existência de ônus, recurso ou processo pendente sobre os bens a serem leiloados.

Parágrafo único. No caso de títulos da dívida pública e de títulos negociados em bolsa, constará do edital o valor da última cotação.

No caso de não ter constado do edital a existência de ônus e/ou impedimentos que poderiam ter reflexos sobre o direito do arrematante, o art. 903, § 5º, I, permite-lhe desistir da arrematação se for comprovada, nos 10 dias seguintes à realização do leilão, a existência do gravame incidente sobre o bem.

Não se realizando o leilão no dia aprazado, o edital deverá ser novamente publicado, seguindo-se as regras da primeira publicação; nesse caso, o escrivão, o chefe de secretaria ou o leiloeiro, que culposamente tiver dado causa à não realização, arcará com as despesas da nova publicação, podendo o juiz punir tais servidores com pena de suspensão por 5 (cinco) a 3 (três) meses (art. 888). Ressalve-se que as despesas com a publicação dos editais, como de resto todas as despesas processuais, são adiantadas pelo exequente e incluídas na conta da execução, para pagamento a final.

Art. 888. Não se realizando o leilão por qualquer motivo, o juiz mandará publicar a transferência, observando-se o disposto no art. 887 .

Parágrafo único. O escrivão, o chefe de secretaria ou o leiloeiro que culposamente der causa à transferência responde pelas despesas da nova publicação, podendo o juiz aplicar-lhe a pena de suspensão por 5 (cinco) dias a 3 (três) meses, em procedimento administrativo regular.

INTIMAÇÃO DO EXECUTADO: afora a intimação da penhora, algumas pessoas devem ser intimadas da realização da hasta pública, sob pena de ineficácia da alienação (art. 889).

> Art. 889. Serão cientificados da alienação judicial, **com pelo menos 5 (cinco) dias de antecedência:**
> I - o executado, por meio de seu advogado ou, se não tiver procurador constituído nos autos, por carta registrada, mandado, edital ou outro meio idôneo;
> II - o coproprietário de bem indivisível do qual tenha sido penhorada fração ideal;
> III - o titular de usufruto, uso, habitação, enfiteuse, direito de superfície, concessão de uso especial para fins de moradia ou concessão de direito real de uso, quando a penhora recair sobre bem gravado com tais direitos reais;
> IV - o proprietário do terreno submetido ao regime de direito de superfície, enfiteuse, concessão de uso especial para fins de moradia ou concessão de direito real de uso, quando a penhora recair sobre tais direitos reais;
> V - o credor pignoratício, hipotecário, anticrético, fiduciário ou com penhora anteriormente averbada, quando a penhora recair sobre bens com tais gravames, caso não seja o credor, de qualquer modo, parte na execução;

VI - o promitente comprador, quando a penhora recair sobre bem em relação ao qual haja promessa de compra e venda registrada;
VII - o promitente vendedor, quando a penhora recair sobre direito aquisitivo derivado de promessa de compra e venda registrada;
VIII - a União, o Estado e o Município, no caso de alienação de bem tombado.
Parágrafo único. Se o executado for revel e não tiver advogado constituído, não constando dos autos seu endereço atual ou, ainda, não sendo ele encontrado no endereço constante do processo, a intimação considerar-se-á feita por meio do próprio edital de leilão.

× **Há restrições para oferecer lances?**

SIM! Os incisos do art. 890 arrolam as pessoas que, em razão de suas relações com as partes do processo ou de sua atuação no processo, não podem oferecer lance: I – os tutores, os curadores, os testamenteiros, os administradores ou os liquidantes, quanto aos bens confiados à sua guarda e à sua responsabilidade; II – os mandatários, quanto aos bens de cuja administração ou alienação estejam encarregados; III – o juiz, o membro do Ministério Público e da Defensoria Pública, o escrivão, o chefe de secretaria e os demais servidores e auxiliares da justiça, em relação aos bens e direitos objeto de alienação na localidade onde servirem ou a que se estender a sua autoridade; IV – os servidores públicos em geral, quanto aos bens ou aos direitos da pessoa jurídica a que servirem ou que estejam sob sua administração direta ou indireta; V – os leiloeiros e seus prepostos, quanto aos bens de cuja venda estejam encarregados; VI – os advogados de qualquer das partes.

VENCEDOR: considera-se vencedor o licitante que oferecer o maior lance.

O preço constitui a regra de ouro: **vence quem pagar mais**.

Se o leilão for de **diversos bens e houver mais de um lançador**, será <u>**preferido aquele que se propuser a arrematá-los em conjunto**</u>, oferecendo para os bens que não tiverem lance preço igual ao da avaliação e, para os demais, preço igual ao do maior lance que, na tentativa de arrematação individualizada, tenha sido oferecido para eles (art. 893).

PREÇO VIL

Não será aceito lance que ofereça preço vil (art. 891, caput). No CPC/2015, o preço vil será aquele inferior ao mínimo estipulado pelo juiz, de acordo com as peculiaridades do bem levado a leilão. Na sua ausência, será considerado vil o preço inferior a 50% do valor da avaliação (art. 891, parágrafo único) – conceito que segue o entendimento do STJ.

× HÁ REGRA ESPECÍFICA PARA INCAPAZ?
SIM!

> Art. 896. Quando o imóvel de incapaz não alcançar em leilão pelo menos oitenta por cento do valor da avaliação, o juiz o confiará à guarda e à administração de depositário idôneo, adiando a alienação por prazo não superior a 1 (um) ano.
> § 1º Se, durante o adiamento, algum pretendente assegurar, mediante caução idônea, o preço da avaliação, o juiz ordenará a alienação em leilão.
> § 2º Se o pretendente à arrematação se arrepender, o juiz impor-lhe-á multa de vinte por cento sobre o valor da avaliação, em benefício do incapaz, valendo a decisão como título executivo.
> § 3º Sem prejuízo do disposto nos §§ 1º e 2º, o juiz poderá autorizar a locação do imóvel no prazo do adiamento.
> § 4º Findo o prazo do adiamento, o imóvel será submetido a novo leilão.

IMÓVEL COM CÔMODA DIVISÃO

Há igualmente uma particularidade quando o bem levado a hasta pública tratar de imóvel que admite cômoda divisão. Nesse caso, a avaliação terá contemplado os possíveis desmembramentos (art. 872, § 1º).

No leilão, o juiz, a requerimento do executado, ordenará a alienação judicial de parte dele, desde que suficiente para o pagamento do exequente e para a satisfação das despesas da execução; não havendo lançador para a fração, far-se-á a alienação do imóvel em sua integridade (art. 894, caput, parte final e § 1º).

> **ATENÇÃO:** Se o imóvel penhorado for indivisível, aplicável o art. 843 do CPC: Tratando-se de penhora de bem indivisível, o equivalente à quota-parte do coproprietário ou do cônjuge alheio à execução recairá sobre o produto da alienação do bem. § 1º É reservada ao coproprietário ou ao cônjuge não executado a preferência na arrematação do bem em igualdade de condições. § 2º Não será levada a efeito expropriação por preço inferior ao da avaliação na qual o valor auferido seja incapaz de garantir, ao coproprietário ou ao cônjuge alheio à execução, o correspondente à sua quota-parte calculado sobre o valor da avaliação.

MEIO DE PAGAMENTO: A VISTA OU PARCELAS

A arrematação poderá ser à vista ou em parcelas.

> Art. 895. O interessado em adquirir o bem penhorado em prestações poderá apresentar, por escrito:

I - até o início do primeiro leilão, proposta de aquisição do bem por valor não inferior ao da avaliação;

II - até o início do segundo leilão, proposta de aquisição do bem por valor que não seja considerado vil.

§ 1º A proposta conterá, em qualquer hipótese, oferta de pagamento de pelo menos vinte e cinco por cento do valor do lance à vista e o restante parcelado em até 30 (trinta) meses, garantido por caução idônea, quando se tratar de móveis, e por hipoteca do próprio bem, quando se tratar de imóveis.

§ 2º As propostas para aquisição em prestações indicarão o prazo, a modalidade, o indexador de correção monetária e as condições de pagamento do saldo.

§ 3º (VETADO).

§ 4º No caso de atraso no pagamento de qualquer das prestações, incidirá multa de dez por cento sobre a soma da parcela inadimplida com as parcelas vincendas.

§ 5º O inadimplemento autoriza o exequente a pedir a resolução da arrematação ou promover, em face do arrematante, a execução do valor devido, devendo ambos os pedidos ser formulados nos autos da execução em que se deu a arrematação.

§ 6º A apresentação da proposta prevista neste artigo não suspende o leilão.

§ 7º A proposta de pagamento do lance à vista sempre prevalecerá sobre as propostas de pagamento parcelado.

§ 8º Havendo mais de uma proposta de pagamento parcelado:

I - em diferentes condições, o juiz decidirá pela mais vantajosa, assim compreendida, sempre, a de maior valor;

II - em iguais condições, o juiz decidirá pela formulada em primeiro lugar.

§ 9º No caso de arrematação a prazo, os pagamentos feitos pelo arrematante pertencerão ao exequente até o limite de seu crédito, e os subsequentes, ao executado.

CONTINUIDADE DE LEILÃO E AUTO DE ARREMATAÇÃO

O leilão prosseguirá no dia útil imediato, à mesma hora em que teve início, independentemente de novo edital, se for ultrapassado o horário de expediente forense (art. 900, CPC). Será lavrado auto (art. 901, CPC).

> Art. 901. A arrematação constará de auto que será lavrado de imediato e poderá abranger bens penhorados em mais de uma execução, nele mencionadas as condições nas quais foi alienado o bem.
>
> § 1º A ordem de entrega do bem móvel ou a carta de arrematação do bem imóvel, com o respectivo mandado de imissão na posse, será expedida depois de efetuado o depósito ou prestadas as garantias pelo arrematante, bem como realizado o pagamento da comissão do leiloeiro e das demais despesas da execução.

§ 2º A carta de arrematação conterá a descrição do imóvel, com remissão à sua matrícula ou individuação e aos seus registros, a cópia do auto de arrematação e a prova de pagamento do imposto de transmissão, além da indicação da existência de eventual ônus real ou gravame.

QUANDO RESTA PERFEITA E ACABADA A ARREMATAÇÃO?

Pense SEMPRE que todos (que são necessários, exclusão da presença do executado) já assinaram! Vejamos:

> Art. 903. Qualquer que seja a modalidade de leilão, assinado o auto pelo juiz, pelo arrematante e pelo leiloeiro, a arrematação será considerada perfeita, acabada e irretratável, ainda que venham a ser julgados procedentes os embargos do executado ou a ação autônoma de que trata o § 4º deste artigo, assegurada a possibilidade de reparação pelos prejuízos sofridos.
> § 4º Após a expedição da carta de arrematação ou da ordem de entrega, a invalidação da arrematação poderá ser pleiteada por ação autônoma, em cujo processo o arrematante figurará como litisconsorte necessário.

APROPRIAÇÃO DE FRUTOS OU RENDIMENTOS

O antigo usufruto de bem móvel ou imóvel do CPC/1973 foi substituído no CPC/2015 pela apropriação de frutos e rendimentos, terceira modalidade de expropriação. Não houve, no entanto, alteração substancial.

Nesse caso, como não ocorre alienação do bem ou arrematação em leilão, o executado permanece na qualidade de proprietário, sendo que perde temporariamente o direito de percepção dos frutos e rendimentos da coisa, eis que eles serão destinados à satisfação do crédito objeto da execução.

Ao nomear administrador-depositário do(s) bem(ns), o juiz determinará que se procede à transferência periódica das receitas para o credor, até que o seu direito seja integralmente satisfeito. Ressalte-se que, embora figure em terceiro lugar como modalidade de expropriação, não exige necessariamente o esgotamento dos outros meios expropriatórios, tendo em vista a menor gravosidade para o executado sem descurar do direito do exequente de receber o crédito. Aliás, atendidos esses dois pressupostos, pode o juiz ordenar a penhora de frutos e rendimentos de ofício. Isso porque, não obstante a exigência de requerimento pela regra, deve-se ater ao binômio "menor gravosidade" e "maior eficiência para recebimento do crédito". Para ilustrar a conveniência e oportunidade desse meio expropriatório, considere a seguinte situação hipotética. Em razão de uma execução de R$ 1 milhão, penhorou-se uma escavadeira de túneis, no valor de R$ 10 milhões. O credor não tem interesse ou não dispõe de numerário para adjudicar a escavadeira. Em razão do preço e da especificidade da sua utilização, a máquina dificilmente conseguirá ser alienada, seja em procedimento particular ou em leilão. Entretanto, há proposta de um consórcio especializado na escavação de túneis em alugar a máquina por R$ 200 mil por mês. Ora, nesse caso, destinar o valor dos aluguéis para liquidar a dívida é altamente recomendável, ainda que não haja requerimento do exequente, porquanto é menos gravoso ao executado e mais eficiente para o recebimento do crédito.

SATISFAÇÃO DO CRÉDITO

A execução atinge seu objetivo com a satisfação do crédito exequendo, o que se dá por intermédio de pagamento ao credor, não obstante a previsão de outras causas de extinção do processo executivo, tais como a transação, a remissão ou a renúncia ao crédito (art. 924, III).

> Art. 904. A satisfação do crédito exequendo far-se-á:
> I - pela entrega do dinheiro;
> II - pela adjudicação dos bens penhorados.
> Art. 907. Pago ao exequente o principal, os juros, as custas e os honorários, a importância que sobrar será restituída ao executado.
> Art. 908. Havendo pluralidade de credores ou exequentes, o dinheiro lhes será distribuído e entregue consoante a ordem das respectivas preferências.
> § 1º No caso de adjudicação ou alienação, os créditos que recaem sobre o bem, inclusive os de natureza propter rem, sub-rogam-se sobre o respectivo preço, observada a ordem de preferência.
> § 2º Não havendo título legal à preferência, o dinheiro será distribuído entre os concorrentes, observando-se a anterioridade de cada penhora.

× **PODE HAVER LEVANTAMENTO DE VALORES EM PLANTÃO JUDICIÁRIO?**
NÃO! ART. 905 [...] Parágrafo único. Durante o plantão judiciário, veda-se a concessão de pedidos de levantamento de importância em dinheiro ou valores ou de liberação de bens apreendidos.
× Não havia previsão no CPC/73.
× Essa regra, no entanto, já estava disposta na Resolução nº 71 do Conselho Nacional de Justiça (art. 1º, § 3º) e em diversos regimentos internos de tribunais de justiça estaduais.

ENTENDIMENTOS SUMULADOS E JURISPRUDENCIAIS

Súmula nº 150 do STF: "Prescreve a execução no mesmo prazo de prescrição da ação".

Súmula nº 228 do STF: "Não é provisória a execução na pendência de recurso extraordinário, ou de agravo destinado a fazê-lo admitir".

Súmula nº 27 do STJ: "Pode a execução fundar-se em mais de um título extrajudicial relativos ao mesmo negócio".

Súmula nº 196 do STJ: "Ao executado que, citado por edital ou por hora certa, permanecer revel, será nomeado curador especial, com legitimidade para apresentação de embargos".

Súmula nº 205 do STJ: "A Lei nº 8.009/90 aplica-se à penhora realizada antes de sua vigência".

Súmula nº 233 do STJ: "O contrato de abertura de crédito, ainda que acompanhado de extrato da conta-corrente, não é título executivo".

Súmula nº 258 do STJ: "A nota promissória vinculada a contrato de abertura de crédito não goza de autonomia em razão da iliquidez do título que a originou".

Súmula nº 268 do STJ: "O fiador que não integrou a relação processual na ação de despejo não responde pela execução do julgado".

Súmula nº 300 do STJ: "O instrumento de confissão de dívida, ainda que originário de contrato de abertura de crédito, constitui título executivo extrajudicial".

Súmula nº 304 do STJ: "É ilegal a decretação da prisão civil daquele que não assume expressamente o encargo de depositário judicial".

Súmula nº 317 do STJ: "É definitiva a execução de título extrajudicial, ainda que pendente apelação contra sentença que julgue improcedentes os embargos".

Súmula nº 319 do STJ: "O encargo de depositário de bens penhorados pode ser expressamente recusado".

Súmula nº 328 do STJ: "Na execução contra instituição financeira, é penhorável o numerário disponível, excluídas as reservas bancárias mantidas no Banco Central".

Súmula nº 364 do STJ: "O conceito de impenhorabilidade de bem de família abrange também o imóvel pertencente a pessoas solteiras, separadas e viúvas".

Súmula nº 410 do STJ: "A prévia intimação pessoal do devedor constitui condição necessária para a cobrança de multa pelo descumprimento de obrigações de fazer ou não fazer".

Súmula nº 417 do STJ: "Na execução civil, a penhora de dinheiro na ordem de nomeação de bens não tem caráter absoluto".

Súmula nº 449 do STJ: "A vaga de garagem que possui matrícula própria no registro de imóveis não constitui bem de família para efeito de penhora".

Súmula nº 451 do STJ: "É legítima a penhora da sede do estabelecimento comercial".

Súmula nº 478 do STJ: "Na execução de crédito relativo a cotas condominiais, este tem preferência sobre o hipotecário".

Súmula nº 486 do STJ: "É impenhorável o único imóvel residencial do devedor que esteja locado a terceiros, desde que a renda com a locação seja revertida para a subsistência ou moradia de sua família".

Súmula nº 497 do STJ: "Os créditos das autarquias federais preferem aos créditos da Fazenda estadual desde que coexistam penhoras sobre o mesmo bem".

Súmula 531 STJ: Em ação monitória fundada em cheque prescrito ajuizada contra o emitente, é dispensável a menção ao negócio jurídico subjacente à emissão da cártula.

Súmula 549 STJ: É válida a penhora de bem de família pertencente a fiador de contrato de locação.

Súmula 568 do STJ: O relator, monocraticamente e no Superior Tribunal de Justiça, poderá dar ou negar provimento ao recurso quando houver entendimento dominante acerca do tema.

Súmula 581 STJ: A recuperação judicial do devedor principal não impede o prosseguimento das ações e execuções ajuizadas contra terceiros devedores solidários ou coobrigados em geral, por garantia cambial, real ou fidejussória.

EXECUÇÃO PARA ENTREGA DE COISA CERTA (ARTS. 806-810, CPC)

Nessa modalidade de execução, o devedor é citado para, no **prazo de quinze dias**, satisfazer a obrigação (art. 806). Destarte, o juiz ao despachar a inicial, determinando a citação, _poderá fixar multa_ por dia de atraso no cumprimento da obrigação, ficando o respectivo valor sujeito a alteração, caso se revele insuficiente ou excessivo (art. 806, § 1º).

Observe-se que o procedimento da execução para entrega de coisa constante de título extrajudicial contempla um **sistema misto de coerção e sub-rogação**.

× A multa visa pressionar o devedor a entregar a coisa. De modo que, se o valor fixado não for suficiente para influir no ânimo do devedor, poderá ser elevado, estabelecendo inclusive valores diferenciados dependendo do período de atraso; ao contrário, se o valor se revelar excessivo, poderá haver redução.

× Saliente-se que a multa não substitui a obrigação principal. Assim, mesmo adimplindo a obrigação, porém fora do prazo fixado, será devida a multa, devendo a execução prosseguir, todavia, por quantia certa.

× Mesmo adimplindo a obrigação, porém <u>fora do prazo fixado</u>, <u>será devida a multa</u>, devendo a execução prosseguir, todavia, por quantia certa.

No mandado de citação também **constará a ordem** de **<u>imissão na posse ou de busca e apreensão</u>**, conforme se tratar de bem imóvel ou móvel. Veja:

> Art. 806. O devedor de obrigação de entrega de coisa certa, constante de título executivo extrajudicial, será citado para, **em 15 (quinze) dias, satisfazer a obrigação.**
> § 1º Ao despachar a inicial, o juiz poderá fixar multa por dia de atraso no cumprimento da obrigação, ficando o respectivo valor sujeito a alteração, caso se revele insuficiente ou excessivo.
> § 2º Do mandado de citação constará ordem para imissão na posse ou busca e apreensão, conforme se tratar de bem imóvel ou móvel, cujo cumprimento se dará de imediato, se o executado não satisfizer a obrigação no prazo que lhe foi designado.

Em suma, citado o devedor, poderá assumir uma das seguintes atitudes:

1. **entregar a coisa:** neste caso, lavra-se o respectivo termo e a execução é extinta, exceto se o título estabelecer o pagamento de frutos e/ou ressarcimento de prejuízos, bem como se houver incidência de multa em decorrência de a entrega da coisa não ter sido efetuada no prazo, hipóteses em que a execução transmuda-se em execução por quantia certa, exigindo a prévia liquidação, se for o caso (art. 807);

   > Art. 807. Se o executado entregar a coisa, será lavrado o termo respectivo e considerada satisfeita a obrigação, prosseguindo-se a execução para o pagamento de frutos ou o ressarcimento de prejuízos, se houver.

2. **apresentar embargos:** o executado poderá se defender por meio de embargos, independentemente de prévia garantia (art. 914, caput). O depósito da coisa e a demonstração dos requisitos das tutelas de urgência (perigo de dano e probabilidade do direito), no entanto, fazem-se necessários quando o executado pretender que seja conferido efeito suspensivo aos embargos (art. 919, § 1º);

3. **permanecer inerte:** não sendo a coisa entregue ou não tendo sido deferido efeito suspensivo aos embargos, iniciam-se os atos executivos tendentes à satisfação do credor. Na execução para entrega de coisa certa o meio empregado é o <u>desapossamento</u>.

Este é realizado com ato de busca e apreensão do bem, em caso de bem móvel, ou com ato de imissão do exequente na posse do bem objeto da execução, em caso de imóvel. Encontrado o bem e estando em perfeitas condições, fica satisfeita a obrigação.

Se a coisa tiver sido alienada, expedir-se-á mandado **contra o terceiro** adquirente, que somente será ouvido após depositá-la (art. 808).

> Art. 808. Alienada a coisa quando já litigiosa, será expedido mandado contra o terceiro adquirente, que somente será ouvido após depositá-la.

COISA DETERIORADA: na impossibilidade de receber a coisa, seja porque se deteriorou, não foi encontrada ou não foi reclamada do terceiro adquirente, o credor tem direito ao seu valor e às perdas e danos (art. 809), convertendo-se o procedimento em execução por quantia certa.

× Neste caso, proceder-se-á à liquidação incidente, para determinação do valor da coisa e, por conseguinte, do montante devido a título de perdas e danos.

× A conversão também é admitida nos casos em que a coisa, apesar de ter sido entregue, o foi com atraso capaz de gerar prejuízos ao credor da obrigação. Nesse sentido: STJ, REsp 1.507.339-MT, 3ª T., Rel. Min. Paulo de Tarso Sanseverino, j. 24.10.2017 (Info 614).

> Art. 809. O exequente tem direito a receber, além de perdas e danos, o valor da coisa, quando essa se deteriorar, não lhe for entregue, não for encontrada ou não for reclamada do poder de terceiro adquirente.
> § 1º Não constando do título o valor da coisa e sendo impossível sua avaliação, o exequente apresentará estimativa, sujeitando-a ao arbitramento judicial.
> § 2º Serão apurados em liquidação o valor da coisa e os prejuízos.

BENFEITORIAS: se houver benfeitorias a serem indenizadas, terá o devedor direito à retenção, hipótese em que a execução só prosseguirá depois do depósito do valor daquelas. Apurado saldo em favor do executado ou de terceiros, o credor deverá depositá-lo em juízo para que possa levantar a coisa. Já se o saldo for favorável ao exequente/credor, este poderá cobrá-lo nos autos da execução (art. 810, parágrafo único, II).

> Art. 810. Havendo benfeitorias indenizáveis feitas na coisa pelo executado ou por terceiros de cujo poder ela houver sido tirada, a liquidação prévia é obrigatória.
> Parágrafo único. Havendo saldo:
> I - em favor do executado ou de terceiros, o exequente o depositará ao requerer a entrega da coisa;
> II - em favor do exequente, esse poderá cobrá-lo nos autos do mesmo processo.

ENTREGA DE COISA INCERTA

Quando a execução extrajudicial recai sobre coisa **incerta**, determinada pelo **gênero** e pela **quantidade**, o executado será citado para entregá-la individualizada, se lhe couber a escolha (art. 811).

Note que a lei não fixa prazo, que poderá constar no título ou ser fixado pelo juiz.

EXEMPLO

É o que ocorre, por exemplo, na obrigação de entregar um cavalo do haras ou um dos cães do canil. Nessas hipóteses haverá a concentração da obrigação, permitindo a escolha do que será entregue.

A escolha poderá ser do credor ou do devedor!

Se a escolha couber ao exequente, esse deverá indicá-la na petição inicial. Se o título for omisso a escolha incumbe ao devedor, na forma do art. 244 do CC c/c 811 do CPC.

> CC, Art. 244. Nas coisas determinadas pelo gênero e pela quantidade, a escolha pertence ao devedor, se o contrário não resultar do título da obrigação; mas não poderá dar a coisa pior, nem será obrigado a prestar a melhor.
> CPC, Art. 811. Quando a execução recair sobre coisa determinada pelo gênero e pela quantidade, o executado será citado para entregá-la individualizada, se lhe couber a escolha.
> Parágrafo único. Se a escolha couber ao exequente, esse deverá indicá-la na petição inicial.

Qualquer das partes poderá, no prazo de 15 dias, impugnar a escolha feita pela outra, e o juiz decidirá de plano ou, se necessário, ouvindo perito de sua nomeação (art. 812).

> Art. 812. Qualquer das partes poderá, no prazo de 15 (quinze) dias, impugnar a escolha feita pela outra, e o juiz decidirá de plano ou, se necessário, ouvindo perito de sua nomeação.

Individualizada a coisa, serão aplicáveis as disposições quanto à entrega de coisa certa, conforme art. 813 do CPC.

> Art. 813. Aplicar-se-ão à execução para entrega de coisa incerta, no que couber, as disposições da Seção I deste Capítulo.

EXECUÇÃO DAS OBRIGAÇÕES DE FAZER E DE NÃO FAZER (ARTS. 814 A 823)

Na execução de obrigação de fazer ou de não fazer fundada em título extrajudicial, ao despachar a inicial, **o juiz fixará multa** por período de atraso no cumprimento da obrigação e a data a partir da qual será devida e se tal multa já estiver prevista no título e for excessiva, o juiz poderá reduzi-lo (art. 814, parágrafo único).

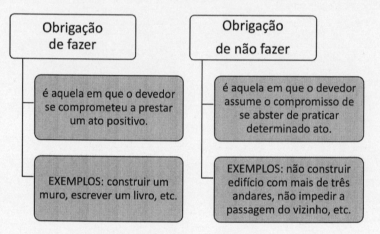

Quando os títulos judiciais (sentença ou acórdão) dirimem lide referente a tais modalidades de obrigação, na hipótese de procedência do pedido, não só contêm a <u>condenação do réu, mas também um mandamento, uma ordem</u>, no sentido de que o preceito seja imediatamente cumprido ou efetivado, independentemente de instauração de processo executivo. O inadimplemento do comando judicial sujeita o devedor ao pagamento de **multa periódica (astreinte)** ou a **outras medidas** previstas no art. 536 (por exemplo, busca e apreensão, remoção de pessoas e coisas, desfazimento de obras, impedimento de atividade nociva. Caso necessário, é possível a requisição de força policial).

Tratando-se de título executivo extrajudicial, como não há prévia condenação, o despacho de recebimento da petição inicial é que conterá o mandamento relativo ao cumprimento da obrigação pactuada, sob pena de multa (art. 814).

> Art. 814. Na execução de obrigação de fazer ou de não fazer fundada em título extrajudicial, ao despachar a inicial, o juiz fixará multa por período de atraso no cumprimento da obrigação e a data a partir da qual será devida. Parágrafo único. Se o valor da multa estiver previsto no título e for excessivo, o juiz poderá reduzi-lo.

PRAZO: o executado será citado para **fazer no prazo que o juiz lhe designar**, se **outro não estiver determinado no título executivo** (art. 815). Se o executado não satisfizer a obrigação no prazo designado, é lícito ao exequente, nos próprios autos do processo, requerer a satisfação da *obrigação à custa do executado ou perdas e danos*, hipótese em que se converterá em indenização, sendo apurada em liquidação, seguindo-se a execução para cobrança de quantia certa (art. 816).

> Art. 815. Quando o objeto da execução for obrigação de fazer, o executado será citado para satisfazê-la no prazo que o juiz lhe designar, se outro não estiver determinado no título executivo.
> Art. 816. Se o executado não satisfizer a obrigação no prazo designado, é lícito ao exequente, nos próprios autos do processo, requerer a satisfação da obrigação à custa do executado ou perdas e danos, hipótese em que se converterá em indenização.
> Parágrafo único. O valor das perdas e danos será apurado em liquidação, seguindo-se a execução para cobrança de quantia certa.

REALIZAÇÃO POR TERCEIRO: se a obrigação puder ser satisfeita por terceiro, é lícito ao juiz autorizar, **a requerimento do exequente**, que aquele a satisfaça à custa do executado, o que, evidentemente, somente é aplicável para **obrigações fungíveis (art. 817)**. Nessa hipótese o exequente adiantará as quantias previstas na proposta que, ouvidas as partes, o juiz houver aprovado.

Realizada a prestação, o juiz ouvirá as partes no prazo de dez dias e, não havendo impugnação, considerará satisfeita a obrigação, havendo impugnação o juiz a decidirá (art. 818, parágrafo único).

> Art. 817. Se a obrigação puder ser satisfeita por terceiro, é lícito ao juiz autorizar, a requerimento do exequente, que aquele a satisfaça à custa do executado.
> Parágrafo único. O exequente adiantará as quantias previstas na proposta que, ouvidas as partes, o juiz houver aprovado.
> Art. 818. Realizada a prestação, o juiz ouvirá as partes no prazo de 10 (dez) dias e, não havendo impugnação, considerará satisfeita a obrigação.
> Parágrafo único. Caso haja impugnação, o juiz a decidirá.

Se o terceiro contratado não realizar a prestação no prazo ou se o fizer de modo incompleto ou defeituoso, poderá o exequente requerer ao juiz, no prazo de 15 dias, que o autorize a concluí-la ou a repará-la à custa do contratante (art. 819).

> Art. 819. Se o terceiro contratado não realizar a prestação no prazo ou se o fizer de modo incompleto ou defeituoso, poderá o exequente requerer ao juiz, no prazo de 15 (quinze) dias, que o autorize a concluí-la ou a repará-la à custa do contratante.

Parágrafo único. Ouvido o contratante no prazo de 15 (quinze) dias, o juiz mandará avaliar o custo das despesas necessárias e o condenará a pagá-lo.

EXEQUENTE QUER EXECUTAR OU MANDAR EXECUTAR: é possível que sob sua direção e vigilância o exequente queira executar ou mandar executar as obras e os trabalhos necessários à realização da prestação. Nesse caso, terá preferência, <u>em igualdade de condições de oferta</u>, em relação ao terceiro (art. 820). Tal direito deve ser exercido no prazo de cinco dias, após aprovada a proposta do terceiro.

> Art. 820. Se o exequente quiser executar ou mandar executar, sob sua direção e vigilância, as obras e os trabalhos necessários à realização da prestação, terá preferência, em igualdade de condições de oferta, em relação ao terceiro.
> Parágrafo único. O direito de preferência deverá ser exercido no prazo de 5 (cinco) dias, após aprovada a proposta do terceiro.

PERSONALÍSSIMA: na obrigação de fazer, quando se convencionar que o executado a satisfaça pessoalmente, o exequente poderá requerer ao juiz que lhe assine prazo para cumpri-la (821, CPC). Havendo recusa ou mora do executado, sua obrigação pessoal será convertida em perdas e danos, caso em que se observará o procedimento de execução por quantia certa.

NÃO FAZER

Quando o objeto da execução for obrigação de fazer, o executado **será citado para satisfazê-la no prazo que o juiz lhe assinar, se outro não estiver determinado no título** (art. 815).

> Art. 815. Quando o objeto da execução for obrigação de fazer, o executado será citado para satisfazê-la no prazo que o juiz lhe designar, se outro não estiver determinado no título executivo.

Note que não existe mora, eis que são obrigações negativas, podendo haver inadimplemento, quando o executado praticar ato que estava obrigado a não realizar.

O juiz, ao despachar a inicial, determinando a citação, **fixará multa** por dia de atraso no cumprimento da obrigação e a data a partir da qual será devida (art. 814), independentemente de previsão no título.

> **ATENÇÃO**: abe ressaltar que a **Súmula nº 410 do STJ**, segundo a qual "a prévia intimação do devedor constitui condição necessária para a cobrança de multa pelo descumprimento de obrigação de fazer ou não fazer", foi inicialmente considerada superada, pois a regra geral é no sentido de que devedor será intimado, pelo diário da justiça, na pessoa do advogado constituído. Ocorre que, o STJ **considerou que mesmo com a redação do art. 513, § 2º, I, aplicável à execução de título extrajudicial, persiste a necessidade de prévia intimação pessoal do devedor para a cobrança de multa** pelo descumprimento de obrigação de fazer ou não fazer, não sendo suficiente a intimação por meio de advogado constituído nos autos (STJ, EREsp 1.360.577-MG, Corte Especial, Rel. Min. Humberto Martins, Rel. p/ acórdão Min. Luis Felipe Salomão, j. 19.12.2018).
>
> **Contudo, esse entendimento se aplica aos títulos judiciais! Na execução de obrigação de fazer ou de não fazer constituída por meio de título extrajudicial (um contrato, por exemplo) não é necessária a prévia intimação do devedor para cobrança da multa, já que, nos termos do art. 814 este é citado para satisfazer a obrigação** - isto é, fazer, abster-se de fazer ou desfazer aquilo a que se obrigou a não fazer - e o juiz, já no despacho da petição inicial, fixa a multa e a data a partir da qual ela será devida.

Citado, o devedor poderá:

1. satisfazer a obrigação, fazendo o que se obrigou, no prazo assinado. Nesse caso, porque extinta a obrigação, cabe ao juiz apenas declarar a extinção do processo executivo (art. 924, II).
2. pode opor embargos, os quais, em regra, não têm efeito suspensivo (art. 919). O prazo é de 15 dias e será contado na forma do art. 231.
3. Permanecer inerte. Nesse caso o executado não satisfez a obrigação nem opôs embargos, situação que é lícito ao credor, nos próprios autos do processo, requerer que o "fazer" ou o "desfazer" seja executado à custa do executado, ou haver perdas e danos, caso em que ela se converte em indenização (art. 816). As perdas e danos serão apuradas em liquidação, seguindo-se a execução para cobrança da quantia certa apurada (art. 816, parágrafo único).

EXECUÇÃO CONTRA A FAZENDA PÚBLICA: ART. 910, CPC

Inicialmente já se destaca que antes das inovações do CPC já era pacífico o entendimento no âmbito do Superior Tribunal de Justiça acerca da possibilidade de execução de título extrajudicial contra a Fazenda Pública (**Súmula nº 279**).

Nos arts. 824 a 909, o Código traçou um procedimento-padrão para a execução por quantia certa, havendo procedimento específico para quando o executado é a Fazenda (art. 910, CPC). Logo, necessário analisar os aspectos que distinguem a execução contra a Fazenda Pública da execução comum!

O fato de **serem os bens públicos inalienáveis, o que implica impenhorabilidade**, torna a execução por quantia certa contra a Fazenda Pública completamente distinta da execução comum, na qual se penhoram e se expropriam bens do devedor, com vistas à satisfação do crédito. Para melhor compreensão, vejamos as disposições sobre bens públicos, arts. 98 a 103 do CC:

> Art. 98. São públicos os bens do domínio nacional pertencentes às pessoas jurídicas de direito público interno; todos os outros são particulares, seja qual for a pessoa a que pertencerem.
> Art. 99. São bens públicos:
> I - os de uso comum do povo, tais como rios, mares, estradas, ruas e praças;
> II - os de uso especial, tais como edifícios ou terrenos destinados a serviço ou estabelecimento da administração federal, estadual, territorial ou municipal, inclusive os de suas autarquias;
> III - os dominicais, que constituem o patrimônio das pessoas jurídicas de direito público, como objeto de direito pessoal, ou real, de cada uma dessas entidades.
> Parágrafo único. Não dispondo a lei em contrário, consideram-se dominicais os bens pertencentes às pessoas jurídicas de direito público a que se tenha dado estrutura de direito privado.
> Art. 100. **Os bens públicos de uso comum do povo e os de uso especial são inalienáveis**, enquanto conservarem a sua qualificação, na forma que a lei determinar.
> Art. 101. Os bens públicos dominicais **podem ser alienados, observadas as exigências da lei.**
> Art. 102. Os bens públicos não estão sujeitos a usucapião.
> Art. 103. O uso comum dos bens públicos pode ser gratuito ou retribuído, conforme for estabelecido legalmente pela entidade a cuja administração pertencerem.

ATENÇÃO: Só perdem a característica da inalienabilidade se são desafetados por lei.

PROCEDIMENTO

O credor requererá a execução instruindo a petição inicial com os documentos e requisitos elencados no art. 798, do CPC:

> Art. 798. Ao propor a execução, incumbe ao exequente:
> I - instruir a petição inicial com:
> a) o título executivo extrajudicial;
> b) o demonstrativo do débito atualizado até a data de propositura da ação, quando se tratar de execução por quantia certa;
> c) a prova de que se verificou a condição ou ocorreu o termo, se for o caso;
> d) a prova, se for o caso, de que adimpliu a contraprestação que lhe corresponde ou que lhe assegura o cumprimento, se o executado não for obrigado a satisfazer a sua prestação senão mediante a contraprestação do exequente;
> II - indicar:
> a) a espécie de execução de sua preferência, quando por mais de um modo puder ser realizada;
> b) os nomes completos do exequente e do executado e seus números de inscrição no Cadastro de Pessoas Físicas ou no Cadastro Nacional da Pessoa Jurídica;
> c) os bens suscetíveis de penhora, sempre que possível.
> Parágrafo único. O demonstrativo do débito deverá conter:
> I - o índice de correção monetária adotado;
> II - a taxa de juros aplicada;
> III - os termos inicial e final de incidência do índice de correção monetária e da taxa de juros utilizados;
> IV - a periodicidade da capitalização dos juros, se for o caso;
> V - a especificação de desconto obrigatório realizado.

A citação da Fazenda NÃO será feita para "pagar a dívida no prazo de 3 (três) dias" (art. 829, caput), como ocorre nas execuções de pagar pelo rito do art. 824 e ss, mas sim **para opor embargos no prazo de 30 dias (art. 910, caput).**

O prazo é **contado na forma do art. 231, c/c o art. 224**, ou seja, do dia útil seguinte ao da juntada aos autos do mandado de citação devidamente cumprido, ou do dia útil seguinte à consulta do teor da citação no sistema de processo em autos eletrônicos (art. 246) e assim por diante.

EMBARGOS

Os embargos, se opostos, serão processados na forma do art. 920. Não sendo embargada a execução ou sendo os embargos rejeitados, não se procede à penhora. Nesse caso, expedir-se-á precatório ou requisição de pequeno valor (RPV) em favor do exequente, observando-se o disposto no art. 100 da Constituição Federal:

> Art. 100. Os pagamentos devidos pelas Fazendas Públicas Federal, Estaduais, Distrital e Municipais, em virtude de sentença judiciária, far-se-ão exclusivamente na **ordem cronológica de apresentação dos precatórios** e à

conta dos créditos respectivos, proibida a designação de casos ou de pessoas nas dotações orçamentárias e nos créditos adicionais abertos para esse fim.

Embora o art. 100 da Constituição Federal mencione a expressão sentença judiciária, esta é utilizada num sentido lato, compreendendo não só a decisão que condena a Fazenda Pública a pagar quantia, mas também a que rejeita eventuais embargos à execução por título extrajudicial e até a decisão que ordena a expedição de precatório.

Matérias nos embargos à execução: o executado, seja a Fazenda Pública ou o particular, poderá alegar todas as matérias que lhe seria lícito deduzir como defesa no processo de conhecimento (arts. 917, VI, e 910, § 2º).

Devidamente citada, a Fazenda Pública terá duas opções:

i. opor os embargos no prazo de 30 dias (art. 910, caput);
ii. não embargar, devendo então ser expedido precatório ou RPV para que seja realizado o pagamento da dívida.

Matérias nos embargos à execução: o executado, seja a Fazenda Pública ou o particular, poderá alegar todas as matérias que lhe seria lícito deduzir como defesa no processo de conhecimento (arts. 917, VI, e 910, § 2º).

Devidamente citada, a Fazenda Pública terá duas opções:

i. opor os embargos no prazo de 30 dias (art. 910, caput);
ii. não embargar, devendo então ser expedido precatório ou RPV para que seja realizado o pagamento da dívida.

EFEITOS DOS EMBARGOS À EXECUÇÃO

Destaca DONIZETTI sobre os efeitos:

> os embargos opostos pela Fazenda Pública são dotados de efeito suspensivo ope legis. Aliás, os embargos opostos pela Fazenda Pública têm regramento próprio. Da leitura do art. 910 já se extrai a distinção entre os embargos opostos pelo particular dos opostos pela Fazenda Pública. O particular é citado para efetivar o pagamento da dívida em três dias (art. 829) e a oposição de embargos, de regra, não tem o condão de suspender essa ordem de pagamento. Ao contrário, a Fazenda Pública é citada para opor embargos em trinta dias e a simples oposição destes, por si só, suspende o curso da execução. Nos termos do § 1º do art. 910, o precatório ou a requisição de pequeno valor – modalidades de requisições dirigidas à Fazenda Pública para viabilizar o pagamento do débito exequendo – somente será expedido se não opostos embargos ou, se opostos, depois do trânsito em julgado da decisão que os rejeitar. A contrario sensu, opostos os embargos à execução,

o precatório ou requisição de pequeno valor não é expedido, o que significa a paralisação da execução movida contra a Fazenda Pública.

O STJ se manifesta no mesmo sentido:

> "[...] Precatório é ordem de pagamento de verba pública, cuja emissão só é possível se o débito for líquido e certo, circunstâncias inexistentes enquanto não transitada em julgado a decisão" (STJ, REsp 331.002/CE, Rel. Min. Francisco Peçanha Martins, j. 04.12.2001).

Em suma, vislumbram-se as seguintes hipóteses:

× A Fazenda Pública não apresenta embargos: a execução prossegue com a imediata a expedição de precatório ou RPV.

× A Fazenda Pública apresenta embargos e estes são rejeitados: ocorrendo a rejeição dos embargos por uma das razões previstas no art. 918, o precatório ou RPV só será expedido quando a sentença transitar em julgado.

× A Fazenda apresenta embargos e estes são julgados improcedentes: a parte não precisa aguardar o trânsito em julgado para pleitear a expedição da ordem de pagamento. Se a decisão tiver de ser submetida ao duplo grau de jurisdição obrigatório (ou remessa necessária), ainda assim haverá expedição da ordem.

× A Fazenda Pública apresenta embargos e estes são julgados procedentes: nesse caso não se expedirá precatório ou RPV, devendo o exequente ser condenado a pagar honorários e demais despesas processuais.

ATENÇÃO: A expedição de precatório ou RPV + necessidade de transito em julgado é indispensável para obrigações de pagar! Logo, se a Fazenda Pública for chamada a cumprir outra obrigação, como um fazer ou não fazer, não se falará em necessidade de trânsito em julgados para adimplemento!

PARCELA INCONTROVERSA: importante observar que a suspensão automática não impede o prosseguimento da execução de parcela incontroversa. Em outras palavras, concordando a Fazenda Pública com parte do valor objeto da execução, do quantum incontroverso poderá ser extraído precatório ou RPV (art. 919, § 3º), conforme o caso.

PARCELAMENTO X VALOR INCONTROVERSO: ao final, se os embargos forem improcedentes, a parte excedente poderá ser cobrada pelo exequente, por meio de outro precatório ou outra requisição de pequeno valor. Apesar de, na prática, ser possível a expedição de duas ordens de pagamento, com o consequente fracionamento da execução, tal possibilidade não afrontará a vedação constitucional prevista no § 4º do art. 100. O que o legislador veda é o parcelamento da execução como forma de burlar a ordem cronológica de pagamentos, o que não se verifica quando a Fazenda Pública aceita que a execução prossiga pelo valor incontroverso e, quanto ao restante, submeta a execução ao resultado dos embargos.

SÚMULAS APLICÁVEIS E DEMAIS ENTENDIMENTOS

× Súmula Vinculante nº 17 do STF: "Durante o período previsto no § 1º do art. 100 da Constituição, não incidem juros de mora sobre os precatórios que nele sejam pagos".
× Súmula nº 655 do STF: "A exceção prevista no art. 100, caput, da Constituição, em favor dos créditos de natureza alimentícia, não dispensa a expedição de precatório, limitando-se a isentá-los da observância da ordem cronológica dos precatórios decorrentes de condenações de outra natureza".
× Súmula nº 733 do STF: "Não cabe recurso extraordinário contra decisão proferida no processamento de precatórios".
× Súmula nº 144 do STJ: "Os créditos de natureza alimentícia gozam de preferência, desvinculados os precatórios da ordem cronológica dos créditos de natureza diversa".
× Súmula nº 279 do STJ: "É cabível execução por título extrajudicial contra a Fazenda Pública".
× Súmula nº 311 do STJ: "Os atos do presidente do tribunal que disponham sobre processamento e pagamento de precatório não têm caráter jurisdicional".
× "Súmula 406, STJ. A Fazenda Pública pode recusar a substituição do bem penhorado por precatório".
× **Súmula nº 461 do STJ: "O contribuinte pode optar por receber, por meio de precatório ou por compensação, o indébito tributário certificado por sentença declaratória transitada em julgado".**
 — "O termo inicial do prazo prescricional para a execução contra a Fazenda Pública é o trânsito em julgado da sentença condenatória se não for necessária a liquidação da sentença, mas apenas a realização de meros cálculos aritméticos, ainda que ocorra atraso no fornecimento de fichas financeiras. AgRg no AgRg no AREsp 151.681-PE, Rel. Min. Humberto Martins, julgado em 18/10/2012. (Info 507)"

— STF tem entendimento pacífico no sentido de que "não viola o art. 100, §8°, da Constituição Federal a execução individual de sentença condenatória genérica proferida contra a Fazenda Pública em ação coletiva visando à tutela de direitos individuais homogêneos" (ARE 925754/PR, julgado em 17/12/2015).

— A jurisprudência do STF apresenta conformidade com o enunciado fixado na súmula 31 da AGU, segundo o qual "é cabível a expedição de precatório referente a parcela incontroversa, em sede de execução ajuizada em face da Fazenda Pública".

— STF fixou entendimento no sentido de que é necessário "o uso de precatórios para o pagamento de dívidas da Fazenda Pública, mesmo aquelas relativas às pendências acumuladas no período entre a impetração de mandado de segurança e a concessão da ordem. Assim, o pagamento dos valores devidos pela Fazenda Pública entre a data da impetração do mandado de segurança e a efetiva implementação da ordem concessiva deve observar o regime de precatórios previsto no artigo 100 da Constituição Federal" (RE 889173).

— STF fixou entendimento no sentido de que "incidem os juros da mora no período compreendido entre a data da realização dos cálculos e a da requisição ou do precatório" (STF. Plenário. RE 579431/RS, Rel. Min. Marco Aurélio, julgado em 19/4/2017).

EXECUÇÃO DE OBRIGAÇÃO ALIMENTAR

Inicialmente cabe elucidar que o CPC/1973 não trazia regras específicas para a execução de alimentos tratando-se de título executivo extrajudicial.

Os novos dispositivos (arts. 911 a 913) suprem a falha do legislador, mas acabam trazendo regras semelhantes àquelas previstas nos arts. 732 a 734 do CPC/1973. De modo geral, as disposições previstas no CPC/2015 sobre o cumprimento de sentença e a execução de título extrajudicial são bastante semelhantes.

Cumprimento de sentença que reconheça a exigibilidade de prestar alimentos	Execução de título extrajudicial que reconheça a exigibilidade de prestar alimentos
O executado será intimado para, no prazo de 3 dias, pagar o débito, provar que o fez ou justificar a impossibilidade de efetuá-lo (art. 528). Obs.: só se falará em citação se a obrigações estiver prevista em sentença estrangeira homologada pelo STJ; decisão interlocutória estrangeira, após concessão de exequatur a carta rogatória pelo STJ; sentença arbitral (art. 515, §1º, CPC).	O executado será **citado** para, no prazo de 3 dias, pagar o débito, provar que o fez ou justificar a impossibilidade de efetuá-lo (art. 911).

× Além do saldo devedor apontado na petição, a citação para pagamento incluirá as prestações que se vencerem no curso do processo.
× A opção por esse rito admite a prisão do devedor de alimentos! Se o exequente preferir, poderá optar pelo rito da expropriação, cobrando como quantia certa.

— Nesse ponto, cabe destacar que somente até as 3 última prestações vencidas admitem o rito da prisão, além daqueles que se vencerem no curso do processo. Demais prestações devem ser exigidas pelo rito da expropriação.

> ATENÇÃO: Já elucidamos nessa aula, mas voltamos a repisar: o STJ em 30/08/2022, através da Quarta Turma, entendeu que para a cobrança de alimentos é cabível a cumulação das medidas de coerção pessoal (prisão) e de expropriação patrimonial (penhora) no âmbito do mesmo procedimento executivo, desde que não haja prejuízo ao devedor - a ser comprovado por ele - nem ocorra tumulto processual, situações que devem ser avaliadas pelo magistrado em cada caso. O número deste processo não foi divulgado em razão de segredo judicial.

Logo, escolhido o rito procedimental, o executado será citado e poderá:
1. adimplir a obrigação;
2. apresentar **justificativa** e comprovação quanto à existência de fato que gere a **impossibilidade absoluta** de pagar (art. 911, parágrafo único, c/c o art. 528, § 2º); ou
3. manter-se inerte.

PRISÃO

Se não houver pagamento ou a justificativa não for aceita, o juiz decretará a prisão do executado pelo prazo de 1 a 3 meses.

Esse modo de coerção só será possível em relação ao débito alimentar que compreenda as ATÉ **três prestações anteriores ao ajuizamento da execução** e as que se vencerem no curso do processo (art. 911, parágrafo único, c/c o art. 528, § 7°; Súmula n° 309 do STJ).

> **ATENÇÃO:** STJ, Súmula n° 309: "O débito alimentar que autoriza a prisão civil do alimentante é o que compreende as três prestações anteriores ao ajuizamento da execução e as que se vencerem no curso do processo".
> Ressalte-se que o atraso de uma só prestação autoriza a prisão civil do devedor de alimentos, desde que essa prestação esteja compreendida entre as três últimas devidas, conforme redação do §7° do art. 528 do CPC, que é posterior a S.309!

REGIME: assim como ocorre no cumprimento de sentença, o executado cumprirá a penalidade em regime fechado, com a condição de que fique separado dos presos comuns (art. 911, parágrafo único, c/c o art. 528, § 4°).

CELA: se o presídio não oferecer condições para a separação dos demais presos, possivelmente a jurisprudência caminhará no sentido de permitir o cumprimento da pena em regime domiciliar. Ressalte-se que não será decretada prisão se o juiz aceitar as justificativas do executado quanto à impossibilidade de pagar os alimentos vencidos e vincendos (art. 528, § 2°).

DESCONTO EM FOLHA: caso o devedor tenha vínculo trabalhista, de natureza pública ou privada, com remuneração periódica, o pagamento da prestação poderá ser feito mediante desconto em folha. Nesse caso, independentemente da aquiescência do alimentante e mediante requerimento do exequente, poderá o juiz, ao despachar a inicial, determinar que a importância devida seja descontada pelo empregador e repassada ao alimentado. Se o empregador, autoridade ou empresa que receber o ofício não proceder com o desconto, estará caracterizado o crime de desobediência (art. 330 do CP).

EFEITOS DOS EMBARGOS: saliente-se que, diferentemente do que ocorre na execução comum por quantia certa, em que o efeito suspensivo dos embargos pode impedir a realização de atos de constrição (art. 919), na execução de prestação alimentícia, a parte final do art. 913 estabelece a possibilidade de o exequente levantar, mensalmente, a importância da prestação, mesmo com a apresentação dos embargos a execução.

Analisando os arts. 911 a 913, podemos concluir que existem três meios de execução da prestação alimentícia (título extrajudicial), quais sejam:

a. expropriação (art. 913);
b. desconto em folha de pagamento (art. 912); e
c. a prisão (art. 911).

> Art. 911. Na execução fundada em título executivo extrajudicial que contenha obrigação alimentar, o juiz mandará citar o executado para, em 3 (três) dias, efetuar o pagamento das parcelas anteriores ao início da execução e das que se vencerem no seu curso, provar que o fez ou justificar a impossibilidade de fazê-lo.
> Parágrafo único. Aplicam-se, no que couber, os §§ 2º a 7º do art. 528.
> Art. 912. Quando o executado for funcionário público, militar, diretor ou gerente de empresa, bem como empregado sujeito à legislação do trabalho, o exequente poderá requerer o desconto em folha de pagamento de pessoal da importância da prestação alimentícia.
> § 1º Ao despachar a inicial, o juiz oficiará à autoridade, à empresa ou ao empregador, determinando, sob pena de crime de desobediência, o desconto a partir da primeira remuneração posterior do executado, a contar do protocolo do ofício.
> § 2º O ofício conterá os nomes e o número de inscrição no Cadastro de Pessoas Físicas do exequente e do executado, a importância a ser descontada mensalmente, a conta na qual deve ser feito o depósito e, se for o caso, o tempo de sua duração.
> Art. 913. Não requerida a execução nos termos deste Capítulo, observar-se-á o disposto no art. 824 e seguintes, com a ressalva de que, recaindo a penhora em dinheiro, a concessão de efeito suspensivo aos embargos à execução não obsta a que o exequente levante mensalmente a importância da prestação.

A terceira modalidade, prisão, decorre do disposto no art. 5º, LXVII, da CF/1988, segundo o qual "não haverá prisão civil por dívida, salvo a do responsável pelo inadimplemento voluntário e inescusável de obrigação alimentícia".

De acordo com o dispositivo constitucional, a prisão é cabível qualquer que seja a natureza dos alimentos.

× QUAL RECURSO DA DECISÃO QUE DECRETA A PRISÃO?

A decisão que decreta a prisão civil do alimentante é **decisão interlocutória,** sujeita, pois, a **agravo de instrumento** (art. 1.015, parágrafo único). Como a decisão que decreta a *prisão fere o direito de ir e vir*, admite-se também a *impetração de habeas corpus*. Entretanto, nessa via discutem-se tão **somente aspectos formais da prisão, e não questões ligadas à prestação alimentar.**

× INCIDE A TEORIA DO ADIMPLEMENTO SUBSTANCIAL?

Não! Vejamos a jurisprudência: "A jurisprudência desta Corte já proclamou que não incide nas controvérsias relacionadas a obrigação alimentar a Teoria do Adimplemento Substancial, de aplicação estrita no Direito das Obrigações e que o pagamento parcial da verba alimentar também não afasta a possibilidade de prisão civil. (HC 536.544/SP, Rel. Ministro MOURA RIBEIRO, TERCEIRA TURMA, julgado em 20/02/2020, DJe 26/02/2020)"

EXPROPRIAÇÃO X PRISÃO: destaca DONIZETTI que

> "A execução expropriatória pode ser proposta desde o início, dependendo da urgência do credor. O que não pode haver é cumulação, a um só tempo, de medida coercitiva (prisão) com expropriatória, envolvendo o mesmo débito. Ou a execução incide sobre o patrimônio ou se decreta a prisão, como meio coercitivo."

Em que pese essa seja a previsão da lei e da doutrina, já elucidamos os recentes posicionamentos do STJ!

Assim, proposta desde o início ou depois de esgotado o recurso da prisão, a execução expropriatória seguirá o rito da execução por quantia certa, ou seja:

× devedor será intimado para cumprir a obrigação no prazo de 15 dias, sob pena de multa de 10% sobre o montante da prestação, mais honorários advocatícios de 10%, prosseguindo-se com a penhora e demais atos expropriatórios.

SÚMULAS

× Súmula nº 144 do STJ: "Os créditos de natureza alimentícia gozam de preferência, desvinculados os precatórios da ordem cronológica dos créditos de natureza diversa".

× Súmula nº 309 do STJ: "O débito alimentar que autoriza a prisão civil do alimentante é o que compreende as três prestações anteriores ao ajuizamento da execução e as que se vencerem no curso do processo".

- Súmula 358 - "O cancelamento de pensão alimentícia de filho que atingiu a maioridade está sujeito à decisão judicial, mediante contraditório, ainda que nos próprios autos."
- Súmula 621: Os efeitos da sentença que reduz, majora ou exonera o alimentante do pagamento retroagem à data da citação, vedadas a compensação e a repetibilidade.

RESUMO

Entregar (arts. 806-813, CPC)	**Coisa certa:** 15 dias para entregar (806, CPC); **Coisa incerta:** sem previsão em dias. Nesse caso o juiz poderá fixar ou constar o prazo do título. Após escolha (credor ou devedor), 15 dias para impugnar (arts. 811-812, CPC) somente
Fazer e não fazer (arts. 814-823, CPC)	**Fazer:** prazo que o juiz lhe designar, se outro não estiver determinado no título executivo (815, CPC). **Não fazer:** prazo que o juiz lhe designar (art. 822, CPC).
Pagar quantia certa (arts. 824-909, CPC)	3 (três) dias contado da citação. * No caso de integral pagamento no prazo de 3 (três) dias, o valor dos honorários advocatícios será reduzido pela metade.
Pagar quantia contra a Fazenda Pública (art. 910, CPC)	NÃO há citação para cumprir, somente para apresentar embargos em 30 dias (910, CPC). Fazenda pagará por precatório ou RPV após trânsito em julgado.
Alimentos (arts. 911-913, CPC)	3 dias para *pagar, provar que o fez ou justificar a impossibilidade absoluta* (art. 911, CPC).

+ EXERCÍCIOS DE FIXAÇÃO

01. Ano: 2019 Banca: MPE-GO Órgão: MPE-GO Prova: MPE-GO - 2019 - MPE-GO - Promotor de Justiça - Reaplicação

O termo de compromisso de ajustamento de conduta, celebrado pelo Ministério Público, tem eficácia de título executivo extrajudicial, sujeitando-se, portanto, ao processo de execução para a satisfação de sua obrigação. Diante disso, considerando as disposições pertinentes no estatuto processual civil, assinale a alternativa correta:

A) O executado poder· oferecer embargos à execução no prazo de 15 (quinze) dias, contando-se o prazo individualmente quando houver mais de um executado, a partir da juntada do respectivo comprovante de citação de cada um. Todavia, tratando-se de executados casados entre si, o prazo ser· contado a partir da juntada do último comprovante de citação.

B) Como regra, os embargos à execução não têm efeito suspensivo ope legis. Entretanto, atribuído tal efeito pelo juízo, não se admite a prática de qualquer ato no processo de execução.

C) A concessão de efeito suspensivo aos embargos à execução depende dos seguintes requisitos: requerimento do embargante e demonstração dos pressupostos para a concessão da tutela provisória.

D) Na execução por carta precatória, os embargos poderão ser oferecidos nos juízos deprecante ou deprecado, mas a competência para julgamento é exclusiva do deprecante, pois este é o responsável pelo processo de execução.

02. Ano: 2020 Banca: CPCON Órgão: Prefeitura de Sapé - PB Prova: CPCON - 2020 - Prefeitura de Sapé - PB - Advogado de Terceira Entrância

No âmbito da execução contra a Fazenda Pública, aponte a alternativa CORRETA:

A) Quando se alegar que o exequente, em excesso de execução, pleiteia quantia superior à resultante do título, cumprirá à executada declarar, em 15 (quinze) dias, o valor que entende correto, sob pena de não conhecimento da arguição.

B) Na execução fundada em título extrajudicial, a Fazenda Pública será citada para opor embargos em 60 (sessenta) dia

C) Nos embargos, a Fazenda Pública poderá alegar qualquer matéria que lhe seria lícito deduzir como defesa no processo de conhecimento.

D) Tratando-se de impugnação parcial, a parte não questionada pela executada será, desde logo, objeto de cumprimento, desde que não ultrapasse o limite de 20 (vinte) salários-mínimos.

E) O executado incidirá nas penas de litigância de má-fé quando injustificadamente descumprir a ordem judicial, afastada eventual responsabilização por crime de desobediência.

» GABARITO

01. Gabarito: letra a

A) CORRETA, conforme art. 915. § 1º: Quando houver mais de um executado, o prazo para cada um deles embargar conta-se a partir da juntada do respectivo comprovante da citação, salvo no caso de cônjuges ou de companheiros, quando será contado a partir da juntada do último.

B) INCORRETA, conforme Art. 919. (...) § 5o A concessão de efeito suspensivo não impedirá a efetivação dos atos de substituição, de reforço ou de redução da penhora e de avaliação dos bens.

C) INCORRETA, conforme Art. 919. Os embargos à execução não terão efeito suspensivo. § 1o O juiz poderá, a requerimento do embargante, atribuir efeito suspensivo aos embargos quando verificados os requisitos para a concessão da tutela provisória e desde que a execução já esteja garantida por penhora, depósito ou caução suficientes.

D) INCORRETA, conforme Art. 914 (...) § 2o Na execução por carta, os embargos serão oferecidos no juízo deprecante ou no juízo deprecado, mas a competência para julgá-los é do juízo deprecante, salvo se versarem unicamente sobre vícios ou defeitos da penhora, da avaliação ou da alienação dos bens efetuadas no juízo deprecado.

02. Gabarito: letra c

Era necessário o conhecimento de execução contra a Fazenda (art. 910, CPC) e demais modalidades, como fazer, não fazer e entregar, que também se aplicam à Fazenda. Vejamos:

A) Incorreta. O prazo para a Fazenda alegar excesso é o prazo de embargos, isto é, de 30 dias (art. 910, CPC). Ademais, inciso III do art. 917: Art. 917. Nos embargos à execução, o executado poderá alegar: III - excesso de execução ou cumulação indevida de execuções;

B) Incorreta, conforme elucidado na "alternativa a" o prazo é 30 dias (art. 910, CPC).

C) Correta, conforme Art. 910, §2º, CPC: § 2º Nos embargos, a Fazenda Pública poderá alegar qualquer matéria que lhe seria lícito deduzir como defesa no processo de conhecimento.

D) Incorreta. É preciso interpretar conjuntamente o Art. 910, §3 (Aplica-se a este Capítulo, no que couber, o disposto nos artigos 534 e 535) com o art. 535, §4º (Tratando-se de impugnação parcial, a parte não questionada pela executada será, desde logo, objeto de cumprimento.); e o art. 100, §3º e 4º da CF (que dispões obre o pagamento de pequeno valor e que cada ente fixará o valor por lei própria).

Nota: o art. 535, §4º, CPC foi objeto da ADI n. 5534, no boja da qual o STF deu interpretação conforme ao texto:

Não é razoável impedir a satisfação imediata da parte incontroversa de título judicial, devendo-se observar, para efeito de determinação do regime de pagamento — se por precatório ou requisição de pequeno valor —, o valor total da condenação. (STF. Plenário ADI 5534/DF, Rel. Min. Dias Toffoli, julgado em 18/12/2020 (Info 1003).

E) Incorreta. Se a Fazenda for citada a um fazer, não fazer ou entregar, poderá incidir em penalidades. Vejamos o §3º do art. 536 que também se aplica a execução de títulos extrajudiciais: § 3º O executado incidirá nas penas de litigância de má-fé quando injustificadamente descumprir a ordem judicial, sem prejuízo de sua responsabilização por crime de desobediência.

PARTE V — PROCESSO NOS TRIBUNAIS E RECURSOS

Parte Especial: arts. 926-1044, CPC

23

O tema "Ordem dos Processos nos Tribunais e dos Processos de competência originária de Tribunais ", presente no Livro III do CPC, tem início no art. 926 e término no art. 993, sendo que nessa aula vamos tratar especificamente do(a)

* Disposições gerais: arts. 926-928, CPC;
* Ordem dos processos no Tribunal: arts. 929-946, CPC;
* Incidente de assunção de competência: art. 947, CPC;
* Incidente de arguição de de inscontitucionalidade: arts. 948-950, CPC;
* Conflito de competência: arts. 951-959, CPC;

DOS PROCESSOS NOS TRIBUNAIS E DOS MEIOS DE IMPUGNAÇÃO DAS DECISÕES JUDICIAIS

23.1. DISPOSIÇÕES GERAIS: ARTS. 926-928, CPC

O nosso sistema processual possui origem na tradição romano-germânica (*civil law*), sendo que atualmente se verifica uma tendência de *aproximação* ao *commom law*, isto é, ao sistema de tradição anglo-saxão, sem com ele se confundir.

> O precedente representa um ponto de partida para a análise e julgamento do caso concreto e não uma restrição ao poder de julgar, o que permite traçar a fundamental distinção entre o stare decisis e a súmula vinculante aplicada no direito nacional (art. 489, II, CPC/2015). Diga-se: a ratio decidendi do stare decisis não tem correspondência no processo civil adotado no Brasil, visto que não se confunde com a fundamentação e com o dispositivo. Tem-se construído um sistema próprio (híbrido), adaptado às características de um ordenamento de civil law. "Há, no Brasil, mais um sistema de padronização das decisões, do que um sistema de precedentes (LOURENÇO, Haroldo)".

De fato, o CPC busca maior uniformização da jurisprudência e para tanto traz alguns deveres que devem ser seguidos. Daí afirmar que se

busca pela formação de uma jurisprudência mais " I-C-E ", ou seja, com maior integridade, coerência e estabilidade (art. 926, CPC).

A busca pela uniformização de entendimentos está no sentido de garantir o tratamento isonômico, garantia constitucional do Estado Democrático de Direito, assim como segurança jurídica, em vista de maior previsibilidade às decisões judiciais. Mas a expressão *"uniformizar"* não deve ser confundida com demais *"deveres"* previstos no art. 926, conforme ensinamentos de DONIZETTI:

> Os *deveres* de estabilidade, integridade e coerência, também inseridos no caput do art. 926, podem muitas vezes ser confundidos com a própria noção de *uniformidade*. Entretanto, uniformizar é apenas um dos deveres relacionados à construção e manutenção de um sistema de precedentes criado pelo CPC/2015.

Estabilizar significa manter o que já foi uniformizado. De nada adianta o dever anterior se o tribunal não cuida de preservar a estabilidade de suas próprias decisões, alterando em pouco tempo um entendimento aparentemente consolidado sem que haja razões para tanto.

Os deveres de coerência e integridade, apesar de complementares, não podem ser tratados como sinônimos.

A coerência está ligada a ideia de não contradição, o que quer dizer que os tribunais devem manter uma relação harmônica entre o que se decide e todo o processo. Não há coerência, por exemplo, quando uma mesma turma do STJ ora decide de uma forma, ora decide de outra, mesmo diante de casos faticamente semelhantes. Também não há coerência quando o tribunal, desconsiderando uma sequência lógica de julgados, firma entendimento diametralmente oposto em espaço curto de tempo. **Isso porque a coerência impõe "o dever de dialogar com os precedentes anteriores, até mesmo para superá-los e demonstrar o distinguishing".**

A integridade, por outro lado, denota a ideia de *conformidade com o Direito*, notadamente com as disposições constitucionais. Um exemplo de entendimento que não observa a integridade é a decisão que afasta a legitimidade do Ministério Público para propor representação para a apuração de arrecadação e gastos ilícitos em campanha eleitoral por inexistir previsão expressa no art. 30-A da Lei das Eleições (Lei nº 9.504/1997). É que, apesar de a lei excluir o MP, o TSE tem entendimento de que o Parquet tem, sim, legitimidade ativa para tal mister (RO nº 1.596), a qual decorre do art. 127 da CF/1988.

Para melhor avançarmos no tema, vamos fazer algumas considerações importantes que estão sendo alvo de reiterada cobrança nos concursos. Vamos destacar alguns conceitos essenciais para compreender o tema:

	CONCEITO
JURISPRUDÊNCIA	É o conjunto das decisões judiciais anteriores, que refletem o entendimento de órgão judicial. Possui decisões vinculantes e não vinculantes. Quanto às vinculantes, temos os precedentes, que são tanto vinculantes como persuasivos. A jurisprudência é abstrata, vez que não vem materializada de forma objetiva em nenhum enunciado ou julgamento.
PRECEDENTE	Trata de uma decisão específica que venha a ser utilizada em caso futuro como fundamento de decidir. O precedente no sistema brasileiro não se confunde com o precedente do direito anglo-saxão. O precedente é objetivo, diferentemente da jurisprudência que é abstrata. Ademais, se desrespeitado, fará com que se reconheça a decisão judicial como não fundamentada (art. 489, §1º, V).
SÚMULA	Revela a uniformização da jurisprudência consolidada em um tribunal.
DISTINGUISHING/ DISTINGUISH	Técnica utilizada com o objetivo de diferenciar o caso concreto da ratio decidendi, a fim de aplicar ou mesmo afastar o precedente.
OVERRULING	o **precedente é revogado ou superado** em razão da modificação dos valores sociais, dos conceitos jurídicos, da tecnologia ou mesmo em virtude de erro gerador de instabilidade em sua aplicação.[1] **Atenção: aqui temos a superação TOTAL do precedente, que pode ser** -**expressa** = *express overruling*. Existe no Brasil! Exemplos: revisão ou cancelamento de súmula vinculante (art. 103-A, §2, CF/88 e Lei nº 11.417/2006). -**tácita** = *implied overruling*. NÃO EXISTE no Brasil, em função da necessidade de devido processo legal. EFEITOS: podem ser prospectivos (eficácia ex nunc) ou retrospectivos (eficácia ex tunc). O efeito retrospectivo é usado se o precedente é recente, ainda não está consolidado. A REGRA é a utilização de efeitos ex nunc.
OVERRIDING	Trata-se da superação PARCIAL do precedente. Ocorre quando o tribunal limita o âmbito de incidência do precedente, em função da superveniência de uma regra ou princípio legal.
SIGNALING	Nem sempre os Tribunais fazem o overruling, mas podem apontar signaling (technique of signaling), ou seja, dão sinais de que a jurisprudência será alterada ou seguirá uma determinada orientação porque o precedente possui conteúdo que não levará a resultado satisfatório. O signaling é, em síntese, um sinal da iminência do overruling.

---

[1] Cf DONIZETTI, p.1176.

	CONCEITO
TRANSFORMATION	É a técnica pela qual se busca adequar a decisão proferida, que está incompatível com a *ratio decidendi* do precedente. Em suma: conclui-se que houve erro na argumentação, com fundamento equivocado na tese do precedente, no entanto, o resultado está correto.
STARE DECISIS	Corresponde à **norma criada** via decisão judicial que, em razão do status do órgão que a criou, *vincula obrigatoriamente* o órgão *a quo*. Pode ser entendida como *precedente de respeito obrigatório*. Stare decisis et non quieta movere - termo completo - significa "mantenha-se a decisão e não se moleste o que foi decidido" [2].
RATIO DECIDENDI	é a razão de decidir do julgado, ou seja, os <u>fundamentos</u> essenciais de uma decisão e que poderão ser futuramente alegados em casos futuros. Nota: as circunstâncias fáticas não tornam obrigatória a norma criada para o caso concreto.
OBITER DICTUM (OBITER DICTA, no plural)	Nem tudo que consta na fundamentação da decisão é a *ratio decidendi*, pois pode haver argumentação que tangencie o ponto central, daí falar em *obter* dictum. São, portanto, os argumentos acessórios à ratio decidendi. Não possuem força vinculante. **FPPC: "Obiter dictum (obiter dicta, no plural) não vira precedente, pois este engloba somente a ratio decidendi" (Enunciado 318 do FPPC).**

ATENÇÃO: "lei nova, incompatível com o precedente judicial, é fato que acarreta a não aplicação do precedente por qualquer tribunal, ressalvado o reconhecimento de sua inconstitucionalidade, a realização de interpretação conforme ou a pronúncia de nulidade sem redução de texto" (Enunciado n° 324 do FPPC).

Enaltecidas tais premissas, vamos falar da **força vinculante dos precedentes**, que pressupõe, a um só tempo, "atividade constitutiva (de quem cria a norma) e atividade declaratória, destinada aos julgadores que têm o dever de seguir o precedente" (DONIZETTI, p.1176.). Vejamos, sobre o tema, o art. 927 do CPC:

> Art. 927. Os juízes e os tribunais observarão:
> I - as decisões do Supremo Tribunal Federal em controle concentrado de constitucionalidade;
> II - os enunciados de súmula vinculante;
> III - os acórdãos em incidente de assunção de competência ou de resolução de demandas repetitivas e em julgamento de recursos extraordinário e especial repetitivos;

---
[2] TUCCI, José Rogério Cruz e. Precedente judicial como fonte do direito. São Paulo: RT, 2004.

IV - os enunciados das súmulas do Supremo Tribunal Federal em matéria constitucional e do Superior Tribunal de Justiça em matéria infraconstitucional;

V - a orientação do plenário ou do órgão especial aos quais estiverem vinculados.

§ 1o Os juízes e os tribunais observarão o disposto no art. 10 [CONTRADITÓRIO] e no art. 489, § 1º [MOTIVAÇÃO/FUNDAMENTAÇÃO], quando decidirem com fundamento neste artigo.

§ 2o A alteração de tese jurídica adotada em enunciado de súmula ou em julgamento de casos repetitivos poderá ser precedida de audiências públicas e da participação de pessoas, órgãos ou entidades que possam contribuir para a rediscussão da tese.

§ 3º Na hipótese de alteração de jurisprudência dominante do Supremo Tribunal Federal e dos tribunais superiores ou daquela oriunda de julgamento de casos repetitivos, pode haver **modulação dos efeitos** da alteração no interesse social e no da segurança jurídica.

§ 4 A modificação de enunciado de súmula, de jurisprudência pacificada ou de tese adotada em julgamento de casos repetitivos observará a necessidade de fundamentação adequada e específica, considerando os princípios da segurança jurídica, da proteção da confiança e da isonomia.

§ 5o Os tribunais darão publicidade a seus precedentes, organizando-os por questão jurídica decidida e divulgando-os, preferencialmente, na rede mundial de computadores.

Note que o art. 927 do CPC busca delimitar quais precedentes terão eficácia vinculante no Brasil, o que gera algumas divergências doutrinárias, pois há quem defenda que, consoante o **Enunciado 170 do FPPC**, todas as hipóteses do art. 927 seriam vinculantes e obrigatórias, além de afirmar que esse rol é exemplificativo.

ATENÇÃO: Independentemente da discussão, o STJ já se posicionou pela possibilidade de aplicação do acórdão proferido em recurso representativo da controvérsia aos demais processos que tratam da mesma matéria, antes mesmo do seu trânsito em julgado (STJ, 4º T., AgInt no REsp 1.536.711/MT, Rel. Min. Maria Isabel Gallotti, j. 08.08.2017).

23.1.1. DESRESPEITO AOS PRECEDENTES E RECLAMAÇÃO

Na esteira das disposições constitucionais (arts. 102, I, "l", e 105, I, "f", ambos da CF/1988), o art. 988, III e IV, CPC, prevê que será admissível reclamação para garantir a observância de enunciado de súmula vinculante e de decisão do STF em controle concentrado de constitucionalidade, bem como para garantir a observância de acórdão proferido em julgamento de IRDR ou de IAC, ou seja, somente nas hipóteses dos incisos I, II e III (1ª parte) do art. 927 do CPC.

> Art. 988. Caberá reclamação da **parte interessada ou do Ministério Público** para:
> I - preservar a competência do tribunal;
> II - garantir a autoridade das decisões do tribunal;
> **III – garantir a observância de enunciado de súmula vinculante e de decisão do Supremo Tribunal Federal em controle concentrado de constitucionalidade**
> **IV – garantir a observância de acórdão proferido em julgamento de incidente de resolução de demandas repetitivas ou de incidente de assunção de competência**
> § 1º A reclamação pode ser proposta perante qualquer tribunal, e seu julgamento compete ao órgão jurisdicional cuja competência se busca preservar ou cuja autoridade se pretenda garantir.
> § 2º A reclamação deverá ser instruída com prova documental e dirigida ao presidente do tribunal.
> § 3º Assim que recebida, a reclamação será autuada e distribuída ao relator do processo principal, sempre que possível.
> § 4º As hipóteses dos incisos III e IV compreendem a aplicação indevida da tese jurídica e sua não aplicação aos casos que a ela correspondam.
> § 5º É inadmissível a reclamação:
> I – proposta após o trânsito em julgado da decisão reclamada
> II – proposta para garantir a observância de acórdão de recurso extraordinário com repercussão geral reconhecida ou de acórdão proferido em julgamento de recursos extraordinário ou especial repetitivos, quando não esgotadas as instâncias ordinárias.
> § 6º A inadmissibilidade ou o julgamento do recurso interposto contra a decisão proferida pelo órgão reclamado não prejudica a reclamação.
> Art. 927. Os juízes e os tribunais observarão:
> I - as decisões do Supremo Tribunal Federal em controle concentrado de constitucionalidade;
> II - os enunciados de súmula vinculante;
> III - os acórdãos em incidente de assunção de competência ou de resolução de demandas repetitivas e em julgamento de recursos extraordinário e especial repetitivos;

23.1.2. CASOS REPETITIVOS (ART. 928, CPC)

Conforme art. 928 do CPC, tem-se por casos repetitivos as decisões proferidas em
× IRDR; e
× Recursos Extraordinários e Especiais REPETITIVOS.

> É possível debater DIREITO MATERIAL nos casos repetitivos? Sim! **Tanto direito material como processual** (§ú, 928, CPC): "O julgamento de casos repetitivos tem por objeto questão de direito material ou processual".

23.2. ORDEM DOS PROCESSOS NOS TRIBUNAIS

Conforme art. 929 os autos serão registrados no protocolo do tribunal no dia de sua entrada, cabendo à secretaria ordená-los, com imediata distribuição, conforme regimento interno do Tribunal (art. 930, CPC).

> Art. 930. Far-se-á a distribuição de acordo com o regimento interno do tribunal, observando-se a alternatividade, o sorteio eletrônico e a publicidade.
> Parágrafo único. O primeiro recurso protocolado no tribunal tornará prevento o relator para eventual recurso subsequente interposto no mesmo processo ou em processo conexo.

Feita a distribuição, haverá conclusão ao **relator pelo prazo de 30 dias,** que após elaborar o voto, restituí-los-á, com relatório, à secretaria (art. 931, CPC).

ATENÇÃO - MUDANÇA EM RELAÇÃO AO CPC/73

No CPC/1973 após o retorno dos autos à secretaria, o relator providenciava o encaminhamento ao revisor (art. 551 do CPC/1973). O CPC/2015 extinguiu a figura do revisor no procedimento recursal.

Ademais, são incumbências do Relator:

> Art. 932. Incumbe ao relator
> I - dirigir e ordenar o processo no tribunal, inclusive em relação à produção de prova, bem como, quando for o caso, homologar autocomposição das partes;
> II - apreciar o pedido de tutela provisória nos recursos e nos processos de competência originária do tribunal;
> III - não conhecer de recurso inadmissível, prejudicado ou que não tenha impugnado especificamente os fundamentos da decisão recorrida;
> **IV - negar provimento a recurso que for contrário a:**
> a) súmula do Supremo Tribunal Federal, do Superior Tribunal de Justiça ou do próprio tribunal;
> b) acórdão proferido pelo Supremo Tribunal Federal ou pelo Superior Tribunal de Justiça em julgamento de recursos repetitivos;
> c) entendimento firmado em incidente de resolução de demandas repetitivas ou de assunção de competência;
> **V - depois de facultada a apresentação de contrarrazões, dar provimento ao recurso se a decisão recorrida for contrária a:**

a) súmula do Supremo Tribunal Federal, do Superior Tribunal de Justiça ou do próprio tribunal;
b) acórdão proferido pelo Supremo Tribunal Federal ou pelo Superior Tribunal de Justiça em julgamento de recursos repetitivos;
c) entendimento firmado em incidente de resolução de demandas repetitivas ou de assunção de competência;
VI - decidir o incidente de desconsideração da personalidade jurídica, quando este for instaurado originariamente perante o tribunal;
VII - determinar a intimação do Ministério Público, quando for o caso;
VIII - exercer outras atribuições estabelecidas no regimento interno do tribunal.
Parágrafo único. Antes de considerar inadmissível o recurso, o relator concederá o prazo de 5 (cinco) dias ao recorrente para que seja sanado vício ou complementada a documentação exigível.

> **SÚMULA 568 STJ**
>
> "O relator, monocraticamente e no Superior Tribunal de Justiça, poderá dar ou negar provimento ao recurso quando houver entendimento dominante acerca do tema".

23.2.1. FATO SUPERVENIENTE OU QUESTÃO APRECIÁVEL EX OFFICIO

Verificando a ocorrência de fato superveniente à decisão recorrida ou a existência de questão apreciável de ofício ainda não examinada que devam ser considerados no julgamento do recurso, o Relator determinará a intimação das partes para que se manifestem no **prazo de 5 (cinco) dias** (933, CPC).

Entretanto, se a constatação

× **ocorrer durante a sessão de julgamento:** será imediatamente suspenso a fim de que as partes se manifestem especificamente.

× **se der em vista dos auto:** deverá o juiz que a solicitou encaminhá-los ao relator, que tomará as providências previstas no caput e, em seguida, solicitará a inclusão do feito em pauta para prosseguimento do julgamento, com submissão integral da nova questão aos julgadores.

× **Pauta e sessão:** prazo de pelo menos 5 dias

23.2.2. SESSÃO DE JULGAMENTO

Entre a data de publicação da pauta e a da sessão de julgamento decorrerá, **pelo menos, o prazo de 5 (cinco) dias**. Os processos que não tenham sido julgados, serão alvo de nova pauta, salvo aqueles cujo julgamento tiver sido expressamente adiado para a primeira sessão seguinte (934, CPC). Na sessão de julgamento, deverá ser respeitada a seguinte ordem:

> Art. 936. Ressalvadas as preferências legais e regimentais, os recursos, a remessa necessária e os processos de competência originária serão julgados na seguinte ordem:
> I - aqueles nos quais houver **sustentação oral**, observada a ordem dos requerimentos;
> II - os requerimentos de preferência apresentados até o início da sessão de julgamento;
> III - aqueles cujo julgamento tenha iniciado em sessão anterior; e
> IV - os demais casos.

O atual CPC não autoriza a **sustentação oral em qualquer modalidade recursal ou mesmo ação originária**. Temos um rol taxativo no art. 937 do CPC:

> Art. 937. Na sessão de julgamento, depois da exposição da causa pelo relator, o presidente dará a palavra, sucessivamente, ao recorrente, ao recorrido e, nos casos de sua intervenção, ao membro do Ministério Público, pelo prazo improrrogável de 15 (quinze) minutos para cada um, a fim de sustentarem suas razões, nas seguintes hipóteses, nos termos da parte final do caput do art. I - no recurso de apelação;
> II - no recurso ordinário;
> III - no recurso especial;
> IV - no recurso extraordinário;
> V - nos embargos de divergência;
> VI - na ação rescisória, no mandado de segurança e na reclamação;
> VII - (VETADO);
> **VIII - no agravo de instrumento interposto contra decisões interlocutórias que versem sobre tutelas provisórias de urgência ou da evidência;**
> IX - em outras hipóteses previstas em lei ou no regimento interno do tribunal.

> **ATENÇÃO:** Caro(a) leitor(a), cuidado com a possibilidade de sustenção oral em Agravo de instrumento, pois somente será possível em face de decisões sobre tutelas provisórias de urgência ou de evidência (Inciso VIII).

× Há exceção aos prazo de 15 minutos para sustentação oral?

Sim! No IRDR poderemos falar em 30 minutos, conforme §1º dp art. 937, CPC.

× Até que momento o procurador poderá requerer a sustentação oral?

Até o início da sessão. Veja: art. 937 [...] § 2o O procurador que desejar proferir sustentação oral poderá requerer, até o início da sessão, que o processo seja julgado em primeiro lugar, sem prejuízo das preferências legais.

× Cabe sustentação oral em agravo interno?

Só de agravo interno interposto em ações de competências originárias de Tribunal, porque faz vias de apelação. Veja: art. 937 [...] § 3o Nos processos de <u>competência originária</u> previstos no inciso VI [na ação rescisória, no mandado de segurança e na reclamação], caberá sustentação oral no agravo interno interposto **contra decisão de relator que o extinga.**

× A sustentação oral pode ser realizada por videoconferência?

Sim! Veja: Art. 937 § 4º É permitido ao advogado com domicílio profissional em cidade diversa daquela onde está sediado o tribunal realizar sustentação oral por meio de videoconferência ou outro recurso tecnológico de transmissão de sons e imagens em tempo real, desde que o requeira até o dia anterior ao da sessão.

× QUAL RECURSO SERÁ JULGADO PRIMEIRO: AGRAVO OU APELAÇÃO?

1º AI; 2º APELAÇÃO, conforme art. 946 do CPC.

> Art. 946. O agravo de instrumento será julgado antes da apelação interposta no mesmo processo.
> Parágrafo único. Se ambos os recursos de que trata o caput houverem de ser julgados na mesma sessão, terá precedência o agravo de instrumento.

RELEMBRANDO: Sobre os efeitos desses recursos:
1º AI → Regra Geral → SEM EFEITO SUSPENSIVO (1.019, I)
2º APELAÇÃO → Regra Geral COM EFEITO SUSPENSIVO (1.012, CPC), exceções no §1º do art. 1.012, CPC.

23.2.3. TÉCNICA DE JULGAMENTO AMPLIADO – NOVIDADE

Conforme o art. 942 quando o resultado da **apelação** for não unânime, o julgamento terá prosseguimento em sessão a ser designada com a presença de outros julgadores, que serão convocados nos termos previamente definidos no regimento interno, em número suficiente para garantir a possibilidade de inversão do resultado inicial, assegurado às partes e a eventuais terceiros o direito de sustentar oralmente suas razões perante os novos julgadores. Além da apelação não unânime, também caberá a técnica de julgamento ampliado quando

× Agravo de instrumento modifica a decisão *a quo;*
× Ação rescisória cuja decisão seja por rescindir o decisum;

Vejamos o esquema:

Preferencialmente a ampliação do julgamento ocorrerá na mesma sessão, mas não sendo possível, se designará nova data.

Será possível a modificação dos votos!

Vejamos o art. 942, que tem sido alvo de cobrança reiterada nos concursos:

> Art. 942. Quando o resultado da apelação for não unânime, o julgamento terá prosseguimento em sessão a ser designada com a presença de outros julgadores, que serão convocados nos termos previamente definidos no regimento interno, em número suficiente para garantir a possibilidade de inversão do resultado inicial, assegurado às partes e a eventuais terceiros o direito de sustentar oralmente suas razões perante os novos julgadores.
> § 1º Sendo possível, o prosseguimento do julgamento dar-se-á na mesma sessão, colhendo-se os votos de outros julgadores que porventura componham o órgão colegiado.
> § 2º Os julgadores que já tiverem votado poderão rever seus votos por ocasião do prosseguimento do julgamento.
> § 3º A técnica de julgamento prevista neste artigo aplica-se, igualmente, ao julgamento não unânime proferido em:
> I - ação rescisória, quando o resultado for a rescisão da sentença, devendo, nesse caso, seu prosseguimento ocorrer em órgão de maior composição previsto no regimento interno;
> II - agravo de instrumento, quando houver reforma da decisão que julgar parcialmente o mérito.
> § 4º Não se aplica o disposto neste artigo ao julgamento:

I - do incidente de assunção de competência e ao de resolução de demandas repetitivas;
II - da remessa necessária;
III - não unânime proferido, nos tribunais, pelo plenário ou pela corte especial.

> **ATENÇÃO:** NO JULGAMENTO NÃO UNÂNIME NÃO EXISTE MAIS "INTERPOSIÇÃO DE EMBARGOS INFRINGENTES" ! Isso ocorria no CPC/73, sendo que não há mais de se falar nesse recurso quando houver julgamento não unânime. Nos casos aplicáveis, de pronto, haverá a técnica de julgamento ampliado, independentemente de recurso.

JURISPRUDÊNCIA: STJ

O STJ já decidiu que a técnica de ampliação do colegiado é aplicável quando não há unanimidade no juízo de admissibilidade recursal (Informativo 659. REsp 1.798.705/SC, Rel. Min. Paulo de Tarso Sanseverino, Terceira Turma, por unanimidade, julgado em 22/10/2019, DJe 28/10/2019), não havendo que se falar na sua inaplicabilidade para debater questões de natureza processual e preliminares de mérito. Ademais, do inteiro teor foi destacado o seguinte excerto: "Consoante entendimento de ambas as Turmas que compõem a Segunda Seção do STJ, diferentemente dos embargos infringentes regulados pelo CPC/1973, a nova técnica de ampliação do colegiado é de observância automática e obrigatória sempre que o resultado da apelação for não unânime e não apenas quando ocorrer a reforma de sentença. Ademais, o art. 942 do CPC/2015 não determina a ampliação do julgamento apenas em relação às questões de mérito, incluindo também as questões preliminares relativas ao juízo de admissibilidade do recurso. No caso, o Tribunal de origem, ao deixar de ampliar o quórum, diante da ausência de unanimidade com relação à preliminar de não conhecimento da apelação interposta de forma adesiva, inobservou o enunciado normativo inserto no art. 942 do CPC/2015, sendo de rigor declarar a nulidade por error in procedendo".

Ademais, acerca desta técnica, esclarece a doutrina:

* "Guilherme Rizzo Amaral aponta para importante distinção entre o primeiro caso (apelação) dos demais: 'Tratando-se de apelação, tudo o que se exige para a aplicação da nova técnica é julgamento não unânime. Pouco importa, diferentemente do que se passava com os embargos infringentes na sistemática anterior, que o resultado do

julgamento da apelação tenha sido a reforma da decisão de mérito. Não ocorrendo unanimidade no julgamento da apelação, seja ele ou não de mérito, e seja ou não a sentença apelada de mérito, caberá a aplicação da técnica de que trata o art. 942".[3]

× A técnica de julgamento ampliado do art. 942 do CPC aplica-se aos aclaratórios opostos ao acórdão de apelação quando o voto vencido nascido apenas nos embargos for suficiente para alterar o resultado inicial do julgamento, independentemente do desfecho não unânime dos declaratórios (se rejeitados ou se acolhidos, com ou sem efeito modificativo).STJ. 3ª Turma. REsp 1786158-PR, Rel. Min. Nancy Andrighi, Rel. Acd. Min. Marco Aurélio Bellizze, julgado em 25/08/2020 (Info 678).

× Deve ser aplicada a técnica de julgamento ampliado nos embargos de declaração toda vez que o voto divergente possua aptidão para alterar o resultado unânime do acórdão de apelação.STJ. 4ª Turma. REsp 1910317-PE, Rel. Min. Antônio Carlos Ferreira, julgado em 02/03/2021 (Info 687).

23.2.4. PUBLICAÇÃO DA DECISÃO: PRAZO DE 30 DIAS

Proferidos os votos, o presidente anunciará o resultado do julgamento, designando para redigir o acórdão o relator ou, se vencido este, o autor do primeiro voto vencedor (art. 941, CPC). **O voto poderá ser alterado até o momento da proclamação do resultado pelo presidente, salvo aquele já proferido por juiz afastado ou substituído.**

× SE ALGUM DESEMBARGADOR NÃO SE CONSIDERAR HABILITADO A PROFERIR VOTO, PODERÁ PEDIR VISTA?

Sim, pelo prazo máximo de 10 dias(art. 940, CPC)

> Art. 940. O relator ou outro juiz que não se considerar habilitado a proferir imediatamente seu voto poderá solicitar vista pelo prazo máximo de 10 (dez) dias, após o qual o recurso será reincluído em pauta para julgamento na sessão seguinte à data da devolução.
> § 1º Se os autos não forem devolvidos tempestivamente ou se não for solicitada pelo juiz prorrogação de prazo de no máximo mais 10 (dez) dias, o presidente do órgão fracionário os requisitará para julgamento do recurso na sessão ordinária subsequente, com publicação da pauta em que for incluído.

---

[3] LANES, Júlio César Goulart. In: WAMBIER, Teresa Arruda Alvim; e outros. Breves comentários ao novo Código de Processo Civil. 2 ed. São Paulo: Revista dos Tribunais, 2016, p. 2201.

§ 2º Quando requisitar os autos na forma do § 1º, se aquele que fez o pedido de vista ainda não se sentir habilitado a votar, o presidente convocará substituto para proferir voto, na forma estabelecida no regimento interno do tribunal.

Proferidos os votos, anunciado o resultado e redigido o acórdão, haverá publicação, que ocorrerá no **prazo de 30 dias**, conforme o art. 944 do CPC, contado da data da sessão de julgamento. Não publicado o acórdão, as notas taquigráficas o substituirão, para todos os fins legais, <u>independentemente de revisão</u>.

23.3. PROCESSOS DE COMPETÊNCIA ORIGINÁRIA NOS TRIBUNAIS

23.3.1. INCIDENTE DE ASSUNÇÃO DE COMPETÊNCIA - IAC (ARTS. 947, CPC)

Art. 947. É admissível a assunção de competência quando o julgamento de recurso, de remessa necessária ou de processo de competência originária envolver relevante questão de direito, com grande repercussão social, sem repetição em múltiplos processos.
§ 1º Ocorrendo a hipótese de assunção de competência, o relator proporá, de ofício ou a requerimento da parte, do Ministério Público ou da Defensoria Pública, que seja o recurso, a remessa necessária ou o processo de competência originária julgado pelo órgão colegiado que o regimento indicar.
§ 2º O órgão colegiado julgará o recurso, a remessa necessária ou o processo de competência originária se reconhecer interesse público na assunção de competência.
§ 3º O acórdão proferido em assunção de competência vinculará todos os juízes e órgãos fracionários, exceto se houver revisão de tese.
§ 4º Aplica-se o disposto neste artigo quando ocorrer relevante questão de direito a respeito da qual seja conveniente a prevenção ou a composição de divergência entre câmaras ou turmas do tribunal.

Trata-se de incidente processual inserido no **microssistema de formação de precedentes vinculantes do** CPC (art. 927, III,CPC) que demandará o preenchimentos dos seguintes requisitos:

1. Relevante questão de direito <u>MATERIAL OU PROCESSUAL</u>;
2. COM repercussão geral;
3. Em RECURSO, PROCESSO DE COMPETÊNCIA ORIGINÁRIA ou CASO DE REMESSA NECESSÁRIA;
4. SEM repetição em múltiplos processos;

Se buscará assegurar maior segurança jurídica, através da prevenção ou composição da divergência entre câmaras ou turmas do Tribunal (§4º do art. 947, CPC), sendo sua formulação possível pelo

× relator, antes ou durante o julgamento, de ofício ou a requerimento de uma das partes da causa pendente no tribunal;
× Ministério Público;
× Defensoria.

O IAC é **cabível em qualquer tribunal** (Enunciado 468 do FPPC), inclusive nos superiores, bem como em qualquer causa que tramite no tribunal, ou seja, como mencionado em um recurso, remessa necessária ou competência originária. Provoca a transferência da competência de órgão fracionário para julgamento por um órgão de maior composição, indicado pelo regimento interno (art. 96, I, da CR/88), o qual fará um juízo de admissibilidade que poderá ser:

× Positivo: daí assumirá a competência que originariamente não lhe cabia o caso concreto (art. 947, § 2º).
× Negativo: caso em que deverá o feito ser restituído ao órgão de origem, que prosseguirá no julgamento.

> ATENÇÃO: É possível, antes do julgamento do processo de competência originária, recurso ou reexame, seja admitida a *intervenção de amicus curiae*, bem como realizada audiência pública (art. 983, § 1º, do CPC), prestigiando o contraditório.

E SE HOUVER REPETIÇÃO EM MÚLTIPLOS PROCESSOS?
Daí não falaremos em IAC, mas em IRDR! Não confunda!
Sobre o tema, vejamos o art. 976 do CPC:
Art. 976. É cabível a instauração do incidente de resolução de demandas repetitivas quando houver, simultaneamente:
I - efetiva repetição de processos que contenham controvérsia sobre a mesma questão unicamente de direito;
II - risco de ofensa à isonomia e à segurança jurídica.

23.3.2. INCIDENTE DE ARGUIÇÃO DE INSCONSTITUCIONALIDADE (ARTS. 948-950, CPC)

No direito brasileiro, o controle da constitucionalidade das leis é feito de duas maneiras:

× pelo controle incidental

- pelo controle direto.

O incidente previsto no CPC é modalidade de controle incidental, e, conforme elucida THEORO JR.

> "pode ser sobre a inconstitucionalidade de lei ou ato normativo do poder público (NCPC, art. 948). Atingem-se, portanto, a lei ordinária, a lei complementar, a emenda à Constituição, as Constituições estaduais, a lei delegada, o decreto-lei, o decreto legislativo, a resolução, o decreto ou outro ato normativo baixado por qualquer órgão do poder público.
>
> Para verificação do incidente, não se distingue entre lei estadual, federal ou municipal. E o conflito também pode ser entre a lei local e a Constituição tanto do Estado como da União. O processamento do incidente será sempre da mesma forma."[4]

São **legitimados ativos**

- as partes envolvidas na demanda (autor, réu e assistentes);
- o Ministério Público, seja como parte ou como fiscal da lei;
- o relator, ex officio, do processo principal na Turma ou Câmara, quando seja este submetido ao órgão fracionário;
- qualquer outro juiz de órgão do Tribunal ao qual a causa esteja submetida.

Iniciado o incidente, poderá ser rejeitado ou acolhido. Nesses casos, conforme art. 949 do CPC:

- **rejeitado** = prosseguirá o julgamento;
- **acolhido** = a questão será submetida ao plenário do tribunal ou ao seu órgão especial, onde houver.

> **ATENÇÃO**: Se já houver pronunciamento do próprio plenário ou órgão especial do Tribunal, ou mesmo do plenário do Supremo Tribunal Federal sobre a questão, os órgãos fracionários dos tribunais NÃO submeterão a arguição de inconstitucionalidade (§u, art. 949, CPC).

A decisão do Pleno ou do órgão equivalente, que acolhe a arguição de inconstitu-cionalidade, é irrecorrível. Só caberá recurso da decisão que posteriormente a Turma ou Câmara vier a proferir, com base na tese fixada pelo Pleno (Súmula nº 513 do STF).

---

[4] Theodoro Júnior, Humberto. Curso de Direito Processual Civil – vol. III / Humberto Theodoro Júnior. 50. ed. rev., atual. e ampl. – Rio de Janeiro: Forense, 2017.p.813.

PROCEDIMENTO: MAIORIA ABSOLUTA

O art. 97 da Constituição Federal estabelece que a inconstitucionalidade de lei ou ato do poder público somente pode ser declarada pelo voto da maioria absoluta dos membros do tribunal, **que leva em consideração todos os membros do Tribunal, estejam ou não presentes.** Deve ser alcançado, portanto, o número de metade mais um de todos os membros do Tribunal ou do Órgão Especial.

> "Art. 97. Somente pelo voto da maioria absoluta de seus membros ou dos membros do respectivo órgão especial poderão os tribunais declarar a inconstitucionalidade de lei ou ato normativo do Poder Público."
> (Vide Lei nº 13.105, de 2015) (Vigência)

Em razão desse comando normativo constitucional, quando o órgão fracionário, a Câmara, a Turma **apreciarem um caso e houver incidente de inconstitucionalidade, o <u>julgamento deverá ser suspenso</u> para que seja ouvido o Tribunal Pleno**. Destacamos que o procedimento para julgamento não é definido no novo CPC, mas nos Regimentos Internos dos Tribunais.

> ATENÇÃO: A suspensão dos processos também ocorre no incidente de resolução de demandas repetitivas (art. 982, I).

MANIFESTAÇÃO DA PESSOAS JURÍDICAS DE DIREITO PÚBLICO: conforme o §1º do art. 950 do CPC **as pessoas jurídicas de direito <u>público responsáveis pela edição do ato</u>** questionado poderão manifestar-se no incidente de inconstitucionalidade se assim o requererem, observados os prazos e as condições previstos no regimento interno do tribunal. Ademais, considerando a relevância da matéria e a representatividade dos postulantes, o relator poderá admitir, por despacho irrecorrível, a manifestação de outros órgãos ou entidades (§3º, art. 950, CPC) – caso em que se torna possível intervenção do *amicus curiae* (art. 138, CPC).

> Art. 138. O juiz ou o relator, considerando a relevância da matéria, a especificidade do tema objeto da demanda ou a repercussão social da controvérsia, poderá, por decisão irrecorrível, de ofício ou a requerimento das partes ou de quem pretenda manifestar-se, solicitar ou admitir a participação de pessoa natural ou jurídica, órgão ou entidade especializada, com representatividade adequada, no prazo de 15 (quinze) dias de sua intimação.

Diga-se, ainda, que a parte legitimada à propositura das ações previstas no art. 103 da Constituição Federal poderá manifestar-se, por escrito, sobre a questão constitucional objeto de apreciação, no prazo previsto pelo regimento interno, sendo-lhe assegurado o direito de apresentar memoriais ou de requerer a juntada de documentos (§2º do art. 950, CPC).

> CF/88:Art. 103. Podem propor a ação direta de inconstitucionalidade e a ação declaratória de constitucionalidade:
> I - o Presidente da República;
> II - a Mesa do Senado Federal;
> III - a Mesa da Câmara dos Deputados;
> IV - a Mesa de Assembléia Legislativa ou da Câmara Legislativa do Distrito Federal; (Redação dada pela Emenda Constitucional nº 45, de 2004)
> V - o Governador de Estado ou do Distrito Federal; (Redação dada pela Emenda Constitucional nº 45, de 2004)
> VI - o Procurador-Geral da República;
> VII - o Conselho Federal da Ordem dos Advogados do Brasil;
> VIII - partido político com representação no Congresso Nacional;
> IX - confederação sindical ou entidade de classe de âmbito nacional.

O órgão do tribunal encarregado da decisão do caso que motivou o incidente ficará vinculado ao entendimento fixado pelo Tribunal Pleno ou pelo órgão que fizer as suas vezes. O julgamento do incidente figurará como "premissa inafastável" da solução que a Turma ou Câmara vier a dar.[5]

23.3.3. CONFLITO DE COMPETÊNCIA (ARTS. 951-959, CPC)

Em algumas situações diversos juízes se dão por competentes para um mesmo processo ou mesmo todos se recusam a funcionar no feito, dando origem a um conflito, que o Código soluciona por meio do incidente denominado "conflito de competência" (arts. 66 e 951 a 959).

O conflito será positivo quando os juízes se declaram competentes; e negativo na hipótese contrária.

Segundo o disposto no art. 66, há conflito de competência quando:

I. 2 (dois) ou mais juízes se declaram competentes;
II. 2 (dois) ou mais juízes se consideram incompetentes, atribuindo um ao outro a competência;
III. entre 2 (dois) ou mais juízes surge controvérsia acerca da reunião ou separação de processos.

LEGITIMIDADE (art. 951, CPC)

O conflito de competência (art. 950, CPC) pode ser suscitado por

---

[5] THEODORO JR., op. cit., p.815.

- qualquer das partes;
- pelo **Ministério Público,** somente nos conflitos de competência relativos aos processos previstos no art. 178 [casos de intervenção obrigatória], mas terá qualidade de parte nos conflitos que suscitar; ou
- pelo juiz.

> Art. 178. O Ministério Público será intimado para, no prazo de 30 (trinta) dias, intervir como fiscal da ordem jurídica nas hipóteses previstas em lei ou na Constituição Federal e nos processos que envolvam:
> I - interesse público ou social;
> II - interesse de incapaz;
> III - litígios coletivos pela posse de terra rural ou urbana.
> Parágrafo único. A participação da Fazenda Pública não configura, por si só, hipótese de intervenção do Ministério Público.

ATENÇÃO: NÃO PODE suscitar conflito a parte que, no processo, arguiu incompetência relativa (art. 952, CPC). O conflito de competência não obsta, porém, a que a parte que não o arguiu suscite a incompetência.

<u>Ao Tribunal</u> (art. 953, CPC), o conflito será suscitado:
- pelo juiz, por ofício;
- pela parte, por petição; e
- pelo Ministério Público, por petição.

Tanto o ofício como a petição serão instruídos com os documentos necessários à prova do conflito. Será feita a distribuição no Tribunal, cabendo ao relator determinar a <u>oitiva dos juízes em conflito</u> ou, se <u>um deles for suscitante, apenas do suscitado.</u> No prazo designado pelo relator, incumbirá ao juiz ou aos juízes prestar as informações.

ATENÇÃO: O relator fixará o prazo, não há previsão expressa no CPC!

Decorrido o prazo designado pelo relator, **será ouvido o Ministério Público**, no prazo de **5 (cinco) dias**, ainda que as informações não tenham sido prestadas, e, em seguida, o conflito irá a julgamento (art. 956, CPC).

SOBRESTAMENTO: conforme art. 955 do CPC o relator poderá, **de ofício ou a requerimento** de qualquer das partes, determinar, quando o conflito for positivo, o sobrestamento do processo e, nesse caso, bem como no de conflito negativo, designará um dos juízes para resolver, em caráter provisório, as medidas urgentes.

JULGAMENTO (ART. 957, CPC): ao decidir o conflito, o tribunal declarará qual o juízo competente, pronunciando-se também sobre a validade dos atos do juízo incompetente.

Os autos do processo em que se manifestou o conflito serão **remetidos ao juiz declarado competente**.

Vejamos quem julgará:

TRIBUNAL COMPETENTE	CONFLITO
Tribunal hierarquicamente superior	entre **juízes** conflitantes;
Superior Tribunal de Justiça	divergência **entre tribunais**, bem como entre **tribunal e juízes** a ele não vinculados e **entre juízes vinculados a tribunais** diversos (Constituição Federal, art. 105, I, "d");
Supremo Tribunal Federal	quando o conflito se instalar entre Superior Tribunal de Justiça e qualquer outro Tribunal; ou Tribunais Superiores (TST, TSE e STM); ou Tribunal Superior e qualquer outro Tribunal (Constituição Federal, art. 102, I, "o").

REGIMENTO INTERNO

> Art. 958. No conflito que envolva órgãos fracionários dos tribunais, desembargadores e juízes em exercício no tribunal, observar-se-á o que dispuser o **regimento interno** do tribunal.

O Código prevê, também, o conflito entre autoridade judiciária e autoridade administrativa. Em tal caso, o processo e julgamento do incidente observarão o regimento interno do tribunal competente (art. 959).

23.3.4. DA HOMOLOGAÇÃO DECISÃO ESTRANGEIRA E DA CONCESSÃO DO EXEQUATUR À CARTA ROGATÓRIA: ARTS. 960-965, CPC;

A jurisdição tem seus limites traçados no território do país, com exercício pelos juízes e Tribunais (art. 16, CPC).

> Art. 16. A jurisdição civil é exercida pelos juízes e pelos tribunais em todo o território nacional, conforme as disposições deste Código.

Contudo, com a globalização se impôs a necessidade do reconhecimento de decisões judiciais que extrapolam tais limites: as sentenças e decisões interlocutórias estrangeiras.

Destarte, no nosso sistema a eficácia da decisão estrangeira sofre um **controle limitado**, ou seja, recai somente sobre determinados aspectos do julgamento. Diga-se: desde que a decisão não afronte situações de competência exclusiva do Brasil (art. 23, CPC; art. 964, CPC), poderá ser homologada; assim como não poderá ofender a ordem pública nem a soberania nacional (art. 39, CPC), v.g., casos de cooperação jurídica internacional para execução de decisão estrangeira (art. 40, CPC).

> Art. 23. Compete à autoridade judiciária brasileira, com exclusão de qualquer outra:
> I - conhecer de ações relativas a imóveis situados no Brasil;
> II - em matéria de sucessão hereditária, proceder à confirmação de testamento particular e ao inventário e à partilha de bens situados no Brasil, ainda que o autor da herança seja de nacionalidade estrangeira ou tenha domicílio fora do território nacional;
> III - em divórcio, separação judicial ou dissolução de união estável, proceder à partilha de bens situados no Brasil, ainda que o titular seja de nacionalidade estrangeira ou tenha domicílio fora do território nacional.
> Art. 39. O pedido passivo de cooperação jurídica internacional será recusado se configurar manifesta ofensa à ordem pública.
> Art. 40. A cooperação jurídica internacional para execução de decisão estrangeira dar-se-á por meio de carta rogatória ou de ação de homologação de sentença estrangeira, de acordo com o art. 960 .
> Art. 964. Não será homologada a decisão estrangeira na hipótese de competência exclusiva da autoridade judiciária brasileira.
> Parágrafo único. O dispositivo também se aplica à concessão do exequatur à carta rogatória.

Nós temos a realização de **um juízo de delibação**, que significa dizer que NÃO haverá revisão do mérito da decisão estranheira, somente a verificação dos aspectos formais da decisão estrangeira.

EXEMPLO

Se verifica a autenticidade ou mesmo a competência na decisão estrangeira.

A competência para a homologação, conforme art. 105, I, i, da CF/88 é do STJ, com a redação dada pela EC n°45/2004. Poderá haver homologação:

× De sentença estrangeira;
× Decisões interlocutórias estrangeiras: são passíveis de execução no país, quando submetidas ao regime das cartas rigatórias (art. 960, §1°).

Art. 960. A homologação de decisão estrangeira será requerida por ação de homologação de decisão estrangeira, salvo disposição especial em sentido contrário prevista em tratado.

§ 1º **A decisão interlocutória estrangeira poderá ser executada no Brasil por meio de carta rogatória.**

§ 2º A homologação obedecerá ao que dispuserem os tratados em vigor no Brasil e o Regimento Interno do Superior Tribunal de Justiça.

§ 3º A homologação de decisão arbitral estrangeira obedecerá ao disposto em tratado e em lei, aplicando-se, subsidiariamente, as disposições deste Capítulo.

Destarte, os efeitos só serão gerados (art.961) após

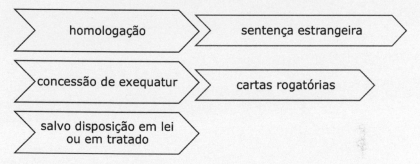

ATENÇÃO: A sentença estrangeira de **divórcio consensual** produz efeitos no Brasil, independentemente de homologação pelo Superior Tribunal de Justiça (§5º do art. 961, CPC). Caso em que competirá a qualquer juiz examinar a validade da decisão, em caráter principal ou incidental, quando essa questão for suscitada em processo de sua competência (§6º do art. 961).

× É possível a homologação parcial?

Sim, será possível a homologação parcial de decisão estrangeira, conforme autorização do §2º do art. 961 do CPC.

× É possível à autoridade judicial brasileira deferir medidas urgentes?

Sim, a autoridade judiciária brasileira poderá deferir pedidos de urgência, assim como realizar atos de execução provisória no processo de homologação de decisão estrangeira (§3º do art. 961 e art. 962, CPC). Note que há casos em que a homologação é dispensada, caso em que o juiz competente poderá analisar a validade (§4º do art. 962).

Art. 961 [..] § 3º A autoridade judiciária brasileira poderá deferir pedidos de urgência e realizar atos de execução provisória no processo de homologação de decisão estrangeira.

Art. 962. É passível de execução a decisão estrangeira concessiva de medida de urgência.

§ 1º A execução no Brasil de decisão interlocutória estrangeira concessiva de medida de urgência dar-se-á por carta rogatória.

§ 2º A medida de urgência concedida sem audiência do réu poderá ser executada, desde que garantido o contraditório em momento posterior.

§ 3º O juízo sobre a urgência da medida compete exclusivamente à autoridade jurisdicional prolatora da decisão estrangeira.

§ 4º Quando dispensada a homologação para que a sentença estrangeira produza efeitos no Brasil, a decisão concessiva de medida de urgência dependerá, para produzir efeitos, de ter sua validade expressamente reconhecida pelo juiz competente para dar-lhe cumprimento, dispensada a homologação pelo Superior Tribunal de Justiça.

× Seria possível pedir a homologação de uma decisão não judicial?

Sim, desde que pela lei brasileira essa decisão tivesse natureza jurisdicional. Veja: art. 961, §1º, "É passível de homologação a decisão judicial definitiva, bem como a decisão não judicial que, pela lei brasileira, teria natureza jurisdicional."

Requisitos para homologação (art. 963, CPC): são requisitos

Sentença estrangeira - homologação de sentença Art. 963, CPC	Decisões interlocutórias - exequatur às cartas rogatórias Art. 963, CPC
I - ser proferida por autoridade competente;	I - ser proferida por autoridade competente;
II - ser precedida de citação regular, ainda que verificada a revelia;	II - ser precedida de citação regular, ainda que verificada a revelia;
III - ser eficaz no país em que foi proferida;	III - ser eficaz no país em que foi proferida;
IV - não ofender a coisa julgada brasileira;	IV - não ofender a coisa julgada brasileira;
V - estar acompanhada de tradução oficial, salvo disposição que a dispense prevista em tratado;	V - estar acompanhada de tradução oficial, salvo disposição que a dispense prevista em tratado;
VI - não conter manifesta ofensa à ordem pública.	VI - não conter manifesta ofensa à ordem pública. Contraditório (art. 962 §2º, CPC) A medida de urgência concedida sem audiência do réu poderá ser executada, desde que garantido o contraditório em momento posterior.

DONIZETTI (p.1214) ensina que

> Os requisitos são similares àqueles previstos no art. 15 da LINDB. A diferença, todavia, consiste na inexigência de formação de coisa julgada material

para posterior homologação (art. 15, "c", da LINDB). Exige-se, tão somente, a sua eficácia no Estado estrangeiro (o que não coincide, necessariamente, com o trânsito em julgado) e a não ofensa à coisa julgada formada pela jurisdição nacional. Ademais, o inciso VI determina a averiguação da conformidade da decisão com a ordem pública nacional, previsão já contida no art. 17 da LINDB.

Art. 15. Será executada no Brasil a sentença proferida no estrangeiro, que reuna os seguintes requisitos:
a) haver sido proferida por juiz competente;
b) terem sido os partes citadas ou haver-se legalmente verificado à revelia;
c) ter passado em julgado e estar revestida das formalidades necessárias para a execução no lugar em que foi proferida;
d) estar traduzida por intérprete autorizado;
e) ter sido homologada pelo Supremo Tribunal Federal.
Parágrafo único.(Revogado pela Lei nº 12.036, de 2009).
Art. 17. As leis, atos e sentenças de outro país, bem como quaisquer declarações de vontade, não terão eficácia no Brasil, quando ofenderem a soberania nacional, a ordem pública e os bons costumes.

Competência (art. 965, CPC; art. 105, I, i, CF/88): juízo FEDERAL para execução. Homologação e Exequatur compete ao STJ.

Art. 965. O cumprimento de decisão estrangeira far-se-á perante o juízo federal competente, a requerimento da parte, conforme as normas estabelecidas para o cumprimento de decisão nacional.
Parágrafo único. O pedido de execução deverá ser instruído com cópia autenticada da decisão homologatória ou do exequatur, conforme o caso.
Art. 105. Compete ao Superior Tribunal de Justiça:
I - processar e julgar, originariamente:
i) a homologação de sentenças estrangeiras e a concessão de exequatur às cartas rogatórias; (Incluída pela Emenda Constitucional nº 45, de 2004)

Destarte, compete ao presidente do STJ homologar sentenças estrangeiras (art. 216-A do RISTJ), **exceto se houver contestação da parte interessada, hipótese em que a competência será da Corte Especial** (art. 216-K do RISTJ).

Já na concessão de exequatur a carta rogatória, ao Presidente também compete analisar o pedido, **mas, se houver impugnação, os autos seguem para a Corte Especial (arts. 216-O e 216-T do RISTJ).**

Natureza jurídica: para maioria da doutrina é de **natureza jurisdicional e não voluntária.** A *decisão homologatória* que dele origina tem **natureza constitutiva**, pois não só reconhece a validade do julgado, como lhe confere eficácia.

Entretanto, a decisão que **nega homologação é declaratória negativa.**

Em qualquer das hipóteses, haverá incidência da coisa julgada.

23.3.5. DA AÇÃO RESCISÓRIA: ARTS. 966-975, CPC;

Conceito: ação pela qual se busca rescindir a sentença como ato jurídico viciado. "Chama-se rescisória à ação por meio da qual se pede a desconstituição de sentença trânsita em julgado, com eventual rejulgamento, a seguir, da matéria nela julgada".[6]

Conforme ensina DONIZETTI,

"A prevalecer a absoluta imutabilidade e a indiscutibilidade decorrentes da coisa julgada material graves prejuízos poderiam advir para a parte que após o trânsito em julgado da decisão constatasse um vício que, se verificado no curso do processo, teria o condão de alterar o resultado da demanda. Em face dessa possibilidade de dano irreparável, ficou o legislador no seguinte dilema: assegurar a imutabilidade do que foi acertado na sentença definitiva transitada em julgado, privando o interessado de meios para reparar o prejuízo sofrido, ou permitir a reapreciação do caso e gerar insegurança das relações jurídicas judicialmente acertadas. O sopesamento desses dois fatores levou o legislador a admitir, em casos restritíssimos, a possibilidade de rescisão da decisão causadora do prejuízo.

Por intermédio da ação rescisória, o legislador forneceu uma solução para a reparação do mal. A decisão de mérito que encerra vício pode ser anulada, ensejando o rejulgamento da causa. Igualmente pode ser anulada a decisão que, embora não tenha apreciado o mérito, esteja a impedir a resolução da lide. Entretanto, para não comprometer a estabilidade das relações jurídicas, não é qualquer vício que pode conduzir à rescisão do julgado. Os vícios ou defeitos que tornam a decisão anulável são os elencados em numerus clausus no art. 966 (DONIZETTI, 1217).

Natureza da ação: constitutiva negativa.

Cabimento: visa atacar a coisa julgada em

- SENTENÇA
    - Sentenças com resolução de mérito (art. 487, CPC);
    - Sem resolução de mérito (art. 485, CPC);
- QUANDO PRESENTE: hipótese de algum dos motivos de rescindibilidade dos julgados taxativamente previstos no art. 966 do CPC.

---

[6] BARBOSA MOREIRA, José Carlos. Comentários ao Código de Processo Civil. 11. ed. Rio de Janeiro: Forense, 2003, v. V, n. 68, p. 95.

> ATENÇÃO: Exige-se, outrossim, apenas o requisito do trânsito em julgado, mas não o esgotamento prévio de todos os recursos interponíveis (Súmula nº 514 do Supremo Tribunal Federal).

A rescisória deve ter por objeto decisão de mérito transitada em julgado (NCPC, art. 966). É bom lembrar, no entanto, que não é só a resolução da questão principal que se reveste da autoridade de coisa julgada, pois o CPC/15 prevê a sua formação também sobre questões prejudiciais incidentais (art. 503, § 1º).

> Art. 503. A decisão que julgar total ou parcialmente o mérito tem força de lei nos limites da questão principal expressamente decidida.
> § 1º O disposto no caput aplica-se à resolução de questão prejudicial, decidida expressa e incidentemente no processo, se:
> I - dessa resolução depender o julgamento do mérito;
> II - a seu respeito tiver havido contraditório prévio e efetivo, não se aplicando no caso de revelia;
> III - o juízo tiver competência em razão da matéria e da pessoa para resolvê-la como questão principal.
> § 2º A hipótese do § 1º não se aplica se no processo houver restrições probatórias ou limitações à cognição que impeçam o aprofundamento da análise da questão prejudicial.

A rescisória, portanto, seria manejável contra coisa julgada, tanto quando referir-se a questões principais, como a questões prejudiciais incidentais que tenham se tornado objeto litigioso, com observância dos requisitos do (§1º do art. 503).

HIPÓTESES: os vícios ou defeitos que tornam a decisão anulável são os elencados em numerus clausus no art. 966.

> Art. 966. A decisão de mérito, transitada em julgado, pode ser rescindida quando:
> I - se verificar que foi proferida por força de *prevaricação, concussão ou corrupção do juiz;*
> II - for proferida por juiz impedido ou por juízo absolutamente incompetente;
> III - resultar de dolo ou coação da parte vencedora em detrimento da parte vencida ou, ainda, de simulação ou colusão entre as partes, a fim de fraudar a lei;
> IV - ofender a coisa julgada;
> **V - violar manifestamente norma jurídica;**
> § 5º Cabe ação rescisória, com fundamento no **inciso V** do caput deste artigo, contra decisão baseada em enunciado de súmula ou acórdão proferido em julgamento de casos repetitivos que não tenha considerado a existência

de distinção entre a questão discutida no processo e o padrão decisório que lhe deu fundamento.

§ 6º Quando a ação rescisória fundar-se na hipótese do § 5º deste artigo, caberá ao autor, sob pena de inépcia, <u>demonstrar, fundamentadamente,</u> tratar-se de situação particularizada por hipótese fática distinta ou de questão jurídica não examinada, a impor outra solução jurídica.

VI - for fundada em prova cuja falsidade tenha sido apurada em processo criminal ou venha a ser demonstrada na própria ação rescisória;

VII - obtiver o autor, posteriormente ao trânsito em julgado, *prova nova* cuja existência ignorava ou de que não pôde fazer uso, capaz, por si só, de lhe assegurar pronunciamento favorável;

VIII - for fundada em <u>erro de fato</u> verificável do exame dos autos.

Os fundamentos da rescindibilidade previstos no art. 966 são taxativos, sendo impossível cogitar-se da analogia para criarem-se novas hipóteses de ataque à res iudicata, conforme já decidiu o STF:

> "A rescisória deve ser reservada a situações excepcionalíssimas ante a natureza de cláusula pétrea conferida pelo constituinte ao instituto da coisa julgada. Disso decorre a necessária interpretação e aplicação estrita dos casos previstos no art. 485 (NCPC, art. 966) do Código de Processo Civil..." (STF, Pleno, RE 590.809/RS, Rel. Min. Marco Aurélio, ac. 22.10.2014, DJe 21.11.2014).

× O que é erro de fato?

Conforme o §1º do art. 966 há **erro de fato quando a decisão rescindenda admitir fato inexistente ou quando considerar inexistente fato efetivamente ocorrido,** <u>sendo indispensável, em ambos os casos, que o fato não represente ponto controvertido sobre o qual o *juiz deveria ter se pronunciado.*</u>

× É cabível rescisória de decisão transitada em julgado sem mérito?

SIM! É um ponto muito corriqueiro nas provas de concursos, pois há uma tendência a acreditar que somente com a formação de coisa julgada material se falaria no cabimento de ação rescisória. Portanto, muita atenção ao §2º do art. 966 do CPC: § 2º Nas hipóteses previstas nos incisos do caput, será rescindível a decisão transitada em julgado que, embora não seja de mérito, impeça: I - nova propositura da demanda; ou II - admissibilidade do recurso correspondente.

× Profa. cabe rescisória de atos homologatórios realizados no curso da execução?

NÃO! Caberá ação anulatória. Sobre ot tema, veja o § 4º do art. 966: *Os atos de disposição de direitos, praticados pelas partes ou por outros participantes do processo e homologados pelo juízo, bem como os atos ho-*

mologatórios praticados no curso da execução, estão sujeitos à anulação, nos termos da lei.

Legitimidade: conforme art. 967 do CPC será legitimado

(a) quem foi parte no processo ou o seu sucessor a título universal ou singular (inciso I);

(b) o terceiro juridicamente interessado (inciso II);

(c) o Ministério Público (inciso III): (i) nos casos de omissão de sua audiência, quando era obrigatória sua intervenção; (ii) e quando a decisão rescindenda é o efeito de simulação ou de colusão das partes, a fim de fraudar a lei; (iii) e, outros casos em que se imponha sua atuação;

(d) aquele que não foi ouvido no processo em que lhe era obrigatória a intervenção (inciso IV).[7]

Rescisória e efetividade: outro ponto corriqueiro nas provas de concurso é questionar sobre a possibilidade da parte que logrou obter decisão favorável transitada em julgada poder executá-la. De fato, a resposta é positiva: poderá iniciar o cumprimento de sentença, inclusive ex officio quando se tratar de obrigação de fazer, não fazer ou entregar (arts. 536-538, CPC). Entretanto, a exceção se encontra no caso de concessão de tutela provisória na ação rescisória, conforme art. 969 do CPC:

> Art. 969. A propositura da ação rescisória não impede o cumprimento da decisão rescindenda, ressalvada a concessão de tutela provisória.

Note que a expressão é ampla, "tutela provisória", portanto sendo concedida

× Tutela de urgência (cautelar ou antecipada); ou
× Tutela da evidência

que são espécies do gênero "tutela provisória", a efetividade poderá ficar suspensa, até decisão em sentido contrário.

Petição inicial e exigência de caução: a interposição de ação rescisória não é regra, pois a flexibilização da coisa julgada não pode assim ser concebida, assegurando-se a segurança jurídica. Assim, temos no inciso II do art. 968 a previsão de necessidade de prestação de caução no momento do ajuizamento da rescisória de 5% sobre o valor da causa, com limite de até MIL salários-mínimos, SALVO

× União e suas respectivas autarquias e fundações de direito público;
× Estados e suas respectivas autarquias e fundações de direito público;

---

[7] THEODORO JR.,p.872.

- Distrito Federal e suas respectivas autarquias e fundações de direito público;
- Municípios e suas respectivas autarquias e fundações de direito público;
- Ministério Público;
- Defensoria Pública;
- beneficiários de gratuidade da justiça.

os quais estão dispensados, conforme §1º do art. 968, CPC. Vejamos:

> Art. 968. A petição inicial será elaborada com observância dos requisitos essenciais do art. 319 , devendo o autor:
> I - cumular ao pedido de rescisão, se for o caso, o de novo julgamento do processo;
> II - depositar a importância de cinco por cento sobre o valor da causa, que se converterá em multa caso a ação seja, por unanimidade de votos, declarada inadmissível ou improcedente.
> § 1º Não se aplica o disposto no inciso II à União, aos Estados, ao Distrito Federal, aos Municípios, às suas respectivas autarquias e fundações de direito público, ao Ministério Público, à Defensoria Pública e aos que tenham obtido o benefício de gratuidade da justiça.
> § 2º O depósito previsto no inciso II do caput deste artigo não será superior a 1.000 (mil) salários-mínimos.

- **O que ocorre se não houver o depósito?**

A petição inicial será indeferida (§3º do art. 968, CPC). Ademais, destaca-se que se aplica à ação rescisória o disposto no art. 332 (§4º do art. 968, CPC).

> Art. 968 [...]§ 3º Além dos casos previstos no art. 330 , a petição inicial será indeferida quando não efetuado o depósito exigido pelo inciso II do caput deste artigo.
> § 4º Aplica-se à ação rescisória o disposto no art. 332 .

PRAZO DECADENCIAL:

A par dos pressupostos, o cabimento da ação rescisória sujeita-se a um prazo decadencial, pois o direito de propô-la se extingue em 2 anos, contados do trânsito em julgado da última decisão proferida no processo (art. 975, caput, CPC).

> Art. 975. O direito à rescisão se extingue em 2 (dois) anos contados do trânsito em julgado da última decisão proferida no processo.
> § 1º Prorroga-se até o primeiro dia útil imediatamente subsequente o prazo a que se refere o caput , quando expirar durante férias forenses, recesso, feriados ou em dia em que não houver expediente forense.

> **ATENÇÃO - EXCEÇÃO!!!!!**
> Se fundada a ação no inciso VII do art. 966 [PROVA NOVA], o termo inicial do prazo será a data de descoberta da prova nova, observado o prazo máximo de 5 (cinco) anos, contado do trânsito em julgado da última decisão proferida no processo.
> **Art.** 966[...]VII - obtiver o autor, posteriormente ao trânsito em julgado, prova nova cuja existência ignorava ou de que não pôde fazer uso, capaz, por si só, de lhe assegurar pronunciamento favorável;

Note que a regra é a contagem de prazo **contando do trânsito em julgado da última decisão proferida no processo**. Ocorre que, o §3º do referido artigo indica que nas hipóteses de **simulação ou de colusão das partes**, o prazo começa a contar, <u>para o terceiro prejudicado e para o Ministério Público, que não interveio no processo, a partir do momento em que têm ciência da simulação ou da colusão.</u>

Atenção

> Súmula nº 401, STJ: "o prazo decadencial da ação rescisória só se inicia quando não for cabível qualquer recurso do último pronunciamento judicial".

RESPOSTA DO RÉU: o réu será citado e poderá contestar, no prazo NUNCA inferior a 15 dias e nem SUPERIOR a 30 dias.

> Art. 970. O relator ordenará a citação do réu, designando-lhe prazo nunca inferior a 15 (quinze) dias nem superior a 30 (trinta) dias para, querendo, apresentar resposta, ao fim do qual, com ou sem contestação, observar-se-á, no que couber, o procedimento comum.

NECESSIDADE DE PROVA

Se for necessário, o relator poderá delegar ao órgão cuja decisão está sendo alvo da rescisória que produza a prova no prazo de 1 a 3 meses. Veja o teor dos arts. 971-973 do CPC:

> Art. 971. Na ação rescisória, devolvidos os autos pelo relator, a secretaria do tribunal expedirá cópias do relatório e as distribuirá entre os juízes que compuserem o órgão competente para o julgamento.
> Parágrafo único. **A escolha de relator recairá, sempre que possível, em juiz que não haja participado do julgamento rescindendo.**
> Art. 972. Se os fatos alegados pelas partes dependerem de prova, **o relator poderá delegar a competência ao órgão que proferiu a decisão rescindenda, fixando prazo de 1 (um) a 3 (três) meses para a devolução dos autos.**
> Art. 973. <u>**Concluída a instrução**</u>, será aberta vista ao autor e ao réu para razões finais, sucessivamente, pelo prazo de **10 (dez) dias.**

Parágrafo único. Em seguida, os autos serão conclusos ao relator, procedendo-se ao julgamento pelo órgão competente.

JULGAMENTO: concluída a instrução, será aberta vista ao autor e ao réu para razões finais, sucessivamente, pelo prazo de 10 (dez) dias. Em seguida, os autos serão conclusos ao relator que preferencialmente haja participado do julgamento rescindendo, procedendo-se ao julgamento pelo órgão competente (arts. 971-973, CPC).

Julgamento:

- **Procedência:** o tribunal rescindirá a decisão, proferirá, se for o caso, novo julgamento e determinará a restituição do depósito (caução) à parte autora da rescisória.
- **Improcedência:** considerando, por unanimidade, inadmissível ou improcedente o pedido, o tribunal determinará a reversão, em favor do réu, da importância do depósito, sem prejuízo do disposto no § 2º do art. 82 .
- *§ 2º Verificando-se no trâmite do processo que se desfalcou a garantia, poderá o interessado exigir reforço da caução, justificando seu pedido com a indicação da depreciação do bem dado em garantia e a importância do reforço que pretende obter.*

RESCISÓRIA X QUERELA NULLITATIS

A ação rescisória e os recursos não são os únicos meios de se invalidar uma decisão judicial. Há, ainda, um terceiro meio específico previsto em nosso ordenamento: a querela nullitatis. De origem latina, a expressão significa, basicamente, "nulidade do litígio" e "indica a ação criada e utilizada na Idade Média para impugnar a sentença, independentemente de recurso". Diferentemente, a ação rescisória, por se referir a vícios que não atacam o plano de existência, mas sim o plano de validade do processo, **visa à desconstituição de uma situação jurídica a princípio válida**, qual seja, a coisa julgada material, que estava apenas aguardando o transcurso de um lapso temporal – dois anos contados do trânsito em julgado –, para se tornar soberanamente julgada, ou, em trocadilho, "definitivamente definitiva", sem possibilidade de qualquer desconstituição futura, em respeito ao princípio da segurança jurídica.

APONTAMENTO JURISPRUDENCIAIS RELEVANTES

✗ Súmula 343/STF: "Não cabe ação rescisória por ofensa à literal disposição de lei quando a decisão rescindenda se tiver baseado em texto legal de interpretação controvertida nos tribunais".

✗ não cabe ação rescisória com fundamento em posterior alteração do entendimento do tribunal sobre a matéria então controvertida (RE nº 590.809, relator ministro Marco Aurélio).

DIREITO PROCESSUAL CIVIL. AGRAVO INTERNO NA AÇÃO RESCISÓRIA. SOLUÇÃO DADA PELO ARESTO RESCINDENDO COM BASE NUMA DAS POSSÍVEIS INTERPRETAÇÕES PARA O TEMA DE FUNDO, CUJA PACIFICAÇÃO NO STJ SÓ VEIO A OCORRER APÓS O AJUIZAMENTO DA DEMANDA RESCISÓRIA. INDEFERIMENTO DA PETIÇÃO INICIAL, POR IMEDIATA APLICAÇÃO DO ENUNCIADO 343 DA SÚMULA DO EXCELSO STF.

Nos termos da Súmula 343/STF, "não cabe ação rescisória por ofensa a literal dispositivo de lei, quando a decisão rescindenda se tiver baseado em texto legal de interpretação controvertida nos tribunais".

A formação de jurisprudência no Tribunal, indicada pelo advento de entendimento uníssono sobre determinada tese jurídica, após período de divergência de compreensões, não autoriza a rescindibilidade de julgados pretéritos que tenham sido estabelecidos à luz de compreensão admissível para a época.

Na espécie, observa-se que a parte postula a rescisão do julgado proferido pela 2ª Turma do STJ.

O autor da ação adota a seguinte linha defensiva:

houve manifesta violação à norma jurídica no caso concreto, cifrado ao tema da prescrição para a veiculação de pedido de benefício previdenciário (pensão por morte). Alega que, ao contrário do que ficou decidido pelo órgão fracionário, a prescrição não atinge o fundo de direito, mas somente as parcelas pretéritas ao quinquênio do pedido.

Consoante se dessume dos julgados do Superior Tribunal de Justiça, a questão de fundo, em 2017 - ocasião do julgamento do aresto rescindendo -, era mesmo controvertida. Havia julgados ilustrativos da Primeira Turma que apontavam para a tese do autor da ação, ao passo que havia compreensões tais quais a que foi adotada no acórdão ora submetido a pretensa rescisão.

Tanto é verdade que, em março de 2019, a Primeira Seção, nos Embargos de Divergência 1.269.726/MG, solucionou a dissonância, passando a entender que, estando ausente negativa da administração, incide a Súmula 85/STJ ("prescrição apenas das parcelas pretéritas ao quinquênio da ação").

Hipótese de aplicação, para logo, da Súmula 343/STF, o que impede o trâmite da pretensão rescisória.

Agravo interno do autor da ação a que se nega provimento.

(AgInt na AR n. 6.409/RS, relator Ministro Manoel Erhardt (Desembargador Convocado do TRF5), Primeira Seção, julgado em 25/10/2022, DJe de 28/10/2022.)

23.3.6. INCIDENTE DE RESOLUÇÃO DE DEMANDAS REPETITIVAS -IRDR: ART. 976-987, CPC;

O IRDR é uma das maiores novidades trazidas pelo CPC/2015, que se inclui no rol dos precedentes vinculantes (art. 927, III).

Art. 927. Os juízes e os tribunais observarão:

> I - as decisões do Supremo Tribunal Federal em controle concentrado de constitucionalidade;
> II - os enunciados de súmula vinculante;
> **III - os acórdãos em incidente de assunção de competência ou de resolução de demandas repetitivas e em julgamento de recursos extraordinário e especial repetitivos;**
> IV - os enunciados das súmulas do Supremo Tribunal Federal em matéria constitucional e do Superior Tribunal de Justiça em matéria infraconstitucional;
> V - a orientação do plenário ou do órgão especial aos quais estiverem vinculados.

Trata-se de mecanismo, sem custas, concebido para a identificação de processos que contenham a mesma *questão de direito*, que estejam ainda no primeiro grau de jurisdição, para decisão conjunta. Serão escolhidos aqueles que tenham melhor fundamentação a embasar a fixação da tese (julgamento por amostragem).

> "Questão unicamente de direito", na dicção da lei, equivale a questão "eminentemente de direito", o que ocorre quando a compreensão da hipótese fática independe de dilação probatória e se extrai "exclusivamente da análise dos documentos indispensáveis à propositura da demanda" (FICHTNER, José Antônio; MONTEIRO, André Luis. Sentença de julgamento imediato do mé-rito: algumas considerações sobre o art. 285-A, do CPC. Revista Dialética de Direito Processual, São Paulo, n. 76, p. 52, jul. 2009). Não há, propriamente, in casu, "uma questão unicamente de direito", mas, sim, uma questão, no máximo, "predominantemente de direito", porque, na espé-cie, "a situação de fato não traz, em si, maiores questionamentos quanto

à sua existência, seus contornos e seus limites" (BUENO, Cássio Scarpinella. Curso sistematizado de direito processual civil. São Paulo: Saraiva, 2007, v. 2, t. I, p. 127).

Ensina THEODORO JR.:

> O incidente autorizado pelo art. 976 do NCPC é um instrumento processual destinado a produzir eficácia pacificadora de múltiplos litígios, mediante estabelecimento de tese aplicável a todas as causas em que se debata a mesma questão de direito. Com tal mecanismo se intenta implantar uniformidade de tratamento judicial a todos os possíveis litigantes colocados em situação igual àquela disputada no caso padrão. Cumpre-se, por seu intermédio, duplo objetivo: a par de racionalizar o tratamento judicial das causas repetitivas (arts. 976; 980 a 984), o incidente visa formar precedente de observância obrigatória (art. 985) (THEODORO JR., p.916.).

Vejamos:

> Art. 976. **É cabível** a instauração do incidente de resolução de demandas repetitivas quando houver, simultaneamente:
> **I - efetiva repetição de processos que contenham controvérsia sobre a mesma questão unicamente de direito;**
> **II - risco de ofensa à isonomia e à segurança jurídica.**
> § 1º A desistência ou o abandono do processo não impede o exame de mérito do incidente.
> § 2º Se não for o requerente, o Ministério Público intervirá obrigatoriamente no incidente e deverá assumir sua titularidade em caso de desistência ou de abandono.
> § 3º A inadmissão do incidente de resolução de demandas repetitivas por ausência de qualquer de seus pressupostos de admissibilidade não impede que, uma vez satisfeito o requisito, seja o incidente novamente suscitado.
> § 4º É incabível o incidente de resolução de demandas repetitivas quando um dos tribunais superiores, no âmbito de sua respectiva competência, já tiver afetado recurso para definição de tese sobre questão de **direito material ou processual repetitiva.**
> § 5º Não serão exigidas custas processuais no incidente de resolução de demandas repetitivas.

ATENÇÃO: Conforme explica Haroldo Lourenço, "não seria permitida a padronização preventiva; o incidente não constituiria um procedimento modelo (destinado a, em abstrato, fixar tese jurídica), mas sim uma causa piloto, ou seja, os processos em curso no tribunal seriam afetados para julgamento conjunto e, a partir desse julgamento, aos moldes do que ocorre com os julgamentos de RE e REsp repetitivos, seria fixada a tese jurídica."

Procedimento

De acordo com o texto expresso, o incidente será dirigido ao presidente do Tribunal, seja dos Tribunais de Justiça dos Estados e do Distrito Federal ou Tribunais Regionais.

> Art. 977. O pedido de instauração do incidente será dirigido ao presidente de tribunal:
> I - pelo juiz ou relator, por ofício;
> II - pelas partes, por petição;
> III - pelo Ministério Público ou pela Defensoria Pública, por petição.
> Parágrafo único. O ofício ou a petição será instruído com os documentos necessários à demonstração do preenchimento dos pressupostos para a instauração do incidente.
> Parágrafo único. O ofício ou a petição será instruído com os documentos necessários à demonstração do preenchimento dos pressupostos para a instauração do incidente.

Haberá ampla divulgação e publicidade, conforme prevê o art. 979:

> Art. 979. A instauração e o julgamento do incidente serão sucedidos da **mais ampla e específica divulgação e publicidade**, por meio de registro eletrônico no Conselho Nacional de Justiça.
> § 1º Os tribunais manterão banco eletrônico de dados atualizados com informações específicas sobre questões de direito submetidas ao incidente, comunicando-o imediatamente ao Conselho Nacional de Justiça para inclusão no cadastro.
> § 2º Para possibilitar a identificação dos processos abrangidos pela decisão do incidente, o registro eletrônico das teses jurídicas constantes do cadastro conterá, no mínimo, os fundamentos determinantes da decisão e os dispositivos normativos a ela relacionados.
> § 3º Aplica-se o disposto neste artigo ao julgamento de recursos repetitivos e da repercussão geral em recurso extraordinário.

Julgamento: é realizado por órgão colegiado, conforme regimento interno dos Tribunais. Possui prazo de realização de 1 ANO e terá preferência, salvo casos de réu preso ou pedidos de habeas corpus (art. 980, CPC). <u>É importante conceber que tendo início o IRDR todos demais casos sobre a mesma questão de direito restarão suspensos por esse período. Superado o prazo de 1 ANO, SALVO decisão em sentido contrário do relator, voltarão a tramitar.</u>

> Art. 978. O julgamento do incidente caberá ao órgão indicado pelo regimento interno dentre aqueles responsáveis pela uniformização de jurisprudência do tribunal.
> Parágrafo único. O **órgão colegiado** incumbido de julgar o incidente e de fixar a tese jurídica julgará igualmente o recurso, a remessa necessária ou o processo de competência originária de onde se originou o incidente.

Julgamento: prazo e suspensão dos processos

> Art. 980. O incidente será julgado no prazo de 1 (um) ano e terá preferência sobre os demais feitos, ressalvados os que envolvam réu preso e os pedidos de habeas corpus .
> Parágrafo único. Superado o prazo previsto no caput , cessa a suspensão dos processos prevista no **art. 982**, salvo decisão fundamentada do relator em sentido contrário.
> Art. 982. Admitido o incidente, o relator:
> I - suspenderá os processos pendentes, individuais ou coletivos, que tramitam no Estado ou na região, conforme o caso;
> II - poderá requisitar informações a órgãos em cujo juízo tramita processo no qual se discute o objeto do incidente, que as prestarão no prazo de 15 (quinze) dias;
> III - intimará o Ministério Público para, querendo, manifestar-se no prazo de 15 (quinze) dias.
> § 1º A suspensão será comunicada aos órgãos jurisdicionais competentes.
> § 2º Durante a suspensão, o pedido de tutela de urgência deverá ser dirigido ao juízo onde tramita o processo suspenso.
> § 3º Visando à garantia da segurança jurídica, qualquer legitimado mencionado no art. 977, incisos II e III , poderá requerer, ao tribunal competente para conhecer do recurso extraordinário ou especial, a suspensão de todos os processos individuais ou coletivos em curso no território nacional que versem sobre a questão objeto do incidente já instaurado.
> § 4º Independentemente dos limites da competência territorial, a parte no processo em curso no qual se discuta a mesma questão objeto do incidente é legitimada para requerer a providência prevista no § 3º deste artigo.
> § 5º Cessa a suspensão a que se refere o inciso I do caput deste artigo se não for interposto recurso especial ou recurso extraordinário contra a decisão proferida no incidente.

O relator ouvirá as partes e **demais interessados,** no prazo de 15 dias. Poderá ser realizada sustentação oral no julgamento. Veja:

> Art. 983. O relator ouvirá as partes e os demais interessados, inclusive pessoas, órgãos e entidades com interesse na controvérsia, que, no prazo comum de 15 (quinze) dias, poderão requerer a juntada de documentos, bem como as diligências necessárias para a elucidação da questão de direito controvertida, e, em seguida, manifestar-se-á o Ministério Público, no mesmo prazo.
> § 1º Para instruir o incidente, o relator poderá designar data para, em audiência pública, ouvir depoimentos de pessoas com experiência e conhecimento na matéria.
> § 2º Concluídas as diligências, o relator solicitará dia para o julgamento do incidente.
> Art. 984. No julgamento do incidente, observar-se-á a seguinte ordem:
> I - o relator fará a exposição do objeto do incidente;

II - poderão sustentar suas razões, sucessivamente:
a) o autor e o réu do processo originário e o Ministério Público, pelo prazo de 30 (trinta) minutos;
b) os demais interessados, no prazo de 30 (trinta) minutos, divididos entre todos, sendo exigida inscrição com 2 (dois) dias de antecedência.
§ 1º Considerando o número de inscritos, o prazo poderá ser ampliado.
§ 2º O conteúdo do acórdão abrangerá a análise de todos os fundamentos suscitados concernentes à tese jurídica discutida, sejam favoráveis ou contrários.

Julgado o incidente, a tese jurídica será aplicada (art. 985):

I. a todos os processos individuais ou coletivos que versem sobre idêntica questão de direito e que tramitem na área de jurisdição do respectivo tribunal, inclusive àqueles que tramitem nos juizados especiais do respectivo Estado ou região;
II. aos casos futuros que versem idêntica questão de direito e que venham a tramitar no território de competência do tribunal, salvo revisão na forma do art. 986 .

× PODE HAVER REVISÃO DA TESE?

Sim! De ofício ou a requerimento do Ministério Público ou Defensoria Pública. Veja:

> Art. 986. A revisão da tese jurídica firmada no incidente far-se-á pelo mesmo tribunal, de ofício ou mediante requerimento dos legitimados mencionados no art. 977, inciso III .

× E SE NÃO FOR RESPEITADA A TESE JURÍDICA FIRMADA?

Nesse caso caberá reclamação (art. 988, CPC). Veja:

> Art. 985. Julgado o incidente, a tese jurídica será aplicada:
> I - a todos os processos individuais ou coletivos que versem sobre idêntica questão de direito e que tramitem na área de jurisdição do respectivo tribunal, inclusive àqueles que tramitem nos juizados especiais do respectivo Estado ou região;
> II - aos casos futuros que versem idêntica questão de direito e que venham a tramitar no território de competência do tribunal, salvo revisão na forma do art. 986 .
> § 1º **Não observada a tese adotada no incidente, caberá reclamação.**

Conteúdo do julgamento

No julgamento acontecido no incidente em apreciação, o Tribunal não decide lide alguma. Seu pressuposto são demandas repetitivas, mas o que o incidente se predispõe a solucionar são questões repetitivas. A cognição relevante "é predominantemente de direito", de modo que se pode afirmar que "o objeto do IRDR será uma questão jurídica repetida" (TEMER, Sofia. Incidente de resolução de demandas repetitivas. Salvador: JusPodivm, 2016, p. 203.).

Recurso: do julgamento do IRDR caberá recurso especial ou extraordinário, com efeito suspensivo, a depender de violação constitucional ou infraconstitucional.

> Art. 987. Do julgamento do mérito do incidente caberá recurso extraordinário ou especial, conforme o caso.
> § 1º O recurso tem efeito suspensivo, presumindo-se a repercussão geral de questão constitucional eventualmente discutida.
> § 2º Apreciado o mérito do recurso, a tese jurídica adotada pelo Supremo Tribunal Federal ou pelo Superior Tribunal de Justiça será aplicada no território nacional a todos os processos individuais ou coletivos que versem sobre idêntica questão de direito.

Jurisprudência pertinente

Recentemente o Superior Tribunal de Justiça considerou cabível a instauração de IRDR no âmbito de sua competência originária ou no caso de competência recursal ordinária (AgInt na Pet 11.838/MS, j. 10.09.2019, por maioria).

Juízados especiais

- A Escola Nacional de Aperfeiçoamento de Magistrados (Enfam) divulgou enunciado que expressa entendimento no sentido de ser admissível o IRDR nos juizados especiais, o qual será julgado por órgão colegiado de uniformização do próprio sistema (Enunciado nº 44).
- Essa é uma interpretação mais abrangente do instituto, eis que o art. 977 do CPC/2015 admite a instauração do incidente perante o presidente de tribunal.

23.3.7. DA RECLAMAÇÃO: ARTS. 988-993, CPC

A reclamação está prevista nos artigos 988 a 993 do Código de Processo Civil - Lei nº 13.105/15.

Conforme ensina MEDINA, é

> "ação de competência originária dos tribunais, cabível para preservar sua competência, garantir a autoridade de suas decisões, garantir a observância de precedente oriundo de julgamento de casos repetitivos ou de incidente de assunção de competência e, em relação ao STF, cabível também para garantir a observância de suas decisões em controle concentrado de constitucionalidade e de súmulas vinculantes" (MEDINA, José Miguel Garcia.

Novo Código de Processo Civil Comentado. 3 ed. 2015. São Paulo: Revista dos Tribunais, p. 1.332.).

LEGITIMIDADE E CABIMENTO: as parte ou membro do Ministério Público, nas modalidades do art. 988 do CPC, poderão ajuizar reclamação perante *qualquer* Tribunal.

> Art. 988. Caberá reclamação da **parte interessada ou do Ministério Público** para:
> I - preservar a competência do tribunal;
> II - garantir a autoridade das decisões do tribunal;
> III – garantir a observância de enunciado de súmula vinculante e de decisão do Supremo Tribunal Federal em controle concentrado de constitucionalidade;
> IV – garantir a observância de acórdão proferido em julgamento de incidente de resolução de demandas repetitivas ou de incidente de assunção de competência;
> § 1º A reclamação pode ser proposta perante qualquer tribunal, e seu julgamento compete ao órgão jurisdicional cuja competência se busca preservar ou cuja autoridade se pretenda garantir.
> § 2º A reclamação deverá ser instruída com prova documental e dirigida ao presidente do tribunal.
> § 3º Assim que recebida, a reclamação será autuada e distribuída ao relator do processo principal, sempre que possível.
> § 4º As hipóteses dos incisos III e IV compreendem a aplicação indevida da tese jurídica e sua não aplicação aos casos que a ela correspondam.

ATENÇÃO: Não se admite a dilação probatória, razão pela qual a petição deverá ser instruída com prova documental da usurpação de competência ou do descumprimento da decisão (art. 988, § 2º).

EXEMPLOS

Os exemplos a seguir, extraídos dos enunciados do Fórum Permanente de Processualistas Civis, demonstram mais claramente a amplitude do cabimento da reclamação:

× Enunciado nº 207: "Cabe reclamação, por usurpação da competência do tribunal de justiça ou tribunal regional federal, contra a decisão de juiz de 1º grau que inadmitir recurso de apelação";

× Enunciado nº 208: "Cabe reclamação, por usurpação da competência do Superior Tribunal de Justiça, contra a decisão de juiz de 1º grau que inadmitir recurso ordinário, no caso do art. 1.027, II, 'b'";

× Enunciado nº 209: "Cabe reclamação, por usurpação da competência do Superior Tribunal de Justiça, contra a decisão de presidente ou vice-presidente do tribunal de 2º grau que inadmitir recurso ordinário interposto com fundamento no art. 1.027, II, 'a'";

× Enunciado nº 210: "Cabe reclamação, por usurpação da competência do Supremo Tribunal Federal, contra a decisão de presidente ou vice-presidente de tribunal superior que inadmitir recurso ordinário interposto com fundamento no art. 1.027, I".

Natureza jurídica: é objeto de divergência doutrinária e jurisprudencial.

> — <u>Marcelo Novelino</u> aponta que a posição dominante indica tratar-se de uma <u>ação propriamente dita</u>.
>
> — <u>Pedro Lenza</u>, por outro lado, afirma que a reclamação é um "verdadeiro <u>exercício constitucional</u> do direito de petição" e que, por isso, não é possível caracterizá-la como ação, mas como "instrumento de caráter mandamental e de natureza constitucional" que tem por objetivo preservar a competência do STF e do STJ – e, com o CPC/2015, de qualquer outro tribunal –, bem como garantir a autoridade de determinadas decisões jurisdicionais.

Ainda a posição da jutisprudência, no julgamento da Reclamação 6.609/SP:

> "[...] a reclamação é <u>instrumento **constitucional processual**</u> posto no sistema como dupla garantia formal da jurisdição: primeiro, para o jurisdicionado que tenha recebido resposta a pleito formulado judicialmente e que vê a decisão proferida afrontada, fragilizada e despojada de seu vigor e de sua eficácia; segundo, para o Supremo Tribunal Federal (art.102, inc. I, alínea l, da Constituição da República) ou para o Superior Tribunal de Justiça (art.105, inc. I, alínea f, da Constituição), que podem ter as suas respectivas competências enfrentadas e menosprezadas por outros órgãos do Poder Judiciário e a autoridade de suas decisões mitigadas em face de atos reclamados. Busca-se, por ela, fazer com que a prestação jurisdicional mantenha-se dotada de seu vigor jurídico próprio ou o órgão judicial de instância superior tenha a sua competência resguardada. Ela não se presta a antecipar julgados, a atalhar julgamentos, a fazer sucumbir decisões sem que se atenha à legislação processual específica qualquer discussão ou litígio a ser solucionado juridicamente [...]".

Instrução: a reclamação deverá ser instruída com prova documental e dirigida ao presidente do tribunal (§2º, 988, CPC).

× **Profa. quando será inadmissível a reclamação?**

Ponto de grande exigência nos concursos! Conforme o §5º do art. 988:

> * proposta <u>após o trânsito em julgado</u> da decisão reclamada;
> * proposta para garantir a observância de acórdão de recurso extraordinário com repercussão geral reconhecida ou de acórdão proferido em julgamento de recursos extraordinário ou especial repetitivos, <u>quando não esgotadas as instâncias ordinárias</u>.

× HAVERÁ SUSPENSÃO DO PROCESSO? QUAL A DEFESA DO REQUERIDO?

A suspensão poderá ou não ser realizada, a depender da análise do Relator. A via de defesa é a contestação, no prazo de 15 dias. Vejamos:

> Art. 989. Ao despachar a reclamação, o relator:
> I - requisitará informações da autoridade a quem for imputada a prática do ato impugnado, que as prestará no prazo de 10 (dez) dias;
> II - se necessário, ordenará a suspensão do processo ou do ato impugnado para evitar dano irreparável;
> III - determinará a citação do beneficiário da decisão impugnada, que terá prazo de 15 (quinze) dias para apresentar a sua contestação.

× QUEM PODE IMPUGNAR?

Qualquer interessado, conforme art. 990 do CPC:

> Art. 990. Qualquer interessado poderá impugnar o pedido do reclamante.

× HÁ NECESSIDADE DE OUVIR O MP?

SIM! Quando o Ministério Público não for autor da reclamação, deverá atuar, necessariamente, como custos legis, sendo ouvido, no prazo de cinco dias, após o decurso do prazo para informações e para a contestação (art. 991).

> Art. 991. Na reclamação que não houver formulado, o Ministério Público terá vista do processo por 5 (cinco) dias, após o decurso do prazo para informações e para o oferecimento da contestação pelo beneficiário do ato impugnado.

× O QUE CABE FAZER QUANDO O JUÍZO DE PRIMEIRO GRAU FAZ JUÍZO DE ADMISSIBILIDADE DA APELAÇÃO?

É caso de usurpação de competência, logo caberá reclamação! É ponto corriqueiro nas provas, porque o CPC/73 previa o juízo de admissibilidade no juízo *a quo*, sendo que o atual CPC não o admite, conforme §3º do art. 1.010, CPC. Vejamos:

> Art. 1.010. A apelação, interposta por petição dirigida ao juízo de primeiro grau, conterá:
> § 1º O apelado será intimado para apresentar contrarrazões no prazo de 15 (quinze) dias.

§ 2º Se o apelado interpuser apelação adesiva, o juiz intimará o apelante para apresentar contrarrazões.

§ 3º Após as formalidades previstas nos §§ 1º e 2º, os autos serão remetidos ao tribunal pelo juiz, independentemente de juízo de admissibilidade.

Art. 988. Caberá reclamação da parte interessada ou do Ministério Público para:

I - preservar a competência do tribunal;

Julgamento: se a reclamação for julgada procedente, o tribunal deverá restabelecer a sua competência e autoridade. Para tanto, cassará a decisão exorbitante de seu julgado ou determinará a realização das medidas adequadas à solução da controvérsia (art. 992).

O presidente do tribunal determinará o imediato cumprimento da decisão, antes mesmo da lavratura do acórdão, que ocorrerá posteriormente (art. 993)

Art. 992. Julgando procedente a reclamação, o tribunal cassará a decisão exorbitante de seu julgado ou determinará medida adequada à solução da controvérsia.

Art. 993. O presidente do tribunal determinará o imediato cumprimento da decisão, lavrando-se o acórdão posteriormente.

+ EXERCÍCIOS DE FIXAÇÃO

01. Ano: 2019 Banca: FUNDEP (Gestão de Concursos) Órgão: MPE-MG Prova: FUNDEP (Gestão de Concursos) - 2019 - MPE-MG - Promotor de Justiça Substituto

Assinale a alternativa incorreta sobre reclamação:

A) Caberá reclamação da parte interessada ou do Ministério Público para: I - preservar a competência do tribunal, e II - garantir a autoridade das decisões do tribunal.

B) Caberá reclamação da parte interessada ou do Ministério Público para: I - garantir a observância de enunciado de súmula vinculante e de decisão do Supremo Tribunal Federal em controle concentrado de constitucionalidade, e II - garantir a observância de acórdão proferido em julgamento de recursos repetitivos, incidente de resolução de demandas repetitivas ou de incidente de assunção de competência.

C) É inadmissível a reclamação: I - proposta após o trânsito em julgado da decisão reclamada, e II - proposta para garantir a observância de acórdão de recurso extraordinário com repercussão geral reconhecida ou de acórdão proferido em julgamento de recursos extraordinário ou especial repetitivos, quando não esgotadas as instâncias ordinárias.

D) A reclamação pode ser proposta perante qualquer tribunal, e seu julgamento compete ao órgão jurisdicional cuja competência se busca preservar ou cuja autoridade se pretenda garantir. A reclamação deverá ser instruída com prova documental e dirigida ao presidente do tribunal.

02. Ano: 2019 Banca: FUNDEP (Gestão de Concursos) Órgão: MPE-MG Prova: FUNDEP (Gestão de Concursos) - 2019 - MPE-MG - Promotor de Justiça Substituto

Assinale a alternativa incorreta sobre ação rescisória:

A) Não é possível o manejo de ação rescisória, com base na suposta violação à norma jurídica, contra decisão baseada em enunciado de súmula ou acórdão proferido em julgamento de casos repetitivos que não tenha considerado a existência de distinção entre a questão discutida no processo e o padrão decisório que lhe deu fundamento.

B) A decisão de mérito, transitada em julgado, pode ser rescindida quando for fundada em erro de fato verificável do exame dos autos. Há erro de fato quando a decisão rescindenda admitir fato inexistente ou quando considerar inexistente fato efetivamente ocorrido, sendo indispensável, em ambos os casos, que o fato não represente ponto controvertido sobre o qual o juiz deveria ter se pronunciado.

C) O Ministério Público tem legitimidade para propor a ação, se não foi ouvido no processo em que lhe era obrigatória a intervenção.

D) É lícito o pedido de tutela de urgência visando impedir o cumprimento da decisão rescindenda.

» GABARITO

01. letra b

Vejamos cada alternativa:

Alternativa A) As hipóteses de cabimento da reclamação estão previstas no art. 988, do CPC/15, nos seguintes termos: "Caberá reclamação da parte interessada ou do Ministério Público para: I - preservar a competência do tribunal; II - garantir a autoridade das decisões do tribunal; III – garantir a observância de enunciado de súmula vinculante e de decisão do Supremo Tribunal Federal em controle concentrado de constitucionalidade; IV - garantir a observância de acórdão proferido em julgamento de incidente de resolução de demandas repetitivas ou de incidente de assunção de competência". Afirmativa correta.

Alternativa B) Vide comentário sobre a alternativa A. A possibilidade de reclamação para garantir a observância de precedente proferido em julgamento de casos repetitivos foi revogada pela lei 13.256/16. Afirmativa incorreta.

Alternativa C) De fato, dispõe o art. 988, §5º, II, do CPC/15, que "é inadmissível a reclamação proposta para garantir a observância de acórdão de recurso extraordinário com repercussão geral reconhecida ou de acórdão proferido em julgamento de recursos extraordinário ou especial repetitivos, quando não esgotadas as instâncias ordinárias". Afirmativa correta.

Alternativa D) É o que dispõe o art. 988, §2º, do CPC/15: "A reclamação deverá ser instruída com prova documental e dirigida ao presidente do tribunal". Afirmativa correta.

02. letra a

Vejamos cada alternativa conforme a lei:

A) ERRADO: Art. 966. A decisão de mérito, transitada em julgado, pode ser rescindida quando: V - violar manifestamente norma jurídica; § 5º Cabe ação rescisória, com fundamento no inciso V do caput deste artigo, contra decisão baseada em enunciado de súmula ou acórdão proferido em julgamento de casos repetitivos que não tenha considerado a existência de distinção entre a questão discutida no processo e o padrão decisório que lhe deu fundamento.

B) CERTO: Art. 966. A decisão de mérito, transitada em julgado, pode ser rescindida quando: VIII - for fundada em erro de fato verificável do exame dos autos. § 1º Há erro de fato quando a decisão rescindenda admitir fato inexistente ou quando considerar inexistente fato efetivamente ocorrido, sendo indispensável, em ambos os casos, que o fato não represente ponto controvertido sobre o qual o juiz deveria ter se pronunciado.

C) CERTO: Art. 967. Têm legitimidade para propor a ação rescisória: III - o Ministério Público: a) se não foi ouvido no processo em que lhe era obrigatória a intervenção;

D) CERTO: Art. 969. A propositura da ação rescisória não impede o cumprimento da decisão rescindenda, ressalvada a concessão de tutela provisória.

RECURSOS (arts. 994-1.044, CPC)

RECURSOS	PREVISÕES
Apelação	Arts. 1.009-1.014, CPC
Agravo de instrumento	Arts. 1.015-1.020, CPC
Agravo interno	Art. 1.021, CPC
Embargos de declaração	Arts. 1.022-1.026, CPC
Recurso Ordinário	Arts. 1.027 e 1.028, CPC; Art. 102, II, CF/88; Art. 105, II, CF/88.

RECURSOS	PREVISÕES
Recurso Especial e Recurso Extraordinário	Arts. 1.029-1.041, CPC; Art. 102, III, CF/88; Art. 105, III, CF/88.
Do Agravo em Recurso Especial e em Recurso Extraordinário	Art. 1.042, CPC
Dos Embargos de Divergência em Recurso Especial e em Recurso Extraordinário	Arts. 1.043-1.044, CPC

24

24.1. TEORIA DOS RECURSOS

Caro(a) leitor (a), primordialmente temos que ter o domínio do **conceito de recurso**:

> - **SENTIDO LADO:** em linguagem jurídica a palavra recurso é usualmente empregada num sentido lato para denominar "**todo meio empregado pela parte litigante a fim de defender o seu direito**", como, por exemplo, a ação, a contestação, a reconvenção, as tutelas provisórias (THEODORO JR., Humberto. Curso de direito processual civil, 2016.p.941)
> - **SENTIDO ESTRITO:** recurso em **direito processual tem uma acepção técnica e restrita**, podendo ser definido como o meio ou remédio imugnativo apto a provocar, dentro da relação processual ainda em curso, o reexame de decisão judicial, pela mesma autoridade judiciária ou por outra hierarquicamente superior, **visando a obter-lhe a reforma, invalidação, esclarecimento ou integração** (AMARAL SANTOS, Moacyr. Primeiras linhas de direito processual civil. São Paulo: Max Limonad, 1973,p.103).

Note que o recurso ocorre na propria relação jurídica processual em curso, razão pela qual NÃO se deve confundir o recurso com outros *meios autônomos de impugnação da decisão judicial*, ou com sucedâneos recursais.

Ações autônomas	Sucedâneos recursais	Recursos
é o instrumento de impugnação de uma decisão judicial que dá origem a uma nova relação jurídica de direito processual. É o caso, por exemplo, da ação rescisória, do mandado de segurança e habeas corpus contra ato judicial, embargos de terceiro, reclamação constitucional, querela nullitatis insanabilis etc.	todo o meio de impugnação de decisão judicial que não é recurso, tampouco ação autônoma de impugnação. Cuida-se de uma categoria ampla e residual, englobando todas as outras formas de impugnação à decisão. São exemplos de sucedâneos recursais o reexame necessário, o pedido de suspensão de segurança (art. 15 da Lei 12.016/2009), o pedido de reconsideração ou a correição parcial.	é um incidente no mesmo processo em que é prolatado o pronunciamento impugnado, prolongando-se a litispendência, não criando uma nova relação jurídica processual.

Taxatividade

É muito comum ouvirmos falar em "taxatividade recursal" no CPC. Isso se deve a ideia de que somente temos **11 recursos codificados**:

Art. 994. São cabíveis os seguintes recursos:

1.	I - apelação;
2.	II - agravo de instrumento;
3.	III - agravo interno;
4.	IV - embargos de declaração;
5.	V - recurso ordinário;
6.	VI - recurso especial;
7.	VII - recurso extraordinário;
8 e 9.	VIII - agravo em recurso especial ou extraordinário;
10 e 11.	IX - embargos de divergência em recurso especial e extraordinário

Cuidado! Falar em taxatividade recursal não inviabiliza ou nega a existência de outros recursos em legislações extravagantes!

Classificação: várias são as maneiras de classificar os recursos. Eis os principais critérios classificatórios:

A) QUANTO AO FIM COLIMADO PELO RECORRENTE

1) DE REFORMA: quando se busca uma moficação na solução contida no decisório impugnado, de maneira a alcançar, no julgamento recursal, um pronunciamento mais favorável ao recorrente;

2) DE INVALIDAÇÃO: quando não se busca um novo julgamento, dentro do recurso para a matéria decidida no ato impugnado, mas, sim, a sua cassação pura e simples, ensejanto, posteriormente, volte a mesma matéria a ser julgada em novo ato decisório que não contenha vícios que provocaram a anulação do primeiro julgamento.

Ex.: hipóteses de incompetência, cerceamento de defesa, decisões citra petita, extra petita, ultra petita, e, enfim, a ausência de qualquer pressuposto processual ou condição da ação.

B) QUANTO AO JUÍZO QUE SE ENCARREGA DO JULGAMENTO

DEVOLUTIVOS OU REITERATIVOS: quando a questão julgada por um órgão judicial é devolvida ao conhecimento de outro órgão. É o que se passa no recurso ordinário, no especial, o extraordinário, a apelação; → ORGÃO AD QUEM;

NÃO DEVOLUTIVOS OU ITERATIVOS: quando a impugnação é julgada pelo mesmo órgão que proferiu a decisão recorrida, tal como se passa nos embargos de declaração;

MISTOS: tanto quando permitem o reexame pelo órgão superior como pelo próprio prolator do ato decisório, como é o caso do agravo de instrumento (art. 1018, §1º)

C) QUANTO A EXTENSÃO DO REEXAME DE UM ÓRGÃO SOBRE A MATÉRIA JÁ DECIDIDA

a) Total: quando o recurso ataca a decisão como um todo;

b) Parcial: quando o inconformismo do recorrente é restrito a uma ou algumas questões dentre todas as solucionadas no decisório do recorrido. Nessa hipótese, não terá poder, o órgão recorrido, para introduzir qualquer alteração na parte não impugnada.
Art. 1.002. A decisão pode ser impugnada no todo ou em parte.

NOTAS:
- *Tantum devolutum quantum appelatum:* é o princípio pelo qual só se conhecerá da matéria impugnada quando do recurso.
- Interessante falar ainda do princípio da *non reformatio in pejus* aplicável aos recursos cíveis: esse princípio não está previsto de forma expressa na lei processual, mas é amplamente admitido pela doutrina e pela jurisprudência. Indica que quando somente uma das partes interpuser recurso, o julgamento deste não poderá prejudicá-la - excepcionando-se, evidentemente, a apreciação de alguma matéria de ordem pública cognoscível de ofício pelo órgão julgador. Note-se que esse princípio somente terá aplicação nos casos em que apenas uma das partes recorrer da decisão e quando a matéria tratada no recurso não for considerada de ordem pública. Se ambas as partes recorrerem, ou se a matéria for de ordem pública (e, portanto, cognoscível de ofício pelo juiz), ele não será aplicável.

D) QUANTO AOS MOTIVOS DA IMPUGNAÇÃO

Recursos de fundamentação livre: que são aqueles cuja adminissibilidade não se prende a matérias preordenadas pela lei;

Recursos de fundamentação vinculada: são aqueles que só são admissíveis quando se invoca tema enquadrado na previsão legal de cabimento do remédio recursal.

EXEMPLOS:

Fundamentação livre: apelação;

Fundamentação vinculada: embargos de declaração (art. 1.022, CPC), recurso especial e extraordinário (arts. 102, III e 105, III CF/88)

Os recursos, em geral, se prestam ao questionamento de qualquer matéria jurídica, seja de mérito ou de preliminar processual. Há porém, os que, como os embargos de declaração, o recurso extraordinário e especial, somente são admissíveis quando a respectiva fundamentação for enquadrável nos permissivos da lei.

E) QUANTO A POSSIBILIDADE DE EXECUÇÃO DA DECISÃO IMPUGNADA

-Suspensivos: impedem o início da execução provisória ou definitiva;

-Não suspensivos: os que, mesmo na pendência do recurso, permitem seja processada a execução provisória, e, às vezes, até a execução definitiva, da sentença ou da decisão interlocutória impugnada.

F) QUANTO AOS EFEITOS DOS RECURSOS

-DEVOLUTIVO: geralmente, o recurso tem o efeito de devolver (transferir) ao órgão jurisdicional hierarquicamente superior (tribunal ad quem) o exame de toda a matéria impugnada. Trata-se do efeito devolutivo, que decorre logicamente do princípio dispositivo, segundo o qual o órgão julgador age mediante provocação da parte ou do interessado e nos limites do pedido (arts. 2º, 141 e 492).

Nota 1: existe entendimento de parte da doutrina no sentido de que os embargos de declaração não possuem o efeito devolutivo, porquanto, além de serem julgados pelo próprio órgão prolator da decisão embargada, não se destinam exatamente ao reexame de matéria já decidida, mas apenas ao esclarecimento de ponto obscuro ou contraditório, integração de ponto omisso ou correção de erro material (art. 1.022). Entretanto, outra parcela afirma que o efeito devolutivo decorre da simples interposição do recurso, ainda que direcionado ao mesmo órgão jurisdicional, ocorrendo, inclusive nos embargos de declaração (NELSON, Nery; DONIZETTI, Elpídio).

Nota 2: importante anotar que também no âmbito recursal as matérias de ordem pública podem ser *conhecidas de ofício* pelo órgão jurisdicional, razão pela qual seu exame não depende de impugnação nas razões recursais. Exceção: nos tribunais superiores, nos quais, como se verá no momento oportuno, exige-se o prequestionamento de toda e qualquer matéria objeto de recurso extraordinário e de recurso especial.

-TRANSLATIVO: constitui uma particularidade do efeito devolutivo, entendido como a possibilidade de o julgamento recursal extrapolar os limites do que foi efetivamente impugnado. Como existe relação entre esses efeitos, alguns doutrinadores costumam afirmar que o efeito translativo se relaciona com a extensão (dimensão horizontal) e profundidade (dimensão vertical) do efeito devolutivo.

-SUSPENSIVO: no sistema do Código os recursos em geral não obstam o prosseguimento do feito e por isso autorizam a execução provisória da decisão judicial.

Exceções:

previsão em lei em sentido contrário;

decisão judicial que conceda efeito suspensivo.

Art. 995. Os recursos não impedem a eficácia da decisão, SALVO <u>disposição legal</u> ou <u>decisão judicial em sentido diverso</u>.
Parágrafo único. A eficácia da decisão recorrida poderá ser suspensa por decisão do relator, se da imediata produção de seus efeitos houver risco de dano grave, de difícil ou impossível reparação, e ficar demonstrada a probabilidade de provimento do recurso.
Assim, podemos dizer que:
<u>-EFEITO SUSPENSIVO OPE LEGIS = recurso que por lei possui efeito suspensivo:</u> apelação. Entretanto, no art. 1.012 §1º do CPC há casos em que, mesmo a apelação, não terá efeito suspensivo, podendo a parte requerê-lo [§3º].
Art. 1.012. A apelação terá efeito suspensivo [EFEITO OPE LEGIS - PELA LEI!]
§ 1º Além de outras hipóteses previstas em lei, começa a produzir efeitos imediatamente após a sua publicação a sentença que:
I - homologa divisão ou demarcação de terras;
II - condena a pagar alimentos;
III - extingue sem resolução do mérito ou julga improcedentes os embargos do executado;
IV - julga procedente o pedido de instituição de arbitragem;
V - confirma, concede ou revoga tutela provisória;
VI - decreta a interdição.
§ 3º O pedido de concessão de efeito suspensivo nas hipóteses do § 1º poderá ser formulado por requerimento dirigido ao:
I - tribunal, no período compreendido entre a interposição da apelação e sua distribuição, ficando o relator designado para seu exame prevento para julgá-la;
II - relator, se já distribuída a apelação.
<u>EFEITO SUSPENSIVO OPE JUDICIS = recurso que por decisão judicial passa a ter efeito suspensivo:</u> demais recursos (art. 994, CPC), exceto apelação. Poderá ser concedido o efeito por decisão do relator, quando houver risco de dano grave, de difícil ou impossível reparação, e ficar demonstrada a probabilidade de provimento do recurso.
Art. 994. São cabíveis os seguintes recursos:
I - apelação;
II - agravo de instrumento;
III - agravo interno;
IV - embargos de declaração;
V - recurso ordinário;
VI - recurso especial;
VII - recurso extraordinário;
VIII - agravo em recurso especial ou extraordinário;
IX - embargos de divergência.

G) EFEITO SUBSTITUTIVO, EXPANSIVO E ATIVO

Além dos efeitos já abordados (devolutivo, translativo e suspensivo), temos o efeito do julgamento do próprio recurso, denominado efeito substitutivo, que consiste em substituir a decisão recorrida no que tiver sido objeto de recurso (art. 1.008).
Art. 1.008. O julgamento proferido pelo tribunal substituirá a decisão impugnada no que tiver sido objeto de recurso.

× **PODE HAVER INTERPOSIÇÃO DE EMBARGOS INFRINGENTES?**

NÃO! Esse recurso deixou de ser cabível na vigência do CPC/15. Atualmente falamos da *técnica de julgamento ampliado* prevista no art. 942 do CPC:

> Art. 942. Quando o resultado da apelação for não unânime, o julgamento terá prosseguimento em sessão a ser designada com a presença de outros julgadores, que serão convocados nos termos previamente definidos no regimento interno, em número suficiente para garantir a possibilidade de inversão do resultado inicial, assegurado às partes e a eventuais terceiros o direito de sustentar oralmente suas razões perante os novos julgadores.
> § 1º Sendo possível, o prosseguimento do julgamento dar-se-á na mesma sessão, colhendo-se os votos de outros julgadores que porventura componham o órgão colegiado.
> § 2º Os julgadores que já tiverem votado poderão rever seus votos por ocasião do prosseguimento do julgamento.
> § 3º A técnica de julgamento prevista neste artigo aplica-se, igualmente, ao julgamento não unânime proferido em:
> I - ação rescisória, quando o resultado for a rescisão da sentença, devendo, nesse caso, seu prosseguimento ocorrer em órgão de maior composição previsto no regimento interno;
> II - agravo de instrumento, quando houver reforma da decisão que julgar parcialmente o mérito.
> § 4º Não se aplica o disposto neste artigo ao julgamento:
> I - do incidente de assunção de competência e ao de resolução de demandas repetitivas;
> II - da remessa necessária;
> III - não unânime proferido, nos tribunais, pelo plenário ou pela corte especial.

× **PODE HAVER INTERPOSIÇÃO DE AGRAVO DE INSTRUMENTO NA FORMA RETIDA?**

NÃO! Deixou de ser cabível na vigência do CPC/15. Atualmente questões as quais descabe o manejo de agravo de instrumento, serão manejadas em preliminar de apelação ou contrarrazões:

> Art. 1.009. Da sentença cabe apelação.
> **§ 1o As questões resolvidas na fase de conhecimento, se a decisão a seu respeito não comportar agravo de instrumento, não são cobertas pela preclusão e devem ser suscitadas em preliminar de apelação, eventualmente interposta contra a decisão final, ou nas contrarrazões.**
> § 2o Se as questões referidas no § 1o forem suscitadas em contrarrazões, o recorrente será intimado para, em 15 (quinze) dias, manifestar-se a respeito delas.
> § 3o O disposto no caput deste artigo aplica-se mesmo quando as questões mencionadas no art. 1.015 integrarem capítulo da sentença.

Atos sujeitos a recursos

No processo **apenas dos atos do juiz é que cabem recursos.** E, ainda, não de todos, mas de alguns atos do juiz:

Sentença	**são recorríveis** Ex.: apelação (art. 1.009, CPC)
Decisão interlocutória	**são recorríveis** Ex.: agravo de instrumento (art. 1.015, CPC)
Acórdãos (art. 204, CPC)	**são recorríveis** Ex.: recurso especial (art. 105, III, CF c/c art. 1.029, CPC)
Decisões monocráticas (art. 932, CPC)	**são recorríveis** Ex.: agravo interno (art. 1.021, CPC)
Despachos	**NÃO SÃO SUJEITOS A RECURSO.** *Art. 1.001. Dos despachos não cabe recurso.*

Princípios fundamentais aplicáveis

Podemos citar os seguintes princípios fundamentais amplamente aceitos pela doutrina e jurisprudência:

× **Duplo grau de jurisdição**

Princípio implícito previsto na CF/88[8] segundo o qual se possibilita à parte que submeta matéria já apreciada e decidida a novo julgamento, por órgão hierarquicamente superior. Embora se trate de princípio ínsito ao sistema constitucional, **a sua aplicação não é ilimitada.**

EXEMPLOS DE LIMITAÇÃO: a própria Constituição estabelece hipóteses de competência originária de tribunais superiores, nas quais não há possibilidade de interposição de recurso ordinário. Outro exemplo ocorre no caso do art. 1.007, § 6º, que prevê a irrecorribilidade da decisão que releva a pena de deserção se provado justo impedimento do recorrente.

> Art. 1.007 [...] § 6º Provando o recorrente justo impedimento, o relator relevará a pena de deserção, por decisão irrecorrível, fixando-lhe prazo de 5 (cinco) dias para efetuar o preparo.

× **Taxatividade**

Consideram-se recursos somente aqueles designados por lei federal, pois compete privativamente União legislar sobre essa matéria (art. 22, I, da CF/1988). Dando ênfase a tal princípio, conforme já abordamos, o

---

[8] Implícito porque é consectário do devido processo legal, seja em decorrência de previsão constitucional acerca da existência de tribunais, aos quais foi conferida competência recursal (arts. 92 a 126 da CF/1988).

art. 994 estabelece um rol de recursos cabíveis no âmbito do processo civil. Em que pese a literalidade do dispositivo transcrito transmitir a ideia de que apenas os recursos nele enumerados são admitidos, o rol ali descrito não é exaustivo, existindo outros recursos previstos em leis extravagantes, a exemplo do recurso inominado no âmbito dos Juizados Especiais Comuns (Lei nº 9.099/1995) e Juizados Especiais Federais (Lei nº 10.259/2001).

× **Singularidade**

Em decorrência do princípio da singularidade, unicidade ou unirrecorribilidade, cada decisão comporta uma única espécie de recurso. De regra, não se admite a divisão do ato judicial para efeitos de recorribilidade, devendo-se ter em mente, para aferir o recurso cabível, o conteúdo mais abrangente da decisão no sentido finalístico.

Segundo o STJ, desde que respeitada a adequação formal, o princípio da unirecorribilidade não veda a interposição de um único recurso para impugnar mais de uma decisão, a despeito de ser prática incomum (REsp 1.112.559/TO, Rel. Min. Nancy Andrighi, j. 28.08.2012). Explicando: no caso, a parte interpôs um agravo de instrumento em face de duas decisões interlocutórias: a primeira, que extinguiu a exceção de pré-executividade, e a segunda, que autorizou o levantamento da quantia depositada. O agravo não foi conhecido pelo Tribunal local, o que ensejou a reforma pelo STJ. Mais recentemente o STJ também voltou a admitir a utilização de um único agravo de instrumento para impugnar diversas decisões interlocutórias. Segundo o STJ, essa providência não viola o princípio da unicidade recursal, já que não há na legislação processual nenhum impedimento a essa prática (REsp 1.628.773).

> **ATENÇÃO:** Dois pontos merecem sua atenção, caro(a) leitor (a):
> 1- Uma exceção que se poderia invocar ao princípio da unirrecorribilidade refere-se à previsão, contemplada no art. 1.031, de interposição simultânea de recursos extraordinário e especial. Todavia, nessa hipótese a infringência ao princípio é apenas aparente, uma vez que cada um dos recursos se refere a uma parte ou capítulo da decisão recorrida: o recurso extraordinário relaciona-se à matéria constitucional; o recurso especial, à matéria infraconstitucional. O que o princípio da unirrecorribilidade ou singularidade veda é a interposição simultânea de dois ou mais recursos contra a mesma parte ou capítulo da decisão.

> 2- Outra exceção ao princípio da unirrecorribilidade pode ser observada no mandado de segurança de competência originária de tribunal de segundo grau, cuja segurança foi apenas parcialmente deferida. Nessa hipótese, contra a mesma decisão, são cabíveis três recursos distintos. Para tanto, deve-se dividir o pronunciamento judicial em capítulos. Contra o capítulo que concede a segurança, em tese, pode-se interpor RE e/ou REsp e contra o capítulo que denega a segurança, cabe recurso ordinário constitucional. Observe-se também que, na eventualidade de se oporem embargos de declaração em face da sentença ou acórdão contra o qual, posteriormente, se vai recorrer, também não há infringência do princípio da singularidade. Isso porque sequer há simultaneidade entre os embargos de declaração e o recurso que lhes suceder, uma vez que primeiro são interpostos os embargos e só depois da decisão destes é que há ensejo para outro recurso.

× **Fungibilidade**

Esse princípio exige a demonstração de 3 requisitos para sua utilização, conforme parâmetros do STJ:

1. Dúvida objetiva quanto ao recurso a ser manejado;
2. Que o recurso interposto "erroneamente" tenha sido apresentado no prazo do recurso "correto";
3. Que inexista erro grosseiro.

Já segundo DONIZETTI, a doutrina majoritária exige a presença apenas de dois requisitos: dúvida objetiva sobre qual é o recurso cabível (inexistência de erro grosseiro) e interposição do recurso "inadequado" no prazo do recurso cabível.

Preenchidos os requisitos, admite-se o recebimento de um recurso inadequado como se adequado fosse, de modo a não prejudicar a parte recorrente por impropriedades do ordenamento jurídico ou por divergências doutrinárias e jurisprudenciais.

A essa possibilidade de conversão, de troca de um recurso por outro, dá-se o nome de fungibilidade, não contemplada expressamente no CPC/1973, mas que ganha força no Código vigente.

EXEMPLOS

× O § 3º do art. 1.024, por exemplo, prevê a possibilidade de recebimento e processamento dos embargos de declaração como agravo interno, entendimento que já era contemplado na jurisprudência (STJ, EDcl nos EAREsp 252.217/ES, Rel. Min. Maria Thereza de Assis Moura, 3ª Seção, julgado em 11.06.2014).

× No âmbito dos recursos extraordinários, o CPC atual também admite a fungibilidade entre o REsp e o RE. É o que se pode perceber da leitura dos arts. 1.032 e 1.033:

> Art. 1.032. Se o relator, no Superior Tribunal de Justiça, entender que o recurso especial versa sobre questão constitucional, deverá conceder prazo de 15 (quinze) dias para que o recorrente demonstre a existência de repercussão geral e se manifeste sobre a questão constitucional.
> Parágrafo único. Cumprida a diligência de que trata o caput, o relator remeterá o recurso ao Supremo Tribunal Federal, que, em juízo de admissibilidade, poderá devolvê-lo ao Superior Tribunal de Justiça.
> Art. 1.033. Se o Supremo Tribunal Federal considerar como reflexa a ofensa à Constituição afirmada no recurso extraordinário, por pressupor a revisão da interpretação de lei federal ou de tratado, remetê-lo-á ao Superior Tribunal de Justiça para julgamento como recurso especial.

× **Proibição da reformatio in pejus**

Conforme já abordamos, é vedada a reforma da decisão impugnada em prejuízo do recorrente e, consequentemente, em benefício do recorrido. Desse modo, sendo interposto recurso por determinado motivo, o órgão julgador só pode alterar a decisão hostilizada nos limites em que ela foi impugnada, não podendo ir além. Trata-se, como se vê, de consectário lógico do princípio do dispositivo, segundo o qual o órgão jurisdicional somente age quando provocado (art. 2º), e do princípio da congruência, pelo qual o julgador está vinculado ao pedido formulado pela parte (arts. 141 e 492, por extensão).

Caso ambas as partes interponham recurso contra uma decisão, a princípio, não haverá que se falar em aplicação do princípio em comento.

> **ATENÇÃO:** Constitui exceção ao princípio sob análise a apreciação de questões de ordem pública, porquanto conhecíveis de ofício em qualquer tempo e grau de jurisdição (arts. 485, § 3º, e 337, § 5º).
> A doutrina também entende como exceção a esse princípio a aplicação da teoria da causa madura (§3º do art. 1.013, CPC), normalmente vista no recurso de apelação, mas que, segundo entendimento do STJ, também se mostra cabível no agravo de instrumento (RESP 1.215.368/ES).

> Art. 1.013. A apelação devolverá ao tribunal o conhecimento da matéria impugnada.
> § 3º Se o processo estiver em condições de imediato julgamento, o tribunal deve decidir desde logo o mérito quando:

I - reformar sentença fundada no art. 485 ;
II - decretar a nulidade da sentença por não ser ela congruente com os limites do pedido ou da causa de pedir;
III - constatar a omissão no exame de um dos pedidos, hipótese em que poderá julgá-lo;
IV - decretar a nulidade de sentença por falta de fundamentação.

Por fim, cumpre ressaltar que, também com fundamento nos princípios do dispositivo e da congruência, **não é admitida a reformatio in melius**, isto é, a reforma da decisão para melhorar a situação do recorrente além do que foi pedido.

× **Voluntariedade**

Conforme afirmado em linhas anteriores, a parte não está obrigada a interpor recurso contra a decisão que lhe for desfavorável. Contudo, se não o fizer, arcará os ônus respectivos.

EXEMPLO

A voluntariedade está presente na desistência do recurso. Consoante o art. 998, "o recorrente poderá, a qualquer tempo, sem a anuência do recorrido ou dos litisconsortes, desistir do recurso". Trata-se de ato voluntário que, diferentemente do que ocorre com a desistência da ação após a contestação, independe da manifestação (concordância ou discordância) por parte do recorrido. Aqui, não confunda a desistência de contestação, com a desistência de recurso, pois essa também não depende de concordância da outra parte. Veja, para facilitar:

> Art. 998. O recorrente poderá, a qualquer tempo, sem a anuência do recorrido ou dos litisconsortes, desistir do recurso.
> Art. 485. O juiz não resolverá o mérito quando:
> VIII - homologar a desistência da ação;
> § 4º Oferecida a contestação, o autor não poderá, sem o consentimento do réu, desistir da ação.
> § 5º A desistência da ação pode ser apresentada até a sentença.

× **Dialeticidade**

Ao interpor recurso, a parte deverá expor as razões do seu inconformismo, indicando-as de forma clara e com a devida fundamentação. Nelson Nery Junior nos esclarece que

> "[...] de acordo com este princípio, exige-se que todo recurso seja formulado por meio de petição pela qual a parte não apenas manifeste sua inconformidade com o ato judicial impugnado, mas, também e necessariamente, indique os motivos de fato e de direito pelos quais requer o novo julgamento da questão nele cogitada".[9]

---

9 NERY JR., Nelson. Teoria geral dos recursos. 6. ed. São Paulo: RT, 2004. p. 176.

Veja o entendimento do STJ:

> "A dialeticidade tem relação com a *regularidade formal*. Indica que a parte deve apresentar apelo que vise combater a decisão jurisdicional exatamente naquilo que ela lhe prejudica. De acordo com o princípio da dialeticidade, as razões recursais devem impugnar, com transparência e objetividade, os fundamentos suficientes para manter íntegro o decisum recorrido. Deficiente a fundamentação, incidem as Súmulas 182/STJ e 284/STF" (AgRg no Ag 1.056.913/SP, 2ª T., Rel. Min. Eliana Calmon, DJe 26.11.2008).
> "[...] O ônus da dialeticidade recursal cumpre-se com a refutação dos motivos declinados na decisão impugnada para o julgamento da controvérsia, **não bastando, portanto, que o interessado apenas reitere em agravo regimental os argumentos do recurso especial se isso não se presta efetivamente ao confronto da fundamentação judicial**" (STJ, AgRg no AREsp 632.705/MG, Rel. Min. Mauro Campbell Marques, j. 19.05.2015).

Na jurisprudência, as Súmulas nº 282, 284 e 287 do Supremo Tribunal Federal e as Súmulas nº 126 e 182 do STJ também se referem ao princípio da dialeticidade:

× Súmula nº 282 do STF: "É inadmissível o recurso extraordinário quando não ventilada, na decisão recorrida, a questão federal suscitada".
× Súmula nº 284 do STF: "É inadmissível o recurso extraordinário, quando a deficiência na sua fundamentação não permitir a exata compreensão da controvérsia";
× Súmula nº 287 do STF: "Nega-se provimento ao agravo, quando a deficiência na sua fundamentação, ou no do recurso extraordinário, não permitir a exata compreensão da controvérsia";
× Súmula nº 126 do STJ: "É inadmissível recurso especial, quando o acórdão recorrido assenta em fundamentos constitucional e infraconstitucional, qualquer deles suficiente, por si só, para mantê-lo, e a parte vencida não manifesta recurso extraordinário";
× Súmula nº 182 do STJ: "É inviável o agravo do art. 545 do CPC que deixa de atacar especificamente os fundamentos da decisão agravada".

Legitimidade e interesse

São legitimados a recorrer:
× parte

× Terceiro interessado
× MP (parte ou fiscal da lei)
× ADVOGADO – honorários, em nome próprio (art. 23 e 24 Lei nº 8.906/94)

O artigo 996 do CPC não aborda o advogado, devendo haver análise sistemática com o Estatuto da OAB. Vejamos:

> Art. 996. O recurso pode ser interposto pela parte vencida, pelo terceiro prejudicado e pelo Ministério Público, como parte ou como fiscal da ordem jurídica.
> Parágrafo único. Cumpre ao **terceiro** demonstrar a possibilidade de a decisão sobre a relação jurídica submetida à apreciação judicial atingir direito de que se afirme titular ou que possa discutir em juízo como substituto processual.

Se houver **litisconsórcio**, o recurso interposto por um dos litisconsortes a todos aproveita, salvo se distintos ou opostos os seus interesses (art. 1.005, CPC). Sendo caso de **solidariedade passiva**, o recurso interposto por um devedor aproveitará aos outros quando as defesas opostas ao credor lhes forem comuns (§ú, art. 1.005).

ATENÇÃO: Alguns pontos merecem destaque nesse especial:

× Em relação ao **Ministério Público**, lembre-se da Súmula 99 do STJ, segundo a qual "o Ministério Público tem legitimidade para recorrer no processo em que oficiou como fiscal da lei, ainda que não haja recurso da parte". Ainda, mesmo se tratando de recurso interposto pelo Ministério Público Estadual junto ao tribunal superior, não há obrigatoriedade de atuação do MPF: "Os Ministérios Públicos dos Estados e do Distrito Federal têm legitimidade para propor e atuar em recursos e meios de impugnação de decisões judiciais em trâmite no STF e no STJ, oriundos de processos de sua atribuição, sem prejuízo da atuação do Ministério Público Federal" (RE 985.392).

× **Quanto às intervenções de terceiros**, cabem duas ressalvas:
a) o amicus curiae, elencado no CPC atual no capítulo relativo às intervenções de terceiro, tem legitimidade recursal apenas para opor embargos e recorrer da decisão que julga o IRDR;
b) |o assistente simples pode recorrer mesmo que o assistido não interponha qualquer recurso. Contudo, se este praticar ato incompatível com a vontade de recorrer, o recurso do assistente simples restará prejudicado.

> × Também se admite o recurso por parte **de terceiro** que possa discutir a relação jurídica objeto do processo na qualidade de substituto processual, uma vez que a eficácia do julgado há de recair sobre a parte em sentido material e não apenas processual (art. 996, parágrafo único, parte final).

Diga-se ainda que para recorrer não basta só a legitimidade, mas também é preciso ter interesse! Ou seja, é indispensável que o recurso seja útil e necessário ao recorrente, a fim de evitar que sofra prejuízo com a decisão.

JURISPRUDÊNCIA

Não há unanimidade quanto a existência de interesse recursal do Ministério Público em face de sentença favorável a incapaz. Entretanto o STJ vem, aos poucos, optando pela aplicação do *princípio pas de nullité sans grief* (não há nulidade sem prejuízo) nas ações em que há necessidade de intervenção ministerial. Vejamos:

> "Processual civil e previdenciário. Agravo regimental. Agravo. Recurso especial. Parte incapaz. Ausência de intervenção do Ministério Público. Prejuízo. Ocorrência.1. Ainda que a intervenção do Ministério Público seja obrigatória em face de interesse de menor, é necessária a demonstração de prejuízo a este para que se reconheça a referida nulidade.2. Agravo regimental improvido".
> Precedente: AgRg no AREsp 138.551/SP, Min. Luis Felipe Salomão, Quarta Turma, DJe 23.10.2012 (AgRg no AREsp 74.186/MG, Rel. Min. Sebastião Reis Júnior, j. 05.02.2013).

Dessa forma, se em uma eventual sentença não for demonstrado que houve prejuízo ao incapaz, descaberia argumentar a existência de interesse recursal do Ministério Público.

Regularidade formal

Quanto à forma, a interposição do recurso deve observar o que for estabelecido em lei, podendo-se arrolar alguns pressupostos que devem ser preenchidos de modo geral:

> a) no processo civil, os recursos são interpostos por petição escrita. Nesse ponto, os recursos cíveis diferem dos criminais, uma vez que estes podem ser interpostos oralmente;
> b) a interposição deve ocorrer no juízo de origem (a quo), com exceção do agravo de instrumento, cuja interposição é diretamente realizada no juízo ad quem;
> c) a petição deve indicar e qualificar as partes (salvo se já estiverem qualificadas nos autos), vir acompanhada das razões do inconformismo (causa de pedir) e do pedido de nova decisão, se for o caso;

d) no caso de recurso interposto por terceiro prejudicado, deve-se demonstrar "a possibilidade de a decisão sobre a relação jurídica submetida à apreciação judicial atingir direito de que se afirme titular ou que possa discutir em juízo como substituto processual" (art. 996, parágrafo único).

Prazo

× **Existe prazo que seja "regra" para interposição de recursos?**

SIM! O CPC praticamente unificou a regra de prazos para **15 dias úteis** (§5º do art. 1.003, CPC c/c art. 219 do CPC).

EXCEÇÃO: fica a cargo do recurso de embargos de declaração, que possui prazo de 5 dias úteis (art. 1.023 c/c 219, ambos do CPC).

> Art. 1.003. § 5o Excetuados os embargos de declaração, o prazo para interpor os recursos e para responder-lhes é de 15 (quinze) dias.
> Art. 1.023. Os embargos serão opostos, no prazo de 5 (cinco) dias, em petição dirigida ao juiz, com indicação do erro, obscuridade, contradição ou omissão, e não se sujeitam a preparo.

O prazo para interposição de recurso conta-se da data em que os advogados, a sociedade de advogados, a Advocacia Pública, a Defensoria Pública ou o Ministério Público são intimados da decisão (art. 1.003, caput). São intimados em audiência quando nesta for proferida a decisão (§1º).

Protocolo: no prazo para interposição de recurso, a petição será protocolada em cartório ou conforme as normas de organização judiciária, ressalvado o disposto em regra especial.

EXEMPLOS: a apelação possui protocolo no juízo de primeiro grau, quando nele a ação é originária. Realizado o processamente, será remetida ao Tribunal para juízo de admissibilidade (art. 1.010, CPC).

> Art. 1.010. A apelação, interposta por petição dirigida ao juízo de primeiro grau, conterá:
> I - os nomes e a qualificação das partes;
> II - a exposição do fato e do direito;
> III - as razões do pedido de reforma ou de decretação de nulidade;
> IV - o pedido de nova decisão.
> § 1º O apelado será intimado para apresentar contrarrazões no prazo de 15 (quinze) dias.
> § 2º Se o apelado interpuser apelação adesiva, o juiz intimará o apelante para apresentar contrarrazões.
> § 3º Após as formalidades previstas nos §§ 1º e 2º, os autos serão remetidos ao tribunal pelo juiz, independentemente de juízo de admissibilidade.

Já o agravo de instrumento é recurso protocolado diretamente no Tribunal.

> Art. 1.016. O agravo de instrumento será dirigido diretamente ao tribunal competente, por meio de petição com os seguintes requisitos:
> I - os nomes das partes;
> II - a exposição do fato e do direito;
> III - as razões do pedido de reforma ou de invalidação da decisão e o próprio pedido;
> IV - o nome e o endereço completo dos advogados constantes do processo.

Correio: para aferição da tempestividade do recurso remetido pelo correio, será considerada como **data de interposição a data de postagem** (§4º do art. 1.003, CPC).

Feriado local: tem que comprovar na data da interposição do recurso, SOMENTE FERIADOS NACIONAIS NÃO HÁ NECESSIDADE DE COMPROVAÇÃO (§6º, art. 1003, CPC)

> 1.003. § 6 O recorrente comprovará a ocorrência de feriado local no ato de interposição do recurso.

Falecimento ou motivo de força maior: restituição do prazo para a parte a partir da intimação (art. 1004, CPC);

> Art. 1.004. Se, durante o prazo para a interposição do recurso, sobrevier o **falecimento da parte ou de seu advogado** ou ocorrer **motivo de força maior** que suspenda o curso do processo, será tal **prazo restituído** em proveito da parte, do herdeiro ou do sucessor, contra quem começará a correr novamente depois da intimação.

Trânsito em julgado

A parte deverá interpor tempestivamente o recurso, sob pena da decisão judicial transiter em julgado. O certificado o trânsito em julgado será realizado pelo escrivão ou chefe de secretaria, *independentemente de despacho*, com menção expressa da data de sua ocorrência, providenciando-se a baixa dos autos ao juízo de origem, no prazo de 5 (cinco) dias (art. 1.006, CPC).

Faculdade de desistir ou renunciar (arts. 998 e 999, CPC):

Caro(a) leitor(a), muita atenção nesse ponto pois a cobrança é corriqueira nas provas! Tanto a renúncia como a desistência a recursos INDEPENDE de aceitação/anuência da outra parte!

> Art. 998. O recorrente poderá, **a qualquer tempo, sem a anuência** do recorrido ou dos litisconsortes, desistir do recurso.
> Art. 999. A renúncia ao direito de recorrer **independe da aceitação** da outra parte.

RENÚNCIA AO DIREITO DE RECORRER	DESISTÊNCIA AO RECURSO
Ato que ocorre antes da apresentação da peça recursal.	Ato que ocorre **após** a interposição de recurso.

× **E SE O RECURSO TEM QUESTÃO COM REPERCUSSÃO GERAL RECONHECIDA?**

O recurso SERÁ ANALISADO, mas seus efeitos não serão válidos às partes que dele desistiram. Isso ocorrerá em função da técnica de julgamento por amostragem, ou seja, o recurso já foi escolhido dentre os demais para fins de fixação do parâmetro a ser aplicado aos casos repetitivos ou casos em que haja repercussão geral reconhecida. Veja:

> ART. 998. Parágrafo único. A desistência do recurso não impede a análise de questão cuja repercussão geral já tenha sido reconhecida e daquela objeto de julgamento de recursos extraordinários ou especiais repetitivos.

Ademais, NÃO confunda: RENÚNCIA ≠ DESISTÊNCIA ≠ ACEITAÇÃO TÁCITA/EXPRESSA

DESISTÊNCIA	RENÚNCIA	ACEITAÇÃO TÁCITA/EXPRESSA
Art. 998. O recorrente poderá, a qualquer tempo, sem a anuência do recorrido ou dos litisconsortes, desistir do recurso.	Art. 999. A renúncia ao direito de recorrer independe da aceitação da outra parte.	Art. 1.000. A parte que aceitar expressa ou tacitamente a decisão não poderá recorrer.
Parágrafo único. A desistência do recurso não impede a análise de questão cuja repercussão geral já tenha sido reconhecida e daquela objeto de julgamento de recursos extraordinários ou especiais repetitivos.	**Tanto na renúncia como na aceitação,** poderemos falar em preclusão lógica se parte após realizar o ato (ainda que tacitamente) vier a apresentar recurso! A **preclusão lógica** é a perda de um poder processual em razão da prática de um ato anterior com ele incompatível.

Conforme Daniel Assumpção são exemplos de aquiescência (aceitação):

- pagamento da condenação;
- levantamento de valores depositados na ação consignatória;
- apresentação das contas exigidas na ação de prestação de contas;
- desocupação do imóvel e entrega das chaves na ação de despejo;
- a realização de transação.

Preparo (art. 1007, CPC):

> Art. 1.007. No ato de interposição do recurso, o recorrente comprovará, quando exigido pela legislação pertinente, o respectivo preparo, inclusive porte de remessa e de retorno, sob pena de deserção.

Preparo consiste em:

a. pagamento de custas recursais;
b. pagamento de porte de remessa e retorno à dispensadas em autos eletrônicos;

Na sua falta, poderemos falar em *deserção* do recurso, ou mesmo em "recurso deserto". A grande novidade do CPC foi afastar esse reconhecimento imediato, quando da falta do preparo. **Atualmente o relator dará a parte oportunidade de sanar o vício, no prazo de 5(cinco) dias!**

Insuficiência de preparo (art. 1007, §2º): prazo de 5 dias para completar, sob pena de deserção do recurso.
Falta de preparo (§4º, 1007, CPC): RECOLHE EM DOBRO, no prazo de 5 dias. Se faz insuficientemente, não poderá mais recolher = deserção.
Falha no preenchimento da guia (§7º, 1007): na hipótese de dúvida, abrirá prazo de 5 dias para sanar o vício, não cabendo de pronto a deserção;
Justo impedimento (§6º, 1007): por decisão irrecorrível de relevar a deserção, terá 5 dias para sanar.

ATENÇÃO: Nem todos os recursos se sujeitam a preparo. Os embargos de declaração, v.g, estão dispensados: art. 1.023. Os embargos serão opostos, no prazo de 5 (cinco) dias, em petição dirigida ao juiz, com indicação do erro, obscuridade, contradição ou omissão, e não se sujeitam a preparo.

Exceção ao preparo (§1º, 1007, CPC): estão dispensados

- MP
- União
- Distrito federal
- Estados
- Municípios

- × Autarquias
- × Com isenção legal – AJG

Sobre o tema, interessante a previsão da S. 484 do STJ:

> **Súmula 484/STJ** - 08/03/2017. Recurso especial repetitivo. Recurso especial representativo de controvérsia. Preparo. Recurso interposto após o encerramento do expediente bancário. Pagamento no primeiro dia útil subsequente. Cabimento. Deserção afastada. Precedentes do STJ. CPC, arts. 511, 519 e 543-C.>>

Recurso adesivo (997 CPC)

Recurso principal	Recurso adesivo
Recurso principal é o recurso interposto pela parte no prazo legal e independentemente da outra parte, como determina o art. 997, caput, do CPC/2015. **EXEMPLO** Pode acontecer que ambas as partes recorram da mesma decisão - e o recurso de cada uma delas será independente do recurso da outra.	Já o recurso adesivo é aquele **subordinado** ao da outra parte e que somente será julgado se o principal for admitido. Assim, havendo sucumbência recíproca, situação em que acarreta satisfação parcial dos interesses de ambas as partes, se uma delas interpõe o recurso de maneira principal, permite o art. 997, § 1º, do CPC/2015 que a outra interponha o respectivo recurso na modalidade adesiva.

Veja o art. 997 do CPC:

> Art. 997. Cada parte interporá o recurso independentemente, no prazo e com observância das exigências legais.
> § 1º Sendo vencidos autor e réu, ao recurso interposto por qualquer deles poderá aderir o outro.
> § 2º O recurso adesivo fica subordinado ao recurso independente, sendo-lhe aplicáveis as mesmas regras deste quanto aos requisitos de admissibilidade e julgamento no tribunal, salvo disposição legal diversa, observado, ainda, o seguinte:
> I - será dirigido ao órgão perante o qual o recurso independente fora interposto, no prazo de que a parte dispõe para responder;
> II - será admissível na apelação, no recurso extraordinário e no recurso especial;
> III - não será conhecido, se houver desistência do recurso principal ou se for ele considerado inadmissível.

Em suma:

- × Hipóteses de cabimento:
  a. apelação
  b. recurso especial
  c. recurso extraordinário
- × **requisito para interposição**: sucumbência recíproca;

- **momento:** no prazo para contrarrazões, pois o prazo independente já terá se esgotado.
- **subordinação:** ao recurso principal – não será apreciado se o recurso principal for considerado deserto, inadmitido, ou se a parte desistir.

JURISPRUDÊNCIA TEMÁTICA

"Julgada improcedente a ação principal e extinta, sem resolução do mérito, a reconvenção, a interposição de recurso de apelação pelo autor da ação principal autoriza a interposição de recurso de apelação na modalidade adesiva pelo reconvinte" (STJ, REsp 1.675.996/SP, DJe 09.09.2019).

- Súmula nº 267 do STF: "Não cabe mandado de segurança contra ato judicial passível de recurso ou correição".
- Súmula nº 268 do STF: "Não cabe mandado de segurança contra decisão judicial com trânsito em julgado".
- Súmula nº 641 do STF: "Não se conta em dobro o prazo para recorrer, quando só um dos litisconsortes haja sucumbido".
- Súmula nº 45 do STJ: "No reexame necessário, é defeso, ao Tribunal, agravar a condenação imposta à Fazenda Pública".
- Súmula nº 325 do STJ: "A remessa oficial devolve ao Tribunal o reexame de todas as parcelas da condenação suportadas pela Fazenda Pública, inclusive dos honorários de advogado".
- Súmula nº 326 do STJ: "Na ação de indenização por dano moral, a condenação em montante inferior ao postulado na inicial não implica sucumbência recíproca".
- Súmula nº 483 do STJ: "O INSS não está obrigado a efetuar depósito prévio do preparo por gozar das prerrogativas e privilégios da Fazenda Pública".
- Súmula nº 484 do STJ: "Admite-se que o preparo seja efetuado no primeiro dia útil subsequente, quando a interposição do recurso ocorrer após o encerramento do expediente bancário".

+ EXERCÍCIOS DE FIXAÇÃO

01. Ano: 2020 Banca: Itame Órgão: Câmara de Caldazinha - GO Prova: Itame - 2020 - Câmara de Caldazinha - GO - Advogado

Sobre os recursos previstos no Código de Processo Civil, é correto afirmar que:

A) O recorrente poderá, a qualquer tempo, desde que haja a anuência do recorrido ou dos litisconsortes, desistir do recurso.

B) A desistência do recurso impede a análise de questão cuja repercussão geral já tenha sido reconhecida e daquela objeto de julgamento de recursos extraordinários ou especiais repetitivos.

C) No ato de interposição do recurso, o recorrente comprovará, quando exigido pela legislação pertinente, o respectivo preparo, inclusive porte de remessa e de retorno, sob pena de deserção.

D) O equívoco no preenchimento da guia de custas implicará a aplicação da pena de deserção.

02. Ano: 2020 Banca: FCC Órgão: AL-AP Prova: FCC - 2020 - AL-AP - Advogado Legislativo - Procurador

Quanto aos recursos, é correto afirmar:

A) O recorrente poderá, desde que com a anuência do recorrido ou dos litisconsortes, desistir do recurso.

B) A renúncia ao direito de recorrer depende da aceitação da outra parte.

C) A desistência do recurso não impede a análise de questão cuja repercussão geral já tenha sido reconhecida e daquela objeto de julgamento de recursos extraordinários ou especiais repetitivos.

D) O recurso adesivo fica subordinado ao recurso independente e será admissível na apelação, no agravo, no recurso extraordinário e especial.

E) A decisão deve ser impugnada no todo, sob pena de não conhecimento do recurso interposto.

» GABARITO

01. gabarito: letra c

Era necessário o conhecimento da teoria geral dos recursos, vejamos:

Alternativa A) Ao contrário do que se afirma, a renúncia ao direito de recorrer independe da anuência das outras partes. É preciso lembrar que renúncia é ato unilateral, que independe tanto de aceitação de qualquer outra parte quanto de homologação judicial. Nesse sentido, dispõe o art. 998, caput, do CPC/15: "O recorrente poderá, a qualquer tempo, sem a anuência do recorrido ou dos litisconsortes, desistir do recurso". Afirmativa incorreta.

Alternativa B) Diversamente do que se afirma, a lei processual dispõe que, embora o recorrente possa, a qualquer tempo, desistir do recurso, caso ele tenha sido escolhido como representativo da controvérsia para julgamento de recursos repetitivos, ou caso ele tenha tido a sua repercussão geral reconhecida, a questão nele suscitada será objeto de análise, ainda que a parte tenha dele desistido, senão vejamos: "Art. 998, CPC/15. O recorrente poderá, a qualquer tempo, sem a anuência do recorrido ou dos litisconsortes, desistir do recurso". Parágrafo único. A desistência do recurso não impede a análise de questão cuja repercussão geral já tenha sido reconhecida e daquela objeto de julgamento de recursos extraordinários ou especiais repetitivos". Afirmativa incorreta.

Alternativa C) É o que dispõe, expressamente, o art. 1.007, caput, do CPC/15: "Art. 1.007. No ato de interposição do recurso, o recorrente comprovará, quando exigido pela legislação pertinente, o respectivo preparo, inclusive porte de remessa e de retorno, sob pena de deserção". Afirmativa correta.

Alternativa D) Diversamente do que se afirma, dispõe o art. 1.007, §7º, do CPC/15, que "o equívoco no preenchimento da guia de custas não implicará a aplicação da pena de deserção, cabendo ao relator, na hipótese de dúvida quanto ao recolhimento, intimar o recorrente para sanar o vício no prazo de 5 (cinco) dias". Afirmativa incorreta.

02. gabarito: letra c

Era necessário o conhecimento da lei seca, vejamos:

A) ERRADO: Art. 998. O recorrente poderá, a qualquer tempo, sem a anuência do recorrido ou dos litisconsortes, desistir do recurso.

B) ERRADO: Art. 999. A renúncia ao direito de recorrer independe da aceitação da outra parte.

C) CERTO: Art. 998, Parágrafo único. A desistência do recurso não impede a análise de questão cuja repercussão geral já tenha sido reconhecida e daquela objeto de julgamento de recursos extraordinários ou especiais repetitivos.

D) ERRADO: Art. 997, § 2º O recurso adesivo fica subordinado ao recurso independente, sendo-lhe aplicáveis as mesmas regras deste quanto aos requisitos de admissibilidade e julgamento no tribunal, salvo disposição legal diversa, observado, ainda, o seguinte: II - será admissível na apelação, no recurso extraordinário e no recurso especial;

E) ERRADO: Art. 1.002. A decisão pode ser impugnada no todo ou em parte.

25 RECURSOS EM ESPÉCIE

25.1. RECURSO DE APELAÇÃO

25.1.1. BASE LEGAL:

arts. 1.009 – 1.014, CPC;

25.1.2. CONCEITO:

a apelação é o recurso cabível para atacar qualquer tipo de sentença, tenha ou não apreciado o mérito, proferida em qualquer espécie de procedimento ou processo. Contudo, a decisão judicial deve se enquadrar no conceito de sentença para desafiar a interposição de apelação, o qual restou reformulado pelo § 1º do art. 203 do novo CPC.

25.1.3. PRAZO:

15 dias.

A apelação é o recurso, em regra, adequado a se atacar as sentenças, com ou sem resolução de mérito, proferidas no processo civil (art. 1.009 do CPC), que vierem a pôr fim à fase cognitiva do procedimento comum, bem como extinguir a execução (art. 203, § 1º c/c art. 316), dentro do prazo de 15 dias úteis (art. 1.003, § 5º, c/c o art. 219 do CPC/2015).

Cumpre registrar que a apelação no ECA, quando manejados pelo MP ou pela defesa, terá prazo de dez dias (art. 198, II da Lei 8.069/1990, com a redação dada pela Lei 12.594/2012).

25.1.4. OBJETO:

é o recurso manejado contra
× Sentença; ou
× Decisões interlocutórias que não comportam agravo de instrumento.

Art. 1.009. Da **sentença** cabe apelação.

§ 1º As questões resolvidas na fase de conhecimento, se a **decisão a seu respeito não comportar agravo de instrumento**, não são cobertas pela preclusão e devem ser suscitadas em preliminar de apelação, eventualmente interposta contra a decisão final, ou nas contrarrazões.

§ 2º Se as questões referidas no § 1º forem suscitadas em contrarrazões, o recorrente será intimado para, em 15 (quinze) dias, manifestar-se a respeito delas.

Sobre o tema, a doutrina:

> A apelação no novo CPC é cabível não apenas para atacar a sentença, mas também para impugnar todas as questões decididas antes da sentença que não comportarem a interposição de agravo de instrumento, nos termos do § 1º do art. 1.009. Com isso, há a limitação da recorribilidade das decisões interlocutórias em separado (MARINONI, Luiz Guilherme; ARENHART, Sérgio Cruz; MITIDIERO, Daniel. Novo curso de processo civil. v. 2. São Paulo: Revista dos Tribunais, 2015, p. 527).

Veja, ainda, o Enunciado n.º 662 do FPPC:

> Enunciado 662 do FPPC: "É admissível impugnar, na apelação, exclusivamente a decisão interlocutória não agravável".

Logo, é possível se cogitar em apelação ou contrarrazões contra as decisões interlocutórias não previstas no art. 1.015, por força da denominada preclusão elástica, gerando um efeito expansivo objetivo, mesmo não havendo sucumbência do recorrente no conteúdo da sentença.

É importante advertir que nem todas as sentenças estão sujeitas à apelação. **Vejamos essas exceções:**

× Nos Juizados, da sentença, caberá recurso "inominado" (art. 41 da Lei 9.099/95);
× A sentença que julga o litígio entre Estado estrangeiro ou organismo internacional e Município ou pessoa residente ou domiciliada no país é impugnada por recurso ordinário constitucional (art. 1.027, II, b, CPC/2015);
× Na execução fiscal, em algumas hipóteses, são admissíveis os embargos infringentes de alçada (art. 34 da Lei 6.830/1980);
× Da sentença que decreta falência, admite-se agravo de instrumento (art. 100 da Lei 11.101/2005).

> **Atenção:** Ademais, NÃO há mais espaço para se cogitar da interposição de apelação da decisão que, **no curso da demanda**, enfrenta o mérito. Tais decisões, ainda que tenham o condão de extinguir o processo em relação a um dos litisconsortes, por exemplo, ou no tocante a um dos pedidos do autor, serão qualificadas como decisões interlocutórias, por não culminarem no encerramento da demanda, e desafiarão a interposição de agravo de instrumento. **O art. 1.015, II, determina o cabimento de agravo de instrumento contra decisão interlocutória que versar sobre o mérito do processo.** E o art. 356 admite expressamente o julgamento antecipado parcial do mérito, impugnável por agravo de instrumento, por não encerrar o processo.

- QUAL RECURSO É CABÍVEL DA TUTELA PROVISÓRIA DECIDIDA EM CAPÍTULO DE SENTENÇA?
- Se é decidida na sentença, ainda que se trate de capítulo, caberá apelação! Veja?

> Art. 1.009. Da sentença cabe apelação.
> § 3º O disposto no caput deste artigo aplica-se mesmo quando as questões mencionadas no art. 1.015 integrarem **capítulo da sentença**.
> Art. 1.013. A apelação devolverá ao tribunal o conhecimento da matéria impugnada.
> § 5º O capítulo da sentença que confirma, concede ou revoga a tutela provisória é impugnável na apelação.

Contudo, se fosse uma decisão interlocutóra sobre tutela provisória, daí falaríamos em recurso de agravo de instrumento:

> Art. 1.015. Cabe agravo de instrumento contra as decisões interlocutórias que versarem sobre:
> I - tutelas provisórias;

25.1.5. PRINCÍPIO DA UNIRRECORRIBILIDADE DAS DECISÕES JUDICIAIS

O § 3º do art. 1.009 determina o cabimento do recurso de apelação para atacar as questões mencionadas no art. 1.015 (hipóteses de cabimento de agravo de instrumento) que integrarem capítulo da sentença. Assim, é referido expressamente o princípio da unirrecorribilidade, também conhecido como princípio da singularidade ou unicidade, determinando que contra a sentença exista um único recurso adequado, qual seja o recurso de apelação.

Portanto, todas as questões decididas na sentença somente podem ser impugnadas por meio de recurso de apelação, sendo descabida a interposição de agravo de instrumento contra capítulo da sentença.

25.1.6. REGULARIDADE FORMAL DA APELAÇÃO

A apelação é interposta perante o **juízo de primeiro grau**, mediante petição escrita que conterá os nomes e a qualificação das partes, a exposição do fato e do direito, as razões do pedido de reforma ou de decretação de nulidade e o pedido de nova decisão.

Trata-se da regularidade formal da apelação que deverá ser cumprida pelo apelante para fins de admissibilidade do recurso.

> Art. 1.010. A apelação, interposta por petição dirigida ao juízo de primeiro grau, conterá:
> I - os nomes e a qualificação das partes;
> II - a exposição do fato e do direito;
> III - as razões do pedido de reforma ou de decretação de nulidade
> IV - o pedido de nova decisão.

O inciso III explicita a necessidade do recorrente de expor as razões recursais referentes ao pedido de reforma ou de decretação de nulidade da sentença, em atenção ao princípio da dialeticidade recursal. Ou seja, para que a apelação seja conhecida o recurso deverá impugnar especificamente a sentença.

Nesse sentido, o art. 932, III dispõe que incumbe ao relator não conhecer de recurso que não tenha impugnado especificadamente os fundamentos da decisão recorrida.

Perguntas:

× HÁ INTIMAÇÃO DO RECORRIDO PARA APRESENTAR RESPOSTA?

SIM! ART. 1010, § 1º O apelado será intimado para apresentar contrarrazões no prazo de 15 (quinze) dias.

× ALÉM DAS CONSTRARRAZÕES, PODERÁ O RECORRIDO MANEJAR RECURSO?

SIM. PODE APRESENTAR APELAÇÃO ADESIVA (ART. 997 C/C 1010, §2º, CPC). Veja: art. 1.010§ 2º Se o apelado interpuser apelação adesiva, o juiz intimará o apelante para apresentar contrarrazões.

× QUANDO HAVERÁ REMESSA AO TRIBUNAL? Há juízo de admissibilidade em primeiro grau?

Após o processamento do recurso. Destaca-se que NÃO haverá juízo de admissibilidade pelo juiz! Caberá ao relator no Tribunal verificar tais requisitos. Veja: art. 1.010 § 3º Após as formalidades previstas nos §§ 1º e 2º, os autos serão remetidos ao tribunal pelo juiz, independentemente de juízo de admissibilidade.

× **Inovou o CPC ao prever a supressão do juízo de admissibilidade pelo juízo de primeiro grau, presente no CPC de 1973, conferindo-se tal competência exclusivamente ao segundo grau de jurisdição.**

25.I.7. CONTRARRAZÕES

Interposto o recurso de apelação, o apelado será intimado para apresentação de contrarrazões, no prazo de 15 (quinze) dias. No caso de interposição de apelação adesiva (art. 997), o apelante será intimado para apresentação de contrarrazões.

25.I.8. JULGAMENTO DA APELAÇÃO POR DECISÃO MONOCRÁTICA

Distribuída a apelação perante o tribunal, o relator designado para julgamento poderá decidir o recurso por decisão monocrática tão somente nas hipóteses elencadas no art. 932, incisos III a V.

> Art. 932 [...]
> III - não conhecer de recurso inadmissível, prejudicado ou que não tenha impugnado especificamente os fundamentos da decisão recorrida;
> IV - negar provimento a recurso que for contrário a:
> a) súmula do Supremo Tribunal Federal, do Superior Tribunal de Justiça ou do próprio tribunal;
> b) acórdão proferido pelo Supremo Tribunal Federal ou pelo Superior Tribunal de Justiça em julgamento de recursos repetitivos;
> c) entendimento firmado em incidente de resolução de demandas repetitivas ou de assunção de competência;
> V - depois de facultada a apresentação de contrarrazões, dar provimento ao recurso se a decisão recorrida for contrária a:
> a) súmula do Supremo Tribunal Federal, do Superior Tribunal de Justiça ou do próprio tribunal;
> b) acórdão proferido pelo Supremo Tribunal Federal ou pelo Superior Tribunal de Justiça em julgamento de recursos repetitivos;
> c) entendimento firmado em incidente de resolução de demandas repetitivas ou de assunção de competência;

No tocante à hipótese de não conhecimento de recurso inadmissível, destaca-se que o juízo de admissibilidade da apelação é realizado exclusivamente pelo tribunal e que "antes de considerar inadmissível o recurso, o relator concederá o prazo de 5 (cinco) dias ao recorrente para que seja sanado vício ou complementa-da a documentação exigível" (art. 932, parágrafo único).

25.1.8.1. JULGAMENTO DA APELAÇÃO PELO COLEGIADO

Não sendo o caso de prolação de decisão monocrática, o recurso de apelação deverá ser levado a julgamento pelo órgão colegiado.

25.1.9. EFEITO SUSPENSIVO

A apelação, como regra, possui efeito suspensivo, sendo possível a sua execução imediata, de forma provisória, apenas em determinados e excepcionais casos previstos em lei, muito embora tenha o novo CPC previsto que a regra geral é a de que "os recursos não impedem a eficácia da decisão, salvo disposição legal ou decisão judicial em sentido diverso" (art. 995, caput).

25.1.9.1. HIPÓTESES EM QUE A APELAÇÃO NÃO POSSUI EFEITO SUSPENSIVO

Os casos excepcionais nos quais o recurso de apelação será recebido apenas no efeito devolutivo estão expressos nos incisos do § 1º do art. 1.012.

> Art. 1.012. A apelação terá efeito suspensivo.
> § 1º Além de outras hipóteses previstas em lei, começa a produzir efeitos imediatamente após a sua publicação a sentença que:
> I - homologa divisão ou demarcação de terras;
> II - condena a pagar alimentos;
> III - extingue sem resolução do mérito ou julga improcedentes os embargos do executado;
> IV - julga procedente o pedido de instituição de arbitragem;
> V - confirma, concede ou revoga tutela provisória;
> VI - decreta a interdição.
> § 2º Nos casos do § 1º, o apelado poderá promover o pedido de cumprimento provisório depois de publicada a sentença.
> § 3º O pedido de concessão de efeito suspensivo nas hipóteses do § 1º poderá ser formulado por requerimento dirigido ao:
> I - tribunal, no período compreendido entre a interposição da apelação e sua distribuição, ficando o relator designado para seu exame prevento para julgá-la;
> II - relator, se já distribuída a apelação.

> **DICA:** Em função do alto índice de exigência do §1º do art. 1.012 do CPC utilize o mnemonico: "Apelação não suspende D- I- E- T- A- A "
> D - IVISÃO/DEMARCAÇÃO
> I - NTERDIÇÃO
> E - MBARGOS À EXECUÇÃO (sem resolução do mérito/improcedentes)
> T - UTELA PROVISÓRIA
> A - LIMENTOS
> A - RBITRAGEM

× **O RELATOR PODE CONCEDER EFEITO SUSPENSIVO NESSES CASOS?**

SIM! Conforme art. 1.012 § 4º: Nas hipóteses do § 1º, a eficácia da sentença poderá ser suspensa pelo relator se o apelante demonstrar a probabilidade de provimento do recurso ou se, sendo relevante a fundamentação, houver risco de dano grave ou de difícil reparação.

25.1.10. RECURSO DA DECISÃO DO RELATOR

Vale destacar que a decisão do relator que conceder ou não efeito suspensivo à apelação será recorrível por meio de agravo interno, nos termos do art. 1.021, haja vista que, diferentemente do CPC de 1973, no novo Código o agravo interno, além de ser disposto em capítulo próprio, e mencionado expressamente como recurso no art. 994, III, é prevista a possibilidade de qualquer decisão monocrática proferida pelo relator ser impugnada pela via do agravo interno.

25.1.11. EFEITO DEVOLUTIVO

O efeito devolutivo consiste na devolução da matéria impugnada ao conhecimento do órgão ad quem, a fim de que seja realizado o reexame da decisão re- corrida. O caput do art. 1.013 dispõe sobre o plano horizontal, referente à extensão do efeito devolutivo. Conforme José Carlos Barbosa Moreira, delimitar a extensão do efeito devolutivo consiste em "precisar o que se submete, por força do recurso, ao julgamento do órgão ad quem" (BARBOSA MOREIRA, José Carlos. Comen- tários ao Código de Processo Civil. 16 ed. v. 5. Rio de Janeiro: Forense, 2011, p. 429. Grifos do autor).

O efeito devolutivo é inerente a todo recurso, mas é na apelação que as suas ricas dimensões se expressam, fundamentalmente (ASSIS, Araken de. Manual dos recursos. 5. ed. São Paulo: Revista dos Tribunais, 2013, p. 246). Isto porque a apelação possui ampla devolutividade, permitindo a impugnação de qualquer vício da sentença, seja vício de forma (error in procedendo) ou vício de julgamento (error in judicando).

> Art. 1.013. A apelação devolverá ao tribunal o conhecimento da matéria impugnada.
> § 1º Serão, porém, objeto de apreciação e julgamento pelo tribunal **todas as questões suscitadas e discutidas no processo**, ainda que não tenham sido solucionadas, desde que relativas ao capítulo impugnado.
> § 2º Quando o pedido ou a defesa tiver mais de um fundamento e o juiz acolher apenas um deles, **a apelação devolverá ao tribunal o conhecimento dos demais**.

25.1.12. TEORIA DA CAUSA MADURA

O tribunal, em princípio, não deve avançar no exame das matérias não decididas ainda em primeiro grau, pois isso violaria o princípio do duplo grau de jurisdição. No entanto, essa ideia cede espaço à regra do § 3º do art. 1.013, pela qual em determinadas hipóteses em que o processo estiver em condições de imediato julgamento, o tribunal fica autorizado a decidir desde logo o mérito da demanda, sem restituir o processo para novo julgamento pela primeira instância. Para tanto, é necessário que a causa esteja "madura" para julgamento, ou seja, que verse questão exclusivamente de direito ou esteja em condições de imediato julgamento.

> Art. 1.013 [...]
> § 3º Se o processo estiver em condições de imediato julgamento, o tribunal deve decidir desde logo o mérito quando: [CAUSA MADURA]
> I - reformar sentença fundada no art. 485 ;
> II - decretar a nulidade da sentença por não ser ela congruente com os limites do pedido ou da causa de pedir;
> III - constatar a omissão no exame de um dos pedidos, hipótese em que poderá julgá-lo
> IV - decretar a nulidade de sentença por falta de fundamentação.

25.1.13. DECADÊNCIA E PRESCRIÇÃO

Quando reformar sentença que reconheça a decadência ou a prescrição, o tribunal, se possível, julgará o mérito, examinando as demais questões, **sem determinar o retorno do processo ao juízo de primeiro grau** (§4º do art. 1.013, CPC).

25.1.14. QUESTÕES DE FATO

As questões de fato não suscitadas e não discutidas no processo, via de regra, não podem ser examinadas pelo tribunal, diante da regra da congruência do pedido e da causa de pedir com a sentença. Não se admite a inovação da causa de pedir em grau de apelação, SALVO FORÇA MAIOR! Veja:

> Art. 1.014. As questões de fato não propostas no juízo inferior **poderão ser suscitadas na apelação, se a parte provar que deixou de fazê-lo por motivo de força maior.**

25.2. AGRAVO DE INSTRUMENTO

25.2.1. BASE LEGAL:

arts. 1.014-1.019, CPC;

25.2.2. CONCEITO:

é o recurso que, conforme entendimento do STJ[10], possui hipóteses de cabimento no art. 1.015 do CPC, cujo **rol é taxativo mitigado.** O agravo de instrument também está previsto em leis especiais, como por exemplo, art. 100 da Lei 11.101/15; art. 17 § 10 da Lei 8.429/1992; art. 19 da Lei 4.717/1964.

> Art. 1.015. Cabe agravo de instrumento contra as decisões interlocutórias que versarem sobre:
> I - tutelas provisórias;
> II - mérito do processo;
> III - rejeição da alegação de convenção de arbitragem;
> IV - incidente de desconsideração da personalidade jurídica;
> V - rejeição do pedido de gratuidade da justiça ou acolhimento do pedido de sua revogação;
> VI - exibição ou posse de documento ou coisa;
> VII - exclusão de litisconsorte;
> VIII - rejeição do pedido de limitação do litisconsórcio;
> IX - admissão ou inadmissão de intervenção de terceiros;
> X - concessão, modificação ou revogação do efeito suspensivo aos embargos à execução;
> XI - redistribuição do ônus da prova nos termos do art. 373, § 1º ;

---

10 Tese firmada no Tema Repetitivo 988, em que são representativos da controvérsia os recursos REsp 1.696.396 e REsp 1.704.520, ambos de Mato Grosso, Rel. Min. Nancy Andrighi, j. 05.12.2018.

XII - (VETADO);
XIII - outros casos expressamente referidos em lei.
Parágrafo único. Também caberá agravo de instrumento contra decisões interlocutórias proferidas na fase de liquidação de sentença ou de cumprimento de sentença, no processo de execução e no processo de inventário.

> **Tema repetitivo 988 so STJ:** a tese consagrada foi no sentido de que sempre que a decisão interlocutória proferida refletir uma urgência, fruto da inutilidade futura de impugnação no momento da apelação (art. 1.009 § 1º), deve-se possibilitar a recorribilidade imediata pela via do agravo de instrumento, mesmo fora da lista do art. 1.015, sempre em caráter excepcional.
> **EFEITO COLATERAL PRECLUSIVO:** Inexiste. Em tal julgamento, enfrentou-se, ainda, o efeito colateral preclusivo que poderia ocorrer na hipótese de uma interpretação mais aberta, tendo sido afirmado que, se for adotada a tese da taxatividade mitigada, como uma impugnação de decisões fora do rol do art. 1.015 somente para casos de urgência decorrentes da inutilidade futura do julgamento da apelação e em caráter excepcional, não haverá que se falar em preclusão de qualquer espécie.

EXEMPLOS DE MITIGAÇÃO DO ROL

× "É cabível agravo de instrumento para impugnar decisão que define a competência." (STJ. EREsp 1.730.436-SP, Rel. Min. Laurita Vaz, Corte Especial, por unanimidade, julgado em 18/08/2021. Informativo 705).
× possibilidade nas hipóteses de decisão interlocutória que versa sobre a inversão do ônus da prova em ações que tratam de relação de consumo (REsp 1.729.110);
× admissão de terceiro em ação judicial com o consequente deslocamento da competência para Justiça distinta (REsp 1.797.991);
× decisão sobre arguição de impossibilidade jurídica do pedido (REsp 1.757.123);
× decisão que aumenta multa em tutela provisória (REsp 1.827.553).

> **ATENÇÃO:** Ainda que o entendimento do STJ, em recurso especial repetitivo, tenha afirmado que o art. 1.015 **consagra uma taxatividade mitigada**, pois o rol seria insuficiente para tutelar todas as hipóteses em que os pronunciamentos judiciais possam causar sérios prejuízos, devendo, portanto, ser imediatamente reexaminadas pelo segundo grau de jurisdição, *a doutrina majoritária compreende o rol como taxativo:*

> × Entendimento pela taxatividade é quase que unânime em doutrina: GAJARDONI, Fernando da Fonseca. DELLORE, Luiz. ROQUE, André Vasconcelos. DUARTE, Zulmar. Execução e recursos: comentários ao CPC de 2015. São Paulo: Método, 2017. p. 1.071. DIDIER Jr., Fredie. CUNHA, Leonardo Carneiro da. Curso de direito processual civil. 13. ed. reform. Salvador: JusPodivm, 2016. p. 208.

25.2.3. ANÁLISE DAS HIPÓTESES DE CABIMENTO

Ensina DOZINETTI sobre:

× **Inciso I:** Prevê o cabimento do recurso contra as decisões de tutela de provisória, seja a de urgência ou de evidência (arts. 294 a 311), bem como em qualquer sentido, ou seja, se conceder, indeferir, modificar ou revogar essa espécie de tutela, contudo, sendo tal tutela decidida na sentença, será admissível apelação (art. 1.013, § 5º), por força do princípio da unirrecorribilidade.

De igual modo, cabe registrar que, para indeferir o magistrado, não necessariamente, precisa se utilizar de tal verbo, assim, <u>a decisão que condicionar a apreciação da tutela provisória</u> incidental ao recolhimento de custas ou a outra exigência não prevista em lei equivale a negá-la, sendo impugnável por agravo de instrumento (Enunciados 29 do FPPC e 70 do CJF);

× **Inciso II:** Refere-se às interlocutórias sobre o mérito do processo.

O dispositivo é importante sob vários ângulos, pois, inicialmente deixa claro que não somente a sentença pode apreciar o mérito, fazendo, inclusive, coisa julgada material, mas as interlocutórias também, nos termos do art. 1.015, II, art. 354, parágrafo único, art. 356, § 5º, do CPC e, ainda, do art. 966.

× **Inciso III:** Rejeição da alegação de convenção de arbitragem (Lei 9.307/96), portanto o juiz togado decidiu ser competente sobre um litígio, afastando a competência da jurisdição arbitral.

<u>Por outro lado, se o juiz togado decide que não é competente, estará encerrando o processo (art. 485, VII, in fine, do CPC), caberá apelação.</u>

Se o juiz togado se negar a reconhecer a competência do juiz arbitral, não gerando, portanto, a extinção do processo judicial sem resolução de mérito (art. 485, VII, do CPC), tendo esta já sido reconhecida por ele (art. 8º, parágrafo único, da Lei 9.307/96), o que lhe é permitido pelo princípio do kompetenz-kompetenz (Enunciado 48 do FPPC), também caberá agravo de instrumento. Note: <u>se tem aqui uma espécie de conflito positivo de competência entre o órgão jurisdicional e arbitral.</u>

- **Inciso IV:** Decisão que resolve o incidente de desconsideração da personalidade jurídica durante o processo, quando houver o respectivo incidente, pois, quando o mesmo for dispensável (art. 134, § 2º), tal matéria somente será decidida na sentença (Enunciado 390 do FPPC) comportando apelação;
- **Inciso V:** Decisão sobre gratuidade de justiça, que reproduz a hipótese no art. 101 do CPC. Superado tal ponto, é cabível agravo de instrumento para a concessão modulada do benefício da gratuidade (art. 98, § 5º, do CPC), ou seja, da que defere redução percentual ou parcelamento, por exemplo (Enunciado 612 do FPPC);

Art. 101. Contra a decisão que indeferir a gratuidade ou a que acolher pedido de sua revogação caberá agravo de instrumento, exceto quando a questão for resolvida na sentença, contra a qual caberá apelação.

CONCESSÃO → NÃO CABE AGRAVO DE INSTRUMENTO

> Art. 100. Deferido o pedido, a parte contrária poderá oferecer impugnação na contestação, na réplica, nas contrarrazões de recurso ou, nos casos de pedido superveniente ou formulado por terceiro, por meio de petição simples, a ser apresentada no prazo de 15 (quinze) dias, nos autos do próprio processo, sem suspensão de seu curso.

- **Incisos VI e XI:** esses dois incisos são tratados em conjunto por serem os únicos a versarem sobre **decisões interlocutórias probatórias**.

VI - exibição ou posse de documento ou coisa;

XI - redistribuição do ônus da prova nos termos do art. 373, § 1º ;

Decisão sobre exibição ou posse de documento ou coisa: trata-se de um meio de obtenção de elementos de prova documental, que pode ser requerida contra a parte contrária, ou contra terceiro. Na primeira hipótese haverá um incidente processual, a ser resolvido por decisão interlocutória, cabendo agravo de instrumento; já na segunda hipótese ocorrerá um processo incidente, resolvido por sentença, recorrível por apelação.

Decisão interlocutória que versar sobre redistribuição do ônus: admitirá agravo de instrumento, ou seja, tanto a que redistribuir como a que não redistribuir, o que deve ser aplicado, igualmente, para decisões de inversão do ônus da prova, como a do art. 6º, VIII, do CDC (Enunciado 71 do CJF).

> **ATENÇÃO:** Veja que **NÃO É TODA E QUALQUER** decisão sobre provas que caberá agravo de instrumento. Por exemplo, do indeferimento de oitiva de uma testemunha, não caberá o manejo do recurso, logo a parte terá de aguardar até preliminar de apelação ou contrarrazões para demonstrar sua irresignação!

Art. 1.009. Da sentença cabe apelação.
§ 1º As questões resolvidas na fase de conhecimento, se a decisão a seu respeito não comportar agravo de instrumento, não são cobertas pela preclusão e devem ser suscitadas em preliminar de apelação, eventualmente interposta contra a decisão final, ou nas contrarrazões.

× **Incisos VII, VIII, IX:**

VII - **exclusão** de litisconsorte;
VIII - rejeição do pedido de limitação do litisconsórcio;
IX - admissão ou inadmissão de intervenção de terceiros;

Exclusão de litisconsorte, rejeição de limitação de litisconsórcio e decisão sobre intervenção de terceiros são decisões de *natureza interlocutória* as quais não faria sentido à parte aguardar a prolação da futura sentença, por tal motivo cabe agravo de instrumento. Deve-se, ainda, admitir agravo de instrumento do pedido de intervenção do Ministério Público.

> **JURISPRUDÊNCIA:** Não cabe agravo de instrumento contra decisão de **indeferimento** do pedido de exclusão de litisconsorte. STJ. 3ª Turma. REsp 1.724.453-SP, Rel. Min. Nancy Andrighi, julgado em 19/03/2019.

× **Inciso X:** decisão sobre efeito suspensivo embargos à execução, que a rigor, é uma decisão sobre tutela provisória (art. 919, § 1º), portanto, já estaria abrangida pelo art. 1.015, I, contudo, cabe do mesmo modo para a hipótese que não conceder o efeito suspensivo, que também já estaria prevista no art. 1.015, parágrafo único, ou seja, inciso totalmente supérfluo.

Nesse sentido, a decisão que indefere o pedido de atribuição de efeito suspensivo caberá agravo de instrumento (Enunciado 71 do CJF), o que foi adotado pelo STJ (STJ, 2ª T., REsp 1.694.667-PR, Rel. Min. Herman Benjamin, julg. 05/12/17).

× **Inciso XIII:** outros casos expressos em lei.

Em leis especiais há casos de agravos de instrumento, como

- a decisão que admite a petição inicial na ação de improbidade administrativa (art. 17, § 10, da Lei 8.429/1992);
- decisão que decreta a falência (art. 100 da Lei 11.101/2005);
- além de várias hipóteses espalhadas pelo CPC (por exemplo, arts. 101, 354, parágrafo único, 356, § 5º etc.).
- **Parágrafo único:** prevê que também caberá agravo de instrumento
- contra decisões interlocutórias proferidas na fase de liquidação de sentença
- cumprimento de sentença
- no processo de execução
- processo de inventário.

25.2.4. INTERPOSIÇÃO

O agravo de instrumento sempre **será dirigido ao tribunal** (art. 1.016), no prazo de 15 dias úteis (arts. 1.003, § 5º, c/c 219), que deve conter os nomes das partes, a exposição do fato e do direito, as razões do pedido de reforma ou de invalidação da decisão e o próprio pedido, e o nome e o endereço completo dos advogados constantes do processo.

> Art. 1.016. O agravo de instrumento será dirigido diretamente ao tribunal competente, por meio de petição com os seguintes requisitos:
> I - os nomes das partes;
> II - a exposição do fato e do direito;
> III - as razões do pedido de reforma ou de invalidação da decisão e o próprio pedido;
> IV - o nome e o endereço completo dos advogados constantes do processo.

O CPC, porém, permite a interposição em diversos locais, como se observa do art. 1.017, § 2º, ou seja,

i. será possível no próprio tribunal;
ii. na comarca, seção ou subseção judiciárias (criou-se, assim, um protocolo integrado entre primeiro e segundo grau);
iii. postagem, sob registro, com aviso de recebimento;
iv. transmissão de dados tipo fac-símile, nos termos da lei;
v. outra forma prevista em lei.

Nota-se, facilmente, que a intenção do legislador foi facilitar o acesso do recorrente ao Judiciário, criando várias possibilidades.

25.2.5. EFEITO SUSPENSIVO (?)

O agravo de instrumento **segue a regra geral dos recursos, não sendo dotado de efeito suspensivo automático** (ope legis), nos termos do art. 995, contudo, nada obsta que o relator, ao receber tal recurso, lhe atribua efeito suspensivo (ope iudicis), **nos termos dos arts. 995, parágrafo único, e 1.019, I.**

> Art. 1.019. Recebido o agravo de instrumento no tribunal e distribuído imediatamente, se não for o caso de aplicação do art. 932, incisos III e IV, o relator, no prazo de 5 (cinco) dias:
> I - **poderá atribuir efeito suspensivo ao recurso ou deferir, em antecipação de tutela, total ou parcialmente, a pretensão recursal, comunicando ao juiz sua decisão;**
> II - ordenará a intimação do agravado pessoalmente, por carta com aviso de recebimento, quando não tiver procurador constituído, ou pelo Diário da Justiça ou por carta com aviso de recebimento dirigida ao seu advogado, para que responda no prazo de 15 (quinze) dias, facultando-lhe juntar a documentação que entender necessária ao julgamento do recurso;
> III - determinará a intimação do Ministério Público, preferencialmente por meio eletrônico, quando for o caso de sua intervenção, para que se manifeste no prazo de 15 (quinze) dias.

25.2.6. INSTRUÇÃO

O nome "agravo de instrumento" vem da necessidade de uma instrução probatória imediata, ou seja, na interposição deve ser apresentada uma série de documentos, que irão se dividir em obrigatórios e facultativos (art. 1.017), além do comprovante do pagamento das respectivas custas e do porte de retorno, quando devidos, conforme tabela publicada pelos tribunais (art. 1.017, § 1º).

Cumpre registrar que, sendo eletrônica a interposição, tais documentos estão dispensados, sendo facultado ao agravante juntar outros documentos (art. 1.017, § 5º).

> art. 1.017. a petição de agravo de instrumento será instruída:
> i - obrigatoriamente, com cópias da petição inicial, da contestação, da petição que ensejou a decisão agravada, da própria decisão agravada, da certidão da respectiva intimação ou outro documento oficial que comprove a tempestividade e das procurações outorgadas aos advogados do agravante e do agravado;
> ii - com declaração de inexistência de qualquer dos documentos referidos no inciso i, feita pelo advogado do agravante, sob pena de sua responsabilidade pessoal;
> iii - facultativamente, com outras peças que o agravante reputar úteis.

§ 1º acompanhará a petição o comprovante do pagamento das respectivas **custas** e do **porte de retorno**, quando devidos, conforme tabela publicada pelos tribunais.

§ 2º no prazo do recurso, o agravo será interposto por:

i - protocolo realizado diretamente no tribunal competente para julgá-lo;

ii - protocolo realizado na própria comarca, seção ou subseção judiciárias;

iii - postagem, sob registro, com aviso de recebimento;

iv - transmissão de dados tipo fac-símile, nos termos da lei;

v - outra forma prevista em lei.

× **E SE FALTAR ALGUM DOCUMENTO?**

O relator concederá prazo de 5 dias para que o vício seja sanado, antes de não admití-lo.

> Art. 1.017. A petição de agravo de instrumento será instruída:
>
> § 3º **Na falta da cópia de qualquer peça ou no caso de algum outro vício que comprometa a admissibilidade do agravo de instrumento, deve o relator aplicar o disposto no art. 932, parágrafo único .**
>
> § 4º Se o recurso for interposto por sistema de transmissão de dados tipo fac-símile ou similar, as peças devem ser juntadas no momento de protocolo da petição original.
>
> § 5º **Sendo eletrônicos os autos do processo, dispensam-se as peças referidas nos incisos I e II do caput , facultando-se ao agravante anexar outros documentos que entender úteis para a compreensão da controvérsia.**
>
> Art. 932 Parágrafo único. Antes de considerar inadmissível o recurso, o relator concederá o prazo de 5 (cinco) dias ao recorrente para que seja sanado vício ou complementada a documentação exigível.

> **JURISPRUDÊNCIA:** "DIREITO PROCESSUAL CIVIL. INSTRUMENTO DE AGRAVO ENTREGUE EM MÍDIA DIGITAL. As peças que devem formar o instrumento do agravo podem ser apresentadas em mídia digital (dvd). De fato, não foram localizados precedentes do STJ contendo questão absolutamente idêntica à debatida no caso. Não obstante, verifica-se que, já em outras ocasiões, o STJ reconheceu a força probante de documentos digitalizados, excepcionando apenas a hipótese em que sobrevém fundada dúvida ou impugnação à sua validade. Cuidava-se de situações em que, por exemplo, foi juntado documento digitalizado em meio físico (papel contendo cópia simples), cuja autenticidade não foi questionada. Nesse sentido: REsp 1.073.015-RS (Terceira Turma, DJe 26/11/2008) e AgRg no Ag 1.141.372-SP (Terceira Turma, DJe 17/11/2009).

25.2.7. COMPROVAÇÃO DA INTERPOSIÇÃO

Dispõe o art. 1.018, caput e § 2º, do CPC/2015 que o agravante, **não sendo eletrônicos os autos**, poderá no **prazo de três dias** a contar da interposição do agravo de instrumento, requerer a juntada aos autos do processo principal da cópia da petição do agravo de instrumento, do comprovante de sua interposição, assim como a relação dos documentos que instruíram o recurso.

Tal exigência viabiliza um juízo de retratação por parte do magistrado, bem como proporciona ao agravado imediato e perfeito conhecimento do agravo, de molde a habilitá-lo a oferecer sua resposta, sem necessidade de deslocamento até a secretaria do tribunal.

Cuida-se de um ônus processual, já que de acordo com o art. 1.018, § 3º, do CPC/2015, o não cumprimento do disposto no caput e § 2º poderá implicar o não conhecimento do seu agravo de instrumento.

Haverá, aqui, uma distribuição de ônus entre agravante e agravado: o primeiro deve apresentar a petição; caso não o faça, o agravado passa a ter o ônus de alegar e comprovar a ausência da juntada da petição de agravo.

> Art. 1.018. O agravante poderá requerer a juntada, aos autos do processo, de cópia da petição do agravo de instrumento, do comprovante de sua interposição e da relação dos documentos que instruíram o recurso.
> § 1º Se o juiz comunicar que reformou inteiramente a decisão, o relator considerará prejudicado o agravo de instrumento.
> § 2º Não sendo eletrônicos os autos, o agravante tomará a providência prevista no caput, no prazo de 3 (três) dias a contar da interposição do agravo de instrumento.
> § 3º O descumprimento da exigência de que trata o § 2º, desde que arguido e provado pelo agravado, importa inadmissibilidade do agravo de instrumento.

25.2.8. JULGAMENTO

Não excederá a um mês da intimação do agravado, conforme art. 1.020 do CPC:

> Art. 1.020. O relator solicitará dia para julgamento em prazo não superior a 1 (um) mês da intimação do agravado.

25.3. AGRAVO INTERNO

25.3.1. BASE LEGAL: ART. 1.021, CPC

Art. 1.021. **Contra decisão proferida pelo relator** caberá agravo interno para o respectivo órgão colegiado, observadas, quanto ao processamento, as regras do regimento interno do tribunal.
§ 1º Na petição de agravo interno, o recorrente impugnará especificadamente os fundamentos da decisão agravada. [dialeticidade]
§ 2º O agravo será **dirigido ao relator**, que intimará o agravado para manifestar-se sobre o recurso no prazo de 15 (quinze) dias, ao final do qual, não havendo retratação, o relator levá-lo-á a julgamento pelo órgão colegiado, com inclusão em pauta.
§ 3º É vedado ao relator limitar-se à reprodução dos fundamentos da decisão agravada para julgar improcedente o agravo interno.
§ 4º Quando o agravo interno for declarado **manifestamente inadmissível ou improcedente em votação unânime,** o órgão colegiado, em decisão fundamentada, condenará o agravante a pagar ao agravado multa fixada entre um e cinco por cento do valor atualizado da causa.
§ 5º A interposição de qualquer outro recurso está condicionada ao depósito prévio do valor da multa prevista no § 4º, *à exceção da Fazenda Pública e do beneficiário de gratuidade da justiça, que farão o pagamento ao final.*

25.3.2. NOTAS SOBRE O RECURSO:

o CPC/2015 **sepultou a polêmica que existia entre agravo interno e regimental**, trazendo uma única previsão no art. 1.021, denominando **agravo interno**, a ser utilizado contra a decisão monocrática do relator (também denominada decisão unipessoal ou decisão singular) para o órgão a que este pertença, devendo ser observadas, quanto ao processamento, as regras do regimento interno do tribunal.

Há, ainda, algumas outras hipóteses de agravo interno fora do art. 1.021, previstas no art. 136, parágrafo único, 1.030, § 2º, 1.035, § 7º, e 1.036, § 3º, do CPC:

Decisão sobre incidente de desconsidração de personalidade jurídica por relator
Art. 136. Concluída a instrução, se necessária, o incidente será resolvido por decisão interlocutória. Parágrafo único. Se a decisão for proferida pelo relator, cabe agravo interno.
Recurso extraordinário: decisão de sobrestamento ou que inadmita o recurso extraordinário que tenha sido interposto intempestivamente
Art. 1.035. O Supremo Tribunal Federal, em decisão irrecorrível, não conhecerá do recurso extraordinário quando a questão constitucional nele versada não tiver repercussão geral, nos termos deste artigo. § 6º O interessado pode requerer, ao presidente ou ao vice-presidente do tribunal de origem, que exclua da <u>decisão de sobrestamento e inadmita o recurso extraordinário que tenha sido interposto intempestivamente</u>, tendo o recorrente o prazo de 5 (cinco) dias para manifestar-se sobre esse requerimento. § 7º Da decisão que indeferir o requerimento referido no § 6º ou que aplicar entendimento firmado em regime de repercussão geral ou em julgamento de recursos repetitivos caberá agravo interno. (Redação dada pela Lei nº 13.256, de 2016) (Vigência)
Pedido de exclusão de sobrestamento ou inadmissibilidade de recurso especial ou extraordinário intempestivo: casos de multiplicidade de recursos (extraordinários ou especiais) com fundamento em idêntica questão de direito
Art. 1.036. Sempre que houver multiplicidade de recursos extraordinários ou especiais com fundamento em idêntica questão de direito, haverá afetação para julgamento de acordo com as disposições desta Subseção, observado o disposto no Regimento Interno do Supremo Tribunal Federal e no do Superior Tribunal de Justiça. § 2º O interessado pode requerer, ao presidente ou ao vice-presidente, que exclua da decisão de sobrestamento e inadmita o recurso especial ou o recurso extraordinário que tenha sido interposto intempestivamente, tendo o recorrente o prazo de 5 (cinco) dias para manifestar-se sobre esse requerimento. § 3º Da decisão que indeferir o requerimento referido no § 2º caberá apenas agravo interno. (Redação dada pela Lei nº 13.256, de 2016)

Conforme elucida José Rogério Tucci, no âmbito do segundo grau de jurisdição, o relator desempenha a função de órgão preparador das ações de competência originária e dos recursos em geral, sendo certo que os seus atos decisórios desafiam impugnação. E isso porque as decisões proferidas pelo relator devem atender ao denominado *princípio da colegialidade dos tribunais*.

25.3.3. PRAZO

Segue a regra geral de prazos de 15 dias úteis (§5º, do art. 1.003 do CPC).

> Art. 1.003, CPC
> § 5º Excetuados os embargos de declaração, o prazo para interpor os recursos e para responder-lhes é de 15 (quinze) dias.

25.3.4. MOTIVAÇÃO

Segundo leciona Araken de Assis, entende-se por princípio da dialeticidade o ônus de o recorrente motivar o recurso no ato de interposição. (...) **Entende-se por impugnação específica a explicitação dos elementos de fato e as razões de direito que permitam ao órgão ad quem individuar com precisão o error in iudicando ou o error in procedendo objeto do recurso** (ASSIS, Araken de. Manual do recursos. 6ª ed. rev., atual. e ampl. São Paulo. Editora Revista dos Tribunais. 2014. P. 110-111.).

> Art. 1.021, CPC
> § 1º Na petição de agravo interno, o recorrente impugnará especificadamente os fundamentos da decisão agravada.

É VEDADA A REPETIÇÃO DOS FUNDAMENTOS DO RECURSO!

25.3.5. DIRECIONAMENTO

O agravo será dirigido ao relator, que intimará o agravado para manifestar-se sobre o recurso no prazo de 15 (quinze) dias, ao final do qual, não havendo retratação, o relator levá-lo-á a julgamento pelo órgão colegiado, com inclusão em pauta.

25.3.6. JULGAMENTO (§§4º E 5º, ART. 1.021, CPC)

Quando o agravo interno for declarado manifestamente inadmissível ou improcedente em votação unânime, o órgão colegiado, em decisão fundamentada, condenará o agravante a pagar ao agravado **multa fixada entre um e cinco por cento** do valor atualizado da causa.

EXCEÇÃO: a interposição de qualquer outro recurso está condicionada ao depósito prévio do valor da multa, **à exceção da Fazenda Pública e do beneficiário de gratuidade da justiça, que farão o pagamento ao final.**

× CABE SUSTENTAÇÃO ORAL em agravo interno?

Sobre o cabimento de sustentação oral no recurso em comento, cabe registrar o veto ocorrido no inciso VII do art. 937, <u>restando o regulamento do seu § 3º, autorizando somente nos casos de processos da competência originária.</u>

> Art. 937. Na sessão de julgamento, depois da exposição da causa pelo relator, o presidente dará a palavra, sucessivamente, ao recorrente, ao recorrido e, nos casos de sua intervenção, ao membro do Ministério Público, pelo prazo improrrogável de 15 (quinze) minutos para cada um, a fim de

sustentarem suas razões, nas seguintes hipóteses, nos termos da parte final do caput do art. 1.021 :
VI - na ação rescisória, no mandado de segurança e na reclamação;
§ 3º Nos processos de competência originária previstos no inciso VI, caberá sustentação oral no agravo interno interposto contra decisão de relator que o extinga.

25.4. EMBARGOS DE DECLARAÇÃO

25.4.1. BASE LEGAL: ARTS. 1.022-1.026, CPC

25.4.2. CONCEITO:

conforme DONIZETTI "Os embargos de declaração podem ser conceituados como o recurso que visa ao *esclarecimento ou à integração* de uma decisão judicial." (DONIZETTI, Elpídio. Curso Didático de Direito Processual Civil, 2016, p.1499).

Veja a evolução legislativa:

CPC/73	CPC/15
Art. 535. Cabem embargos de declaração quando: (Redação dada pela Lei nº 8.950, de 13.12.1994) I - houver, na sentença ou no acórdão, obscuridade ou contradição; (Redação dada pela Lei nº 8.950, de 13.12.1994) II - for omitido ponto sobre o qual devia pronunciar-se o juiz ou tribunal. (Redação dada pela Lei nº 8.950, de 13.12.1994)	Art. 1.022. Cabem embargos de declaração contra qualquer decisão judicial para: I - **esclarecer** obscuridade ou eliminar contradição; II - **suprir** omissão de ponto ou questão sobre o qual devia se pronunciar o juiz de ofício ou a requerimento; III - **corrigir** erro material. Parágrafo único. Considera-se omissa a decisão que: I - deixe de se manifestar sobre tese firmada em julgamento de casos repetitivos ou em incidente de assunção de competência aplicável ao caso sob julgamento; II - incorra em qualquer das condutas descritas no art. 489, § 1º [falta de fundamentação]

DICA: Para lembrar das hipóteses do recurso de embargos de declaração, fixe o mnemônico E-M O-C-O
E-rro
M-aterial
O-missão
C-ontradição
O-bscuridade

Caro(a) leitor(a), fazendo uma breve brincadeira: "Os embargos de declaração "se acham" os tais!", porque:

× é a única hipótese recursal com prazo diferenciado: 5 dias úteis (art. 1.023, CPC);
× via de regra não busca modificar as decisões como a maioria dos demais recursos. A aplicação de efeitos infringentes é exceção (§4º, do art. 1.024 do CPC).
× cabe sobre ele mesmo, mais de uma vez. Único caso que você verá: "EDcl no EDcl no EDcl". Nesse caso importante dizer que há previsão de multa se forem considerados protelatórios:
× art. 1.026 § 2º. Quando manifestamente protelatórios os embargos de declaração, o juiz ou o tribunal, em decisão fundamentada, condenará o embargante a pagar ao embargado <u>multa não excedente a dois por cento sobre o valor atualizado da causa</u>.
× § 3º Na reiteração de embargos de declaração manifestamente protelatórios, a <u>multa será elevada a até dez por cento</u> sobre o valor atualizado da causa, e a interposição de qualquer recurso ficará condicionada ao depósito prévio do valor da multa, à exceção da Fazenda Pública e do beneficiário de gratuidade da justiça, que a recolherão ao final.
× § 4º <u>Não serão admitidos novos embargos de declaração se os 2 (dois) anteriores houverem sido considerados protelatórios</u>.

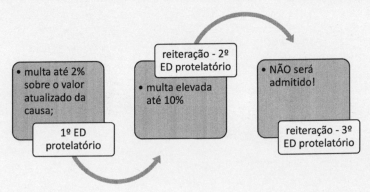

25.4.3. PRAZO E PREPARO

25.4.3.1. EMBARGOS DE DECLARAÇÃO:

PRAZO DE 5 DIAS ÚTEIS! Aplica-se aos embargos de declaração o art. 229 (conforme §1º do art. 1.023, CPC). Ademais, nos casos do MP, Defensoria Pública e Advocacia Pública, o prazo será em dobro, salvo prazo próprio em lei.

> Art. 229. Os litisconsortes que tiverem diferentes procuradores, de escritórios de advocacia distintos, terão prazos contados em dobro para todas as suas manifestações, em qualquer juízo ou tribunal, independentemente de requerimento.
> § 1º Cessa a contagem do prazo em dobro se, havendo apenas 2 (dois) réus, é oferecida defesa por apenas um deles.
> § 2º Não se aplica o disposto no caput aos processos em autos eletrônicos.
> Art. 180. O Ministério Público gozará de prazo em dobro para manifestar-se nos autos, que terá início a partir de sua intimação pessoal, nos termos do art. 183, § 1º.
> § 2º Não se aplica o benefício da contagem em dobro quando a lei estabelecer, de forma expressa, prazo próprio para o Ministério Público.
> Art. 180. O Ministério Público gozará de prazo em dobro para manifestar-se nos autos, que terá início a partir de sua intimação pessoal, nos termos do art. 183, § 1º.
> § 2º Não se aplica o benefício da contagem em dobro quando a lei estabelecer, de forma expressa, prazo próprio para o Ministério Público.
> Art. 186. A Defensoria Pública gozará de prazo em dobro para todas as suas manifestações processuais.
> § 1º O prazo tem início com a intimação pessoal do defensor público, nos termos do art. 183, § 1º.
> § 4º Não se aplica o benefício da contagem em dobro quando a lei estabelecer, de forma expressa, prazo próprio para a Defensoria Pública.

25.4.3.2. CONTRARRAZÕES:

caso o acolhimento implique modificação do julgamento o recorrido será ouvido em 5 dias.

25.4.3.3. INDEPENDEM DE PREPARO!

> Art. 1.023. Os embargos serão opostos, no prazo de 5 (cinco) dias, em petição dirigida ao juiz, com indicação do erro, obscuridade, contradição ou omissão, **e não se sujeitam a preparo**.
> § 1º Aplica-se aos embargos de declaração o art. 229.

§ 2º O juiz intimará o embargado para, querendo, manifestar-se, no **prazo de 5 (cinco) dias**, sobre os embargos opostos, caso seu eventual acolhimento implique a modificação da decisão embargada.

25.4.4. FUNDAMENTAÇÃO VINCULADA

Quando da interposição a parte deverá obrigatoriamente indicar o vício da decisão judicial, seja "omissão e/ou contradição e/ou obscuridade e/ou erro material!

Art. 1.022. Cabem embargos de declaração contra qualquer decisão judicial para:
I - esclarecer obscuridade ou eliminar contradição;
II - suprir omissão de ponto ou questão sobre o qual devia se pronunciar o juiz de ofício ou a requerimento;
III - corrigir erro material.

Vamos compreender melhor o que implica cada uma das modalidade:

Vícios

OBSCURIDADE	CONTRADIÇÃO	OMISSÃO	ERRO MATERIAL
× NA REDAÇÃO LEGAL × FALTA DE CLAREZA × INTERPRETAÇÃO DÚBIA	× EXISTENTE NO PRÓPRIO JULGADO × Fundamentação x Dispositivo × Proposições inconciliáveis; × Incerteza;	× Ponto controvertido não foi enfrentado; × Matérias de ordem pública; × deixe de se manifestar sobre tese firmada em julgamento de casos repetitivos ou em incidente de assunção de competência aplicável ao caso sob julgamento; × §1º DO ART. 489 DO	× Erro de nome; × Valores; × Podem ser corrigidos ex officio

25.4.5. EFEITOS DA INTERPOSIÇÃO

QUANTO AOS EFEITOS DA DECISÃO JUDICIAL	QUANTO AO PRAZO PARA DEMAIS RECURSOS
NÃO POSSUI EFEITO SUSPENSIVO! Exceção: poderá ser concedido por decisão do relator (§único do art. 995 do CPC c/c §1º do art. 1.026). Art. 1.026 §1º A eficácia da decisão monocrática ou colegiada poderá ser suspensa pelo respectivo juiz ou relator se demonstrada a probabilidade de provimento do recurso ou, sendo relevante a fundamentação, se houver risco de dano grave ou de difícil reparação.	INTERROMPE O PRAZO PARA OUTROS RECURSOS

Art. 1.026. Os embargos de declaração **não possuem efeito suspensivo e interrompem o prazo para a interposição de recurso.**

ATENÇÃO: Mesmo nos Juizados Especiais, os embargos de declaração interrompem o prazo recursal:
"Art. 50. Os embargos de declaração interrompem o prazo para a interposição de recurso."

25.4.6. JULGAMENTO: 1º E 2º GRAU

O recurso de embargos de declaração é julgados pelo próprio órgão que proferiu a decisão a qual se busca integração, esclarecimento ou reforma. Logo, poderá ser julgados tanto em primeiro grau como em Tribunais, no prazo de 5 dias.

Art. 1.024. O juiz julgará os embargos em 5 (cinco) dias.
§ 1º Nos tribunais, o relator apresentará os embargos em mesa na sessão subsequente, proferindo voto, e, não havendo julgamento nessa sessão, será o recurso incluído em pauta automaticamente.
§ 2º Quando os embargos de declaração forem opostos contra decisão de relator ou outra decisão unipessoal proferida em tribunal, o órgão prolator da decisão embargada decidi-los-á monocraticamente.

25.4.7. EMBARGOS PARA EFEITO DE PRÉ-QUESTIONAMENTO

É via uilizada para acesso às INSTÂNCIAS SUPERIORES, via de regra. Daniel Assumpção (NEVES, p. 857) menciona que se entende "majoritariamente que o prequestionamento constitui a exigência de que o objeto do recurso especial/extraordinário já tenha sido objeto de decisão prévia por tribunais inferiores, o que realça a posição dos tribunais superiores de mero revisores do que já foi decidido no pronunciamento judicial recorrido".

× **Profa MAS E SE O JUÍZO NÃO APRECIA A QUESTÃO?**

NÃO É INCOMUM ISSO OCORRER... Em relação ao pré-questionamento, existem 3 (três) correntes:

1. basta que o Tribunal se manifeste acerca da questão;
2. exige-se apenas que a parte ventile a questão, pouco importando se o Tribunal analisou-a ou não;
3. impõe-se que a parte a alegue e que o Tribunal a aprecie.

O CPC segue o entendimento de que ventilada a questão, o Tribunal analisando ou não, estará prequestionada! Veja o art. 1025 assim dispõe:

> "Art. 1.025. Consideram-se incluídos no acórdão os elementos que o embargante suscitou, para fins de pré-questionamento, <u>ainda que os embargos de declaração sejam inadmitidos ou rejeitados</u>, caso o tribunal superior considere existentes erro, omissão, contradição ou obscuridade".

Conforme aduzido por Daniel Assumpção (NEVES, p. 858):

"No art. 1.025 está previsto que a mera interposição de embargos de declaração é o suficiente para prequestionar a matéria. Dessa forma, mesmo diante da rejeição dos embargos, caberá recurso especial contra o acórdão originário, e, ainda que o tribunal superior entenda que realmente houve o vício apontado nos embargos de declaração e não saneado pelo tribunal de segundo grau, a matéria será considerada prequestionada".

<u>Estamos aqui a falar do **prequestionamento ficto**, ou seja, mesmo matérias objeto de prequestionamento não expressamente enfrentadas no acórdão dos embargos de declaração servem para fins de pre-questionamento, requisito para manejo de recurso especial e recurso extraordinário.</u>

Sobre o tema, vamos destacar alguns entendimentos sumulados:

× **Súmulas do STF:**
× 282: É inadmissível o recurso extraordinário, quando não ventilada, na decisão recorrida, a questão federal suscitada.
× 356: O ponto omisso da decisão, sobre o qual não foram opostos embargos declaratórios, não pode ser objeto de recurso extraordinário, por faltar o requisito do prequestionamento.

25.4.8. (DES)NECESSIDADE DE RATIFICAÇÃO

Sobre o tema, entendimento do STJ:

× SÚMULA 418: É inadmissível o recurso especial interposto antes da publicação do acórdão dos embargos de declaração, sem posterior ratificação.

> ATENÇÃO: Nas palavras do Ministro Luis Felipe Salomão, "a única interpretação cabível para o enunciado da Súmula 418 do STJ é aquela que prevê o ônus da ratificação do recurso interposto na pendência de embargos declaratórios apenas quando houver alteração na conclusão do julgamento anterior." (REsp 1129215/DF).
> Na vigência do atual CPC falar em ratificação de recurso é exceção!
> **Art.** 1.024 § 5º Se os embargos de declaração forem rejeitados ou não alterarem a conclusão do julgamento anterior, o recurso interposto pela outra parte antes da publicação do julgamento dos embargos de declaração será processado e julgado independentemente de ratificação.

25.4.9. EFEITOS MODIFICATIVOS/INFRINGENTES (§2º DO ART. 1.023 C/C §4º DO ART. 1.024)

DINAMARCO (Nova era do processo civil. 2004, p.182) destaca que a jurisprudência dos tribunais admite os embargos declaratórios com objetivo infringente em casos teratológicos, como

× erro manifesto na contagem de prazo, tendo por consequência o não conhecimento de um recurso;
× a não inclusão do nome do advogado da parte na publicação da pauta de julgamento;
× o julgamento de um recurso como se outro houvesse sido interposto;
× Os erros materiais de toda ordem.

A admissão com efeitos infringentes é exceção a regra! Nesse caso, o juiz ouvirá o recorrido antes de decidir, conforme §2º do art. 1.023:

> Art. 1.023. Os embargos serão opostos, no prazo de 5 (cinco) dias, em petição dirigida ao juiz, com indicação do erro, obscuridade, contradição ou omissão, e não se sujeitam a preparo.
> § 1º Aplica-se aos embargos de declaração o art. 229.
> **§ 2º O juiz intimará o embargado para, querendo, manifestar-se, no prazo de 5 (cinco) dias, sobre os embargos opostos, caso seu eventual acolhimento implique a modificação da decisão embargada.**
> Art. 1.024. O juiz julgará os embargos em 5 (cinco) dias.

§ 4º Caso o acolhimento dos embargos de declaração implique modificação da decisão embargada, o embargado que já tiver interposto outro recurso contra a decisão originária tem o direito de complementar ou alterar suas razões, nos exatos limites da modificação, no prazo de 15 (quinze) dias, contado da intimação da decisão dos embargos de declaração.

§ 5º Se os embargos de declaração forem rejeitados ou não alterarem a conclusão do julgamento anterior, o recurso interposto pela outra parte antes da publicação do julgamento dos embargos de declaração será processado e julgado independentemente de ratificação.

25.4.10. FUNGIBILIDADE

Requisitos para aplicação da fungibilidade:

i. dúvida fundada/objetiva a respeito do recurso cabível;
ii. inexistência de erro grosseiro; e
iii. tempestividade.

Marinoni, Arenhart e Mitidiero (2015, p. 511), ao comentarem a fungibilidade na nova sistemática processual, afirmam que

"a fim de que possa ter aplicação o princípio da fungibilidade, é necessária a reunião de alguns critérios, tendentes a demonstrar a ausência de má-fé e de erro grosseiro. Nesse sentido é que se exige, **para o conhecimento do recurso equivocado pelo correto: i) presença de dúvida séria a respeito do recurso cabível, e ii) inexistência de erro grosseiro.**

Quanto ao requisito da observância do prazo (tempestividade), os autores sustentam que o mesmo parecia mal colocado. Ora, se era razoável que, em face do caso concreto, o interessado utilizasse o recurso errado imaginando fosse o correto, exigir a adequação do prazo para o recurso correto não tinha sentido algum. Com efeito, se a dúvida séria era - como continua sendo - requisito para a aplicação da fungibilidade, não há como se pensar que o recorrente poderia interpor o recurso errado, porém no prazo do correto.

Sobre o tema, o §3º do art. 1.024:

art. 1024 § 3º O órgão julgador conhecerá dos embargos de declaração como agravo interno se entender ser este o recurso cabível, desde que determine previamente a intimação do recorrente para, no prazo de 5 (cinco) dias, complementar as razões recursais, de modo a ajustá-las às exigências do art. 1.021, § 1º .

25.4.11. EMBARGOS PROTELATÓRIOS

Conforme já elucidamos, o CPC passa aplicar multa aos embargos protelatórios! Veja:

MANIFESTAMENTE PROTELATÓRIOS §2º DO ART. 1.026	até 2% valor da causa.
REITERAÇÃO §3º do art. 1026	multa elevada a até 10%
TERCEIRO ED §4º, art. 1.026 do CPC	não é admissível se os anteriores forem protelatórios
MULTA: recolhimento necessário para interposição de outros recursos. EXCEÇÃO = pagam ao final: 1- FAZENDA PÚBLICA 2- AJG	

Art. 1.026. Os embargos de declaração não possuem efeito suspensivo e interrompem o prazo para a interposição de recurso.

§ 2º Quando manifestamente protelatórios os embargos de declaração, o juiz ou o tribunal, em decisão fundamentada, condenará o embargante a pagar ao embargado multa não excedente a dois por cento sobre o valor atualizado da causa.

§ 3º Na reiteração de embargos de declaração manifestamente protelatórios, a multa será elevada a até dez por cento sobre o valor atualizado da causa, e a interposição de qualquer recurso ficará condicionada ao depósito prévio do valor da multa, à exceção da Fazenda Pública e do beneficiário de gratuidade da justiça, que a recolherão ao final.

§ 4º Não serão admitidos novos embargos de declaração se os 2 (dois) anteriores houverem sido considerados protelatórios.

+ EXERCÍCIOS DE FIXAÇÃO

01. Ano: 2019 Banca: CESPE / CEBRASPE Órgão: TJ-BA Prova: CESPE / CEBRASPE - 2019 - TJ-BA - Juiz Leigo

De acordo com o CPC, embargos declaratórios interpostos contra pronunciamento de magistrado em primeiro grau

A) possuem efeito devolutivo e suspendem, automaticamente, o prazo para interposição de outro recurso.

B) serão julgados desertos caso o embargante não possua gratuidade de justiça e deixe de realizar o devido preparo.

C) exigem o oferecimento de contrarrazões pelo embargado apenas quando identificado efeito modificativo.

D) podem ser utilizados contra sentenças, mas não para esclarecimento de decisões interlocutórias.

E) não se prestam a mera correção de erros materiais, porque são cabíveis apenas quando a decisão embargada for omissa, obscura ou contraditória.

02. Ano: 2019 Banca: CESPE / CEBRASPE Órgão: TJ-BA Prova: CESPE - 2019 - TJ-BA - Conciliador

Tanto nos recursos de apelação quanto nos de agravo de instrumento, disciplinados pelo CPC,

A) o julgamento de mérito é realizado na forma colegiada, sendo vedado o exame monocrático desses recursos.

B) a forma de interposição é efetivada junto ao órgão prolator da decisão.

C) o juízo de admissibilidade é realizado diretamente pelo tribunal.

D) há efeito suspensivo imediato, por decorrência de previsão legal.

E) é sempre permitido o juízo de retratação pelo órgão prolator da decisão.

» GABARITO

01. GABARITO C

A questão exige o conhecimento da letra seca da lei. Para melhor compreensão passaremos a análise de cada uma das alternativas:

A) Art. 1.026. Os embargos de declaração não possuem efeito suspensivo e interrompem o prazo para a interposição de recurso.

B) Art. 1.023. Os embargos serão opostos, no prazo de 5 (cinco) dias, em petição dirigida ao juiz, com indicação do erro, obscuridade, contradição ou omissão, e não se sujeitam a preparo.

C) Art. 1.023. § 2º O juiz intimará o embargado para, querendo, manifestar-se, no prazo de 5 (cinco) dias, sobre os embargos opostos, caso seu eventual acolhimento implique a modificação da decisão embargada.

D e E) Art. 1.022. Cabem embargos de declaração contra qualquer decisão judicial para: I - esclarecer obscuridade ou eliminar contradição; II - suprir omissão de ponto ou questão sobre o qual devia se pronunciar o juiz de ofício ou a requerimento; III - corrigir erro material.

02. GABARITO C

A questão exige o conhecimento da letra seca da lei. Para melhor compreensão passaremos a análise de cada uma das alternativas:

A) Assim como no AI, o relator pode decidir monocraticamente a AP:Art. 1.011. Recebido o recurso de apelação no tribunal e distribuído imediatamente, o relator:I - decidi-lo-á monocraticamente apenas nas hipóteses do art. 932, incisos III a V;

Art. 1.019. Recebido o agravo de instrumento no tribunal e distribuído imediatamente, se não for o caso de aplicação do art. 932, incisos III e IV, o relator, no prazo de 5 (cinco) dias:

I - poderá atribuir efeito suspensivo ao recurso ou deferir, em antecipação de tutela, total ou parcialmente, a pretensão recursal, comunicando ao juiz sua decisão;

B) A AP é dirigida ao juízo que proferiu a sentença, enquanto que o AI é interposto diretamente no tribunal ad quem:Art. 1.010. A apelação, interposta por petição dirigida ao juízo de primeiro grau, conterá:; Art. 1.016. O agravo de instrumento será dirigido diretamente ao tribunal competente, por meio de petição com os seguintes requisitos:

C) Certo. Em ambos os recursos, o juízo de admissibilidade não é exercido pelo juiz que prolatou a decisão e, sim, pelo próprio tribunal:

Art. 1.010, § 3º Após as formalidades previstas nos §§ 1º e 2º, os autos serão remetidos ao tribunal pelo juiz, independentemente de juízo de admissibilidade.

Art. 1.016. O agravo de instrumento será dirigido diretamente ao tribunal competente, por meio de petição com os seguintes requisitos:

Art. 1.019. Recebido o agravo de instrumento no tribunal e distribuído imediatamente, se não for o caso de aplicação do art. 932, incisos III e IV, o relator, no prazo de 5 (cinco) dias:

D) Em regra, a AP tem efeito suspensivo, com exceção dos casos previsto no art. 1.012, § 1º, do CPC, hipótese em que a decisão produzirá efeitos imediatamente. Com relação ao AI, o efeito suspensivo não é automático, o relator poderá atribuir o efeito ao recurso ou não:Art. 1.012. A apelação terá efeito suspensivo:

§ 1º Além de outras hipóteses previstas em lei, começa a produzir efeitos imediatamente após a sua publicação a sentença que:

Art. 1.019, I - poderá atribuir efeito suspensivo ao recurso ou deferir, em antecipação de tutela, total ou parcialmente, a pretensão recursal, comunicando ao juiz sua decisão;

E) Nem sempre cabe juízo de retratação na AP (art. 1.010, § 3º), exceto nos casos em que o juiz indefere a petição inicial ou julga liminarmente improcedente o pedido.

Também é possível a retratação pelo juiz no AI:Art. 331. Indeferida a petição inicial, o autor poderá apelar, facultado ao juiz, no prazo de 5 (cinco) dias, retratar-se.

Art. 331, § 3º Interposta a apelação, o juiz poderá retratar-se em 5 (cinco) dias.

Art. 1.018, § 1º Se o juiz comunicar que reformou inteiramente a decisão, o relator considerará prejudicado o agravo de instrumento.

Art. 494. Publicada a sentença, o juiz só poderá alterá-la:

I - para corrigir-lhe, de ofício ou a requerimento da parte, inexatidões materiais ou erros de cálculo;

II - por meio de embargos de declaração.

26 RECURSOS PARA O SUPREMO TRIBUNAL FEDERAL E PARA O SUPERIOR TRIBUNAL DE JUSTIÇA

26.1. RECURSO ORDINÁRIO

26.1.1. BASE LEGAL:

arts. 1.027- 1.028, CPC; art. 102, II, CF/88; art. 105, II, CF/88.

26.1.2. CONCEITO:

é o meio de impugnação de decisões judiciais
- SENTENÇA
- ACÓRDÃO
- DECISÃO INTERLOCUTÓRIA

proferidas nas causas elencadas no art. 1027, CPC.

> Art. 1.027. Serão julgados em recurso ordinário:
> I - pelo **Supremo Tribunal Federal**, os mandados de segurança, os habeas data e os mandados de injunção decididos em única instância pelos tribunais superiores, <u>quando denegatória a decisão</u>
> II - **pelo Superior Tribunal de Justiça**:
> a) os mandados de segurança decididos em única instância pelos tribunais regionais federais ou pelos tribunais de justiça dos Estados e do Distrito Federal e Territórios, quando <u>denegatória a decisão</u>;
> b) os processos em que forem partes, de um lado, Estado estrangeiro ou organismo internacional e, de outro, Município ou pessoa residente ou domiciliada no País.
> § 1º Nos processos referidos no inciso II, alínea "b", contra as <u>decisões interlocutórias</u> caberá agravo de instrumento dirigido ao Superior Tribunal de Justiça, nas hipóteses do art. 1.015.

§ 2º Aplica-se ao recurso ordinário o disposto nos arts. 1.013, § 3º, e 1.029, § 5º.

De acordo com o dispositivo transcrito:

× Dos acórdãos ou decisões monocráticas proferidos pelos tribunais superiores (TST, TSE, STM e STJ) em mandados de segurança, habeas data e mandados de injunção decididos em única instância (matéria de competência originária), quando denegatória a decisão, cabe recurso ordinário (apelação) dirigido ao STF;

× Dos acórdãos ou decisões monocráticas proferidos pelos TRF ou pelos tribunais de justiça dos Estados e do Distrito Federal e Territórios em mandados de segurança decididos em única instância (matéria de competência originária), quando denegatória a decisão, cabe recurso ordinário (apelação) dirigido ao STJ;

× Das sentenças proferidas pelos juízes federais nas causas em que forem partes, de um lado, Estado estrangeiro ou organismo internacional, e, de outro, Município ou pessoa residente ou domiciliada no País, cabe recurso ordinário (apelação) dirigido ao Superior Tribunal de Justiça. Observe-se que, nesses casos, em vez de apelação para o TRF, cabe recurso ordinário ao STJ.

× Saliente-se, ainda, que das decisões interlocutórias proferidas nessas causas cabe agravo de instrumento para o STJ, e não para o TRF (art. 1.027, § 1º).

Vamos esquematizar mais e melhor?!

× Esquema 1

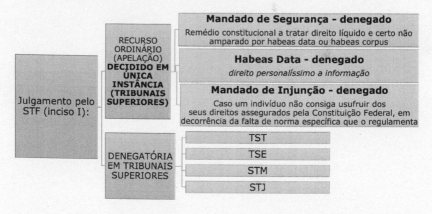

× Esquema 2

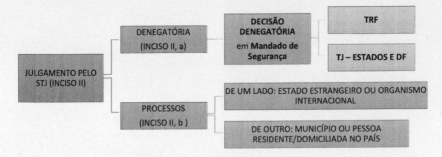

> **ATENÇÃO!**
> **DECISÃO DENEGATÓRIA** → CABE RECURSO ORDINÁRIO
> *Não cabe apelação ao TRF!*
> *CABE RECURSO ORDINÁRIO AO STJ!*
> **DECISÃO CONCESSIVA** → CABE RECURSO ESPECIAL
> "cabe recurso especial, em mandado de segurança (originário), se a decisão é concessiva"(Resp 25.339-5/RS)

× Esquema 3: art. 1.027,II,b, e §1º do CPC

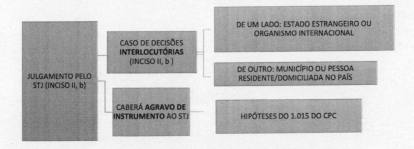

Art. 1.015. Cabe agravo de instrumento contra as decisões interlocutórias que versarem sobre:
I - tutelas provisórias;
II - mérito do processo;
III - rejeição da alegação de convenção de arbitragem
IV - incidente de desconsideração da personalidade jurídica;
V - rejeição do pedido de gratuidade da justiça ou acolhimento do pedido de sua revogação;
VI - exibição ou posse de documento ou coisa;
VII - exclusão de litisconsorte;
VIII - rejeição do pedido de limitação do litisconsórcio;

IX - admissão ou inadmissão de intervenção de terceiros;
X - concessão, modificação ou revogação do efeito suspensivo aos embargos à execução;
XI - redistribuição do ônus da prova nos termos do art. 373, § 1º ;
XII - (VETADO);
XIII - outros casos expressamente referidos em lei.
Parágrafo único. Também caberá agravo de instrumento contra decisões interlocutórias proferidas na fase de liquidação de sentença ou de cumprimento de sentença, no processo de execução e no processo de inventário.

Conforme HAROLDO LOURENÇO, o recurso ordinário

É recurso dirigido ao STF e ao STJ exclusivamente nas hipóteses disciplinadas, respectivamente, nos arts. 102, II, e 105, II, da CR/1988, reproduzidos no art. 1.027, I e II, do CPC/2015.

Cabe a esses Tribunais exercer competência recursal, funcionando como segundo grau de jurisdição, não havendo qualquer espécie de limitação em relação à matéria fática! Há devolução ampla da matéria a ser apreciada ao STF/STJ, abrangendo tanto questões de fato como reexame de provas e cláusulas contratuais, bem como matéria de direito, como constitucional, federal e local, dispensando-se, ainda, o prequestionamento.

> Apesar de se dirigir a Tribunais Superiores - característica dos recursos extraordinários - o recurso ordinário comporta DISCUSSÃO SOBRE QUESTÕES DE FATO. Assim, por obter objeto mais próximo dos recursos comuns, recebeu a denominação de ordinário! O adjetivo constitucional se deve ao fato de ter previsão na Constituição (arts. 102, II e 105 inciso II, ambos da CF/88).

Em suma, subdivide-se em:

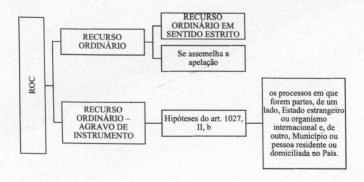

Eventual comparação do recurso ordinário com a apelação é inevitável, sendo aplicável tal regime recursal (Enunciado 357 do FPPC). Há, porém, algumas diferenças conforme indica HAROLDO LOURENÇO:

× majoritariamente, não se admite interposição na forma adesiva;
× a apelação está regulamentada no CPC, enquanto o ROC está no regimento interno dos respectivos tribunais (art. 1.028, caput e § 1º, do CPC/2015).

26.1.3. OBJETIVO E PRÉ-QUESTIONAMENTO:

proteção do direito subjetivo. Difere dos RE e REsp que buscam a proteção do direito objetivo.

Caro(a) leitor (a), cuidado quanto ao **pré-questionamento**, visto que NÃO é exigido.

26.1.4. MAIS CONSIDERAÇÕES SOBRE ROC EM CAUSA INTERNACIONAIS (ART. 1.027, II, "B", DO CPC/2015)

Essa hipótese do recurso é em causas internacionais, havendo como parte, de um lado, Estado Estrangeiro ou Organismo Internacional e, de outro, Município ou pessoa residente ou domiciliada no País. **Estes processos são de competência dos juízos federais de primeira instância**, nos termos do art. 109, II, da CF, em nítido critério em **razão da pessoa**. Quando o legislador se refere à pessoa, é legítimo interpretar como pessoa física ou jurídica; de igual modo, não é relevante em qual dos polos estão os sujeitos mencionados, desde que estejam em polos adversos. Da mesma forma, tal recurso não é secundum eventum litis, sendo admissível da sentença, pouco importando o seu conteúdo.

Há, contudo, controvérsias sobre o cabimento de fungibilidade entre eventual apelação interposta nesse caso e o recurso ordinário.

i. Parcela doutrinária entende se tratar de erro grosseiro, o que inviabilizaria a fungibilidade;
ii. A jurisprudência, porém, já admitiu fungibilidade entre a apelação erroneamente interposta e o recurso ordinário constitucional.

> E, das sentenças prolatadas por tais juízos, será cabível recurso ordinário para o STJ. Observe-se que é rara hipótese de recurso per saltum em nosso ordenamento, em que a causa, por meio do recurso ordinário constitucional, sairá de um juiz federal e irá diretamente para o STJ (art. 105, II, "c", da CF/1988), "saltando" o TRF. A CR/1988 prevê uma exceção à regra processual de que contra sentença proferida por juiz de primeiro grau o recurso cabível é o de apelação.

Frise-se que, na hipótese de o litígio versar entre Estado Estrangeiro ou organismo internacional e a União, Estado, o Distrito Federal ou um Território, a competência será originária do STF (art. 102, I, "e", da CF/1988).

Em síntese, o TRF não analisa causas internacionais.

Não obstante ser hipótese rara em nosso ordenamento, eventualmente sendo prolatadas decisões interlocutórias pelo juízo de primeira instância, caberá agravo por instrumento, no prazo de 15 dias, diretamente para o STJ, por força do que estipula o § 1º do art. 1.027 do CPC/2015, bem como o art. 37 da Lei 8.038/1990. Nessa linha, há pronunciamento do STJ, devendo ser protocolizado diretamente na Secretaria do Superior Tribunal de Justiça ou postado no correio dentro do prazo legal, a teor dos arts. 1.027 e 1.028, caput e § 1º combinados com os arts. 1.016 e 1.017, todos do Código de Processo Civil de 2015.

A rigor, quando o recurso ordinário constitucional nas causas internacionais é interposto, mostra-se, precisamente, como uma apelação, uma apelação constitucional, manejável contra sentenças ou contra interlocutórias não agraváveis (art. 1.015 c/c o art. 1.009, § 1º). **Nesse sentido, defende a doutrina ser cabível, portanto, recurso adesivo, bem como a teoria da causa madura.**

26.1.5. TEORIA DA CAUSA MADURA:

aplica-se ao recurso ordinário as disposições do §3º, do art. 1013 do CPC.

> Art. 1.013. A apelação devolverá ao tribunal o conhecimento da matéria impugnada.
> **§ 3º Se o processo estiver em condições de imediato julgamento, o tribunal deve decidir desde logo o mérito quando: [CAUSA MADURA]**
> I - reformar sentença fundada no art. 485 ;
> II - decretar a nulidade da sentença por não ser ela congruente com os limites do pedido ou da causa de pedir;

III - constatar a omissão no exame de um dos pedidos, hipótese em que poderá julgá-lo
IV - decretar a nulidade de sentença por falta de fundamentação.

> **RELEMBRANDO:** O Tribunal, em princípio, não deve avançar no exame das matérias não decididas ainda em primeiro grau, pois isso violaria o princípio do duplo grau de jurisdição. No entanto, essa ideia cede espaço à regra do § 3º do art. 1.013, pela qual em determinadas hipóteses em que o processo estiver em condições de imediato julgamento, o tribunal fica autorizado a decidir desde logo o mérito da demanda, sem restituir o processo para novo julgamento pela primeira instância. Para tanto, é necessário que a causa esteja "madura" para julgamento, ou seja, que verse questão exclusivamente de direito ou esteja em condições de imediato julgamento.

26.1.6. CONCESSÃO DE EFEITO SUSPENSIVO (ART. 1029, §5º, CPC):

aplica-se ao recurso ordinário as previsões referentes a concessão de efeito suspensivo ao recurso extraordinário ou especial.

> Art. 1.029 § 5º O pedido de concessão de efeito suspensivo a recurso extraordinário ou a recurso especial poderá ser formulado por requerimento dirigido:
> I – ao tribunal superior respectivo, no período compreendido entre a publicação da decisão de admissão do recurso e sua distribuição, ficando o relator designado para seu exame prevento para julgá-lo; (Redação dada pela Lei nº 13.256, de 2016) (Vigência)
> II - ao relator, se já distribuído o recurso;
> III – ao presidente ou ao vice-presidente do tribunal recorrido, no período compreendido entre a interposição do recurso e a publicação da decisão de admissão do recurso, assim como no caso de o recurso ter sido sobrestado, nos termos do art. 1.037.

> **NÃO HÁ EFEITO SUSPENSIVO *OPE LEGIS!***
> **HÁ POSSIBILIDADE DE EFEITO SUSPENSIVO *OPE IUDICIS*** → art. 1027, §2º do CPC.

26.1.7. PROCEDIMENTO

Por força do art. 1.028 do CPC aplica-se
× as normas da apelação e do RI do STJ;
× exceção do agravo previsto no art. 1027, §1º do CPC: aplica-se o RI do STJ e as disposições do agravo de instrumento do CPC.

Art. 1.028. Ao recurso mencionado no art. 1.027, inciso II, alínea "b", aplicam-se, quanto aos requisitos de admissibilidade e ao procedimento, as disposições relativas à apelação e o Regimento Interno do Superior Tribunal de Justiça.

§ 1º Na hipótese do art. 1.027, § 1º , aplicam-se as disposições relativas ao agravo de instrumento e o Regimento Interno do Superior Tribunal de Justiça.

§ 2º O recurso previsto no art. 1.027, incisos I e II, alínea "a", deve ser interposto perante o tribunal de origem, cabendo ao seu presidente ou vice-presidente determinar a intimação do recorrido para, em 15 (quinze) dias, apresentar as contrarrazões.

§ 3º Findo o prazo referido no § 2º, os autos serão remetidos ao respectivo tribunal superior, independentemente de juízo de admissibilidade.

26.1.7.1. PRAZO:

15 dias úteis (§5º do art. 1.003, CPC)

26.2. RECURSOS EXCEPCIONAIS

26.2.1. CONCEITO:

recursos extraordinários, recursos excepcionais ou recursos de superposição são, na verdade, um **gênero** do qual são espécies

× o recurso extraordinário para o STF (art. 102, III, da CR/1988 c/c os arts. 1.029 a 1.041, do CPC/2015);

× recurso especial para o STJ (art. 105, III, da CF c/c os arts. 1.029 a 1.041 do CPC/2015); e

× os embargos de divergência (art. 1.043 do CPC/2015).

26.2.2. REQUISITOS ESPECÍFICOS DE ADMISSIBILIDADE

Além dos requisitos de admissibilidade genéricos inerentes a todos os recursos exigem-se, para a interposição do recurso especial e extraordinário, requisitos específicos. Vejamos cada um separadamente:

a. **Violação direta à norma:** como se tratam de recursos extraordinários, a fundamentação vinculada é latente, já que as hipóteses estão definidas na Constituição. Exige-se, para o STF, que haja uma alegada violação direta à norma constitucional, **não se admitindo violação reflexa ou indireta**, pois, nesse sentido, será admissível

b. **Proibição de reexame de provas e cláusulas contratuais:** por se tratar de recursos excepcionais, somente se permite a arguição de questões de direito, sendo vedado suscitar qualquer questão de fato ou reexame de prova.

A propósito, os **Enunciados 279 e 07** da jurisprudência predominante do STF e do STJ, respectivamente:

× "Para simples reexame de prova não cabe recurso extraordinário".
× "A pretensão de simples reexame de prova não enseja recurso especial".

> **ATENÇÃO:** Não é admissível a interposição de recurso excepcional que tenha por objetivo o reexame de cláusula contratual, justamente por envolver matéria de fato.
> × Enunciado 05 da Súmula do STJ, segundo o qual: *"A simples interpretação de cláusula contratual não enseja recurso especial".*
>
> Contudo, o STJ já decidiu que quando a interpretação de cláusula contratual determinar o tipo de contrato (se, por exemplo, compra e venda ou arrendamento mercantil) de que trata a causa, é possível submetê-lo a controle judicial por meio de recurso especial. **Nesse sentido, vale destacar o teor do Enunciado 293 da Súmula do STJ:** *"A cobrança antecipada do valor residual garantido (VGR) não descaracteriza o contrato de arrendamento mercantil".*

Observe-se que **se admite recurso especial ou extraordinário para discutir a aplicação de um conceito jurídico indeterminado e de cláusulas gerais**, passando a ser possível aos tribunais fixarem, em última análise, a interpretação concreta, como preço vil, na execução; prova escrita, na rescisória; móveis que guarnecem a residência do devedor, entre outras hipóteses.

De igual modo, o STJ consagrou o entendimento de que é possível, em sede de recurso especial, a revisão do valor concedido a título de danos morais e de honorários advocatícios, sempre que o valor fixado na decisão recorrida mostrar-se irrisório ou exorbitante (STJ, 4ª T., REsp 994.171/AL, rel. Min. Aldir Passarinho Jr., j. 12.02.2008. EREsp 742.949/PR, rel. Min. João Otávio de Noronha, rel. p/ Ac Min. Teori Albino Zavascki, j. 27.11.2008.)

c. **Prequestionamento:** entende-se como prequestionamento a exigência de que o objeto do recurso especial/extraordinário já tenha sido objeto de decisão prévia por tribunais inferiores. Como a Constituição exige, para o recurso especial e o extraordinário, causa decidida, faz-se necessário que a decisão recorrida tenha ventilado a questão federal ou constitucional que será objeto de apreciação no recurso especial ou extraordinário. Se não houve decisão, há omissão, exigindo-se, portanto, embargos de declaração.

Em síntese, somente poderá ser submetida à reapreciação do tribunal a matéria que foi previamente controvertida e decidida pelo órgão recorrido. Assim, doutrina e jurisprudência afirmam que o prequestionamento é visualizado como um requisito específico de admissibilidade dos recursos excepcionais.

Em outras palavras: não se admite que, no recurso excepcional, se ventile questão inédita, a qual não tenha sido suscitada pelo órgão a quo. Trata-se, na verdade, de etapa a ser analisada no exame do cabimento dos recursos extraordinários.

d. **Esgotamento recursal**: como a Constituição exige que a causa tenha sido julgada "em única ou última instância", só é cabível a interposição de recursos extraordinários quando esgotados todos os recursos ordinários porventura admissíveis.

26.2.3. JUÍZO DE ADMISSIBILIDADE DESDOBRADO

Os recursos especial e extraordinário fogem à regra da admissibilidade imediata pelo órgão de julgamento (arts. 1.010, § 3º, e 1.028, § 3º), possuindo um sistema de admissibilidade desdobrado, ou seja, realizado algumas vezes, como se observa do art. 1.030, V, do CPC. Assim, interposto o recurso extraordinário ou o recurso especial perante o Presidente ou Vice-Presidente do Tribunal a quo (art. 1.029 do CPC/2015), a parte contrária será intimada para oferecer suas contrarrazões, no prazo de 15 dias, findo o qual os autos serão conclusos, quando então uma daquelas autoridades poderá exercer várias posturas, entre elas um juízo provisório de admissibilidade, que deverá, segundo o art. 1.030, V, do CPC/2015, se positivo, remeter o feito ao STF ou ao STJ, desde que:

a. o recurso ainda não tenha sido submetido ao regime de repercussão geral ou de julgamento de recursos repetitivos;
b. o recurso tenha sido selecionado como representativo da controvérsia; ou
c. o tribunal recorrido tenha refutado o juízo de retratação.

No tribunal superior é que será exercido um juízo definitivo de admissibilidade, cabendo aduzir que, por óbvio, o juízo provisório exercido no tribunal local, uma vez admitido o recurso, não vincula o tribunal superior. De igual modo, ao rever o juízo de admissibilidade realizado pela Presidência ou Vice-Presidência, incumbe ao STJ e ao

STF relevar vícios formais de recursos tempestivos que não sejam graves (art. 1.029, § 3º), em prestígio ao princípio da primazia de mérito (art. 4º do CPC).

26.2.4. PREPARO

A partir da Lei 11.636/2007, passou-se a exigir o preparo no recurso especial, ratificando o teor do art. 1.007, caput, do CPC, bem como do Enunciado 187 da Súmula do STJ, em que se exige que, **no momento da interposição do recurso especial, deve ser comprovado o recolhimento das custas e do porte de remessa e retorno dos autos, sob pena de deserção**, contudo, tal enunciado se mostra superado pelo § 2º do art. 1.007 (Enunciado 215 do FPPC).

26.2.5. RECURSOS EXCEPCIONAIS E O INCIDENTE DE RESOLUÇÃO DE DEMANDAS REPETITIVAS

De acordo com o § 4º do art. 1.029:

> "Quando, por ocasião do processamento do incidente de resolução de demandas repetitivas, o presidente do Supremo Tribunal Federal ou do Superior Tribunal de Justiça receber requerimento de suspensão de processos em que se discuta questão federal constitucional ou infraconstitucional, poderá, considerando razões de segurança jurídica ou de excepcional interesse social, estender a suspensão a todo o território nacional, até ulterior decisão do recurso extraordinário ou do recurso especial a ser interposto".

O dispositivo em comento se relaciona com o § 3º do art. 982:

§ 3º Visando à garantia da segurança jurídica, qualquer legitimado mencionado no art. 977, incisos II e III, poderá requerer, ao tribunal competente para conhecer do recurso extraordinário ou especial, a suspensão de todos os processos individuais ou coletivos em curso no território nacional que versem sobre a questão objeto do incidente já instaurado.

Este, por sua vez, trata da faculdade conferida às partes de qualquer processo individual ou coletivo em curso, no qual se discuta a mesma questão objeto de IRDR já instaurado e admitido, bem como ao Ministério Público e à Defensoria Pública, para requerer perante o STF ou STJ a extensão da suspensão vigorante no âmbito do tribunal (TJ ou TRF) onde tramita o IRDR a todos os processos individuais ou coletivos em curso no território nacional que versem sobre a mesma questão.

26.2.6. EFEITOS

a. Suspensivo

Via de regra, não terão efeito suspensivo, seguindo a regra geral recursal prevista no art. 995 do CPC. Entretanto, poderá ser realizado o requerimento, conforme §5º do art. 1.029 do CPC:

> art. 1.029 § 5º O pedido de concessão de efeito suspensivo a recurso extraordinário ou a recurso especial poderá ser formulado por requerimento dirigido:
> I – ao tribunal superior respectivo, no período compreendido entre a publicação da decisão de admissão do recurso e sua distribuição, ficando o relator designado para seu exame prevento para julgá-lo; (Redação dada pela Lei nº 13.256, de 2016) (Vigência)
> II - ao relator, se já distribuído o recurso;
> III – ao presidente ou ao vice-presidente do tribunal recorrido, no período compreendido entre a interposição do recurso e a publicação da decisão de admissão do recurso, assim como no caso de o recurso ter sido sobrestado, nos termos do art. 1.037 .(Redação dada pela Lei nº 13.256, de 2016) (Vigência)

b. Devolutivo

> Art. 1.034. Admitido o recurso extraordinário ou o recurso especial, o Supremo Tribunal Federal ou o Superior Tribunal de Justiça julgará o processo, aplicando o direito.
> Parágrafo único. Admitido o recurso extraordinário ou o recurso especial por um fundamento, **devolve-se ao tribunal superior o conhecimento dos demais fundamentos para a solução do capítulo impugnado.**

O dispositivo consolida o entendimento jurisprudencial acerca do efeito devolutivo dos recursos especial e extraordinário. Por mais que se trate de um efeito devolutivo limitado, uma vez que a função do recurso é uniformizar o entendimento sobre lei infraconstitucional ou sobre matéria constitucional, continua incontestável a possibilidade de o órgão julgador aplicar o direito à causa, dirimindo-a. Além disso, é importante que se diga que o prequestionamento refere-se apenas à admissibilidade em abstrato do recurso e não condiciona o efeito devolutivo em relação às questões de ordem pública.

26.2.7. PROTOCOLO NO TRIBUNAL *A QUO* E JUÍZO DE ADMISSIBILIDADE (ART. 1.030, CPC)

O protocolo do recurso especial e/ou extraordinário será realizado no Tribunal recorrido, dirigido ao presidente ou vice-presidente, que poderá:

Art. 1.030: Recebida a petição do recurso pela secretaria do tribunal, o recorrido será intimado para apresentar contrarrazões no prazo de 15 (quinze) dias, findo o qual os autos serão conclusos ao presidente ou ao vice-presidente do tribunal recorrido, que deverá:	Hipótese	Recurso contra a decisão
I – NEGAR SEGUIMENTO	a) a recurso extraordinário que discuta questão constitucional à qual o Supremo Tribunal Federal não tenha reconhecido a existência de repercussão geral ou a recurso extraordinário interposto contra acórdão que esteja em conformidade com entendimento do Supremo Tribunal Federal exarado no regime de repercussão geral; (Incluída pela Lei nº 13.256, de 2016) (Vigência)	**AGRAVO INTERNO** § 2º Da decisão proferida com fundamento nos incisos I e III caberá agravo interno, nos termos do art. 1.021
I – NEGAR SEGUIMENTO	b) a recurso extraordinário ou a recurso especial interposto contra **acórdão que esteja em conformidade com entendimento do Supremo Tribunal Federal ou do Superior Tribunal de Justiça, respectivamente, exarado no regime de julgamento de recursos repetitivos;** (Incluída pela Lei nº 13.256, de 2016) (Vigência)	**AGRAVO INTERNO** § 2º Da decisão proferida com fundamento nos incisos I e III caberá agravo interno, nos termos do art. 1.021

> V - REALIZAR O JUÍZO DE ADMISSIBILIDADE e, se positivo, remeter o feito ao Supremo Tribunal Federal ou ao Superior Tribunal de Justiça, desde que:
> a) o recurso ainda não tenha sido submetido ao regime de repercussão geral ou de julgamento de recursos repetitivos; (Incluída pela Lei n° 13.256, de 2016) (Vigência)
> b) o recurso tenha sido selecionado como representativo da controvérsia; ou (Incluída pela Lei n° 13.256, de 2016) (Vigência)
> c) o tribunal recorrido tenha refutado o juízo de retratação. (Incluída pela Lei n° 13.256, de 2016) (Vigência)
>
> **AGRAVO DO ART. 1.042 - em RE e REsp**
> § 1° Da decisão de inadmissibilidade proferida com fundamento no inciso V caberá agravo ao tribunal superior, nos termos do art. 1.042. (Incluído pela Lei n° 13.256, de 2016) (Vigência)

Ademais, também poderá:

> Art. 1.030. (Redação dada pela Lei n° 13.256, de 2016) (Vigência)
> II – **encaminhar** o processo ao órgão julgador para realização do **juízo de retratação**, se o acórdão recorrido divergir do entendimento do Supremo Tribunal Federal ou do Superior Tribunal de Justiça exarado, conforme o caso, nos regimes de repercussão geral ou de recursos repetitivos; (Incluído pela Lei n° 13.256, de 2016) (Vigência)
> III – **sobrestar** o recurso que versar sobre controvérsia de caráter repetitivo ainda não decidida pelo Supremo Tribunal Federal ou pelo Superior Tribunal de Justiça, conforme se trate de matéria constitucional ou infraconstitucional; (Incluído pela Lei n° 13.256, de 2016) (Vigência)
> IV – **selecionar o recurso como representativo de controvérsia** constitucional ou infraconstitucional, nos termos do § 6° do art. 1.036; (Incluído pela Lei n° 13.256, de 2016) (Vigência)

26.2.8. INTERPOSIÇÃO CONJUNTA

Havendo interposição de recurso especial e extraordinário

- **PRIMEIRO:** encaminhamento ao STJ (recurso especial); após
- **SEGUNDO:** encaminhamento ao STF (recurso extraordinário), se este não estiver prejudicado (§1°, art. 1.031).

> Art. 1.031. Na hipótese de interposição conjunta de recurso extraordinário e recurso especial, os autos serão remetidos ao Superior Tribunal de Justiça.

> **ATENÇÃO: §§2° e 3° do art. 1.031, CPC**
> Se o relator do recurso especial **considerar prejudicial o recurso extraordinário, em decisão irrecorrível,** sobrestará o julgamento e remeterá os autos ao Supremo Tribunal Federal. Nessa hipótese, se **o relator do recurso extraordinário, em decisão irrecorrível, rejeitar a prejudicialidade,** *devolverá os autos ao Superior Tribunal de Justiça para o julgamento do recurso especial.*

26.2.8.1. RECURSO ESPECIAL QUE VERSE SOBRE QUESTÃO CONSTITUCIONAL (ART. 1.032, CPC)

Poderá ocorrer do relator, no Superior Tribunal de Justiça, entender que o **recurso especial versa sobre questão constitucional**, caso em que deverá conceder prazo de 15 (quinze) dias para que o recorrente demonstre a existência de repercussão geral e se manifeste sobre a questão constitucional (art. 1.032, CPC).

Cumprida a diligência, o relator remeterá o recurso ao Supremo Tribunal Federal, que, em juízo de admissibilidade, poderá devolvê-lo ao Superior Tribunal de Justiça.

26.2.8.2. OFENSA REFLEXA À CONSTITUIÇÃO EM RECURSO EXTRAORDINÁRIO (ART. 1.033, CPC)

Se o Supremo Tribunal Federal considerar como reflexa a ofensa à Constituição afirmada no recurso extraordinário, por pressupor a revisão da interpretação de lei federal ou de tratado, **remetê-lo-á ao Superior Tribunal de Justiça para julgamento como recurso especial.**

> **ATENÇÃO:** Em termos práticos, de acordo com a sistemática do CPC/1973, não se admitia a fungibilidade entre o recurso especial e o recurso extraordinário, entrave que culminou na edição das Súmulas n° 126/STJ e n° 636/STF.
>
> × Súmula n° 126 do STJ: "É inadmissível recurso especial, quando o acórdão recorrido assenta em fundamentos constitucional e infraconstitucional, qualquer deles suficiente, por si só, para mantê-lo, e a parte vencida não manifesta recurso extraordinário".
>
> × Súmula n° 636 do STF: "Não cabe recurso extraordinário por contrariedade ao princípio constitucional da legalidade, quando a sua verificação pressuponha rever a interpretação dada a normas infraconstitucionais pela decisão recorrida".
>
> **Diante dessa verdadeira incongruência, o jurisdicionado só tinha uma opção:** interpor os dois recursos, por precaução, e aguardar resposta positiva de algum dos tribunais. O que a jurisprudência exigia, portanto, era a duplicação do trabalho do advogado. **Essa incongruência é resolvida pelos arts. 1.032 e 1.033 do CPC/2015.**

26.2.9. REQUISITOS

Art. 1.029. O recurso **extraordinário e o recurso especial**, nos casos previstos na Constituição Federal, serão interpostos perante o presidente ou o vice-presidente do tribunal recorrido, em petições distintas que conterão:

I. a exposição do fato e do direito;
II. a demonstração do cabimento do recurso interposto;
III. as razões do pedido de reforma ou de invalidação da decisão recorrida.

RECURSO EXTRAORDINÁRIO	RECURSO ESPECIAL
Constituição	Constituição
Art. 102. Compete ao Supremo Tribunal Federal, precipuamente, a guarda da Constituição, cabendo-lhe:	Art. 105. Compete ao Superior Tribunal de Justiça:
III - julgar, mediante recurso extraordinário, as causas decididas em única ou última instância, quando a decisão recorrida:	III - julgar, em recurso especial, as causas decididas, em única ou última instância, pelos Tribunais Regionais Federais ou pelos tribunais dos Estados, do Distrito Federal e Territórios, quando a decisão recorrida:
a) contrariar dispositivo desta Constituição;	a) contrariar tratado ou lei federal, ou negar-lhes vigência;
b) declarar a inconstitucionalidade de tratado ou lei federal;	b) julgar válido ato de governo local contestado em face de lei federal; (Redação dada pela Emenda Constitucional nº 45, de 2004)
c) julgar válida lei ou ato de governo local contestado em face desta Constituição.	
d) julgar válida lei local contestada em face de lei federal. (Incluída pela Emenda Constitucional nº 45, de 2004)	c) der a lei federal interpretação divergente da que lhe haja atribuído outro tribunal.

26.2.9.1. CABIMENTO DO RECURSO EXTRAORDINÁRIO

PREVISÃO NO ART. 102, III DA CF/88:
III - julgar, mediante recurso extraordinário, as causas decididas em única ou última instância, quando a decisão recorrida:
a) contrariar dispositivo desta Constituição;
Não pode contrariar de forma genérica, deve ser de forma expressa.
b) declarar a inconstitucionalidade de tratado ou lei federal;
c) julgar válida lei ou ato de governo local contestado em face desta Constituição.
A decisão afasta a constituição ao considerar válida lei ou ato do governo local em sentido contrário ao parâmetro constitucional.
d) julgar válida lei local contestada em face de lei federal. (Incluída pela Emenda Constitucional nº 45, de 2004)

> **PREVISÃO NO ART. 102, III DA CF/88:**
> Nota: é a CF/88 que define a competência legislativa e se o estado ou o município edita norma de desobediência ao comando constitucional, trata-se de afronta à CF e não à lei federal (MIRANDA, Gilson Delgado. Recursos no processo civil, 2006.p.124)

Quanto ao cabimento, destaca-se que o recurso extraordinário não exige que a decisão recorrida tenha sido proferida por Tribunal, ao contrário do recurso especial. Por essa razão, admite-se recurso extraordinário em face de decisão das Turmas Recursais dos Juizados Especiais (Súmula nº 640 do STF)

2.9.1.1. REPERCUSSÃO GERAL

É requisito de admissibilidade do Recurso Extraordinário.

> Art. 102, CF
> § 3º No recurso extraordinário o recorrente deverá demonstrar a repercussão geral das questões constitucionais discutidas no caso, nos termos da lei, a fim de que o Tribunal examine a admissão do recurso, somente podendo recusá-lo pela manifestação de dois terços de seus membros. (Incluída pela Emenda Constitucional nº 45, de 2004)

✗ O QUE DEVO ENTENDER POR "REPERCUSSÃO GERAL?

O CPC conceitua quando haverá repercussão geral no §1º e §3º do art. 1.035:

> Art. 1.035. O Supremo Tribunal Federal, **em decisão irrecorrível**, não conhecerá do recurso extraordinário quando a questão constitucional nele versada não tiver repercussão geral, nos termos deste artigo.
> § 1º Para efeito de repercussão geral, será considerada a existência ou não de questões relevantes do ponto de vista econômico, político, social ou jurídico que ultrapassem os interesses subjetivos do processo.
> § 2º O recorrente deverá demonstrar a existência de repercussão geral para <u>apreciação exclusiva</u> pelo Supremo Tribunal Federal.
> § 3º Haverá repercussão geral sempre que o recurso impugnar acórdão que:
> I - contrarie súmula ou jurisprudência dominante do Supremo Tribunal Federal;
> II - tenha sido proferido em julgamento de casos repetitivos;
> III - tenha reconhecido a inconstitucionalidade de tratado ou de lei federal, nos termos do art. 97 da Constituição Federal.

> **Negada a repercussão geral:** o presidente ou o vice-presidente do tribunal de origem negará seguimento aos recursos extraordinários sobrestados na origem que versem sobre matéria idêntica (§8º, art. 1.035).

> **Repercussão geral reconhecida:** deverá ser julgado no **prazo de 1 (um) ano** e terá preferência sobre os demais feitos, ressalvados os que envolvam réu preso e os pedidos de habeas corpus (§9º do art. 1.035, CPC). A súmula da decisão sobre a repercussão geral constará de ata, que será publicada no diário oficial e valerá como acórdão.

× **SERÁ POSSÍVEL A MANIFESTAÇÃO DE TERCEIROS PARA ANÁLISE DA REPERCUSSÃO GERAL?**

Sim! Prevê o art. 1035, § 4º que o relator poderá admitir, na análise da repercussão geral, a manifestação de terceiros, subscrita por procurador habilitado, nos termos do Regimento Interno do Supremo Tribunal Federal.

× **HAVERÁ SUSPENSÃO DE PROCESSOS INDIVIDUAIS E COLETIVOS?**

Sim, se versarem sobre a questão e tramitarem em território nacional. Veja: 1035 § 5º Reconhecida a repercussão geral, o relator no Supremo Tribunal Federal determinará a suspensão do processamento de todos os processos pendentes, individuais ou coletivos, que versem sobre a questão e tramitem no território nacional.

× **Mas se existir um recurso em que há decisão de indeferimento para exclusão do sobrestamento, qual recurso devo manejar?**

Essa pergunta tem sido alvo de grandes cobranças nas provas de concurso! Caberá o manejo de AGRAVO INTERNO!

Tanto da decisão que exclua da decisão de sobrestamento e daquela que inadmita o recurso extraordinário que tenha sido interposto intempestivamente. Vejamos:

> Art. 1035, § 6º O interessado pode requerer, ao presidente ou ao vice-presidente do tribunal de origem, que exclua da decisão de sobrestamento e inadmita o recurso extraordinário que tenha sido interposto intempestivamente, tendo o recorrente o prazo de 5 (cinco) dias para manifestar-se sobre esse requerimento.

× DECISÃO QUE INDEFERE: AGRAVO INTERNO!

> ~~§ 7º Da decisão que indeferir o requerimento referido no § 6º caberá agravo, nos termos do art. 1.042 .~~ → DESCABE AGRAVO REGIMENTAL!
> § 7º Da decisão que indeferir o requerimento referido no § 6º ou que aplicar entendimento firmado em regime de repercussão geral ou em julgamento de recursos repetitivos caberá agravo interno.(Redação dada pela Lei nº 13.256, de 2016) (Vigência)

26.2.10. CABIMENTO DO RECURSO ESPECIAL

PREVISÃO NO ART. 105, III DA CF/88

III - julgar, em recurso especial, as causas decididas, em única ou última instância, pelos Tribunais Regionais Federais ou pelos tribunais dos Estados, do Distrito Federal e Territórios, quando a decisão recorrida:

a) contrariar tratado ou lei federal, ou negar-lhes vigência;

Possui sentido amplo, podendo significar a inobservância ou interpretação errônea de preceito legal, ou ainda negativa de vigência, mencionada na parte final do dispositivo.

b) julgar válido ato de governo local contestado em face de lei federal; (Redação dada pela Emenda Constitucional nº 45, de 2004) *

Ao se reputar válido ato do governo local em sentido contrário a lei federal é evidente o afastamento dessa. Mera hipótese de cabimento da alínea a.

c) der a lei federal interpretação divergente da que lhe haja atribuído outro tribunal.

Nesse caso faz-se necessária a demonstração de dissídio jurisprudencial (Súmula n. 13 do STJ).

Além disso não se admite recurso especial pela divergência quando a orientação do STJ se firmou no sentido da decisão recorrida (Súmula 83, STJ).

ATENÇÃO

NECESSIDADE DE PROVA QUANDO HOUVER DISSÍDIO JURISPRUDÊNCIAL (art. 1.029 § 1º, CPC):
"Quando o recurso fundar-se em dissídio jurisprudencial, o recorrente fará a prova da divergência com a certidão, cópia ou citação do repositório de jurisprudência, oficial ou credenciado, inclusive em mídia eletrônica, em que houver sido publicado o acórdão divergente, ou ainda com a reprodução de julgado disponível na rede mundial de computadores, com indicação da respectiva fonte, devendo-se, em qualquer caso, mencionar as circunstâncias que identifiquem ou assemelhem os casos confrontados."

NÃO É MERA TRANSCRIÇÃO DE EMENTAS!

"a demonstração analítica da alegada divergência", com a transcrição dos trechos que configurem dissenso e a indicação das circunstâncias que identifiquem os casos confrontados (STJ, AgRg AREsp 1.145.532/DF).

ESSA EXIGÊNCIA É ABRANDADA QUANDO A DIVERGÊNCIA É NOTÓRIA (STJ, Resp 739.934/DF).

> **RELEVÂNCIA DAS QUESTÕES DE DIREITO FEDERAL INFRACONSTITUCIONAL NO RECURSO ESPECIAL – EC nº 125/2022**
>
> PREVISÃO NO ART. 105, §§2º e 3º, CF/88
>
> § 2º No recurso especial, o recorrente deve <u>demonstrar a relevância</u> das questões de direito federal infraconstitucional discutidas no caso, nos termos da lei, a fim de que a admissão do recurso seja examinada pelo Tribunal, o qual somente pode dele não conhecer com base nesse motivo pela manifestação de 2/3 (dois terços) dos membros do órgão competente para o julgamento. (Incluído pela Emenda Constitucional nº 125, de 2022)
>
> Haverá a relevância nos seguintes casos (§3º):
>
> I - ações penais;
> II - ações de improbidade administrativa;
> III - ações cujo valor da causa ultrapasse 500 (quinhentos) salários-mínimos;
> IV - ações que possam gerar inelegibilidade;
> V - hipóteses em que o acórdão recorrido contrariar jurisprudência dominante do Superior Tribunal de Justiça;
> VI - outras hipóteses previstas em lei.
>
> Enunciado Administrativo nº 8 do STJ: "A indicação, no recurso especial, dos fundamentos de relevância da questão de direito federal infraconstitucional somente será exigida em recursos interpostos contra acórdãos publicados <u>após a data de entrada em vigor da lei regulamentadora prevista no artigo 105, parágrafo 2º, da Constituição Federal</u>".
>
> Emenda Constitucional entrou em vigor na data de sua publicação (Brasília, em 14 de julho de 2022).
>
> Note que o que se faz nos incisos do § 3º é apenas a criação de uma linha direta que dispensa a parte de demonstrar a relevância da questão. Mas não significa que ela não exista nos outros casos. Aos advogados, caberá mais atenção e cuidado demonstrar que o recurso especial do seu cliente, de fato, <u>transcende aos seus interesses individuais</u>: que é um recurso que atende integralmente às funções do STJ e que, por isso, merece ser admitido e julgado.

Ademais, diga-se que o recurso especial exige que a decisão recorrida seja emanada de Tribunal (Súmula nº 203 do STJ), não sendo cabível a interposição de recurso especial de decisão proferida por órgão colegiado dos juizados especiais, tampouco por juiz monocrático.

> Súmula 203 STJ: Não cabe recurso especial contra decisão proferida por órgão de segundo grau dos Juizados Especiais.

26.2.11. DO JULGAMENTO DOS RECURSOS EXTRAORDINÁRIO E ESPECIAL REPETITIVOS (ARTS. 1.036-1.041, CPC)

× **Técnica de julgamento por amostragem:** ao invés de processamento normal de todos os recursos versando sobre o mesmo tema constitucional ou infraconstitucional, o juízo a quo selecionará alguns deles e os remeterá ao STJ ou STF para apreciação da questão de direito.

Art. 1.036. Sempre que houver **multiplicidade de recursos extraordinários ou especiais com fundamento em idêntica questão de direito**, haverá afetação para julgamento de acordo com as disposições desta Subseção, observado o disposto no Regimento Interno do Supremo Tribunal Federal e no do Superior Tribunal de Justiça.

§ 1º O **presidente ou o vice-presidente** de tribunal de justiça ou de tribunal regional federal <u>selecionará 2 (dois) ou mais recursos</u> representativos da controvérsia, que serão encaminhados ao Supremo Tribunal Federal ou ao Superior Tribunal de Justiça para fins de afetação, <u>determinando a suspensão do trâmite de todos os processos pendentes, individuais ou coletivos, que tramitem no Estado ou na região, conforme o caso.</u>

× **E AQUELES QUE SÃO SOBRESTADOS INDEVIDAMENTE?**

Demonstrando distinção entre a questão a ser decidida no processo e aquela a ser julgada no recurso especial ou extraordinário afetado, a parte poderá requerer o prosseguimento do seu processo (§§9º a 12º do art. 1.037, CPC). Vejamos:

Art. 1.037. Selecionados os recursos, o relator, no tribunal superior, constatando a presença do pressuposto do caput do art. 1.036, proferirá decisão de afetação, na qual:
I - identificará com precisão a questão a ser submetida a julgamento;
II - determinará a suspensão do processamento de todos os processos pendentes, individuais ou coletivos, que versem sobre a questão e tramitem no território nacional;
III - poderá requisitar aos presidentes ou aos vice-presidentes dos tribunais de justiça ou dos tribunais regionais federais a remessa de um recurso representativo da controvérsia.
§ 9º **Demonstrando distinção entre a questão a ser decidida no processo e aquela a ser julgada no recurso especial ou extraordinário afetado, a parte poderá requerer o prosseguimento do seu processo.**
§ 10. O requerimento a que se refere o § 9º será dirigido:
I - ao juiz, se o processo sobrestado estiver em primeiro grau;
II - ao relator, se o processo sobrestado estiver no tribunal de origem;
III - ao relator do acórdão recorrido, se for sobrestado recurso especial ou recurso extraordinário no tribunal de origem;
IV - ao relator, no tribunal superior, de recurso especial ou de recurso extraordinário cujo processamento houver sido sobrestado.
§ 11. A outra parte deverá ser ouvida sobre o requerimento a que se refere o § 9º, no prazo de 5 (cinco) dias.
§ 12. Reconhecida a distinção no caso:
I - dos incisos I, II e IV do § 10, o próprio juiz ou relator dará prosseguimento ao processo;
II - do inciso III do § 10, o relator comunicará a decisão ao presidente ou ao vice-presidente que houver determinado o sobrestamento, para que o

recurso especial ou o recurso extraordinário seja encaminhado ao respectivo tribunal superior, na forma do art. 1.030, parágrafo único .

× **Haverá prazo máximo para o sobrestamento?**

Os recursos afetados deverão ser julgados no prazo de 1 (um) ano e terão preferência sobre os demais feitos, ressalvados os que envolvam réu preso e os pedidos de habeas corpus (§4º do art. 1.037, CPC).

> **ATENÇÃO:** Foi revogada a previsão do "art. 1.037, §7º. Não ocorrendo o julgamento no prazo de 1 (um) ano a contar da publicação da decisão de que trata o inciso I do caput, cessam automaticamente, em todo o território nacional, a afetação e a suspensão dos processos, que retomarão seu curso normal.(Revogado pela Lei nº 13.256, de 2016)

× **E SE O RECURSO FOR INTEMPESTIVO? O QUE PODERÁ SER FEITO?**

O interessado pode requerer, ao presidente ou ao vice-presidente, que exclua da decisão de sobrestamento e inadmita o recurso especial ou o recurso extraordinário que tenha sido interposto intempestivamente, tendo o recorrente o prazo de 5 (cinco) dias para manifestar-se sobre esse requerimento (§2º do art. 1.036).

Caro(a) leitor(a), cuidado com o recurso contra essa decisa! Da decisão que indeferir este requerimento caberá apenas agravo interno!

> **VALE LEMBRAR QUE A TÉCNICA DE JULGAMENTO REPETITIVO TEM EFEITO VINCULANTE!**
> *Isso afeta tanto os processos em cursos e que estejam sobrestados.*

26.2.II.I. INTERVENÇÃO DE AMICUS CURIAE E AUDIÊNCIAS PÚBLICAS

Para legitimar a formação do paradigma por meio dessa técnica de julgamento, deve restar assegurada ampla divulgação e efetiva participação de terceiros no julgamento. Por essa razão é que se admite a intervenção do amicus curiae e a realização de audiências públicas (art. 1.038, I e II).

> Art. 1.038. O relator poderá:
> I - solicitar ou admitir manifestação de pessoas, órgãos ou entidades com interesse na controvérsia, <u>considerando a relevância da matéria e consoante dispuser o regimento interno</u>;
> II - fixar data para, em audiência pública, ouvir depoimentos de pessoas com experiência e conhecimento na matéria, com a finalidade de instruir o procedimento;

26.2.II.2. INTERVENÇÃO DO MINISTÉRIO PÚBLICO

A participação do Ministério Público, como fiscal da ordem jurídica, é obrigatória no julgamento de casos repetitivos (art. 1.038, III, parte final). O prazo para que sejam prestadas as informações pelos tribunais locais (se necessário) e para a manifestação do Ministério Público – que é obrigatória – é de 15 dias. Em sintonia com o compromisso de celeridade, o legislador dispôs que as informações serão prestadas, sempre que possível, por meio eletrônico (art. 1.038, § 1º).

> Art. 1.038, III - requisitar informações aos tribunais inferiores a respeito da controvérsia e, cumprida a diligência, intimará o Ministério Público para manifestar-se.
> § 1º No caso do inciso III, os prazos respectivos são de 15 (quinze) dias, e os atos serão praticados, sempre que possível, por meio eletrônico.

26.2.II.3. PRECEDENTE

Bem, firmado o precedente no julgamento por amostragem, observar-se-á o seguinte:
* caso o acórdão recorrido esteja em conformidade com o precedente firmado, o presidente ou o vice-presidente negará seguimento ao recurso especial ou extraordinário (art. 1.040, I);
* estando o acórdão recorrido em desconformidade com o precedente firmado, o órgão que proferiu o acórdão recorrido, na origem, reexaminará os processos de competência originária, a remessa necessária ou o recurso anteriormente julgado (art. 1.040, II). O dispositivo sugere a necessidade de alinhamento do entendimento local com a tese jurídica que veio a prevalecer no STJ ou no STF. A competência para o reexame da matéria é da competência do órgão fracionário que proferiu o acórdão recorrido, impugnado por meio do recurso especial ou extraordinário repetitivo;
* os processos suspensos em primeiro e segundo graus de jurisdição retomarão o curso para julgamento e aplicação da tese firmada pelo tribunal superior (art. 1.040, III);
* se os recursos versarem sobre questão relativa à prestação de serviço público objeto de concessão, permissão ou autorização, o resultado do julgamento será comunicado ao órgão, ao ente ou à agência reguladora competente para fiscalização da efetiva aplicação, por parte dos entes sujeitos à regulação, da tese adotada (art. 1.040, IV).

26.2.II.4. RECURSO REPETITIVO NO STJ (LEI Nº II.672/2008).

Caro(a) leitor(a), para que você compreenda melhor e saiba que aprofundou todo conteúdo, passamos para explicar que a Lei nº 11.672/08 dava redação ao art. 543-C do CPC/73:

> "Art. 543-C. Quando houver multiplicidade de recursos com fundamento em idêntica questão de direito, o recurso especial será processado nos termos deste artigo.
> § 1o Caberá ao presidente do tribunal de origem admitir um ou mais recursos representativos da controvérsia, os quais serão encaminhados ao Superior Tribunal de Justiça, ficando suspensos os demais recursos especiais até o pronunciamento definitivo do Superior Tribunal de Justiça.
> § 2o Não adotada a providência descrita no § 1o deste artigo, o relator no Superior Tribunal de Justiça, ao identificar que sobre a controvérsia já existe jurisprudência dominante ou que a matéria já está afeta ao colegiado, poderá determinar a suspensão, nos tribunais de segunda instância, dos recursos nos quais a controvérsia esteja estabelecida.
> § 3o O relator poderá solicitar informações, a serem prestadas no prazo de quinze dias, aos tribunais federais ou estaduais a respeito da controvérsia.
> § 4o O relator, conforme dispuser o regimento interno do Superior Tribunal de Justiça e considerando a relevância da matéria, poderá admitir manifestação de pessoas, órgãos ou entidades com interesse na controvérsia.
> § 5o Recebidas as informações e, se for o caso, após cumprido o disposto no § 4o deste artigo, terá vista o Ministério Público pelo prazo de quinze dias.
> § 6o Transcorrido o prazo para o Ministério Público e remetida cópia do relatório aos demais Ministros, o processo será incluído em pauta na seção ou na Corte Especial, devendo ser julgado com preferência sobre os demais feitos, ressalvados os que envolvam réu preso e os pedidos de habeas corpus.
> § 7o Publicado o acórdão do Superior Tribunal de Justiça, os recursos especiais sobrestados na origem:
> I - terão seguimento denegado na hipótese de o acórdão recorrido coincidir com a orientação do Superior Tribunal de Justiça; ou
> II - serão novamente examinados pelo tribunal de origem na hipótese de o acórdão recorrido divergir da orientação do Superior Tribunal de Justiça.
> § 8o Na hipótese prevista no inciso II do § 7o deste artigo, mantida a decisão divergente pelo tribunal de origem, far-se-á o exame de admissibilidade do recurso especial.
> § 9o O Superior Tribunal de Justiça e os tribunais de segunda instância regulamentarão, no âmbito de suas competências, os procedimentos relativos ao processamento e julgamento do recurso especial nos casos previstos neste artigo."

Destarte, já passamos o atual tratamento, que é dado nos arts. 1.036-1.041 CPC/15, contudo destacamos a seguinte comparação/divergência:

CPC/73	CPC/15
Art. 543-C.	Art. 1.036, § 2º, do CPC - previsão de pedido para exclusão de recurso intempestivo, nos casos em que o especial esteja aguardando julgamento de repetitivo.

26.2.11.5. REPERCUSSÃO GERAL NO STF (LEI Nº 11.418/2006).

Esta Lei acrescentou os arts. 543-A e 543-B à Lei nº 5.869, de 11 de janeiro de 1973 – Código de Processo Civil, a fim de regulamentar o § 3º do art. 102 da Constituição Federal.

> Art. 543-A. O Supremo Tribunal Federal, em decisão irrecorrível, não conhecerá do recurso extraordinário, quando a questão constitucional nele versada não oferecer repercussão geral, nos termos deste artigo.
> § 1º Para efeito da repercussão geral, será considerada a existência, ou não, de questões relevantes do ponto de vista econômico, político, social ou jurídico, que ultrapassem os interesses subjetivos da causa.
> § 2º O recorrente deverá demonstrar, em preliminar do recurso, para apreciação exclusiva do Supremo Tribunal Federal, a existência da repercussão geral.
> § 3º Haverá repercussão geral sempre que o recurso impugnar decisão contrária a súmula ou jurisprudência dominante do Tribunal.
> § 4º Se a Turma decidir pela existência da repercussão geral por, no mínimo, 4 (quatro) votos, ficará dispensada a remessa do recurso ao Plenário.
> § 5º Negada a existência da repercussão geral, a decisão valerá para todos os recursos sobre matéria idêntica, que serão indeferidos liminarmente, salvo revisão da tese, tudo nos termos do Regimento Interno do Supremo Tribunal Federal.
> § 6º O Relator poderá admitir, na análise da repercussão geral, a manifestação de terceiros, subscrita por procurador habilitado, nos termos do Regimento Interno do Supremo Tribunal Federal.
> § 7º A Súmula da decisão sobre a repercussão geral constará de ata, que será publicada no Diário Oficial e valerá como acórdão."
> " Art. 543-B. Quando houver multiplicidade de recursos com fundamento em idêntica controvérsia, a análise da repercussão geral será processada nos termos do Regimento Interno do Supremo Tribunal Federal, observado o disposto neste artigo.
> § 1º Caberá ao Tribunal de origem selecionar um ou mais recursos representativos da controvérsia e encaminhá-los ao Supremo Tribunal Federal, sobrestando os demais até o pronunciamento definitivo da Corte.
> § 2º Negada a existência de repercussão geral, os recursos sobrestados considerar-se-ão automaticamente não admitidos.

§ 3º Julgado o mérito do recurso extraordinário, os recursos sobrestados serão apreciados pelos Tribunais, Turmas de Uniformização ou Turmas Recursais, que poderão declará-los prejudicados ou retratar-se.

§ 4º Mantida a decisão e admitido o recurso, poderá o Supremo Tribunal Federal, nos termos do Regimento Interno, cassar ou reformar, liminarmente, o acórdão contrário à orientação firmada.

§ 5º O Regimento Interno do Supremo Tribunal Federal disporá sobre as atribuições dos Ministros, das Turmas e de outros órgãos, na análise da repercussão geral."

Repisamos, novamente, que já passamos acerca do atual tratamento, que é dado nos arts. 1.036-1.041 CPC/15, contudo destacamos novamente a seguinte comparação/divergência:

CPC/73	CPC/15
Art. 543-B.	Art. 1.036, § 2º, do CPC - previsão de pedido para exclusão de recurso intempestivo, nos casos em que o especial esteja aguardando julgamento de repetitivo.

Ao Plenário compete declarar a ausência de repercussão geral, por voto de dois terços de seus membros (CF, art. 102, § 3º). Pelo menos oito dos onze ministros do STF devem negar a repercussão, para que o recurso extraordinário não seja admitido.

Negada a repercussão geral, a decisão do Pleno valerá para todos os recursos sobre matéria idêntica, ainda pendentes de apreciação. O presidente ou vice-presidente do tribunal de origem negará seguimento a todos os recursos sobrestados na origem que versem sobre matéria idêntica (art. 1.035, § 8º).

Pode o relator, durante a análise da repercussão geral, permitir intervenção de terceiros interessados, por meio de procurador habilitado, de acordo com o que dispuser o Regimento Interno do STF (art. 1.035, § 4º). Essas manifestações se justificam em face da repercussão que o julgamento pode ter sobre outros recursos, além daquele sub apretiatione no momento (art. 1.036). É um dos casos, outrossim, em que a intervenção do amicus curiae se torna cabível.

THEODORO JR. destaca que depois de certa vivência da repercussão geral, o Supremo Tribunal Federal, pelo seu Pleno, em 11.06.2008, tomou deliberações acerca do procedimento de aplicação desse requisito do recurso extraordinário, principalmente em relação à jurisprudência já pacificada da Corte:

(a)Simplificação do procedimento: decidiu que o dispositivo da repercussão geral, criado em 2004 pela Emenda Constitucional 45, poderá ser aplicado pelo Plenário da Corte a recursos extraordinários que discutem matérias já pacificadas pelo STF, sem que esses processos tenham de ser distribuídos para um relator.

(b)Preconizou quatro medidas possíveis a observar em relação aos recursos extraordinários:

(i)versando os recursos sobre matérias já julgadas pelo STF, serão eles enviados para a Presidência do Tribunal, que, antes da distribuição do processo, levará a questão ao Plenário;

(ii)no Plenário, caberá aos Ministros aplicar a jurisprudência da Corte; ou

(iii)rediscutir a matéria; ou então

(iv)simplesmente determinar o seguimento normal do recurso, caso se identifique que a questão não foi ainda discutida pelo Plenário.

(c)Reflexos sobre outros recursos: nos casos em que for confirmada a jurisprudência dominante, o STF negará a distribuição ao recurso e a todos os demais que tratem sobre a mesma matéria. Com isso, os Tribunais poderão exercer o chamado juízo de retratação, ou seja:

(i)aplicar a decisão do STF; ou

(ii)considerar prejudicados os recursos sobre a matéria, quando o Supremo não reformar a decisão.

O objetivo da decisão do Plenário da Suprema Corte foi declaradamente acelerar o trâmite dos recursos extraordinários e evitar a subida de um outro tipo de recurso ao STF – o agravo nos próprios autos, de que cogita o art. 544 do CPC/1973 (NCPC, art. 1.042).

26.3. AGRAVO EM RE E RESP (ART. 1.042, CPC)

O agravo em recurso especial ou extraordinário entra na sistemática recursal com o intuito de substituir o denominado "agravo nos próprios autos" (art. 544 do CPC/1973), utilizado para permitir o seguimento de recursos especiais ou extraordinários que tenham sido inadmitidos na origem. **O cabimento dessa espécie recursal é mais restrito no CPC/2015.**

De acordo com o art. 1.042, "cabe agravo contra decisão do presidente ou do vice-presidente do tribunal recorrido que inadmitir recurso extraordinário ou recurso especial, salvo quando fundada na aplicação de entendimento firmado em regime de repercussão geral ou em julgamento de recursos repetitivos".

Os tribunais superiores já haviam assentado em sua jurisprudência que não são admitidos recursos contra as decisões proferidas por tribunais, quando estes aplicam os precedentes originados dos julgamentos proferidos com base na sistemática da repercussão geral e dos recursos repetitivos. Isto ocorria justamente para evitar que o STF e o STJ reexaminassem individualmente questões constitucionais e infraconstitucionais já debatidas e decididas. Com o CPC/2015, mantém-se a sistemática: se o tribunal, em juízo de admissibilidade, denegar segmento ao recurso, caberá o agravo previsto no art. 1.042, **salvo se a decisão do relator no tribunal tiver se baseado em entendimento firmado em regime de repercussão geral ou em julgamento de recursos repetitivos.**

O agravo deve ser dirigido ao **presidente ou ao vice-presidente** do tribunal de origem (conforme dispuser o regimento interno deste) e será encartado nos próprios autos, **independentemente de preparo**.

O presidente ou o vice-presidente, então, determinará a intimação da parte agravada para apresentação de resposta no prazo de 15 dias. Em seguida, caso não haja retratação, o agravo será remetido ao tribunal superior competente para julgamento.

Ressalte-se que o julgamento do agravo em recurso especial ou extraordinário será conjunto ao próprio recurso especial ou extraordinário, caso aquele seja provido.

> Art. 1.042. Cabe agravo contra decisão do presidente ou do vice-presidente do tribunal recorrido que inadmitir recurso extraordinário ou recurso especial, salvo quando fundada na aplicação de entendimento firmado em regime de repercussão geral ou em julgamento de recursos repetitivos. (Redação dada pela Lei nº 13.256, de 2016)
> DIRIGIDO AO PRESIDENTE OU VICE-PRESIDENTE; SEM CUSTAS
> § 2º A petição de agravo será dirigida ao presidente ou ao vice-presidente do tribunal de origem e independe do pagamento de custas e despesas postais, aplicando-se a ela o regime de repercussão geral e de recursos repetitivos, inclusive quanto à possibilidade de sobrestamento e do juízo de retratação. (Redação dada pela Lei nº 13.256, de 2016)
> CONTRARRAZÕES – 15 dias
> § 3º O agravado será intimado, de imediato, para oferecer resposta no prazo de 15 (quinze) dias.
> JULGAMENTO PELO TRIBUNAL SUPERIOR
> § 4º Após o prazo de resposta, não havendo retratação, o agravo será remetido ao tribunal superior competente.
> JULGADO EM CONJUNTO COM RE OU RESP
> § 5º O agravo poderá ser julgado, conforme o caso, conjuntamente com o recurso especial ou extraordinário, assegurada, neste caso, sustentação oral, observando-se, ainda, o disposto no regimento interno do tribunal respectivo.
> UM AGRAVO PARA CADA RECURSO

§ 6º Na hipótese de interposição conjunta de recursos extraordinário e especial, o agravante deverá interpor um agravo para cada recurso não admitido.

§ 7º Havendo apenas um agravo, o recurso será remetido ao tribunal competente, e, havendo interposição conjunta, os autos serão remetidos ao Superior Tribunal de Justiça.

REMESSA POSTERIOR AO STF

§ 8º Concluído o julgamento do agravo pelo Superior Tribunal de Justiça e, se for o caso, do recurso especial, independentemente de pedido, os autos serão remetidos ao Supremo Tribunal Federal para apreciação do agravo a ele dirigido, salvo se estiver prejudicado.

> **JURISPRUDÊNCIA:** Informativo 866, nos seguintes termos:
> "DIREITO PROCESSUAL CIVIL E DO TRABALHO - RECURSOS
> ED e juízo de admissibilidade de RE-2
> Os embargos de declaração opostos contra a decisão de presidente do tribunal que não admite recurso extraordinário não suspendem ou interrompem o prazo para interposição de agravo, por serem incabíveis. Esse é o entendimento da Primeira Turma que, por maioria e em conclusão, converteu embargos declaratórios em agravos regimentais e a eles negou provimento.

26.4. EMBARGOS DE DIVERGÊNCIA (ARTS. 1043 E 1044, CPC)

Existem diversos meios de viabilizar a uniformidade das interpretações jurídicas no seio dos tribunais:

× incidente de resolução de demandas repetitivas;
× técnica de julgamento de recursos extraordinário e especial repetitivos; e
× embargos de divergência.

Há, entretanto, diferenças entre cada um desses remédios.

EMBARGOS DE DIVERGÊNCIA (arts. 1.043-1.044, CPC)	são cabíveis sempre que houver tese jurídica divergente no STF e no STJ, independentemente de a matéria versar sobre mérito ou requisitos de admissibilidade. As decisões divergentes formalizadas no exercício da competência recursal ou originária do Tribunal também admitem a interposição destes embargos. Em suma, para cabimento dessa espécie de recurso é importante que o Tribunal tenha adotado entendimentos distintos sobre uma mesma tese jurídica.

IRDR (arts. 976-987, CPC)	IRDR não tem natureza de recurso, pois não visa à impugnação de decisão judicial, tendo o objetivo de solucionar demandas múltiplas que contenham controvérsia sobre a mesma questão de direito.
RECURSOS ESPECIAL E EXTRAORDINÁRIO (arts. 1.029-1.041, CPC)	Os **embargos de divergência** visam eliminar divergência no **seio do próprio tribunal**, ao passo que os recursos especial e extraordinário objetivam a uniformização das interpretações dadas ao direito objetivo (constitucional ou infraconstitucional) pelos diversos tribunais do País.

Vejamos os artigos:

Art. 1.043. É embargável o acórdão de órgão fracionário que:
I - em recurso extraordinário ou em recurso especial, divergir do julgamento de qualquer outro órgão do mesmo tribunal, sendo os **acórdãos, embargado e paradigma, de mérito**;
II - em recurso extraordinário ou em recurso especial, divergir do julgamento de qualquer outro **órgão do mesmo tribunal**, sendo os acórdãos, **embargado e paradigma, relativos ao juízo de admissibilidade**; (Revogado pela Lei nº 13.256, de 2016)
III - em recurso extraordinário ou em recurso especial, divergir do julgamento de qualquer outro órgão do mesmo tribunal, sendo um **acórdão de mérito e outro que não tenha conhecido do recurso**, embora tenha apreciado a controvérsia;
IV - nos processos de competência originária, **divergir do julgamento de qualquer outro órgão do mesmo tribunal**. (Revogado pela Lei nº 13.256, de 2016)
§ 1º Poderão ser confrontadas teses jurídicas contidas em julgamentos de recursos e de ações de competência originária.
§ 2º A divergência que autoriza a interposição de embargos de divergência pode verificar-se na aplicação do direito material ou do direito processual.
§ 3º Cabem embargos de divergência quando o acórdão paradigma for da mesma turma que proferiu a decisão embargada, desde que sua composição tenha sofrido alteração em mais da metade de seus membros.
§ 4º O recorrente provará a divergência com certidão, cópia ou citação de repositório oficial ou credenciado de jurisprudência, inclusive em mídia eletrônica, onde foi publicado o acórdão divergente, ou com a reprodução de julgado disponível na rede mundial de computadores, indicando a respectiva fonte, e mencionará as circunstâncias que identificam ou assemelham os casos confrontados.
Art. 1.044. No recurso de embargos de divergência, será observado o procedimento estabelecido no regimento interno do respectivo tribunal superior.
§ 1º A interposição de embargos de divergência no Superior Tribunal de Justiça interrompe o prazo para interposição de recurso extraordinário por qualquer das partes.

§ 2º Se os embargos de divergência forem desprovidos ou não alterarem a conclusão do julgamento anterior, o recurso extraordinário interposto pela outra parte antes da publicação do julgamento dos embargos de divergência será processado e julgado independentemente de ratificação.

> **JURISPRUDÊNCIA:** Jurisprudência em teses, edição 172:
> "Tratando-se de discussão travada no plano dos fatos, inadmissíveis são os embargos de divergência, principalmente nas questões fáticas não tratadas no âmbito do acórdão embargado, pois o seu pressuposto é a existência de teses de direito conflitantes incidentes sobre fatos similares."

PERGUNTAS FINAIS PARA FIXAÇÃO DO TEMA:

× Caberá sobre QUALQUER DIVERGÊNCIA?

Divergência de direito material ou de direito processual! Vejamos sobre o tema:

1043
§ 2º A divergência que autoriza a interposição de embargos de divergência pode verificar-se na aplicação do direito material ou do direito processual.

MESMA TURMA, MAIS DA METADE DOS MEMBROS

§ 3º Cabem embargos de divergência quando o acórdão paradigma for da mesma turma que proferiu a decisão embargada, desde que sua composição tenha sofrido alteração em mais da metade de seus membros.

PROVA DA DIVERGÊNCIA

§ 4º O recorrente provará a divergência com certidão, cópia ou citação de repositório oficial ou credenciado de jurisprudência, inclusive em mídia eletrônica, onde foi publicado o acórdão divergente, ou com a reprodução de julgado disponível na rede mundial de computadores, <u>indicando a respectiva fonte, e mencionará as circunstâncias que identificam ou assemelham os casos confrontados.</u>

× Haverá INTERRUPÇÃO DE PRAZO????

SIM, conforme §1º do art. 1.044: "No recurso de embargos de divergência, será observado o procedimento estabelecido no regimento interno do respectivo tribunal superior.§ 1º A interposição de embargos de divergência no Superior Tribunal de Justiça interrompe o prazo para interposição de recurso extraordinário por qualquer das partes.

× PRECISA RATIFICAR O RECURSO INTERPOSTO ANTES DA PUBLICAÇÃO DO JULGAMENTO?

Não, *se os embargos de divergência forem desprovidos ou não alterarem a conclusão do julgamento anterior!*

Veja: art. 1.043 § 2º **Se os embargos de divergência forem desprovidos ou não alterarem a conclusão do julgamento anterior, o recurso extraordinário interposto pela outra parte antes da publicação do julgamento dos embargos de divergência** <u>será processado e julgado independentemente de ratificação.</u>

JURISPRUDÊNCIA TEMÁTICA

- Súmula nº 279 do STF: "Para simples reexame de prova não cabe recurso extraordinário".
- Súmula nº 280 do STF: "Por ofensa a direito local não cabe recurso extraordinário".
- Súmula nº 281 do STF: "É inadmissível o recurso extraordinário, quando couber, na justiça de origem, recurso ordinário da decisão impugnada".
- Súmula nº 282 do STF: "É inadmissível o recurso extraordinário, quando não ventilada, na decisão recorrida, a questão federal suscitada".
- Súmula nº 283 do STF: "É inadmissível o recurso extraordinário, quando a decisão recorrida assenta em mais de um fundamento suficiente e o recurso não abrange todos eles".
- Súmula nº 284 do STF: "É inadmissível o recurso extraordinário, quando a deficiência na sua fundamentação não permitir a exata compreensão da controvérsia".
- Súmula nº 285 do STF: "Não sendo razoável a arguição de inconstitucionalidade, não se conhece do recurso extraordinário fundado na letra 'c' do art. 101, III, da Constituição Federal".
- Súmula nº 286 do STF: "Não se conhece do recurso extraordinário fundado em divergência jurisprudencial, quando a orientação do plenário do Supremo Tribunal Federal já se firmou no mesmo sentido da decisão recorrida".
- Súmula nº 287 do STF: "Nega-se provimento ao agravo, quando a deficiência na sua fundamentação, ou na do recurso extraordinário, não permitir a exata compreensão da controvérsia".
- Súmula nº 289 do STF: "O provimento do agravo por uma das turmas do Supremo Tribunal Federal, ainda que sem ressalva, não prejudica a questão do cabimento do recurso extraordinário".

- Súmula nº 291 do STF: "No recurso extraordinário pela letra 'd' do art. 101, III, da Constituição, a prova do dissídio jurisprudencial far-se-á por certidão, ou mediante indicação do 'diário da justiça' ou de repertório de jurisprudência autorizado, com a transcrição do trecho que configure a divergência, mencionadas as circunstâncias que identifiquem ou assemelhem os casos confrontados (Mantivemos a referência ao art. 101 conforme publicação oficial. Entendemos que o correto seria art. 102, III, 'd')".
- Súmula nº 292 do STF: "Interposto o recurso extraordinário por mais de um dos fundamentos indicados no art. 101, III, da Constituição, a admissão apenas por um deles não prejudica o seu conhecimento por qualquer dos outros".
- Súmula nº 356 do STF: "O ponto omisso da decisão, sobre o qual não foram opostos embargos declaratórios, não pode ser objeto de recurso extraordinário, por faltar o requisito do prequestionamento".
- Súmula nº 369 do STF: "Julgados do mesmo tribunal não servem para fundamentar o recurso extraordinário por divergência jurisprudencial".
- Súmula nº 389 do STF: "Salvo limite legal, a fixação de honorários de advogado, em complemento da condenação, depende das circunstâncias da causa, não dando lugar a recurso extraordinário".
- Súmula nº 399 do STF: "Não cabe recurso extraordinário por violação de lei federal, quando a ofensa alegada for a regimento de tribunal".
- Súmula nº 400 do STF: "Decisão que deu razoável interpretação à lei, ainda que não seja a melhor, não autoriza recurso extraordinário pela letra 'a' do art. 101, III, da Constituição Federal".
- Súmula nº 454 do STF: "Simples interpretação de cláusulas contratuais não dá lugar a recurso extraordinário".
- Súmula nº 456 do STF: "O Supremo Tribunal Federal, conhecendo do recurso extraordinário, julgará a causa aplicando o direito à espécie".
- Súmula nº 528 do STF: "Se a decisão contiver partes autônomas, a admissão parcial, pelo presidente do tribunal 'a quo', de recurso extraordinário que, sobre qualquer delas se manifestar, não limitará a apreciação de todas pelo Supremo Tribunal Federal, independentemente de interposição de agravo de instrumento".74

- Súmula nº 636 do STF: "Não cabe recurso extraordinário por contrariedade ao princípio constitucional da legalidade, quando a sua verificação pressuponha rever a interpretação dada a normas infraconstitucionais pela decisão recorrida".
- Súmula nº 637 do STF: "Não cabe recurso extraordinário contra acórdão de Tribunal de Justiça que defere pedido de intervenção estadual em Município".
- Súmula nº 640 do STF: "É cabível recurso extraordinário contra decisão proferida por juiz de primeiro grau nas causas de alçada, ou por turma recursal de juizado especial cível e criminal".
- Súmula nº 733 do STF: "Não cabe recurso extraordinário contra decisão proferida no processamento de precatórios".
- Súmula nº 735 do STF: "Não cabe recurso extraordinário contra acórdão que defere medida liminar".
- Súmula nº 5 do STJ: "A simples interpretação de cláusula contratual não enseja recurso especial".
- Súmula nº 7 do STJ: "A pretensão de simples reexame de prova não enseja recurso especial".
- Súmula nº 13 do STJ: "A divergência entre julgados do mesmo Tribunal não enseja recurso especial".
- Súmula nº 83 do STJ: "Não se conhece do recurso especial pela divergência, quando a orientação do Tribunal se firmou no mesmo sentido da decisão recorrida".
- Súmula nº 86 do STJ: "Cabe recurso especial contra acórdão proferido no julgamento de agravo de instrumento".
- Súmula nº 123 do STJ: "A decisão que admite, ou não, o recurso especial deve ser fundamentada com o exame dos seus pressupostos gerais e constitucionais".
- Súmula nº 126 do STJ: "É inadmissível recurso especial, quando o acórdão recorrido assenta em fundamentos constitucional e infraconstitucional, qualquer deles suficiente, por si só, para mantê-lo, e a parte vencida não manifesta recurso extraordinário".
- Súmula nº 203 do STJ: "Não cabe recurso especial contra decisão proferida por órgão de segundo grau dos Juizados Especiais".
- Súmula nº 211 do STJ: "Inadmissível recurso especial quanto à questão que, a despeito da oposição de embargos declaratórios, não foi apreciada pelo Tribunal a quo".

- Súmula nº 320 do STJ: "A questão federal somente ventilada no voto vencido não atende ao requisito do prequestionamento".75
- Súmula nº 518 do STJ: "Para fins do art. 105, III, 'a', da Constituição Federal, não é cabível recurso especial fundado em alegada violação de enunciado de súmula".

+ EXERCÍCIOS DE FIXAÇÃO

01. Ano: 2022 Banca: AOCP Órgão: Prefeitura de Novo Hamburgo - RS Prova: AOCP - 2022 - Prefeitura de Novo Hamburgo - RS - Procurador

Sobre o rito dos recursos especial e extraordinário, assinale a alternativa correta.

A) Cabe agravo interno contra decisão do presidente ou do vice-presidente do tribunal recorrido que inadmitir ou negar seguimento a recurso extraordinário ou recurso especial, salvo quando fundada na aplicação de entendimento firmado em regime de repercussão geral ou em julgamento de recursos repetitivos.

B) A súmula da decisão sobre a repercussão geral constará de ata, que será publicada no diário oficial e valerá como decisão interlocutória.

C) Se o relator, no Superior Tribunal de Justiça, entender que o recurso especial versa sobre questão constitucional, deverá conceder prazo de 5 (cinco) dias úteis para que o recorrente demonstre a existência de repercussão geral e se manifeste sobre a questão constitucional.

D) Se o Supremo Tribunal Federal considerar como reflexa a ofensa à Constituição afirmada no recurso extraordinário, por pressupor a revisão da interpretação de lei federal ou de tratado, negará seguimento ao recurso e inadmitirá a repercussão geral nele suscitada.

E) O recurso que tiver a repercussão geral reconhecida deverá ser julgado no prazo de 1 (um) ano e terá preferência sobre os demais feitos, ressalvados os que envolvam réu preso e os pedidos de habeas corpus.

02. Ano: 2019 Banca: VUNESP Órgão: Prefeitura de Birigui - SP Prova: VUNESP - 2019 - Prefeitura de Birigui - SP - Advogado

Pode-se corretamente afirmar, sobre o recurso especial, segundo a Jurisprudência sumulada do Superior Tribunal de Justiça que

A) é admissível recurso especial quanto à questão que, a despeito da oposição de embargos declaratórios, não foi apreciada pelo Tribunal a quo.

B) não cabem embargos de divergência contra acórdão que, em agravo regimental, decide recurso especial.

C) cabem embargos de divergência no âmbito do agravo de instrumento que não admite recurso especial.

D) cabe recurso especial contra decisão proferida, nos limites de sua competência, por órgão de segundo grau dos Juizados Especiais.

E) não é necessário ratificar o recurso especial interposto na pendência do julgamento dos embargos de declaração, quando inalterado o resultado anterior.

» GABARITO

01. gabarito: letra e

A questão exige o conhecimento da letra seca da lei. Para melhor compreensão passaremos a análise de cada uma das alternativas:

A) Errado. O recurso cabível é Agravo em REsp ou agravo em RE. Aplicação do art. 1.042, caput, CPC: Art. 1.042. Cabe agravo contra decisão do presidente ou do vice-presidente do tribunal recorrido que inadmitir recurso extraordinário ou recurso especial, salvo quando fundada na aplicação de entendimento firmado em regime de repercussão geral ou em julgamento de recursos repetitivos.

B) Errado. Vale como acórdão. Aplicação do art. 1.035, §11, CPC: Art. 1.035, § 11. A súmula da decisão sobre a repercussão geral constará de ata, que será publicada no diário oficial e valerá como acórdão.

C) Errado. O prazo, na verdade, é de 15 dias e não 05, nos termos do art. 1.032, caput, CPC: Art. 1.032. Se o relator, no Superior Tribunal de Justiça, entender que o recurso especial versa sobre questão constitucional, deverá conceder prazo de 15 (quinze) dias para que o recorrente demonstre a existência de repercussão geral e se manifeste sobre a questão constitucional.

D) Errado. Neste caso, o STF remeterá ao STJ para julgamento como REsp, nos termos do art. 1.033, CPC: Art. 1.033. Se o Supremo Tribunal Federal considerar como reflexa a ofensa à Constituição afirmada no recurso extraordinário, por pressupor a revisão da interpretação de lei federal ou de tratado, remetê-lo-á ao Superior Tribunal de Justiça para julgamento como recurso especial.

E) Correto e, portanto, gabarito da questão. Inteligência do art. 1.035, § 9º, CPC: Art. 1.035, § 9º O recurso que tiver a repercussão geral reconhecida deverá ser julgado no prazo de 1 (um) ano e terá preferência sobre os demais feitos, ressalvados os que envolvam réu preso e os pedidos de habeas corpus.

02. gabarito: letra e

A resposta está em entendimentos sumulados do STJ. Vejamos:

LETRA A- INCORRETA. Ofende a Súmula 211 do STJ: "Súmula 211: Inadmissível recurso especial quanto à questão que, a despeito da oposição de embargos declaratórios, não foi apreciada pelo Tribunal a quo."

LETRA B- INCORRETA. Ofende a Súmula 316 do STJ:"Súmula 316: Cabem embargos de divergência contra acórdão que, em agravo regimental, decide recurso especial."

LETRA C- INCORRETA. Ofende a Súmula 315 do STJ: "Súmula 315: Não cabem embargos de divergência no âmbito do agravo de instrumento que não admite recurso especial."

LETRA D- INCORRETA. Ofende a Súmula 203 do STJ: "Súmula 203: Não cabe recurso especial contra decisão proferida por órgão desegundo grau dos Juizados Especiais."

LETRA E- CORRETA. Reproduz a Súmula 579 do STJ: " 579: Não é necessário ratificar o recurso especial interposto na pendência do julgamento dos embargos de declaração, quando inalterado o resultado anterior."

REFERÊNCIAS BIBLIOGRÁFICAS

ALEXY, Robert. Teoria de los Derechos Fundamentales. Madri: Centro de Estúdios Políticos y Constitucionales, 2001.

AMARAL, Guilherme Rizzo do. Comentários as Alterações do Novo CPC, São Paulo: RT, 2015.

ASSUMPÇÃO, Daniel. Manual de direito processual civil. Volume único. 10ª Ed. Salvador: Ed. Juspodivm, 2018.

BARBOSA MOREIRA, José Carlos. Comentários ao Código de Processo Civil. 11. ed. Rio de Janeiro: Forense, 2003, v. V, n. 68.

BUENO, Cassio Scarpinella. Manual de direito processual civil : volume único.4. ed. São Paulo : Saraiva Educação, 2018.

BUENO, Cássio Scarpinella. Código de Processo Civil Anotado. São Paulo: Saraiva, 2015.

BUENO, Cássio Scarpinella. Curso sistematizado de direito processual civil. São Paulo: Saraiva, 2007, v. 2, t. I

CALAMANDREI, Piero. de Instituciones derecho procesal civil. Buenos Aires: EJEA, 1973. v. I.

CÂMARA, Alexandre Freitas. O novo processo civil brasileiro. 2. ed. São Paulo: Atlas, 2016.

CARNELUTTI, Francesco. Derecho procesal civil y penal. Buenos Aires: EJEA, 1971. v. I.

CHIOVENDA, Giuseppe. Instituições de direito processual civil. São Paulo: Saraiva, 1962. v. I.

CHIOVENDA, Giuseppe. Principii di Diritto processuale civile, 1928.

CINTRA, Antônio Carlos de Araújo; GRIONOVER, Ada Pellegrini; e DINAMARCO, Cândido Rangel. Teoria geral do processo. 6. ed. São Paulo: RT, 1988.

COUTURE, Eduardo. Fundamentos de Derecho procesal civil, 1951.

CRUZ E TUCCI, José Rogério. Código de Processo Civil anotado. AASP e OAB/PR. 2019.

FUX, Luiz. Teoria geral do processo civil. Rio de Janeiro: Forense, 2016.

CRUZ E TUCCI, José Rogério. Precedente judicial como fonte do direito. São Paulo: RT, 2004.

DIDIER JR., Fredie. Curso de direito processual civil. Execução cit., 2. ed., v. 5, p. 226.

DIDIER JR., Fredie. Curso de Direito Processual Civil, v.1. 17 ed. Salvador: Jus Podivm, 2015.

DIDIER JR., Fredie. Teoria do processo e teoria do direito: o neoprocessualismo. Disponível em: <www.academia.edu/>, p. 6.

DINAMARCO, Cândido Rangel, Instituições de direito processual civil, vol. II. São Paulo: Malheiros, 2017.

DONIZETTI, Elpídio. Curso de Direito Processual Civil – 24. ed. – São Paulo: Atlas, 2021.

FICHTNER, José Antônio; MONTEIRO, André Luis. Sentença de julgamento imediato do mé-rito: algumas considerações sobre o art. 285-A, do CPC. Revista Dialética de Direito Processual, São Paulo, n. 76, p. 52, jul. 2009

FUX, Luiz. Tutela de segurança e tutela da evidência. São Paulo: Saraiva, 1996.

LANES, Júlio César Goulart. In: WAMBIER, Teresa Arruda Alvim; e outros. Breves comentários ao novo Código de Processo Civil. 2 ed. São Paulo: Revista dos Tribunais, 2016.

LOURENÇO, Haroldo. Processo civil sistematizado. 5. ed. Rio de Janeiro: Forense; São Paulo: MÉTODO, 2019.

MARINONI, Luiz Guilherme. Novo Curso de Processo Civil, volumes 1 e 2, RT, 2015.

MARINONI, Luiz Guilherme, e outros. Novo Código de Processo Civil Comentado. São Paulo: Revista dos Tribunais. 1 ed. 2015. p. 201.

MEDINA, José Miguel Garcia. Novo Código de Processo Civil Comentado. 3 ed. 2015. São Paulo: Revista dos Tribunais.

MITIDIERO, Daniel. Antecipação da tutela. Da tutela cautelar à técnica antecipatória. 3. ed. São Paulo: Revista dos Tribunais, 2017.

MONTENEGRO FILHO, Misael. Curso de Dir. Processual Civil, vol. II, 2015.

NERY JR., Nelson. Código de Processo Civil comentado. 8. ed. São Paulo: RT, 2007.

PODETTI, Ramiro. "Trilogia estructural de la ciencia del processo civil", Revista de Derecho Procesal, 1944.

TARTUCE, Fernanda; DELLORE, Luiz. 1001 dicas sobre o novo CPC: lei 13.105/2015. 2. ed. Indaiatuba, SP: Editora Foco Jurídico, 2016.

TEMER, Sofia. Incidente de resolução de demandas repetitivas. Salvador: JusPodivm, 2016.

THAMAY, Rennan Faria Krüger; FIGUEIREDO, Simone Diogo Carvalho. Introdução à tutela provisória. In: ROCHA, Marcelo Hugo da. Tutela provisória: à luz do novo código de processo civil. Curitiba: Juruá, 2016.

THEODORO JÚNIOR, Humberto. As novas reformas do Código de Processo Civil. Rio de Janeiro: Forense, 2006.

THEODORO JÚNIOR, Humberto. Curso de Direito Processual Civil – vol. III / Humberto Theodoro Júnior. 50. ed. rev., atual. e ampl. – Rio de Janeiro: Forense, 2017.

TORRES, Artur. Novo código de processo civil anotado / OAB. – Porto Alegre : OAB RS, 2015.

ZAVASKI, Teori Albino. Antecipação da tutela e colisão de direitos fundamentais. Revista do Tribunal Regional Federal: 1 Região, Brasília, DF, v. 7, n. 3, jul./set. 1995. Disponível em: <http://www.egov.ufsc.br/portal/sites/default/files/anexos/15394-15395-1-PB.pdf>. Acesso em: 15 abr. 2022.

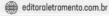
editoraletramento
editoraletramento.com.br
editoraletramento
company/grupoeditorialletramento
grupoletramento
contato@editoraletramento.com.br
editoraletramento

editoracasadodireito.com.br
casadodireitoed
casadodireito
casadodireito@editoraletramento.com.br